国家出版基金项目
NATIONAL PUBLICATION FOUNDATION

现代农业高新技术成果丛书

川渝干旱对村镇饮用水安全保障影响

Chuanyu Ganhan Dui Cunzhen Yinyongshui Anquan Baozhang Yingxiang

周　芸　胡启春　主编

中国农业大学出版社
·北京·

内容简介

川渝地区是我国重要的农业生产区，干旱灾害频发，给农村饮水安全保障造成较为严重影响。本书通过对2009年冬季至2010年春季发生在川渝地区的干旱灾害调研，综合分析该区域干旱灾害及发生规律、农村饮水安全现状、干旱灾害对饮用水保障的影响、政府应急预案和措施等方面的内容，并附有部分国家和地方法规。

本书是一部研究成果专著，可以供从事农村环境、水利、气象、自然灾害防治和防灾减灾体系建设和管理的中高级专业科技工作者、管理人员和决策者使用，也可作为科研人员和大专院校师生的参考书。

图书在版编目(CIP)数据

川渝干旱对村镇饮用水安全保障影响/周芸，胡启春主编.—北京：中国农业大学出版社，2011.4

ISBN 978-7-5655-0234-7

Ⅰ.①川…　Ⅱ.①周…　②胡…　Ⅲ.①干旱-影响-农村给水-饮用水-给水卫生-研究-四川省　Ⅳ.①R123.9

中国版本图书馆CIP数据核字(2011)第031876号

书　名　川渝干旱对村镇饮用水安全保障影响

作　者　周　芸　胡启春　主编

策划编辑	梁爱荣	**责任编辑**	梁爱荣
封面设计	郑　川	**责任校对**	陈　莹　王晓凤
出版发行	中国农业大学出版社		
社　　址	北京市海淀区圆明园西路2号	**邮政编码**	100193
电　　话	发行部 010-62731190,2620	读者服务部	010-62732336
	编辑部 010-62732617,2618	出　版　部	010-62733440
网　　址	http://www.cau.edu.cn/caup	**e-mail**	cbsszs@cau.edu.cn
经　　销	新华书店		
印　　刷	涿州市星河印刷有限公司		
版　　次	2011年4月第1版　　2011年4月第1次印刷		
规　　格	787×1092　　16开本　　20印张　　480千字		
定　　价	118.00元		

图书如有质量问题本社发行部负责调换

现代农业高新技术成果丛书
编审指导委员会

出版说明

瞄准世界农业科技前沿，围绕我国农业发展需求，努力突破关键核心技术，提升我国农业科研实力，加快现代农业发展，是胡锦涛总书记在2009年五四青年节视察中国农业大学时向广大农业科技工作者提出的要求。党和国家一贯高度重视农业领域科技创新和基础理论研究，特别是863计划和973计划实施以来，农业科技投入大幅增长。国家科技支撑计划、863计划和973计划等主体科技计划向农业领域倾斜，极大地促进了农业科技创新发展和现代农业科技进步。

中国农业大学出版社以973计划、863计划和科技支撑计划中农业领域重大研究项目成果为主体，以服务我国农业产业提升的重大需求为目标，在"国家重大出版工程"项目基础上，筛选确定了农业生物技术、良种培育、丰产栽培、疫病防治、防灾减灾、农业资源利用和农业信息化等领域50个重大科技创新成果，作为"现代农业高新技术成果丛书"项目申报了2009年度国家出版基金项目，经国家出版基金管理委员会审批立项。

国家出版基金是我国继自然科学基金、哲学社会科学基金之后设立的第三大基金项目。国家出版基金由国家设立、国家主导，资助体现国家意志、传承中华文明、促进文化繁荣、提高文化软实力的国家级重大项目；受助项目应能够发挥示范引导作用，为国家、为当代、为子孙后代创造先进文化；受助项目应能够成为站在时代前沿、弘扬民族文化、体现国家水准、传之久远的国家级精品力作。

为确保"现代农业高新技术成果丛书"编写出版质量，在教育部、农业部和中国农业大学的指导和支持下，成立了以石元春院士为主任的编审指导委员会；出版社成立了以社长为组长的项目协调组并专门设立了项目运行管理办公室。

"现代农业高新技术成果丛书"始于"十一五"，跨入"十二五"，是中国农业大学出版社"十二五"开局的献礼之作，她的立项和出版标志着我社学术出版进入了一个新的高度，各项工作迈上了新的台阶。出版社将以此为新的起点，为我国现代农业的发展，为出版文化事业的繁荣做出新的更大贡献。

中国农业大学出版社

2010年12月

前　　言

旱灾肆虐，西南之渴。从2009年秋冬季起延续到2010年春季，西南地区降水异常偏少，气温偏高，造成了云南、贵州、四川、广西西北部中度到重度气象干旱，局部特旱。西南地区持续的大旱造成云南全省2 400余万人受灾，60%的春粮因灾减产，农业直接经济损失达170亿元。四川、重庆损失虽然不如云南、广西等重灾省那么惨重，但也是八方告急。干旱期间四川攀西地区连续190多天没有降雨，四川有600余万人受旱灾，国家启动四级救灾应急响应；重庆干旱形势严峻，已有50余万人出现临时饮水困难。2010年3月来自国家防总的统计数字显示，旱情最严重的西南五省（自治区）（云南、贵州、广西、重庆、四川）因旱饮水困难的人数达到1 800余万人，各级政府正通过水库供水、应急调水、打井开采地下水、拉水送水等方式力求保证人的饮水安全。

正是这段时间，我们承担了国家水专项十一五课题“西南村镇饮用水安全保障实用技术研究与示范”。干旱已经蔓延至我们研究的区域，重庆巴南区成功桥水库水源减量70%以上，水质严重变质发臭；古蔺等川中山丘区已经开始用消防车送水。我们关注西南区域整体旱情程度，干旱如何演变成为旱灾？旱情发生时村镇饮用水水源的水质和水量发生了哪些变化，我们的同胞都有水喝吗？旱区的农民是不是如“一盆水”的故事：先淘米、洗菜，然后把水分成两部分，一部分洗脸、洗脚；另一部分刷洗碗筷，最后再全部倒给牲畜。作为研究农村饮水安全技术的科研工作者，我们有义务有责任作出迅速反馈，及时评估这场干旱对于农村饮用水的影响程度，探讨应急保障措施和问题，为政府决策部门作出参考，进而展开对西南干旱发生规律、成因等的追溯和研究。

2010年西南地区发生特大型干旱期间，在川渝各级政府水利和环保部门的协调配合下，课题组组织了六个调研小组，奔赴四川和重庆干旱旱情较为严重的宜宾市翠屏区、泸州市古蔺县、攀枝花市仁和区、凉山州会理县、德阳市中江县、眉山市仁寿县、重庆市万盛区等地，在帮助当地抗旱的同时及时调研收集了第一手资料和数据。本书将调研结果安全认真整理梳理成调研报告，直接反映了本次干旱对于调研区域农村饮用水安全保障的影响。

本书分为十章。第一章对川渝自然社会经济和水资源以及水利措施概况作了介绍。文中首次对川渝水资源生态足迹和生态盈亏进行了系统分析。第二章和第三章对川渝干旱灾害历史、干旱发生规律和成因作了分析。川渝地区从西部高原到东部盆地，地面相对高差达2 000 ~ 3 000 m，东西地貌不同，气候迥异，旱情及受旱程度也有很大差别。该部分将不同干旱发生季节的分布区域绘制成图表。第四章分析了川渝农村饮用水安全现状，这部分内容引用了最新的政府报告数据。第五章介绍了干旱对村镇饮用水影响程度分级。参照气象、农业等干旱等级划分标准，通常将干旱对村镇饮用水影响划分为4级，即轻度（Ⅰ）、中度（Ⅱ）、严重（Ⅲ）和特大（Ⅳ）。第六章分析了干旱对于饮用水水质影响。干旱灾害对于水资源水量和水质的影响最为直接。发生干旱与旱灾使地表径流量大幅度减少，而河流、湖泊等地表水体的自净能力下降，地表水体污染加重，水质恶化加剧。第七章和第八章介绍了我国已有抗旱应急法律法规、预案体系和应急保障措施，讨论了实施过程中的问题和缺陷。第九章集中报告了在川渝七个代表性区域的干旱调研情况。调研采用实地走访考察方式。每份报告对所调查点的基本情况、农村饮用水安全保障基本情况、该区域干旱特点、周期性和当年情况、抗旱预案、措施、方式和效果等，以及所存在问题进行了分析讨论，提出了工作建议，本书中收录了部分调研照片。他山之石可以攻玉，第十章介绍国外干旱饮用水保障应对措施与经验。我们预期能够查找足够的资料数据，介绍给国内读者以供参考借鉴，遗憾的是这方面没有收集到预想的资料，只能尽心而为。此外，为了方便读者查阅，本书还收录了部分国家和地方法规，以作为参考。

本书由四川省水利科学研究院、农业部沼气科学研究所、重庆市农业科学院、四川省环境保护科学研究院、重庆市环境科学研究院、重庆市巴南区水务局和四川省乐至县水务局合作完成，其中第一章和第三章由王文国执笔，第二章由龚久平和王文国执笔，第四章由樊毅执笔，第五章由王君勤执笔，第六章由佘红英执笔，第七章由麻泽龙执笔，第八章由周芸执笔，第九章的各个调研报告分别由周芸、麻泽龙、王君勤、叶红、樊毅、龚久平执笔，第十章由佘红英、王庆安执笔。此外，柴勇、李崇明、张翔、何明雄也参加了部分书稿编撰工作，耿琳、祝其丽和潘科参加了部分调研。全书由周芸和胡启春负责统稿，王文国参加全稿修订。

感谢四川省和重庆市各级相关水务部门对本书成稿的大力支持。感谢中国科学院水利部成都山地灾害与环境研究所陈国阶研究员在本书编著过程中提出的宝贵意见。

本书旨在加强村镇饮用水安全保障技术学术交流，促进干旱防灾技术发展，健全和完善抗旱防灾措施。本书编写和调研时间较短，匆忙成稿，加之作者水平有限，不足和疏漏之处难免，敬请同行和读者指正。

编　者

2010年12月15日

目　　录

变化大，气候类型多，有利于农、林、牧综合发展；气象灾害种类多，发生频率高，范围大，主要是干旱，暴雨、洪涝和低温等。

由于受地理纬度和地貌的影响，气候的地带性和垂直方向变化十分明显，东部和西部的差异很大，高原山地气候和亚热带季风气候并存。根据水、热和光照条件的差异，大致可分为三大气候区（图 1–2，图 1–3）。

（1）四川盆地中亚热带湿润气候区，即四川盆地及周围山地（Ⅰ）。该区全年温暖湿润，年均温 16 ～ 18℃，比同纬度的长江中下游地区略高，日温 ≥ 10℃的持续期 240 ～ 280 d，积温达到 4 000 ～ 6 000℃，气温日较差小，年较差大，冬暖夏热，无霜期 230 ～ 340 d。盆地云量多，晴天少，全年日照时间较短，仅为 1 000 ～ 1 400 h，比同纬度的长江流域下游地区少 600 ～ 800 h。雨量充沛，年降水量 900 ～ 1 200 mm。但在地域上，盆周（Ⅰ5）多于盆底（Ⅰ3），盆西缘山地是全省降雨最多之地，为 1 300 ～ 1 800 mm；次为盆东北（Ⅰ1、Ⅰ4）和东南缘山地，为 1 200 ～ 1 400 mm；盆中丘陵区（Ⅰ2）降雨最少，为 800 ～ 1 000 mm。在季节上，冬季（12 月至下年 2 月）降水最少，占全年总雨量的 3% ～ 5%，夏季（5 ～ 10 月）降水最多，占全年总雨量的 80%，冬干夏雨，雨热同期。川西高原降雨少，年降水量为 600 ～ 700 mm，金沙江河谷 < 400 mm。干雨季分明，6 ～ 9 月为雨季，降雨占全年总雨量的 70% ～ 90%；11 月至下年 4 月为干季，各月降水量小于 10 mm。

（2）川西南山地亚热带半湿润气候区（Ⅱ1、Ⅱ2）。该区全年气温较高，年均温 12 ～ 20℃，年较差小，日较差大，早寒午暖，四季不明显，但干湿季分明。降水量较少，全年有 7 个月为旱季，年降水量 900 ～ 1 200 mm，90% 集中在 5 ～ 10 月。云量少，晴天多，日照时间长，年日照多为 2 000 ～ 2 600 h。其河谷地区受焚风影响形成典型的干热河谷气候，山地形成显著的立体气候。川西南山地降水地区差异大，干湿季节分明。年降水 800 ～ 1 200 mm。木里以北与川西北高原接壤，年降水小于 800 mm；安宁河东侧与东部盆地相当，年降水 1 000 mm 左右。雨季（6 ～ 9 月）降水占全年总降水量的 85% ～ 90%。

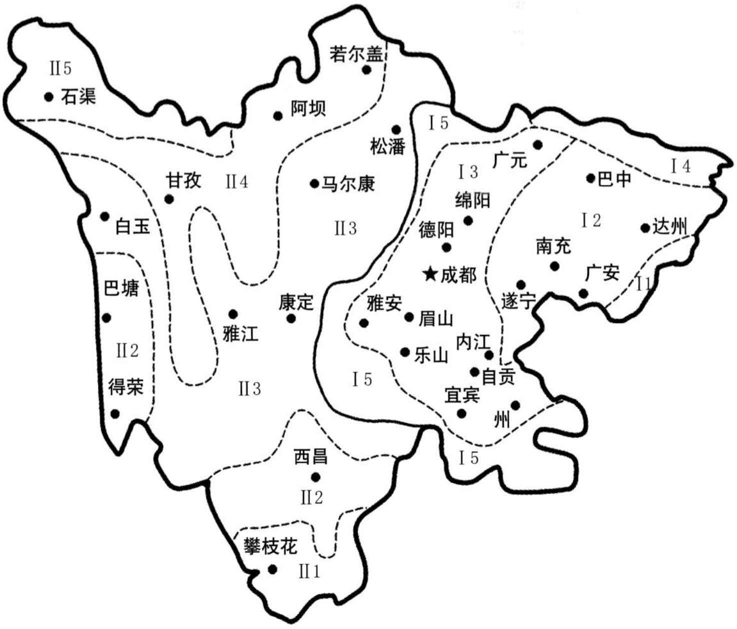

图 1–2　四川省气候分区图

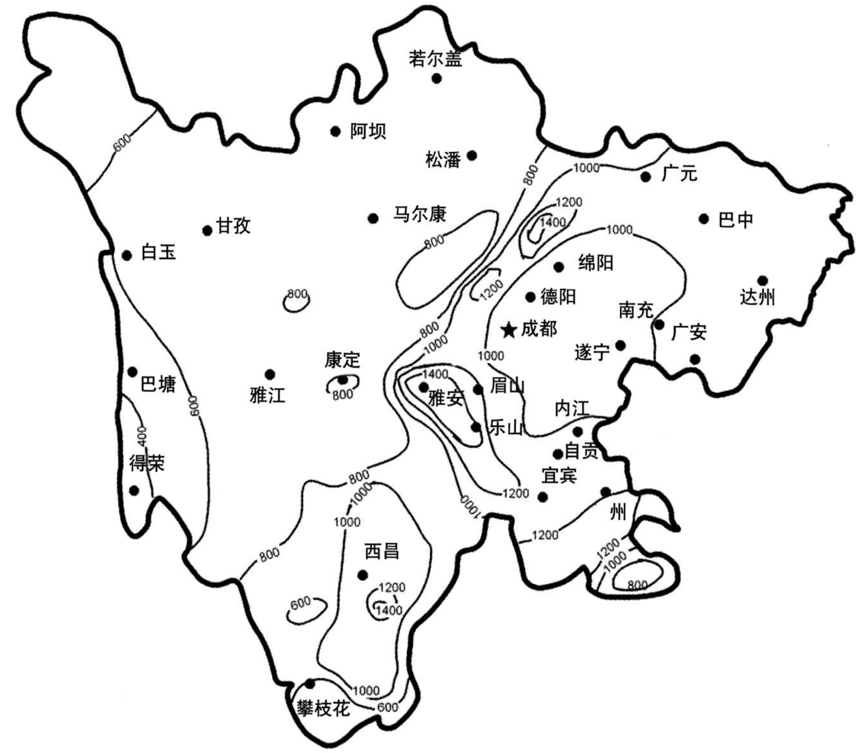

图 1–3　四川省降水量图

（3）川西北高山高原高寒气候区（Ⅱ3、Ⅱ4、Ⅱ5）。该区海拔高差大，气候立体变化明显，从河谷到山脊依次出现亚热带、暖温带、中温带、寒温带、亚寒带、寒带和永冻带。总体上以寒温带气候为主，河谷干暖，山地冷湿，冬寒夏凉，水热不足，年均温 4 ～ 12℃，年降水量 500 ～ 900 mm。天气晴朗，日照充足，年日照 1 600 ～ 2 600 h。

（三）社会经济概况

1. 经济概况

改革开放以来，四川经济取得了突破性进展。2009 年四川省国内生产总值 14 151.3 亿元，列全国第 9 位，西部第一位，四川经济在西部具有举足轻重的地位。四川是西部最大市场和物资集散中心，社会消费品零售总额列西部第 1 位。

（1）农牧业。四川是中国重要的农牧业生产大省和重要的粮油、畜禽、果蔬、茶基地。2009 年粮食总产量 3 102 万 t，列全国第三位，西部第一位；油菜子产量 261.8 万 t，油料列全国第五位，西部第一位；牛、羊肉产量增加 3.5 万 t；禽肉产量增加 8.6 万 t；禽蛋产量增加 12.6 万 t；牛奶产量 69.1 万 t；蚕茧产量 10.7 万 t。

（2）工业。四川是全国的重要工业基地之一，工业规模较大，门类基本齐全，2009 年全部工业生产总值 5 678.3 亿元。“十一五”以来确立了以电子信息、水电、机械冶金、医药化工、饮料食品等支柱产业，对全省工业增长的贡献率达 74.2%。四川机械、电子、冶金、化工、建筑、建材、食品、医药、皮革等行业在全国占有重要地位。

(3) 交通运输及邮电。2009 年全年公路、铁路和航空等运输方式完成货物周转量 1 453.9 亿吨公里；完成旅客周转量 1 215.7 亿人公里。邮电通信业持续快速发展。光缆长度达到 20.3 万皮长公里；本地电话网程控交换机容量达到 4 145 万门。互联网络注册户数 316 万户。移动通信高速发展，电话普及率达到 38%。

(4) 服务业。四川省商业、餐饮、娱乐等快速发展，现代物流、物业管理、商务会展等现代服务业蓬勃发展，中介咨询、传媒广告、电信通信、电子商务、金融保险等高新科技和知识型服务业成为新的经济增长点，新型服务业的快速发展成为增强城市竞争力的希望所在。

(5) 旅游业。旅游业逐渐成为四川省经济支柱产业，旅游业全面发展，形成了“中国第一山”峨眉山国际旅游区、大九寨国际旅游区、卧龙中华大熊猫生态旅游区、三星堆-金沙古遗址旅游区、都江堰-青城山旅游区五大精品旅游区。2009 年全年实现旅游总收入 1 472.5 亿元。接待入境旅游者 85.0 万人次，实现旅游外汇收入 2.9 亿美元；接待国内游客 2.19 亿人次，实现国内旅游收入 1 452.8 亿元。

2. 社会基础概况

(1) 科技事业。四川省科技基础条件实力雄厚，科技创新能力进一步增强，拥有先进的技术装备和大批高级科研人才，是继北京、上海之后，中国又一个重要的科研基地。拥有国家级重点实验室 15 个、省部级重点实验室 60 个，国家级工程技术中心 9 家、省级工程技术中心 26 家。全省有两院院士 59 人，列西部第一。

(2) 教育事业。全省各级各类学校(不含技工校)5.3 万所，“普九”人口覆盖率 97.7%，高、中、初等教育体系基本健全。四川省教育事业已形成初等教育、中等教育、高等教育相互衔接，普通教育、职业教育、成人教育协调发展的教育体系，有普通高等院校 68 个，列西部第一位。

(3) 卫生事业。全省卫生机构 24 208 个，床位 20.2 万张；卫生技术人员 23.1 万人，创建卫生城市、卫生县城工作成效显著。现有国家级卫生城市 3 个，国家级卫生镇 3 个，省级卫生城市 23 个，省级卫生县城 39 个，累计建成省、市、县三级卫生村共计 12 482 个，其中省级 1 068 个。

(4) 环保事业。加大工业污染、城市生活污染、农村面源污染治理力度，环境质量有较大改善。自然保护区和生态示范区建设取得新进展，全省自然保护区已达 163 个，面积 786.5 万 hm^2，占全省土地面积的 16.2%，高于全国平均水平。全省生态示范试点区 80 个，环境优美乡镇建设试点单位 74 个。已建成城镇生活污水处理厂 25 座，处理率 23.4%；生活垃圾处理厂 40 座，处理率 58.3%。从事环境保护事业的机构队伍不断壮大，从业人员达到 6 339 人。环保产业不断发展，环保产业产值占全省 GDP 1.5%。

二、重庆市

重庆市是我国四个直辖市之一，地处我国西南。是我国重要的中心城市之一，长江上游地区经济中心和金融中心，内陆出口商品加工基地和扩大对外开放的先行区，我国重要的现代制造业基地，长江上游科研成果产业化基地，长江上游生态文明示范区，中西部地区发展循环经济示范区，国家高技术产业基地，长江上游航运中心，中国政府实行西部大开发的开发地区以及国家统筹城乡综合配套改革试验区。

重庆市全市幅员面积 8.24 万 km^2，是我国面积最大的直辖市。2009 年末全市户籍人口为 3 275.61 万人。有汉、回、苗、土家等十几个民族，少数民族人口占 5.7%。1997 年 3 月 14 日重庆市被正式批准设立直辖市，下辖 40 个行政区县（自治县），有 19 个区（万州区、涪陵区、渝中区、大渡口区、江北区、沙坪坝区、九龙坡区、南岸区、北碚区、万盛区、双桥区、渝北区、巴南区、黔江区、长寿区、江津区、合川区、永川区、南川区）；21 个县（自治县）（綦江县、潼南县、铜梁县、大足县、荣昌县、璧山县、梁平县、城口县、丰都县、垫江县、武隆县、忠县、开县、云阳县、奉节县、巫山县、巫溪县、石柱土家族自治县、秀山土家族苗族自治县、酉阳土家族苗族自治县、彭水苗族土家族自治县）。重庆位于长江三峡库区腹心地带。三峡库区重庆段包括巫山、奉节等 18 个区县（市），面积达 4.6 万 km^2，占全市总面积的 55.82%。

（一）地理环境概况

重庆市简称“渝”，位于我国西部中纬度地带，位于四川盆地东部的重庆三面环山，北有大巴山，东有巫山，南面是大娄山。介于东经 105° 11' ～ 110° 11'，北纬 28° 10' ～ 32° 13'；东邻湖北省、湖南省，南连贵州省，西接四川省，北与陕西省接壤，是我国中西部地带经济发展东联西引的结合部。

重庆地区地形地貌结构较为复杂。地貌类型按其形态划分，可分为中山、低山、丘陵、台地、平原（坝）五大类。中山分布于重庆市的北部和东南部，构成四川盆地边缘山地，面积 42 590 km^2，占全市总面积的 51.7%，天池山主峰兰英寨，海拔 2 793.8 m，是重庆市最高峰；低山面积为 19 876 km^2，占全市面积的 24.1%；丘陵面积为 14 954 km^2，占全市面积的 18.2%，主要分布于长江左岸的西部地区；台地面积 2 943.36 km^2，占全市面积的 3.6%；平坝面积 1 970.775 km^2，占全市面积的 2.4%。

（1）地势起伏大，层状地貌明显。全市最低点在巫山县碚石村鱼溪口，海拔 73.1 m；最高点为巫溪、巫山和湖北神农三县交界的阴条岭，海拔 2 797 m，相对高差 2 723.9m。东部、东南部和南部地势高，多在海拔 1 500 m 以上；西部地势低，大多数为海拔 300 ～ 400 m 的丘陵（图 1–4）。

（2）地貌形态组合的地区分异明显。华蓥山 – 巴岳山以西为丘陵地貌；华蓥山至方斗山之间为平行岭谷区；北部为大巴山中山山地；东部、东南部和南部属巫山大娄山山区。

（3）喀斯特地貌分布广泛。在东部和东南部地区，喀斯特地貌大量集中分布，地下水和地表喀斯特形态发育较好。在北斜条形山地中发育了渝东地区特有的喀斯特槽谷奇观。在东部和东南部的喀斯特山区分布着典型的石林、峰林、洼地、浅丘、落水洞、溶洞、暗河、峡谷等喀斯特景观。

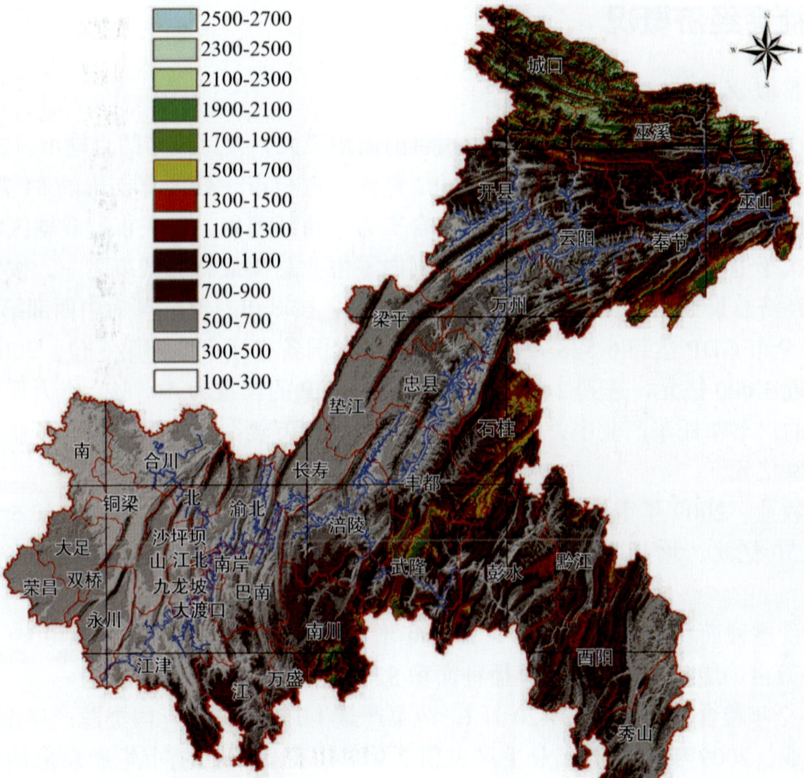

图 1–4 重庆市地形图

（二）气候特点

重庆气候属中亚热湿润季风气候类型，其特征是：①夏热冬暖，无霜期长。重庆地区多年平均气温在长江谷地（沙坪坝）为 18.4℃、云阳 18.8℃；最热月 (7 月) 平均气温 34.4℃，极端（丰都）最高气温达 44.1℃，为长江三大“火炉”之一。最冷月 (1 月) 平均气温大于 4℃，无霜期 340 ～ 350 d，大于 0℃活动积温 6 010 ～ 6 900℃，是同纬度无霜期最长地区。②降水量充沛，时空分配不均。重庆年平均降水量 1 100 mm 左右，夏季占年降水量 40% ～ 50%，冬季只占 4% ～ 5%；多暴雨，又受青藏高压和副热高压的影响，7、8 月份常出现 30 ～ 50 d 的干旱。降水的年际变化大，一般多雨年为少雨年降水量的 2.5 ～ 3 倍；降水量由东向西北逐渐减少，黔江年降水为 1 445.3 mm，而西部的潼南仅 987.5 mm。③秋多阴雨，冬多云雾，日照时数少。重庆秋季阴雨平均 1.1 ～ 2.3 次，常年≥ 0.1mm 雨日平均 13.7 ～ 15.8 d，降水量 268 ～ 424 mm，占年降水量的 24% ～ 31%；重庆年平均雾日 67.8 天 (沙坪坝)。最多年份达 148 d，故有“雾都”之称。④气候垂直分异明显。重庆地区相对高差达 2 720.7 m，形成明显立体气候带谱。气温随海拔增高而降低，每 100 m 其递减率一般为 0.57℃，年活动积温递减率为 207℃。但因受地形影响，重庆地区一般存在着 500 ～ 600 m、800 m 左右两个逆温层。降水量随海拔增高而增多，多雨带各地不一，酉阳八面山出现在 1 200 m 处，年降水量多达 1 852.1 mm，南川金佛山则在 1 600 m 处，年降水量为 1 654.4 mm。

（三）社会经济概况

1. 经济概况

重庆是中国著名的历史文化名城。中国目前面积最大，人口最多的直辖市。2009 年重庆财政收入完成 1 160 亿元。全年民生支出 682 亿元，占全市一般预算支出的 51.7%。重庆是中国西部地区重要经济增长极之一，经济综合实力在西部领先，重庆市行政辖区内零售商品交易总额仅次于上海，与广州并驾齐驱，是国内零售业总额最高的城市之一。按省计算，重庆直辖市的经济总量在西部 12 个省级地区列第 5 位，按城市总额计算为中西部第 1 位。

2009 年全市 GDP 达到 6 528.72 亿元，增速在全国各省区市中列第 3 位。2009 年全市工业增加值接近 3 000 亿元，达到 2 917.40 亿元，占 GDP 的比重为 44.7%。作为重庆市工业第一支柱产业的汽车摩托车产业中，汽车产量达到 118.65 万辆；全年汽车摩托车业累计实现总产值 2 223.79 亿元。

（1）农牧业。2009 年重庆市农林牧渔业增加值 606.80 亿元，比上年增长 5.5%。其中，种植业 390.50 亿元，增长 5.6%；畜牧业 164.00 亿元，增长 4.9%；林业 24.59 亿元，增长 5.4%。

全年粮食播种面积 3 344.24 万亩，比上年增长 0.6%，粮食平均亩产 340 kg。油料播种面积 355.54 万亩，增长 10.0%。蔬菜播种面积 828.35 万亩，增长 14.7%。

2009 年全年粮食总产量 1 137.20 万 t。蔬菜产量 1 177.45 万 t。肉类总产量 187.72 万 t。

（2）工业。2009 年重庆市工业生产总值 2 917.40 亿元，占全市生产总值的 44.7%。从支柱产业看，汽车摩托车行业总产值 2 223.79 亿元，占规模以上工业总产值的 33.2%，装备制造业总产值 1 091.14 亿元，占规模以上工业总产值的 16.3%。全年规模以上工业经济效益综合指数达到 206.4%；实现利税总额 623.71 亿元；实现利润 323.14 亿元；总资产贡献率 10.9%；产品销售率 97.8%；全员劳动生产率 167 693 元 /（人 · 年）。全年建筑业增加值 530.08 亿元。全市具有资质等级的总承包和专业承包建筑企业实现利润 110.12 亿元；上缴税金 85.03 亿元。

（3）交通运输。重庆地处我国中部和西部地区的结合部，铁路、水路、公路、航空、管道运输等运输方式发展很快。重庆是中国长江上游地区唯一汇集水、陆、空交通资源的特大型城市。2008 年 11 月 19 日，“畅通重庆”启动，加快重庆的交通运输。截至 2009 年底，重庆市公路总里程达 110 951 km，其中国道 2 833 km，经过重庆的有 210 国道、319 国道、212 国道、318 国道和 326 国道。

全年完成邮电业务总量 488.04 亿元。其中，邮政业务总量 24.44 亿元；电信业务总量 463.60 亿元。年末固定电话用户 627.70 万户；年末移动电话用户 1 440.90 万户。电话普及率每 100 人 72.40 部，提高 3.0 部。互联网用户 203.80 万户。

（4）旅游业。重庆市 2009 年接待游客 1.23 亿人次；实现旅游总收入 703.23 亿元。其中，入境游客 104.80 万人次，旅游外汇收入 5.37 亿美元；国内游客 1.22 亿人次，国内旅游收入 666.34 亿元。全年公民出国（境）旅游人数 35 万人次。

2. 社会基础概况

（1）科技事业。重庆科技实力雄厚，集中了全国一批优秀的大学和科研机构，是长江上游科研成果产业化基地、国家高新技术产业基地、中国军博会指定举办城市。2000年以来，重庆市以科教兴渝、建设创新型城市为目标，贯彻落实科学发展观，大力发展科技事业，自主创新能力明显增强，逐步建立起以企业为研发主体、科研机构和高校为技术支撑的科技创新体系，为重庆市经济发展提供了不竭动力，重庆市科技事业取得巨大成就。

（2）教育事业。重庆是中国高校最集中的八个城市之一，也是西南地区高校最多的城市，在渝的高等院校共有59所，本科院校18所。全国重点大学5所（含军校），其中国家教育部直属重点大学2所，地方市属本科大学13所，军事系统院校3所。国家“211”工程院校2所，国家“985”工程学校1所。

（3）环保事业。重庆市环保事业取得了巨大的进展，采取“蓝天行动”、“碧水行动”、“绿地行动”和“宁静行动”以改进重庆市的环境空气质量、水环境质量、生态环境质量和声环境质量。以农村环境综合整治为重点，推进统筹城乡环境保护。

第二节 川渝地区水资源概况与水资源生态承载力

一、川渝地区水资源概况

（一）四川省

四川省多年平均水资源总量2 615.69亿m^3。其中，多年平均地表水资源量2 614.54亿m^3，平原地下水与地表水资源不重复量1.15亿m^3。全省入境水902.14亿m^3，出境水3 434.45亿m^3，是水资源大省。水资源总量加入境水量合计为3 517.83亿m^3。按2008年统计公布全省人均占有当地水资源2 792 m^3。全省水资源有如下特点。

1. 地表水

（1）地表水资源以河川径流为主。四川共有大小江河1 419条，除川西北高原的白河、黑河流入黄河以外，其余江河全部注入长江，属长江水系。长江自西向东横贯整个四川，其中金沙江、大渡河、青衣江、岷江、沱江、涪江、嘉陵江、渠江八大河流尤为重要。水资源总量居全国第二位，人均水资源占有量居全国第十位。四川省水资源以河川径流最为丰富，由于河川径流的季节变化大，全省可利用水资源约653.59亿m^3，占水资源总量的24.2%，可利用率较低。

（2）水资源时空分布不均，地区差异大。受地形和气候的影响，四川降水的时空分布不均，因而水资源季节分配不均，地区分布差异大。在时间分布上，东部盆地夏秋季（6～10月）径流量占全年的60%～80%，川西南山地为70%～80%，川西北高原为80%左右。并多以暴雨和洪水的形式出现，容易发生夏洪和秋汛等灾害。而农用水高峰期的4、5月水量不足，干旱严重。因而，一年中常出现旱涝交替的现象。在地域分布上，四川年径流深度分布的总格局是：东部的盆周山地大于盆地，西部的川西南山地和川西北高原南部大于北部。具体来说，四川盆地边缘山地和大凉山南坡年径流深度超过 700 ~ 1 000 mm，其中盆地西缘山地的鹿头山、青衣江暴雨区高达 1 000 ~ 1 400 mm，最高可达 1 966 mm；川西南山地和川西北高原南部为 500 ~ 1 400 mm；川西北高原的北部和西部小于 500 mm；盆地腹地年径流深度为 200 ~ 600 mm。2008 年四川西部人均水资源量 18 961 m^3，而东部地区仅为 1 284 m^3，全省水土资源的地域组合不平衡。

(3) 水资源分布与工农业布局不匹配。四川省西北部地区的甘孜、阿坝州虽然径流深较小，但区内需水量很低，人口稀少，水资源量十分富裕，人均达 4 万 ~ 6 万 m^3。盆周山区水资源较富裕，人均达 2 600 ~ 11 000 m^3。而经济社会最发达的盆地腹部地区，是全省水资源最贫乏地区。该区幅员面积 8.79 万 km^2，占全省的 18.1%，而人口、耕地、工农业产值分别占全省的 74.3%、71.9% 和 84.8%，人均占有水资源量为 825 m^3，属重度缺水区，水资源占有量为全省平均水平的 29.8%。

根据世界水资源研究所提出的水资源水平四级评估标准评价，盆地内各市除绵阳外，成都、自贡、德阳、遂宁、内江、南充、广安、资阳等市人均水资源均在 1 000 m^3 以下，属严重缺水区。特别是遂宁、内江、自贡、南充、资阳等市，人均水资源仅为 299 ~ 569 m^3，为全省最低值，低于我国北方一些干旱缺水地区。因此，四川省盆地腹部地区的水资源供需矛盾十分突出。按照人均年水资源占有量 1 700 m^3 为缺水警戒值标准分析，人口、耕地和工农业生产最集中的岷沱江、嘉陵江、长江干流都属于缺水区。全省约 92% 的人口生活在缺水区。

(4) 地表水资源污染严重、水环境恶化。2009 年全省废污水排放总量为 32.48 亿 t（不包括火电厂直流冷却水）。其中，排放工业废水占 67%，建筑业废水占 3.5%，第三产业污水占 7.1%，生活污水占 22.4%。入河废水量 26 亿 t。从四川省 2009 年 2 535 km 河流水质评价结果来看，全年 I 类水域河长 126 km，占评价总河长的 5%；II 类水域河长 1 658 km，占评价河长的 65.4%；III类水域河长 566 km，占 22.3%，V 类水域河长 135 km，占 5.3%；劣 V 类水域河长 50 km，占 2%。

根据《四川水资源公报》，2009 年四川省内主要江河的支流评价河道长共 2 535 km（包括雅砻江、岷江、沱江、大渡河、青衣江、嘉陵江、涪江、渠江）。其中，I 类水域河长 126 km，占评价河道长的 5.0%；II 类水域河长 1 658 km，占 65.4%；III类水域河长 566 km，占 22.3%；IV、V 类及劣 V 类水域河长占 7.3%；以 II 类水为主。2009 年对邛海、马湖和泸沽湖的评价（评价面积 60.88 km^2），II 类水域面积为 44.92 km^2，占评价面积的 73.8%；III类水域面积为 15.96 km^2，占评价面积的 26.2%；以 II 类水域为主。

但是从对省内 24 座水库的检测来看，II 类水质的水库仅有 3 座，占 12%，分别是二滩水库、黑龙滩水库和沉抗水库；III类水质标准的有 10 座，占总数的 44%；达IV的有 5 座，占总数的 20%；达 V 类的有 3 座，占总数的 12%；达劣 V 类的有 3 座，占总数的 12%（表 1-1，图 1-5 至图 1-7）。

四川省水资源丰富，但是分布不均，部分经济社会发达的平原和丘陵区更是水资源贫乏区，“缺水、水脏”成为制约当地经济社会持续发展的瓶颈。

表 1–1 四川省 2009 年主要水库水质情况

水质	个数与所占比例	水库	超标项目
Ⅱ类	3 座，12%	黑龙滩水库、二滩水库、沉抗水库	
Ⅲ类	10 座（11 个断面），44%	百丈水库、张家岩水库、双溪水库、大桥水库、老鹰水库、葫芦口水库、元兴水库、磨尔滩水库、幸福水库、升钟水库（李家坝）、升钟水库（大坝）	
Ⅳ类	5 座，20%	柏林寺水库、古宇庙水库、响滩子水库、思德水库、石莲花水库	总磷、高锰酸盐指数、BOD_5
Ⅴ类	3 座，12%	三岔水库、石盘水库、继光水库	总磷、高锰酸盐指数、BOD_5
劣Ⅴ类	3 座，12%	黄河镇水库、双河口水库、红旗水库	总磷、高锰酸盐指数、氨氮

数据来源：《2009 四川省水资源公报》

图 1–5 四川省黑龙滩水库

图 1–6　四川省三岔湖水库

图 1–7　四川省二滩水库

2. 地下水

四川不仅有丰富的地表水资源，而且地下水资源也较丰富。2008 年全省地下水资源量为 592.22 亿 m^3。但由于四川省地域辽阔，区域地质条件差异悬殊，分布很不均衡，一般是盆地边缘高于盆地内部。川西北高原水文地质具有高原沼泽湿地的孔隙潜水，以及与融冻风化作用有关的孔隙水。川西南山地的岩溶水、孔隙水丰富，具有较好的开发利用前景。成都平原地下水埋深 1 ~ 3 m，可视为一个天然地下水库，2008 年储量评价达 25.41 亿 m^3，有开发利用的广阔前景。平原四周的低山、丘陵地区一般地层普遍有裂隙分布，但含水不丰。

3. 四川省自然湖泊、沼泽及冰川

四川省内湖泊、沼泽及冰川多分布于西部高山高原区。目前正在开发的仅有邛海、泸沽湖、马湖，其余均未进行综合开发利用。川西北高原的阿坝、红原和若尔盖之间，面积约 1 万 km^2 的若尔盖高原盆地，一般海拔在 3 400 m 以上，是我国第二大沼泽地，这里也有丰富的水资源。

四川冰川主要分布在川西高山高原及横断山地海拔 4 000 m 以上的高山上。据不完全统计，全省冰川约有 200 余条，总覆盖面积 510 km^2。这些固态水资源，只是在每年夏季有部分冰雪融水补给河流，但其量一般只占河川径流总量 3% ~ 8%，最多达 10%。

（二）重庆市

重庆境内河流密布，总流域面积大于 50 km^2 的河流有 374 条。除北部的任河汇入汉水、东南部的酉水注入沅江、濑溪河和大清河注入沱江外，其余均汇入境内长江。左岸河流多而长，呈格子状水系；右岸一般短而少，呈树状水系。主要河流有长江、嘉陵江和乌江。

重庆市 2008 年水资源总量为 576.93 亿 m^3，多年平均值为 567.76 亿 m^3，多年人均水资源量为 1 671 m^3，为全国人均 2 220 m^3 的 2/3 和世界人均 10 800 m^3 的 1/6。从目前公布的国际水紧缺指标来看，重庆属中度缺水地区（人均水资源量为 1 000 ~ 1 700 m^3 为中度缺水；500 ~ 1 000 m^3 为重度缺水；500 m^3 以下为极度缺水）。在中等干旱年时，水资源总量中可利用的水资源量为 121. 39 亿 m^3，人均 393 m^3。

重庆市年均降雨量为 1 208.3 mm，存在时间分布和空间分布极为不均的现象。从时间上看降雨主要集中在 5 ~ 9 月，占全年降水量的 75% ~ 80%，且年际间降水量相差 2 倍左右。在区域分布上一般是东部高于西部，南部大于北部，年均降水量最多的（黔江）达 1 445 mm，最低的（潼南）则为 987.5 mm；人均占有水资源量渝东南地区为 3 500 ~ 5 500 m^3，渝东北地区为 2 000 ~ 5 000 m^3，但这些地区山高、坡陡、谷深，水利工程严重缺乏，可利用水资源量甚少，工程性缺水十分严重，丰富的水资源难以利用。渝西地区仅为 450 ~ 600 m^3，属极度缺水地区，资源性缺水十分严重。由于重庆市水资源分布的特点：一是形成了渝西地区和渝东北地区两大干旱地区，常年人畜饮水困难，城镇供水紧张，农业干旱严重；二是汛期洪水灾害和非汛期冬干春旱发生频率高，灾害损失大；三是汛期集中降水，蓄水工程数量少，蓄水能力弱，水资源利用程度极低，造成严重的工程性缺水。图 1-8 为重庆市历年地表水资源量。

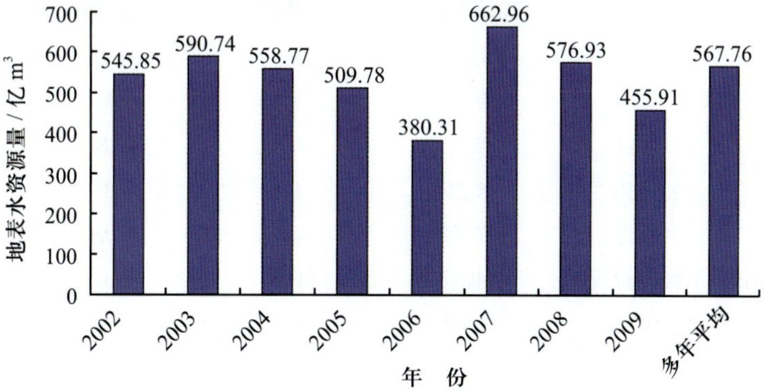

图 1-8 重庆市历年地表水资源量

2008 年全市大中型水库年末总蓄水量 21.392 4 亿 m^3，比上年末增加 8.72%。2008 年全市总供用水量为 82.773 1 亿 m^3。2008 年全市人均用水量为 292 m^3，万元 GDP 用水量为 162 m^3，万元工业增加值用水量为 226 m^3，人均生活用水量为每天 121 L，农业亩均用水量为 222 m^3，城镇人均公共用水量为每天 47 L。

2008 年全市废污水排放总量共计 25.051 6 亿 t（不含火电厂直流式冷却水和矿坑排水），其中城镇居民生活污水排放量为 5.548 6 亿 t，第二产业废污水排放量 17.812 9 亿 t，第三产业污水排放量为 1.690 2 亿 t，分别占废污水排放总量的 22.15%、71.10%、6.75%。2008 年全市 58 条主要次级河流 122 个监测断面中，水质为Ⅰ类、Ⅱ类、Ⅲ类、Ⅳ类、Ⅴ类和劣Ⅴ类的断面分别占 12.3%、24.6%、36.9%、14.7%、2.5% 和 9.0%；其中，满足水域功能要求的断面比例为 78.7%。与 2007 年相比，次级河流水质满足Ⅲ类和满足水域功能要求的断面比例分别上升 4.6 和 7.9 个百分点。

2008 年重庆市 18 个水功能区水质监测结果显示：全年期有 13 个水功能区达标，达标率为 72.2%，达标河长 841.6 km，达标率为 77.7%；汛期有 14 个水功能区达标，达标率为 77.8%，达标河长 849.6 km，达标率为 78.4%；非汛期有 13 个水功能区达标，达标率为 72.2%，达标河长 841.6 km，达标率为 77.7%。

二、川渝地区水利工程建设情况

（一）四川省水利设施建设

新中国成立 60 多年来四川省的水利建设取得了巨大成就。新中国成立初期，全省除都江堰工程（灌溉近 300 万亩）外，其他灌溉工程既小又少，更无一座中型水库，仅有小型水库 5 座，90% 以上的耕地缺乏灌溉，有效灌溉面积 881.32 万亩。截至 2008 年，四川现已建成大中小型水库 6 723 座（其中小型水库 6 610 座），引水渠堰 44 179 条，共建各类水利工程 63.37 万处，四川水库工程和引水工程的统计如表 1-2 和表 1-3 所示。

表 1-2 四川省水库工程表（2008 年） 处，万 m^3，$\times 10^3 hm^2$

市（州）	工程处数	总水量能力	设计灌溉面积	有效灌溉面积	其中田的面积	旱涝保收面积
合计	6 723	1 061 267	1 211.49	831.6	633.99	551.57
成都	196	131 463	26.38	15.47	8.25	7.99
自贡	380	35 619	101.53	45.33	41.38	22.68
攀枝花	179	16 444	19.81	11.26	7.68	8.35
泸州	438	27 511	59.52	40.47	39.85	26.66
德阳	124	25 160	18.20	11.81	7.36	5.32
绵阳	803	90 042	77.83	56.12	47.06	38.80
广元	558	30 207	44.67	30.67	28.03	22.74
遂宁	333	39 018	56.63	55.85	39.04	36.42
内江	348	52 304	81.60	57.32	30.80	30.61
乐山	222	35 191	46.24	37.31	34.09	25.99

续表 1-2

市（州）	工程处数	总水量能力	设计灌溉面积	有效灌溉面积	其中田的面积	旱涝保收面积
南充	620	174 791	219.83	109.89	73.83	80.21
广安	309	51 742	91.65	53.76	50.15	39.84
达州	393	47 427	75.45	59.16	53.01	40.26
宜宾	398	306 466	52.39	40.3	39.47	29.01
雅安	41	4 170	3.16	2.25	2.04	1.82
阿坝	—	—	—	—	—	—
甘孜	—	—	—	—	—	—
凉山	275	91 222	11.14	21.86	13.87	15.01
巴中	429	24 883	42.74	27.19	22.85	20.82
眉山	299	64 847	117.33	98.62	58.67	57.46
资阳	378	88 760	65.39	56.96	36.56	41.58

数据来源：2008 年《四川省水利统计年鉴》

表 1-3 四川省引水工程表(2008 年) 处，万 m^3，$\times 10^3hm^2$

市（州）	工程处数	总水量能力	有效灌溉面积	其中田的面积	旱涝保收面积
合计	44 179	1 129 706	897.37	686.44	696.11
成都	155	335 923	278.86	257.21	248.81
自贡	1	299	1.02	1.02	0.44
攀枝花	3 096	34 340	10.89	9.37	7.45
泸州	5 128	11 002	13.86	13.20	10.31
德阳	45	131 180	121.37	101.48	101.08
绵阳	872	61 136	89.11	63.41	63.19
广元	1 633	5 280	6.08	4.79	4.16
遂宁	7	17 052	17.78	8.53	11.82
内江	—	—	—	—	—
乐山	2 897	104 172	37.92	34.19	29.52
南充	—	—	—	—	—
广安	709	4 423	4.94	4.85	2.65
达州	4 556	6 893	17.89	14.96	12.22
宜宾	5 573	17 863	24.75	22.19	15.04
雅安	3 126	55 695	36.52	29.43	23.87
阿坝	1 856	9 423	15.19		10.71
甘孜	4 710	59 608	26.94		14.10

续表 1-3

市（州）	工程处数	总水量能力	有效灌溉面积	其中田的面积	旱涝保收面积
凉山	7 683	107 383	90.60	52.41	50.10
巴中	1 902	2 072	5.16	4.52	4.42
眉山	229	148 787	52.76	46.84	44.14
资阳	1	17 175	45.73	18.04	42.08

数据来源：2008 年《四川省水利统计年鉴》

虽然四川省水利建设取得了较大进展，但仍不能适应农业和经济快速发展的需要，尤其是川北和川西北地区严重缺水、水利设施少，形成干旱频率越高的地方水利设施越少的局面。

水利建设严重滞后：全省已建水库 6 723 座，占全国的 7.8%。在全国 34 个省（市自治区）中，四川人口排位第 3，耕地面积处于第 6，但水库蓄水容积排第 18，耕地有效灌溉率排第 19。四川省水利建设与农业大省、人口大省的地位极不相适应。

2008 年，四川省政府一号文件出台了《关于加快水利发展的决定》，同年与水利部签署加快水利发展与改革合作备忘录。备忘录中包括了“再造一个都江堰灌区”项目，估算投资达到 522 亿元。2009 年 10 月 15 日，四川省颁布了《四川省“再造一个都江堰灌区”建设规划纲要》。纲要提出：力争从 2009 年到 2016 年，新增和恢复蓄引提水能力 86 亿 m^3；新增有效灌溉面积 1 069 万亩；新增节水灌溉面积 500 万亩，建设水利现代化灌区示范区 30 万亩，相当于再造一个都江堰灌区。该项目实施后，将新增粮食生产约 50 亿 kg，超过目前全省粮食产量的 10%，从根本上解决四川“靠天吃饭”的问题。

四川 2010 年开工建设“2+10”大中型水利工程，即开工小井沟、武引二期 2 个大型工程，大竹河、黄桷坝、洛须、打火沟、白岩滩、双桥、王家沟、刘家拱桥、金王寺、解元 10 个中型工程。

四川水利发展目标是到 2020 年蓄引提水能力提高到 420 亿 m^3，水资源开发利用率由 10% 提高到 16%；保障城乡居民饮水，解决 23 座城市缺水问题；完成现有病险水库除险加固，沿江河城镇达到防洪标准；新增有效灌面 2 300 万亩；新增治理水土流失面积 8 万 km^2，江河湖库水质基本达标；灌溉水利用系数由 0.38 提高到 0.55。

（二）重庆市水利工程建设

重庆市的水利工程建设 60 年来取得了巨大的成绩，截至 2007 年，重庆市现有水利工程 221 733 处，其中小型水库 2 750 处（如图 1-9 成功桥水库为小Ⅱ型水库），旱涝保收面积达 479.81 万亩，占耕地面积比例达到 23.11%。新中国成立到 20 世纪 70 年代末是重庆水利工程建设的起步阶段，主要体现“水利是农业命脉”的指导思想，水利主要为农业服务。改革开放以来重庆市水利建设逐步提高，国家和各级政府都逐年加大了水利投资，对灌溉、防洪、供水及生态环境等方面进行系统建设。

自 1997 年成为直辖市以来，特别是西部大开发 10 年以来，重庆市紧紧抓住国家实施西部大开发战略的历史机遇，水利建设更加注重综合规划和资源管理，更加注重水利基础设施建设与水利综合效益发挥相结合，更加注重建设前期管理和质量、资金管理，更加注重发展民生水利、生态文明水利，更加强调经济、社会、生态效益的统一。完成水利投资 430 亿元，新建成各类水利工程 3.86 万处，新增加蓄引提水能力 38.1 亿 m^3，有力保障了重庆经济社会的快速发展。

图 1-9 重庆市成功桥水库

（1）骨干水源工程建设加快推进。加快推进了 43 处骨干水源工程建设。续建完成“九五”期间 17 座中型水库。新开工建设开县鲤鱼塘、大足玉滩两座大型水库，其中开县鲤鱼塘水库枢纽工程已建成并下闸蓄水。全面开工建设“泽渝”一期工程 15 座中型水库和“泽渝”二期工程 7 座中型水库，其中“泽渝”一期有 8 座水库枢纽已基本完工。2003 年 4 月 1 日，水利部部长办公会审议批准重庆市“泽渝”工程一期项目在国家立项。“泽渝”工程一期项目由 15 座中型水库组成，设计总库容 4.26 亿 m^3、设计灌溉面积 127.34 万亩、配套电站装机容量 10.61 万 kW，为涪陵、梁平、永川等 9 个区县城区和灌区内场镇 157 万余人提供优质饮水水源。新开工建设松溉和铜罐驿两大提水工程，其中铜罐驿提水工程已向重庆大学城供水。43 处骨干水源工程新增蓄引提水能力近 12 亿 m^3，新增农田灌溉面积近 360 万亩（24 万 hm^2），可解决 450 余万城乡居民的饮水水源问题。

（2）民生水利建设卓有成效。建成各类饮水安全工程 4 万余处，解决了近 700 万城乡群众的饮水安全问题。完成了近 1 800 座病险水库除险加固，其中小 I 型以上病险水库近 400 座，可新增或改善蓄水 1.75 亿 m^3，新增或恢复有效灌面 30.5 万亩，有效消除了下游 36 个城镇近 100 万人的防洪安全隐患。续建推进龙溪河、万州、梅江、濑溪河 4 个大型灌区建设，新开工建设三峡库区中部、小江、渝北东、璧南河 4 个大型灌区；基本建成万州五桥、梁平东山、开县兴隆、巴南石南 4 个中型灌区，新开工建设巫溪民主中型灌区；实施节水灌溉示范项目 62 个，加快推进“烟水”、“柑水”、“菜水”等农业产业化基地小型水利设施建设。到

2008 年年底，全市有效灌溉面积达 988.29 万亩，节水灌溉面积达 193.88 万亩，旱涝保收面积达 539.8 万亩，分别比 1998 年净增 116.94 、152.3 、78.2 万亩。建设了酉阳县城、南岸区长滨路（一期）、巫溪县城（一期）、綦江县城、彭水县城（一期）、巴南城区（一期）等 47 处县城防洪护岸工程，基本建成近 100 处乡镇防洪工程，启动 20 处中小河流治理工程建设。建成各类堤防总长 588 km，其中建成达标堤防 320 km 以上，实现 15 个县城和近 100 个乡镇防洪基本达标，保护了 320 个工矿企业 80 万人的防洪安全。农村水电方面，完成了"十五"期间 19 个水电农村电气化县（含 5 个备选县）建设；加快推进了中梁、金家坝等中小水电站和"十一五"水电农村电气化县、小水电代燃料生态工程建设。全市农村水电装机达 162.37 万 kW，比 1998 年净增 70.19 万 kW；累计解决 140 万户 530 万人的无电缺电问题，受益区农民人均纯收入从 1998 年的 1 720 元增加到 2008 年的 4 126 元，极大地改善了农村生产生活条件，加快了受益区小城镇建设步伐，有效促进了农村地区经济社会发展。

（3）水生态环境较大改善。完成治理水土流失面积近 1 万 km^2，完善了重庆市水土保持监测总站和万州、涪陵、渝北、永川 4 个监测分站监测设施，完成了万州、涪陵、永川、渝北、开县等 12 个监测点的坡面标准径流小区和万州刘家沟小流域控制站建设。新开工并建成了大学城土主、荣昌、丰都北岸等 6 处县城和石柱沿溪、奉节公平 2 处集镇污水处理工程。开工建设了三峡库区消落区开县水位调节坝工程。西部大开发 10 年来，重庆水利建设虽然得到了长足发展，但由于历史欠账多、水利工程基础薄弱，加之特殊的自然地理特征以及水资源条件，城乡供水、防洪基础设施、农田灌溉设施、水资源节约保护、水土保持生态建设和水利建管体制机制等方面仍需进一步完善。

重庆市水利有关指标及对比情况见表 1-4。

表 1-4　重庆市水利有关指标及对比情况表（1978—2007 年）

年份	1978	1997	2007	年均增长 / %
一、完成各类水利投资 / 亿元	1.5	4.5	70	1978—1997 年 5.8，1997—2007 年 31.7
二、农村饮水不安全人口 / 万人	1 753.5	1 676.3	1 085	
占农业人口比例 /%	76.08	67.94	43.97	
三、水利工程处数	153 633	183 746	221 733	1.2
水库座数	2 195	2 726	2 812	
大型水库座数 (发电水库)	2	2	5	
中型水库座数	21	32	57	
小 I 型水库数	310	400	451	
小 II 型水库数	1 862	2 292	2 299	
四、旱涝保收面积 / 万亩	230.6	350.35	479.81	2.45
占耕地面积比例 /%	10.23	16.88	23.11	
五、人均旱涝保收面积 / 亩	0.08	0.12	0.18	

续表 1-4

年份	1978	1997	2007	年均增长 / %
六、人均蓄引提水能力 / m^3	91	139	185	
七、建成城市达标堤防长度 /km	0	56.8	191.6	
八、累计治理水土流失面积 / 万 km^2	0.32	1.12	2.03	
占幅员面积比例 /%	3.9	13.6	24.6	

三、川渝地区水资源生态承载力分析

对水资源承载力的研究有利于揭示区域水资源、经济和人口之间的关系，合理利用水资源，促进社会经济持续发展。川渝地区水资源主要来自于降水，干旱等自然灾害对水资源影响很大，分析该区域的水资源生态足迹和生态承载力有助于从总体上掌握该区域水资源的分布和利用情况。

生态足迹是一种基于土地空间面积占用来衡量可持续发展程度的自然资产综合核算工具。这一理论是由 William E. Ress 于 1992 年提出的，其学生 Wackernagel 等对其计算原理及方法进行了进一步的发展和完善，该理论主要是通过估算维持人类的自然资源消费量和同化人类产生的废弃物所需要的生态生产性空间面积大小，并与给定人口区域的生态承载力进行比较，来衡量区域的可持续发展状况。在 Wackernagel 的计算模型中生态生产性空间包括化石能源地、可耕地、牧草地、森林、建筑用地和水域六大类生产型土地。国内学者将水资源用地作为第七类土地类型，纳入生态足迹计算，并建立了水资源生态足迹的计算模型，用于对水资源生态承载力的评价。

（一）水资源生态足迹与生态承载力计算模型

1. 水资源生态足迹模型

根据用水特性和水资源生态足迹的内涵，将用水分为生活用水、生产用水和生态环境用水三大类进行计算。水资源账户的计算模型如下式表示：

$$EF_w=N\times ef_w=N\times \gamma_w\times [W/p_w]$$

式中：EF_w 为水资源总生态足迹（hm^2）；N 为人口数；ef_w 为人均水资源生态足迹（$hm^2\cdot cap^{-1}$）；γ_w 为水资源的全球均衡因子；W 为人均消耗的水资源量 (m^3)；p_w 为水资源全球平均生产能力（$m^3\cdot hm^{-2}$）。

2. 水资源生态承载力模型

基于生态足迹模型的水资源承载力兼具自然属性、社会属性以及空间属性，为某一区域在某一具体历史发展阶段，水资源最大供给量可供支持该区域资源、环境和社会（生产、生活和生态）可持续发展的能力，即水资源对生态系统和经济系统良性发展的支撑能力。

$$EC_w=N\times ec_w=0.4\times\psi\times\gamma_w\times Q/p_w$$

式中：EC_w 为水资源承载力（hm^2）；N 为人口数；ec_w 为人均水资源承载力（$hm^2\cdot cap^{-1}$）；γ_w 为水资源均衡因子；ψ 为水资源产量因子；Q 为水资源总量 (m^3)；p_w 为世界水资源平均生产能力（$m^3\cdot hm^{-2}$）。

3. 水资源生态盈余和水资源生态赤字

将区域内水资源消耗产生的生态足迹和生态承载力相比较，就会产生水资源生态赤字和水资源生态盈余，此指标可用来判断研究区域内水资源的可持续利用情况。

$$水资源生态盈余/赤字=EC_w-EF_w$$

当 $EC_w>EF_w$ 时，为水资源生态盈余；当 $EC_w=EF_w$ 时，为水资源生态平衡；当 $EC_w<EF_w$ 时，为水资源生态赤字。

4. 万元 GDP 水资源生态足迹

万元 GDP 水资源生态足迹是指区域水资源生态足迹与地区内生产总值 (GDP) 的比值，可以用来衡量水资源的利用效率，计算公式如下：

$$万元\ GDP\ 水资源生态足迹=EC_w/GDP$$

5. 资料来源

数据来源于《2001—2009 年四川省水资源公报》和《2000—2009 年重庆市水资源公报》，人口和 GDP 数据来源于各年的《四川统计年鉴》和《重庆统计年鉴》。

（二）四川省水资源生态足迹与生态承载力

1. 主要计算参数确定

本研究所涉及的水资源生态足迹模型和水资源承载力模型计算参数主要为水资源均衡因子 γ_w，水资源全球产量因子 ψ，世界水资源平均生产能力 p_w。主要参照黄林楠等（2008）的研究结果进行计算，世界水资源平均生产能力被定义为全球多年平均产水模数，为 3140 $m^3\cdot hm^{-2}$。均衡因子是为了将不同土地类型的单位生态生产能力转化成一个可比较的标准，本文采用基于 WWF 2000 年核算的均衡因子计算出的水资源均衡因子，为 5.19；产量因子为该区域水资源平均生产能力与世界水资源平均生产能力的比值，四川省产量因子为 1.76，各市（州）产量因子为多年水资源量平均生产能力与世界水资源生产能力的比值。

2. 四川省历年水资源生态足迹与生态承载力

四川省水资源生态足迹总体上呈缓慢上升的趋势，2008 年有所下降，2009 年达到历年最高值（图 1−10），万元 GDP 水资源生态足迹逐年降低（图 1−11），四川省水资源利用率在逐年提高。在空间分布上，东西部差异较大，东部盆地地区水资源生态足迹是西部高原山地区的十倍左右，东部地区的万元 GDP 水资源生态足迹也均小于西部地区，说明东部地区对水资源的开发利用水平远大于西部地区。

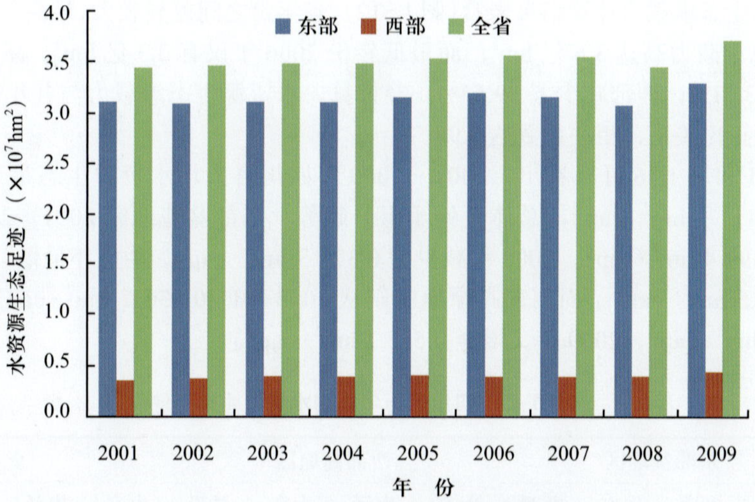

图 1-10 四川省历年水资源生态足迹

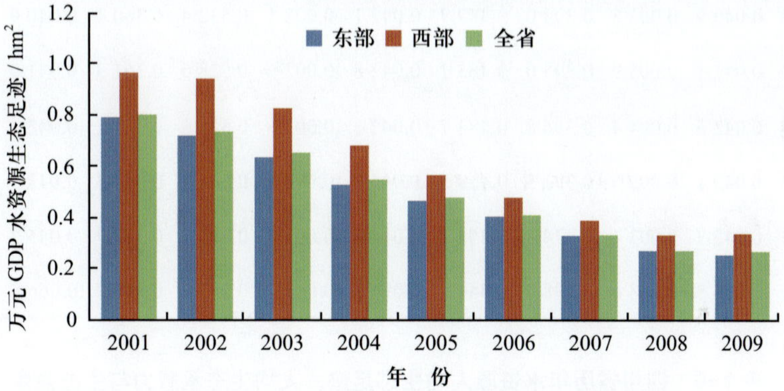

图 1-11 四川省历年万元 GDP 水资源生态足迹变化

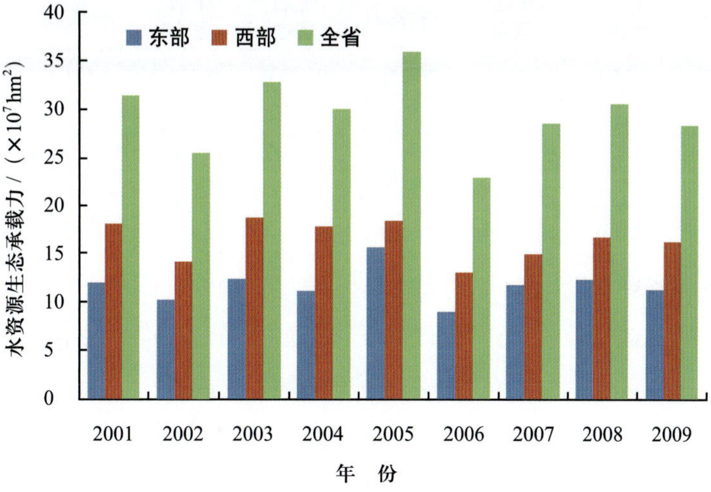

图 1-12 四川省历年水资源总生态承载力

从四川省生态承载力计算结果来看(图1–12),各年份之间差异较大,最高年份为2005年,四川全省生态承载力高达3.6亿 hm^2,而最低年份2006年仅有2.3亿 hm^2,减少了36.31%,东部减少了43.71%,西部减少了29.53%。经计算,水资源生态承载力与各年份之间的降水量呈极显著的正比关系,相关系数达0.98。

从表1–5和表1–6可以看出,2001—2009年四川省人均水资源生态足迹总量保持在0.404 5 ~ 0.411 1 $hm^2 \cdot cap^{-1}$,总体上处于上升趋势;东部盆地地区2001—2007年保持在0.391 5 ~ 0.399 4 $hm^2 \cdot cap^{-1}$,2008年减少为0.374 3 $hm^2 \cdot cap^{-1}$,为历年最低,而2009年又上升至0.398 5 $hm^2 \cdot cap^{-1}$;而西部高原地区则从2003年的0.536 7 $hm^2 \cdot cap^{-1}$ 递减到2008年的0.502 9 $hm^2 \cdot cap^{-1}$,2009年又增至0.543 7 $hm^2 \cdot cap^{-1}$。

表1–5 四川省历年人均水资源生态足迹 $hm^2 \cdot cap^{-1}$

年份	东部盆地区				西部高原区				全省			
	生产	生活	生态	总量	生产	生活	生态	总量	生产	生活	生态	总量
2003	0.350 5	0.041 1	0.003 6	0.395 1	0.492 2	0.043 6	0.001 1	0.536 7	0.362 0	0.041 5	0.003 3	0.406 7
2004	0.349 0	0.040 9	0.003 5	0.393 0	0.487 7	0.042 1	0.002 1	0.532 4	0.360 4	0.040 9	0.003 2	0.404 5
2005	0.350 0	0.041 1	0.003 9	0.395 0	0.483 1	0.042 8	0.002 6	0.528 6	0.361 3	0.041 0	0.003 7	0.406
2006	0.350 0	0.042 5	0.004 4	0.396 8	0.483 7	0.042 3	0.002 6	0.528 6	0.361 1	0.042 4	0.004 1	0.407 6
2007	0.344 9	0.043 1	0.003 5	0.391 5	0.459 5	0.044 6	0.002 5	0.506 7	0.354 3	0.043 3	0.003 6	0.401 2
2008	0.328 3	0.042 7	0.003 4	0.374 3	0.455 1	0.044 8	0.003 0	0.502 9	0.358 7	0.045 2	0.003 7	0.407 6
2009	0.331 1	0.063 8	0.003 6	0.398 5	0.444 2	0.096 8	0.002 7	0.543 7	0.340 7	0.066 6	0.003 7	0.411 1

表1–6 四川省历年水资源人均生态足迹、人均生态承载力与生态盈余 $hm^2 \cdot cap^{-1}$

年份	东部盆地区			西部高原区			全省		
	承载力	生态足迹	生态盈余	承载力	生态足迹	生态盈余	承载力	生态足迹	生态盈余
2001	1.517 4	0.399 4	1.117 9	26.226 8	0.495 6	25.731 2	3.693 1	0.407 2	3.285 9
2002	1.317 2	0.395 8	0.921 4	20.025 9	0.531 8	19.494	2.983 3	0.406 9	2.576 4
2003	1.566 2	0.395 1	1.171 1	26.792 3	0.536 7	26.255 6	3.820 1	0.406 7	3.413 5
2004	1.398 7	0.393 0	1.005 6	24.778 1	0.532 4	24.240 7	3.476 8	0.404 5	3.072 3
2005	1.987 5	0.395 0	1.592 4	25.539 1	0.528 6	25.010 5	4.139 0	0.406 0	3.732 9
2006	1.108 9	0.396 8	0.712 2	17.745 2	0.528 6	17.217 7	2.613 1	0.407 6	2.205 5
2007	1.461 6	0.391 5	1.073 1	20.148 7	0.506 7	19.642	3.187 3	0.401 2	2.786 1
2008	1.494 1	0.374 3	1.119 8	22.063 4	0.502 9	21.560 4	3.410 9	0.407 6	3.025 6
2009	1.371 9	0.398 5	0.973 4	20.430 8	0.543 7	19.887 1	3.165 3	0.411 1	2.754 2

从表 1-6 中可以看出，四川全省和东部盆地区的人均水资源生态承载力在各年份之间的变化趋势与总水资源生态承载力的变化趋势相同，最高值出现在 2005 年，最低值出现在 2006 年，而西部高原区的人均水资源生态承载力的最低值同样出现在 2006 年，但是最高值却出现在 2003 年，2005 年处于中间水平。东西部差距明显，东部盆地区保持在 1.1 ~ 2.0 $hm^2 \cdot cap^{-1}$，而西部高原区除 2006 年为 17.75 $hm^2 \cdot cap^{-1}$ 以外，其余年份均在 20 $hm^2 \cdot cap^{-1}$ 以上，西部高原区的人均水资源生态承载力最高可达东部盆地区的 17 倍。四川全省的人均水资源生态承载力在 2.6 ~ 4.2 $hm^2 \cdot cap^{-1}$。东西部地区均出现不同程度的生态盈余。

在生态足迹各账户中，生产账户占主要部分，四川全省和东部地区的生产用水账户人均生态足迹均占该区域人均水资源生态足迹的 87% 以上，而西部地区更是高达 90% 以上。四川全省和东部地区的生活用水账户约占 10% 左右，生态环境用水账户仅占 1%；西部地区生活用水账户不足 10%，各年份变化不大，生态环境用水账户低于 1%，但呈递增趋势。

从全省来看，各年份生产用水账户生态足迹变化略有起伏，总体上呈递减趋势，2009 年最低，为 0.340 7 $hm^2 \cdot cap^{-1}$。在生产用水账户中，第一产业所占比例最大，占生产生态足迹的 60% 以上，各年份之间以 2004 年最低，但总体上呈略降低趋势；第二产业用水占 30% 以上，各年份之间变化不大；虽然第三产业的用水不足 2%，但是在各年份之间保持递增趋势（图 1-13）。

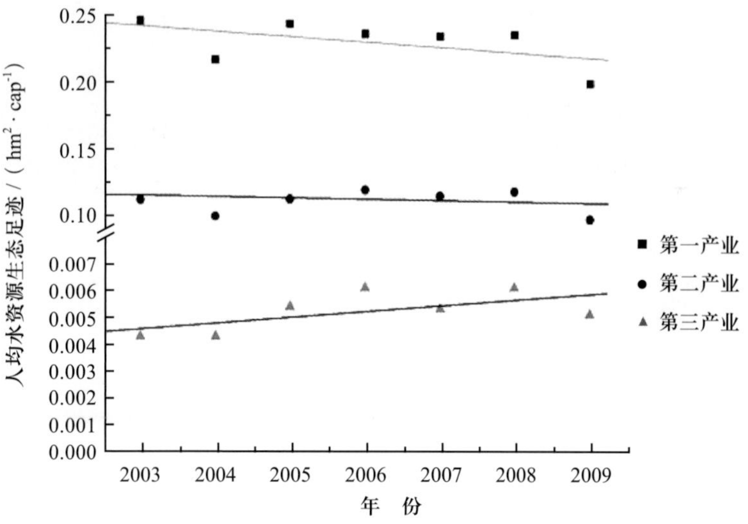

图 1-13 四川省水资源人均生态足迹生产账户历年变化

3. 2007—2009 年四川省各州市水资源生态足迹与生态承载力

本研究对 2007—2009 年四川省 21 市（州）的水资源生态足迹和水资源生态承载力进行了分析。从图 1-14 可以看出，四川省人均水资源生态足迹较高区域位于盆地中部地区和处于攀西高原的钢铁工业城市攀枝花市，这些区域是四川工业经济较为发达区域，人均水资源生态足迹均在 0.6 $hm^2 \cdot cap^{-1}$ 以上。人均水资源生态足迹较低的区域位于盆地东部区域的南充市、达州市、巴中市等地区。

从万元 GDP 水资源生态足迹来看，经济最发达的成都市最低；较高的区域位于德阳市、乐山市、雅安市、眉山市和凉山州，与这些区域的产业结构有关，再加上水资源丰富，导致万元 GDP 水资源生态足迹较高，水资源利用率低；盆地东部水资源短缺地区如遂宁市、巴中市等水资源利用率也较高（图 1–15）。

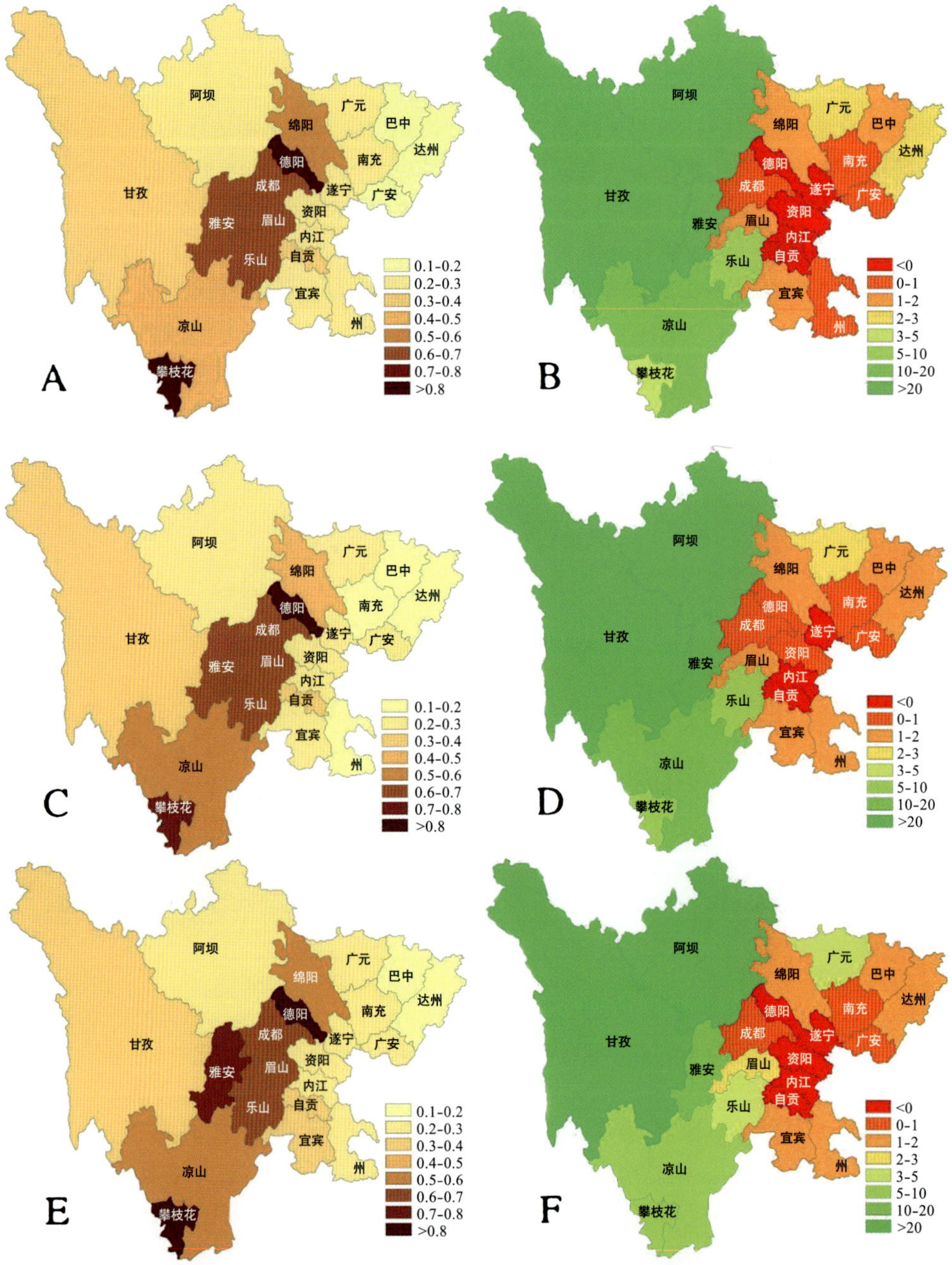

图 1–14　四川省 21 市（州）2007—2009 年人均水资源生态足迹与生态盈余 / 赤字空间分布图（单位：$hm^2 \cdot cap^{-1}$）。A、C、E 分别是 2007、2008、2009 年各市（州）生态足迹；B、D、F 分别是 2007、2008、2009 年各市（州）生态盈余 / 赤字

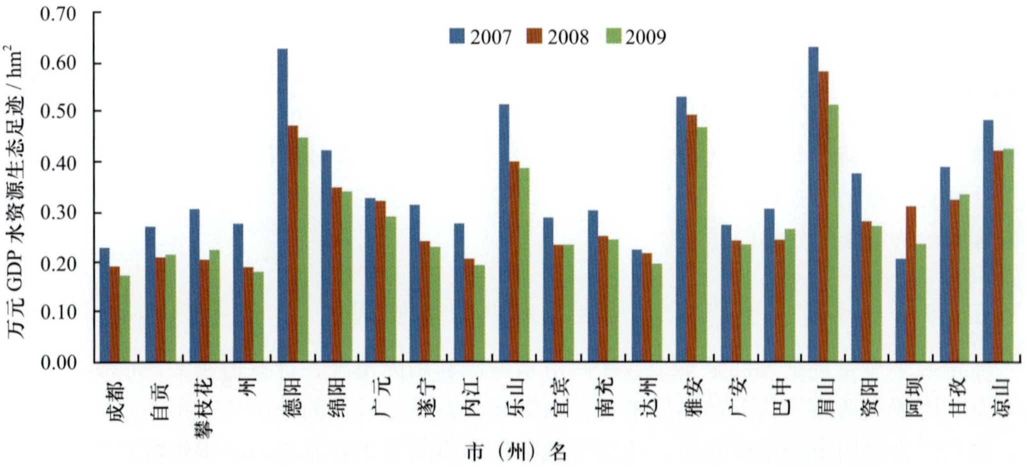

图 1–15 四川省 21 市（州）2007—2009 年万元 GDP 水资源生态足迹

水资源生态盈余较大的地区为四川西部高原地区，其中以甘孜州最大，高达 60 $hm^2 \cdot cap^{-1}$ 以上，其次是阿坝州，凉山州和雅安市也具有较大的生态盈余，水资源较为丰富的攀枝花市和盆地边缘的乐山市和广元市的人均生态盈余也在 2.0 $hm^2 \cdot cap^{-1}$ 以上。而位于盆地地区的各市生态盈余较低，遂宁市、内江市、自贡市、德阳市的水资源生态盈亏出现负值，生态盈亏呈现生态赤字。生态承载力与生态足迹之间的矛盾加剧，将可能导致生态环境的不安全状态。

4. 四川省水资源生态足迹变化与社会经济发展

生态足迹评价主要是用来评价某区域可持续发展状态或生态压力。四川省历年人均水资源生态足迹不足 0.42 $hm^2 \cdot cap^{-1}$，远小于我国东部地区的江苏、福建等地。仅攀枝花市、德阳市等工业较为发达地区的人均水资源生态足迹大于 0.8 $hm^2 \cdot cap^{-1}$，与福建省水平相当。根据水资源生态足迹的内涵，社会发展对水资源的需求量越大人均水资源生态足迹越高，作为我国的农业大省四川省大部分地区以农业生产为主，经济发展较为落后，对水资源的需求量小于我国东部经济发达地区。但是随着经济的发展，对水资源需求量的加大，四川省 2001—2009 年水资源生态足迹表现出上升趋势。

由于人口的增长，城市化的发展，对水资源的需求量会持续增加。无论是四川东、西部地区还是四川全省的生活用水生态足迹都保持上升势头。同时由于对生态环境的投入加大，生态环境用水账户的比例也在增加。

四川是农业大省，农业生产是用水大户，第一产业用水账户生态足迹占总生产用水账户生态足迹的 60% 以上，大于东部地区的江苏省、福建省的比例。但是从图 1–13 分析可知，四川省第一产业用水生态足迹处于缓慢下降的趋势，而第二产业趋于平稳，第三产业正稳步增长，这与四川省进行产业调整，大力发展第二、三产业的产业调整是相辅相成的。

5. 四川省水资源生态承载力与干旱灾害

四川省 2009 年全省入境水 1 366.47 亿 m^3，出境水 3 581.13 亿 m^3。水资源主要来自于降水，水资源生态承载力与历年降水量呈极显著正比关系，降水量低的年份水资源生态承载力明显降低。本研究涉及四川省主要的干旱灾害年份为2002年和2006年，2007年和2009年也出现不同程度的干旱，四个年份的水资源生态承载力明显降低，2006年达到最低点。2006年夏季，川渝地区发生大旱，四川全省21个市州均发生不同程度的干旱灾害，导致水资源生态承载力明显下降。近20年来四川干旱灾害频发，而且大部分地区的水资源生态承载能力都无法解决严重的旱灾问题，干旱已严重制约了社会经济的发展，水资源已成为四川社会经济发展中亟待解决的战略问题。

6. 四川省水资源生态足迹与生态承载力的空间差异

水资源生态足迹反映的是某个区域内对水资源利用的情况，计算值越大，说明对水资源的开发利用程度越高。从分析结果来看，水资源生态足迹较高的地区位于川中地区和攀枝花市，最高的为德阳市和攀枝花市，这两个地区是四川的重工业基地，对水资源开发利用程度较高。成都市是四川省经济最发达的地区，但是以耗水较低的高新技术产业为主，明显低于德阳市和攀枝花市。雅安市、乐山市、眉山市等地水资源较为丰富，产业结构中以耗水型产业为主，所以水资源生态足迹较高。水资源生态足迹较低的地区位于川东地区，越往东部地区生态足迹越低，这些地区水资源短缺，以农业生产为主，耗水量较大，水资源开发率较低。

水资源承载力是水安全的基本度量，其大小是决定社会经济发展速度和规模的条件之一。四川省水资源承载力空间分布不均，东西部差异较大。水资源生态盈余较大的地区位于西部高原区，尤其是甘孜州和阿坝州，水资源丰富，但是人口稀少，对水资源的开发利用较低，水资源生态盈余较高。盆中成都市、德阳市等地区，由于水资源承载力本身不高，再加上生态足迹较高，所以生态盈余较低，德阳市已出现生态赤字。盆地东部地区虽然生态足迹不高，但是由于水资源匮乏，水资源生态承载力较低，所以生态盈余较低，遂宁市、内江市、自贡市出现负值，呈现生态赤字，所以这些地区应该大力发展节水型农业，以低耗水型工业为主。

总体而言，四川省水资源丰富，水资源生态承载力较高，生态盈余较大，可开发利用空间较大。但是水资源在空间上分布极为不均，水资源分布与人口、经济的分布极不对应，西部高原地区生态盈余较大，东部盆地经济较发达地区生态盈余较低，甚至出现生态赤字，水资源承载力无法满足社会和经济的发展需要，对区域的可持续发展造成影响。所以在东部地区，尤其是出现生态赤字的绵阳市、遂宁市、资阳市、内江市和自贡市应该调整产业结构，严格控制耗水量大或者污染严重企业的发展，在农业上调整作物种植结构，减少一些需水量较大、品质较低的农作物种植规模。

四川省水资源人均生态足迹相对较低，对水资源的开发利用程度不高，但是随着经济和科技的发展，万元GDP水资源生态足迹逐年下降，四川省各地区对水资源的利用率正在逐步提高。

四川省水资源主要来自于降水，水资源承载力与降水量相关，在干旱灾害年份，水资源承载力降低，导致生态盈余减少，对水资源的可持续利用造成影响。应该加大水利工程的利用和建设，提高四川省蓄提引水的能力，提升对干旱灾害的应对能力。

水资源生态足迹各种账户之间的变化反映出四川省产业调整的变化。应该根据四川省水资源的分布情况继续进行产业调整，提高水资源利用效率，尤其是提高工业用水的重复利用率，促进四川省整个社会经济的可持续发展。

（三）重庆市水资源生态足迹与生态承载力

1. 重庆市水资源生态足迹与生态承载力

从重庆市生态承载力计算结果来看(图1–16),各年份之间差异较大,最高年份为2007年,最高达0.89亿hm^2，而最低的年份2001年仅有0.45亿hm^2，减少了近一半。经分析水资源生态承载力与各年份之间的降水量呈显著的正比关系，相关系数达0.69。2001年、2006年和2009年重庆市发生重大干旱灾害，降水量明显低于往年，水资源生态承载力也明显降低。

2000—2009年间重庆市水资源生态足迹呈上升的趋势（图1–16），2009年比2000年增长51.31%。而万元GDP水资源生态足迹则逐年降低（图1–17），2009年万元GDP水资源生态足迹不到2000年的一半，说明重庆市水资源开发利用程度和利用效率在不断提高。从图1–16可以看出历年水资源生态足迹均小于生态承载力，呈现生态盈余，重庆市水资源开发利用还具有一定的空间。

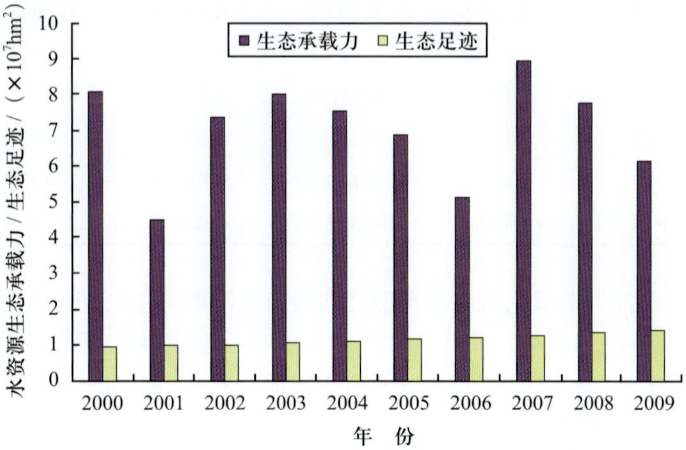

图1–16 重庆市历年水资源生态承载力与生态足迹变化

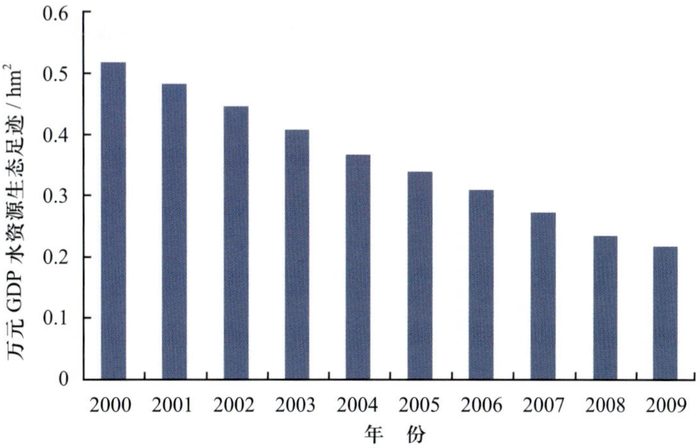

图1–17 重庆市历年万元GDP水资源生态足迹变化

从表 1-7 可以看出，2000—2009 年重庆市人均水资源生态足迹在逐年上升，由 2000 年的 0.301 4 $hm^2 \cdot cap^{-1}$ 上升到 2009 年的 0.430 4 $hm^2 \cdot cap^{-1}$，增长 39.38%。在水资源生态足迹的各账户中，以生产账户所占份额最大，历年占有量均在 82% 以上，并且所占比例逐年升高；生活账户水资源生态足迹由 2003 年的 0.055 9 $hm^2 \cdot cap^{-1}$ 递增到 2009 年的 0.065 9 $hm^2 \cdot cap^{-1}$；生态环境账户所占比例不到 1%，但是生态足迹计算值也在逐年升高。

表 1-7　重庆市历年人均水资源生态足迹 $hm^2 \cdot cap^{-1}$

年份	人均承载力	人均水资源生态足迹				人均生态盈余
		总量	生产账户	生活账户	生态环境账户	
2000	2.608 2	0.301 4	—	—	—	2.306 7
2001	1.447 6	0.307 1	—	—	—	1.140 5
2002	2.364 3	0.320 4	—	—	—	2.044 0
2003	2.545 5	0.333 6	0.275 9	0.055 9	0.001 7	2.211 9
2004	2.396 9	0.354 6	0.295 0	0.057 9	0.001 7	2.042 3
2005	2.169 5	0.371 1	0.310 4	0.058 7	0.002 0	1.798 4
2006	1.603 5	0.378 2	0.316 8	0.059 3	0.002 1	1.225 3
2007	2.763 7	0.395 6	0.331 1	0.062 3	0.002 2	2.368 2
2008	2.389 1	0.420 1	0.354 3	0.063 4	0.002 3	1.969 0
2009	1.877 2	0.430 4	0.362 0	0.065 9	0.002 5	1.446 8

重庆市人均水资源生态承载力在各年份之间的变化趋势与总水资源生态承载力的变化趋势相同，最高值出现在 2007 年，最低值出现在 2001 年，但是均大于生态足迹，重庆市历年水资源生态盈余均在 1.1 $hm^2 \cdot cap^{-1}$ 以上，具有一定的开发利用空间。

2. 重庆市三次产业间的水资源生态足迹变化

在人均水资源生态足迹各账户中，生产账户占最大比重。在生产账户的组成中，第二产业人均水资源生态足迹计算值大于第一产业和第三产业，从变化趋势看，第一产业人均水资源生态足迹呈递减趋势，而第二产业和第三产业的计算值均呈递增趋势，其中第二产业从 2000 年的 0.144 6 $hm^2 \cdot cap^{-1}$ 增加到 2009 年的 0.244 1 $hm^2 \cdot cap^{-1}$，增加了 68.81%（图 1-18）。

从万元 GDP 水资源生态足迹看（图 1-19），第一产业计算值最高，2003 年高达 1.150 9 hm^2，此后逐年降低，2009 年降至 0.563 5 hm^2，但是依然高于第二产业，第一产业水资源利用效率较低，但是在逐步提升；第二产业 2003 年计算值为 0.398 6 hm^2，2009 年降低为 0.231 9 hm^2，利用效率提高速度小于第一产业；第三产业计算值 2007 年以前保持在 0.02 hm^2 左右，历年变化不大，2008 年开始下降，2009 年计算值为 0.017 8。第三产业对水资源需求量较低，水资源生态足迹计算值较小，而在重庆市的 GDP 组成中，第三产业占很大的比重，从生态足迹角度，第三产业是水资源利用效率最高的，在水资源匮乏的地区应该大力发展第三产业。

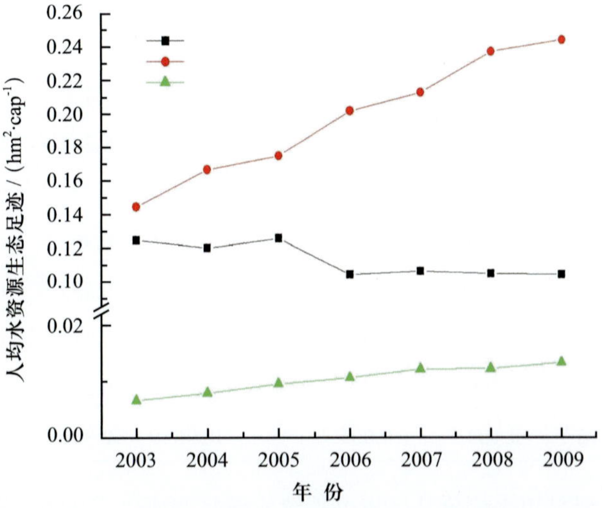

图 1–18　重庆市人均水资源生态足迹生产账户历年变化

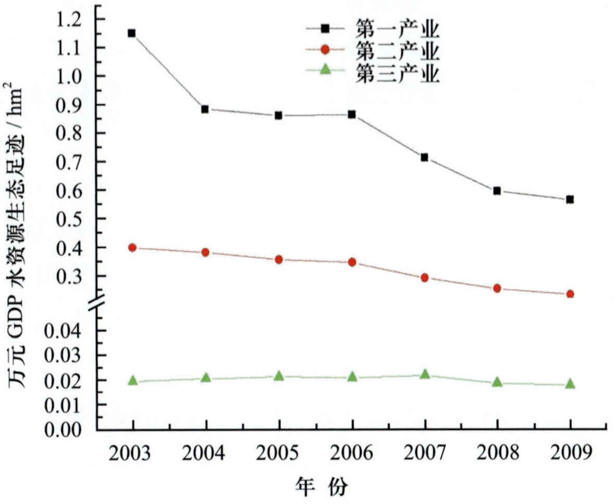

图 1–19　重庆市万元 GDP 水资源生态足迹生产账户历年变化

3. 重庆市城乡之间水资源生态足迹变化

城市与农村在生产模式和生活方式上有较大的不同，在水资源利用上也存在较大的差异。虽重庆市城市人口所占比例不足 30%，但是在人均水资源生态足迹计算中城市计算值在总量和各账户间均大于农村（表 1–8）。本研究涉及的 7 个评价年份中城市人均水资源生态足迹变化较小，而农村的人均水资源生态足迹则从 2003 年的 0.290 1 $hm^2 \cdot cap^{-1}$ 递增到 2009 年的 0.400 9 $hm^2 \cdot cap^{-1}$；农村和城市的各水资源生态足迹账户都是以生产账户所占比重最大，但是城市和农村在三个账户的结构组成上差异较大，城市生产账户历年所占比例在 75% ~ 78%，生活账户在 20% ~ 24%，生态环境账户在 0.9% ~ 1.1%；而农村的生产账户所占比例高达 85% ~ 88%，生活账户仅在 12% ~ 15%，生态环境账户仅为 0.3% 左右。农村生活账户和生态环境账户人均水资源生态足迹计算值和所占比例较低。

表 1–8　重庆市城市与农村间人均水资源生态足迹对比分析

年份	城市				农村			
	总量	生产	生活	生态环境	总量	生产	生活	生态环境
2003	0.470 5	0.365 5	0.100 7	0.004 3	0.290 1	0.247 5	0.041 8	0.000 8
2004	0.466 1	0.350 8	0.111 1	0.004 2	0.317 4	0.276 3	0.040 2	0.000 9
2005	0.427 4	0.333 3	0.089 7	0.004 4	0.351 6	0.302 5	0.047 9	0.001 2
2006	0.467 6	0.364 8	0.098	0.004 8	0.346 1	0.299 6	0.045 4	0.001 2
2007	0.469	0.361 4	0.102 7	0.004 9	0.368 3	0.319 8	0.047 3	0.001 2
2008	0.480 7	0.375 3	0.100 6	0.004 7	0.396 6	0.346 1	0.049 1	0.001 4
2009	0.502 9	0.392 7	0.104 5	0.005 7	0.400 9	0.349 4	0.050 2	0.001 3

生态足迹评价主要是用来评价某区域可持续发展状态或生态压力。重庆市人均水资源生态足迹逐年上升，2009 年最高达到 0.430 4 $hm^2 \cdot cap^{-1}$，但仍小于我国东部地区的江苏、福建等地。根据水资源生态足迹的内涵，社会发展对水资源的需求量越大、水资源开发利用程度越高、人均水资源生态足迹计算值越高。重庆市是长江上游地区经济中心，国家重要现代制造业基地，西南地区综合交通枢纽，随着经济社会的迅速发展，对水资源的需求量会逐年加大，人均水资源生态足迹也会逐年递增。

在重庆市的产业结构中，2009 年第一产业 GDP 仅占总 GDP 的 9.29%，第二产业和第三产业分别占 52.82% 和 37.89%，以第二产业为最高。从本研究所涉及的七个评价年份看，重庆市第二产业所占的比重正在逐年提高。作为用水大户的第二产业对水资源的利用程度对整个重庆市的水资源生态足迹有较大影响，因此加大第二产业的水资源利用效率，提高工业用水重复利用率和污水处理回用程度，是促进重庆市水资源可持续利用的关键。对于水资源利用效率较低的第一产业，应根据耕地和水利条件调整种植结构和提高耕地灌溉效率。第三产业万元 GDP 水资源生态足迹较低，应该大力发展该产业，促进重庆市产业结构的调整。

对水资源承载力的研究有利于揭示区域水资源、经济和人口之间的关系，合理利用水资源，促进社会经济持续发展。从本研究来看，重庆市具有较大的水资源生态承载力，存在一定的生态盈余，水资源仍具有一定的可开发空间。但是水资源生态承载力受气候等因素影响较大，降水量低、遭受重大干旱灾害的年份水资源生态承载力明显降低。另外，重庆市水资源中过境水占很大比例，全市近 98% 的区域是山区和丘陵，资源性缺水和工程性缺水都十分严重。随着近年来社会经济发展对水资源的需求持续提升和干旱等气象灾害的频繁发生，重庆市水资源生态盈余将会减少，水资源可开发空间也越来越小。

重庆市城乡之间对水资源的利用存在较大的差异，主要表现在水资源生态足迹的大小和组成上。城市的人均水资源生态足迹大于农村地区，城市社会发展对水资源的需求量大于农村地区。在结构组成上，农村地区生活用水和生态环境用水所占比例较低。农村生活用水账户人均水资源生态足迹不到城市的一半，重庆市农村人口比例大，多生活在山区和丘陵地区，工程性缺水十分严重，方便程度和供应量都得不到保障，农村饮水安全现状形势十分严峻，不利于农村地区社会和经济的发展，应该加大农村地区饮水安全工程和生态环境改善的投入。

总之，重庆市在2000—2009年间水资源生态承载力大于生态足迹，仍有较大的生态盈余。随着社会经济的不断发展，重庆市水资源生态足迹在逐年提高，对水资源的需求量和利用效率也在不断提高，重庆市水资源的可开发空间会逐渐减小。重庆市应该从本地区的水资源生态现状出发，调整产业结构，提高工业和农业的水资源利用效率，加快第三产业的发展，加大农村地区生活用水和生态环境用水的投入，促进重庆市社会经济的可持续发展。

参考文献

[1] 黄林楠，张伟新，姜翠玲，等．水资源生态足迹计算方法．生态学报，2008，28(3): 1280-1286.

[2] 谭秀娟，郑钦玉．我国水资源生态足迹分析与预测．生态学报，2009，29(7): 3559-3568.

[3] 刘立彬，覃绍一．四川水资源开发利用现状与建议．四川水利，2008 (1): 2-6.

[4] 胡健，伍荣．水资源与农业的发展问题研究——以四川地区为例．农村经济，2007 (12): 106-109.

[5] 雷刚旭．西部大开发中的四川水资源问题．农村经济，2002 (3): 15-17.

[6] 邓晓军，谢世友，秦婷，等．基于水足迹分析法的四川省水资源利用评价．人民长江，2007，38 (2): 61-63.

[7] 李漱芳．四川气候变化对淡水资源的影响．四川气象，1999 (2): 26-33.

[8] 赵军凯，李九发，戴志军，等．基于熵模型的城市水资源承载力研究——以开封市为例．自然资源学报，2009，24(11): 1944-1951.

[9] 贺灿飞，肖晓俊．核心边缘结构与四川制造业地理集中．软科学，2010，24 (7): 58-64.

[10] 四川省统计局，国家统计局四川调查总队．2009年四川省国民经济和社会发展统计公报．

[11] 罗怀良．四川水资源可持续利用与水质保护研究．四川环境，2003，22 (3) : 38-41.

[12] 四川水利改革30年回顾与展望．水利发展研究，2008 (11):84-85.

[13] 毛伟，刘占波．重庆：十年大开发 水利成就瞩目．中国水利，2010，(13):10，8.

[14] 重庆水利改革30年回顾与展望．水利发展研究，2008 (11):82-83.

[15] 高明，王子芳，魏朝富，等．重庆水资源的农业利用及节水农业的发展对策．西南农业大学学报（自然科学版），2004，26 (6) : 727-744.

[16] 张秀江．重庆水资源现状与可持续利用对策 [J]. 重庆建筑大学学报，2001，23(5): 37-40.

[17] 孙凡，邱方，孟令彬．重庆市地区可持续发展的水资源问题探讨 [J]. 西南农业大学学报 (自然科学版)，2004,26(4): 501-504.

[18] 李坤峰，谢世友．基于主成分分析重庆水资源承载力影响因子评价 [J]. 水科学与工程技术，2008(增刊): 38-41.

[19] 叶琰，谢飞，骆云中．重庆水资源可持续利用的探讨 [J]. 人民长江，2010，41(9): 22-25.

第二章

川渝地区干旱灾害概况

第一节　干旱与干旱灾害

一、干旱的定义

干旱是一种复杂的自然现象，虽然干旱灾害时常发生，给人类带来了极大的灾难，但是至今尚无统一的定义。干旱是自然生态系统中所发生的水分供不应求现象，由于系统内外许多因子都对水分循环有一定的影响，从而使干旱的发生和变化变得非常复杂。虽然许多学科的学者对这一问题进行了多方位的研究，但由于出发点不同，在干旱的内涵和外延的确定之中，存在有很大的分歧，所以至今还没有形成一个大家都能接受的干旱定义。

气象学家往往把降雨的多年平均状况视之为正常现象，超过平均值就称其为涝，低于平均值就称其为干旱。农业上，干旱是指在作物生长期内由于降水少、河流及其他水资源短缺，土壤含水量低，农作物供水量少于其需水量，影响正常生长。水利上，把河流的多年平均来水量作为正常值，超过平均来水量就称该年为丰水年，低于平均来水量就称该年为枯水年。各部门、各行业对干旱的定义虽有所偏重，但阐述的本质是相同的——降水量减少是引起干旱的主要原因。

干旱是指在区域自然生态系统的水分循环中，水分收入小于支出量，水分亏缺使供水量在一定时段内不能满足生物活动需水量的现象。这一限定是对广义干旱的定义，它具有非常广泛的外延。首先，干旱发生于整个自然生态系统之中，它不仅是一种大气现象或土壤现象，如果系统中的任一子系统出现了水分亏缺现象，则水分亏缺的积累可在该子系统中形成干旱，例如大气中的水分亏缺可引起大气干旱，土壤水分平衡中的入不敷出可诱发土壤干旱，植物体吸水率小于失水率可造成生理干旱；其次，干旱是针对各种生物过程而言的，这是由于植物的生长和发育、动物的活动以及人类的生活和生产都离不开水，如果供水量不能满足需水，这些生物过程都会因此而受到影响，另外，各种地区的各个时段都有可能发生干旱，即干旱不只是干旱区和半干旱区的特有现象，在湿润和半湿润区也有可能发生，而且它可以出现在各个季节之中，但由于不同地区或不同时段内的干旱具有不同的特点、原因和影响，所以具有明显的区域性和阶段性。

干旱的发生发展是水分亏缺积累的结果，水分亏缺与供水不足是两个不同的概念。水分亏缺与水分盈余是关于水分循环在一定区域一定时段内所造成的水分平衡的两种不同的状况，应合称为水分收支差额。若水分收入量大于支出量，则为正差额，即水分盈余；相反则为负差额，即水分亏缺。水分收支差额表征了区域储水量的变化方向和变化速率，如果一定时期内持续发生水分亏缺，则区域储水量就会不断减少，当供水量不能满足需水要求，就会发生干旱，而且水分亏缺愈大、持续时间愈长，干旱就愈严重。由此可见，干旱的发生和发展是一个动态积累过程，除受本阶段水分收支的影响外，前期区域储水量也有重要作用。若仅用本阶段降水量的多少鉴定干旱，则很难客观地反映干旱的发生和变化过程。

旱灾是干旱研究中常用的概念，有人把它与干旱等同起来，也有人认为二者具有明显区别。目前许多人认为旱灾是因供水不足所引起的作物生长发育抑制、停滞和产量降低的农业气象灾害；也有人把旱灾定义为某地出现严重旱象时，社会未能采取必要措施，或措施不力，或无力抵御，从而未能及时解决维持正常的社会生产和人民生活所必需的最低定额的水量所造成的缺水灾祸。这些观点说明了短期干旱对现行农田生态系统的突发性灾害，可认为是狭义旱灾的定义。

干旱与旱灾是两个不同的概念，这是因为：①生物和人类具有较强的生态适应性和自我调节能力，较轻、短时干旱并不能造成灾害，这是因为虽然降低了作物的生长发育速率，但当旱情解除以后，作物的生长发育速率明显加快，而且大于未受旱作物，即作物的调节能力使其有一定的补偿生长，干旱对最终产量影响不大；②旱灾程度因时、因地、因作物种类、因品种和生育期而异，即旱灾具有明显的相对性；③在一定的条件下，干旱还可以为人类提供一定的潜在优势，例如有人认为，干旱地区光热资源丰富，阳光中富含蓝紫光，昼夜温差大，风干物燥，田间通风良好，土壤矿质养分丰富，作物抵抗能力强，病虫害少，农产品的品质好，在农业生产条件改善的情况下，其农业将优于多雨区。

与长期干旱不同，短期干旱往往对现有生态系统带来突发性破坏，这种灾难性影响不仅可发生在半干旱和干旱地区，而且在湿润和半湿润地区也有可能发生。就一定的生态系统而言，干旱的发生发展往往通过植物生理机制的变化而影响生长、发育和产量，虽然植物可以通过生理调节（如渗透调节和气孔关闭等）防止干旱的危害，但一旦干旱程度和持续时间超过植物的生理调节能力，受害植物的生理机能就会明显下降，甚至会被完全破坏，从而使植物生长放缓，生育受阻，产量降低。

二、干旱灾害的分类

（一）按客观条件分类

按客观条件可分为气象干旱和水源干旱两类。

根据气象干旱等级的中华人民共和国国家标准，气象干旱是指某时段内，由于蒸发量和降水量的收支不平衡，水分支出大于水分收入而造成的水分短缺现象。气象干旱通常主要以降水的短缺作为指标。

根据 2006 年 11 月 1 日开始实施的《气象干旱等级》国家标准，气象干旱划分为五个等级：①正常或湿涝，特点为降水正常或较常年偏多，地表湿润，无旱象；②轻旱，特点为降水较常年偏少，地表空气干燥，土壤出现水分轻度不足，对农作物有轻微影响；③中旱，特点为降水持续较常年偏少，土壤表面干燥，土壤出现水分不足，地表植物叶片白天有萎蔫现象，对农作物和生态环境造成一定影响；④重旱，特点为土壤出现水分持续严重不足，土壤出现较厚的干土层，植物萎蔫、叶片干枯，果实脱落，对农作物和生态环境造成较严重影响，对工业生产、人畜饮水产生一定影响；⑤特旱，特点为土壤出现水分长时间严重不足，地表植物干枯、死亡，对农作物和生态环境造成严重影响，工业生产、人畜饮水产生较大影响。

水源干旱指在一定区域内地表及地下径流量偏低，造成缺水；或虽有一定水量，但因水质不能满足用水要求的缺水现象。

（二）按用水对象分类

从用水对象，可分为农业、工业、城镇生活、农村生活等干旱类型。

根据《干旱评估标准》，农业干旱是指因水量不足，降水量不能满足农作物及牧草正常生长需求而发生的水分短缺现象。农作物需水季节降雨偏少，水源枯竭，致使农作物发育不良，导致减产、绝收。农业干旱的评判标准应是作物体内水分含量是否影响到作物的生长发育过程。受到许多自然因素或人为因素的影响，气象条件、水文条件、农作物布局、作物品种及生长状况可对农业干旱起到重要的影响作用。降水、土壤含水量、土壤质地、气温、作物品种和产量，以及干旱发生的季节等都是影响农业干旱的因子。

农业旱情评估首先要进行基本旱情评估，然后在此基础上进行区域综合旱情评估。基本旱情评估方法主要有耕地墒情法、水量距平法和连续无雨日数法等。区域综合旱情是指县级和县级以上行政区域农业综合受旱情况，其旱情等级评估采用受旱面积比率法。

工业缺水指工业用水的供水水源干枯，导致生产下降。从供水不足的根源方面，又可分为资源型缺水和工程型缺水两种。

城镇生活用水困难。城镇生活用水一般有基本要求，全年较为均衡，仅稍有季节变化，如冬季用水较夏季少等。如用水高峰时段供水不足，亦可出现季节性用水困难。

农村人畜饮水困难。川渝地区农村人畜饮用水源一般取自河溪井泉或田塘。如因气候影响，水源不足，供需难以平衡，则将导致农民在距离较远处找水。这些地区主要分布于川东丘陵地区。

（三）按用水季节分类

从用水季节，可分为冬干、春旱、夏旱、伏旱、秋旱等类型。

冬干发生在上年 12 月至本年 2 月。这一期间蒸发量大，如降雨量少，甚至长期无雨，塘堰及小型水利设施蓄水量下降，土壤含水量减少，越冬作物产量会受到影响，并对大春用水带来不利条件。

春旱发生在 3 ～ 4 月。这一期间处于春暖花开之时，正处于冬作物结实，春作物播种的时期，如果遇到干旱会影响全年产量。

夏旱发生在 5 ～ 6 月。此时已进入夏收夏种的季节。春种作物处于生长期，干旱会对播种和生长造成影响。

伏旱发生在 7 ～ 8 月，川渝地区的伏旱主要发生在 7 ～ 8 月，发生频率高达 84%。日照长，太阳辐射很强，气温高，蒸发旺盛。农作物生长也快，农田需水量很大。

秋旱是指每年 8 ～ 10 月，连续无透雨（一次连续下雨的过程雨量 <40 mm）时间 ≥ 30 d

为秋旱。无透雨连续时间，按各年最大一次连续 30 ～ 39 d 为轻；40 ～ 49 d 为中等；≥ 50 d 为重。秋旱造成农作物生长需水不足，减少产量。秋旱一般发生在我国北方地区。

三、干旱灾害对农村社会经济和生态环境的影响

（一）对农村经济发展和生活的影响

中国是农业大国，农业是国民经济的基础产业，目前农业生产尚未超越“靠天吃饭”的发展阶段，极易受气象灾害的影响。川渝地区，尤其是四川盆地区域是我国重要的农产品生产基地，也是干旱灾害频发区。干旱灾害对农业生产造成极大的影响。

1. 对种植业的影响

在我国影响种植业的各种气象灾害中，以旱灾最为严重，农田受旱灾面积占农田总受灾面积 60%，平均每年受旱面积 2.33×10^7 hm^2，约损失粮食 150 亿 kg。分析全国不同年代的平均农田受水、旱灾的面积可以看到，各个年代的旱灾面积均远远地超过水灾面积。旱灾受灾面积除 20 世纪 50 年代外，其他年代均超过 2×10^7 hm^2，其中 70 年代受旱面积最大，接近 2.33×10^7 hm^2，80 年代和 90 年代的受旱面积都接近 2.33×10^7 hm^2。70 年代以来，旱灾面积超过 2.33×10^7 hm^2 的有 1972、1973、1976、1977、1978、1986、1988、1989、1992 和 1994 年，共 10 年。其中，1988 年和 1994 年受旱面积近 3.17×10^7 hm^2，1978 年受旱面积最大，近 4×10^7 hm^2，估计这 3 年因旱灾减产粮食分别达 230 亿 kg、263 亿 kg 和 189 亿 kg。1988 年和 1994 年受灾面积虽不及 1978 年大，但由于单位面积粮食产量提高，粮食总产减产却更多。

伏旱对农业生产的影响最大。据统计，全国受旱面积一度达 1.73×10^7 hm^2。干旱加高温使棉花蕾铃脱落，大豆植株枯萎，水稻、玉米抽穗、授粉、灌浆受阻，花生不开花、果针萎缩。

区域性严重干旱对区域农业影响也十分严重。2006 年川渝地区大旱，四川省旱灾受灾面积达 244.93 万 hm^2，重庆市达 132.66 万 hm^2，分别占该省总受灾面积的 83.6% 和 89.7%（表 2-1）。

表 2-1　四川省和重庆市近年旱灾受灾面积与成灾面积所占比例　　hm^2，%

年份	省（市）	受灾面积	成灾面积	旱灾受灾面积	旱灾受灾面积所占比例	旱灾成灾面积	旱灾成灾面积所占比例
2004	四川省	1 475.8	656.4	291.0	19.7	233.0	35.5
	重庆市	909.8	387.5	220.0	24.2	46.1	11.9
2005	四川省	1 593.7	649.3	213.0	13.4	86.0	13.2
	重庆市	773.1	461.8	251.4	32.5	98.3	21.3
2006	四川省	2 930.4	1 766.6	2 449.3	83.6	1 520.3	86.1
	重庆市	1 478.8	924.7	1 326.6	89.7	882.8	95.5

续表 2-1

年份	省（市）	受灾面积	成灾面积	旱灾受灾面积	旱灾受灾面积所占比例	旱灾成灾面积	旱灾成灾面积所占比例
2007	四川省	2 490.4	1 127.7	1 386.7	55.7	524.0	46.5
	重庆市	863.2	427.4	233.0	27.0	155.0	36.3
2008	四川省	1 411.8	636.6	106.7	7.6	35.3	5.5
	重庆市	662.0	399.2	156.0	23.6	93.0	23.3

数据来源：《中国统计年鉴》

2. 对林业的影响

中国曾是一个森林资源丰富的国家，但历代的砍伐破坏已使中国变成一个贫林国。中国过量的人口产生了对木材的巨大需求，并且随着现代化建设和人民生活水平的提高，对木材和林副产品的要求将进一步增加，供需矛盾将更尖锐。大批森林的砍伐，带来了生态环境的恶化，旱涝灾害更加频繁发生。因此，保护和发展森林资源尤为重要。西部大开发 10 年来，四川累计实施退耕还林 2 777.4 万亩，森林覆盖率达到 30.8%，比 2000 年提高 6 个百分点；重庆 2010 年森林覆盖率达 35%。

与种植业一样，林业同样受到各种气象灾害的影响，其中干旱灾害亦是林业生产中的主要灾害。干旱对林业的影响主要表现在植树造林、林木生长、森林火灾及病虫害等方面。

植树造林的成败及幼苗成活率大小与降水密切相关，干旱对育苗影响更大。1982 年干旱严重的地区，林木成活率仅 10%左右，不仅影响当年的造林，还影响到今后的造林。

水分在树木生长中具有非常重要的意义，它是光合作用所必须的条件和物质基础。水分存在于植物的各个部分，如果水分供应不足，会使树木生长缓慢，发育不良。

火灾是森林的大敌，全世界每年发生的森林火灾多达几十万次，火烧面积数百万公顷，有时竟达上千万公顷。中国森林主要分布在东北林区和西南林区，每年发生火灾次数达万次以上。一般来说，在干旱年份火灾较多。以每年林火成灾面积计算，黑龙江省最多，其次是云南、广西、广东、福建、湖南、四川等省区。这些地区春、秋季或冬季气候干燥，有利于森林火灾的发生和蔓延。2010 年西南大旱，昆明森林火灾持续频发，火灾发生率较往年同期大幅攀升。截至 2 月 18 日，昆明市共发生山火 116 起，其中荒火 51 起，一般森林火灾 52 起，较大森林火灾 13 起，受害面积 70.7 hm^2。较去年同期相比，造成林木损失的森林火灾次数、过火面积及受害面积分别上升 5 倍、12 倍及 8 倍。四川省在 2010 年春季发生多起森林火灾。

3. 对畜牧业的影响

干旱对畜牧业的危害主要表现在两个方面，一是春旱使牧草返青推迟，饱青期来临晚，夏旱使牧草生长不良，饲料的缩减使牲畜的膘情下降，母畜产奶量减少，仔畜成活率降低，二是夏秋干旱或冬春少雪均可使牧民、牲畜饮水困难，牲畜的生长发育和配种因此而受到影响。例如，1983 年西藏严重干旱，当年全区产草量仅是正常年份的 60%，5 ~ 7 月全区死亡成畜 150 万头，幼仔畜成活率仅为常年的 50% ~ 70%。

4. 对渔业的影响

干旱对渔业的影响主要起因于水量和水体中饵料的减少。干旱期地表水资源明显减少，常引起河塘、水库和湖泊干涸，使淡水养殖业遭到破坏，河流流量的减少可使入海饵料减少。

（二）对农村人畜饮水安全的影响

1. 干旱灾害导致可用水量降低，人畜饮水困难

在我国，农村地区的饮用水源主要来源于天然降水所产生的地表径流和浅层地下水，主要是从江河、湖泊、堰、塘、水库取水，或者部分地区取用当地山坡渗水、泉水和岩溶水，平原地区大都取浅层地下水。川渝地区位于我国的西南部，地形地貌以丘陵、山地为主，而且农村居住分散，自然条件差异大，工程性缺水严重，在枯水季节和干旱年份水量减少，人畜饮水困难事件发生频繁。1988 年干旱，造成大面积人畜饮水困难，全国 12 省饮水困难人数达 3 463 万人，其中川渝地区缺水人数达 507 万人，占全国的 14.6%，缺水牲畜 223 万头。2010 年春旱，广西、重庆、四川、贵州、云南 5 省区市饮水困难的人口达到 2 212 万人。

我国幅员辽阔，水资源分布存在不均现象。一些区域常年存在饮水困难，如四川盆地川东地区南充、广元、巴中、达县、万州、涪陵、黔江、泸州、自贡、内江等地和川西南的宜宾地区的山区。在干旱年份，这些区域饮用水水量更加无法达到需求。1987 年大旱该区域人畜饮用水困难人数达 619.8 万，牲畜 492 万头；1990 年干旱饮水困难人数达到 686.29 万人，牲畜 859.46 万头。

在这些区域农村人口和牲畜主要分布在山区丘陵地带，地表水不易储藏，蓄水工程难以修建，一方面随着人类活动的增加，自然环境的破坏，山溪、堰塘等存水量降低，可利用水资源降低；一方面人口和牲畜增加，对水量要求增加。在干旱年份，会造成严重缺水。

2. 干旱灾害导致取水困难，成本增加

干旱会造成地区性无水可饮的现象，需大量从外地运水，以供人畜饮用，不仅费时费力，而且会使保障率降低，给农村居民的生活造成很大的不便，限制了农村经济的发展。全国农村在水量、保证率、方便程度方面饮水不安全的人口占饮水不安全总人口的 1/3。由于水量、保证率、方便程度等方面造成的饮水不安全人口主要分布在位于青藏高原、云贵高原、黄土高原的省（区），其中，西藏、青海、贵州等省（自治区）的饮水不安全人口占饮水不安全总人口比例的一半以上。而人口绝对数量主要分布在四川、广西、贵州、云南等省（自治区）。1990 年四川伏旱，为了临时解决人畜饮水困难，当地政府花费大量人力物力向农村居民相对集中的地点送水，还组织农民打井和寻找水源，并实行配给制，以临时解决饮水问题，并将分散在高山的农民和牲畜搬迁到江河边暂住，部分区域的农民需长途跋涉排队取水。2010 年西南五省干旱，造成 2 212 万人、1 368 万头牲畜饮水困难，部分地区的农民每天需要 3 h 取水。

3. 干旱灾害造成水质下降，水污染加重

持续性干旱缺水会造成河水断流、水库入不敷出、湿地及池塘干涸，降低了自然界对水

体的净化能力和水体的自净能力，使水体污染加重。并且干旱使地下水位下降，使地下水的补给条件和氧化还原反应环境改变，致使河道污水侵入，地下水质恶化。一旦饮用水质不合标准的水会导致疾病、瘟疫发生。

(1) 地表水污染。饮用水中因人为污染导致的水质超标即为污染水。饮用污染水对人体健康的危害严重，除了会导致常见疾病外，饮用重金属、亚硝酸盐、有机物污染的水会导致癌症。饮用污染地表水的人口主要分布在淮河以南、青海西藏以东大部分区域，绝对数量与相对比例趋势一致。在各省(市、自治区)中，饮用污染地表水的人口占农村饮水不安全人口比例居于前几位的为云南、湖北、浙江、四川。

(2) 干旱对地下水污染的影响。地下水由于具有浊度低、水量丰富、容易获取等特点，在世界上许多地方，都是重要的饮用水水源。在一些干旱或农村地区，地下水甚至是唯一的水源或直接作为饮用水。干旱灾害会使地下水位下降，水量减少，硝酸盐浓度增大，对水量和水质都造成影响。2010 年发生在西南 5 省（自治区、直辖市）的特大干旱，基本上分布在喀斯特岩溶区，在旱季降水和地表水储蓄严重缺乏背景下，岩溶地下水几乎成为山区居民生活、生产用水的唯一来源。

（三）干旱对农村生态环境的影响

1. 对水环境和水资源的影响

水资源是一种同时具有经济价值和社会价值的自然资源，在维持生态环境和进行社会生产过程中具有不可替代的地位和作用。但水并不是取之不尽、用之不竭的，水短缺已成为一个严重的社会问题，干旱缺水对我们的日常生活和生产正产生着巨大的影响。

中国干旱缺水的原因很多，其中气候干旱、水资源不足则是重要原因之一。

(1) 对降水资源的影响。降水资源是地球上各种水资源的根本来源，而干旱对水资源的影响，首先表现在降水资源的减少。假定以中国大陆上 160 个气象观测站的降水量平均代表全中国的降水量，那么全中国平均每年可接受 850 mm 水深的降水量。以全中国国土面积 960 万 km^2 计，折合成立方米水量，则有 81 600 亿 m^3 水。按每公顷 1 mm 水深相当于 1 000 m^3 水量计算，意味着降水量每减少 1 mm，每公顷所接受的降水资源就减少 1 000 m^3，全国则减少 96 亿 m^3 水量。1978 年是中国最旱的年份，全国平均年降水量只有 763 mm 水深，比常年平均 850 mm 水深减少了 87 mm，该年降水资源量减少了 87 mm，降水资源量减少了 8 352 亿 m^3，占多年平均 10%以上。

2006 年是四川省有统计记录 51 年来水资源最枯年份。全省降水总量 4 018.48 亿 m^3，比常年（多年平均，下同）偏少 15.2%；其中西部地区比常年偏少 10.2%，东部地区比常年偏少 21.2%。全省地表水资源量 1 864.24 亿 m^3，比常年偏少 28.7%；其中西部地区比常年偏少 26.3%，东部地区比常年偏少 31.9%。全省地下水资源量 534.62 亿 m^3，水资源总量 1 865.84 亿 m^3。

(2) 对地表水资源的影响。地表水资源量通常用地表水体的动态水量即河川流量来表示。中等干旱年 (75%) 全国年径流量为 24 533 亿 m^3，较正常年份减少 7%；严重干旱年 (95%)

全国年径流量为 22 423 亿 m^3，较正常年份减少 15%，与实际严重干旱的 1978 年 (22 730 亿 m^3) 相当。1972 年干旱，该年全国年径流量约为 23 330 亿 m^3。介于中等干旱年与严重干旱年之间。干旱对四川省地表水资源的影响较小，中等干旱年的径流量只比正常年减少 8%，严重干旱年比正常年也只减少 16%，接近全国的情况。

（3）对地下水补给的影响。地下水资源主要由降水入渗补给，因此降水入渗补给量变化，便可大致地反映地下水资源量的变化。

地下含水层具有一定的调节能力，如果发生丰、枯年交替或连续 2 ～ 3 年枯水，一般可以起到以丰补歉的作用。但当出现连续 4 ～ 5 年其至更长的枯水段时，就难以维持正常开采。比如华北地区，由于进入 20 世纪 80 年代以后持续干旱少雨，一方面降水入渗补给量大大减少，另一方面在干旱期间，地下水开采量增加，造成地下水严重超采。地下水资源不仅受持续性气候变化的影响，而且还受年际、季际气候变化的影响，特别是受到异常干旱年的影响，而且这种影响将随对地下水的超采而越来越严重。

（4）对水资源总量的影响。按照水利部门的定义，区域水资源总量系指当地降水形成的地表水和地下水的产水量。根据这个定义，降水量显然是影响水资源总量的决定因素。

全国多年平均水资源总量为 27 210 亿 m^3，全国干旱年 (4 年一遇) 的水资源总量约为 25 300 亿 m^3，比正常年份减少 1 910 亿 m^3；严重干旱年 (20 年一遇) 的水资源总量约为 23 100 亿 m^3，比正常年份减少 4 110 亿 m^3。降水量、径流量和水资源总量在近 30 年来均出现急剧减少的现象。

（5）潜在的供水不足。从全球来看，中国属降水偏少的国家。人均年总降水量更少，仅有 5006 m^3，而全球人均平均降水量则为 33 975 m^3；相比之下，中国只有全球平均的 15%。加之经济飞速发展和城市化，需水量也在不断增加。因此，中国不仅是潜在的极易发生干旱的国家，也是极易受到干旱威胁的国家。

此外，中国各地区人均水资源总量差异十分悬殊。比如经济发达、人口密集的华北地区人均水资源总量最少，只有 500 m^3 左右，每公顷平均水资源总量则更少，只有 6 750 m^3 左右。西北地区，由于人稀耕地少，人均、公顷均水资源总量较多，但水资源密度很小，给水资源开发利用带来困难。因此，这些地区极易发生干旱，也极易受干旱的影响。

2. 干旱对农村生活环境的影响

干旱对农村生活和卫生条件造成很大的影响。首先，在严重干旱时，某些农村地区饮用水都无法保证，用于个人卫生和公共卫生等方面的水更无法保证，导致农村地区生活环境恶化。其次，干旱导致气候干燥，灰尘加大，大气环境恶化，容易导致一些呼吸疾病的发生。农村地区环境用水无法保障，可能导致植物枯死，导致生态环境恶化。

3. 对湿地资源和生物多样性的影响

湿地是生物多样性的重点区域，农村地区的湖泊、沼泽、河流湿地和稻田等会受到干旱灾害的严重威胁，从而使栖息于其中的生物的生活环境恶化甚至丧失，使生物多样性受到严重威胁。

第二节 川渝地区干旱灾害分析

一、干湿分区

（一）四川省

四川省属于亚热带季风气候，水汽主要来自于印度洋孟加拉湾的西南季风和太平洋的东南季风。但是四川省幅员辽阔，地形复杂多样，导致气候东西差异、垂直差异大。本研究根据干湿度的辨别准则干旱指数（r）对四川省进行干湿分区。干旱指数为当地多年平均蒸发能力与降水量的比值（图 2-1 和表 2-2）。

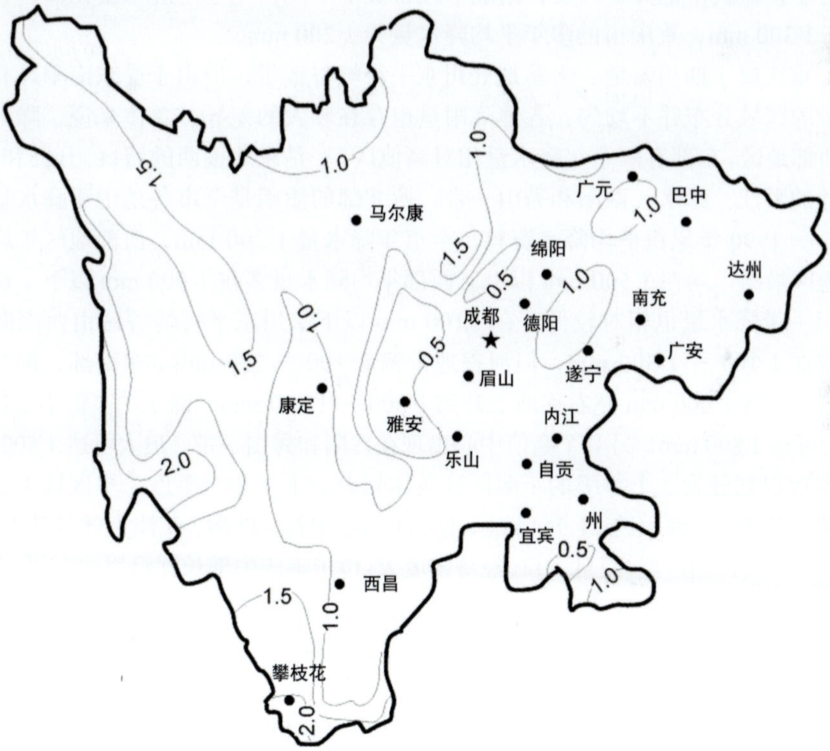

图 2-1 四川省干旱指数分布图

表 2-2 干旱指数划分气候区标准

分区	十分湿润	湿润	半湿润	半干旱	干旱
干旱指数	< 0.5	0.5 ～ 1.0	1 ～ 3	3 ～ 7	>7

从分析可知，四川可以大体分为两部分，东部湿润地带和西部半湿润地带。另外有三个十分湿润地带，分别位于雅安眉山一带、龙门山一带和宜宾泸州南部的小部分地区。雅安附近最小值仅为 0.29，常年湿润多雨，有“西蜀天漏”之称。东部的四川盆地区和凉山州的北部、阿坝州北部的小部分地区、甘孜州的东南部地区干旱指数主要在 0.5 ~ 1.0，属于湿润地带，其中，遂宁、德阳、绵阳的一部分地区，广元、巴中的一部分地区和泸州的南部地区的干旱指数在 1.0 ~ 1.5，属于半湿润地带。其他大部分区域的干旱指数在 1.0 ~ 2.0，属于半湿润地带。大于 2.0 的区域仅有甘孜州西部的石渠、白玉、德格、巴塘的部分地带和攀枝花的南部小部分区域。

（二）重庆市

重庆属于秦岭—淮河以南、川西山地以东的广大地区（还包括东北山地和青藏高原东南部），年降水量在 800 mm 以上且干燥度小于 1，是我国湿润区，区内自然植被多为森林，农田以水田为主。重庆市地处中纬度，南北季风常交汇于此，年平均降水量充沛，大部分地区在 1 000 ~ 1 300 mm，重庆市的多年平均降水量为 1 200 mm。

同时，重庆属于四川盆地，大多地处川东平行岭谷地带，但由于受东南季风和地形的影响，降水量的区域分布并不均匀，各地降雨量也存在较大的差异。总体来说，降雨量东部地区大于中西部地区，东部有两个年降水量相对高值区，一是东北偏西的城口、开县和梁平一线，二是东南部的黔江、彭水、酉阳和秀山一带。西北部的潼南是全市各地中年降水量最少的地区。据 1960—1990 年累积平均降水资料，全市年降水量 1 200 mm，西部地区年均降水量最小；东部地区最高，均在 1 500 mm 以上。西部年均降水量多在 1 000 mm 以下；市区以南的綦江、南川一带降水量也相对较低，在 1 100 mm 以下；川东平行岭谷区由西南向东北逐渐升高，大致在 1 100 ~ 1 300 mm，但河谷地带偏低 100 ~ 200 mm；东南部，即涪陵、黔江一带降水量大致从 1 000 mm 左右逐渐上升到 1 300 ~ 1 400 mm。降水的高值中心出现在大巴山区，最大可达 1 800 mm，另一个高值中心出现在酉阳和秀山一带，最大可达 1 500 mm 以上。

重庆市可以划分为 5 个等级的干湿区。具体划分如下：相对重度干旱区域主要集中在重庆市的西部丘陵地区，面积约 21 964 km^2，包括长寿、垫江、巴南、江津大部及其以西的区县，不但位于夏季副高控制区域，而且人口、经济密度大；位于重庆中部长江沿岸的万州、云阳、忠县、丰都、南川、綦江的部分地区为一般干旱区域，面积约 15 420 km^2，紧接相对重度干旱区域；半干旱区域包括开县、梁平、云阳、綦江、南川等区县的部分地区，面积约 6 929 km^2；綦江、南川、万盛、武隆、石柱、黔江、奉节、巫山、巫溪、开县部分地区为半湿润区域，面积为 18 810 km^2。东南及东北部各区县的全部或部分为湿润区域，面积为 19 280 km^2。

二、川渝地区不同区域的干旱灾害情况

川渝地区从西部高原到东部盆地，地面相对高差达 2 000 ~ 3 000 m，东西地貌不同，气候迥异，旱情及受旱程度也有很大差别（图 2-2）。干旱的地区分布，在西部可分为川西北高山高原和川西南山地两个农业结构完全不同的分区。东部盆地在地貌上是一个单元，但

经济发展及干旱频繁程度，盆周山地、盆西平原、盆中丘陵及盆东平行岭谷地区还有一定差别。

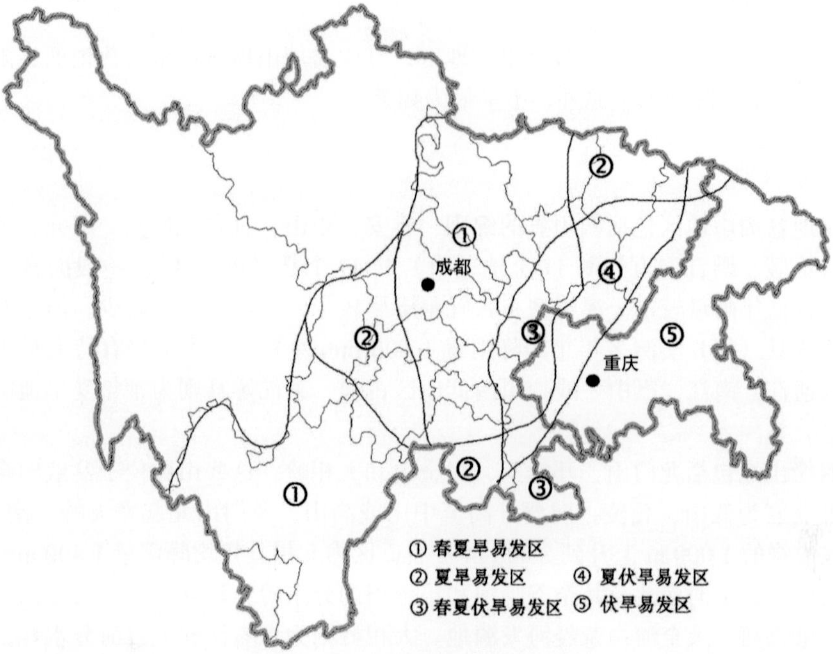

图 2-2 川渝地区各地干旱状况

（一）川西高山高原区

包括阿坝藏族羌族自治州、甘孜藏族自治州及凉山彝族自治州所属木里藏族自治县，共3州所属32个县。总面积约23万 km^2。该区域位于青藏高原东侧，冬季主要受冷高压影响，天气晴朗，日照丰富。如果有较强的暖湿气流到过则可以形成降水（降雪）。否则，多以晴天为主。大部分地区年均气温2～8℃，年降雨量600～800 mm，但是降水主要集中在夏季。本区是四川主要牧业生产基地，需水较少，故旱情特少，或多年无旱。从干旱类型上看，北部阿坝羌族自治州以秋旱为主，其他区域以夏旱为主。

该区域由于其特殊的地理位置所形成的立体气候，很大程度上弥补了时间上的四季不分明给农业生产造成的缺陷。经综合分析得出亚热带、温带、寒带三个经济发展气候带，对综合利用立体气候资源，进行产业结构调整具有应用价值。

（二）川西南山地区

川西南山地区在地理位置上包括攀枝花市、凉山彝族自治州及雅安地区大相岭南的汉源、石棉共24个县（市、区），总面积6.1万 km^2，干季常有冬干和春旱发生，雨季降水分布均匀，一般夏旱和伏旱少见。2009—2010年的冬季，四川气温偏高、降水少，川西南遭“50年一遇”的冬干灾害。冬干区域主要分布在凉山、攀枝花市大部。四川攀枝花、西昌地区连续190多天没有降雨。仅攀枝花市就有12.8万人和31.56万头牲畜饮水困难，九成以上小春农作物受旱。

（三）四川盆地区

总面积 26.3 万 km^2，是受旱最严重的地区。其中盆周山地区垦殖指数稍低，雨量相对较多，受旱较轻；盆底除成都平原外，干旱最为频繁。

1. 盆周山地

四川盆地盆周山地区包括四川省的绵阳、雅安、乐山、宜宾、达县、广元、泸州和重庆市的重庆、涪陵、黔江、万州等 11 个地（市）共 47 个县（市、区）。一般而言，盆周山地区垦殖指数较低年雨量较丰，溪流密布，气象干旱较少，实际旱灾也较少。但也有例外，如雅安市北部 5 县（市）实测多年年均降雨量 1 600 mm 左右，历史上仍有特大旱灾纪录，川北大巴山区通江、南江、巴中一线、川南低山区古蔺、綦江等县则为常年受旱地区，历史上旱灾记述也较多。

盆地西缘山地包括龙门山、邛崃山、夹金山和大相岭。这些山脉位于盆地向高山高原过渡带，靠近盆底为低山、丘陵，向西升高至中山或高山。龙门山北起摩天岭，南至茶坪山，海拔由盆地边缘的 1 000 m 上升到 3 000 m 左右，区内北川县年均降雨量 1 400 mm 以上。邛崃山紧靠龙门山，走向南北，是杂谷脑河和小金川的分水岭。邛崃山西南夹金山为青衣江上游芦山河、宝兴河、天全河、荥经河发源地，大相岭则为青衣江和大渡河分水岭。盆西山地区年均降雨量 1 300 ～ 1 400 mm 以上，气象干旱极少。

盆地北缘山地有米仓山和大巴山，为川甘、川陕和川鄂分界山。米仓山走向西东，山南青川、广元、旺苍为嘉陵江、白龙江支流青川河、西河、东河的发源地，东面大巴山走向西北—东南，山南南江、万源为渠江上源巴河、州河发源地区，实测年均降雨量 1 100 ～ 1 200 mm，雨量虽多，但多暴雨，气象干旱较频。

盆地南缘从高县到奉节，属川江南岸低山地区，南连云贵高原，东接鄂西、湘西北山地，西段海拔不超过 1 000 m，向东逐渐升高，至万州、奉节南七曜山达 2 000 m 左右，南川金佛山主峰海拔 2 251 m。长江以南年均降雨量 1 000 ～ 1 100 mm，唯中段古蔺一带仅约 800 mm，为四川常年多旱地区之一。盆地南缘年降雨量年内分布较为均匀，每年 11 月至翌年 4 月，冬春 6 个月雨量占年总雨量 18% ～ 20% 以上，盛夏 7 ～ 8 月两个月雨量占全年雨量 30% ～ 40%，故冬干和春夏旱少，主要是发生伏旱。

四川盆地东缘为与湖北省分界的巫山山脉，走向东北—西南，海拔 1 000 ～ 1 200 m。巫山岭脊宽缓，除长江三峡为深切峡谷，两岸悬崖峭壁外，山岭中多有相对高差不大的低地、盆地和丘陵。小河两岸多有宽谷，如大宁河大昌，则为万山丛中的农业基地。巫山县幅员面积 2 960 km^2，年均降雨量 1 040 mm，主要受旱多为伏旱。

2. 四川盆底

四川盆底部的范围，大致以广元—雅安—叙永—奉节四县连成的菱形连线以内，高程以海拔 750 m 等高线与盆周山地分界。盆底地势由西北向东南倾斜，地表海拔大多在 750 ～ 250 m。盆底内有四川省的成都、德阳、绵阳、乐山、雅安、宜宾、内江、自贡、泸州、遂宁、南充、达县和属于重庆市的重庆、涪陵、万州等县（市、区），有耕地 6 540.2 万亩，

耕地率 30.5%，盆底范围内实测年均降雨量 900 ～ 1 200 mm，中心地区最少，向四周逐渐增加。川渝地区历史上的大旱主要发生在这一地区内。

盆底由龙泉山脉和华蓥山脉分隔，又可分为盆西平原、盆中丘陵和盆东平行岭谷三个地貌和气候显著不同的区域。

盆西平原包括绵阳、德阳、成都、乐山 4 市、24 个县（区），从北面涪江江彰绵安平原到沱江上游，岷江中游成都平原、彭眉平原和青衣江下游夹江、峨眉平原，地势由西北向东南微倾，地表平坦，垦殖指数高。平原总面积 2.3 万 km^2，平原中心如郫县，耕地率更高达 60% 以上，年降雨量 1 000 ～ 1 100 mm，雨量丰沛，但降雨季节分布不均，每年 11 月至次年 4 月冬春半年降雨量占全年的 12% ～ 15%，气象上多有冬干春旱；夏季 7~8 月两个月降雨量占全年的 45% ～ 50%，多暴雨，场次暴雨之间仍有夏旱、间有伏旱出现。据近年实测降雨资料核算，平原区多年平均年受旱次数在 2.0 次上下，属气象干旱频繁地区。随着水利灌溉事业的不断发展，引灌面积不断扩大，气象干旱已很少成灾。

龙泉山和华蓥山之间为盆中丘陵区，包括绵阳市南部、德阳市中江县、成都市金堂县、乐山市仁寿、井研县及宜宾、遂宁、内江、自贡、泸州、重庆、南充、广安等地（市）共 64 个县（市、区）。总幅员面积 8.3 万 km^2，年均降雨量 900 ～ 1 000 mm，气象干旱频繁，春夏伏旱年均受旱次数在 2.0 次左右，加上田高水低，垦殖率高而缺外来水源，成为历史上多次大旱灾主要发生地区。

华蓥山以东，川江与渠江谷地之间有 20 多条长短不同、走向东北—西南的山岭，呈条形平行排列，故有“平行岭谷”之称。盆东平行岭谷地区包括重庆、达县、万州等市地及涪陵垫江县共 23 个县（市、区），幅员面积 3.7 万 km^2。年均降雨量 1 100 ～ 1 200 mm，较盆中稍丰，最显著的特点是冬春雨量较多，冬春半年降雨量占全年 20% ～ 25%，盛夏 7、8 两月降雨量较其他地区为少，占全年的 25% ～ 30%，年内各月降雨量分布较为均匀。盛夏气温高，地面及水面蒸发量大，农业生产多受伏旱威胁。

三、按旱型划分干旱区

川渝干旱产生的主要原因是东南季风推进的早迟与单一干燥气团的长期控制。春、夏降雨自东向西移，若遇季风弱而迟，则盆地西部和中部少雨，形成春、夏干旱天气；7、8 月份由于太平洋副热带高压控制，盆地东部地区连晴高温，雨水不足，常有伏旱产生，有时伏旱可持续到 9 月份；盆地冬季受北方干寒气流控制，常有冬干发生。川西南山地冬、春季受西风南支暖流影响，加上深切割地形的焚风效应，冬干春旱较盆地更为显著。一般情况下，春、夏旱主要发生在盆西、盆西北地区以及凉山州南部、攀枝花市；伏旱主要发生在盆东、盆东南地区；盆地腹部地区则是春、夏、伏旱交错发生区。以畜牧业为主的川西高原区，很少发生旱灾。

（一）春旱区

川渝地区的春旱区包括严重区和常发区两类。严重区（即频率大于 60% 的地区）主要分布在沱江中游、涪江中游部分地区及盆周山区部分县市，中心在剑阁—自贡的南北狭长带，包括绵阳、德阳、广元、遂宁、内江、自贡6市及宜宾、泸州两地长江以北的部分、南充地区的西北部、成都市大部、乐山市的岷江以东部分、重庆市西部，以及凉山州、攀枝花市和雅安地区的一小部分。其中春旱严重区主要分布在盆地西部绵阳、简阳、内江、自贡一带，区内的平均干旱频率在80%左右，最高的简阳、安岳可达90%以上，成为名副其实的“十年九旱”（表2–3和图2–3）。

表2–3 川渝地区干旱情况表

干旱类别	严重地区	常见地区	持续天数（最长天数）
春旱（3～4月）	绵阳、金堂、仁寿、荣县一带，攀枝花、米易、西昌一带	绵阳、广元、温江、内江、宜宾等市，南充、巴中、重庆市西部，乐山市南部	35~40（50）
夏旱（5～6月）	梓潼、三台、简阳、威远一带	绵阳、成都、乐山、宜宾、内江、巴中、广元、南充等市，重庆、达州市西部	35~45（60以上）
伏旱（7～8月）	重庆、长寿、忠县、万州一带	重庆、涪陵、万州、南充等市，达州市南部，宜宾市北部，内江、安岳、遂宁等地	20~40（60以上）
冬干（1～2月）	攀枝花、米易、西昌一带，绵阳、简阳、内江一带	攀枝花、西昌、绵阳、内江等市，古蔺、温江、南充等地	30~55（60以上）

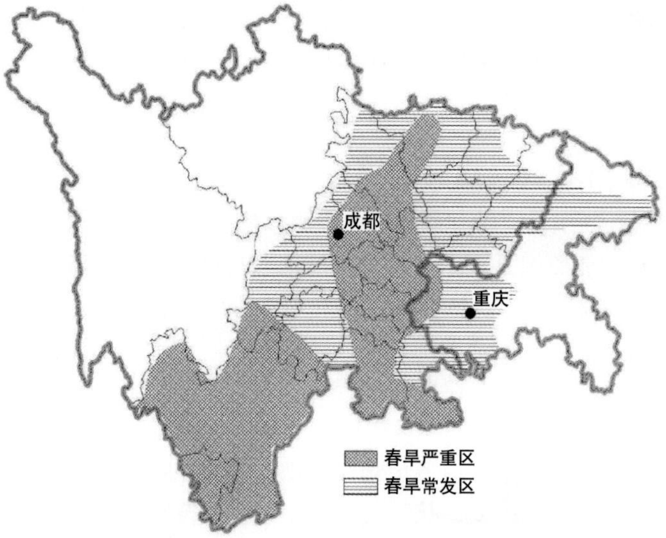

图2–3 川渝地区春旱区分布

四川盆地春旱的多年平均出现日期为3月4日，最早为3月1日，最晚为3月15日。平均出现日期在3月1～6日间的频率达74%（表2–4）。这表明四川盆地春旱的开始期一般比较集中，大多在3月第一周就会出现。出现在3月10日以后的几率较小，不到15%。然而，在 1986 年以前根本没有在 3 月 10 日以后出现春旱的年份。在 1986 年后，3 月 10 日后出现春旱的年份却占了总年份的 50%。这表明进入 20 世纪 80 年代后期以来，四川盆地的春旱开始期有了推迟的趋势。

春旱结束日期变化较大，其多年平均日期为 4 月 18 日。最早结束期为 4 月 3 日，最晚为 5 月 1 日，其变化的范围比开始期几乎大了一倍 (表 2–4)。在 4 月 15 ～ 21 日间结束的频率仅为 37%。20 世纪 70 年代后期以来，春旱结束的日期也出现了推迟的趋势。4 月 20 日以后结束的频率为 43%，而在 1986 年以来，这个比例上升到了 60%。春旱结束的最晚日期“5 月 1 日”就出现在 1995 年。在 1986 年以前的最晚结束日期是 4 月 25 日，出现在 1981 年。

表 2–4 川渝地区春旱、夏旱和伏旱的开始和结束日期

干旱类型	开始期			结束期		
	最早	最晚	平均	最早	最晚	平均
春旱	3 月 1 日	3 月 15 日	3 月 4 日	4 月 3 日	5 月 1 日	4 月 18 日
夏旱	5 月 1 日	5 月 25 日	5 月 12 日	5 月 30 日	6 月 25 日	6 月 11 日
伏旱	7 月 7 日	8 月 3 日	7 月 20 日	8 月 3 日	8 月 31 日	8 月 18 日

（二）夏旱区

川渝地区内夏旱区主要分布在万源、达县、邻水、北碚、江津、合川一线以西地区，以及凉山、攀枝花两州市的 139 个县（市、区）。总面积大致与春旱严重区相当。夏旱严重区主要集中在广元、绵阳和成都平原，区内干旱最大频率为 76%，崇州、绵阳、彭州及广元四个县（市）频率超过 75%，其余大部分地区干旱频率都在 70% 以下（图 2–4）。

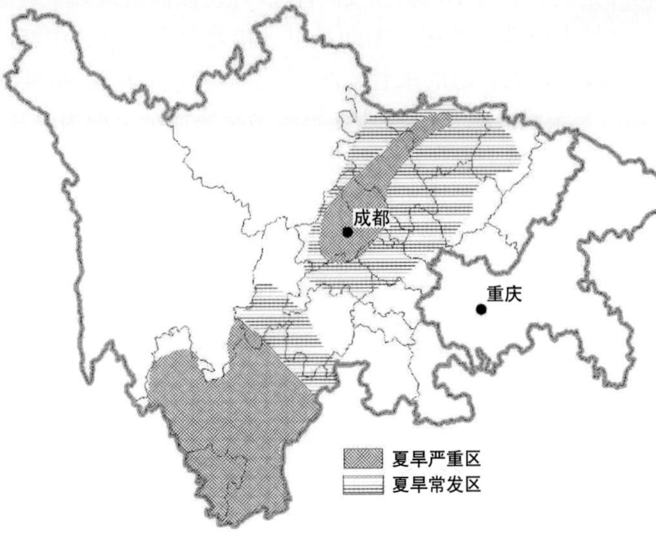

图 2–4 川渝地区夏旱分布区

根据中国气象局干旱程度 5 级划分方法，结合川渝地区夏旱对农业生产的影响情况，定义各夏旱等级特征如下：

(1)轻旱。降水较常年偏少 40% ~ 60% ,旱期一般在 20 ~ 30 d。如果旱期在 30 d 以上，其降水日数在 10 d 以上，旱期平均气温、日照、相对湿度较常年正常或偏少，部分高台土的农作物生长有轻度缺水现象。

(2)中旱。降水较常年偏少 50% ~ 70% ,旱期一般在 25 ~ 40 d。如果旱期在 40 d 以上，其降水日数在 15 d 以上，旱期平均气温、日照、相对湿度较常年正常或偏少，高台土的农作物生长有缺水较重、中台土的农作物生长有缺水现象。

(3)重旱。降水较常年偏少 60% ~ 80% ,旱期一般在 30 ~ 50 d。如果旱期在 50 d 以上，其降水日数在 20 d 以上，旱期平均气温、日照、相对湿度较常年正常或偏少，土壤出现水分持续严重不足，部分稻田缺水，地表植物萎蔫、叶片干枯，对农作物、生态环境、工业生产、人畜饮水等方面造成较大影响。

(4) 特旱。降水较常年偏少 70% ~ 95% ，旱期一般在 40 ~ 71 d。如果旱期在 40 d 下，其降水日数在 10 d 以下，较常年旱期平均气温偏高 2℃以上、日照偏多 20 % 以上、相对湿度偏少 15% 以上、日平均降水量在 0.7 mm 以下。土壤出现水分长时间持续严重不足，部分稻田出现干裂、大面积缺水，地表植被出现较大面积的干枯、死亡现象。对农作物、生态环境、工业生产、人畜饮水等方面造成严重影响。

重庆市夏旱发生的平均频率为 22.3%，其中一般夏旱所占的比例高达 72.6%，重夏旱为 17.8%，严重夏旱仅为 9.6%。其中一些年份出现两段夏旱，占夏旱发生年的 10.6%。

重庆市各地夏旱发生频率总体上较小，都在 50% 以下，西部地区的荣昌、江津、铜梁、璧山、大足、潼南及东北部的巫山、奉节、城口、巫溪等地发生频率较高，为 10 年 3 ~ 5 次，其中，发生频率以潼南（48%）、巫溪（46%）最高，接近 10 年 5 次；其余地区夏旱出现频率为 10 年 3 次以下，尤以中南部的南川、万盛、渝北及东南部的酉阳等地夏旱发生频率较低，10 年不足 1 次，其中万盛最为突出，在统计年限内没有发生夏旱。

重庆市夏旱平均开始期为 5 月 16 日，开始期在 5 月份以前出现频率较大，占到 1/4 以上，其余时段比较分散；地域上以西部地区开始期最早，接着是东北部，中部地区稍后，东南部地区最晚。开始期年际波动较大，总的来看，20 世纪 70 年代后期至 90 年代中期夏旱开始期偏早，90 年代中后期明显偏晚。重庆市各地夏旱的多年平均结束期为 6 月 14 日，夏旱结束期没有特别集中的时间段，地域上大致以西部地区开始最早，接着是东北部，中部地区稍后，东南部地区最晚。夏旱结束期年际波动也较大，在 20 世纪 80 年代末以前有逐渐提前的趋势，90 年代以来又有逐渐偏晚的倾向，与夏旱开始期的变化有一定相似之处。重庆市夏旱的平均持续时间为 28.6 d，夏旱持续时间呈明显的偏态分布，20~24 d 的占到一半以上。地域上基本上以西部地区最长，东北部次之，东南部、中部地区最短。夏旱持续时间年际变化较大，但年代间的变化趋势不明显。

（三）伏旱区

伏旱区范围广大，主要分布在盆东、盆东南的涪陵、黔江、万州、达县、南充、重庆、泸州、自贡、内江、遂宁等 10 个市。包括盆地东经 104° 以东的地区。其中干旱频率大于 60% 的严重区主要分布在长江和嘉陵江沿岸，区内最高频率 82%，平均频率 68%。虽然总体上伏旱发生频率有由东向西逐渐降低的趋势，但并不排除个别地段出现高值的可能，如盆地西部的德阳一带，伏旱频率就高达 70% 以上（图 2-5）。

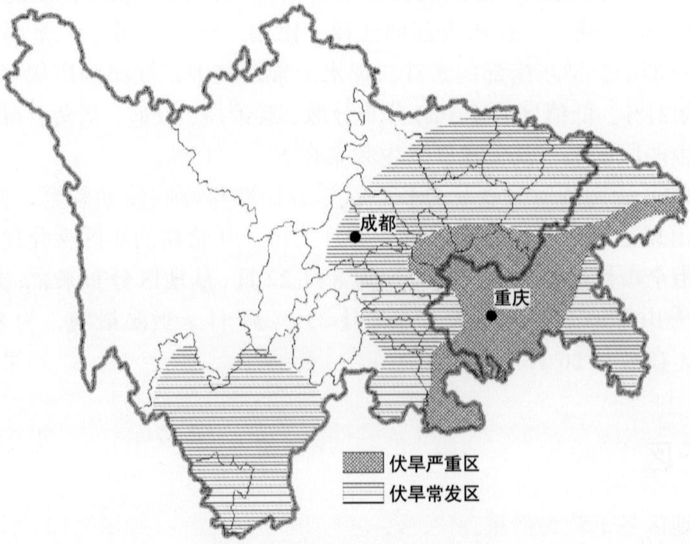

图 2-5　川渝地区伏旱分布区

重庆市各地伏旱发生频率都较高，但地区之间仍有较明显的差异，长江、嘉陵江、涪江沿江地区是伏旱频率高值区，发生频率多在 70% 以上，其中，有两个频率高值中心，一个在中部的丰都、忠县、涪陵一带，另一个在西部沿江地区的江津、巴南、壁山、北碚、合川一带。发生频率在 75% 以上，丰都、江津、壁山发生频率最高，达 80%。其他地区伏旱发生频率较沿江地区稍低，一般为 50% ～ 70%，只有南部的万盛和北部的城口发生频率在 50% 以下，分别为 46% 和 48%，是全市伏旱发生频率的两个低值点。另外，重庆市伏旱的分布与春旱、夏旱差异很大，不仅伏旱的频率明显偏高，而且干旱中心区的分布差异更大。

重庆市伏旱被分成 3 种类型、5 个区域，其中，占全市区县数一半以上的地区属伏旱高发区，发生频率在 70% 以上，包括：巫溪、巫山、奉节、云阳、万州、忠县、丰都、涪陵、长寿、巴南、江津、壁山、北碚、合川、潼南及主城区的沙坪坝、江北、九龙坡、南岸、渝中区等。发生频率在 50% ～ 70% 的伏旱常发区被分成 2 片，南部常发区包括：秀山、酉阳、黔江、彭水、石柱、武隆、南川、綦江、永川、铜梁、大足、荣昌等区（县）；北部常发区包括：渝北、垫江、梁平、开县等区（县）。发生频率在 50% 以下的少发区只有万盛、城口 2 个区（县），因其地理位置相隔甚远，也将其各划为一个区。

全市平均伏旱发生频率为 67.3%，伏旱高发区为 74.5%，南部常发区为 61.8%，北部常发区为 64.5%，少发区万盛和城口分别为 45.7% 和 47.5%。从各区域伏旱构成来看，伏旱高发区与北部常发区和南部常发区基本接近，一般伏旱比例最大，重旱次之，严重旱略少于重旱；少发区因站点太少，两个区都只有一个站，伏旱构成差异较大，其中，少发区万盛与其他区明显不同，一般旱比例高达 75%，重旱加上严重旱比例仅 25%，少发区城口与其他区的差异不大。

伏旱高发区与北部常发区和南部常发区伏旱比例基本接近，为16%左右；少发区城口略少，为10.5%；少发区万盛没有出现过两段伏旱。对各地两段伏旱的发生频率进行统计，结果表明：两段伏旱发生频率与总发生频率的分布并不一致，其分布比较零乱，伏旱高发区并不一定是两段伏旱高值区。总的趋势来看，西部两段伏旱较多，东北部较少，高值区(≥15%)主要有3个区域，一是西南部的江津、巴南、壁山一带；二是西北部的渝北、长寿、合川、潼南一带；三是东南部的黔江、彭水一带。其中，江津两段伏旱发生频率最高达25%，渝北次之为21%。低值区(≤5%)分布分散，有荣昌、万盛、涪陵、石柱、云阳、城口，其中万盛从未发生两段伏旱，其他地区发生频率在5%～15%。

全市伏旱平均开始期的时间变化分析，伏旱开始期年际间波动频繁，波动幅度也较大，平均开始期最早出现在6月底，最晚出现在8月上旬，开始期的年际变化比较零乱，没有明显的规律。重庆市全市伏旱多年平均结束期为8月22日，从地区分布来看，大致上是东北部、西北部及武隆、秀山等地结束期较晚，在8月23～31日；巫溪最晚，为8月31日，其余地区结束期略早，在8月20日前后。

（四）冬干区

川西南山地地区冬干较为严重。

四川盆地大部分均存在不同程度的冬干。干旱频率在30%以上，特别是成都、仁寿、射洪、达县以北地区冬干更为严重，发生频率在60%以上；其中最高的广元和通江达到98%左右，成为该区域内冬干的中心区。由此向东和向南，干旱频率逐渐降低(图2-6)。

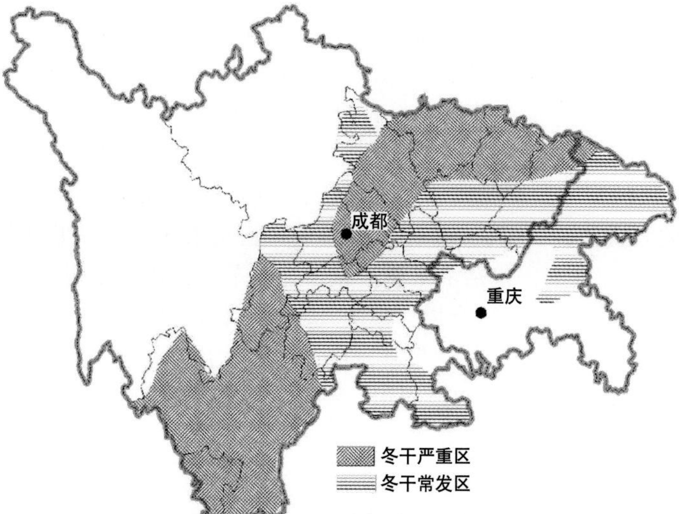

图2-6 川渝地区冬干分区图

重庆市全市各地冬干发生情况差异较大，发生频率高值区主要分布在东北部地区，一般在30%以上，其中云阳以东地区多在50%上；其次为中部沿江地区的武隆、涪陵、丰都、石柱及黔江，发生频率在20%～28%；其他地区发生频率均较低，为0～18%，其中，西部大部分地区、中北部梁平、垫江及东南端酉阳、秀山发生频率在 10% 以下，特别是万盛、渝北、合川、荣昌四县，从 20 世纪 60 年代以来还没有发生过明显的冬干。

参考文献

[1] 胡健，张天辉．四川盆地农业干旱问题及对策研究．农村经济，2005 (2)：40-42.

[2] 赵春明．20 世纪中国水旱灾害警示录．郑州：黄河水利出版社，2002.

[3] 刘庆，毛军需，彭国照．四川盆地夏旱多因素综合评估方法探讨．干旱地区农业研究，2007,25(3):82-85.

[4] 水利部长江水利委员会．长江流域水旱灾害．北京：中国水利水电出版社，2002.

[5] 刘颖秋．干旱灾害对我国社会经济影响研究．北京：中国水利水电出版社，2005.

[6] 四川省水利厅．四川水旱灾害．北京：科学出版社，1996.

[7] 四川省水利电力研究所．四川省（暨重庆市）农田水分盈亏与农业干旱评估研究．1999.

[8] 四川省水利电力研究所．四川省农田水分盈亏量及农业干旱区划图表集．1999.

第三章

川渝地区干旱发生规律及成因分析

第一节　川渝地区干旱发生规律

一、历史干旱规律分析

（一）新中国成立之前的旱灾分析

对川渝地区干旱灾害的分析研究开始于 20 世纪 50 年代。当时的四川省农田水利局曾利用明清方志资料对历史上农业干旱的分析研究，下发各专区农田水利部门作为参考。此后，四川省气象等部门亦曾利用古代各种文献，进行资料摘录，为干旱分析提供基础依据。这其中有重庆市图书馆编著的《历代四川各地灾异提要索引》，四川省气象局 1978 年编制的《四川省近五百年旱涝史料》等。

四川省气象研究所据 1470—1977 年共 509 年史料记载，统计出川渝地区历史上发生的区域性干旱，共有 278 年，占统计年数的 54.7%。其中连旱年共有 30 组，最长者可持续 8 年之久。从整个系列看，16 ～ 17 世纪和 20 世纪是干旱发生最频繁的时期。四川盆地东部则以 17 世纪干旱为较频繁。盆地区的大旱年，平均 3 年左右出现一次。20 世纪 20 年代起，进入了干旱期的新高峰期。

《四川历史旱灾表》中统计自汉惠帝二年（前 193 年）至 1949 年的 2 142 年干旱史料，得出全川性大旱的年有 22 个；平均约 100 年有一次全川性大旱。这一统计显然受史料缺失的影响，存在一定的片面性。在补充了有关史料后，得出 2142 年中有 302 年，平均 7 年有一次大旱灾。其中：公元前 2 世纪有 2 次，7 世纪 11 次，9、10 世纪各 1 次，11 世纪 6 次，12 世纪 21 次，13 世纪 7 次，14 世纪 13 次，15 世纪 22 次，16 世纪 30 次，17 世纪 33 次，18 世纪 27 次，19 世纪 82 次。20 世纪几乎年年都有旱灾发生。进入 21 世纪后干旱灾害更加频繁。

上述统计存在一种年代越近、旱灾越频繁的假象。其原因是年代越远，史料缺失越多，年代越近，资料越丰富，而且容易获得。所以，前人统计出的年次，并不能完全反映各世纪实际情况。但对干旱的地区分布研究，有一定参考价值。

（二）新中国成立以后的旱灾分析

新中国成立以来的 60 余年，川渝地区发生不同类型旱灾 100 多次，几乎每两年就发生一次干旱。对近 500 年四川盆地干旱史料分析可知，在近 500 年中，如以 50 年为单位进行统计。在19世纪以前，每50年内伏旱出现年数均不超过19年；而在进入19世纪以后，则每50年内伏旱出现的年数就不低于19年；近50年伏旱出现的年数，竟高达36年。结合国内外有关气候变迁的资料加以分析，得知近年四川盆地内干旱频繁而且旱情趋重的现象，是迭加在一个长周期气候变动之上的短期气候振动。这个长周期在19世纪以前，处于变动的波谷，而19世纪以后渐趋上升，直到20世纪90年代已进入高峰。

四川盆地历史上的干旱灾害，除年内的单纯的干旱灾害类型如春旱、夏旱、伏旱外，还有跨季度的复合类型如春夏连旱、春夏伏连旱等，有时还存在跨年度的冬干春旱。历史上还有持续多年的大旱。

20世纪以前，川渝地区内尚无水文气象测验资料，无从分析气候变动情况。该区域内设立最早的现代雨量测站，是盆地东南的重庆海关，于1891年设站观测，至今已有120年的历史，实测各个年代的多年平均年降雨量，多在1 050 mm上下，几乎没有什么变化。盆地西部的成都雨量站始建于1928年，观测至今也有近80年的整年系列资料，实测多年平均降雨量从40年代的1 137.5 mm，到70年代的1 020.7 mm、80年代的969.7 mm，雨量有减少的趋势，但同期盆地北部的各雨量站，实测年降雨量却有显著的增加。这说明气候变动规律在该区域内也有地区性差异。

四川近百年来总降雨量未出现显著变化，这可以由20世纪上半叶及下半叶重大旱灾次数相近予以说明。近30年来，四川各地雨量站实测中最大和最小降雨量达到的比值一般在2.0～3.0，其中以盆地东部的梁平为最大，达到3.7，重庆为2.4，成都为3.1，年变幅不是太大。说明四川气候变动的长周期应在100年以上；就短期而言这种变化不太明显。但影响到季节性干旱的月降雨量，变化则大得多，如春旱多发的盆西成都站，历年3月及4月最大、最小月降雨量的倍比，分别为30及14，而伏旱多的盆东重庆站，历年7月及8月最大、最小降雨量的倍比，分别为28及33。因此季节和月份的气候变动，是造成干旱频繁的重要原因。

20世纪50年代以来，四川盆地旱灾越来越频繁，90年代重于80年代，80年代重于70年代，70年代重于60年代，60年代又重于50年代，进入21世纪后，川渝地区干旱又进入频发期。据各雨量站实测降雨量资料所得出的气象干旱频次，也有同样趋势。70年代、60年代、50年代中各年内的总旱次，成都分别为2.4、2.3及2次，涪陵分别为1.7、1.3及1次。由此可知，川渝地区的年均总旱次，有由盆西北向盆东南逐渐减少的规律。

近20年来，川渝地区干旱灾害频发，2006年夏季（6～8月），重庆、四川持续高温少雨，两省(市)夏季平均降水量为345.9 mm，只有常年同期的67%，为1951年以来历史同期最小值。同时，川渝盛夏(7～8月)平均气温之高也创1951年以来同期之最。川渝部分地区高温日数持续之长、强度之大，均创下了当地有气象记录以来历史同期极值。持续高温少雨导致土壤失墒快，伏旱迅速发展加重，重庆遭受了百年一遇的特大伏旱、四川出现1951年以来最严重伏旱。

2006年8月底，干旱造成重庆市水利工程蓄水不足9.5亿m^3，仅占应蓄水量的33%左右，全市2/3的溪河断流，275座水库水位处于死水位。重庆全市因旱受灾人口达2 100万人，有820.4万人发生临时饮水困难；农作物受灾面积132.7万hm^2，绝收37.5万hm^2；直接经济损失达90.7亿元，其中农业经济损失66.4亿元。就粮食生产而言，大春粮食损失300余万吨，比常年减产约30%。

截至2006年8月30日，四川全省水利工程蓄水41.55亿m^3，占蓄水计划的52%，比2005年同期少蓄29.11亿m^3；旱情最重的南充、遂宁两市蓄水量分别为6.55亿m^3和1.04

亿 m^3，分别占计划蓄水量的 42% 和 33%；小型水利工程干涸率达到 66.2%。全省有 700 多万人出现临时饮水困难；农作物受旱 206.7 万 hm^2，成灾 116.6 万 hm^2，绝收 31.1 万 hm^2，损失粮食 481.4 万 t；伏旱造成直接经济损失 125.7 亿元，其中农业经济损失 108.0 亿元。

2009 年冬季至 2010 年春季，我国西南五省发生大规模的干旱灾害，川渝两地受灾严重。

二、干旱长周期规律

（一）干旱的空间变化规律

影响干旱空间分布的因素可分为两大类：一是宏观地理因素，二是微观地理因素。宏观地理因素主要表现为干旱随地理位置、大地形、大的自然地理环境而呈有规律的变化，这种变化与经度、纬度和海拔高度有关，可以表示为空间坐标的函数。微观地理因素主要是指小地形形态、土地、植被等，它们在空间分布上十分复杂，对于旱的影响也各不相同。

1. 干旱灾害与纬度

就北半球欧亚非大陆而论，干旱随纬度的变化可分为三种情况：在大陆西岸，由于副热带高压下沉气流和信风带背岸风的作用，使干旱气候占据约 30 个纬度 (10° N ～ 40° N)。在纬度因素作用下，形成不同类型的干旱气候，自南而北有热带干湿季气候、热带半干旱与干旱气候、副热带干旱气候和副热带夏干气候等。在大陆中间地带，由于位于大陆中心，加上青藏高原的影响，使这里干旱气候南北跨 20 个纬度 (25° N ～ 45° N)。在纬度因素影响下，青藏高原干旱气候分异为高原温带、高原副寒带、高原寒带的半干旱与干旱气候，而高原以北的温带干旱气候分异为暖温带、温带的半干旱与干旱气候。大陆东岸由于太平洋、印度洋与欧亚大陆的热力差异，在 40 个纬度 (10° N ～ 50° N) 内形成季风气候；冬夏季风性质差异，导致季风区季节性干旱。由于纬度差异，使季风气候分异为热带、副热带和温带三种季风气候，并具有不同的干旱特点。

我国东部处于东亚季风区，其干旱状况与纬度的关系比较特殊。我国偏低纬度 (20° N ～ 30° N) 地区干旱月百分比较低 (22%～ 24%)，连旱 2、3 个月的次数较少。中纬度地区 (31° N ～ 40° N) 的干旱月数约为低纬的 2 倍，百分比增至 50%～ 65%，为低纬度的 3 ～ 8 倍，这是低纬度所没有的。偏高纬 (41° N 以北) 地区的干旱月的月数与百分比及连旱次数比中纬明显减少，与低纬相近。总的来说，近 500 年中，北方出现大范围干旱的几率比南方大。

川渝地区所跨的纬度在 25° N ～ 35° N，主要位于中低纬度地区，属于干旱频发区。总体来看，该区域的低纬度区的干旱频率要高于高纬度区。

2. 干旱与经度

在北半球，大陆与大洋相间分布，大洋是大陆降水的主要水汽源地。中纬度带的大陆西岸盛行西风，大陆东岸盛行季风 (特别是夏季风)，距海愈远，水汽来源愈久发生干旱的几率就愈大。经度能定量地表示距海远近，而干旱气候是在一定的经度范围内发生的。

川渝两地地处内陆地区，距海洋较远，干旱频率较高。在本区域来看，东部区域的干旱频率高于西部地区。

3. 干旱与海拔高度

一般来说，在最大降水高度以下，随着海拔高度的增加，降水量增多，蒸发量减少，故干旱月数及其在总月数的百分比是随海拔高度增高而减少的。

干旱月数随海拔高度增高而递减的规律，使许多山地出现“山麓干旱、山顶雨涝”现象。海拔高度的增加,降水增多,蒸发减少,伏旱随海拔升高而很快消失。川西高原一般在3 000 m以上，干旱灾害较少发生。川渝地区的干旱区域主要发生在500 m以下的平原和丘陵地区。

（二）气候周期性变迁

地球大约形成于46亿年前，而地球上的大气约在地球形成的最初的10亿年就形成了。四川盆地地质时代的气候变化与世界总趋势相近。大部分时期是温暖气候，寒冷的冰期气候是相对短暂的。约在250万年前，地球进入第四纪，第四纪冷暖变化剧烈，其中寒冷时期为冰期，陆地1/4的面积被冰覆盖，相对温暖时期为间冰期，约有1/10的陆地面积被冰覆盖。目前地球属于间冰期，气候相对温暖的时期，部分地区出现高温干旱是正常现象。

1. 盆东地区

四川干旱常发区域位于东部盆地地区，根据孢粉学的研究，盆东地区的干湿变化分为三个阶段。

（1）干燥阶段。在距今3 200年前，高蒸发量使剖面下部的砾石层发生钙质胶结，形成了江北砾岩。虽无孢粉降水指数资料，但高温低湿也可能是低降水量造成了碳酸钙的结晶沉淀，胶结砾石。该期可称为低干燥期。

（2）潮湿阶段。在距今3 200 ~ 200年间，北碚气候以潮湿为主，大多数时间的年降水量超过1 100 mm。但其中亦有几个变干的短时期：

第1潮湿期，在3 200 ~ 2 800年间，气候渐湿，年降水量最多为1 102.3 mm。

第2半干期，在2 800 ~ 2 700年间，短时略显干燥，年降水量984.5 mm。

第2湿润期，在2 700 ~ 2 600年间，又短时变湿，年降水量为1 086.2 mm。

第3干旱期，在2 600 ~ 2 400年间，本区再行干旱，年降水量仅948.5 mm。

第3潮湿期，在2 400 ~ 1 200年间，本区长时期潮湿，年降水量多在1 200 mm，最高达1 211.3 mm。

第4干燥期，在1 200 ~ 1 000年间，本区气候甚干，最低年降水量仅913 mm。

第4潮湿-湿润期，在1 000 ~ 200年间，本区变湿，早期潮湿最高年降水量1 126.8 mm，后期降水量略减少于1 100 mm，但仍超过1 000 mm，为湿润时期。

（3）湿润阶段。在最近200年间，气候以湿润为主，但早期有一较干时期。

第5干旱期，在200 ~ 100年，年降水量964.7 mm，比现在干旱。

第5湿润期，最近100年，降水量年均超过1 000 mm，趋于湿润。

2. 盆西地区

第 1 湿期，距今 1 000 年前，盆西较湿润，年降水量为 986 ～ 1 004.4 mm ，相当于盆东的 3 湿 4 燥两期。

第 1 润期，距今 1 000 ～ 400 年间，盆西较干旱，年降水量 <1 000 mm，最低 949 mm，相当于盆东的 4 湿期。

第 2 湿期，距今 400 ～ 100 年间，盆西较潮湿，年降水量最高达 1 064.2 mm，相当于盆东地区的湿润过渡期和 5 旱期。

第 2 润期，最近 100 年来，盆西又较干，年降水量为 976 mm，相当于盆东地区的 5 湿期。

盆西干湿演变比盆东平缓，距今 1 500 年前的盆西湿期，包括了盆东的一个干湿变化期，距今 1 000 ～ 400 年间的盆西润期，在盆东是潮湿期湿；距今 400 ～ 100 年间的盆西湿期，对应着盆东的 5 旱；最近 100 年来，盆西的润期对应着盆东的湿期湿。这反映着盆西干湿的小变动与盆东干湿的大变动有差异。然而经仔细分析盆东与盆西干湿演变特征可知，它们的演变脉搏还是相似的。

（1）从 15 世纪 70 年代开始到 18 世纪初 (其中除 16 世纪和 17 世纪的 10、70 年代及 17 世纪 60 年代外) 均是旱的频次大于涝的频次。

（2）18 世纪 20 年代到 20 世纪 20 年代末 (其中除 18 世纪 40、50 年代，19 世纪 10、70 年代外) 均是涝的频次大于旱的频次。

（3）从 20 世纪 30 年代起到 70 年代末，除 40 年代旱涝频次相当外，旱年频次均大于涝年频次，30 年代干旱频次达近五百年之最高，30 年代初到 70 年代末为近五百年干旱最频繁的 50 年。

气温从 20 世纪 50 年代至 80 年代一直都是下降的，90 年代开始回升；而年降水是各个年代波动变化，50、60、80 年代较多，90 年代降水量最少。综合年平均气温和年降水的变化来看，可以近似地认为四川盆地近 50 年来气候年代际变化经历了一个“暖湿—暖干—冷湿—暖干”的过程，这与西北地区 80 年代末期从“暖干”向“暖湿”气候转型不同。进入 90 年代后，四川盆地的气候出现了“暖干”趋势，这一变化趋势对当地农业生产、环境等方面都会产生很大的影响，值得引起重视。

第二节　干旱成因分析

一、自然因素

（一）气候因素

川渝地区的气候干旱主要是受全球或局部大气环流的影响。

干旱主要是降水与蒸发这一对矛盾的对立统一，而矛盾的主要方面常常是降水显著偏少。

干旱的形成是长时间持续少雨的结果。某地区持续少雨主要是该地区大气环流稳定少变，长期处在单一气团控制下所致。我国大部分地区属于季风区。冬季我国主要受西伯利亚高压控制，盛行冬季风。夏季我国天气主要受太平洋副热带高压和印度低压的影响，盛行夏季风。从东南和西南方向来的暖湿空气与北方冷空气相通，在交界面——锋面附近形成一条降水带。如果该降水带在某一地区长期停留、徘徊，就会在该地区形成多雨天气，如果副热带高压稳定控制和极地冷气团长期停留，就会形成少雨干旱。如果雨带很弱，就有可能出现季节连旱情况。

川渝地区位于26° N ~ 34° N，属于印度洋季风气候带，亚热带东南季风气候区。该区域主要受四种环流活动中心的支配：即太平洋高压、印度低压、蒙古高压、阿留申低压。它们的生成、消失、强弱变化，直接控制包括四川盆地在内的国内大范围气候变化。当年际及年内降雨不均、年内不同季节降水不均、时段降雨不足时，就会形成干旱。冬季在蒙古冷高压控制之下，川渝地区盛行冬季风，空气寒冷干燥，降水偏少，常有冬干、春旱发生。夏季，在太平洋高压和印度低压的影响下，盛行由南方海上吹来的夏季风，空气温暖湿润，水汽丰沛，因而多暴雨发生。

每年的3 ~ 4月，当欧亚乌拉尔东部高压、西藏高原高压与太平洋的暖流交锋偏于盆地东部时，则盆东多春雨，而盆地西北一带则少雨，易发春旱。5 ~ 6月太平洋高压虽由东南向西北延伸，但还不强，冷暖空气交锋位置仍然偏东，故盆地仍有继续干旱的现象，往往形成春旱接连夏旱的局面；而盆东地区不仅春雨来得早、初夏雨水较多，还不时有局部大雨发生。6月冷暖气流交锋位置偏南，形成降雨分布南多北少的格局，因此盆地中部以北地带，普遍存在夏旱的威胁。一般来说，四川盆地的夏旱与夏季东亚季风来得早迟关系较密切。初夏，北方冷空气还比较强，夏季季风又来得迟而弱的年份，四川盆地西部大雨就会来得晚，夏旱就会比较严重，反之则夏旱相对较轻。7 ~ 8月，太平洋暖流加强西伸，副热带高压北跃至北纬35° 附近，使原在长江两岸的雨带，也随着北移到黄河流域及其以北地区。此时，盆地东部及长江流域在西伸的太平洋副热带高压控制之下，受下沉气流影响，降雨少、气温高、蒸发大，从而构成盆东多伏旱的天气。大气环流的直接影响，对干旱的形成起着主导作用。

2009年冬季至2010春季包括四川、重庆在内的西南地区干旱少雨主要是由于北半球三个极涡中心造成的，亚洲极涡强度偏弱，形状扁平；东亚大槽较弱；南支槽接近常年，中上旬较为活跃。这种环流形势使得2010年2月影响我国的北支锋区偏弱，冷空气路径偏北。2009年12月至2010年2月，贝加尔湖低压较常年异常偏强，我国北方地区冷空气较强，但南方大部地区环流较为平直，西南地区位势高度也较常年偏高，而西太平洋副热带高压较常年偏西偏强，印度洋的水汽不能向我国西南地区输送，导致降水偏少。也就是说，环流场的异常演变导致的暖湿气流缺乏，造成了我国西南大部地区干旱少雨。

发生在川渝地区2006年的特大伏旱也是出现气候异常的结果，这是因为：①2006年西太平洋海温比往年偏高0.5℃，副热带地区对流活动明显，副热带高气压的位置较往年偏北、偏西，尤其是进入8月以来，副高脊线每日均维持在27° N以北，而8月多年平均副高脊线位置为26° N，同时西太平洋副高位置也比常年略偏西。副高的这种异常形态，不利于南方的暖湿气流到达西南地区东部。另外，受大陆高压稳定控制，川东、重庆上空盛行下沉气流，对流活动受到抑制，致使该地区降水偏少，气温偏高，旱情严重。这种气候状况长期控制了我国长江中游地区，导致伏天高温天气出现时间较长，对川渝地区影响十分突出。②在2005年冬至2006年春，青藏高原地区降雪较常年偏少两成左右，热状况偏强。积雪面积比常年偏少 10% 左右，积雪日数也比常年偏少 10 ~ 30 d。作为冷源的青藏高原积雪减少，造成高原热力作用显著，整个冬季高原上空地表气温比常年偏高 2 ~ 4℃，从而使高原热力作用显著，高原高度场偏高。研究表明，当高原高度场偏高时，后期东亚夏季风将偏强。而高原冬春季积雪偏少，高原春夏季感热加热增强并引起上升运动加强，这样会使感热通量向上输送，加热高原上空对流层，致使高原上空温度与其南侧的温度对比增大，从而也使亚洲季风增强，我国夏季季风雨带位置偏北，而长江流域降水相对偏少。同时夏季青藏高压也比常年偏强，并与副热带高压连接成一个强大的高压带，持续控制川中、川东和重庆市的大部分地区。同时，来自中低层孟加拉湾的水汽通道受大陆高压阻断，使我国西南地区水汽条件不充足，空气湿度偏低，造成干旱少雨。③2006 年北方冷空气较弱。青藏高原热力异常还使 2006 年入夏以来，尤其是进入 8 月，乌山地区为负位势高度距平，高压脊发展较弱，北方冷空气南下不明显。大气环流比较平稳，冷空气没有南下到西南地区，而是平移到我国东部，造成北京、黄淮、东北等地带 2006 年降雨较频繁。而西南地区南北气流交汇不明显，造成该地区降水偏少。由于气温偏高、降水偏少，导致川东、重庆等地旱情严重。

1994 年川渝地区发生严重夏伏连旱。范围广，气温高，旱期长，强度大，创下了许多历史之最。这种异常气候是同全国大范围的气候异常相联系的。造成严重夏旱的环流特征是 500hPa 东亚大槽强，我国中高纬地区西北气流强劲，抑制了南方暖湿季风气流北上。我国大陆上空对流层低层冬季风环流仍然强盛，夏季风却迟迟不能北上。造成严重伏旱的主要环流系统异常特征是南亚高压异常强大，其东西长轴提早北跳至 35° N 以北，因而青藏高压稳定并影响大陆广大地区在西太平洋上空赤道辐合带异常偏北，西太平洋副高显著偏北西伸。由于青藏高压和西太平洋副高的这种特点，构成一个长轴稳定在 30° N 以北的副热带高压坝，长期控制我国长江至黄河一带。

形成上述大气环流异常的基本原因之一是青藏高原从前一年秋冬以来直至当年夏季，连续维持气温正距平。随着副热带西风急流季节性北移，高原上空气柱加热，影响到副热带西风急流特征的异常，从而导致我国大范围气候的一系列异常现象产生。盛夏伏旱期间，在青藏高原的热力作用下，加上热带西太平洋地区对流旺盛，从而造成西太平洋副高也特别强盛并偏北西伸。

造成 2002 年四川汛期前期降水偏少、高温干旱的主要影响系统，是稳定维持的大陆高压，而不是副热带高压系统。带有西风带系统意义的大陆高压对四川省汛期灾害性气候的影响，目前的认识还不足，在预测预报工作中也是一大难点，应加强这方面的研究，以利于气候预测业务水平的提高。另外，台风的活动对四川省 2002 年汛期降水，尤其是 7 月上中旬的高温干旱天气，也起到了至关重要的作用。

总之，南亚高压的季节性进退，与四川盆地盛夏伏旱及降水有着非常密切的关系。南亚高压脊线盛夏东高西低形态的形成，是川东伏旱形成的一个重要因素。伏旱的强弱则与这种状态的稳定维持时间密切相关。稳定维持时间长，伏旱较强；稳定维持时间短，伏旱较弱。南亚高压脊线的平均纬度位置，尤其是脊线中段通过盆地上空部分的脊线纬度，是川东伏旱形成的又一重要因素。当其稳定维持在 31.5° N 或以北时，盆地易有伏旱发生。南亚高压季节性北跳调整结束后常有一稳定维持时期，它预示着盆地内有一个降水时段的季节性转换，因而具有较好的预报意义。同时，当其季节性北跳开始早，调整完成快时，川东伏旱容易偏重。反之，当其季节性北跳开始晚，调整完成晚，川东伏旱容易偏轻或无伏旱。利用这些特点，注意监视南亚高压脊线的前期活动，将有助于对川东伏旱的预报。

降雨时空分布不均，是形成干旱的重要原因。四川盆地年降雨量总的来说并不算少，但地区之间和季节之间降雨量差异较大，容易发生季节性干旱。降雨量大体上是盆地四周多于盆地内部，山区多于平原，与农田分布的密度刚好相反。年降雨量在地区之间的分布不均，可大致分为丰水区和少水区。区域内丰水区有两片：一片是峨眉、乐山、犍为一带，丹棱、邛崃、大邑、都江堰市一带，安县、北川、江油一带，年降雨量达 1 400 ～ 1 800 mm；另一片是广元一带，渠江上游一带，万州区北部一带，年降雨量为 1 200 ～ 1 400 mm。少水区主要在盆地的腹心地带，大致沿富顺、井研、仁寿、简阳、三台、阆中、仪陇、广安、江北、宜宾等县划一个界线，在这个范围内，年降雨量常年在 800 ～ 1 000 mm。

四川盆地年内各季节的降雨量也有较大的变化，总的状况是冬春少雨，夏季多暴雨，秋季多绵雨。盛夏季节常常出现西涝东旱的灾害性天气过程。据多年降雨资料统计，冬季降水量占全年降水量的 5%；春季占 15% ～ 20%；夏季占 50% ～ 60%；秋季占 20% ～ 30%。春、夏季虽然总雨量并不很少，但正当作物生长的关键时节，耗水量大，如果连续干旱 7 ～ 10 d，加上气温高、蒸发盛、光照强，就会形成干旱。

年际降雨变化的原因是受更大范围的环境变化影响，如太阳黑子活动、五星连珠、地球运动、地震等。据各地实测降雨资料统计，年际降雨量变化范围，一般在多年均值 ±50% 以内，并存在连续多年少雨的情况。

（二）全球气候变暖的影响

2006 年夏季，川渝地区遭遇极端高温干旱事件，为历史同期所罕见。初步分析表明，全球气候变暖对这次区域极端暖事件的贡献为 0 ～ 1℃，天气扰动的贡献为 1 ～ 3℃。2006 年盛夏川渝的异常高温可能是受全球变暖和天气扰动共同作用的结果，但以天气扰动的影响为主。

四川的 2006 年特大旱灾是全球气候变化异常的案例。2006 年春季起，赤道中东太平洋海温开始增温，到 8 月大部为高于 0.5℃的正海温距平控制，其中日界线附近的正海温距平超过 1.0℃。我国的大气环流系统出现异常，极端天气气候如台风、暴雨洪涝、雷电、干旱、高温热浪、沙尘等事件频发，造成了严重的经济损失和人员伤亡。

2006 年入汛以来，频繁登陆我国沿海的台风抵住了西太平洋副热带高压的脊背，一方面台风阻断了从南方过来的水汽通道；另一方面动弹不得的副热带高压异常偏强，脊线位置偏北偏西，拦截了从北方进入的冷空气，使川渝地区成了一个“气候孤岛”。同时，来自中低层孟加拉湾的水汽通道受大陆高压阻断，使水汽条件不充足、空气湿度偏低，造成干旱少雨。8 月份副热带高压脊线比常年偏北 3 个纬度，西脊点偏西 12 个经度，并与高空大陆高压合并成一体，连接成一个强大的高压带，控制着 28° N ～ 40° N、95° E 以东的广大地区，使其持续高温少雨，直接导致四川盆地夏季高温干旱，主汛期无雨可降。

（三）海洋因素

地球下垫面的能量、动量状况发生了变化，在一定条件下，可以引起大气环流的异常变化。但这是有条件的，首先要有足够大的范围（数千 km^2 以上）；其次是要有很长的持续时间，至少在一个月以上；再者下垫面给予大气的能量、动量至少要超过正常情况给予大气的能量、动量的 1/10 以上。在各类下垫面中以海洋面最为重要。

地球上海洋面积约占地球表面积的 3/4。海水的总质量约为大气的 250 倍，海水比热要比空气大 4 ~ 5 倍，所以海水的热容量约为大气的 1 200 倍，海洋是一个巨大的热库，它主要以感热与潜热的形式把能量、动量输送给大气。如果全球海水表层 100 m 厚的海水温度降低 0.1℃，把这部分热量给大气，就可以使整个地球大气的温度升高 6℃。可见，对于气候变化，海洋因子占有突出地位。热带海洋是全球大气运动的能量与动力的主要源地，也是大气中水汽的主要来源，特别是赤道太平洋地区，存在着全球气候变化最强的信号，相互作用对全球气候变化最为敏感。

近年来，厄尔尼诺和拉尼娜等现象活动频繁，海洋温度变化对全球气候带来了巨大的影响。川渝地区虽然地处内陆，但是受全球气候变化的影响，海洋的变化也影响到川渝地区的干旱。

（四）地形因素

地形条件的影响是形成干旱的又一重要原因。四川盆地位于西藏高原东麓，北有秦岭，南有云贵高原，盆地东部有大巴山、华蓥山，四周群山环抱，盆周与腹部的相对高差悬殊。因此，盆地区的天气变化，直接受到高原大地形的动力和热力作用影响。在 3 000 m 高度上，高原东侧侧向影响层的范围可达 105° E ~ 115° E，而四川盆地完全处在这一影响范畴之内。每年 5 月，在陕甘南部到四川盆地西北部多有一个中尺度的反气旋；到了 6 月盆地北部仍处在这一反气旋控制之下。这种反气旋流场是青藏高原边界层摩擦作用的结果。气流通过侧向摩擦和地球曲率效应形成特殊的动力小高压，是引起四川盆地西北部初夏少雨多旱的一个基本原因。由于四川盆地特殊的地形条件，盛行夏季风时，低层气流常常沿山地滑到盆地中部和东部，产生焚风效应。此时，若遇上受太平洋副热带高压控制的下沉气流，两种因素迭置的结果，可使盆地东部干旱程度加重。

从地理位置来看，川渝地区位于亚热带区域。因地貌条件不同，大体可分为东部盆地易旱地区和西部的川西高原、川西南山地少旱区，东西两部各占整个川渝地区幅员面积大约一半。由于地形差异较大，导致干旱的因素也有所不同。

川西南山地区属干湿交错的亚热带季风气候，全年干湿季节分明。6 ~ 9 月的降雨量约占全年雨量的 90%。11 月至次年 5 月则为旱季。这一地区的自然地理条件垂直变化和南北差异都很大，农业生产水平相差也很悬殊。一般海拔高程每升高 1 000 m，年均气温将下将 6℃左右，故有“一山四季”和“山顶严寒，山半温和，山谷干热”特点。其南部金沙江、攀枝花、宁南河谷属南亚热带，年均气温 20℃左右，可栽培多种亚热带经济作物。安宁河、金沙江流域和盐源盆地，是粮经作物主要产区，雨量充沛，光热条件较好，可一年三熟或两年五熟。只是每年雨季来临之前的 4 ~ 5 月，受河谷地形条件影响，干热风盛行，既对小春（夏粮）作物的威胁很大，有时还会因较长时间的干热风气候造成干旱，使粮食减产减收，同时给大春（秋粮）作物的播种、栽插造成很大的困难，甚至人畜饮水也难解决。

川东部盆地区属亚热带季风气候。四周环山，冬季寒潮不易入侵，夏季焚风现象显著。

盆地内丘陵起伏，田高水低，易于受旱，而且受地形影响，是全省地表径流的低值地带，土壤渗漏量大，在少雨季节，水分蒸发也快，因此成为历史上的老旱区。特别是成片高台地和大江河的分水岭受旱成灾最为严重。盆东平行岭谷区面积占全省的6.4%，岭窄谷宽，溪流短小，缺乏兴修蓄水工程的条件，受旱频繁。盆中、盆东境内大的江河深切地表，台地广布，小河众多，坡陡流急，一遇连晴高温，田干塘涸，小河随之断流，立即出现旱情。加之丘陵起伏，不利于引水，蓄水也很困难，缺乏抗御干旱的工程能力。

由于地处盆地，四面环山，外面气流不易进入，热气流不易扩散，多云雾，日照少，产生蒸笼效应，冬暖夏热，气候炎热；又因南靠云贵高原，地处东南季风的背风坡，气流下沉，由于长江河谷处于大娄山、七曜山、巫山等的北坡，是夏季盛行气流背风下沉增温区，南来气流产生显著“焚风效应”，干旱少雨、酷热难耐。加之闭塞不易散热，这就更增加了沿江河谷干热的程度，形成全国有名的盛夏高温区。产生焚风的地区，气温迅速升高，空气湿度降低，容易引起火灾，庄稼倒伏减产，在高山还可以使大量积雪融化，造成洪水泛滥。四川盆地盛夏多“东旱西涝”，这几乎已成为气候常规。盆地东部多伏旱，出现频率可达 70% 以上；盆地西北部 7 ～ 8 月有暴雨年出现概率可超过 70%，大面积发生暴雨而造成较重洪涝年份约占一半。

（五）环境综合影响

川渝地区干旱成因，主要是在全球气候变化的背景下大气环流与地形条件的综合影响。

（1）冬干夏雨，季节降水不均，决定于大气环流。大气环流由地球自转形成，大气受太阳辐射在海陆上呈现有规律的流动。冬季盛行欧亚内陆吹向海洋的冬季季风，干燥而寒冷；夏季盛行海洋吹向内陆的夏季季风，温暖而潮湿，这是四川冬季少雨而夏季多雨的根本原因。正常年份的 4 月中下旬，夏季季风开始影响川渝地区，降雨逐渐增多，但盆地西部受青藏高原地势陡然抬升的影响，降雨量仍相对较少。6 月中旬到 7 月上旬夏季季风盛行，降雨带主要在长江两岸，故盆地内降雨最多。 7 月中旬到 8 月下旬是夏季季风极盛行期，但太平洋上西向季风北移至黄河流域，盆东降雨减少，而印度洋上北来季风深入盆西，故盆西一带降雨特多。

（2）气象干旱的差异性，根源在于青藏高原地势。青藏高原位于四川盆地西北部，地面相对高差 2 000 m 以上，对季风流动造成巨大影响，导致川渝地区各地降水存在差异。每年冬春到初夏，北方干冷气流活动频繁，常大规模越过高山高原进入四川盆地西部，由于干冷气流导致干燥少雨，常有冬干春旱发生，盆东则因距离高原面较远，暖湿气流较多，绝少冬干，也少春旱。夏季，北方干冷气流退缩北移减弱，夏季海洋季风增强，深入四川盆地，使盆地地区夏季降雨量明显增多。7 月中旬至 8 月，东向季风直接影响盆东地区，不再受青藏高原的地形制约，高温连晴，导致伏旱频繁；而盆西地区由于在高原地势荫蔽下，少有伏旱发生。

（3）年内降雨变化的根本原因，是季风活动异常。夏季季风开始得早的年份，北方冷空气活动靠北，不易进入四川盆地，则盆西夏旱较轻或没有夏旱；而进入盛夏之后，季风雨带偏北，盆东持续处于副热带高压控制之下，故伏旱较重。如 1972、2002 年，盆地雨季开始得早，春夏旱频繁的盆西、盆中没有出现夏旱，而盆东、盆南的合江、永川、涪陵，都发生 40 ～ 50 d 的伏旱。2006 年，四川重庆地区发生大规模的夏伏连旱。相反，夏季季风开始迟而弱的年份，初夏北方冷空气容易进入四川盆地，则盆西降雨偏少，夏旱严重；如盛夏季风带偏南，则盆东降雨较多，伏旱较轻或没有伏旱。如 1979 年，以乐至、安岳为中心，出现了近年罕见的大旱；同时，凉山州、攀枝花市也出现了罕见大旱，而盆东却只有轻微伏旱，这与夏季季风来得特别迟而弱，是密切相关的。

二、社会因素

导致干旱缺水的社会因素，主要是人类活动的不适当，破坏生态环境所产生的影响。

人类活动是气候系统与社会经济系统的联结点，它对干旱的形成有一定作用，对干旱成灾起着决定性的作用。人类活动主要是通过改变下垫面性质导致水分平衡条件的变化而影响干旱的。

（一）人口增长导致用水量大幅度增加

1952—2007 年的 55 年间，四川人口增加近 1 倍，耕地却减少了 27.98%。人均耕地由 1.77 亩减少到 0.67 亩，农业复种指数由 1950 年的 1.52 增加到 2000 年的 1.8。农业技术进步，单位面积产量增高，复种指数增加和城镇人口集中，都大幅度地增加用水量。在水源供应不变甚至减少（水源污染）的情况下，必然会增加干旱缺水的出现机会，加重干旱造成的灾害。

据 2007 年人口普查统计，盆地中部人口密度每平方千米 670 人左右，而成都平原则高达每平方千米 859 人。据测定，平均每合成 1 kg 干物质，小麦需水 513 kg，玉米需水 368 kg，棉花需水 646 kg。每 10 kg 干物质合成 3 kg 粮食，现在每亩耕地比过去增加水分消耗 250 m^3/年。盆地腹心地区每亩耕地上增加的水分消耗，相当于自然降水量的一半。因此，当总降水量没有增加，又缺少外来水源补充时，仅有塘、库、堰等小型水利工程调节，则在降雨量接近正常年景的情况下，由于需水量的增大，也会出现干旱现象。近年来工业、养殖业的发展，环境和水源的污染加剧，生产上和生活上都争着使用这有限的水资源，由此产生新的供需水矛盾，更进一步加剧了干旱的危害程度。

（二）社会经济活动不适当

人类活动对气候的影响主要在于两方面，即使下垫面状况恶化和影响大气的组成。对下垫面影响较大的人类活动主要是森林的砍伐，根据国家林业局公布的第五次全国森林资源清查结果。目前全国森林资源现状是：林业用地面积 26 329.5 万 hm^2，森林面积 15 894.1 万 hm^2，全国森林覆盖率为 16.55%；活立木总蓄积量 124.9 亿 m^3，森林蓄积量 112.7 亿 m^3。除台湾省外，全国人工林面积 4 666.7 万 hm^2，人工林蓄积 10.1 亿 m^3。这一结果说明，林业面临的形势依然相当严峻，主要表现为：①森林资源的平均水平依然很低。我国的森林覆盖率只相当于世界森林覆盖率（27%）的 61.3%；全国人均森林面积和人均森林蓄积分别相当于世界人均水平的 1/5 和 1/8。②森林质量不高，平均每公顷蓄积量只有 78.06 m^3，相当于世界平均水平的 68%；郁闭度 0.2 ~ 0.3 的林分面积占林分总面积的 20.1%。③林龄结构不合理，可采资源继续减少。全国林分面积中，幼、中龄林占 71.1%；用材林中，幼、中龄林面积占 74.4%；间隔期内用材林成熟林面积减少 17.2 万 hm^2，蓄积量减少 1.6 亿 m^3。④林地被改变用途或征占现象依然严重，每年平均有 216.3 万 hm^2 的林业用地逆转为非林业用地。四川省 2007 年森林面积为 1 516.59 万 hm^2，森林覆盖率为 31.27%，森林蓄积量 15.93 亿 m^3。四川森林覆盖率虽然很高，高于全国和世界的平均水平，但是主要在于西部高原地区，东部极易发生干旱灾害的盆地地区森林覆盖率较低。

1. 过度垦殖

四川东部和重庆地区为丘陵区，盆地丘陵陡坡开垦区，多为侏罗－白垩系红层砂页岩地层，岩性易于风化，土壤富含矿物质养分，适于多种作物生长，一般垦殖率较高，在 30% ~ 40%。但风化土层浅薄，加上地表坡度较大，易受雨水冲刷，造成水土流失。表层肥泥流失后，风化底层又再度开垦，因而贫困山区常有“越穷越垦，越垦越穷”的农谚。

四川全省耕地由 1952 年的 8 218 万亩减少到 2007 年的 5 819 万亩，但农村人口则成倍增加，为解决口粮问题，除改良田土、增加复种指数等措施外，还充分开垦荒坡，增加耕地。据统计，1990 年四川应退耕还林还牧的 25° 以上陡坡耕地，仍以百万亩计。陡坡耕作不仅增大了水土流失，而且减少植被覆盖，加剧气象干旱生成，造成生态环境的恶性循环。

2. 森林过伐

人类发展必然同时改变下垫面的性质。森林分布在气候优良的地区，故森林区一般也最适合发展农业和人类居住。因此，人类的发展往往是同毁林联系在一起。

森林植被具有涵养水源、保持水土、调节气候的功能。成林树木可以拦截降雨，减缓雨水对地表的冲刷。据有关资料，四川油桐林冠截留的降雨，最多可达 36.6%，其他林木截留降雨量一般也在 15% 以上。林木的枯枝落叶易于分解腐烂，形成柔软地被，吸收和调节径流，减小地表汇流速度，使降雨有足够时间入渗，改善土层物理性状。据测验，在 10° 的坡土上，有枯枝落叶覆盖的地表，径流量为裸土的 1/20；25° 山坡上的枯枝落叶层内水流速，为裸地的 1/40。

森林砍伐将导致土壤蒸发量增加，保水能力下降，年径流量和最大洪水量增大，水土流失和风湿加剧，地力下降，地表反射率增大，局部降水量减少。这些最终导致气候干旱。

森林植被的减少必将导致水土流失，我国是世界上水土流失最严重的国家之一。全国几乎每个省都有不同程度的水土流失，其分布之广，强度之大，危害之重，在全球屈指可数。我国的农业耕垦历史悠久，大部分地区自然生态平衡遭到严重破坏，森林覆盖率为 12%，有些地区不足 2%，水蚀、风蚀都很强，据 20 世纪 50 年代初期统计，水蚀面积 150 万 km^2，风蚀面积 130 万 km^2，合计占国土面积的 29.1%，年均土壤流失总量 50 余亿 t，其中约 17 亿 t 流入海洋。到 1990 年，全国水土流失总面积达 367 万 km^2，占国土总面积的 38.2%，其中水蚀面积 179 万 km^2，风蚀面积 188 万 km^2。据 1999 年第二次土壤侵蚀遥感调查，四川省全省水土流失面积 22.13 万 km^2，年土壤侵蚀总量近 10 亿 t，每年流入长江的泥沙总量达 3 亿 t，危害极其巨大。

3. 水利设施不足

川渝地区水利设施不足，主要表现在缺乏骨干水利工程上。有效灌溉面积少，灌溉保证率也低；当前工程自然老化相当严重，现有水利工程应有的抗旱作用也难以充分发挥。1990年底,川渝两地有效灌溉面积只占全区域耕地面积的44.5%。农业人均有效灌溉面积只有0.46亩，低于全国平均水平。2009年四川省有效灌溉面积为252.4万hm^2，占全省耕地面积的63.47%；而重庆市的2008年有效灌溉面积为65.89万hm^2，仅占全市耕地面积的29.47%。

川渝地区农村地区水利工程不足的问题主要存在于以下三个方面：①农村水利建设缺乏统筹规划，该地区最初的农村小型水利工程修建，主要是因局部有灌溉、排水或者防洪排涝的需求，从而进行小区域建设，而未统筹考虑流域的整体情况，缺乏整体规划或远景布置，导致工程规划布局不合理，工程类型和规模不科学，工程运行管理体制不完善，从而影响了在干旱之年的工程效益发挥。②农村水利工程设施覆盖面不足，工程性缺水严重，干旱地区很多地方严重缺乏水利工程设施，从而导致雨水蓄不住，地下水用不上，如四川攀枝花金沙江河谷地区，面对金沙江水却依然遭受严重干旱，重庆涪陵区南沱镇睦和村距离长江边只有2 km，但村里没有任何提灌设备修上山，一遇干旱，农民还要靠消防车送水。③农村地区工程设施老化损坏严重;农田水利工程大多建于20世纪50～70年代，由于勘测、规划、设计仓促，经费不足，施工条件简陋，工程质量差，后期又缺乏维修管理，经过几十年的运行，不少工程已超过规定的使用年限，普遍老化失修，损坏严重，四川省全省渠系水利用系数在0.3～0.4，灌溉水利用系数仅为0.39，低于0.45的全国平均水平。

4. 现代农村生活方式对干旱的影响

从大环境来看，全球极端气候事件频发与温室效应等引起的全球气候变化密切相关，一般认为碳排放量增加是导致气候变暖的主要原因。随着我国农村生活水平的提高，农村生活和生产中的碳排放量逐渐增加，改变现有的生活方式，实现低碳环保的生活方式是解决问题的根本。

另外，现代农村生活和生产的用水量增加。种植一些耗水型作物和农村地区耗水型工矿企业的增加都对农村地区水资源的分配产生很大的影响，在干旱年份水资源不足的时候，生活和生产之间的水资源矛盾加剧。

川渝地区干旱灾害频发是自然因素和社会因素共同作用的结果，在全球气候变化的大环境下，人为地对生态环境造成了极大的破坏，再加上水利设施等无法跟上环境和人口的变化，导致在自然降水较少的情况下极易形成干旱灾害。

参考文献

[1] 吴书明，杨洪钧，彭商志．四川特大干旱灾害成因与减灾对策．四川农业科技，2007，(12)：9-14.

[2] 四川省水利厅．四川水旱灾害．北京：科学出版社，1996.

[3] 苗景新，李川．盛夏南亚高压脊线位置变化与四川盆地伏旱关系．四川气象，1997，

62(4): 19-21,5.
[4] 赵聚宝，李克煌 . 干旱与农业 . 北京：中国农业出版社，1995.
[5] 汤大清 . 四川盆地历史时期的古气候演变 . 四川气象，1990(4)：39-44.
[6] 杨福安 . 川盆东地区近五百年旱涝变化及未来趋势展望 . 四川气象 .
[7] 王素萍，段海霞，冯建英 . 2009 / 2010 年冬季全国干旱状况及其影响与成因 . 干旱气象，2010,28(1): 107-112.
[8] 田伟红 . 2010 年 2 月大气环流和天气分析 . 气象 . 2010，36（5）：133-137.
[9] 邹旭恺，高辉 . 2006 年夏季川渝高温干旱分析 . 气候变化研究进展，2007，3(3)：149-153.
[10] 苗景新，刘富明 . 1994 年夏季严重干旱的环流特征及其成因分析 . 四川气象，1995，52(2):8-13.
[11] 芮景新 . 四川省 2002 年伏旱成因分析 . 气象科技，2004，32(增刊): 33-35.
[12] 刘洪先 . 加强基层水利建设，提高农村抗旱保障能力 . 水利发展研究，2010 (7): 10-13,20.

第四章

川渝农村饮水安全现状

川渝地区水资源十分丰富，但由于地理条件、气候变化、社会发展和自然灾害等因素的影响，却又是一个工程性、区域性、季节性水资源相对紧缺，用水矛盾相对突出的地区，长期以来农村饮水难的问题十分突出。据调查，截至2009年底，川渝地区农村总人口9 423.29万人，其中饮水不安全人口3 640.69万人，占农村人口的38.64%，不安全原因依次表现为水质、水量、方便程度和保证率不达标。“蜀道难，难于上青天”，缺水区群众不得不爬坡上坎、远距离找水、运水，饮用不洁净的污染水、高氟水、高砷水及苦咸水，部分地方还存在着血吸虫、包虫病疫区。近年来愈加频繁的极端天气现象和自然灾害，加剧了广大农民的生产、生活用水不安全形势，进一步制约了农业和农村的经济发展。

第一节　四川省农村饮水安全现状

一、四川省农村饮水总体现状

（一）农村供水和饮水概况

1. 农村供水和饮水水源类型

四川省农村供水和饮水水源主要是地表水和地下水，地表水主要是江河水、溪沟水、水库水、塘坝水等类型，地下水主要指浅层地下水。长江、金沙江、雅砻江、岷江、嘉陵江等江河沿岸的凉山州、甘孜州及阿坝州主要以取用江河水及溪沟水为主，成都平原各市以取用地下水为主，盆地丘陵区各市以取用地下水、沟塘水及水库水为主。

2. 农村供水和饮水方式

（1）集中式供水。指自水源集中取水、通过输、配水管网送到用户或公共取水点的供水方式，其供水对象主要指场镇及人口较为集中的村、社，以一个或几个居民点为供水单元。取水水源主要是水利工程蓄水、河川径流和地下水等。经调查统计汇总，全省已建成日供水达20 m^3以上的集中供水工程11 095处，受益人口1 606.08万人，其中2005—2009年建成集中供水工程 7 311 处。2005 年以前建的集中式供水工程大多只有简易水处理设施，但部分工程原设计能力、水处理工艺流程及设施已不能满足要求。

（2）分散式－有设施供水。主要分布在广大农村，以几户或单户为取水单位，目前在四川省农村有供水设施的分散供水人口有 4 433.86 万人，分散式供水人口饮水以机井、自备井、引泉、集雨等方式为主，采用手摇机井或小型潜水泵扬水，将水扬到高位水箱，利用重力供水，这部分设施具有供水范围较小、供水水质差、供水保证率低、供水能力不够的特点。

（3）分散式－无设施供水。目前在四川省农村无供水设施的有 1 033.69 万人，大部分居民直接饮用江河水、溪水、坑塘水、山泉水，饮水主要靠人力在田凼、溪沟、山坪塘或水库挑水、拉水，这些无设施的用水人口大多分布在川西南的凉山州、阿坝州、甘孜州、雅安市，盆周山区的巴中市、达州市、广元市、泸州市，以及部分地处丘陵地区的市州。水体主要属于地表水，具有供水质量差、供水保证率低、供水量不够的特点。

（二）农村饮水现状

1. 农村人口饮水现状

根据 2009 年调查结果统计，目前四川省总人口为 8 907.80 万人，其中农村人口为 7 073.63 万人。而四川农村饮水安全和基本安全人数为 4 496.10 万人，占农村人口的 63.56%，农村饮水不安全人数为 2 577.53 万人，占农村人口的 36.44%。

按照饮水不安全类型划分，2009 年底现状调查复核的 2577.53 万人饮水不安全人口中，饮水水质不达标人数为 1 077.84 万人，占不安全人数的 41.82%；水量不达标人数为 594.84 万人，占不安全人数的 23.08%；用水方便程度不达标的为 518.46 万人，占不安全人数的 20.11%；水源保证率不达标的为 386.40 万人，占不安全人数的 14.99%，详见图 4-1。

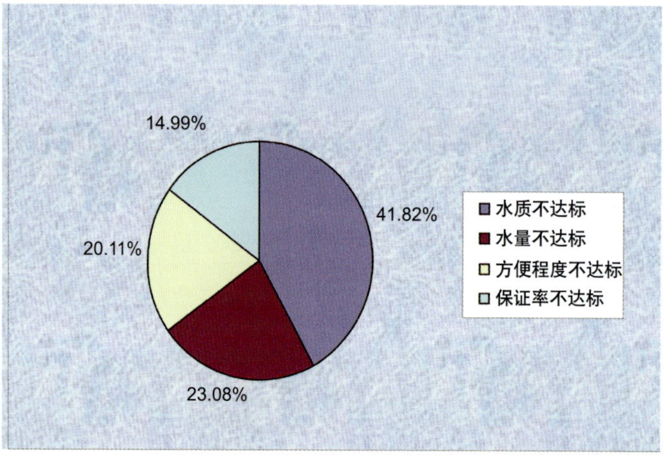

图 4-1　四川省农村饮水不安全人口分布图

2. 农村人口饮水安全普及程度

全省农村饮水安全现状调查复核结果表明，截至 2009 年底，四川省农村饮水安全和基本安全的人数为 4 496.10 万人，约占农村饮水安全现状调查复核总人口的 63.56%。全省已建成农村饮水工程的受益总人口为 6 039.94 万人，其中集中式供水工程供水的受益人口 1 606.08 万人，占农村饮水安全现状调查复核总人口的 22.71%；分散式供水有设施的人口为 4 433.86 万人，占农村饮水安全现状调查复核总人口的 62.68%，详见表 4-1。

从调查情况来看，全省各地区自来水普及率都较低，自来水受益群众主要分布在城区及各乡场镇，偏远地区及山区绝大多数农村居民都采用分散式供水，严重影响农村居民身体健康和生活质量，饮水不安全问题很突出，不容忽视，应引起高度重视。

表 4-1 四川省农村饮水现状表

供水方式与指标	集中式供水		分散式供水		合 计
	供水到户	集中取水	有设施	无设施	
受益人口 / 万人	1 462.2	143.88	4 433.86	1 033.69	7 073.63
所占比例 / %	20.67	2.03	62.68	14.62	100.00

3. 集中式供水基本情况

四川省农村集中式供水工程一般指以一个或几个居民点为单元，用管网统一送到各家各户或集中供水点，供水人口 200 人以上或日供水量 20 t 以上的供水工程。集中式供水是解决农村饮水安全问题的主要供水方式之一，但是它有一次性投资大、回收期长、社会效益好、经济效益较差等特点。

（1）工程量与受益人口。目前，四川省已建成日供水达 20 m^3 以上的集中供水工程，共有 11 095 处，受益人口 1 606.08 万人。按水源类型、供水规模、供水方式及有无净化设施进行划分如下：①按供水水源类型划分：使用地表水集中式供水工程的受益人口有 1 077.10 万人；使用地下水集中式供水工程的受益人口有 528.98 万人。②按供水方式划分：供水到户的受益人口为 1 462.20 万人，集中点供水的受益人口为 143.88 万人。③按供水规模划分：日供水量大于 1 000 m^3 工程共有 295 处，受益人口 382.64 万人；日供水量在 200 ~ 1 000 m^3 工程共有 1 462 处，受益人口 511.51 万人；日供水量在 20 ~ 200 m^3 工程共有 9 338 处，受益人口 711.93 万人。详见表 4-2。④按有无净水设施分：全省 5 467.55 万分散式供水人口中，有净水设施的人口为 4 433.86 万人，无设施的为 1 033.69 万人。

表 4-2 四川省集中供水工程现状情况表

供水规模 / (m^3/d)	大于 1 000	1 000 ~ 200	200 ~ 20	合 计
处 数	295	1 462	9 338	11 095
供水规模 / 万 m^3	145.73	55.77	61.42	262.92
受益人口 / 万人	382.64	511.51	711.93	1 606.08

（2）供水方式与受益人口。四川省农村饮水现状供水方式有联片集中供水，单村、社、居民集中点供水，管网延伸供水，重力自流式供水及分压供水等。按照供水工程水源水量充足，地形条件及运行管理方便采取联片集中供水方式；在水源水量较小，水力条件限制的区域采

取单村或单社供水方式；在距离城镇供水管网较近，地形地势条件适宜采用管网延伸供水方式；在丘陵山区地形高差较大，个别用水区较远，采用分散方式供水。

供水到户人口为 1 462.20 万人，占集中式供水人口的 91.04%；集中供水点受益人口为 143.88 万人，占集中式供水人口的 8.96%。

在集中式供水人口中，饮用地表水的人口有 1 077.10 万人，占集中式供水人口的 67.06%；饮用地下水的人口有 528.98 万人，占集中式供水人口的 32.94%。

4. 水源水质与供水水质现状

四川省农村供水水源主要有地下水、江河水、溪沟水、水库水、沟塘水等类型。长江、金沙江、雅砻江、岷江、嘉陵江等江河沿岸和三州地区主要以取用江河水及溪沟水为主，成都平原各市以取用地下水为主，盆周丘陵区各市以取用地下水、沟塘水及水库水为主。四川省农村饮水水源水质很大部分是不安全的，包括自然原因形成的氟超标、铁锰超标、苦咸水、血吸虫、用水保证率不达标及用水方便程度等，也有工业生产及生活生产造成的水污染，主要表现在工业生产造成的江河水体污染，化肥农药造成的地表水污染，肥水养鱼造成的水库、水塘水体污染，以及石油钻探造成的地下水污染深层等。

四川省供水水质情况比较复杂，分成两类，一是近几年新建，水利部门管理的工程，其供水水质情况较好，属安全饮水范围，特别是国债人饮项目和饮水安全项目的工程，严格按照《农村饮水安全工程建设管理办法》建设，按照《运行管理办法》管理，其供水水质都能达到农村《生活饮用水卫生标准》准则要求，并且每年接受卫生防疫部门的检测。二是建成时间较长，属乡镇或村组管理的工程，其建设标准低，管理混乱，设施老化或者根本就没有水处理，供水管网普遍还在使用铸铁管、钢管和镀锌管，水源水受二次污染的情况还比较普遍。所以其供水水质较差，绝大部分属不安全饮水。

通过对部分区（市县）的一些无净化设施的集中供水水质进行抽验，其水质问题主要是色度、浊度、细菌总数、总大肠菌群、耗氧量等指标超标。地下水的水质问题主要是色度、浊度、肉眼可见物、总硬度、铁、锰等指标超标。

5. 工程管理现状

（1）管理人员定员定岗。按照水利部《村镇供水工程管理的意见》和《村镇供水站定岗标准》以及《四川省农村饮水工程运行管理办法》的要求，集中供水工程建成后，建立起了良性运行的管理机制，明确集中供水工程产权属所在镇（乡）水利管理站，建立健全了管理机构，落实了管理人员。

按水利部村镇供水单位资质标准，供水站定岗标准，集中式供水工程管理人员是按供水规模确定。据调查，全省日供水规模在 100~300 m^3 的供水工程，管理人员 1~2 人；日供水规模在 300~500 m^3 的供水工程，管理人员 2~3 人；日供水规模在 500~800 m^3 的供水工程，管理人员 3~4 人；日供水规模在 800~1 500 m^3 的供水工程，管理人员 4~6 人。供水单位设立站长、兼职会计、出纳、保管、维修养护等人员。供水工程管理人员 1~2 人，会计、出纳人员由各工程管理单位或基层水利水保站会计、出纳兼任。对管理人员进行集中、统一培训和上岗资质考试，要求持证上岗。

（2）经营管理方式。由国家投资为主兴办的集中供水工程，由项目业主单位（县、市水务局）成立供水总站统一进行管理，配备了专职管理人员。县、市水务局会同物价部门进行了供水成本测算，由物价部门制定了供水价格。各管理站实行独立核算，自负盈亏，并制定了一系列供水管理制度。

民营资金投资兴建的供水工程，按照“谁投资，谁建设，谁所有，谁管理”的原则，核定产权属投资人，由投资人进行管理，水费收取价格由物价部门根据实际情况制定。

群众联户投资或群众投资为主，国家补助为辅的供水工程，由出资群众共同推选管理人员进行管理，收取成本费用，水费收取标准较低。

目前，四川省80%左右的供水站建立和完善了各项管理制度，工作制度、运行操作制度、维修管理制度、安全保卫制度、卫生管理制度、出勤值班、请假制度、学习制度。

（3）水质检验能力及水质检验情况。目前，全省农村供水工程一般不具备水质检测设施，部分供水站有水质检测设施，但由于工程规模小，供水少，加之水处理设备简陋，故水质检测质量难以保证。所以，水质检验一般由各县（区）疾控中心采取定期检验与不定期抽验相结合。各供水站基本保证了出厂水质满足饮用水标准，全省没有出现因水质影响而发生的不稳定因素。

（4）水费收取方式及水价。农村集中式供水工程，供区的用水单位和农户，基本上做到一户一表，按计量收费，据调查水费收取率均达到90%以上。各供水站严格按照供水成本测算，申报到县（区、市）物价部门，由物价部门按程序，主持召开供区用水户代表参加的听证会，通过水价听证会后，由物价部门按照国家对农村供水水价成本加微利的原则，充分考虑供区用水群众的承受能力确定标准，执行水价以县区物价局发文为准。

（5）用水户参与管理情况。为了进一步加强农村人饮工程的管理，确保供水工程设施完好，充分发挥工程的社会效益，供水群众能长期受益，绝大部分供水站均与供区内的用水单位和用水户签订了《自来水用水管理公约》，明确双方的责、权、利，维护供水工程正常秩序，保证农村饮水安全。据调查各县供水单位每年召开一次用水户代表大会(由用水户选举产生)，主要是总结当年供水站运行管理工作，修改用水制度和用户公约、讨论和解决运行管理中的问题，水费收取情况和财务开支情况，实行用水户参与的民主管理。

6. 分散式供水基本情况

四川省共有分散式供水人口共约5 467.55万人，占农村总人口的77.29%，其中有设施的人口约4 433.86万人，无设施的人口约1 033.69万人。分散式供水人口饮水以自备井、引泉、集雨或直接饮用坑塘水等方式为主，未经任何消毒净化处理。

（1）有供水设施的情况。根据调查资料，分散式取水设施主要以打井为主，为3 612.68万人，占分散式饮水人口的81.48%；使用引泉的人数约673.46万人，占分散式饮水人口的15.19%；使用集雨的人数约147.72万人，占分散式饮水人口的3.33%，详见表4-3。这些人口中一部分人采用手摇机井；一部分人利用小型潜水泵抽水，在自家的屋顶上或较高的地方建一个小水箱，将水抽到水箱里，利用重力供水，所有水都未经过处理，直接饮用。

由于取用的都是地下水，与地表水相比，从感官上来看，水质较好，清澈、无色、无味，但农户普遍反映水的硬度较大，烧开水的水壶结垢比较严重。根据全省水样的检测结果来看，普遍存在铁锰超标的问题。总的来说，分散式供水设施的水质都较差，而且随季节的变化较大，水质、水源保证率很难得到保证，饮水不安全问题较突出。

表 4-3　四川省分散式供水中取水方式情况统计表

取水方式	打 井	引 泉	集 雨	合 计
人 数 / 万人	3 612.68	673.46	147.72	4 433.86
所占比例 / %	81.48	15.19	3.33	100.00

（2）无供水设施的情况。四川省分散式无供水设施的人口约 1 033.69 万人，主要是直接饮用江河水、溪水、坑塘水、山泉水，这些无设施的用水人口大多分布在川西南的凉山州、阿坝州、甘孜州、雅安市，盆周山区的巴中市、达州市、广元市、泸州市，以及部分地处丘陵地区的市（州）。水质检验情况主要是浊度和细菌学指标超过了《农村实施 < 生活饮用水卫生标准 > 准则》中的三级，且全年水量不平衡，不同程度存在季节性缺水，供水水源保证率低于 90%，为不安全饮用水。

总体上，四川省农村分散式饮水水量多数不足且不均衡，水源保证率低于 90%，且水质不同程度地超过了国家卫生标准，为饮水不安全。

二、四川省农村饮水仍然存在的问题

四川省通过多年的饮水解困和安全饮水工程实践，在人口饮水工作方面取得了一定的成绩，但是目前全省仍约有 2 577 万农村人口的安全饮水问题尚未解决。除了历史遗留原因造成的人口饮水困难外，主要是社会发展新增人口，水资源紧缺、气候变化、地震、泥石流等自然灾害，以及由于农药、化肥的大量使用，工业污水的排放，水污染持续严重和工程建设管理不当等造成的饮水不安全。主要表现为以下几个方面：不安全人数仍然量大面广，水资源紧缺、气候变化、雨雪灾害、洪旱灾害、“5.12”地震等加大了解决农村饮水安全的难度；大范围出现的水源污染和水环境破坏日趋严重，已经成为威胁广大农村居民饮水安全的主要因素；农村小型供水工程分散、布局不合理、建设标准低，抵御自然灾害能力弱；农村供水工程运行管理中还存在着许多问题；工程建设成本攀升增加了解决农村饮水安全的难度。

（一）水质不达标问题

由于自然、历史、社会、经济条件的原因，有相当一部分村民对于生活卫生用水意识还很淡薄，饮用水的卫生意识仅仅存在于水比较清凉、没有异味、没有浑浊现象。据 2009 年调查显示，全省水质不达标人数 1 077.84 万人，占不达标人数的 41.82%，范围覆盖全省各地（市、县），水质不达标类型主要有苦咸水、铁锰超标、氟超标、血吸虫、包虫病疫区、细菌学指标超标和其他水污染导致的水质不达标。

1. 苦咸水超标问题

根据 2009 年调查结果，四川省农村饮用苦咸水总人口有 207.17 万人，占饮水水质不达标人口的 19.22%。目前苦咸水超标人口分布于四川大部，其中主要以遂宁市、南充市、眉山市、资阳市、内江市、宜宾市和德阳市居多。

苦咸水含有大量的可溶性盐类，以钙、镁、硫酸盐或氯化物为主要成分的含盐量过高可使饮水产生苦咸味，大量的氯化物使水发咸，易溶盐中硫酸盐的比例较大则水发涩，阳离子中镁大量存在则水发苦。苦咸水其总硬度和溶解性固体都严重超标，饮用时难以入口，饮用后也会影响群众的身心健康。

2. 铁锰超标问题

根据2009年调查结果，全省饮用水铁锰超标人数有73.30万人，占饮水不达标人口的6.8%，饮用水铁锰超标主要分布在四川大部，其中以成都市、眉山市、泸州市、乐山市居多。

铁锰的超标，会产生红褐色的沉淀物，在白色织物或用水器皿、卫生器具上留下黄斑，同时还容易使铁细菌繁殖，堵塞管道；在水处理上，可使离子交换树脂中毒，失去交换作用。饮用水铁锰过多，可引起食欲不振、呕吐、腹泻、胃肠道紊乱、大便失常。据美国、芬兰科学家研究证明，人体中铁过多对心脏有影响，甚至比高胆固醇更危险。因此，铁锰超标水必须经过净化处理才能饮用。

3. 氟超标问题

根据2009年调查结果，经卫生部门抽检，全省氟超标水人数为4.40万人，占饮水不达标人口的0.41%，全省饮用氟超标水主要分布在广元市、宜宾市、雅安市、凉山州、阿坝州、攀枝花市和南充市等地。

饮用水氟超标可引起慢性氟中毒，导致饮水型氟中毒，轻者出现氟斑牙，重者出现氟骨症。氟中毒最早出现的症状是氟斑牙，影响儿童恒牙生长发育，氟骨症是骨骼长期遭受过量氟的慢性毒损害的结果。躯干受侵重者可出现腰背酸痛，活动受限，因脊柱韧带钙化致脊背僵直，或产生背部弯曲畸形，颇似强直性脊柱炎。当脊髓受压时主要表现为肢体麻木、刺痛、感觉异常或躯干束带感，肌张力增加或截瘫，大小便失禁。当神经根受压时，可出现类似腰椎管狭窄症，表现为腰腿痛。高氟的主要来源是当地的煤、铁、水泥矿及土壤中含有大量的氟元素。

4. 饮用细菌学指标超标问题

根据2009年调查结果，全省饮用细菌学指标超标严重，饮用未经处理的地表水的人口有196.12万人，占饮用水不达标人口的18.20%，全省农村饮用水细菌学指标超标分布于各地，其中以绵阳市、宜宾市、泸州市、凉山州、乐山市和成都市等市居多。

由于乡镇建设的发展，城镇、农村生活污水直接或间接排入水库、溪河、沟塘，严重影响水源水质。农村农作物耕作中化肥、农药的施用，以及农村农户居住分散的实际情况，使得农村人畜粪便随意排放，加上养殖业发展，这些都造成了农村饮水水源细菌指数严重超标。

5. 血吸虫疫区情况

据2009年调查统计，四川省农村饮用水因血吸虫超标地区重点分布在成都市、眉山市、德阳市、绵阳市、甘孜州、凉山州、乐山市和雅安市等8个地市，共有55.73万人，占饮水不达标人口的5.17%。

血吸虫病是一种具有地方性和自然疫源性的人畜共患传染病，它除了一般传染病具有的传染源、传播途径和易感人群三个要素外，还有40余种哺乳动物能够感染的血吸虫，众多的传染源和重复感染给血吸虫防治（以下简称血防）工作带来了极大的困难。

6. 饮用污染水等其他水质造成的问题

饮用水污染严重主要分布在经济发达地区和造纸业发达且地下水丰富的平坝区及浅丘区，且靠近大江河流。四川省部分农村、学校自建人工井，由于选址靠近粪池和阴阳沟，粪水、臭水通过地表下渗到井内，污染井水，细菌学指标超标，饮用对人的身体极为有害。

饮用污染水等其他原因造成的水质超标问题最为严重，根据2009年调查结果，全省农村饮用污染水人口有596.69万人，占全省水质不达标人口的55.36%，范围覆盖全省各地市，其中主要分布在成都市、宜宾市、内江市、南充市、自贡市、广安市、德阳市、泸州市和资阳市等地。

目前，全省饮用水污染比较严重，这既有自然因素，也有人为因素。①矿山工业污染：为了促进经济的发展，加上有些地方又有丰富矿产资源，兴建了大批大理石厂、水泥厂、煤矿、铁矿以及天然气、石油的钻探等，工业“三废”超标排放，一些矿山企业的各种工业矿渣乱堆乱排，直接影响河流水质；人为开石灰矿、煤矿、铁矿造成许多地方的水源严重污染。由于水质恶化，直接饮用地表水和浅层地下水的农村居民饮水质量和卫生状况难以保障。②生活环境污染：因山区农村居民还有相当多的为文盲、半文盲，对环境卫生和个人卫生不太注重，人、畜粪便四溢，造成许多地方水源受到严重污染。一些地方群众为图方便，将饮水井挖在房前屋后，甚至室内，离厕所、粪坑、猪圈非常近，一些井水受到严重污染，细菌学指标严重超标，有的水源还有臭味、异味、腥味，已不能作为饮用水源。同时，一些边远地区农户在田边地角挖的浅井，蓄积的是山坡浸水、田沟污水，既无来源保障，又无水源防护措施，枯枝烂叶、杂物泥块随意混入水井，造成水体污染，难以达到卫生标准。③城镇建设步伐加快：城镇工业废水和生活污水依然没有得到很好的处理，直接排入河中，致使周围尤其是下游居民饮用有色、有味的污染水。

（二）保证率、水量及方便程度不达标问题

四川省农村饮用水仍然存在水源保证率、生活用水量及用水方便程度方面不达标的情况，由于缺水和取水不方便，不仅严重影响了人们的生产、生活，事关群众生存和农业持续发展，而且逐步发展为一个严重的社会问题。

据调查统计，2009年年底，水源保证率不达标人数为386.40万人，占不达标人数的14.99%；饮水水量不达标人数为594.84万人，占不达标人数的23.08%；用水方便程度不达标人数为518.46万人，占不达标人数的20.11%。

1. 水源保证率不达标问题

根据2009年调查结果，全省饮用水水源保证率不达标的人数有386.40万人，占不达标人数的14.99%，分布于四川各地市县，其中主要分布在自贡市、达州市、泸州市、德阳市、绵阳市、乐山市、眉山市、南充市、资阳市、广安市、雅安市、巴中市、阿坝州、凉山州、

广元市、宜宾市、内江市、遂宁市和攀枝花市等地。

造成水源保证率低的主要原因：由于气候、地质变化影响及农村大量减少冬大囤水田，取用地下水的机压井、人工井、老水井及一些山泉水量逐年呈递减趋势，加上境内有山区、丘陵地区、平坝地区等地形复杂情况存在，降雨在年内分布很不均匀，年际变化也很大，干旱也十分频繁；人口增加，生活水平提高，日用水量增加；水污染加剧，符合国家饮用水标准的水资源人为地减少；干旱频繁，加之降雨时空分布不均，季节性缺水十分严重，大大降低了供水保证率；20 世纪 80 年代由于建设资金不足，只求解决“有水吃”，因此，工程建设标准低，水源保证率低；“5.12”大地震、泥石流等自然灾害使很多取水水源遭到破坏，水源保证率严重降低；有些地方骨干水利工程少，新改建集中供水工程时水源的选择余地小，且现有水利工程蓄水能力小，加之淤积逐年增加，另外部分工程由于地形、地质条件的限制，建在丘陵区，多数为多年调节的蓄水工程，集雨面积小，拦蓄径流少，一旦遇到干旱年景，就出现供水紧张的情况，水源保证率无法得到保证；灌溉和饮水的矛盾问题也十分突出。

2. 用水量不达标问题

根据气候特点、地形、水资源条件和生活习惯，参照《不同地区农村生活用水量评价指标》一类、四类地区用水标准。通过 2009 年调查结果统计，全省生活用水量不达标的人数有 594.84 万人，占不达标人数的 23.08%，水量不达标范围除甘孜州外，其余各地州均有分布，其中主要分布在资阳市、泸州市、乐山市、眉山市、南充市、内江市、达州市、自贡市、广安市和凉山州等地。

由于部分地区经济基础差，自然条件限制，自建的供水工程无规划、设计，技术指标要求起点很低，建设规模小，建设质量要求低，集中连片程度不够，供水能力偏小，供水量不足。再加上骨干工程少且分布不均，现有的水利工程规模较小，蓄水量不大，调节能力有限，继续新修水库工程较困难，虽有大江大河但由于经济条件差，难以利用。只要稍遇干旱，农村人口饮水就十分困难。

3. 用水方便程度不达标问题

通过 2009 年调查结果统计，全省用水方便程度不达标的人数有 518.46 万人，占不达标人数的 20.11%，用水方便程度不达标范围覆盖全省，主要分布在达州市、南充市、巴中市、泸州市、甘孜州、凉山州、宜宾市、绵阳市、广元市和乐山等地。

随着“以人为本”的科学发展观的逐步树立，社会主义新农村建设和城乡统筹一体化发展的推进，用水方便程度越来越被人们所关注。但由于四川省有相当一部分地处高山峻岭，山高水低，水源奇缺，乡镇居民又因居住偏远、分散，群众经济基础薄弱，特别是广大农村用水极不方便，尤其在一些山秃、坡陡，且无蓄水设施的旱山干谷地方，冬春背水居多，季节缺水更加明显，取水所花费时间较长，严重束缚农村劳动，制约着农村经济的发展。

（三）工程建设和运行管理方面的问题

1. 工程技术方面的问题

农村饮水安全项目的建设实施，特别是 2005 年以来开展农村安全饮水项目的全面建设，为全省培养和锻炼了一批从事农村供水工程规划、设计、施工以及建设管理方面的专门人才。但从调查情况看，工程技术的相对落后也是造成不安全饮水的原因之一，农村饮水工程在规划、设计、施工技术指导等方面还有待进一步提高，具体分析主要有以下几方面原因：

（1）工程建设标准低。所建的人畜饮水工程，大多数兴建于20世纪80年代末和90年代初，饮水安全工程实施的前几年，人均投资较低，受当时资金和生活条件的限制，只求解决“有水吃”以及基本安全等问题，未重视水质净化与配套设施建设，加之个别地方赶进度，工程施工质量较差，有的饮水工程也只能部分缓解饮水困难，供水保证率很低，未能从根本上彻底解决饮水困难的问题。

（2）工程规划水平低。一些工程在规划中，只考虑当前，未考虑长远发展，造成水源选择和厂址不当；有部分工程“贪大求洋”，外观花哨，规模过大。与城市水厂相比，农村饮水工程具有小型，分散，受益户筹资能力差等特点，由于受资金限制，一些工程在规划设计时，综合考虑不够，方案不完善、不全面，缺项、漏项普遍。另外，一些地方未将饮水工程和水源保护建设纳入村镇建设总体规划，造成工程重复建设。在一些地方也存在农田灌溉和人畜饮用争夺水资源、跨区域用水矛盾突出等现象。

（3）建设质量低。受当时财力、技术等因素制约，不少地方领导干部为了突出政绩而急于解决饮水问题，一些工程采取临时措施，工程建设不按规划，采取如开槽引水、借渠引水、拼拼凑凑架设引水管道，工程极不规范，形象较差，致使工程不完善，半拉子工程多，不能正常发挥其应有效益。一些工程建设设备、材料质量较差，不仅造成工程使用寿命短，而且给群众饮水安全带来隐患。

（4）技术培训不到位。农村饮水安全涉及家家户户，量多面广，因技术力量有限，面上大多数饮水工程没有请专门的技术人员进行规划选点，属于老百姓自行设计、自行修建、自行管理使用，缺乏科学依据，致使在选点和工程规模上存在诸多纰漏，造成贮水量不足或水质污染，致使供水水质和水源保证率达不到要求。

（5）净水设施缺少或落后。有的工程根本没有进行水处理设施的设计，是由于当时的历史条件下资金相对较少，只是为了解决有水喝的问题，因而在供水工程设计、建设时，必要的净水设施、消毒设备等就没有考虑。在以往水污染较轻时可以使用，但现在各种水源都不同程度地被污染，无处理设施即意味着不安全。

（6）新技术、新工艺、新产品的示范推广力度不够。近年来PPR、PE等安全饮水管已经普遍运用到饮水安全中。但一些新科技、新设备还不能广泛应用，比如二氧化氯消毒发生器，一体化水处理设备和工程水处理设备以及除铁、除锰设备等，由于技术缺陷、市场价格等问题，还没广泛用于农村供水。

2. 建设管理方面的问题

在工程建设过程中，虽统一的规划和设计，但历时较久、涉及面广，存在工程技术指导不到位，有注重取水、供水，不注重水质处理现象。加之过去管理面宽，难以面面俱到，存在管理者专业知识薄弱，管理经验欠缺现象。造成建设过程中考虑因素不周全，给运行管理留下的“后遗症”未能及时处理或进行必要的补救。

在建设管理中，大多数县（区）发动群众参与建设监督，但部分县（区）对工程建设项目监督管理不够，没有严格推行“规划建卡，社会公示，招标投标，集中采购，资金报账，巡回监理”的“六制”管理制度，缺乏工程质量的监督管理，一些工程在建设时标准低、质量差，采购的管材和设备未进行检测，质量也不合格，给供水水质造成二次污染。另外，对工程建设招标投标管理、资金控制和工程质量监督的管理力度不够，工程建设比较随意，工程建设面广点多，施工条件艰苦，致使部分工程施工质量较差，效益不能充分发挥。

3. 运行管理方面的问题

目前，在全省“十一五”农村安全饮水示范工程的推动下，各县在运行管理上已经具有一定的经验，管理体制正进一步完善。但由于各主体分散，各地区难以统一，存在的问题主要表现在以下几个方面：管理制度不健全；供水服务跟不上；存在经营亏损现象；人员素质不高；出厂水质检验坚持得不够；水源保护差；对于分散式的供水工程，还存在管理人员未落实现象等。随着饮水工程规模增加和投资来源的多元化、复杂化，管理主体已逐步实现多元化，但多数农村饮水工程还停留在计划经济的管理模式上，未对工程的管理实行灵活的产权管理，一些工程直接由乡（镇）政府经营管理或村（组）自行管理，基本没有对国有资产进行财产清查、产权登记和产权界定工作。具体主要有以下几个方面的问题：

（1）管理人员素质偏低。供水管理人员的专业技能、水平较低，专业技术方面的培训少，许多人未进行过系统的专业技术培训，缺乏相应工作技能，不能适应新时期农村供水事业发展需要，导致进行水处理操作时人为的随意性较大，达不到按规范要求的运行管理，在一定程度上影响了安全饮水，另外，服务意识淡泊，责任心不强，没有对设备进行定期维护、保养，清水池未能定期排污，机械事故得不到及时解决，致使经常发生停水事故。

（2）管理操作不规范。由于农村供水工程量大面宽，运行管理体制不够健全，过去重建轻管，集中供水工程的运行管理未制定严格的操作规程和要求，即使有的地方有规程也未认真执行，认为农村供水工程要求不要太高，管理过得去就行。尤其是机械养护、设备维修、设施清洗不及时，往往造成安全隐患。个别管理人员对水净化工艺不十分熟悉，不能严格按规范要求进行制水，导致用户水质不能达标。特别是一体化设备的使用，管理操作往往难以到位，设施效能未得到充分发挥。

（3）计量收费程度不高。目前，除集镇集中供水工程外，大多数工程虽实行计量收费制度，但工程维护不到位，造成水资源浪费严重，加之村组集体经济组织债务重，无力进行必要的维修养护，往往工程损毁后就瘫痪。同时，集镇供水工程计量水表都是老式的、误差较大的，尤其是广大农村居民都有吃“滴水”的习惯，造成大量“商品水”无法回收。一些工程供水管网老化失修，漏水严重，淤堵严重，而缺乏资金更新，有限的水资源却大量漏入地下。

（4）部分工程管理差。对于集中供水工程，项目建设完工投入运行后，由于维护制度不够健全，加上一些地方干部、群众认为是集体公益事业，水价偏低，甚至连水费都收不到，在没有长效运作的思路和一个好的经营管理办法的情况下，运行一段时间后，管线漏、损加重，形成经营艰难的局面，无法维持正常运行。管网养护、水质管理、过滤净化设施完善等后续服务跟不上，致使管网使用寿命缩短和水质得不到有效保障。

（5）人为损毁工程的现象时有发生。部分地方在农业灌溉高峰时期，有些人随意破坏饮水工程去灌溉。一些人在水稻栽插季节开始抢水争水，以先灌为快，一些人就拆下供水管道螺丝，砸坏管道，割坏塑料管放水灌溉。由于管理人员少，责任心又不强，查处不力，导致一些人随意损坏农村供水设施。

（6）缺乏必要的水质检测。过去，在工程设计和预算中根本就未考虑水质化验设施和设备建设，而工程建成后又无力自我添置必要设备，导致无法进行检测；同时，除较大规模供水站外，一般每处工程管理人员仅 1~2 人，自身又无检测水质的专业知识，无法对水质进行有效检测，仅凭县卫生防疫站每年进行 1~2 次水质监测，无法保障群众饮水安全。

4. 行业管理方面的问题

从 20 世纪 90 年代中期，四川省就在各地方实行逐步归口管理农村乡镇供水，对水利部门投资的新建、改造、扩建工程必须归口管理。自从归口管理后，全省各地方供水境况有了长足的发展。特别是近几年实施的饮水安全工程，更是建成了一批质量好、供水水质达标、管理到位的骨干供水站。但仍有部分地方乡镇供水工程管理不统一，还需进一步进行归口管理，进一步解决好全省各市各区县乡镇供水管理存在无统一标准和管理机构，各自为政的问题。但对于部分还未归口管理的乡镇供水站，运行情况十分困难。建成久、投资少、设施不完善、没有水处理工艺、管理混乱、没有改扩建资金、甚至连最根本的维护资金都缺乏等。部分水厂承包人不履行职责，另外，供水人员不懂工艺流程，水池未定期清洗，不加药消毒，致使有的供水用户的水质比原水还差，水质不符合卫生标准，影响群众的身体健康。涉及行业管理方面的问题主要表现在以下几个方面：

（1）法律法规体系不健全。乡镇供水起步晚，与城市供水相比，缺乏行业管理的法律、法规，而由水利部门颁布的各种管理办法，其他部门难以依从。比照《城市供水条例》也不适合，对乡镇供水用户也没有法律效力，遇到水事纠纷处理困难。

（2）工程投入严重不足。乡镇供水工程要求多方投资才能兴建起来，对于国家级贫困山区来讲，要地方拿出配套资金实在困难，山区场镇的人口少，工程投入资金需要大，供水没有利润可谈，对民间资本吸引力不强。要完成国家下达的项目任务，只有简单地解决水源问题，形成简易“自来水”。然而，只要成为集中供水工程，就要有管理人员，要收取水费，就必须严格按照国家有关法律法规办事，这是非常困难的。

（3）价格严重倒挂。乡镇供水价格，上级政府没有明确的规范由谁负责主管，而政府也将乡镇供水价格，纳入政府定价范围进行了控制，一再考虑受益人口的承受能力，不符合企业的基本运行规律——“保本微利”，没有足够的更新改造资金，企业难以发展，更谈不上“以水养水”。

（4）重建轻管。受多年形成的重建轻管思想的影响，尽管各地都采取了不少措施，但工程运行管理仍然是薄弱环节，部分工程尚未形成良性运行机制，在调查的工程中，有未进行成本核算的，也有未按规定提取工程折旧费，大部分工程供水水价偏低；一些地方认为是集体公益事业，水价偏低，水费难收取。一些地方农村居民参与程度比较低，主要表现在参与面不够广，参与内容不够全面，水费、水价和工程管理方式不清楚。农村面上村、组供水工程因水费难收，集镇供水工程效益始终不佳，自我生存，自我发展能力低，导致有人建无人管的现象普遍存在，导致工程运行维护困难。

（5）管理机构不健全，管理难度大。由于种种原因，除大部分场镇集中供水站属水利部门直接管理，有专人和专业维护队伍外，其他部分农村饮水工程并未落实专门的管理机构和人员，其水源、水质、供水设施以及运行管理等均无专人，更没有专业的维护队伍，使农村饮水安全管理难度加大。

(6) 对城镇排放污水或其他破坏生活饮用水水源的单位和个人，水利部门商同环保、卫生、公安等部门开展综合执法力度不够。

第二节 重庆市农村饮水安全现状

一、重庆市农村饮水总体现状

(一) 农村供水和饮水概况

1. 农村供水和饮水水源类型

重庆市现状农村供水和饮水水源主要是地表水和地下水，地表水主要是山坪塘、水库蓄水，部分为河川径流。地下水主要是第四系潜水，部分是碳酸盐及基岩裂隙孔隙水。

2. 农村供水和饮水方式

现有供水和饮水方式主要有以下三种方式：

(1) 集中式供水。指自水源集中取水、通过输、配水管网送到用户或公共取水点的供水方式，其供水对象主要指场镇及人口较为集中的村、社，以一个或几个居民点为供水单元，取水水源主要是水利工程蓄水、河川径流。全市共有日供水 20 m^3 以上的集中供水工程 4 817 处，受益人口 704.76 万人，其中 2005—2009 年建成集中供水工程 4 068 处。2005 年以前建的集中式供水工程大多只有简易水处理设施，但部分工程原设计能力、水处理工艺流程及设施已不能满足要求。

(2) 分散式有设施供水。主要是在广大农村，以几户或每家每户为取水单位，目前在全市农村有供水设施的分散供水人口有 1 205.09 万人，主要供水设施是手压机井、人工土井、集雨池及引泉。手压机井大多取第四系潜水，其余为取地表水及田凼水，这部分设施具有供水范围较小、供水质量差、供水保证率低、供水能力不够的特点。

(3) 分散式无设施供水。目前在全市农村无供水设施的有 379.72 万人，大部分居民饮水主要靠人力在田凼、溪沟、山坪塘或水库挑水、拉水。水体大都属于地表水，具有供水质量差、供水保证率低、供水量不够的特点。

(二) 农村饮水现状

1. 农村饮水现状

(1) 农村饮水不安全人口。重庆市农村饮水安全现状调查统计结果表明，全市 2 349.66 万农村人口中，有 1 286.51 万人饮水达到安全标准，有 1 063.16 万人饮水不安全，在 1 063.16 万农村饮水不安全人口中，因水质超标问题导致饮水不安全人口为 235.14 万人；因供水水量不达标导致饮水不安全人口为 353.52 万人；因取水方便程度不达标导致饮水不安全人口为 269.89 万人；因水源保证率不达标导致饮水不安全人口为 204.59 万人。在 1 063.16 万农村饮水不安全人口中，农村总体规划剩余饮水不安全人口 371.39 万人，新增农村饮水不安全人口 691.77 万人，详见图 4-2。

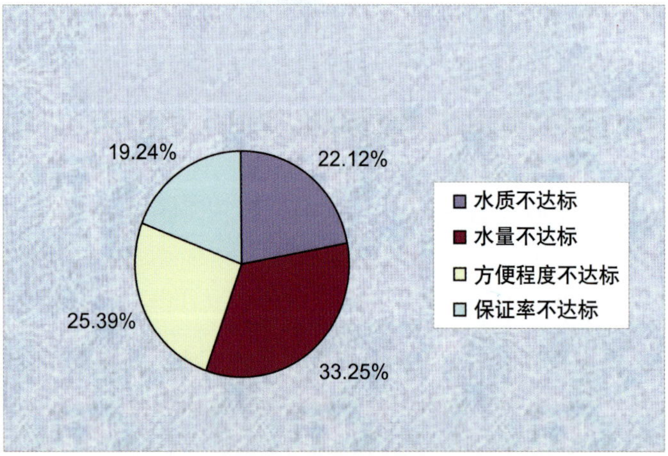

图 4-2　重庆市农村饮水不安全人口分布图

（2）农场饮水不安全人口。本次调查复核统计表明，重庆市农场饮水不安全职工为 1.0 万人。在 1.0 万农场饮水不安全职工中，因水质超标问题导致饮水不安全职工为 0.07 万人；因供水水量不达标导致饮水不安全职工为 0.53 万人；因取水方便程度不达标导致饮水不安全职工为 0.18 万人；因水源保证率不达标导致饮水不安全职工为 0.22 万人。在 1.0 万农场饮水不安全职工中，全部为新增饮水不安全人口。

（3）林场饮水不安全人口。本次调查复核统计表明，重庆市林场饮水不安全职工为 11.3 万人。在 11.3 万林场饮水不安全职工中，因水质超标问题导致饮水不安全职工为 0.2 万人；因供水水量不达标导致饮水不安全职工为 3.27 万人；因取水方便程度不达标导致饮水不安全职工为 3.69 万人；因水源保证率不达标导致饮水不安全职工为 4.15 万人。在 11.3 万林场饮水不安全职工中，全部为新增饮水不安全人口。

（4）学校饮水不安全人口。本次调查复核统计表明，重庆市农村学校有 153.47 万师生饮水不安全，在 153.47 万农村学校饮水不安全师生中，因水质超标问题导致饮水不安全师生为 19.83 万人；因供水水量不达标导致饮水不安全师生为 66.37 万人；因取水方便程度不达标导致饮水不安全师生为 28.02 万人；因水源保证率不达标导致饮水不安全师生为 39.25 万人。在 153.47 万农村学校饮水不安全师生中，总体规划剩余农村学校饮水不安全师生为 10.18 万人，新增农村学校饮水不安全师生为 143.29 万人。

2. 农村人口饮水安全普及程度

全市农村饮水安全现状调查复核结果表明，截至 2009 年年底，重庆市农村饮水安全和基本安全的人数为 1 286.51 万人，约占农村饮水安全现状调查复核总人口的 54.75%。全市已建成农村饮水工程的受益总人口为 1 969.95 万人，其中集中式供水工程供水的受益人口 764.86 万人，占农村饮水安全现状调查复核总人口的 32.55%；分散式供水有设施的人口为 1 205.09 万人，占农村饮水安全现状调查复核总人口的 51.29%，详见表 4–4。

表 4–4 重庆市农村饮水现状表

供水方式与指标	集中式供水		分散式供水		合计
	供水到户	集中取水	有设施	无设施	
受益人口 / 万人	727.59	37.27	1 205.09	379.72	2 349.66
所占比例 /%	30.96	1.59	51.29	16.16	100

3. 集中式供水基本情况

（1）工程数量与受益人口。据调查，全市现有集中式供水工程 6 820 处，受益人口为 764.86 万人，其中有 147.79 万人用水量及水质不达标，主要集中在村级供水工程中。

（2）按水源类型划分。以地表水为水源的受益人口 599.19 万人，占集中式供水受益人口的 78.34%；以地下水为水源的（均为打井工程）受益人口 165.66 万人，占集中式供水受益人口的 21.66%。

（3）按供水规模划分。按供水规模 1 000 m^3/d 以上、200 ~ 1 000 m^3/d、20 ~ 200 m^3/d、20 m^3/d 以下四个标准统计，全市规模为 1 000 m^3/d 以上供水工程 150 处，规模为 200 ~ 1 000 m^3/d 供水工程 875 处，规模为 20 ~ 200 m^3/d 供水工程 3 792 处、规模为 20 m^3/d 以下供水工程 2 003 处，受益人口分别为 149.46 万人、267.79 万人、291.23 万人和 60.0 万人，详见表 4–5。

表 4–5 重庆市集中供水工程现状情况表

供水规模 /（m^3/d）	大于 1 000	1 000 ~ 200	200 ~ 20	20 以下	合 计
处 数	150	875	3 792	2 003	6 820
供水规模 / 万 m^3	45.087	40.719 8	31.090 2	3.004 5	119.901 5
受益人口 / 万人	145.75	267.79	291.23	60.0	764.86

（4）按供水方式划分。在 6 820 处集中供水工程中，实现供水到户的受益人口 727.59 万人，占集中式供水总受益人口的 95.13%；供水不到户，但通过集中供水点供水的受益人口 37.27 万人，占集中式供水总受益人口 4.87%。

从以上数据可以看出，重庆市现状集中供水工程主要是以地表水为水源。大多位于农村集镇，设计供水能力大部分在 20 ~ 1 000 m^3/d。但近 80% 工程因设计规模偏小，建设年代久远，水处理设施不完善，现状供水能力低下，加之农村城镇发展迅速等原因，人均日供水量仅为 12.6 L/d，不能满足供水需求。

4. 水源水质与供水水质现状

（1）水源水质。调查复核结果表明，水源水质不合格主要原因为水源受到污染，生化指标中 CODmn、总磷、氨氮、石油类和大肠菌群等严重超标，为Ⅳ类或超Ⅳ类水；少部分因地方性地质原因，氟、汞、可溶性固体、铁锰超标等毒理学指标和化学指标超标。

（2）供水水质。目前，有水处理设施的供水工程中，都是按常规指标的配置水处理设施，对氟超标、汞超标、可溶性总固体、铁锰量超标、有机物污染等源水根本无法进行无害化处理。无水处理设施的情况更差，源水水质与供水水质基本一致。同时，由于水处理设施老化，管网锈蚀严重，部分集中供水工程对供水水质形成了二次污染。

氟超标：主要集中在灰岩地区的煤和金属矿产区。这些地区地表水缺乏，区域地质复杂，依靠打井或煤矿洞出水，直观感觉清澈，但由于没有降氟设施，氟斑牙等症状突出。

汞超标：主要集中在汞矿及煤矿产区。

苦咸水：主要集中在重庆市西部红层地带，年降水量相对偏低，可利用的地表水资源非常有限，农村集中供水工程水源主要通过开采地下水来解决，但局部地区地下水埋藏深且属不可直接饮用的苦咸水，常规的水处理设施无法去除可溶性固体。

铁锰超标：在重庆市西部红层地带、东南和渝东锰矿区，水源中铁锰超标较为常见，特别是地下水中铁锰超标比较突出。

污染水：在全市农村中，因农业面污染和工业点污染造成源水水质恶化，常规处理无法有效去除有机污染物，特别是无水处理设施的供水工程的供水水质与源水水质差不多，饮用水中细菌总数、大肠菌群等指标严重超出《农村实施〈生活饮用水卫生标准〉准则》规定范围。

5. 工程管理现状

（1）管理方式。目前重庆市集中供水工程主要有四种管理模式，一是区县水利部门管理；二是由乡镇人民政府管理；三是由个体经营户承包经营管理；四是由村社集体管理。

（2）水价确定及水费计收。目前，全市农村集中供水工程供水水费计收有三种情况：一是以表计量，按量计费；二是按人计费；三是没有收水费。

由水利部门管理、乡镇政府管理及实行承包管理的集中供水工程都安装了计量设施，实行以表计量，按量计费。收费标准由当地物价部门会同水利部门核定，水价 0.6 ~ 2.6 元 /m^3 不等，每月定时抄表收费，但水价普遍只达到测算成本的 40% ~ 80%，扣除大修基金和折旧费等再生产费用后，亏损严重。在由村社集体管理的集中供水工程中，普遍都未安装计量设施，约 70% 的工程实行按人头计费的方式收取水费。收费标准由受益群众按“一事一议”的原则协商确定，每人每月 2 ~ 4 元，每月定时收费，收费标准中均未计提大修基金和折旧费等再生产费用，所收水费只能支付看护人员的误工工资。还有约 30% 的村社管理工程（主要是供水规模在 50 m^3/d 以下的小工程）根本没有收取水费，平常没有专人管理，若需要维修时，由受益户临时凑钱维修。

（3）水质检验。重庆市在 2000 年以前已建成的集中式供水工程中，只有极少数的规模相对较大的场镇供水工程有简易的水质化验室，绝大部分没有配备水质检验设备。目前，由水利部门及乡镇政府经营管理的集中供水工程中，日供水规模在 200 m^3 以上的，由区县疾病预防控制中心定期和不定期地对水源水质和供水水质进行检测，并将检测结果报送其行政主管部门备案；日供水在 20 ~ 200 m^3 的，由区县疾病预防控制中心进行抽检；日供水在 20 m^3 以下的，基本没有检测。从送检结果看，约有 76% 的水源水质和供水（管网末稍水）水质不符合《生活饮用水卫生标准》（GB 5749）要求。

对于 2005—2009 年新建的集中供水工程，均落实了规范的水质检测制度，由区县疾病预防控制中心每年进行 1 ~ 2 次检测，管理单位每年送检 1 次，并将检测结果报送当地水利部门备案。从送检结果来看，约 67% 的水源水质和供水（管网末稍水）水质达到《生活饮用水卫生标准》（GB 5749）要求，供水水质相对较好。

（4）用水户参与情况。随着农村饮水工作的不断深入，用水户在工程建设与管理等方面的参与度日益提高。2005 年以前建设集中供水工程时，90% 的工程都是由水利部门和当地政府定方案、定投资模式、定管理方式，用水户基本上属于被动接受。

2005 年以来，特别是近两年来，用水户参与工程建设情况日益好转。集中式供水工程在建设时，就供水工程的建设选址、规模、管理方式、水费收取等具体问题充分征求了当地用水户的意见，这给工程建设协调、工程运行管理等创造了有利条件。凡是由水利部门及乡镇政府管理的规模较大的供水工程，均由物价部门核定工程成本，计取工程维护、折旧费，初步定价，再召开听证会，听取用水户的诉求和水费承受能力后，再最后确定水价。对规模较小的集中供水工程，水价由当地用水户“一事一议”协商确定。总体来看，重庆市集中供水工程的建设与管理工程中，用水户参与度逐步提高，这将有利于供用水管理的工作协调。

（5）水源保护。重庆市 2005 年前建成的农村集中供水工程，只有日供水量在 200 m^3 以上的水源地保护措施相对完善，制定了水源地保护制度，划定了水源地保护区，并由专人监督管理。日供水量 200 m^3 以下的尚未落实水源保护措施。日供水量在 200 m^3 以下的基本没有水源保护设施和人员。

2005 年后新建的集中供水工程中，80% 的饮用水源地保护措施相对较为完善，划定水源保护区，设置了界桩和明显警示标志，并配有专人巡查。取用地下水的水源井周围 200 m 范围内为水源保护区；取用溪河水的上游 1 km、下游 200 m 范围内划定为水源保护区；取用塘库堰水的以整个塘库堰水体及陆域 100 m 范围内作为水源保护区。水源保护区内禁止挖沙、取土、爆破和从事农牧业活动，禁止倾倒垃圾、废渣、农药等有害物，水源上游及周围禁止兴办有毒物的企业，禁止输油、输气管道通过保护区，防止水源受污染。

6. 分散式供水基本情况

统计表明，重庆市全市农村分散式供水的总人口 1 584.81 万人，其中：有供水设施供水的人口 1 205.09 人；无供水设施的人口 379.72 万人，主要位于居住分散的偏远地区。

（1）有供水设施的现状。重庆市有供水设施的分散式供水人口 1 205.09 万人，取水方式主要有手压井、筒井、引山泉、集雨等，各种不同方式取水人数见表 4–6。

表 4–6 分散式供水中取水方式情况统计表

取水方式	打 井	引 泉	集 雨	合 计
人 数 / 万人	661.10	287.86	256.13	1 205.09
所占比例 /%	54.86	23.89	21.25	100

根据现场调查复核及水质化验，按照农村饮水安全评价体系，大部分属饮水不安全人口。经对其水质直观调查，发现水中悬浮物较多，水质浑浊，口感苦涩，水质较差。对其进行抽样化验和取水方式进行分析，可分为水质不达标、饮水水量不达标、供水保证率不达标等三种饮水不安全情况。

（2）无供水设施的情况。重庆市农村饮水无供水设施的人口为379.72万人，主要分布在居住分散的深丘及中高山地区。受自然、地理条件限制，这部分群众的经济条件较差，生活贫困，其饮用水主要靠人力挑、背。水源点主要有房前屋后自然集水坑或水凼、田边地角的简易井或溪沟中，水源污染较为严重，未经任何处理，人畜混用现象突出，而且，用水量也没有保障，往往是随季节变化而改变取水点，随着干旱程度的加剧，取水点距离越来越远。

从直观上就发现饮用水中悬浮物较多，水质浑浊，口感苦涩。抽样化验结果表明，部分水质根本不适宜作为饮用水。

二、重庆市农村饮水仍然存在的问题

重庆市农村饮水现状调查结果表明，全市农村饮水不安全主要有水质超标、水量不达标、水源保证率低和用水方便程度不达标四种类型，同时也存在工程建设和运行管理方面的问题。

（一）水质超标问题

重庆市水质超标问题主要分为氟超标、苦咸水、硫酸盐超标、铁、锰、汞及硬度超标、污染水等六种类型，影响总人口235.42万人（含农、林场）。

1. 氟超标

重庆市农村饮用含氟超标水的总人口为0.15万人（含农、林场），占饮水水质不达标人口的0.06%。

氟超标水质不安全的人口呈点状分布在涪陵、石柱两个区县，主要集中在灰岩地区和产煤区，这些地区地表水缺乏，区域地质变化较大，地势主要为低山，生活饮用水依靠打井或引煤洞水，含氟量严重超标。

长期饮用高氟水，氟骨症、氟斑牙等地方性疾病发病率高。生活在当地的群众因地理、经济等条件，同时长期受氟中毒危害，身体健康受到严重损害，部分丧失劳动能力，生活更加贫困。

2. 苦咸水超标

饮用苦咸水超标的人口有21.17万人（含农、林场），占饮水水质超标总人口的8.99%。分布在南岸、大足、荣昌、铜梁、北碚、渝北、沙坪坝、合川等区县。

因该地区属重庆市西部红层丘陵地带，年降雨量相对偏少，土壤涵养水能力差，可利用的地表水水资源非常有限，农村生活饮用水主要通过开采地下水资源解决，但局部地区地下水埋藏深且可溶性钠、钾等无机盐含量多，抽取的地下水大多属不可直接饮用的苦咸水。

居住在以上地区的农民群众，普遍反映饮用水口感苦涩，因长期饮用苦咸水，造成腹胀、腹泻，尤其是胃、肠、肾等消化系统和泌尿系统疾病经常发生，一直困扰着当地群众的身心健康，加重了生活负担。无奈之余到几千米之外的溪河取水，在挑、背饮用水上耗费大量的人力物力，生活条件十分艰苦。

3. 铁锰碘超标

全市目前直接饮用含铁、锰、碘超标水的农村人口有 46.76 万人（含农、林场），占饮水水质超标总人口的 19.86%。主要分布在渝西红层地区的大足、铜梁、万州、荣昌、涪陵、北碚、渝北、城口、江津、合川、垫江、沙坪坝、九龙坡、潼南等区县。

这些地区土壤中铁锰含量高，山泉或浅层地表水中含有丰富的铁锰盐，水刚取来时很清澈，放置一段时间后就会出现褐红色的沉淀物，在出水口一般也有褐红色的沉淀物。同时水的硬度很大，煮沸后会出现很多的白色沉淀物，主要是因为水中的部分钙、镁离子生成不易溶于水的碳酸钙和氢氧化镁。重庆市的乡镇集中供水站绝大部分没有除铁锰和降低硬度的设施，分散式取水的农村条件更差。

铁锰对人体胃肠黏膜有刺激和腐蚀作用，能损伤人体肝、腹及中枢神经系统，并能引发糖尿、心肌炎等疾病。原水中铁锰超标是引发农村群众许多慢性疾病的重要因素。硬度超标，直接增大了群众患结石病的危险，同时易引发心、脑血管方面的疾病。

4. 水质污染超标及细菌学指标超标

重庆市因水质污染和细菌学指标超标造成农村饮水不安全人口有 167.35 万人（含农、林场），占饮水水质超标总人口的 71.09%。在全市呈普遍分布，特别是都市经济发达圈和渝西经济走廊更为严重。主要污染物为氨氮、大肠菌群、石油类、非离子氨等，水体呈富营养化状态。当地群众有水不能用，只好舍近求远到几千米之外找水。

其主要原因：一是农村畜禽和水产养殖污染日趋严重，成为重庆农村面源污染的重要原因，部分河流畜禽大规模养殖，畜禽粪便未作任何处理随意排放，污染已大大超过流域内城镇生活废水的污染负荷，成为这些流域水质恶化的主要原因，同时农村水库肥水养鱼导致水库富营养化问题日趋严重，导致水库周边及下游群众有水不能用；二是农业面源污染加重，因农村不合理施用大量农药、化肥，畜禽粪便、废旧农膜等农业废物污染，造成农村农业面源污染加重；三是乡镇企业污染非常严重，乡镇企业大多属于资源消耗型和污染性企业，缺乏环保处理设施，随意排放污水。四是部分乡镇集中供水工程建于“八五”、“九五”、“十五”期间，当时设计规模小，水处理工艺简单，加之运行时间长，部分管网老化锈蚀严重，造成二次污染，供水水质不达标。

（二）水量、方便程度、保证率不达标问题

重庆市现存的农村饮水不安全问题不只是水质不达标，广大农村中因水量、方便程

度和供水保证率不达标导致的饮水不安全问题更为突出，而且极为普遍，其不安全人口达840.04万人。

1. 水量不达标

重庆市农村饮水水量不达标的现象在全市普遍存在，水量不达标影响人口357.32万人（含农、林场），占水量、方便程度、水源保证率不达标的饮水不安全人口的42.54%。

主要原因是：①水利工程的蓄水保水能力不足，目前，60%的塘库淤积严重，加之受病险困扰，水利工程蓄水量严重不够，无法满足当地群众足量用水。②早期建设的饮水工程大都属简易农村供水工程，由于当时经济基础差，自然条件限制，供水工程规划、设计、技术指标要求起点很低，工程设计标准低，建设规模小，建设质量要求低，集中连片程度不够，供水能力偏小，经过近20年的运行，老化和损坏情况已相当严重，42%的工程处于带病运行状态而无力修复，濒临报废；28.7%的工程已退役报废。③随着城镇建设的发展和人口的不断增长，乡镇集镇和乡镇企业发展迅速，现有的供水设施及能力，无法满足日益增长的需水要求，供需矛盾突出。现有工程供水保障能力只有原设计供水能力的67%，人均饮水量不到12.6 L/d。由于工程供水能力低，部分村镇供水站（厂）不得不采取分片、定时、定量供水。

2. 用水方便程度不达标

除渝北区外，农村用水方便程度不达标的人口在全市所有区县都有分布，共有人口273.76万人（含农、林场），占全市水量、方便程度、水源保证率不达标的饮水不安全人口的32.59%。

重庆市境内地貌形态类型有中山、低山、丘陵、台地、平原（坝）五大类，主要以中山、低山为主，中低山面积占全市幅员总面积的75.8%。中低地区的相对高差大、坡度陡，交通、水利等基础设施薄弱，导致山区群众取水极不方便。加之山区群众居住偏远且分散，取水水平距离一般都超过1 000 m或垂直距离超过100 m。对巫山县的典型调查结果表明，该县山区群众每天因为挑水平均耗费一个人2.5 h左右，人力物力的浪费，直接影响了当地群众致富奔小康劲头，制约了当地社会经济的发展。

3. 水源保证率不达标

除渝北、九龙坡两区外，农村饮水水源保证率不达标的情况在全市普遍存在，涉及人口达208.96万人（含农、林场），占全市农村水量、方便程度、水源保证率不达标的饮水不安全人口的24.87%。

水源保证率不达标主要有以下原因：①降雨时空分布极不均匀。从地域分布看，一般东南部多，西北部少；山区深丘多，河谷丘陵平坝少；具随高程增高而增大的规律。从降雨的年内分配看，以夏季最多，秋季次之，冬、春最少。4～10月降雨约占全年90%以上，且多以暴雨形式出现，无法利用。②旱灾频繁。重庆市气候异常，一年四季都有旱情发生，其中伏旱最为严重。据统计，重庆市春旱、夏旱、伏旱的发生频率分别为38%、31%和71%。③水土流失严重，蓄水保水能力差。据2005年调查资料表明，重庆市水土流失面积达到4

万 km^2，占幅员面积的 48.78%，主要分布在山高坡陡的区域，导致蓄水保水能力差，出现“降雨成灾，天晴缺水”的现象，特别是渝西红层丘陵及渝东中、高山区水源保证率低的问题尤为突出。

（三）工程建设和运行管理方面的问题

1. 工程技术方面的问题

重庆市已建成的日供水量 20 m^3 以上的集中供水工程有 4 817 处，现有供水能力 116.896 7 万 m^3/d。多数工程由于建设年代久远，受当时的经济技术条件制约，工程建设标准低、质量差、水处理工艺落后，经过多年运行，现有设施已老化，已不能正常发挥工程应有的社会经济效益。

（1）规划标准低。部分建于“八五”、“九五”、“十五”期间的集中供水工程，未作长远规划，只是满足当时的需求。随着农村经济的发展，场镇规模迅速扩大，乡镇企业快速发展，现供水量已远远不能满足要求。

（2）设计标准低。已建成的大部分集中供水工程，受当时经济水平限制，部分集中供水工程根本没有由专业技术人员进行设计，而是由当地的水利员边画草图边施工，设计上很少有完善的水处理措施。建设的农村集雨工程，部分未考虑换水措施，成为一潭死水，水质没保障。

（3）施工质量不高。全市已建成的集中供水工程，由于专业施工专业技术人员的缺乏，相当部分工程根本没有设计。同时受资金困难影响，使用的管材大多采用价格低廉的再生塑料管或铸铁管，管段之间连接不扎实，管道经常爆裂，加重了群众维修费用支出负担，不能保证群众正常用水。

2. 工程建设管理方面的问题

全市人饮工程在建设管理方面主要存在以下问题：

（1）资金投入不足。重庆市现状饮水困难的人口大都分布在自然条件较差、偏远、经济困难的县，工程建设投入大，国家扶持力度有限，而群众自筹资金能力非常有限，导致工程建设主管部门也无法及时纳入正常计划、规划之中予以解决。即便是列入计划的工程项目，也因筹措资金困难而被迫取消。同时因投入不足，导致建设标准低，影响到工程效益的发挥，这也是农村饮水困难不断出现“返困”的主要原因。

（2）质量控制不严。重庆市饮水安全工程始建于 20 世纪 80~90 年代，当时经济基础差，自然条件限制，供水工程规划、设计和工程质量要求很低，管材多选用价廉、质次的铸铁管、塑料管，内壁粗糙，管壁薄厚不均，而且管径选择普遍偏小，管件与管材不配套。大多数都不是由专业技术人员安装，施工工艺简单、粗糙，工程质量较差。经过近 10~20 年的运行，金属管件锈蚀、管材自然老化造成管网破损、渗漏、堵塞严重，已达不到设计供水能力。加之随着人口增长、经济发展等因素，对水的需求量大大增加，工程原有供水能力无法满足现状所需，供水量不足。部分工程超负荷运行，大大缩短了工程寿命。

3. 运行管理方面的问题

(1) 运行管理不规范。重庆市相当部分农村人饮工程采用的是镇或村组集体管理的方式，产权归镇政府或村集体所有，管理不规范，管理水平低。一是农民群众普遍节水意识淡薄，用水浪费严重，用水秩序混乱，一般雨水充沛时用水有保证，而在干旱时经常出现上游用水多，而下游无水用的情况；二是部分工程管理人员自身素质较低，责任心不强，缺乏对工程设备性能的认识，在工程运行中造成设备不必要的损坏；三是个别供水站没有制定相应的管护责任制度，或没有严格执行管护责任制，工程设施无专人管理，因管理不善，使部分设施寿命缩短，提前退役；四是部分供水站财务制度不健全，管理混乱，没有设专户储存，出现了钱有人收，事没人管的现象。

(2) 水费计收不规范。目前，村社集中式供水工程，由村社集体管理，基本未安装水表计量。有的水费收取按户或人数计收，水费少，基本上只能保证电费和管理人员基本工资支出，还有 30% 的村社管理的小型集中供水工程连基本水费都没有收取，工程维修费、折旧费无从提取，根本没有维修更新改造的经费，大部分工程处于带病运行状态而无力修复，这不利于农村饮水工程的可持续利用。场镇集中式供水工程都以水表计量、按表收费的供水工程，但是由于物价部门在核价时考虑当地农民经济条件差，水费承受能力低，怕增加农民负担，批复水价时也未按核算的成本水价进行批复，导致水价明显偏低，因此收取的水费用仅能支付电费和管理人员工资。因缺乏维护经费，工程和供水设备损坏严重，相当部分地区饮水将重新“返困”。

(3) 水质监测手段差。目前，水质监测是农村饮水安全最薄弱的环节。2 000 人以下的小型集中供水工程没有进行过定期水质监测，对水质变化情况难以掌握清楚，部分区县卫生部门抽样监测时走形式，难以真实反映存在的问题。即使发现存在水质超标问题，多年来也因种种原因，没有着力解决。2 000 人以上较大规模的集中供水工程只是进行间歇性水质监测，管理机构对水质监测不重视，没有制定相应的水质监测制度，对监测出的水质问题也因资金等原因未得到妥善的解决。

(4) 水源保护措施不完善。绝大多数农村集中供水工程没有建立水源地保护制度，仅采取了简单的保护措施，还有相当部分工程没有划定水源保护区，也无人监管，水源地环境卫生条件较差。从调查情况看，划定了保护区的饮用水源，受多方面因素的影响，目前水源保护的手段还比较落后，监督管理措施不得力，特别是对面源污染、小场镇及居民点的生活排污等问题，尚无有效的约束措施，这不利于居民饮水安全。

4. 行业管理方面的问题

目前，重庆市农村饮水工程主要是由水利部门和建设管理部门管理，还有由乡镇管理和村社管理，没有形成统一的行业管理格局，相应的政策法规滞后，缺乏有效的行业监督管理措施和手段，没有形成规范的行业管理监督机制和进行必要的技术指导。

受现状管理体制制约和当地供水条件及经济基础限制，农村供水工程未引入市场化管理机制，水的商品化程度难以显现，不利于推行节约用水，难以实现工程的良性运行和可持续发展。

第三节 川渝地区农村饮水水源治理保障措施

一、农村地表饮用水源问题与治理

四川和重庆地区地形多为丘陵和山区，农民居住分散，自然村落规模小，农村主要以库泊、河渠沟塘地表水等自然水体作为饮用水水源。这些小型地表饮用水源与其他水源交叉、混用，界面不明显，容易受生活和生产污染直接影响，同时受季节性气候影响明显，季节性水质不达标问题十分突出。如何让这类饮用水源水量和水质常年保持稳定，可持续保障成为难题。

当前，随着农村城镇化进程的加快，农民生活水平的改善和农业集约化程度提高，同时也加剧了地表饮用水污染负荷增加。农业面源污染和农村生活污染是造成地表水污染的主要原因。由于生活污水处理和垃圾清运处理基础设施缺失，村镇的污水大多不经任何处理，直接排放或沉积在村边的库泊水源沟渠，农居周边土地和道路缺乏硬化和绿化，降雨时泥土和垃圾被冲刷进入附近溪流、水库和池塘，使水源一片浑浊。

川渝地区各级政府已经在农村地表水污染防治方面做了许多工作，两省市均编制了《农村饮用水安全工程“十一五”规划》，实施效果明显。近年来四川省和重庆市还承担了多项省级“农村饮水安全工程项目”、“农村沼气国债项目”等，为农村饮用水安全保障奠定了一定的基础。实践证明，选择低建设成本、低运行费用和低能耗的水污染治理技术，如沼气技术、生态自然处理技术（湿地、氧化塘等），更适合西南村镇生活污水和畜禽养殖废水处置的需求。农村地表饮用水源污染治理是一个系统工程，任何单项技术和措施都不能完全解决问题。近年来四川等地开展的乡村清洁工程和城乡环境综合治理对于农村地表饮用水水源地污染控制具有十分重要的示范推广意义。

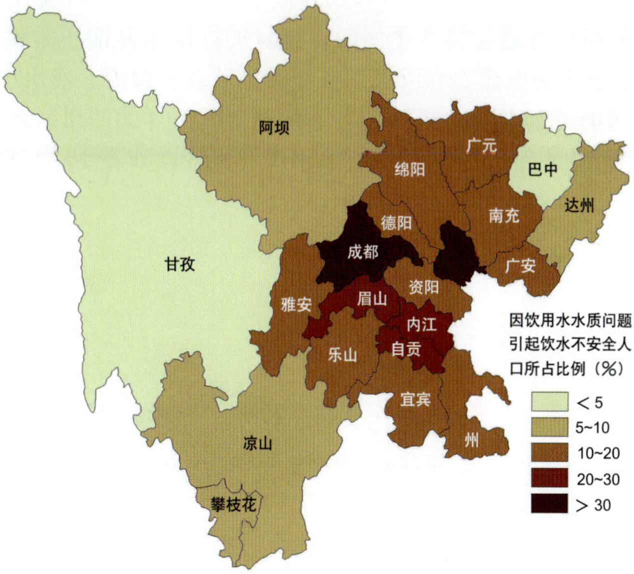

图 4-3 四川省因饮用水水质问题引起饮水不安全人口所占的比例

二、红层找水

红层找水打井目前已经成为川渝农村饮用水安全保障的主要措施之一。四川盆地红层丘陵地区包括重庆西部、内江、南充、巴中、广元部分、自贡及成都至绵阳一带以东地区，“红层”主要指白垩系、侏罗系，岩性以紫红色砂岩、泥岩为主，地下水资源贫乏，长期以来，当地的农业灌溉用水和城乡人民的生活及工业用水均采用河流、水库等地表水。由于地表水资源分布不均及近年污染日趋严重，缺水问题十分突出，严重影响人民群众健康，制约了地方经济发展。

四川省地矿厅于 1998 年 11 月为配合国土资源部“新一轮国土资源大调查行动纲要”的实施，编制了“四川省新一轮国土资源大调查行动计划”，其中“四川省找水特别计划”五年目标之一就是开展红层丘陵缺水山区的找水计划，目的是查明区内地下水分布规模，贫中找富，探采结合，缓解供需矛盾，为该区经济发展提供基本保障。

红层丘陵山区由于受环境限制，经济多不发达，特别是在农业方面，多数仍然靠天吃饭，农业户住所分散，在红层丘陵地区，地下水开发应以解决集镇供水，分散农户的人畜饮用用水为目的，在雨季解决部分灌溉用水，在旱季确保人畜饮用水。从 2001 年开始，中国地质调查局、四川省政府在四川最缺水的南充、资阳市部署了 3 000 多眼红层供水示范井，成井率达 90% 以上，为找水打井积累了经验。2004 年首个部、省合作地下水调查与开发利用示范项目在四川正式启动。四川省政府将红层丘陵地区找水打井工程纳入“为民办实事工程”，一期红层找水在全省 17 个市 105 个县（市、区）实施打井 100 万口，解决了 400 万人的饮水困难。2007 年省委、省政府又将红层丘陵地区打井工程列为“十大惠民行动”之一，并启动二期找水打井工程，在全省 17 个市 72 个县开展红层丘陵地区找水打井补充工作，解决了 400 万农民的饮水困难。

红层丘陵找水打井不仅解决了缺水农户的饮水困难，促进了农村庭院经济的发展和农民增收，社会经济效益十分显著；同时，加速了农村现代化进程，改善了农户的生存与生活环境，也在抗旱救灾中发挥出巨大作用。红层水井供水保障程度高，经受住了严重旱情的考验。在 2006 年和 2010 年四川省遭受特大干旱时，96% 的红层水井能正常供水，抵御住了百年不遇的大旱，显示了强大的生命力和巨大的社会经济效益。目前，四川红层丘陵地区已打井 213.5 万口，解决了 105 个县近 800 万人的饮水困难。图 4-4 为四川盆地红层找水示意图。

重庆市永川区自 2006 年开始实施红层找水民心工程，涉及 19 个镇、街，41 个村。四年共计打井 12 596 口，受益 57 574 人。

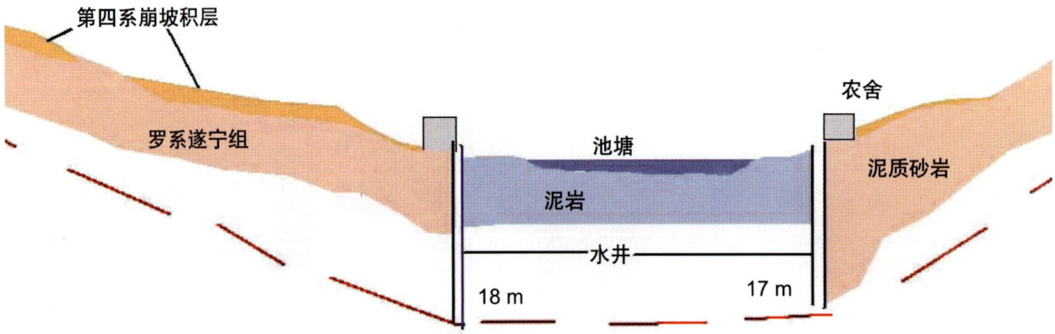

图 4-4　四川盆地红层找水示意图

三、集雨水

川渝地区丘陵山地地貌分布广泛，水资源缺乏，雨水集蓄工程的实施解决了一部分民众的饮用水水源问题。

雨水集蓄工程是指对降雨进行收集、汇流、存储和进行节水灌溉的一套系统。一般由集雨系统、输水系统、蓄水系统和灌溉系统组成。雨水收集系统依据雨水收集场地的不同，可分为屋顶集水式雨水收集系统和地面集水式雨水收集系统两类。地面集水式雨水收集系统工艺流程如图 4−5 所示。

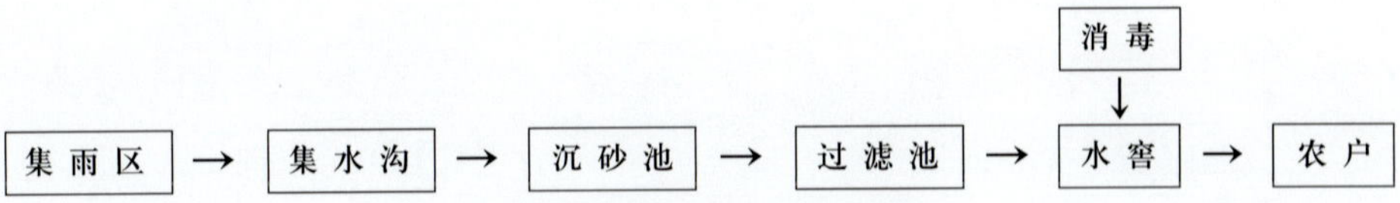

图 4−5 雨水集蓄工程流程图

参考文献

[1] 四川省水利科学研究院，四川省农田水利局 . 四川省 2010—2013 年农村饮水安全工程规划人口现状调查及复核报告 .2009.

[2] 重庆市水利局，卫生局 . 重庆市农村饮水安全现状调查及复核报告 .2009.

[3] 张磊 . 四川省农村饮水安全面临的形势及对策 . 四川水利，2006 (04): 55-57.

[4] 国家发展改革委、水利局、卫生部 . 关于进一步做好农村饮水安全工程建设工作的通知 . 发改农经 [2005]920 号 .

[5] 四川省发展改革委、水利厅、卫生厅 . 四川省农村饮水安全工程建设管理实施办法 .2005.

[6] 四川省水利厅 . 四川省人民政府办公厅关于进一步加强农村饮水安全工作的通知 . 川办函 [2009]83 号 .

[7] 重庆市发展改革委，水利厅，卫生厅 . 重庆市农村饮水安全工程建设和管理实施细则 .2006.

[8] 许向宁，王兰生，袁永旭 . 四川盆地红层找水打井工程与防灾减灾 . 地球与环境，2005,33（增刊）: 364-368.

[9] 郑勇 . 四川盆地红层丘陵地区地下水开发前景 . 四川地质学报，2000,20(4)：262-264.

[10] 周家富 . 雨水集蓄利用工程在四川的应用 . 中国水利，2007(7)：84.

[11] 倪文进，马超德 . 中国农村饮水安全工程管理实践与探索 . 北京：中国水利水电出版社，2010.

第五章

干旱对村镇饮用水影响程度分级

第一节　干旱指标分析

一、近十年干旱对我国造成的影响

干旱的频繁发生不但带来巨大的经济损失，还会造成水资源短缺、环境恶化、生态退化等不利影响，甚至威胁生命安全。据资料统计，2000—2009 年我国重大旱灾事件见表 5-1，总体上讲我国的干旱灾害呈现以下特点：①旱灾发生频率明显加快。1949—1999 年我国共发生 15 次重大干旱事件，旱灾发生年份百分率为 30.0%；而 2000—2009 年我国共有 8 年发生重、特大干旱，旱灾发生年份百分率达 80%，几乎年年有旱灾旱情发生。②旱灾发生范围与影响程度逐年扩大。20 世纪 80 年代以前，我国旱灾高发区域主要集中在干旱缺水的北方地区，尤其是西北地，近几年北方旱区旱情不断加重、年际不断扩大，呈现干旱常态化，且南方和东部多雨地区的季节性干旱也在扩展和加重，受灾面积逐步增加。

表 5-1　2000—2009 年我国干旱灾害事件

时间	涉及省市	旱情
2009 年	我国多省遭遇严重干旱	连续 3 个多月，华北、黄淮、西北、江淮等地 15 个省（市）未见有效降水。冬小麦告急，大小牲畜告急，农民生产生活告急。不仅工业生产用水告急，城市用水告急，生态也在告急
2008 年	云南连续近 3 个月干旱	据统计，云南省农作物受灾面积达 1 500 多万亩。仅昆明山区就有近 1.9 万 hm^2 农作物受旱，13 多万人饮水困难
2007 年	22 个省发生旱情	全国耕地受旱面积 2.24 亿亩，897 万人、752 万头牲畜发生临时性饮水困难。中央财政先后下达特大抗旱补助费 2.23 亿元
2006 年	重庆发生百年一遇旱灾	全市伏旱日数普遍在 53 d 以上，12 区县超过 58 d。直接经济损失 71.55 亿元，农作物受旱面积 1 979.34 万亩，815 万人饮水困难
2005 年	华南、云南	华南南部现严重秋冬春连旱，云南发生近 50 年来少见严重初春旱
2004 年	南方遭受 53 年来罕见干旱	造成经济损失 40 多亿元，720 多万人出现了饮水困难
2003 年	江南和华南、西南部分地区	江南和华南、西南部分地区发生严重伏秋连旱，其中湖南、江西、浙江、福建、广东等省部分地区发生了伏秋冬连旱，旱情严重
2000 年	多省	干旱面积大，达 4 054 万 hm^2，受灾面积 6.09 亿亩，成灾面积 4.02 亿亩。新中国成立以来可能是最为严重的干旱

数据来源：http://zt.cnnb.com.cn/system/2010/05/05/006513126.shtml

近10年来随着全球气候变暖的不断加剧，我国干旱呈频发、常发态势。我国广大村庄特别是山丘区村庄饮用水源单一、保证率低，干旱的发生严重威胁着村庄供水安全。本章以村镇供用水作为研究对象，针对影响村镇供用水的主要因素，提出适宜的分级分类并确立相应指标，以促进村镇供水事业发展、提高村镇抵御干旱能力。

二、干旱指标

干旱问题十分复杂，涉及面广，由于研究服务使用对象的不同，目前还没有一个可以被普遍接受的干旱定义。《水文基本术语和符号标准》（GB/T 50095-98）定义干旱指由于降水稀少等自然因素以及人为原因，对农业、工业、畜牧业、生活及环境等正常用水，造成缺水以致受害的现象。干旱的影响因素包括气象、水文、地质地貌、人类活动等多方面，据统计目前有150多种干旱定义。虽然各种定义的表述不尽相同，但这些定义中都包含有干旱的核心内容——水分缺乏，实际上每个定义都与某一种活动或某一科学分支相关联。美国气象学会（AMS 1997）将干旱定义和类型分为4类：气象干旱或气候干旱、农业干旱、水文干旱及社会经济干旱。目前这一分类在世界范围内被普遍接受，我国在长期的干旱研究探索及抗旱减灾实践中，被普遍接受的干旱分类也是如此。

（一）气象干旱

气象干旱指某时段由于蒸发量和降雨量的收支不平衡，水分支出大于水分收入而造成的水分短缺现象。主要研究天气的干、湿程度，与研究区域的气候变化特征紧密相关。

《气象干旱等级》（GB 20481−2006）中将干旱类型划分为无旱、轻旱、中旱、重旱、特旱5个级，提出了降水量距平百分率（P_a）、相对湿润度指数（M）、标准化降水指数（SPI）、土壤相对湿度（R）、默尔干旱指数（X_i）及综合干旱指数（CI）6种干旱指标及相应干旱等级划分，其中降水量距平百分率气象干旱等级划分见表5−2。

表5−2 降水量距平百分率气象干旱等级划分表 %

等级	类型	降水量距平百分率		
		月尺度	季尺度	年尺度
1	无旱	$-40 < P_a$	$-25 < P_a$	$-15 < P_a$
2	轻旱	$-60 < P_a \leqslant -40$	$-50 < P_a \leqslant -25$	$-30 < P_a \leqslant -15$
3	中旱	$-80 < P_a \leqslant -60$	$-70 < P_a \leqslant -50$	$-40 < P_a \leqslant -30$
4	重旱	$-95 < P_a \leqslant -80$	$-80 < P_a \leqslant -70$	$-45 < P_a \leqslant -40$
5	特旱	$P_a \leqslant -95$	$P_a \leqslant -80$	$P_a \leqslant -45$

（二）农业干旱

农业干旱指农作物受自然气象因素（降雨、气温 、湿度、风速）的影响，产生农田供水不足，而水利工程又不能及时供水，造成作物生长不良减产成灾甚至绝收的干旱现象。农业干旱主要与前期土壤温度、作物生长期有效降水量以及作物需水量有关。农业干旱具有复杂、多变和模糊三个特性。

农业干旱指标主要有两类：一类是以自然气象因素为主，用于划分农业干旱旱情等级的旱情指标，另一类是统计数据和影响农业干旱的综合数据为主，用于划分农业干旱灾情等的灾情指标。农业旱情指标主要有降水指标和农作物受旱指标。川渝干旱主要是季节性干旱，其降水指标和农作物受旱指标见表 5-3 和表 5-4。灾情指标是以农作物受灾面积、减产幅度等灾后统计数据表示的，它能表示旱灾危害的严重程度，见表 5-5。

表 5-3 川渝降水指标与旱情等级对照表

降水指标 \ 月份	春		夏				秋		冬	
	春旱		夏旱		伏旱		秋旱		冬干	
	3、4		5、6		7、8		9、10、11		12、1、2	
旱情等级	天数	雨量	天数	雨量	天数	雨量	天数	雨量	天数	雨量
轻旱	30	<20	20	<30	20	<35	50	<20	50	<10
中旱	40	<25	35	<40	30	<45	60	<20	60	<10
重旱	50	<30	45	<1.5	40	<1.5	70	<20	70	<10
特旱	>50	<30	>45	<1.5	>40	<1.8	>70	<20	>70	<10

表 5-4 川渝农作物受旱指标与旱情等级对照表

$K=P/ET_c$（湿润指数形式）

降水指标 \ 月份 / 旱情等级	春	夏		秋	冬
	春旱	夏旱	伏旱	秋旱	冬干
	3、4	5、6	7、8	9、10、11	12、1、2
轻旱	0.20~0.35	0.26~0.45	0.31~0.55	0.21~0.40	0.11~0.25
中旱	0.06~0.19	0.08~0.25	0.10~0.30	0.05~0.20	0.02~0.10
重旱、特旱	<0.06	<0.08	<0.10	<0.05	<0.02

$K=ET_c/P$（干燥指数形式）

降水指标 \ 月份 / 旱情等级	春	夏		秋	冬
	春旱	夏旱	伏旱	秋旱	冬干
	3、4	5、6	7、8	9、10、11	12、1、2
轻旱	5.0~3.0	4.0~2.0	3.5~1.5	5.0~2.5	9.9~4.0
中旱	16~5.1	12~4.1	10.0~3.6	20.0~5.1	50.0~10.0
重旱、特旱	>16.0	>12.0	>10.0	>20.0	>50.0

表 5-5　川渝灾情普查农业干旱灾害等级划分

划分指标 \ 旱灾程度		轻度旱灾	中等旱灾	严重旱灾
受灾面积粮食减产指标 /（kg/ 亩）	夏收作物	5~35	35~70	≥ 70
	秋收作物	10~60	60~110	≥ 110
受旱面积指标 /%		10~30	30~60	≥ 60
减产 3~5 成成灾面积指标 /%		10~40	40~70	≥ 70
减产 5~8 成成灾面积指标 /%		5~20	20~40	≥ 40
绝收面积指标 /%		1~10	10~20	≥ 20

（三）水文干旱

水文干旱是气象干旱和农业干旱的延续和发展，指在一个地区（流域）上水文循环的某些部分长期缺水，研究对象一般为河川径流、湖泊水库蓄水和地下径流，其时间尺度为月、季、年等，空间尺度至少一个流域以上；可以采用地表径流与其他因子组合成多因子指标以分析水文干旱。有关文献进一步将水文干旱分类为 6 种：①在依赖河川径流灌溉的地区，作物在芽期和生长期内，连续 3 周到 3 个月期间，河川径流量不足；②最小流量较正常情况显著减少或持续时间较长；③年径流总量明显不足；④河川的年高水位低于正常情况；⑤干旱持续达数年之久；⑥含水层有明显的自然消退现象。

（四）社会经济干旱

当干旱开始影响到一个地区的物资和服务供应时，就成为了社会经济意义上的干旱。社会经济干旱指由于经济、社会的发展需水量日益增加，以水分影响生产、消费活动等描述干旱。其指标常与一些经济商品的供需联系在一起，如建立降水、径流和粮食生产、发电量、航运、旅游效益以及生命财产损失等关系。

社会经济干旱指标主要评估由于干旱所造成的经济损失。通常拟用损失系数法，即认为航运、旅游、发电等损失系数与受旱时间、受旱天数、受旱强度等诸因素存在一种函数关系。虽然各类干旱指标可以相互借鉴引用，但其结果并非能全面反映各学科干旱问题，要根据研究的对象选择适当的指标。

第二节 干旱对村镇饮用水影响程度分级

一、分级的目的及原则

（一）分级的目的意义

我国大部分地区处东亚季风区，天气气候复杂，是世界上气候脆弱区之一，也是受气象灾害影响最严重的国家之一。干旱是我国最常见的自然灾害，伴随着全球气候变暖趋势的加剧，干旱造成的灾害频繁发生。以四川为例，虽然水资源丰富，却水旱灾害频繁，原因是降雨在时间和地区分布上不均匀，形成了四川“十年久旱”的多灾历史，干旱发生时当地村镇的饮用水得不到保证，出现饮水困难。干旱对村镇饮用水影响程度分区分级目的就是要揭示这种规律，准确反映干旱对村镇饮用水的威胁和危害，为准确制定和规划防旱减灾、保障村镇饮水安全提供科学依据。

（二）分级原则

（1）科学性原则。以村镇饮用水为研究对象，采用科学的方法及程序，依据翔实的数据，提出适宜的分类方法；分级及指标确立要充分考虑水资源自然条件、用水总量指标、经济社会发展水平和工程技术条件等。

（2）可操作性原则。分级及确立的指标应服务于抗旱应急、水资源调度与管理等工作，能够真正为应对干旱服务。

（3）一致性原则。分级及确立的指标应与其他学科分类、指标有一致性，应该与其他学科不冲突，以便于研究工作开展。

二、分级指标

影响村镇饮水安全的主要因素有水质、水量、方便程度和保证率。随着气象干旱、农业干旱、水文干旱的发生，村镇饮水安全将受到严重威胁，水量、水质和方便程度都将发生改变。干旱可能会引起河流、湖库的污染，加剧水环境恶化，水质是否达标关系到人们生命安全，水质符合国家《生活饮用水卫生标准》要求的为安全，否则不能作为饮用水源。降雨量是影响村镇供用水紧缺的主要气象因素，它的多少和分布与干旱造成村镇饮水困难密切相关。故此引入降雨、水量及方便程度 3 个指标来确定干旱对村镇饮用水影响。

1. 干旱造成供用水量短缺指标

干旱最直接的影响就是水资源的短缺，水量的减少。目前各地都制定了本区域的居民生活用水定额作为计量用水考核指标，促进节约用水，村镇最高日居民生活用水定额可参见表 5-6。对干旱造成的供用水量短缺，可引入村镇供水保障率来表示。

$$V=\frac{m}{M}\cdot 100\%$$

式中：V 为村镇供水保障率，%；m 为干旱发生时人均日平均可供水量，L/(人·d)；M 为村镇最高日居民生活用水定额，L/(人·d)，各地可参考本地区村镇居民用水定额取值，没有定额的可参考表 5-6 取值。

对于村镇供水企业可采用：

$$V_z=\frac{1000\cdot m_z}{n\cdot M}\cdot 100\%$$

式中：V_z 为村镇供水企业供水保障率，%；m_z 为村镇供水企业日平均可供水量，m^3/d；n 为村镇供水企业日供水人口，个；M 为村镇最高日居民生活用水定额，L/(人·d)，各地可参考本地区村镇居民用水定额取值，没有定额的可参考表 5-6 取值。

表 5-6　最高日居民生活用水定额　　L/(人·d)

主要用（供）水条件	一区	二区	三区	四区	五区
集中供水点取水，或水龙头入户且无洗涤池和其他卫生设施	30 ~ 40	30 ~ 45	230 ~ 50	40 ~ 55	40 ~ 70
水龙头入户，有洗涤池，其他卫生设施较少	40 ~ 60	45 ~ 65	50 ~ 70	50 ~ 75	60 ~ 100
全日供水，户内有洗涤池和部分其他卫生设施	60 ~ 80	65 ~ 85	70 ~ 90	75 ~ 95	90 ~ 140
全日供水，室内有给水、排水设施且卫生设施较齐全	80 ~ 110	85 ~ 115	90 ~ 120	95 ~ 130	120 ~ 180

注 1：本表所列用水量包括了居民散养畜禽用水量、散用汽车和拖拉机用水量、家庭小作坊生产用水量。

注 2：一区包括：新疆、西藏、青海、甘肃、宁夏，内蒙古西北部，陕西和山西两省黄土沟壑区，四川西部。

二区包括：黑龙江、吉林、辽宁，内蒙古西北部以外的地区，河北北部。

三区包括：北京、天津、山东、河南，河北北部以外的地区，陕西和山西两省黄土沟壑区以外的地区，安徽、江苏两省的北部。

四区包括：重庆、贵州、云南，四川西部以外地区，广西西北部，湖北、湖南两省的西部山区。

五区包括：上海、浙江、福建、江西、广东、海南、台湾，安徽、江苏两省北部以外的地区，广西西北部，湖北、湖南两省西部山区以外的地区。

注 3：取值时，应对各村镇居民的用水现状、用水条件、供水方式、经济条件、用水习惯、发展潜力等情况进行调查分析，并综合考虑以下情况：村庄一般比镇区低；定时供水比全日供水低；发展潜力小取较低值；制水成本高取较低值；村内有其他清洁水源便于使用时取较低值。调查分析与本表有出入时，应根据当地实际情况适当增减。

注 4：本表中的卫生设施主要指洗涤池、洗衣机、淋浴器和水冲厕所等。

注 5：本表引自《村镇供水工程技术规范》(SL310—2004)

2. 降雨指标

降雨量对村镇饮用水影响，可参照气象部门干旱分类，见表 5-2。

3. 方便程度

干旱发生对很多生活在山丘区的人们造成很大威胁，农作物受到威胁，减收甚至绝收，会遇到吃水困难，往往每天要花费大量时间去找水、挑水、拉水吃，取水不方便。取水方便程度可用时间来判定。参考水利部有关规定认为一般人为人力取水往返时间不超过 10 min 为安全。

三、干旱影响程度分级

（一）等级划分

参照气象、农业等干旱等级划分标准，将干旱对村镇饮用水影响划分为 4 级，即轻度（Ⅰ）、中度（Ⅱ）、严重（Ⅲ）和特大（Ⅳ）。

轻度（Ⅰ）：连续无降雨天数春季达 16~30 d、夏季 16~25 d、秋冬季 31~50 d，降水较常年偏少，地表空气干燥，土壤出现水分轻度不足，对农作物有轻微影响，对村镇饮用水有轻微影响。

中度（Ⅱ）：连续无降雨天数，春季达 31~45 d、夏季 26~35 d、秋冬季 51~70 d，特点为降水持续较常年偏少，土壤表面干燥，土壤出现水分不足，地表植物叶片白天有萎蔫现象，对农作物和生态环境造成一定影响，对村镇饮用水有一定影响。

严重（Ⅲ）：连续无降雨天数，春季达 46~60 d、夏季 36~45 d、秋冬季 71~90 d，特点为土壤出现水分持续严重不足，土壤出现较厚的干土层，植物萎蔫、叶片干枯，果实脱落，对农作物和生态环境造成较严重影响，对村镇人畜饮水产生较大影响；

特大（Ⅳ）：连续无降雨天数，春季在 61 d 以上、夏季在 46 d 以上、秋冬季在 91 d 以上。特点为土壤出现水分长时间严重不足，地表植物干枯、死亡，对农作物和生态环境造成严重影响，对村镇人畜饮水产生严重影响。

（二）干旱影响村镇供水等级确定

干旱影响村镇供水等级的确定，见表 5−7。需要强调是村镇供水水质首先需满足生活饮用水卫生标准。

表 5−7　干旱对村镇饮用水影响程度分级指标及旱情划分对照表

等级		Ⅰ	Ⅱ	Ⅲ	Ⅳ
影响程度		轻度	中度	严重	特大
分级指标	村镇供水保障率 /%	90~80	80~60	60~30	＜ 30
	降水量距平百分率 /%	$-50 < P_a \leqslant -25$	$-70 < P_a \leqslant -50$	$-80 < P_a \leqslant -70$	$P_a \leqslant -80$
	取水时间 /min	＜ 10	20~30	60~120	＞ 120

注：降水量距平百分率指季尺度。

参考文献

[1] http://www.weather.com.cn/static/html/article/20090203/23478.shtml.
[2] 温铁军．从西南大旱反思我国农村水利投入方式．中国合作经济．
[3] 气象干旱等级 GB/T 20481-2006.
[4] 周跃武，冯建英．美国 20 世纪干旱指标评述．干旱气象．2006，24(1):80-89.
[5] 孙荣强．干旱定义及其指标评述．灾害学．1994, 9(1):17-21.
[6] 王朝勇，孙文樵．四川（暨常重庆市）农田水分盈亏与农业干旱评估研究，四川省水利电力研究所（现四川省水利科学研究院），1999.

第六章

干旱对饮用水水质影响

回顾我国干旱和发生灾害的状况，进入21世纪，旱灾几乎每年在我国不同地方都有发生，比如2006年川渝大旱，2007年关中大旱，2009年冬春华北大旱以及2010年的西南大旱等。我国与水资源直接联系的干旱事件频率、强度确实有加大的趋势。中国历史上也时而有灾害发生，但与历史相比，全球变化背景下，现在发生水旱灾害发生的频率和强度都在逐渐增加，这个事实越来越明显。

目前，中国西南、华南和北方部分省份的旱情仍呈发展态势。云南、贵州、广西、重庆、四川5省区旱情形势非常严峻，全国1 500万人因旱饮水困难。干旱气候对农村地区产生的影响中，除了粮食和畜牧产品的减产、农牧民收入的降低外，还会产生一定的环境污染，主要有空气污染和水污染。大气降水是村镇地区淡水补给的主要来源。受干旱的影响，水资源短缺，从而意味着生命受到威胁。世界绝大部分城市在缺水的同时，每年约有4 200多亿 m^3 的污水排入江河湖海，污染了5 500亿 m^3 的水体。随着近些年经济建设的飞速发展，城乡一体化进程的加快，我国的中小城镇甚至农村地区正面临着和城市一样的环境问题。饮用水源包括地下水、河流、湖泊等污染现象较为普遍，污染情况也正变得复杂。

中国大部分地区位于东亚季风区，特殊的地理位置使中国水资源在时间和空间分布上不均匀。每当中国出现严重的高温干旱天气，自然降水减少时，一般河流来水量也会急剧减少甚至断流。河流来水减少和城市周边地区长时间干旱少雨，往往造成大面积地下水位下降，引起水质恶化和大量有害物质增加，甚至造成严重污染，从而威胁人们的生命安全。

第一节　饮用水水质相关要求

一、地表水环境质量标准

江河、湖泊、运河、渠道、水库等具有使用功能的地表水水域，依据水域环境功能和保护目标，按功能高低依次划分为五类。通常Ⅰ～Ⅲ类水质较好，可作为饮用水源；Ⅳ类为一般水质、Ⅴ类表明水质受到污染，Ⅳ、Ⅴ类水只能作为工农业用水，人体皮肤不能直接接触；Ⅴ类以上水已被严重污染，完全丧失了水环境功能。Ⅰ、Ⅱ、Ⅲ类水域可作为饮用水水源地，应满足附表3《地表水环境质量标准》(GB 3838-2002) Ⅰ、Ⅱ、Ⅲ类基本项目标准限值。

Ⅰ类：主要适用于源头水、国家自然保护区；

Ⅱ类：主要适用于集中式生活饮用水地表水源地一级保护区、珍稀水生生物栖息地、鱼虾类产卵场、仔稚幼鱼的索饵场等；

Ⅲ类：主要适用于集中式生活饮用水地表水源地二级保护区、鱼虾类越冬场、洄游通道、水产养殖区等渔业水域及游泳区。

对应上述三类水域，执行相应类别的标准值。从而达到防治水污染，保护地表水水质，保障人体健康，维护良好的生态系统的目的。

二、生活饮用水水源水质标准

根据《生活饮用水水源水质标准》（CJ 3020-93），城乡集中式生活饮用水的水源水质按照该标准进行分级、检验以及执行相应的监督。分散式生活饮用水水源的水质，参照该标准使用。生活饮用水水源水质分为两级，其两级标准的限值见附表5。

（1）一级水源水。水质良好。地下水只需消毒处理，地表水经简易净化处理（如过滤）、消毒后即可供生活饮用。

（2）二级水源水。水质受轻度污染。经常规净化处理（如絮凝、沉淀、过滤、消毒等），其水质即可达到《生活饮用水卫生标准》（GB 5749-2006）的规定，可供生活饮用。

（3）水质浓度超过二级标准限值的水源水，不宜作为生活饮用水的水源。若限于条件需加以利用时，应采用相应的净化工艺进行处理。处理后的水质应符合GB 5749规定，并取得省、市、自治区卫生厅（局）及主管部门批准。

第二节　川渝地区干旱对水质的影响

一、近年来四川省主要监测断面水质在时间上的变化

（一）四川省水系分布

全省有7个水系区，其中长江流域6个，即长江干流及部分支流水系、嘉陵江水系（又可分为嘉陵江干流水系、渠江水系、涪江水系）、岷江水系（含大渡河水系）、沱江水系、金沙江水系（含雅砻江水系）、汉江水系；黄河流域一个，即黄河水系。流域面积100 km^2以上河流有1 065条，其中流域面积在500 km^2以上的河流325余条；大于1 000 km^2以上的146条；大于10 000 km^2的河流19条。四川省绝大多数河流均属长江水系，只有川西北的白河、黑河由南向北注入黄河；黄河流域区面积为16 960 km^2，占全省幅员面积的3.5%，见图6−1。

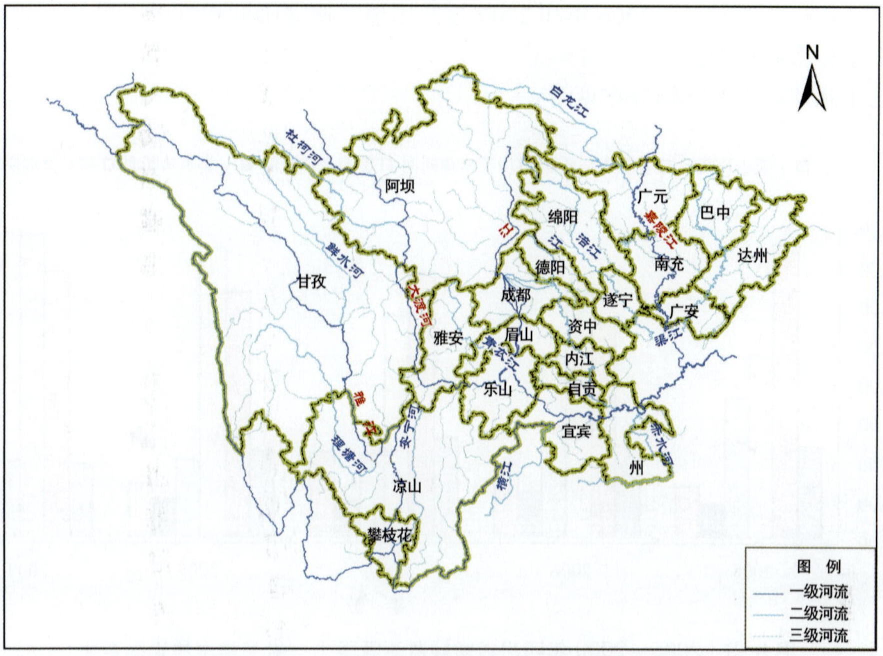

图 6-1 四川省三级以上河流水系图

（二）近年来的水质变化情况

根据四川省环保网发布的四川省环境监测系统对包括长江干流、金沙江水系、岷江水系、沱江水系、嘉陵江水系等全省重点流域，100 多个河流监测断面开展的水质月度监测得到的数据，分析 2005—2009 年四川省常规监测断面水质年际变化见图 6-2。

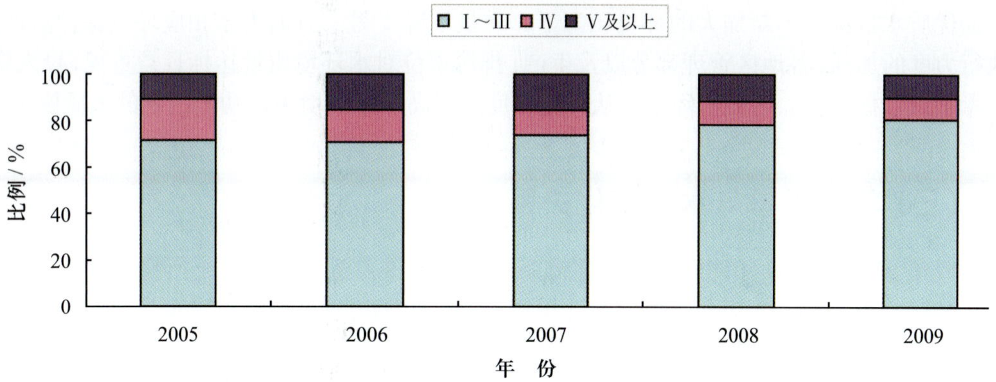

图 6-2 2005—2009 年四川省常规监测断面水质年际变化

从图 6-2 可以看出，2005—2009 年四川省常规监测断面水质变化的总体形势是向好的方向发展，Ⅰ～Ⅲ类水质占的比例从 70% 提高到 80%，Ⅳ类水质所占比例从 2005 年的 17.78% 下降到 9.62%，Ⅴ类及劣Ⅴ类水质所占比例 2005 年为 10.84%、2006 年、2007 年均为 15% 左右，2008 年、2009 年均为 10% 左右。其中，2006 年、2007 年Ⅴ类及劣Ⅴ类断面比例是最大的，而其他 3 个年份相对较低，2006 年和 2007 年四川地区遭遇不同程度的干旱，由此可以大致推断出干旱会影响水质。

各水平水质断面的比例分布见图 6−3。

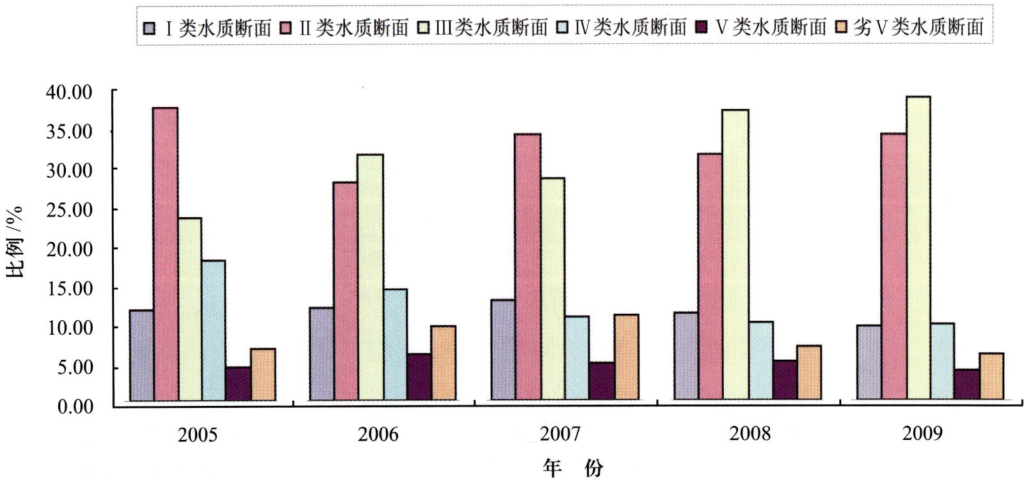

图 6−3　2005—2009 年四川省常规监测断面Ⅰ～劣Ⅴ类水质年际变化

2005—2009 年四川省常规监测断面水质变化呈现的趋势为：Ⅰ、Ⅱ类水质所占比例平稳中有向下降低的趋势，Ⅲ类水质所占比例在近几年呈现明显的增长，Ⅳ类水质所占比例逐年减少、Ⅴ类及劣Ⅴ类水质所占比例在 2006、2007 年增加，2008、2009 年又回落至 2005 年水平。

以上监测结果所反映的变化趋势，与近年来西部大开发推进下的全省经济高速发展对环境的冲击，同时西部地区环境保护投入的加大、环境管理力度的提高两方面的因素有关。一方面优质水资源在不断加大的环境压力下，质量下降；另一方面由于相应环境保护法律法规执行力度的加强，各地区管理部分以及生产、排污单位对水环境质量达标日益重视，投入资金、技术做到达标排放、达标水环境，从一定程度上提高了水环境满足功能区划的水质要求。

（三）年内干旱与水质变化关系

收集 2006—2009 年四川省环境监测系统对全省重点流域 100 多个河流监测断面开展的水质月度监测数据。并结合四川省统计年鉴上提供的四川省主要城市降水量数据，分析四川省该 4 年内，降水量与地表水水质、饮用水源地水质的变化关系。

1. 四川省气温与降水量情况

从图 6−4 可以看出，月均气温与降水量呈正相关，随着平均气温的升高，降水量增加。高温多雨月份集中在 6、7、8 月，冬春季节相对温度低、降雨量少。其中，2006 年四川省遭受了特大干旱，全年平均降水量偏低，尤其以 7 月份降雨量较少，低于 160 mm。

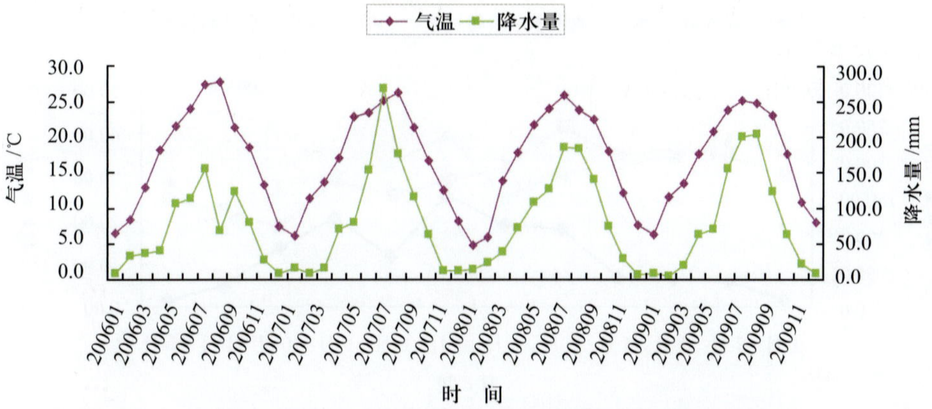

图 6-4 2006—2009 年四川省月均气温与降水量关系

2. 四川省月降水量与地表水、饮用水水质状况

从图 6-5 可以看出，四川省地表水、饮用水水质超标率与降水量呈负相关，随着降水量的上升，水质监测断面超标率呈下降趋势。从不同年度相同季度进行比较，发现季度平均降水量较多的年份，该季度水质达标状况较好。2006 年夏季大旱，7 月份降水量为 155.4 mm，远远低于 2007 年该月的 267.4 mm。考虑到干旱带来影响的持续性和滞后性，在本分析中以 2006—2008 年 7 ~ 9 月这一时间段的降水量、水质情况进行分析，结果见图 6-6。2006 年这 3 个月的平均降水量为 116.1 mm，地表水水质超标率达到 27.32%，饮用水水质超标率达到 34.55%。相比之下，2007 年、2008 年该时间段的降水量较为正常，约为 170 mm，2007 年地表水质超标率约为 21%，饮用水水质超标率约为 26%；2008 年这两项超标率分别为 17%、21%。由此，我们认为干旱是水质恶化的重要因素之一。

二、近年来重庆市主要监测断面水质在时间上的变化

（一）重庆市水系分布

重庆市位于长江上游，境内河流纵横，长江自西南向东北横贯市境，北有嘉陵江，南有乌江汇入，形成向心的、不对称的网状水系。境内流域面积大于 100 km^2 的河流有 207 条，其中流域面积大于 1 000 km^2 的河流有 40 条。重庆市三级以上河流水系图见图 6-7。

（二）近年来的水质变化情况

根据《重庆市水资源公报》，2000—2009 年重庆市主干河流长江干流、嘉陵江及主要支流涪江和渠江、乌江常规监测断面水质年际变化见图 6-8。

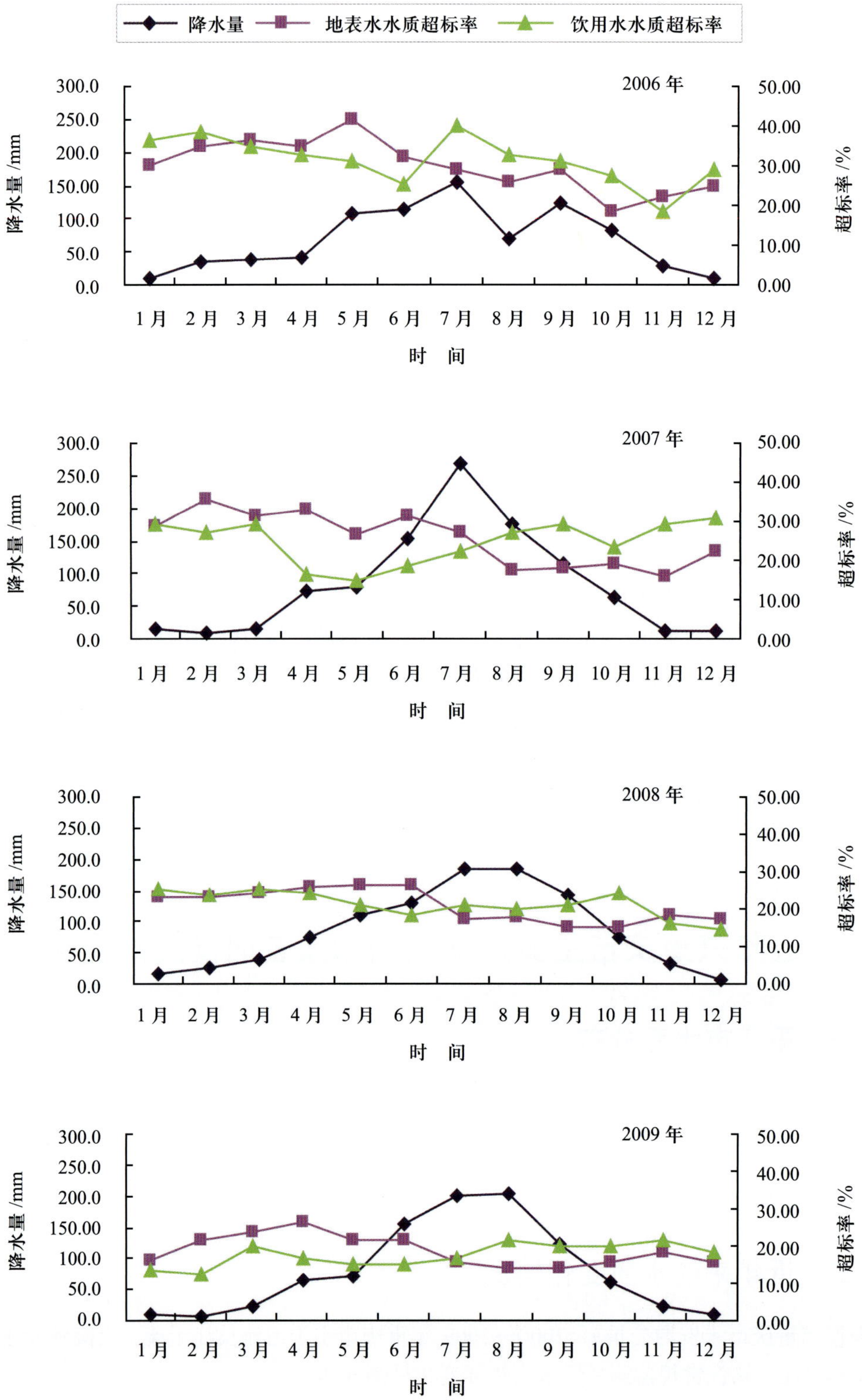

图 6–5　2006—2009 年四川省地表水、饮用水水质与降水量关系

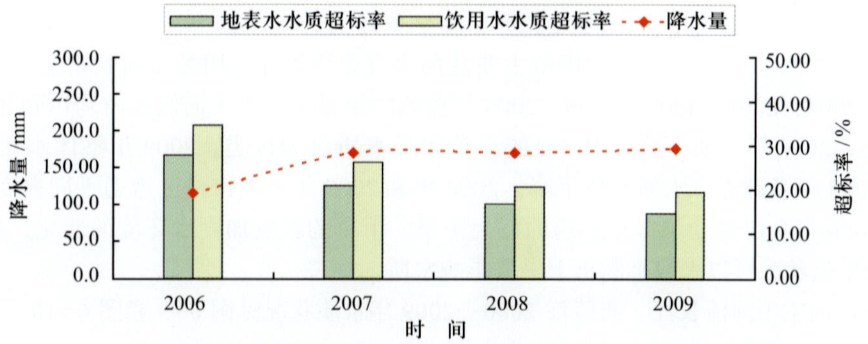

图 6–6　2006—2009 年 7 ~ 9 月四川省地表水、饮用水水质与降水量关系

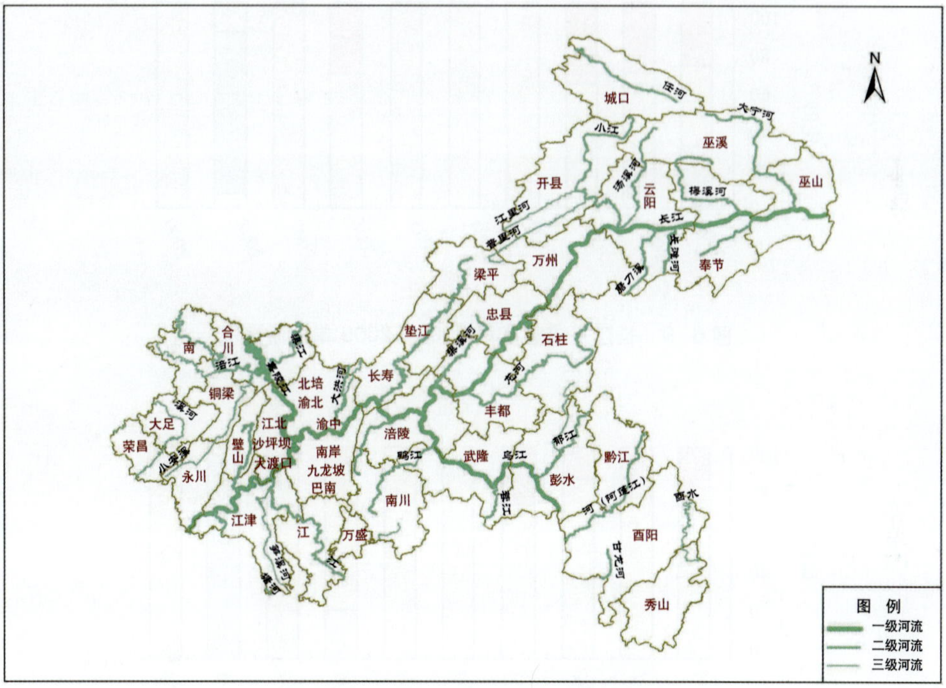

图 6–7　重庆市三级以上河流水系图

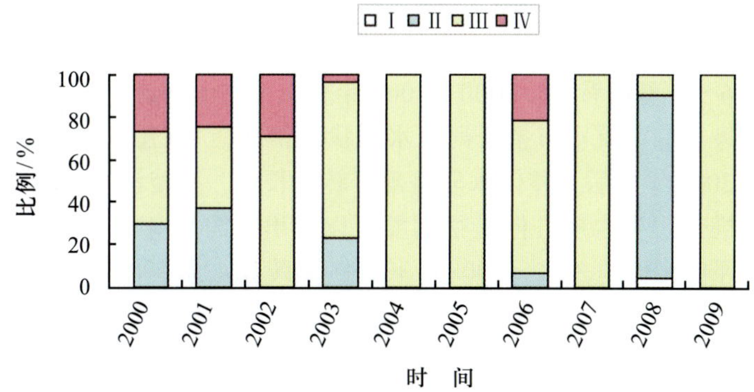

图 6–8　2000—2009 年重庆市主干河流水质年际变化

2000—2009 年重庆市主干河流水质总体呈现好的转变。其中，从 2003 年开始，水质基本满足Ⅲ类及以上，2003 年重庆市主要江河水资源质量Ⅱ、Ⅲ类水河长占总评价河长的 96.14%，2004、2005、2007、2008、2009 年监测结果显示，主干河流水质均达到Ⅱ、Ⅲ类。相比之下，2006 年水质下降，21.3% 的评价河长水质仅为Ⅳ类。2009 年整体水质为Ⅲ类，但是在 2008 年基础上，水质有所下降。2006 年和 2009 年重庆市地区遭遇不同程度的干旱，特别是 2006 年全市遭受了百年不遇的特大干旱，干旱的影响加剧水环境的恶化，根据以上的水环境质量状况可以大致推断出干旱会影响水质。

重庆市内主干河流长江、嘉陵江 2000—2009 年水质状况见图 6-9 和图 6-10。

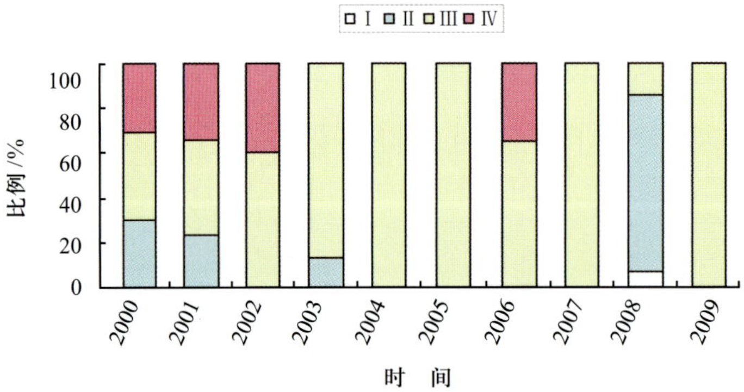

图 6-9　长江干流重庆段 2000—2009 年水质情况

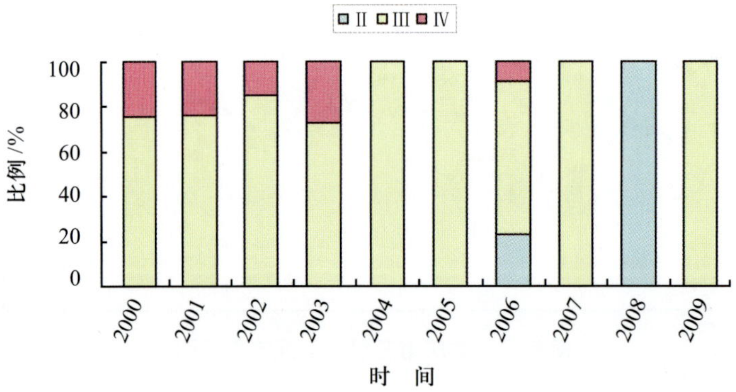

图 6-10　嘉陵江干流及主要支流重庆段 2000—2009 年水质情况

从图 6-9、图 6-10 可以看出，2000—2009 年重庆市主干河流长江、嘉陵江的监测断面水质变化呈现的趋势与整个重庆市主干河流水质状况相同，“十五”期间加强了水环境治理和管理，在 2003、2004 年之后，整体水质呈现好转。长江、嘉陵江在 2004—2009 年水质均大幅度提高，基本满足Ⅲ类水质，但是很明显可以看出，2006 年水质下降，特别是长江干流Ⅳ类水占到总的评价河长的 35%。2008 年长江、嘉陵江水质在往年基础上又有较大改善，但是 2009 年水质又出现下降。在 2006、2009 年重庆地区出现了较为严重的干旱，从而对水质造成了一定影响。

（三）重庆市 2006 年大旱对水质的影响

1. 重庆市气温与降水量情况

根据重庆市统计年鉴提供的重庆市年均气温，以及重庆市水资源公报提供的降水量、水资源量等数据，分析重庆市 2000—2009 年气温与降水量的变化关系，见图 6-11。

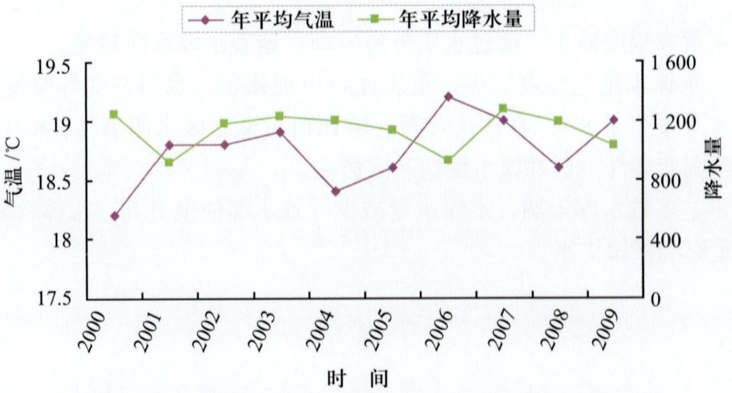

图 6-11　2000 — 2009 年重庆市气温与年降水量关系

10 年间年平均气温为 18.7℃，其中，2006 年年均温达到 19.2℃，为 10 年间最高温。10 年平均降水量为 1 131 mm，2001 年、2006 年平均降水量低于 1 000 mm。2006 年为重庆市百年不遇的干旱年。

2. 旱情概况

2006 年，重庆市遭受百年不遇的特大干旱，全市年平均降水量 929.4 mm，折合年降水量 765.866 7 亿 m^3，比上年偏少 17.83%，比多年平均降水量偏少 21.51%，属特枯年份。

全市 40 个区县受灾，其旱灾程度不仅创重庆历史之最，对于全国南方地区来说也是较为罕见的。全市大江大河出现了“洪水不洪、汛期特枯”的现象，2/3 的溪河断流，长江寸滩站、嘉陵江北碚站出现了历史同期最低水位；全市水利工程蓄水量不足正常蓄水的 1/3，近 2 000 万亩农作物受灾，近 800 万人口出现短期饮水困难。

旱情特点：一是持续时间长，大部分地区持续干旱达 90 d，部分地区超过 100 d；二是高温强度大，多数区县气温突破自 1924 年有气象记录以来最高值，其中綦江县 8 月 15 日和 9 月 1 日相继出现了 44.5℃的全市自 1870 年有资料记录以来的最高气温；三是江河来水枯竭，长江、嘉陵江、乌江来水量比历史同期偏少 3.5 ～ 6.6 成，中小河流偏少 5.7 成；四是土壤失墒快，6 ～ 9 月全市土壤平均体积含水率从 29.13% 降至 16.76%，退墒幅度达 41.79%；五是抗旱水源少，8 月底全市水利工程蓄水不足 9.5 亿 m^3，仅占应蓄水量 27.64 亿 m^3 的 33%；六是危害范围广，全市 40 个区县中除秀山、酉阳、石柱县为严重干旱外，其余 37 个区县均为特大干旱。

干旱成因：重庆地处川东伏旱区，发生高温干旱的频率较高，历来就有“十年九旱”的说法。在全球气温变暖的背景下，2005 年 7、8 月间，南亚高压与西太平洋副热带高压异常强劲，重庆受西太平洋副热带高压的控制和南亚高压的影响，北方冷空气很难进入四川盆地，南方暖湿气流也无法向盆地输入水汽，副高压系统长时间控制导致了重庆去年汛期高温、少雨，出现了罕见的特大干旱。

3. 对水质的影响

由于干旱水量大幅度减少，通过水质分析发现，地表水源水质较差。

由于干旱，水体水量大幅度减少，重庆连续出现死鱼、水质突变等突发性水污染事件，在旱情严重的 8 月发生了 8 月 30 日长寿湖上游死鱼污染库区水源事件、8 月 31 日迎龙湖水库上游来水水质突变事件，百姓饮水受到一定影响。

长时间干旱，多数水库干涸，水库水量减少导致水浑浊度升高、水体含氧量减少等水质恶化现象，严重影响城镇供水。

第三节　水源水质变化原因及趋势

干旱灾害对于水资源数量和质量的影响最为直接，发生干旱与旱灾使地表径流量大幅度减少，而河流、湖泊等地表水体的自净能力下降，地表水体污染加重，水质恶化加剧。

一、水质变化原因

1. 流量减少使得河流自净能力大大降低

干旱期间，地表径流量减少，河流、湖泊等陆地水体的纳污能力和稀释能力下降，地表水体的污染加重，水质恶化。一些中小河流因无地面径流量补给，沿途纳入城镇和乡、村企业的污水和废水，几乎成了一条污河、臭水沟，不仅影响沿岸城镇、乡村自身用水，也污染环境。在长江流域内四川省自贡市越溪河、沱江干流、成都市的府河、湖南湘江干流中下游、湖北省钟祥市的竹皮河，江西省景德镇市昌河上游，安徽省皖北的南淝河等，这些河流在干旱少雨季节，受城镇工矿企业排放废水，污染严重，水环境极端恶化。上海黄浦江由于干旱期间径流减少，污水受潮汐顶托影响，直接危及自来水厂取水口水质。20 世纪 80 年代后期，华北地区污水年排放总量达 43 亿 t，而河川年径流量仅 338 亿 m^3，污径比为 0.13，超过规定标准。京津塘地区污径比达到 0.25，一些流经城市的河流和河段情况更为严重，汾河流经太原市的 170 km 河段，半年以上的时间污径比大于 5.0，250 余天大于 1.0，其他如济南的小清河、保定的府河、唐山的陡河也都有类似情况。

2. 矿化度增高使河流、湖泊水质下降

干旱缺水还使内陆湖泊水质发生明显变化。新疆塔里木河，由于天然径流量减少，灌溉回归水增多，阿拉尔以上河段，每年接纳回归水携带的大量盐分，使塔里木河水质明显盐化。根据水文站测定，20 世纪 50 年代末期，河水矿化度都小于 1 g/L，而到 70 年代中期，枯水期矿化度增加了 5 ~ 8 倍。新疆博斯腾湖原为矿化度不超过 0.40 g/L 和水化学类型为 HCO_3-Ca 型的典型淡水湖泊；70 年代中期矿化度增至 1.42 ~ 1.50 g/L，水化学类型变为 SO_2-Na-Mg 型；80 年代初，湖区矿化度已达到 1.61 ~ 1.83 g/L，年积盐量达 45 万 t，成了微咸水湖泊。由于湖水量减少，额剂纳河的两个尾闾湖之一嘎顺诺尔湖已从咸水湖变成了盐湖，另一个索果诺尔湖则由微咸水湖变成了咸水湖。

3. 干旱造成湖泊、水库等更易形成富营养化

由于干旱缺水，湖泊生态需水量增加，湖泊有效水资源量减少。气温升高、空气干燥，也使湖泊蒸发量增加，水位急剧下降。同时，流域能够补充到湖泊里的水量显著减少或断流，使湖泊的水循环状况发生改变，导致水体中的污染物相对浓度增加，水质更易恶化，大大增加了蓝藻暴发的可能性。

4. 地表污水的侵入造成地下水水质恶化

由于地下水补给条件和氧化还原环境的改变，地表污水侵入，造成地下水水质恶化。这一情况在北方地区尤为严重。环保部门对地下水监测结果表明：北京市永定河地区主要污染物酚、氨氮、硝酸盐、亚硝酸盐氮严重超标；永定河山前平原部分地区锰、铅含量分别超过饮水标准 3.6 倍和 9.02 倍。甘肃省民勤盆地由于地下水补给量减少，降低了地下水与地表水的交换作用和淡化作用，使得地下水矿化度升高。西南地区主要城市和地区地下水污染元素主要有总硬度、矿化度、亚硝酸盐、氨氮、铁和锰，其次为氟化物、硫酸物、有机酚、耗氧量和 pH 值，污染元素主要呈点状分布，超标率低。同时，干旱的发生会导致对地下水的过度抽取使用，从而造成地下水位下降，河水断流，水源枯竭，甚至造成地裂缝，地下水污染、土壤盐渍化等问题也不断显现，加剧地表水与地下水水质的进一步恶化。

二、水质变化趋势

持续性的干旱缺水造成泉水干涸，河水断流，水库入不敷出，湿地及池塘干枯，降低了自然界对水体的净化能力和水体的自净能力，引发水体污染。地下水水位下降，使地下水的补给条件和氧化还原环境改变，致使河道污水侵入，地下水水质恶化。

随着水库蓄水量的减少，水生生物快速大量生长，破坏了水体中碳酸氢盐的水解平衡，伴随生物利用水中二氧化碳进行光合作用的过程，水中氢氧根离子含量增加，氢氧根离子又使碳酸氢根的电离平衡向生成碳酸根离子方向移动，导致水中碳酸根离子浓度增大，总碱度增加，同时湖库底质盐碱土和草甸土的碳酸氢盐以及碳酸盐的平衡释放也使水体的碳酸氢盐得到外源补充。周而复始使水体的碳酸盐碱度和总碱度不断增加，pH 也逐步增高。干旱、高温、

少雨、水体表面的物理蒸发和生物蒸腾作用，水库水容量急剧减少，上述情况进一步加剧。

干旱季节，水库等水源的 pH 增高、浊度大幅度增加的现象，同时伴有局部水面水生微管束植物和藻类大量生长，出口断面水流平缓区甚至出现了大片水华和溶解氧减少的状况。干旱 - 半干旱地区地下水的蒸发强烈，地下水水质将进一步变差。

第四节　干旱对水质的影响分析

干旱发生时，降水偏少，气温升高、空气干燥使湖泊蒸发量增加，水位急剧下降，导致水体中的污染物浓度增加，水质更易恶化。下面主要从物理、化学、生物学指标进行分析：

一、干旱对物理过程水质指标的影响

（一）高温废水的热污染

干旱造成日照过长，水量减少，使水体温度升高，物理性质发生变化，危害水生物、植物的繁殖与生长，因水体的饱和溶解氧浓度与水温成反比关系，所以水温升高，水生生物的耗氧速率加快，加速了水中溶解氧的消耗，造成水生生物的窒息死亡，使水质迅速恶化；而水温每升高 10℃，化学反应速率会加快 1 倍，导致了水体中化学反应速率加快，引发水体物理化学性质的变化，使臭味加剧。

（二）废水在水体中的稀释、扩散

污染物质进入河流水体后，污染物质由于河流流速的推动沿着水流前进的方向运动，以公式表示为：

$$Q_1=Vc$$

式中：Q_1 为污染物质推流量；V 为河流流速；c 为污染物质浓度。

可以看出，河流流速越大，单位时间内通过单位面积输送的污染物质数量越多。而干旱造成了水量减少，从而河流的流速将变小，所得出输送的污染物质数量越小，导致了污染物质的浓度减小过慢。

污染物质的进入，使水流产生了浓度的差异，污染物质就会由高浓度处向低浓度处迁移，以公式表示为：

$$Q_2=-K\frac{\mathrm{d}c}{\mathrm{d}x}$$

式中：Q_2 为污染物质扩散量；$\frac{dc}{dx}$为单位路程长度上的浓度变化值；K 为扩散系数。

可以看出，浓度差异越大，单位时间内通过单位面积扩散的污染物质的量也越多，由于上述稀释过程已阐明污染物浓度的减小过慢，那么扩散量减小也过慢。

二、干旱对化学过程水质指标的影响

（一）酸碱及无机盐污染

水体中存在的地表矿物质（如石灰石、白云石、硅石）以及游离二氧化碳、碳酸盐碱度等，对排入的酸、碱有一定的缓冲能力，互相中和产生无机盐类，无机盐污染会使水体硬度增加，使透光性减弱，影响水生生物的光合作用而使水体自净减弱；无机盐类产生的悬浮固体的可沉固体，沉积于河底，造成底泥积累与腐化，使水体水质恶化。

（二）水盐耦合关系

水质的状况及水化学的构成是水盐耦合关系的最明显标志。在干旱地区，水资源紧缺，大气降雨稀少，地表径流几乎不存在，水分的补给来源主要靠地下水的渗流。干旱的气候常常造成强烈蒸发，使水域的盐分不断浓缩，导致了矿化度升高；同时也使系统土壤中的盐分不断向地表聚积形成盐结皮。

干旱区的河流，在没有受到人类活动干扰时，一般随着流程的增加，水量递减，加之河水蒸发和浓缩，矿化度逐渐升高；低洼地区周围较高的地貌部位，在太阳辐射和风的作用下，土壤温度升高，土壤水分迅速蒸发，在温度梯度和湿度梯度作用下，低洼处的水携带盐分向周围迁移。水去盐留，形成盐分的强烈表聚，加重低洼地区土壤盐渍化。

（三）pH 增高

（1）水生植物在日照充足的高温水体表面大量繁殖是造成湖库水质 pH 增高的主要原因。在碱性水体中和外部无 CO_2 来源的情况下，水生植物使水库水中部分无机碳转化为有机碳；

（2）水生植物快速生长使水库水体中 $H_2O+HCO_3^- \rightleftharpoons H_2CO_3+OH^-$ 的盐类水解平衡被破坏，随着生物体对水中 CO_2 利用的增加，[OH^-] 瞬间增大，之后 OH^- 又打破了 $HCO_3^- \rightleftharpoons H^++CO_3^{2-}$ 的电离平衡，致使水中 HCO_3^- 转化成 CO_3^{2-}，使水库碳酸盐碱度增加。

（3）伴随着水中 HCO_3^- 水解和电离双向转化的过程，水中 HCO_3^- 浓度减少，也加速了水库底质草甸土的碳酸氢盐和碳酸盐的平衡释放，也使水体中的碳酸氢盐得到了一定的补充，这种自然修复和短期供给，在水生生物快速生长的状况下，远远小于 HCO_3^- 水解和电离双向利用，短期内难以缓解碳酸氢盐浓度急剧减少的情况，使水体的碳酸盐碱度和总碱度不断增加，碳酸盐和碳酸氢盐浓度之比值逐步增加，pH 值也逐步增高。干旱、高温、少雨、水体表面的物理蒸发和生物蒸腾作用，水库水容量急剧减少，上述情况也进一步加剧。

三、干旱对生物过程水质指标的影响

（一）黑臭现象

地面水黑臭，是一种能引起人们嗅觉器官多种臭感的环境污染，属于七种典型公害(大气污染、水质污染、土壤污染、噪声、振动、土地下沉、恶臭)中恶臭一类。它在视觉上辨认水体的颜色为黑色或者泛黑色，在嗅觉上辨认水体直接刺激人们的嗅觉器官。

黑臭现象机理分析：当水体遭受严重有机污染时，有机物的好氧分解使水体中耗氧速率大于复氧速率，造成水体缺氧；缺氧水体中的有机污染物与悬浮物在适当的水动力条件下，发生沉淀作用，在河床底部积累大量的沉淀物；沉淀物中的厌氧微生物大量繁殖并分解有机物产生难溶于水的有臭气体(如硫化氢、胺、氨、甲烷等，臭气逸出水面进入大气，使水体发臭。沉淀物中产生的臭气难溶于水，在其上升过程中携带泥污进入水相，使水体发黑；同时，水体缺氧导致水中的铁、锰等重金属还原，与水中的硫形成硫化亚铁等物质，致使水体发黑。

黑臭河流不仅外观难看，而且其中的恶臭物质向大气中扩散，水体中有机物质厌氧分解，死亡有机物在分解过程中会消耗水中溶解的大量氧气，导致水域呈缺氧状态，使水体中鱼类及其他水生生物以及需要氧气的微生物因缺氧而大量死亡，使河流失去资源功能，不仅危害到河流周边居民的身体健康，而且严重破坏了周围的环境景观，甚至对经济的可持续发展有着不可估量的影响。

（二）水体与周围环境中氧的交换

在一般以有机污染为主的河流中，维持河流正常生态平衡的关键因素是河水中溶解氧，因而，河流中耗氧与复氧条件变化将对河流水质变化起决定性作用。

水中复氧主要有3个来源：①水体和废水中原来含有的氧；②大气中的氧向含氧不足的水体扩散溶解；③水生植物白天通过光合作用放出氧气，溶于水中。

水中耗氧主要有3个方面：①生物化学分解耗氧；②藻类呼吸作用耗氧；③底栖动物和沉淀物的耗氧。

由于地表水受到有机物质污染的量高于它的自净能力，那么在最缺氧点的溶解氧将小于零，使河水呈现无氧状态：当溶解氧降至40%饱和度时，水质浑浊，污泥下沉或上浮，鱼类和绿藻减少、蓝绿藻蔓生、底泥中出现蠕虫；当溶解氧在40%饱和度以下乃至零，水质变灰黑，腐败情况发生，造成了上述黑臭现象的发生。

（三）水体的富营养化

水体如果受氮、磷等营养性物质污染后，水中的藻类大量繁殖，造成氮磷钾蓄积，干旱使水域面积减小、水量减少，氮磷钾含量增高，造成富营养化，使夜光藻、蓝藻类铜锈囊藻及有毒裸甲藻疯长，而呈胶质状藻覆盖水面，色呈暗红，隔绝水面与大气之间的复氧，加上藻类自身死亡与腐化，消耗溶解氧，使水体溶解氧降低；藻类堵塞鱼鳃与缺氧，造成水生生物窒息死亡，而死亡的水生生物不断沉积于水体底部，逐渐淤积，最终导致水体演变成旱地。

（四）水环境容量

水环境容量就是一定水体在规定的环境目标下所能容纳污染物质的最大负荷量。假如某种污染物排入某地面水体，此水体的水环境容量可以用公式表示：

$$W=V(S-B)+C$$

式中：W 为某地面水体的水环境容量；V 为该地面水体的体积；S 为地面水中某污染物的环境标准；B 为地面水中某污染物的环境背景值；C 为地面水的自净能力。

干旱造成了水体水量的减少，所以 V 随着干旱的加剧不断减小；通过上述对水体的稀释、扩散和生化自净可以看出由于水量减小和污染物浓度的增大，水体对污染物的自净能力 C 减弱。V、C 减小，最终可以得出水环境容量减小，水体对污染物的承受能力变弱，水质变差。

参考文献

[1] 阮煜琳．中国干旱受灾人口超 2 600 万全力抗旱保饮水安全．北京：中国新闻网，2010-03-03[2010-03-03]．http://www.chinanews.com.cn/gn/news/2010/03-03/2149781.shtml.

[2] 胡巍巍，王根绪，吕玉香．近年来淮河干流区水质变化及原因分析．环境保护科学，2009，35(1):109-112.

[3] 吴绍洪，赵宗慈．气候变化和水的最新科学认知．气候变化研究进展，2009，5(3):125-133.

[4] 卫生部，发展改革委，财政部．全国重点地方病防治规划 (2004–2010 年). 2004.

[5] 国家防汛抗旱总指挥部办公室，水利部南京水文水资源研究所．中国水旱灾害．北京：中国水利水电出版社，1997.

[6] 刘蔚．干旱给环境带来了哪些影响．中国环境报，2010.

[7] 刘颖秋．干旱灾害对我国社会经济影响研究．北京：中国水利水电出版社，2005.

[8] 李钟玮，魏云慧，柳淼，等．干旱季节水库水质 pH 值增高原因探析．环境科学与管理，2007，32(2):80-83.

[9] 窦妍，侯广才，钱会，等．干旱–半干旱地区地下水水文地球化学演化规律研究．干旱区资源与环境，2010，24(3):88-62.

[10] 张自杰．排水工程（下）．北京：中国建筑工业出版社，2005:13.

[11] 蒋展鹏．环境工程学．北京：高等教育出版社，2004:9-11.

[12] 王让会，樊自立，马英杰．干旱区水域生态系统的水盐耦合关系——以新疆塔里木河流域为例．应用生态学报，2002, 13(2):206-208.

[13] 吴胜军．干旱地区包气带中水分和盐分的分布转移及其对生态环境的影响．中国地质大学，2003.

[14] 金炯，董光荣，申建友．新疆塔里木盆地的现代气候状况．干旱区资源与环境，1994, 8(3):12-21.

[15] 许艳真．松嫩平原不同盐分补给类型盐渍土的水盐运移规律研究．东北师范大学，2008.

[16] 师莉红．干旱地区河流水质问题及水污染控制系统规划研究．太原理工大学，2005.

[17] 傅国伟，程声通．水污染控制系统规划．北京：清华大学出版社，1985.

[18] 岳彩英，赵卫东，李明娜，等．达赉湖水质状况及影响因素分析．内蒙古环境科学，2008, 20(2):7-9.

[19] 尉元明，康凤琴，朱丽霞．干旱地区城市污水回用对地下水和地表水的影响．干旱区资源与环境，2003, 17(3):85-89.

[20] 李锋．重庆水文：科学监测评价 积极应对特大干旱．北京：中华人民共和国水利部，2007-04-03[2007-04-03] .http://www.mwr.gov.cn/ztpd/2007ztbd/2007nqgswgzhy/jley/20070403154554374fc9.aspx.

第七章

已有应急管理法规（预案、办法）及缺陷

干旱灾害是一种渐变过程，但一旦形成，将对当地的工农业和城乡生产生活造成巨大影响，甚至是不可估计的损失。近年来，受全球气候变暖、城镇化和大规模经济开发等因素的影响，我国干旱缺水问题日趋严重，旱灾影响范围已突破农业，向工业、城市、生态等领域扩展，严重威胁我国的粮食生产和群众饮水安全，尤其是农村饮水安全。

为有效应对干旱灾害，减少工农业生产损失，保障城乡，尤其是农村饮水安全，国务院、水利部、国家防汛抗旱总指挥部以及地方省、市、县（区）各级政府制定颁布了多项相关法律法规，指导和有效应对干旱灾害，减少旱灾所造成的损失，减轻旱灾对饮用水水量、水质和江河湖库水环境的影响，保障群众的饮用水安全。

第一节　已有抗旱应急法律法规及预案体系

国务院于 2006 年 1 月 8 日发布《国家突发公共事件总体应急预案》。总体预案将突发公共事件分为自然灾害、事故灾难、公共卫生事件、社会安全事件四类。按照各类突发公共事件的性质、严重程度、可控性和影响范围等因素，总体预案将其分为四级，即Ⅰ级（特别重大）、Ⅱ级（重大）、Ⅲ级（较大）和Ⅳ级（一般），并依次以红、橙、黄、蓝表示。干旱灾害作为自然灾害的一种属于预案实施范围。“总体预案”是全国应急预案体系的总纲，明确了各类突发公共事件分级分类和预案框架体系，规定了国务院应对特别重大突发公共事件的组织体系、工作机制等内容，是指导预防和处置各类突发公共事件的规范性文件。

2009 年 12 月 11 日，国务院办公厅印发实施《国家气象灾害应急预案》就我国范围内气象灾害防范和应对的组织体系、监测预警、应急处置、恢复与重建、应急保障、预案管理等方面做出了详细规定，对建立健全气象灾害应急响应机制，提高气象灾害防范、处置能力，最大限度地减轻或避免气象灾害造成的人员伤亡和财产损失，保障经济和社会发展，具有十分重要的意义。气象部门根据对各类气象灾害的发展态势，综合预评估分析确定预警级别。预警级别分为Ⅰ级（特别重大）、Ⅱ级（重大）、Ⅲ级（较大）、Ⅳ级（一般），分别用红、橙、黄、蓝四种颜色标示，Ⅰ级为最高级别。干旱灾害预警分为三级，最高为Ⅰ级，最低为Ⅲ级。

长期以来，我国的防汛抗旱减灾工作偏重防汛，并逐渐形成了较完善的防洪抗灾法律法规体系，而抗旱减灾工作一直处于无法可依的状态，致使抗旱工作中诸多矛盾和问题无法解

决。2006 年国务院办公厅批复印发《国家防汛抗旱应急预案》，规范了水旱灾害突发事件的防范和处置工作，使我国水旱灾害应急管理工作迈上了一个新台阶。水利部在深入调查研究的基础上，以《中华人民共和国水法》为依据，参照国家有关防灾减灾的法律法规和《国家防汛抗旱应急预案》(2006 年)、《关于加强抗旱工作的通知》(国办发〔2007〕68 号) 等文件，对全国各地多年来抗旱工作的实际情况和成功经验进行了总结和分析，同时还参考了美国、澳大利亚等国家的抗旱法规，起草了《中华人民共和国抗旱条例 (送审稿)》(简称《抗旱条例》)，2009 年 2 月国务院第 49 次常务会议审议通过了《抗旱条例》，并于 2 月 26 日颁布施行。《抗旱条例》涵盖了从旱灾预防、抗旱基础设施建设、抗旱减灾到灾后恢复的全过程，明确了各级人民政府、有关部门和单位在抗旱工作中的职责，确立了抗旱规划制度、抗旱预案制度、抗旱水量统一调度制度、紧急抗旱期抗旱物资设备征用制度、抗旱信息报送制度、抗旱信息统一发布制度等一系列重要的抗旱工作制度，完善了抗旱保障机制。这些制度和措施对规范我国的抗旱管理工作，推进依法抗旱、依法行政将发挥重要的保障作用。同时，《抗旱条例》是我国第一部专门规范抗旱工作的行政法规，其颁布施行，填补了我国抗旱立法的空白，标志着抗旱工作进入了有法可依、规范管理的新阶段，对推动我国抗旱减灾事业发展，有效预防干旱灾害，减轻其造成的损失，保障群众生活用水，协调生产和生态用水，促进经济社会又好又快发展具有重要的现实意义和深远的历史意义。

根据《抗旱条例》相关规定，各省、市、区要积极推进地方抗旱法规体系建设，抓紧抗旱预案及抗旱规划的组织、编制与实施工作，为实现科学抗旱、主动抗旱、全面抗旱夯实基础。为有效指导抗旱预案及抗旱规划的编制，统一技术标准，提高预案编制质量，国家防办于 2003 年编制印发了《抗旱预案编制导则（试行）》。2005 年在总结黑龙江、安徽等 11 个干旱预案编制试点的编制经验基础上，编制了《抗旱预案编制大纲》，并于 2006 年 2 月正式印发各地执行。水利部要求各省 (直辖市、自治区) 积极推行抗旱配套性地方法规建设，完善抗旱预案制度，抓紧编制省、市、县三级抗旱预案，形成完整的抗旱预案体系，增强预案的合理性、实用性、可操作性和权威性，将抗旱预案变成主动高效开展抗旱工作的一项常规性制度，变成有效应对干旱缺水危机、提高水利部门社会管理和公共服务能力的重要手段。

为强化抗旱减灾工作，国务院办公厅于 2007 年印发了《国务院办公厅关于加强抗旱工作的通知》(国办发 [2007]68 号)，通知中明确要求各地区应结合本地经济发展和抗旱减灾工作实际，组织编制抗旱规划，并做好与其他相关规划的衔接工作，以优化、整合各类抗旱资源，提升综合抗旱能力，避免重复建设。有关部门要加强对地方抗旱规划编制工作的组织指导。为有效落实国务院办公厅 68 号文件精神，水利部办公厅于 2008 年 9 月下发《关于开展抗旱规划编制工作的通知》(办规计函〔2008〕542 号)，并编制印发了《抗旱规划工作大纲》，在全国范围内部署开展抗旱规划编制工作。为指导和规范各地抗旱规划编制工作，统一抗旱规划编制的各项技术要求，水利水电规划设计总院根据《抗旱规划工作大纲》，制定印发了《抗旱规划技术大纲》，并在水利部、国家防办推动下开展了抗旱规划编制的相关培训，有效推动抗旱预案编制工作的全面启动和深入实施。国家防汛抗旱总指挥部在抓紧国家防汛抗旱指挥系统二期工程建设的同时，积极编制《重点地区旱情监测与分析系统工程项目建议书》，争取在十二五期间建成集旱情监测预警、分析评估功能于一体的全国抗旱指挥决策支持系统，提高抗旱指挥决策的现代化、信息化。

四川和重庆作为季节性干旱多发区，干旱严重威胁群众，尤其是农村群众的饮水安全，并使川渝的工农业生产遭受巨大损失，生态环境用水无法保障。川、渝各级政府高度重视抗旱减灾工作，在建立和完善抗旱应急法律法规及抗旱预案体系方面做了大量工作。1996年四川省人民政府第83号令颁布施行《四川省生活饮用水卫生监督管理办法》，并于2001年省人民政府第67次常务会议通过《四川省生活饮用水卫生监督管理办法（修正）》；2006年《四川省突发公共事件总体应急预案》和《四川省防汛抗旱应急预案》相继编制印发，有效指导和规范了四川省的干旱灾害防御和应急工作；2007年省水利厅编制印发了《四川省村镇供水安全应急预案》；目前《四川省抗旱预案》正在紧锣密鼓的编制过程中，四川省各市、县的抗旱预案编制工作也在有序推进中，部分市、县甚至已经完成了抗旱预案的编制工作。重庆市于2008年10月发布了《重庆市防汛抗旱条例》，但侧重于防汛。2009年重庆市气象局发布了《重庆市气候灾害应急预案》，干旱灾害与高温热浪、低温冻害并重被列为气候灾害的成因。同时，根据国务院办公厅《关于加强抗旱工作的通知》和水利部办公厅《关于开展抗旱规划编制工作的通知》精神，重庆市水利局印发了《关于开展抗旱规划编制工作的通知》（渝水〔2009〕22号），要求各区严格按照国家相关精神和技术标准开展抗旱规划报告编制工作。重庆市渝北区已于2009年编制完成《重庆市渝北区抗旱规划》，并经区第十六届人民政府第48次常务会议审议通过，重庆市渝北区人民政府办公室于9月7日印发《关于印发重庆市渝北区抗旱规划的通知》（渝北府办发〔2009〕151号）颁布执行。重庆市及其他七个下辖区的抗旱规划正在编制过程中。2010年4月重庆市疾控中心编制印发了《干旱地区生活饮用水处理与消毒技术指南》，对干旱区群众饮水安全在技术上提供保障。目前重庆市水利局正在编制《2010—2013年农村饮水安全规划》，以期解决农村饮水不安全问题，保障群众身体健康。

川渝为实现抗旱减灾，保障群众和工农业及生态用水安全而建立、完善的各项抗旱法规和预案，是国家抗旱工作在基层的延续，充实细化了相关抗旱法律法规和预案体系，使之更合理，更切合各地旱情实际，操作性和指导性更强，能根据旱情发生发展程度，适时启动抗旱预案，有效指导和规范地方的防旱抗灾工作，有力、有序、有效地应对干旱灾害，减轻灾害损失，保障群众饮水安全，并有效减轻干旱缺水造成的工农业生产损失和生态环境胁迫。

第二节 存在的缺陷

抗旱预案旨在针对一个地区出现潜在的及历史的干旱灾害时，政府部门和公众在资源配置和减轻灾害不利后果方面应采取的行动。这种对干旱灾害预先进行的“风险管理”和提前准备的有针对性的应急计划，与干旱灾害发生的“危机管理”和临时反应相比，是一项更周密有效的防旱减灾措施。在此重点针对抗旱预案进行分析。

抗旱预案（或相关的抗旱应急预案）的提前制定与应急启动，在一定程度上保证了区域群众的生活用水安全，杜绝了潜在的不稳定性因素，实现了应急预案制定的初级目的。但通过对各地应急预案的内容及启动进行分析，却发现现有预案大多存在一定的问题，在具体实施过程中会暴露出各种缺憾。通过对川渝，重点是四川部分县区现有抗旱预案的分析，预案存在的主要问题可归纳为以下几个方面。

一、预案缺失

川渝地区抗旱减灾主要存在的问题在于该区水资源时空分布不均，田高水低，过境水利用困难，降水集中，季节性强，配套水利基础设施薄弱，加之病险工程较多，工程性缺水形势严峻，对群众饮用水安全及农业抗旱构成巨大威胁。面对破坏日益严重的干旱，各级政府及专业人士积极探寻破解之道。但四川作为一西部省份，丰富的水资源和水能资源是人们对其最直观的印象之一，而季节性和区域性缺水这一严重影响当地群众正常生产生活的问题却长期被忽视，以至于各地的抗旱减灾工作长期采用以抗为主的传统管理模式，在干旱已经发生或发展到一定程度之后，才采取相应的应对措施，且各地各自为战，缺乏有效的协调与指挥，工作思路和应对方式比较被动，由此带来的抗旱专项规划缺乏，抗旱基础设施滞后，相关法律法规不健全，服务组织发展缓慢，抗旱资金投入不足，科技水平较低等问题，严重制约了四川各市、县（区）的抗旱工作的开展和救灾能力建设。为进一步提高抗旱减灾能力，积极应对日益严重的干旱灾害，最大可能地减轻旱灾损失，保障人民群众的用水安全，推动经济社会又好又快发展，编制相关抗旱专项规划是必要的和紧迫的。2003 年，为指导各地编制抗旱预案，统一有关技术标准，国家防总办公室编制印发了《抗旱预案导则（试行）》；2005 年，在黑龙江、安徽、福建、陕西 4 省及天津、秦皇岛、辽源、日照、舟山、宁波、铜川 7 市抗旱预案编制试点的相关经验基础上，国家防总办公室组织编制了《抗旱预案编制大纲》，于 2006 年 2 月印发各地执行；《国家防汛抗旱应急预案》亦经国务院批准于 2006 年 1 月发布执行。四川省防汛抗旱指挥部办公室于 2006 年 6 月制定印发了《四川省防汛抗旱应急预案》,《四川省抗旱预案》正在编制与论证过程中。多数地方政府部门针对本地的干旱特点及供需水状况组织编制了各自的相关防汛抗旱应急预案或抗旱预案。这些预案在四川省各地近年来应对干旱灾害工作中都发挥了重要作用。实践证明，按照抗旱预案开展抗旱减灾工作，与干旱灾害发生时采取临时措施相比，措施的针对性更强，减灾效果更明显，有效推动抗旱减灾工作由被动向主动，由单一向全面转变。

虽然相关抗旱预案等专项规划在各地防抗旱灾，保障群众饮水安全，推动各地工农业生产过程中发挥着巨大作用，但在调查和资料搜集过程中，仍有部分区县缺少相关规划，限制了当地抗旱组织管理工作的主动化、全面化、系统化和高效化。

二、针对性不足

当前我国各级政府部门积极采取多种措施应对干旱灾害，编制抗旱预案或相关规划是重要手段之一。根据对部分干旱应急预案的分析，其在应对持续性干旱，确保旱区群众的生活用水，促进旱区工农业生产科学合理用水，保障区域经济社会发展方面发挥了一定的作用。但根据对部分相关抗旱预案的研究与分析，结合相关专家的研究成果，部分已经编制完成的预案还存在着一定的问题，主要表现为：内容不具体，分析不深入，水资源供需计算不科学，组织管理单位及权责不明确，缺乏有效的监测预警措施，预案启动条件难以把握，应对措施针对性不强，各项应急响应措施在实际抗旱过程中得不到有效实施，可操作性差，严重影响预案的实施效果。究其原因，一是抗旱预案编制所需的基础资料缺乏，大部分地区气象资料相对比较完备，但区域水文资料以及水利工程不同时间的蓄水、用水资料相对比较缺乏，不利于预案中对本地供用水状况的深入分析；二是抗旱预案编制所需的基础技术支撑严重不足，如旱情旱灾监测预警系统建设成本较高，且技术尚不成熟，旱情旱灾等级标准研究相对滞后，区域内江河库泊水量调度、生态蓄水量保持、应急水源工程启用和管理、抗旱应急响应机制等关键问题还缺乏深入研究等，在一定程度上制约着预案的编制和执行；三是抗旱应急保障不充分，主要表现在：抗旱应急备用水源落实不力，且欠缺统筹规划与实施方案、抗旱资金及物资投入的储备及保障不足，社会各界抗旱减灾意识相对淡薄，抗旱法律法规及相关配套制度不健全，抗旱工作地方首长负责制落实不到位，相关部门统一指挥、协调配合机制不完善等，抗旱减灾在一定程度上仍是水利部门在唱独角戏，缺乏有效的协同与配合。

同时，在预案的编制、修订和审核方面也存在一定的问题。在预案编制方面，2003 年国家防办为指导各地编制抗旱预案，统一有关技术标准而编制印发了《抗旱预案导则（试行）》，2005 年对其进行了改进与完善，编制了《抗旱预案编制大纲》，并于 2006 年 2 月印发执行。但根据对相关区县抗旱预案的分析，部分预案编制时间在 2006 年 2 月以后，但仍然按照《抗旱预案导则（试行）》的相关技术标准进行编制，而非采用新印发的《抗旱预案编制大纲》的相关技术标准。在预案的修订方面，为体现预案的时效性和对可能发生的抗旱工作的指导性，抗旱预案需要不断地进行修订，但现有部分抗旱预案，编制时间比较早，间隔五六年，其中的内容未进行修订，用其进行抗旱指导，可操作性差，无法充分发挥预案的功能。在预案的审核、审批过程中，需要严格规章制度，明确审核审批权责，实行问责制，严把预案编制质量关，防止上述不符合规定的预案通过后即束之高阁，劳民伤财。

另外，根据国家防办制定印发的《抗旱预案编制大纲》，预案的编制要体现以人为本这一基本原则。以人为本在抗御旱灾过程中首先体现为保证人畜饮水安全，尤其是保证农村饮水安全，这也是社会主义新农村建设的核心之一。农村饮水困难是川渝地区的主要问题之一，主要包括水量不足、水质不达标、用水不方便及水源保证率不达标等问题。根据对川渝地区 2010 年春季干旱的调研，由于 2009 年的秋旱和冬干，2010 年初春川渝两地的农村饮水安全形势因干旱而变得更加严重。一是长达半年无有效降水，个别地区无有效降水持续时间超过 200 d，众多中小型水库、山塘、水窖干涸，山泉枯竭，用来集雨净化后饮用的小水窖无雨可集，原来的集中或分散供水水源水量减少甚至干涸；二是水量减少致使水源水质降低，直饮将威胁用户的身体健康和生命安全，而处理后饮用，因原水水质降低，原水处理难度提高，处理成本增加，给当地群众增加一定的经济负担；同时，水源减少致使当地水体纳污能力下降，水环境恶化，也对当地的农村饮水安全构成新的威胁。根据国家防总数据，在旱情最为严重的 2010 年 4 月初，西南五省区共有 2 088 万人、1 368 万头大牲畜发生因旱临时饮水困难。因而，在应对旱灾的过程中，要体现以人为本原则，首先要保障群众的饮用水安全。根据对部分抗旱预案及相关规划的分析，以人为本被明确列为抗旱规划编制的工作原则之一，但预案的内容却未能体现这一基本指导原则，而是一味强调农业用水的保证与维持，没有规定在何种状况下启动相应预案，以及采取何种措施保障农村的人畜饮水安全。

三、组织缺陷

旱情旱灾的发生是一个渐变的过程，由小到大，由轻到重，需要根据不同时段的旱情变化情况及成灾程度，采取相应的抗旱措施。抗旱工作是一个系统工程，需要在政府协调下，统一行动。根据《中华人民共和国抗旱条例》："抗旱工作实行各级人民政府行政首长负责制，统一指挥、部门协作、分级负责"。根据对现有的搜集到的抗旱规划的分析，发现其组织管理主要存在以下问题：①分工不明确。部分市、区的抗旱组织机构的建设与分工不明确，只是指明由当地政府负责抗旱行动的组织与指挥工作，但没有明确市政府具体的负责人和负责日常工作的具体人选或办事机构。②协同性不强。很多县区成立了由各个相关单位组成的抗旱领导小组，但大部分部门将抗旱视为水利部门之事，未能按照相关要求落实抗旱预案的规划编制和物资准备等工作，各个参加单位只有水利局制定相应的抗旱规划，而其他部门只是起到协同作用，规划分工不明确，协同合作机制不顺畅，不利于工作的顺利开展。③专业技术人才缺乏。绝大部分地市缺少旱情监测、预警、节水、水资源调配等相关专业的专业人员，对于旱情的监测和预报缺乏研究，多根据以前积累的工作经验采取相应的措施，但针对一些突发性的、或者是不同于往年的干旱灾害，缺少相应的应对措施。

另外，根据对各抗旱规划的分析，普遍缺少直观的干旱评价指标因子，导致抗旱预案的启动时机、启动级别缺乏有效的确定方法，延误有利的预案启动时机。应急预案的启动时间应该与区域干旱预测预警相结合，根据相关的干旱预警，及早启动预案，做好相关准备工作。而不能等到干旱集中爆发之后，才启动预案。因为灾害集中爆发表示区域现有可利用水资源已经告罄，只能通过调水、找水、送水和外出运水等方式解决用水短缺问题，造成被动抗旱，不但耗费大量的人力、物力，而且成效不显著。如果根据相关预报，及早启动抗旱预警系统，对现有可利用水资源进行科学调配，高效利用，可有效减少抗旱的成本，提高其成效。

四、认识缺陷

干旱的防、抗与水利工作密切相关。近年来自上而下各级政府部门都对防洪抗汛工作给予了高度重视，江河湖库的防汛力度不断加大，但对于抗旱的重要性，旱情的危害性和严重性还没有完全认识到位，对干旱预防和抵御工作与水利基础设施建设、水利管理等工作之间的关系认识不深入，致使抗旱减灾工作与水利日常工作脱节。主要体现在以下几个方面：

(1) 重抗轻防。各地的抗旱规划普遍关注的是根据不同的旱情启动不同的应急解决措施，对抗旱规划的编制目的及"以防为主，防抗结合，防重于抗，抗重于救"的编制原则认识不到位，一味强调抗旱救灾，而忽视了防灾的重要作用。这种认识的存在，导致灾情发生时，大量资金被安排用来进行应急救灾和各种水利工程的修建，但灾情一过，或风调雨顺时，各级部门则对水利工程建设有所懈怠，工程建设资金也明显不足，因而，对干旱灾害以防为主，防重于抗认识不足，导致干旱防治缺乏稳定有效的长期投入机制。

基于防抗结合，以防为主的指导原则，在各地的抗旱规划中，要强化旱情信息监测与报告制度，并针对可能发生的不同程度的干旱，确定相应的防范措施。在此过程中，一方面要加强研究，提取对干旱灾害具有指示性、预见性且简单实用的敏感指标，并结合当地的气象预报和水利工程蓄供水状况，完善干旱预测评价指标体系，提升地方相关单位对于干旱的预测能力；另一方面各地政府及水务部门要强化认识，根据各地特点，整修水利，除病去险，提高当地可利用水资源的蓄、提、调、供能力，加强水利基础设施建设，增强抵御极端干旱灾害的能力；同时，针对农村小水利投资不足问题，一方面要稳定农业基础设施投资渠道，适当增加小农水投资；另一方面针对农村小水利投资渠道单一，资金不足问题，积极引进市场融资机制，通过政府资金引导，引入社会闲散资金弥补小农水建设资金不足问题，同时，要完善农村及农民投资小水利的权利和利益保障机制，通过政策引导和利益激励，使农村集体或农民单户在农田水利建设投资中获益，提高其积极性和主动性。另外，针对农村小水利责任主体不清、管理维护差等，一方面要与投入保障机制相结合，明确其投资主体和利益回报方，使投资者拥有相应工程的建设、管理和受益权利；另一方面要强化农村涉水工程，尤其是小农水工程的管理工作，明确小水利工程的责任主体，使责任主体在从工程中受益的同时，负有管理维护小农水工程的责任，利责联动，从而调动其建设、管理与维护小农水工程的积极性。

（2）节水意识有待提高。四川是水资源大省，根据《2009 年四川省水资源公报》，四川省 2009 年水资源总量为 2 331.16 亿 m^3，人均水资源量为 2 591 m^3，在全国各省均居于前列。但由于四川省降水分布不均致使四川省的人均水资源量地区分布不均：2009 年西部人均水资源量 17 558 m^3，东部人均 1 179 m^3，加之季节性干旱问题严重，致使四川的水资源分布具有时空不均的特点。但四川省的用水量却不断增长：2009 年全省总供用水量 223.46 亿 m^3，比 2008 年增加 15.83 亿 m^3，其中西部地区增加 3.57 亿 m^3，东部地区增加 12.26 亿 m^3，致使人均水资源量严重不足的东部地区缺水情势更趋严重。在水资源总量有限且分布不均的情况下，节水是提高水资源利用效率和效益的最直接、最有效的方法，也是实行最严格的水资源管理制度的重要内容。当前，鉴于节水工作存在的投入高、效益低，同时缺乏有效的政策法规明确并保证节水主体应享有的节水效益，致使管水者和用水者皆缺乏爱水、节水的积极性和主动性，社会整体对节水的认识不深，节水工作推进不畅。

从防旱减灾和水资源保护利用的角度出发，一要大力宣传节水、爱水和高效用水理念，推动节水型社会建设，将节水与抗旱有机结合，通过在日常生产生活中有效节水，提高水资源利用率，减少水资源浪费；二要加强喷灌、滴灌、渗灌等抗旱节水技术的研发与推广，加大节水工程的建设力度；同时要通过培育抗旱品种，探索新的农耕农艺措施，推广旱作农业技术，不断改进耕作制度，促进川渝干旱地区农业种植结构调整，推广“以旱制旱”，使农作物生长的关键期能够避开干旱，提高作物自身抵御干旱灾害的能力，取得了良好成效。通过上述措施，有效提高区域水资源有效利用率，减少水资源短缺数量，在一定程度上缓解潜在的干旱灾害对当地生产、生活及生态造成的威胁，从而有效保障农村饮水安全。

五、水资源的统一调配和管理缺陷

根据《干旱条例》，干旱期间的用水管理，县级以上地方人民政府按照统一调度、保证重点、兼顾一般的原则对水源进行调配，优先保障城乡居民生活用水，合理安排生产和生态用水；

县级以上人民政府防汛抗旱指挥机构或流域防汛抗旱指挥机构可以按照批准的抗旱预案，制订应急水量调度实施方案，统一调度辖区内的水库、水电站、闸坝、湖泊等所蓄的水量；有关地方人民政府、单位和个人必须服从统调度和指挥，严格执行调度指令。

当前，川渝两省市旱区农村以村级集中供水或分散供水为主，村级集中供水站和农户分散用水具有一定的自发性，目前对农村分散式用水，以及对部分村级集中供水还缺乏有效的约束机制，管理力度不足；同时，农村水利基础设施建设不足，骨干水利工程缺乏，水利工程间缺少连通渠道，以及未能充分掌握现有供、蓄、引、提水工程的建设和使用状况，从而无法合理使用和调配好抗旱水源，使水资源的统一管理、联合调度流于形式。

为强化水资源的统一管理和优化调度，要充分掌握受灾地区的供、蓄、引、提水工程的建设和使用状况，有效提高抗旱水源的利用效率和效益。要依照“优水优用、低水低用、人畜分用、旱涝保用”的原则，明确用水秩序，完善供水、用水、节水方案，强化用水管理，优先保障城乡居民生活用水，统筹工业和农业用水需求，发掘现有水利工程的供水潜力，使有限的水资源发挥最大效益。同时，灾区应根据骨干工程缺乏，水利工程间连通渠道不足等现状，根据当地水资源利用潜力，统筹规划，建设一批骨干工程以及蓄、供、引、提水工程，强化集雨节灌设施建设，提高供水的保障能力和应急抗旱能力。

六、投入缺陷

水利基础设施是农业和农村发展的重要基础，与农民的生产生活息息相关。

在20世纪50~70年代，我国为加强农业的基础地位，提高粮食增产的用水需求，在毛泽东同志的号召下，曾兴起农田水利建设热潮，全民修建水库。全国现有的8.7万多座水库中大多数源于那个时代。在当时，受经济发展程度、科学技术水平及工程施工能力等客观条件限制，加之追求规模与速度，各项工程一哄而上，缺乏系统科学的规划和设计，不少水库工程设计和施工质量先天不足。据了解，目前大约3万多座水库存在安全隐患。而根据全国人大常委会专题调研组《关于农田水利建设项目实施情况的调研报告》，由于国家财政投入不足，多数水利设施老化失修，大型灌区工程设施完好率不足50%，中小型灌区工程设施完好率不足40%。绝大多数泵站的灌排能力达不到设计标准，有的只有设计标准的40%左右，有的完全失去了灌排功能，全国大型泵站中急需改造的比例高达85%以上。我国农田有效灌溉面积占农田面积的48%，有一半以上的农田得不到有效灌溉，依然“靠天吃饭”，而由于资金不足，农村安全供水设施普遍存在设计标准偏低等问题，农民的饮用水安全亦得不到有效保障。

农村水利基础设施建设所需资金投入较大。地方政府财力有限，无法支撑巨额的基础设施建设投资，甚至部分县区由于资金紧张，即使是财政配套资金都难以落实到位，因而当前的工程建设资金主要依靠国家支持。近年来，由于国家大力加快能源基地建设的方针和地方政府过分强调GDP，致使水利工程建设资金虽然较多，但大多用在水电工程建设上，而对于投入大，产出小的农田水利工程的投入却严重不足，形成巨额历史欠债。当前，国家经济快速发展，将民生问题列为亟待解决的重要问题之一，从而关注农村发展，对农村稳定、农业发展及农民增收投入巨大的人力和物力，农村水利投资额度也大幅度增加。但相对于多年形成的历史性欠债，以及水利发展所需的巨额投入，国家投入资金严重不足。尤其是农民以工代赈制度的取消，使得水利工程建设成本投入加大，加之物价上涨，农村劳动力不足，建设资金不足问题更趋严重。2010 年西南五省（市、区）的严重干旱一方面是该区域的降水量严重偏少，致使该区域对雨水依赖性较强的生活和生产习惯面临极端气候造成的危害，同时，也体现出该区域应对天灾，保障农村供水和农业生产安全的基础设施还不能满足区域经济社会平稳发展的要求。暴露出的水利基础设施薄弱问题，主要体现在四个方面，一是骨干水源工程少，工程性缺水问题依然严重。仍有部分县没有中型以上水库，甚至没有小 I 型以上水库；二是城乡饮水安全问题仍然比较突出，这五省（市、区）的农村饮水安全问题尚未有效解决；三是农田灌溉设施薄弱，抗旱能力低；四是抗旱规划滞后，抗旱应急水源工程十分缺乏。其成因有三：一是西南区的地形地貌，致使水资源开发难度大，大型骨干控制性工程较少；二是小型水源工程建设标准普遍较低，调节能力较弱，遇类似 2010 年春的特大干旱年份，供水安全无法保障；三是历史性欠账较多，现有水利工程，特别是小型水库，病险问题比较突出，难以充分发挥作用。另外，资金不足，缺少稳定的投入增长机制，也是上述问题出现的重要原因。

综上，为强化川渝两省（市）干旱应对能力，保障旱区农业生产和农村生活用水安全，需要从工程与非工程抗旱措施两方面强化抗旱能力。建立健全抗旱预案及相关应急规章制度，形成完备的抗旱管理体系，是非工程抗旱措施的重要内容，也可有效深化对旱灾的认识，提升抗旱能力，实现由传统的被动抗旱、单一抗旱向主动抗旱、防抗结合、全面抗旱的转变；抗旱预案及应急规章制度体系的建立，在推动我国抗旱工作制度化、标准化的同时，可有效提升抗旱工作理念，实现从“危机管理”向“风险管理与常态管理相结合”转变、从“短时应急管理”向“长 - 中 - 短时相结合管理”转变、从“有限目标管理”向“全过程综合管理相结合”转变；同时可促进包括风险管理、监测评估及预警预报、应急调度管理（包括工程措施和调度技术）等干旱综合应对的能力建设，建立健全适合我国国情的干旱综合应对技术与标准体系。

参考文献

[1] 陈雷．学习贯彻抗旱条例，促进抗旱事业发展．中国防汛抗旱，2009.2:1-3.

[2] 刘学峰，万群志，吕娟．对全面推行抗旱预案制度的思考．中国水利，2009.6:22-24.

[3] 农业抗旱要狠抓三大环节．中国水利报，2010.4.15.

[4] 王小军．应对西南干旱的思考．中国水利，2010.7:11-13.

[5] 全国人大常委会专题调研组，《关于农田水利建设项目实施情况的调研报告》．中国人大网，www.npc.gov.cn. 2009-10-28.

[6] 胡争上．立足当前，着眼长远，做好长期抗旱思想准备工作．中国水利报．2010.4.15.

[7] 中国大坝协会．建设节约型社会，加大病险水库治理力度．http://www.chincold.org.cn/. 2005.11.11.

第八章

已有应急保障措施、问题与建议

应急保障措施分工程措施和非工程措施两大类。工程措施包括新建抗旱应急（备用）水源工程、现有抗旱应急（备用）工程配套及维修改造、应急供水调度工程及配套设施三大类，具体有水库供水、应急调水、打井、拉水送水、人背畜驮、寻找新水源等形式；非工程措施包括思想保障、组织保障、人员保障、资金保障、政策保障、技术保障等。工程措施和非工程措施相辅相成，缺一不可。西南特大旱情发生后，各级党委、政府迅速行动起来，采取了多种应急保障措施。经过各方面的艰苦努力，抗旱工作取得了阶段性成果。截至4月19日统计，2010年以来西南受旱五省（区、市）已累计投入劳力3 160万人、抗旱机动设备127万台套、运水车50万辆次，完成抗旱浇地4 166万亩，保障了1 770万因旱饮水困难群众的饮水安全。其中，利用水库供水解决了308万人，通过实施应急调水解决了206万人，通过打井开采地下水解决了121万人，通过拉水送水解决了515万人，通过人背畜驮、寻找新水源等其他措施解决了620万人。总体来看，西南五省（区、市）旱情虽重，但应对有力，旱区没有一名群众没水喝，社会秩序稳定。旱情结束后再反过来看看抗旱过程中我们采取的应急保障措施，冷静地总结一下这些措施的得与失，对今后的抗旱工作必然有所帮助。

第一节　采取的应急保障措施

一、工程措施

抗旱应急（备用）水源工程是指在遇到中度、严重或特大干旱时，为解决常规水源工程无法保证受旱地区城乡居民饮水，以及重点工业、农业和生态核心区基本用水而建设的水源工程及配套工程。国家防总和水利部组织指导西南五省（区、市）广辟抗旱水源，新建抗旱水源井1.8万眼、抗旱应急调水工程4 307处、五小水利工程7万处、铺设输水管线2万km以上。

1. 新建抗旱应急（备用）水源工程

（1）地表水源工程。包括水库和引、提水工程以及调水工程，一般在常规情形下有其特定的供水对象，而在遇到重大干旱等情况时，则转变其供水性质和供水对象，作为应急水源保障城乡居民生活用水和农村人畜饮水基本用水需求。

（2）地下水源工程。主要包括地下水井，又分浅层地下水井和深层地下水井。

（3）小型和微型水利工程。主要指塘坝、水堰、水池、水窖、水柜等。

（4）非常规水源工程。主要包括集雨工程、污水处理再利用、微咸水利用和海水利用等。

（5）其他设施。指坐水种、抗旱水箱以及移动应急抗旱设施（如移动提灌设备和流动送水车）等。

2. 现有抗旱应急（备用）工程配套及维修改造

针对已建的重点城乡饮用水水源工程在长期运行中出现的老化失修、标准降低等问题，进行维修配套、更新改造、提高标准。主要包括：①对单一水源作为抗旱应急（备用）水源配套输水设施；②供水系统联网，包括互为备用水源，供水配套设施；③塘坝等小微型蓄水工程清淤扩建、整修配套；④其他已有抗旱应急（备用）水源工程的维修改造等。

3. 应急供水调度工程及配套设施

主要是指为了保证干旱严重地区城乡生活、生产及生态用水基本需求，而紧急进行的跨区域或者跨流域水量调度的过程等。

二、非工程措施

1. 组织保障

2010 年西南旱情发生后，胡锦涛总书记多次作出重要指示，要求有关地方党委、政府和国务院有关部门以及解放军、武警部队加大工作力度，解决好旱区居民的饮水困难问题，努力减少灾害损失。温家宝总理亲赴广西、云南、贵州等重旱区指导抗旱救灾工作，看望慰问灾区群众，强调要把抗旱工作摆到当前工作的重要位置，把优先解决群众饮水问题作为当前最为迫切的任务，摆在抗旱救灾工作的第一位，想尽一切办法，不惜任何代价，尽快缓解人畜饮水困难，绝不能让一名群众没有水喝。要在确保群众饮水安全的前提下，扎实做好春耕备耕工作，努力夺取今年农业丰收。同时，强调要从长计议，实行治本之策，大力加强水利设施建设，从根本上增强抗御自然灾害能力。回良玉副总理也赶赴云南省检查指导抗旱工作，并主持召开国务院西南地区抗旱和冬麦区抗低温工作专题会议，要求进一步采取有力措施，坚决打好抗旱救灾这场硬仗，强调做到四个确保：一是确保城乡居民饮水安全。要对旱区的缺水状况进行全面摸底排查，区别不同情况，制定和落实供水保障措施。保障居民饮水责任重于泰山，方案要做细，工作要做实，不能出现任何纰漏。二是确保灾区群众基本生活。三是确保把灾害损失减轻到最低程度。四是确保不出现重特大森林火灾和重大人员伤亡。

国家防总、水利部全力以赴，加强指导。面对极为严重的特大旱情，国家防总、水利部举全部之力、全系统之力、全行业之力，全力以赴开展抗旱减灾工作。多次召开抗旱会商会，及时对旱情进行分析会商，落实各项抗旱举措。国家防总及时启动应急响应，并根据旱情发展适时将抗旱应急响应等级提升至Ⅱ级。旱情发生后，及时派出 37 个工作组和专家组赴西南重旱区和北方冬麦区指导抗旱工作。组织北京、天津、上海、江苏、浙江、安徽、福建、山东、湖北、广东等 10 省（市）防汛抗旱指挥部、水利厅局无偿对口支援云南、贵州、广西等重旱地区，调集送水车 96 辆、水泵 1 360 台、发电机 239 套、净水药剂 20 万片以及抗旱设备购置资金支援灾区抗旱。

中央和国务院有关部门积极配合，合力抗旱。国家发展改革委员会提前下达农村饮水安全工程、大中型水库除险加固项目年度投资，保障抗旱煤电油的运输和供应。财政部及时下达抗旱救灾和小型农田水利建设重点县资金。民政部及时启动应急响应，全力做好旱区救灾和困难群众救助工作。国土资源部派出由部领导带队的工作组和地质勘探专业队伍深入旱区，协助地方找水打井。交通运输部、铁道部及时作出安排部署，保障抗旱物资运输。农业部加强旱区农资供应保障、调剂调运和农业生产技术指导。卫生部加强饮用水安全卫生管理和肠道传染病防控工作，向旱区派出医疗防疫队伍。林业局及时下拨专项资金，增调灭火设备，全力做好森林防火各项工作。中国气象局加强旱区气象监测预报，及时组织人工降雨作业。中宣部对新闻宣传作出安排，新闻媒体广泛宣传旱区各级党委、政府和基层干部群众抗旱救灾行动，在全社会营造良好抗旱氛围。解放军、武警官兵、民兵预备役及时出动兵力、车辆，开沟挖渠，拉水送水，找水打井，人工增雨，全力支援地方抗旱减灾，为抗旱减灾做出了重要贡献。

旱区各级党委、政府和群众奋力抗灾，共渡难关。面对极为严重的特大旱情，旱区各级党委、政府把抗旱救灾保民生作为当前工作的重中之重，加强组织领导，明确职责分工，落实保障措施。云南、贵州两省及时启动抗旱Ⅰ级应急响应，广西自治区及时启动抗旱Ⅱ级应急响应。各省（区、市）党委、政府主要负责同志亲自安排部署并深入一线，坐镇指挥，组织动员广大干部群众全力以赴做好抗旱救灾工作。各省（区、市）防汛抗旱指挥部加强对抗旱工作的统一指挥和协调，组织各成员单位及有关部门全力应对。各级政府多方筹措资金，加大抗旱投入，解决城乡居民饮水困难，救助生活困难群众，抓好春耕备耕各项工作。

2. 资金保障

国家防总、水利部积极商同国家发展改革委、财政部等部门，提前下达2010年农村饮水安全、灌区改造配套、病险水库除险加固和农田水利重点县建设等资金64亿元，并向重旱区倾斜。财政部安排特大抗旱补助费和综合抗旱资金12.15亿元，加大对西南重旱省区的支持力度。水利系统广大干部职工踊跃捐款，支援灾区。各旱区采取省、市、县、乡（镇）、村结合和国家、集体、个人共同出资的模式，筹措抗旱资金。

3. 技术保障

(1)分类指导。组织旱区水利部门摸清抗旱水源现状，倒排雨季来临前人饮解困供用水计划，落实旱区人饮解困方案。同时，加强饮水解困分类指导，采取水库供水、应急调水、打井取水、拉水送水等各项应急措施，确保群众基本生活用水。对缺水场镇采取挖掘供水潜力、分片定时供水、节约用水等措施；对水源锐减场镇及供水点，组织应急水源供应，采取架设应急供水管道、安装应急泵扬水设备等措施；组织集中送水供应旱片死角，对农村孤儿、敬老院、学校、五保户、特困户、低保户等重点弱势群体优先安排，确保供给，同时建立计量用水，有偿用水制度；发放消毒药品，做好水质卫生安全工作，切实保证灾区人民群众吃上干净、卫生的水。

（2）提供技术力量和设备，找水打井。组织水利部直属勘测设计单位和科研院所的127名地下水勘探专家和近50台（套）水文地质勘探及打井设备前往重旱区找水打井，帮助解决灾区群众饮水困难。

（3）统筹水源，科学调度。按照“四先四后”原则，即“先生活、后生产，先节水、后调水，先取河道水、后用水库水，先用地表水、后用地下水”，充分利用各种水源，优化调度，强化用水管理，加大节水力度，使有限的水源发挥最大的效益。特别是加强了大中型水利水电工程应急调度，优先保障抗旱用水。

第二节　应急保障措施存在的问题

1. 社会抗旱减灾意识薄弱，主动防灾避灾能力待加强，信息公开不够

俗话说“洪灾一条线，旱灾一大片”，特大干旱所造成的损失绝不亚于一场严重的洪涝灾害。特别在经济社会快速发展的新阶段，干旱所造成的影响，与过去相比，只会有过之而无不及。从广度上来说，影响由区域性向全局性扩散；从深度上来讲，影响更具有渗透性，由单一环节向上下游扩散。但由于南方地区水资源相对丰沛，多年没有发生特大干旱，即使发生了类似2006年川渝大旱那样的严重干旱，也不像洪灾那样立即威胁人民的生命安全，旱灾也难以预防。长期以来，从领导到群众对干旱重视不够，抗旱减灾意识较为淡薄，缺乏应对抗大旱、抗长旱的充分准备，主动抗旱、积极避灾能力明显偏低。所以，这次西南大旱给人的感觉是措手不及，应对办法不多，损失惨重。甚至有的基层水利单位的同志惊慌失措，试图隐瞒旱情，不想让外界知道和宣传旱情，认为宣传旱情和旱灾会抹杀水利工作的成绩。2009年旱情发展初期大家都没有什么反应，气象部门也没有作出较准确的中长期预测。进入2010年后，气象部门分析数据后发出了严重旱情预报。农业部门反应也很快，四川农业科技人员先后深入各旱区，编写了《四川农业正遭遇少雨失墒干暖天气滞后效应之影响》、《攀西干热河谷去秋今冬天干——正在发展中的农业干旱旱情影响至深至重》、《大力推广抗旱节水农业技术，积极应对冬春干暖灾害的影响》等专题报告，向有关部门建言献策。关于干旱的前兆，四川和云南等地不尽一样。就四川来说，水利工程总体蓄水量较好。据2010年3月底统计，四川各类水利工程总蓄水量为71.14亿m^3，占计划的89.2%，比多年同期增加2.28亿m^3。但受“5.12”地震、去年冬季降雨偏少等其他因素影响，小型工程和冬囤水田蓄水较差。山平塘蓄水12.08亿m^3，占计划的81.4%。由于四川水利工程总体蓄水量较好，只是局部和小型水利工程蓄水较差，抗旱主管部门对气象部门的旱情预报和已经出现的旱情一些蛛丝马迹重视程度不够，后来意识到问题严重的时候已经有些晚了。而云南、贵州两省，2009年雨季降水提前两三个月结束，9~11月降水较常年同期少5~7成，而这3个月正是水库蓄水的关键时期。水库蓄水严重不足，随之而来的旱季到2010年5月才能结束，这就意味着后期发生严重干旱的概率是较大的。这次西南大旱从2009年秋就开始局部露头，如果我们重视干旱的前兆，思想上不麻痹反应快的话损失绝对不会这么大。这次西南大旱，水利部网站、新浪等门户网站开辟了“抗旱救灾”专题进行连续报道，公众获得的信息量比以前有了很大进步，抗旱意识、节水意识得到了一定程度的提升。但大部分网站（包括国家防总网站）4月以后就几乎没有抗旱的内容了，实际上云南、贵州、川南等的旱灾仍然在持续，四川攀枝花的旱情到6月下旬才解除。各地抗旱办的信息更是少得可怜，网上公布的各省抗旱专报的数据聊胜于无，国家防总公布的都是各省（市、区）的总数字，从研究角度想知道的分区旱情和灾情、

水质、现有水源和应急水源的基础资料等数据几乎没有。国土资源部宏伟的打井计划最后实施效果如何也没有见到后续报道，水利系统派出的打井专家组的工作也只能从《中国水利报》刊登的很少几篇专家日记中看到一点消息，大家渴望知道的抗旱井等应急水源的分布、实际出水量和解决饮水困难人数、运行管理等数据根本没有。2010 年 3 月在广西召开的非常重要的全国抗旱交流座谈会也查不到领导讲话。老百姓、外系统专业人士对这次西南大旱是天灾还是人祸，水利工程在抗旱中的地位和作用等争论非常大，可惜的是水利专业部门很少介入讨论，普通老百姓对于旱灾的认识到现在还是很糊涂。

2. 抗旱法规、组织和服务体系不健全，抗旱资金严重短缺

（1）抗旱法规和抗旱组织机构。长期以来，我国抗旱减灾工作缺少完备的法规制度体系，抗旱组织机构不健全，抗旱指挥机构、办事机构和成员单位的职责界定不清，抗旱责任制没有落到实处，专职专业人员缺乏，抗旱调度和应急管理机制不健全，影响抗旱工作指挥决策和应急处置，陷入“年年抗旱年年旱”怪圈。

（2）抗旱资金。从抗旱减灾投入来说，《抗旱条例》要求县级以上人民政府应当将抗旱经费纳入本级财政预算，根据抗旱工作需要储备必要的抗旱物资，保障抗旱减灾投入。但目前全国 31 个省（区、市）和新疆生产建设兵团，只有 12 个设立少量抗旱专项资金，总额不足 6 000 万元。抗旱资金投入严重不足，没有建立与当地经济社会发展水平相适应的抗旱投入机制，严重影响了抗旱减灾措施的有效落实。绝大多数地区没有建立抗旱物资储备，贻误抗旱时机。

（3）抗旱服务组织。缺乏对抗旱服务组织等基层抗旱力量的扶持，抗旱能力萎缩，没有形成有效的良性循环机制，整体和局部的应急抗旱能力普遍不足。

3. 抗旱预案体系不完善

抗旱预案是有效组织实施抗旱减灾工作的行动指南，全面推行和落实抗旱预案制度是实现抗旱减灾的重要措施和关键手段。近年来，各级防办积极开展了抗旱预案的编制工作，为抗旱管理和应急指挥奠定了很好的基础，在历次防抗干旱中发挥了重要作用。但总体看，现有的抗旱预案存在可操作性不强，相关措施难以落实等问题，抗旱紧急期水库、水电站的水量调度未形成有效制度，这些问题都说明了抗旱预案编制及启动实施还存在薄弱环节。

4. 抗旱基础设施不完善，水资源调控能力不足

尽管这些年病险水库除险加固、灌区节水改造等水利建设取得了明显成效，但大多只应用到危、急、重、险等骨干水利工程。目前，全国有效灌溉面积不到耕地面积的一半，并且由于田间灌溉设施老化失修和不配套，抗旱效益衰减严重，旱涝保收面积只有 4.13 亿亩。全国有 2.8 亿农村人口饮用水不安全，相当一部分城市尤其是县级城市供水体系还比较脆弱，供水保证率不高。抗旱应急备用水源缺少，难以应对严重、特大旱灾造成的供水危机，严重影响居民的正常生活。据统计，全国年均有 2 880 万人、2 275 万头牲畜因旱发生临时性饮水困难。西南地区虽然水资源相对丰沛，但降雨时空分布不均，加之受喀斯特等地质地貌限制，大中型骨干控制性水源工程和配置工程不足，配套引水设施缺乏，工程性缺水问题十分突出。此次四川旱情最严重的攀枝花和凉山州，金沙江、雅砻江、大渡河等大江大河流经其

中，水资源丰富，但两地骨干水利工程少，对天然降雨、江河水的拦蓄利用率较低。凉山州只有一座大型水库、一座中型水库，其他都是小型水库；攀枝花只有四座中型水库，其他都是小型水库和山平塘等。大中型水利工程的覆盖范围有限，小型水利工程发挥的作用小，这导致了大旱来临时没有足够的骨干水利工程抗旱保收，工程性缺水的恶果逐渐显现。另外，攀西部分小型水利工程建设时间较早，老化失修严重，蓄水能力不足，不能在抗旱中很好地发挥作用。

5. 抗旱规划缺失

从抗旱救灾的情况来看，水源工程不足是制约抗旱工作开展的重要因素，而抗旱水源的建设要以抗旱规划为依据。2009 年 2 月公布并施行的《中华人民共和国抗旱条例》第二章“旱灾预防”的第一条（总第十三条）规定：县级以上地方人民政府水行政主管部门会同同级有关部门编制本行政区域的抗旱规划，报本级人民政府批准后实施。通过编制抗旱规划，摸清我国旱情旱灾情势及变化趋势，抗旱水源工程现状、抗旱预警及指挥系统、抗旱服务组织的基本情况，从而对现有抗旱能力进行全面评估，并根据各地经济社会发展水平和水资源条件，对抗旱应急（备用）水源工程、旱情监测预警系统、抗旱指挥调度系统及抗旱减灾保障管理系统等四大体系建设进行全国统一的规划，做到有的放矢，可持续提高我国综合抗旱和应急供水能力，保障农村饮水安全、粮食安全、城市供水安全和生态环境基本用水安全。水利部部长陈雷要求：加快编制全国和地方抗旱规划，启动西南五省水源工程规划和小型水利设施建设规划编制工作。在科学规划的基础上，抓紧开工建设一批控制性骨干水利工程和中型水库等水源工程，提高水资源配置和调控能力。因地制宜兴建“五小”水利工程，加快山丘区雨水集蓄利用工程建设，提高山区蓄水供水保障能力；加强农田水利基础设施建设，完善农田灌排体系；强化旱情监测预警能力建设，完善抗旱减灾服务体系，全面提高抗旱减灾能力。但目前省级抗旱规划尚未出台，抗旱工作缺乏规划的指导。2008 年，水利部全面启动了抗旱规划编制工作，先后下发了抗旱规划工作大纲、技术大纲以及补充说明。国家防办组织水规总院、水科院、南科院三次召开全国编制工作技术经验交流及培训会议，指导各省的规划编制工作，并对陕西、湖南等抗旱规划编制工作开展较好的省份进行了专题调研。各省（区、市）水利部门高度重视，加强组织领导，落实编制单位和经费，增加人员，充实力量，全力开展规划编制工作；各省级防办积极协调，加强业务指导，保证规划质量。在有关各方的共同努力下，各省（区、市）抗旱规划编制工作已经基本完成，报部技术审查工作正在展开，抗旱规划编制工作已进入汇总阶段。在规划编制过程中，各地对抗旱规划编制技术大纲执行标准不一，报告编写质量参差不齐。

经多方协调和争取，在水利发展“十二五”规划编制任务中首次提出编制抗旱专项规划，目前，国家防办正在会同水规总院进行编制。

抗旱规划和已有的各种水利规划的关系如何？抗旱水源和常规水源如何协调管理，避免重复建设？这些问题值得我们深入探讨。

6. 抗旱科技支撑

由于对抗旱重视程度不够，目前的抗旱科技支撑力度也很弱，抗旱中有很多科学问题需要去研究解决。干旱是一个逐渐累积的过程，需要通过对气象、土壤墒情、土壤条件、不同作物的需水量、地下水条件、蓄水工程的可用水量、生活、生产和生态需水量等的综合研判来评价，相对防洪，其监测、预报、评估和预警的难度更大。人工降雨的有效性和准确性有待提高。应急水源的寻找、确定、建设、启用离不开水文地质、物探找水、高效打井技术，水源应急调度、送水专用装备、快速铺设供水管路、净化水质等方面也需要科技的支撑。目前我国旱情监测系统建设严重滞后，土壤墒情监测站量少点稀，中小河流、小水库等水利工程缺少水文测报设施，尚未形成有效的监测网络，抗旱工作仍然没有摆脱依靠主观认识和传统经验的局面。报旱缺乏足够的基础设施和经费支持，旱情信息的采集报送自动化水平低，时效性差，并且缺乏完整的水文报旱的制度，不能满足应急抗旱对信息的需求。此外，抗旱指挥调度手段也十分有限，各级防汛抗旱指挥部门还没有建成旱情信息分析处理和调度决策支持系统，尤其是遭遇严重旱情后，难以对旱情做到科学合理的评判分析，在一定程度上影响了抗旱应急指挥调度和抗旱工作的有效开展。进一步提高抗旱工作的现代化、科技化、规范化水平，大力研究和推广、应用新的抗旱措施、技术和产品，科学应对旱灾，十分必要和紧迫。

7. 需要探讨的一些问题

(1) 农村饮水安全工程水源保证率。农村饮水安全工程水源的设计保证率四川一般地区是95%，严重缺水地区是90%，和全国的标准一致。这样的标准只能抵御20年一遇（95%）、10年一遇（90%）的旱情。根据分析，四川这次的旱情最严重的地方是60年一遇，出现较大面积的饮水不安全是正常的。《室外给水设计规范》（GB 50013—2006）规定：用地表水作为城市供水水源时，其设计枯水流量的年保证率应根据城市规模和工业大用户的重要性选定，宜采用90%~97%。值得思考的是，农村饮水安全工程水源的设计保证率是不是应该再提高？目前已建的农村饮水安全工程的实际保证率是多少？

(2) 农村供水的形式。由于地形等因素影响，四川等西南地区农村饮水安全工程大部分是打浅井等分散供水工程。农村集中供水工程在旱期的作用非常突出，部分分散供水工程的抗旱作用不是很理想。适度规模的集中供水工程可靠性较高、易于规范管理，但目前很多县级饮水安全工程规划，缺乏从区域的角度规划水源和供水范围，多数以村甚至村民小组为单位规划工程，不仅可靠性低、管理也不规范。由于规模小、水源无保障、用水保证率低、水质差，随着旱情的逐步发展，很多分散供水工程慢慢干涸不能使用。

(3) 农村供水的水源。这次西南大旱，除了昆明等个别地方严禁开采地下水外，很多部门和专家都认为应急供水打井是解决饮水困难最快最好的办法。据报道，国土资源部从13个省份和中国地质调查局所属单位调集技术人员1 100多人，钻机230台（套），物探设备18台（套），集全系统之力支援西南旱区打井找水。该部预计到5月中旬，将打井1 600眼，其中深井360眼，浅井1 200余眼，预计日出水量达到20余万 m^3，解决200万人和100万头大牲畜的饮水困难。但我们认为多打井特别是多打深井绝对不是解决旱灾最好的办法！打井过深过多会造成地下水位降低，可能导致更严重的干旱。

在对宜宾翠屏区旱情调研中，无论该区水务局的同行还是我们调研人员都深刻地感受到农村饮水安全工程建设中水源选择的重要性。农村饮水安全的“水量”和“水源保证率”这两个指标特别是后一个指标在规划设计时容易被忽略，很多使用地下水的农村饮水安全工程实际上水源保证率并没有达标。这次旱情造成的饮用水困难不是偶然的问题。翠屏区的农村供水水源以地下水为主，水库、山坪塘等主要供灌溉、养鱼等生产用。地下水矿物质超标，更主要的是量的问题，地下水出水量普遍逐年减少。云顶场镇和李端场镇供水站 10 年间都已更换了 3 口井。要持续解决安全饮水问题，还要靠地表水。不能因为地下水好处理甚至不用处理就盲目地开发地下水。西南地区地表水量丰富，地表水和地下水联合开发，以地表水为主才是农村饮水安全水源选择的基本原则。

(4)生态保护与供水工程的矛盾。川黔交界处的赤水河是生态河流，有关方面不允许开发。古蔺县曾经搞过一个从赤水河建提水泵站供山上村民饮水的方案，但被否决了，目前山上的居民只能靠天饮水，尽管建了一些集蓄雨水的小水池，但饮水安全问题得不到根本解决。

而在另外一些地方，为了追求经济利益，盲目进行水电等工程开发，破坏生态环境涵养水源能力加剧抗旱难度的事情又屡屡发生。在西南山区，土层很薄，一些地方过度或无计划地砍伐森林导致地表裸露，植被土壤系统涵养水分的功能降低，一旦缺少有效降水必将引发局地干旱，多点的局地干旱将会增加发生大范围特大干旱的概率。近年来，西南地区水利水电工程、炸山修路和开矿等工程大量上马，一些地方由于水土保持及土地复垦工作不到位，损毁或破坏了原有的天然植被，加剧地表水土流失，产生的弃渣破坏植被、掩埋农田、淤塞河道及水利工程、污染水源。矿山开采还可能造成地下采空、地面塌陷或山体开裂，改变水流的路径，破坏水平衡，导致水污染严重。如果没有完善的保护措施，遭受严重破坏的生态环境，数百年都难以恢复。

受经济利益的驱动，大面积次生原始林被砍伐而改植人工桉树、橡胶树和茶树，对此各方面人士争议很大，批评意见居多。一些专家认为：速生人工林根系发育，生长快，耗水量大，林下灌木和草本植物难以生存，高产人工林群落的结构和功能简单，地表土壤裸露，生态水文系统涵养水肥能力低，遇雨则易发生水土流失，遇旱则易成灾。桉树甚至被贴上了“抽水机”、“抽肥机”、“霸王树”的标签，被一些人认为是西南大旱的罪魁祸首。广东云浮及广州的一些周边地区已经基于这些理由开始叫停桉树种植。但另外一些专家则认为：目前没有任何科学数据证明桉树曾给哪一个省、市、区带来生态危机。桉树总的用水量可能会多于其他树种，但并不至于构成危机。桉树的根系主要分布在地层 50 ~ 100 cm 处，在降雨量大于 800 mm 的情况下，桉树根系不吸收地下水，不会造成地下水的减少。也就是说，桉树的根须只有在出现一定程度的旱情时才会吸收地下水。种植桉树并非此次西南旱灾的直接诱因，但有可能在旱情出现后与人畜争夺无比珍贵的地下水资源。

(5) 小型抗旱工程的作用。西南山丘区很多地方缺乏建设骨干水源工程的条件，但以往小微型水利工程受重视的程度不够，这些工程存在缺乏科学规划、水源补给单一，供水保证率较低等缺点，遇到持续时间长的大旱可能干涸。但不能否定这些小微型水利工程的蓄水在干旱前期所发挥的重要作用，如果没有这些工程，很多地方可能早就需要用车辆送水了。西南有些省，近些年水利水电建设资金并不少、修建的大中型水库也颇具规模，但这些工程大多集中于地州市等城区附近且配套设施不完善，而农村的小水库、小水窖等年久失修，农村水利设施极为短缺，根本无法抗御特大干旱。在今年发生特大干旱的山丘区农村，小水窖、小塘坝、小水库等“五小”水利工程在抗旱中发挥了很大作用，很多地方从而掀起了建设小微型水利工程的热潮。小型抗旱工程如何科学规划、维护管理以及如何和大中型水利工程相结合是一个值得探讨的问题。

（6）水质在抗旱中的地位。旱情来临时，人们更关注的是去哪里找水，对水质的安全并没有过多关注。但随着气温逐渐升高、水体蒸发量加大，部分饮用水水源地水量减少的同时也出现水质下降的情况。从这次宜宾翠屏区等地应急水源检测结果来看，应急水源存在浊度、细菌学指标超标等问题，需要进行严格的水处理才能饮用。目前，农村一些小型水厂的水处理设施或设备也存在一些问题，处理地表水难以达到新国标的要求，适合农村的水处理技术和设备还需要大力开发。2010 年 3 月 30 日，环境保护部办公厅发出“关于加强西南旱情严重地区饮用水源水质安全保障工作的通知”（环办 [2010]43 号），要求采取有效措施，确保灾区原有和新增水源水质安全，显示了这次抗旱对水质的重视程度。

（7）结构性缺水移民。西南山区经常是水从脚下走，山上的居民却无水可吃，存在严重的结构性缺水问题。结构性缺水区域，指由于所处高程较高，经济条件相对较差，在现有经济和技术条件下，无法承受低处的江河湖库水提升费用，且区域可利用地下水缺乏，雨水资源因地形、地势或集雨面积太小而不足，从而导致局部性和经常性缺水的区域。结构性缺水区域的群众，常年经受干旱灾害的影响，如攀枝花市仁和区小火山组，缺水十分严重。根据对当地群众的访问，旱情几乎年年发生，而 2010 年尤为严重。该村位于金沙江上方，与金沙江的高差约 200 m，若采取自金沙江提水方案解决该村的用水问题，预算成本达 8 元 /m^3，远远高于当地群众的经济承受能力，因而该村的缺水在一定程度上属于经济型缺水。该村原有一眼山泉水（岩隙水）供村民饮用，虽然水量很小，但在一定程度上可缓解该村的用水紧张局势，但“8.30”会理地震使该村原有地下水系发生变化，原有的泉水已基本干涸。当地群众主要依靠小水窖在雨季集蓄雨水用作全年的生产生活用水。该区域属于南亚热带大陆山地型季风气候，受南亚偏南干暖气流控制，降水多集中在 6 ~ 9 月，干湿季节明显，且多年平均蒸发量达 2 083.5 mm（仁和区），远远大于多年平均降雨量（843.1 mm，仁和区），致使该区域的雨水资源也异常稀缺，村民安全饮水所需的水量、水质都无法得到有效保障。针对小火山组的缺水状况，可将其归入结构性缺水区域。古蔺县高山村也存在类似情况。由于旱情极其严重，该村几十户农民联合打报告要求移民，该村小学生也被转移到其他学校上课。

针对结构性缺水，国家鼓励采取移民方式解决，即在政府的帮助与引导下，村民从山高水低的缺水区域搬迁到水资源相对比较丰富的区域。结构性移民可以解决生活缺水和农业干旱问题，但如何解决该部分群众的耕地、就业等问题却成为当地政府面临的关键性难题之一。同时，结构性缺水移民需要大量的资金，但当前却缺乏相应的法律法规和政策依据，也没有专项资金，仅仅依靠当地政府的财政收入难以实现。

（8）抗旱与节水关系。大旱时很多地方竖起了节水的牌子，可惜的是平时西南地区对节水并不重视，更看重的是骨干水利工程的建设。抗旱与节水，前者是被动，后者是主动。抗旱是“马后炮”，节水是防患于未然。在水资源总量控制的前提下节水显得尤为重要。在信息传播高度发达的今天，西南大旱似乎就发生在我们身边，但其实在城市，尤其在谈不上缺水更体会不到没水喝的地区，人们远远体会不到“渴”的感觉，浪费水的现象非常严重。在南方地区，农业灌溉水的利用效率和效益都还很低，工业循环水利用率也不高，非常规水资源利用尚处以研究和试验阶段。

第三节　政策性建议

1. 提高认识，公开信息，不断增强公众抗旱防灾避灾能力

近年来，受全球气候变化影响，我国极端天气事件明显增多，水旱灾害的突发性、反常性、不可预见性日益突出，南方地区也出现了区域性甚至流域性缺水现象，干旱对经济社会发展的影响越来越突出。这对抗旱工作提出了更高的要求，也为全面推进抗旱工作提供了难得的机遇，不能再停留在过去的老观念、老认识和传统经验，要以创新求实的精神、认真负责的态度更加深入地思考干旱问题，更加全面地谋划抗旱大计，更加有效地开展工作，全面提高抗旱减灾综合能力，积极应对旱灾影响加剧的不利形势，全力保障城乡群众饮水安全，最大限度减轻干旱对经济社会发展的影响和损失。防办在抗旱信息报送方面应重点加强三个方面的工作。一是扩大抗旱信息量。各地应做好雨情、水情、墒情、地下水位等相关旱情信息的收集、整理工作。同时，应加强同民政、农业、气象等相关部门的信息共享，以及上下级防办的信息交流，只有全面掌握了这些基础信息，才能对旱情特点和趋势作出科学合理的评价和预测。二是加强旱情信息分析。在发生旱情时，各级防办应在充分掌握雨情、水情、土壤墒情、水利工程蓄水、农业旱情、城乡缺水等各种信息的基础上，强化对抗旱信息的整理、归纳、分析，通过对比分析，提出对旱情形势的判断，为领导决策提供准确的参谋意见。在一次大的干旱过程结束后，应会同有关部门，及时对干旱造成的影响和损失以及所采取抗旱措施的效果进行评估。三是加强抗旱宣传工作，严格抗旱信息报送制度。各级防办应高度重视抗旱宣传工作，提高认识，转变观念，加强舆论引导，提供公众参与抗旱意识，有力有序做好抗旱宣传工作。可采取专题知识讲座、在新闻媒体开设专栏专题等公众易于接受的宣传形式，广泛深入开展抗旱防灾减灾避灾知识宣传，开展干旱防灾减灾演练，推动旱灾防治知识和政策法规进机关、进学校、进企事业单位、进社区、进农村、进家庭，增强社会公众特别是农村群众的防灾减灾意识，提高社会公众的防灾避险、应急自救、抗灾减损的能力。应严格按照统计报表制度的要求，及时上报各类抗旱统计信息，确保信息上报的时效性。在发生干旱时，应严格按照统计报表制度规定，及时上报；发生严重干旱时，应注意加报报表，实行周报甚至日报，同时应上报文字材料，详细说明旱情及抗旱工作情况，并对后期形势作出分析预测；本级防办编写的旱情简报、报告等材料应及时上报国家防办；在年终时，应按照国家防办的要求，及时上报年报表和年终总结报告。

2. 加强抗旱组织和服务机构建设，加大资金投入

在2010年召开的全国防汛抗旱工作会议上，国家防办对省级防汛抗旱机构能力建设进行了通报，陈雷部长对切实强化防办能力建设提出了明确要求。各地应在强化防汛职能的同时，注重抗旱组织机构的建设和能力提高，组建内设机构，配备专业人员，完善工作制度，努力创建一流的抗旱队伍来适应抗旱工作的要求。同时，应严格落实抗旱工作行政首长负责制，结合各地实际建立有效的抗旱责任监督机制和责任追究制度。一定要按照《抗旱条例》要求，设立抗旱专项资金，加大投入、加快步伐，从根本上改变目前我国抗旱投入不足、能

力偏低的状况。在旱灾频繁地区应根据灾害特点、规律和分布情况，加强抗旱物资的储备与日常管理工作，提高物资应急保障能力，有条件的地区可先期开展试点工作。应继续加大对抗旱服务组织的投入和支持力度，积极探索新思路、新方法，加强防汛抗旱应急队伍的整合，不断提高抗旱服务能力和应急反应能力。建议财政对抗旱用油、用电给予补贴，建议扩大抗旱机具设备补贴范围，将各级各类抗旱服务组织购置抗旱抽水机具、输配水管道、机动运输车辆、打井设备、应急水处理设备等纳入直补范围，降低抗旱减灾成本，确保抗旱减灾需要。

3. 不断完善抗旱法规和制度建设

抗旱法规体系建设是一项系统工程，需要社会各方面、政府各部门的积极参与和共同配合，是搞好抗旱工作的基础和保障。国家防办经过 5 年多的努力，组织开展了《中华人民共和国抗旱条例》的起草编制工作，于 2009 年促成了《抗旱条例》的颁布施行，从根本上改变了抗旱工作长期以来无法可依的局面。近年来，一些省、市也加强了抗旱立法工作，安徽、四川、云南、天津、重庆等地相继出台了一系列抗旱法律法规。实践表明，这些法律法规在明确各部门在抗旱中的职责、解决水量分配、规范用水秩序、强化抗旱应急手段等方面起到了很好的作用，使抗旱工作更为规范和高效。各地应以抗旱条例宣贯为契机，结合抗旱工作需要，加强地方性抗旱法规制度建设，落实各级各部门抗旱责任制和职责任务，确保抗旱工作依法有序进行，建立抗旱长效机制。未出台地方性抗旱条例或实施细则的，应积极开展相关工作，争取尽早出台实施。建议国家防办继续抓好抗旱条例的宣传贯彻工作，加强工作指导，逐步完善条例中明确的各项抗旱工作制度，建立健全抗旱法规制度体系。

4. 抓紧抗旱规划和相关规划的编制和实施

抗旱规划编制应当把保障城乡供水安全作为首要目标，包括抗旱组织体系建设、抗旱应急水源建设、抗旱应急设施建设、抗旱物质储备、抗旱服务组织建设、旱情监测网络建设以及保障措施等内容。抗旱规划主要工程措施包括新建抗旱应急（备用）水源工程、现有抗旱应急（备用）工程配套及维修改造、应急供水调度工程及配套设施三大类。西南地区水资源丰富，但季节性缺水问题突出，要以水资源合理配置格局为前提，合理规划抗旱应急（备用）水源工程建设，重点是加强抗旱应急蓄、引、提水能力建设，并配置必要的机动抗旱设备。

应制订农村应急供水水量标准，应急供水水量除应保障居民的饮水、做饭和洗手洗脸外，尚应保障居民的洗澡和洗衣等生活用水。建议在春秋冬季农村居民人均每天 20~25 L，农村学校走读学生人均每天 5~8 L，寄宿学生人均每天 10~15 L。夏季应急供水水量应适当增加。对近远期、各种频率枯水年的水资源保障能力应进行充分研究，努力做到发生中度干旱时，城乡生活、工业用水有保障，农业生产和生态环境不遭受大的影响；发生严重干旱时，城乡生活用水有保障，工农业生产损失降到最低程度；发生特大干旱时，城乡居民生活饮用水有保障，尽量保证重点部门、单位和企业的用水需求。建议国家尽快审查通过省一级抗旱规划并启动实施。

针对西南地区水利工程欠账太多、工程性缺水等突出问题，水利部部署了西南五省（区、市）重点水源工程规划和小型水利设施建设规划，建议尽快启动实施。

旱后反思，建议再次审视和完善县级农田水利综合规划、农村饮水安全工程规划等，从长远规划入手，坚持远期、近期和当前并抓，大中小微结合，新建、配套与病险整治并重，开源与节流并行，加快水利工程建设，夯实抗旱减灾的基础设施。

5. 全面推行和落实抗旱预案制度

国家防办对此高度重视，去年以来组织开展了《抗旱预案编制导则》、《跨区域、跨流域水量应急调度预案编制大纲》的编制，这项工作应继续抓紧审查报批，尽早下发，以利于各级防办依据导则和大纲抓紧本地区和流域机构的抗旱预案编制修订。湘江、赣江、沱江等抗旱应急调度预案编制应按期完成，建立和完善跨区域、跨流域水量应急调度制度。应加强对抗旱预案的动态管理，干旱灾害发生后，各级防汛抗旱指挥机构应根据旱情发展及时启动抗旱预案，组织开展抗旱减灾工作。同时，应搞好预案的演练和评估，增强预案的针对性、实用性和可操作性。陕西省继2006年抗旱演练后，再次把抗旱演练作为2011年省政府应急演练的一项主要内容。

6. 着力构建水源骨干工程体系

加快四川亭子口、重庆玉滩等重点工程建设步伐，推进四川武都引水二期、重庆金佛山等工程前期工作，抓紧建设一批中型水库水源工程，提高水资源调蓄能力。以大型骨干水源配置工程为中心，推进江河水系连通，建设大中小型水源调蓄工程，实行调水引流、多源互补、丰枯调剂、以清释污，实现水资源优化配置，全面提高水利工程抗御大旱、减轻灾害、抵御风险的能力。

7. 加快农村饮水安全工程和应急工程建设，以适度规模集中供水为主

西南地区还有相当多的农村饮水不安全人口，本次西南大旱出现的临时饮水困难人数只是其中很小的一部分。国家要求在2013年前基本解决农村饮水不安全问题，所以应加快农村饮水安全工程建设。从在本次西南大旱起的作用、经济发展水平、建设与管理水平来看，四川等西南地区今后的农村饮水安全工程应该以适度规模集中供水为主，分散供水为辅。应加强县级饮水安全工程总体规划，加强前期工作，比较水量、水质可靠性后选择最合适的水源，根据水量、地形和村庄分布，合理规划供水范围，尽量建设跨村、城（乡）镇管网延伸等适度规模集中供水工程。确无可靠水源的村庄、分散农户和学校，应采用引泉、雨水集蓄利用或打井解决其饮水问题。这样才能增加抵御大旱的能力，充分发挥农村饮水安全工程的效益，真正保障农村群众的饮水需要。

今年计划建设的规划内的农村饮水安全工程应充分考虑可靠性和可持续性，与应急供水相结合，避免重复建设。今年不能开工的工程，为避免明年可能的旱情，应加快应急供水工程建设。特别是引水主管道和蓄水池应尽可能在今年利用应急资金开工建设，不能等规划工程投资。受资金限制时，可先建蓄水池，利用附近的小泉水等在雨季蓄水供旱季使用，蓄水池的位置和规模应与规划工程相结合。

建议加强今年不断流水源的出水量观测和保护，特别要做好枯水流量的观测。这样的水源保证率高，可作为今后农村集中供水工程的水源。

8. 坚持农村饮水安全工程水源以地表水为主，地下水为辅的原则

农村饮水安全工程水源选择以地表水为主，地下水为辅，水源水量和保证率一定要满足要求。就四川来说，应在盆周和川中旱区增建部分蓄水骨干工程，充分拦蓄当地径流。开采利用好成都平原、川中丘陵地下水抗旱，搞好地下、地上水互补调剂。推广丘陵地区库、塘、堰、池、井联合调配管理技术。

9. 密切关注地下水源变化引起的新的农村饮水不安全情况

一旦出现某种程度的干旱或者使用数年，地下水集中供水工程已经解决饮水不安全问题的供水对象可能又会出现新的饮水不安全情况，这部分人不可能再列入新的农村饮水安全工程进行解决。建议对水源为地下水的集中供水工程的地下水出水量变化进行长期监测，分析地下水源供水量或保证率不足将会产生的新的饮水不安全情况，积极向主管部门反映，研究制定相应的政策与解决方案，筹措相应的经费。

10. 在抓生态保护的同时适度开发供水工程

应加快水土保持生态建设步伐，坚决制止以牺牲环境为代价换取一时经济利益的做法，但是在生态保护区域绝对不进行任何形式的工程开发本身就不是一种唯物的态度。任何一项工程的上马都需要进行环境影响评价、水土保持方案审批，只要严格论证、科学规划和设计，生态保护和水利工程的矛盾完全可以得到解决。建议集中各方面专家，做好赤水河等流域供水工程的规划，并进行公示，广泛征求社会各界的意见，在规划的基础上建设适度规模的供水工程，根本性地解决当地老百姓的饮水问题。同时，高度重视桉树等速生人工林与干旱的关系等有争议的观点，进行长期定位研究，以数据说话。

11. 因地制宜抓好雨水集蓄利用工程等农田水利基本建设

在没有条件新建大中型骨干工程或大中型骨干工程不能覆盖的地方，要充分抓住大旱之后地方政府和群众治水热情高涨的机遇，突出抓好农田水利基本建设，搞好旱区库、塘、堰整治，加快兴建以集中供水为主的农村饮水安全工程、“五小”水利工程，“库、塘、堰、站、池、井”联合运用，充分发挥小微型水利工程在抗旱中不可替代的作用。因南方降水量充沛，集雨是很好地解决旱期饮水困难的措施，但以前的雨水集蓄利用工程一般都是为了灌溉等生产要求而建。应在可能条件下，结合抗旱饮水要求，科学布局，优化设计，大力抓好集雨水窖、蓄水池等小微型雨水集蓄利用工程建设，重视高蒸发区雨水利用工程的防蒸发措施。对于户用集雨工程，集流面应采用屋檐集水、头场雨水排掉、蓄水池或水窖尽量埋在地下，同时安装超滤膜净水器或采用生物慢滤技术进行水质处理，以保证集雨水质。

12. 加大水质监测力度，加强净化和消毒，高度重视水资源的管理与保护

南方地区随着经济的快速发展，水污染非常严重。如果不注意保护水资源，即使水资源再丰富也无法解决安全饮水问题。必须坚持节约资源、保护环境的基本国策，实行最严格的水资源管理制度，大力推进水资源管理从供水管理向需水管理转变，从过度开发、无序开发向合理开发、有序开发转变，从粗放利用向高效利用转变，从事后治理向事前预防转变。

应高度重视抗旱中的水质问题，把水质提高到和水量同样重要的地位。对新增水源，要积极组织开展水质监测并将监测结果及时报告当地政府，一旦发现水源地水质监控指标超标现象，要立即启动预警机制，因地制宜采取必要措施，确保水质安全。同时要加强新增水源地周边环境监管，确保饮水安全。严格执行饮用水水源保护区制度，妥善保护原有水源。对于因干旱引起的部分饮用水水源水量过小、水质下降，甚至水量枯竭、水质监控指标超标的水源地也应妥善保护，实行严格的饮用水水源保护区制度，防止新增污染负荷，确保饮用水水源地恢复后水质安全。严加防范，确保旱情缓解后不发生环境污染事故。密切关注降雨形成径流加剧面源污染，饮用水水源地水质面临威胁的现象。要加大新老水源地周边环境风险、特别是危险化学品的排查力度。组织开展环保设施运行状况检查，确保达标排放。应加强宣传，告诫旱区群众不喝生水，同时尽可能保证应急水源点的水质，在应急水源点配置小型水处理和消毒设备。

从去年全国农村饮水安全工程水质检测结果来看，很多地方是微生物指标不过关，水质情况很不乐观。建议在新建农村饮水安全工程中一定要配备消毒设备，运行中一定要启用消毒设备。同时，一定要下决心投入必要的经费，配备必要的人员和设备，加大农村饮水安全工程的水质检测频率，保障群众的饮水安全。

13. 专题研究高山缺水移民问题

针对高山地区结构性缺水问题，政府一方面要采取措施，保障当地的用水安全，尤其是生活用水安全。水务部门在当地政府的支持下，应该针对这些结构性缺水区域，加强干旱前期的预测与预警工作，推进小水窖建设，提高雨水资源的集蓄利用率，并制定详细的防灾抗灾方案，实现集雨、找水、取水（自金沙江）和送水的有效结合。另一方面，对无法以工程措施保障饮水安全的高山地区，政府应从经费和项目上提供条件，鼓励当地的青壮年外出务工，并在一定条件下实现举家外迁，同时重视后扶工作，从而减少当地居民数量，提高人均水资源占有量，缓解水资源不足对当地群众生产生活造成的影响。

14. 节水技术的示范和推广，节水宣传和意识的培养

这次西南大旱客观上起到了很好的节水宣传作用，经常听到不了解水利的朋友都在说“现在如果多用点水，都感觉是犯罪”。我们应一手抓节水，一手抓水源建设，做好节水宣传引导工作。不仅农业要节水，工业、生活以至全社会都要节水，特别是每个人都应该树立良好的用水观念，真正做到节约每一滴水。一定要继续大力推进节水型社会建设，总结绵阳、德阳、自贡、双流试点的经验，为西南相对丰水区节水怎么走提供一个路子。开展用水定额应用工作，推行用水定额管理。下大力气发展节水农业，将今后用于抗旱的人力、物力、财力事先投入到节水工程上去。节水比抗旱的投入少得多，有利于农业的稳步发展，更有利于农民增收。制定合理农业水价，鼓励管理单位积极蓄水，指导农民合理用水。

15. 创新建管机制

巩固和扩大四川等省水务管理体制改革成果，以“城乡统筹”的理念推进农村饮水不安全问题的解决。继续推广四川等省小农水项目“集中投入、竞争立项、成片打造”的做法，推行参与式管理模式，深化农业水价改革，创造水利建设和管理的良性机制。

16. 加大抗旱科技项目支持力度

痛定思痛，国家对干旱这一块开始进行科技倾斜。水利部一次就支持四川水利系统“四川季节性缺水区土壤墒情监测及预警研究”等 3 个 2010—2011 年水利部公益性行业科研专项项目，为解决四川季节性干旱关键问题进行立项研究。各行业各有关单位应加强协作，大力开展抗旱减灾基础理论和实用技术研究，积极研发推广先进适用的抗旱新技术、新设备、新材料，建立水文报旱制度，确定干旱预警指标，制定科学合理的旱灾评估体系和制度，准确评价旱灾影响和损失，提高人工降雨的有效性和准确性，科学勘察、确定、建设和启用应急水源，为抗旱救灾、灾后恢复生产提供科学依据。应加强抗旱减灾国际交流与合作，充分吸收和借鉴国际先进经验和技术，不断提高我国抗旱科技水平。同时，还应该加大节水技术等相关领域的研究力度，多管齐下，提高抗旱减灾科技水平，推动抗旱现代化进程。建议川渝等南方地区重点研究如下课题：

（1）旱涝规律及大面积长历时干旱预测与监测研究。大面积长历时干旱已成为我国可持续发展的威胁。充分利用先进科学技术，加强对中短期天气、水雨情和旱情的预测预报工作，提高灾害预报的超前性、准确性。过去的旱涝规律研究多着眼于水文气象因子长期变化规律的分析，这样的研究方法由于把干旱形成机制割裂为彼此关联度小的诸因子，因而难以揭示干旱形成的物理机制。因此，关于旱涝规律与干旱预测研究，应当在已进行的统计预测的基础上，更加强物理气候学途径的研究。此外，从能量平衡方程出发，充分利用 3S 技术所获取的下垫面信息，耦合大气模型和水文模型，揭示大范围干旱发生发展的规律，进而对大范围干旱的范围和程度进行动态监测与预测。

（2）旱情评估、预警与决策系统研发。在旱情监测的基础上大力加强旱情预警系统和设施建设，特别是中小城市、中小河流、中小水库、山区的抗旱预警体系建设，尽快建立旱情监测、评估、预警和决策支持系统。大力加强抗旱数据库建设，加强国家防汛抗旱指挥系统建设和管理，扩大水文旱情测报系统覆盖面，建设重点旱区土壤墒情测报网络，构建区域信息共享、数据准确、反应灵敏、传输迅捷的抗旱信息平台，科学研判旱情发展动态，掌握抗旱减灾工作主动权。

（3）抗旱水源开发利用技术研究。地表、地下抗旱水源勘察技术研究，抗旱水源建设和启用研究，地下水源抗旱应急适度利用与旱后保护、管理技术研究，抗旱多水源联合调度技术研究。

（4）非常规水资源开发利用技术研究。常规水资源越来越紧缺，水污染越来越严重。在开发利用、保护好常规水资源的基础上，应该加强对雨水、微咸水、中水等非常规水资源的收集、净化处理与利用。非常规水资源开发利用在南方尚处于起步阶段，深度处理工艺等许多关键技术尚需要联合攻关。

（5）节水型社会建设关键技术研究。干旱涉及气象、水利、农业等多个行业，抗旱既需要工程措施，也需要非工程措施，既需要抗旱水源建设，又需要节水技术的推广。从节水这个角度来研究干旱问题就是建设节水型社会，建设节水型社会是解决我国干旱缺水问题最根本、最有效的战略措施。目前，全国节水型社会建设正从小规模试点步入全面建设阶段。对南方丰水地区来说，节水型社会建设除了仍然需要继续农业、工业、城镇生活各行业节水工程技术研究外，还应该重点研究：

① 丰水地区用水定额管理制度研究。包括：丰水地区制定用水定额的原则、主要依据及水资源条件、经济社会发展水平对用水定额的影响；基于定额的水资源优化配置、水权分配原则及方法；定额管理的激励机制及约束机制；政府宏观调控、市场引导及公众参与在定额管理中的内容体现；用水户协会在定额管理制度下的组织形式、主要任务（权限划分）及管理形式；保障定额管理制度的政策法规体系。

② 丰水地区节水型社会动力机制研究。包括：丰水地区建立节水型社会动力机制的重要意义；丰水地区建设节水型社会的主要制约因素；水权分配与交易、定额管理、水价调节、小型水利产权制度改革、用水户协会等对建设节水型社会的意义与作用；丰水地区地方政府节水动力、市场引导动力及公众参与动力研究；形成动力机制的管理体制保障（政策法规体系）。

③ 丰水地区防污管理及生态保护制度建设研究。包括：丰水地区建设生态节水型社会的意义；生态节水型社会的关键性指标（标准）；生态节水型社会的重点和保障措施；防污管理的主要内容；建设生态节水型社会的激励与约束机制研究；保障机制的管理体制及政策法规体系。

④ 丰水地区合理水价形成机制研究。包括：合理水价形成机制对建设节水型社会的重要意义；指导制定合理水价的原则、依据及水价实施方式；剖析现行水价制度及存在问题；在水价成本分析（资源成本、工程成本、环境成本和利润税收等）的基础上，建立基于节水激励机制的水价制定基本模型；基于节水激励机制的水资源费、自来水水价、自备水水价、水利工程供水水价、地表及地下水价、超定额累进加价、丰枯季节调节水价、污水处理费、中水回用水价的调整原则及方案研究；水价调节对水资源供求变化及国民经济的影响（效果评价）。

⑤ 丰水地区节水型社会建设评价研究。包括：丰水地区节水型社会建设评价的主要原则；丰水地区节水型社会建设评价的主要内容及主要方法；丰水地区评价指标体系的建立；综合评价的内容；丰水地区节水型社会评价模型的建立。

参考文献

[1] 陈雷．应对西南特大干旱的实践与思考 [J]. 时事报告，2010(5).

[2] 张旭．在全国抗旱工作座谈会上的讲话提纲 .2010 年 3 月 25 日.

[3] 中华人民共和国抗旱条例．

[4] 水利部国际合作与科技司．当代水利科技前沿 [M]. 北京：中国水利水电出版社，2005.

[5] 刘文朝．西南干旱区饮水状况调研感受与建议．中国水利报，2010 年 4 月 8 日.

[6] 穆兴民．保护生态环境．减少旱灾损失．中国水利报，2010 年 4 月 22 日.

[7] 高立洪，单晓东，温婷婷．抓好规划龙头 提升抗旱能力．中国水利报，2010 年 4 月 22 日．

第九章

西南干旱对农村饮水安全保障的影响调研与分析

第一节　宜宾市翠屏区调研与分析

2010年西南地区发生了特大干旱，为了收集干旱对村镇饮用水影响的第一手资料和数据，同时帮助当地抗旱，3月24～25日，四川省水利科学研究院周芸、农业部沼气科学研究所潘科赴宜宾翠屏区进行了调研。

一、调查点基本情况

翠屏区位于四川盆地南缘，雄踞川滇交界要冲，地处金沙江、岷江交汇处，万里长江的起点，介于东经104°24'～104°54'，北纬28°32'～29°02'，东临南溪县、江安县，南连长宁县、高县。北接自贡市富顺县，东西长51 km，南北宽53 km，幅员面积1 123 km^2，辖10镇、6乡、4个街道办事处，274个行政村。

翠屏区地处四川盆地南缘，受川南褶皱带构造的影响，其地质岩层出露由老至新分别为三迭系须家河组、侏罗系自流井组、沙溪庙组、遂宁组、蓬莱镇组、白垩系夹关组、第四系的老冲积和新冲积等组群。其地貌特点为低山、丘陵、河谷平坝三大类型。

翠屏区处于全国中亚热带湿润季风型气候区，地域横跨金沙江、岷江、长江三江，因此具有亚热带河谷气候的特征。总的气候特点是：气候温和（年均气温17.9℃）、雨量充沛（年均降水量1 177 mm）、热量丰富（太阳辐射量为85 kcal/cm^2）、无霜期长（多年平均344 d）、冬暖春早、夏季湿热、秋季绵雨，云雾多，日照少（全年日照为1 119 h，日照率26%）。灾害性气候主要表现为“倒春寒”和春夏伏旱、冰雹、暴雨、洪水等。

翠屏区地质构造上位于川东褶皱带永川帚状褶皱带的帚部。主要构造有：观斗山背斜、蟠龙向斜、龙头山向斜、南广背斜。翠屏区基岩广布，地层结构、岩石特征形迹明显。其出露地层除沿江河略呈带状展布的第四冲积沙砾层外，均为中生界陆相碎屑岩系，其中红层更是遍见于丘谷地区，主要含水层即为红层地下水。

翠屏区江河水系较发育，以长江为主干，金沙江和岷江为支干，呈树枝状东西向分布。共有大小溪河58条，总长度305 km。另有流域面积在500 km^2以上的支流南广河和黄沙河，主要溪河有香厂沟、白庙河等，构成纵横交错，遍布区境的水系。

二、农村饮用水安全保障基本情况

截至 2009 年底，翠屏区有农村人口 44.49 万人，其中集中式供水人口 7.76 万人，分散式供水 36.73 万人。在集中式供水中，供水到户 6.66 万人，集中供水点 1.10 万人。地表水供水 3.27 万人，地下水供水 4.49 万人。在分散式供水中，有设施供水 29.11 万人，直接从河、坝、湖、池塘、溪水、渠道、灌溉渠取水或从其他水源拉水的无设施供水 7.62 万人。在有设施供水中，手压井 28.55 万人，引泉 0.29 万人，集雨 0.27 万人。自来水普及率达 82.87%。

由于受自然经济条件的影响，翠屏区农村人口饮水长期普遍比较困难和不安全，影响农村经济的发展、农民群众正常的生产、生活和身体健康。

翠屏区 2004 年底有 20.01 万农村人口饮水不安全，截至 2009 年底已解决了 5.62 万人，尚有 14.39 万人存在饮水不安全问题，占农村人口的 32.34%，规划在 2013 年前全部解决完。其中，饮水水质不达标人数为 0.22 万人，占不安全人数的 1.53%；水量不达标人数为 9.21 万人，占不安全人数的 64.00%；用水方便程度不达标的为 1.78 万人，占不安全人数的 12.37%；水源保证率不达标的为 3.18 万人，占不安全人数的 22.10%。在饮水水质不达标人数中，饮用污染水等其他水质问题的人数有 0.22 万人，占饮水水质不达标人数的 100%。

三、该区域干旱特点、周期性和当年情况

翠屏区降雨时空分布很不均匀，年内降雨多集中在 5 ~ 10 月汛期，约占全年降雨量的 70%，3 年一小旱，5 年一大旱，加之生态环境受到破坏，导致旱灾频繁，对农业生产和人民的生活都有很大的影响。去冬今春以来，翠屏区降雨量较往常偏少，截至 4 月 25 日，全区约 2.4 万人、2.1 万余头牲畜饮水困难。宜宾翠屏区的总体旱情相对攀枝花仁和区、泸州古蔺县、凉山州会理县等四川重旱区轻得多，比同市宜宾县的旱情也略轻。但干旱也已经造成了几个村镇的饮水困难。我们调研了旱情最严重的李端镇和宗场乡。

（一）李端镇

1992 年撤区并乡建镇与云顶乡合并建李端镇，幅员 48.5 km^2，辖 19 个村 29 629 人。没有大的河流，有 2 个小Ⅰ型、2 个小Ⅱ型水库。场镇和农村饮用水都是靠打井解决，已解决 90% 的饮水不安全情况，尚存在少数挑水情况。有 2 个场镇和 2 个村级集中供水站。旱情从 2009 年 9、10 月持续到现在，是历史上最严重的。云顶场镇供水站实际供水量从 40 m^3/d（可供 1 300 人）下降到 20 m^3/d 还不到。原来抽满 1 d 的供水量仅需要 7 h，现在要 16 h。政府拿钱补贴电费，否则水站根本无法承受。附近的沉香村、马盘村也大致如此。

目前，群众用水非常紧张，特别是地势较高的地方。每到下午，场镇上经常可以看到去挑水、拉水的老乡。我们走访了沉香村 2 组的曹胜贵，他家户口人口 5 人，3 个小孩，2 个大人，另外有 1 个老人跟着他们住，喂了 4 头大猪和几头小猪。他反映前几个月人吃水还可以，只去挑喂猪的水，挑水已经 1 个月了。但目前人饮水是靠车去 1 km 外的老井拖水，牲畜等杂用水是到附近田边地角挑水、舀水，采用了分质用水。每天要挑 6 挑水，每挑水 35 ~ 40 kg。从他家的水缸可以看出，老井的水很清澈，田边的水浑浊（图 9-1 至图 9-5）。

图 9-1　云顶场镇供水站

图 9-2　场镇居民挑杂用水

图 9-3　场镇居民拉饮用水

图 9-4 村民家中水缸里的饮用水

图 9-5 村民家中喂猪水

针对李端镇的情况，区水务局从临时和长远相结合提出了两个解决办法。一是在天社池水库边打井，安装管道引水，距离 1.5 km。该水库正常库容 173 万 m^3，以前主要是灌溉，灌溉面积 3 000 亩。该水库已肥水养鱼 10 多年，去年才退鱼，水质差，引过来的水要经过严格处理才能饮用。二是在天社池水库边建蓄水池，蓄集常年浸水，抽水过来，但担心水量不够。

（二）宗场乡

宗场乡地处岷江北岸，乡政府所在地距宜宾市中区 12 km，距五粮液酒厂 4 km。全乡幅员面积 79.5 km^2，森林覆盖率 38%，辖 13 个村（居）2.1 万人。

宗场乡集中供水站设计供水 120 m^3/d，实际供水人口 6 000 人。2008 年就出现了水量不足的情况。由于干旱，现在的供水量是 70 ～ 80 m^3/d。该供水站水源有三处：一处是附近一口 20 多年的老井，原来的出水量是 80 ～ 90 m^3/d，现在只有 40 ～ 50 m^3/d。第二处是一年前利用农村饮水安全国债资金打的一口新井，位于双龙湖水库旁。第三处是双龙湖水库。双龙湖水库是小 I 型水库，正常库容 110 多万 m^3。一年前在双龙湖边打井取水，通过 2 700 m 管道抽到宗场乡集中供水站，但该井出水量小，目前一天只有 10 m^3 水，还要分 3 次抽才行。现在从井旁伸了一根管道到水库引水，把湖水和井水混合作为饮用水源，才能解决缺的 50 m^3 水。宗场乡集中供水站以前只用老井水，双龙湖井今年春节前才启用，刚开始水量能保证，不能保证再用双龙湖的水。目前，湖水处理后效果不好，暂时没有用湖水，但以后肯定要用，目前只供场镇、学校，由于水量不够、水质也有问题，农村还没有供（图 9–6 和图 9–7）。

图 9–6　宗场乡集中供水站缓释消毒机

图 9–7　宗场乡集中供水站水源——老井

四、抗旱预案、措施、方式和效果

旱情出现后，各级政府高度重视，采取工程等各种措施保障了应急供水。截至3月底，已疏通60 km长的水库干渠及配套支渠，蓄水量达4 056万 m^3，为抗旱打下良好基础。

（一）抗旱预案

2005年11月，翠屏区人民政府办公室编制了《宜宾市翠屏区人民政府突发公共事件总体应急预案》，该预案包括《宜宾市翠屏区抗旱救灾防病预案》。《宜宾市翠屏区抗旱救灾防病预案》侧重于发生旱灾后如何防病，包括饮用水的监测与饮用水污染的处置，远远不是真正的抗旱预案。

2010年3月16日，按照国家民政部、省民政厅、市民政局有关制订和完善自然灾害救助应急预案的要求，翠屏区人民政府办公室修订了《宜宾市翠屏区自然灾害救助应急预案》，以区政府发[2010]61号文印发到各乡镇、街道、区级各部门施行。该预案包括了旱灾在内的各种自然灾害的灾害等级划分、预案启动的条件、组织指挥体系及职责任务、应急准备、预警预报及信息管理、预警响应、应急响应、灾后救助与恢复重建等内容，涉及内容比较全面。

（二）抗旱组织和宣传

旱情出现后，区水务局高度重视，成立工作组深入基层，分析了解当前的旱情情况及制定相应的对策措施，明确提出各地首先要高度重视旱情的发展，进一步加强抗旱工作的组织领导，从思想认识、组织发动、应对措施、保障手段等方面，积极筹划落实，做好抗御冬春连旱的各项准备工作。

驻村干部、大学生村官成立抗旱节水宣传队14支，散发各种宣传资料5 000余份，接受水法规咨询100余人次，把节水知识传达到农户家中。充分发挥远程教育设备、村村通广播等媒体作用，及时传递最新气象信息及抗旱形势，为抢栽抢种提供坚实保障。各乡镇还加强对抗旱保春耕工作的不定期督查，将在岗情况、履职情况、抗旱措施落实情况作为村干部年终奖惩的重要依据。

（三）其他抗旱措施

（1）强化抗旱水源调度管理，根据旱情形势发展和抗旱预案要求，强化水利工程管理和现有抗旱水源的统一调配，全面分析城乡生活、工业生产、农业灌溉等用水需求，大力推广城乡供水一体化建设。

（2）切实加强抗旱指导的服务，及时了解掌握旱情及抗旱工作动态，加强监测分析，提出抗旱对策，在抗旱减灾中，各级抗旱服务组织主动出击，为旱区群众提供送水、浇地等抗旱服务。

（3）把保障城乡居民生活用水作为抗旱工作的首要目标，千方百计广辟水源，采取蓄水、打井、拉水等各种有效措施，全力保障旱区群众基本用水。

(4) 加大对水库、山坪塘、石河堰、囤水田等工程的新建维修整治工作，努力增加水利工程及大田蓄水，确保广大人民群众生产生活用水。

(5) 发动群众抗旱，充分发动群众投工投劳，开展生产自救，对现有灌区渠系、堰沟、塘池进行维修整治、清淤、推行节约用水，保障春灌用水畅通无阻，促进水资源发挥最大效益。

五、存在问题和意见建议

1. 地下水不能盲目开发，建议进行地下水源的长期监测

在这次调研中，水务局的领导、同志们都深刻地感受到农村饮水安全水源选择的重要性。农村饮水安全的“水量”和“水源保证率”这两个指标特别是后一个指标在规划设计时容易被忽略，很多农村饮水安全工程实际上水源保证率并没有达标。这次旱情造成的饮用困难不是偶然的问题。翠屏区的农村供水水源以地下水为主，水库、山坪塘等主要供灌溉、养鱼等生产用。地下水矿物质超标，更主要的是量的问题，地下水出水量普遍逐年减少。云顶场镇和李端场镇供水站 10 年间已换了 3 口井。要持续解决安全饮水问题，还要靠地表水。不能因为地下水好处理甚至不用处理就盲目地开发地下水。翠屏区地表水量丰富，地表水和地下水联合开发，以地表水为主才是翠屏区农村饮水安全水源选择的基本原则。

2. 抗旱水源一定要注意水质安全和水处理

旱情来临时，人们更关注的是去哪里找水，对水质的安全并没有过多关注。区疾控中心 3 月 31 日对李端应急水源天社池水库水质进行了检验，结论是毒理学指标符合国标，感官性状指标中浑浊度、化学指标中 pH 值、细菌学指标中菌落总数、总大肠菌群超标，需要进行严格的水处理才能饮用。目前，农村一些小型水厂的水处理设施或设备存在一些问题，适合农村的水处理技术和设备还需要大力开发。宗场乡集中供水站设置了常规土建水处理设施，但对应急水源双龙湖水库水处理效果不好，使得该水库的水暂时还无法使用。

3. 抗旱组织工作 待加强

翠屏区旱情相对不是很重，全区总体旱情和抗旱措施缺乏准确的数据统计和分析，没有专门的抗旱预案。抗旱组织、抗旱预案、抗旱规划等非工程措施还要大大加强，以预防和应对以后更严重的旱情。

4. 建议密切关注地下水源引起的新的农村饮水不安全情况

一旦发生比较严重的干旱或者饮水安全工程使用数年后，由于地下水位下降造成出水量严重不足，被登记为已经解决饮水不安全问题的这部分供水对象又会出现新的饮水不安全情况，但目前它们不可能再被列入新的国家农村饮水安全工程项目进行解决。建议翠屏区对水源为地下水的集中供水工程的地下水出水量变化进行长期监测，分析地下水源供水量或保证率不足将会产生的新的饮水不安全情况，积极向主管部门反映，研究制定相应的政策与解决方案，筹措相应的经费。

第二节　泸州市古蔺县调研报告

2010年西南地区发生了特大干旱，为了收集干旱对村镇饮用水影响的第一手资料和数据，同时帮助当地抗旱，3月26～27日，四川省水利科学研究院周芸、农业部沼气科学研究所潘科赴泸州古蔺县进行了调研。

一、调查点基本情况

古蔺县位于四川省南部边缘，地理位置介于北纬27°41'～28°20'，东经105°34'～106°20'。赤水河沿边界由南往东向北流入长江，全县地域成半岛形伸入黔北，西面与叙永县毗邻，东南北三面与贵州省毕节、金沙、仁怀、习水、赤水交界。全县幅员面积3 182 km^2，辖26个乡镇269个行政村，总人口83.3万人，居住有汉、苗、彝、回等13个民族，是四川省杂散居少数民族人口较多的县之一。

古蔺气候四季分明，规律性强，日照充足，热量丰富立体气候显著，地域差异大。年平均气温17.8～13.1℃，无霜期232～363 d，年平均降雨量748.4～1 112.7 mm，冬春少雨。

古蔺县县境内地形起伏较大，西高东低，南陡北缓，山峦耸立，沟壑纵横，最高海拔1 843 m，最低海拔300 m，相对高差1 543 m，平均海拔772 m，“七山一水两分地”，是典型的盆周山区县。境内地层古老，构造复杂，灰岩出露广泛，有大小山体486座。

古蔺县水利资源丰富，开发前景可观。赤水河流经古蔺长120 km，落差320 m，可供开发利用水能资源达76.5万kW，沿河可建磨子塘、五马河、中华咀、两河口、九溪口5个大中型水电站。此外，境内古蔺河、盐井河、白沙河、马蹄河、菜板河等支流水能资源藏量也较丰富。

二、农村饮用水安全保障基本情况

截至2009年底，古蔺县有农村人口80.13万人，其中集中式供水人口13.33万人，分散式供水66.80万人。在集中式供水中，供水到户8.17万人，集中供水点5.16万人；地表水供水8.81万人，地下水供水4.52万人。在分散式供水中，有设施供水40.83万人，直接从河、坝、湖、池塘、溪水、渠道、灌溉渠取水或从其他水源拉水的无设施供水25.97万人。在有设施供水中，手压井19.36万人，引泉13.31万人，集雨8.16万人。自来水普及率达67.59%。

古蔺县2004年底有43.76万农村人口饮水不安全，截至2009年底已解决了12.48万人，剩余的和新增加的尚有35.93万人存在饮水不安全问题，占农村人口的44.84%。其中，饮水水质不达标人数为5.81万人，占不安全人数的16.17%；水量不达标人数为9.52万人，占不安全人数的26.50%；用水方便程度不达标的为11.30万人，占不安全人数的31.45%；水源保证率不达标的为 9.30 万人，占不安全人数的 25.88%。在饮水水质不达标人数中，饮用污染水等其他水质问题的人数有 2.95 万人，占饮水水质不达标人数的 50.77%；仅细菌学指标超标的人数有 2.86 万人，占饮水水质不达标人数的 49.22%。

三、该区域干旱特点、周期性和当年情况

古蔺自公元前 206 年至 1949 年，曾发生旱灾 1 056 次，平均每两年一次。新中国成立后该县也多次发生大旱。近年全球气候异常，该县旱灾更为频繁，常发生盛夏高温干燥天气，多夏旱、伏旱，常有冬春旱相连和夏伏旱相连的干旱旱象发生，年平均旱象发生频率为 2.5 ~ 3.0 次，干旱最长的达 90 d 以上，短的 40 d，平均 56.5 d。2005 年以来每年均有不同程度旱灾发生。

（一）全县旱情概况

古蔺县自去年 8 月以来，遭受了 57 年一遇的严重干旱。根据气象资料，从去年 8 月 30 日起至今年 3 月 17 日止，全县平均气温 14.1℃，总降雨量 116.9 mm，蒸发量 526.9 mm，日照时数 441.1 h，与历年同期相比：气温偏高 0.8℃，降雨量偏少 98.1 mm（偏少 46%），蒸发量偏多 21.5 mm，日照时数偏多 60.7 h，是该县有气象记录以来旱情最重的一年。

全县主要蓄水水利工程 1 106 处，水库 56 座，其中小Ⅰ型水库 8 座，小Ⅱ型水库 48 座，塘池 1 050 口，现蓄水量 1 810 万 m^3（其中：8 座小Ⅰ型水库蓄水 1 200 万 m^3，48 座小Ⅱ型蓄水 380 万 m^3，塘池蓄水 230 万 m^3），与去年同期 2 700 万 m^3 相比，减少 890 万 m^3。56 座水库中蓄水在应蓄水量一半以上的 15 座，蓄水在应蓄水量一半以下的 21 座（大烂坝、廖灌岩、菜子坪、绵竹沟、光辉、半沟头、倒流水、山岔河、团结、建华、刘家、正丰、中坪、怀场、丰收、天星、下前锋、上坪、南坳、月亮岩、碗厂）；已放至死水位的 18 座（庙儿沟、永丰、上岗、文化、香樟、下马田、三五、民利、龙安、石河、火马、跃进、红卫、李家沟、子槽沟、上前锋、玉龙、豆花岩）；无水的两座（高峰、豆花岩），水库总蓄水量仅 1 580 万 m^3。1 050 口塘池中满水的 248 口，半水的 417 口，干涸的 385 口，蓄水量仅 230 万 m^3。烟水池和旱山村集雨节灌工程 80% 以上的蓄水状况差。

截至 3 月 28 日，干旱已造成该县 26 个乡镇 269 个村 6.93 万户 29.12 万人不同程度受灾，粮经作物受旱 46 万亩，成灾 18.4 万亩，绝收 1.19 万亩，农业直接经济损失达 3 900 万元。干旱造成溪河断流 121 条、塘库干涸 385 处、缺水场镇 15 个。目前全县已有 12.23 万人、10.13 万头大牲畜缺水，缺水时间最长达 50 d 以上，最远取水距离 5 km。如：二郎镇石笋村、石屏乡长龙村、马蹄乡兰花村马岭村（杨司岩）、土城乡赞台村、椒园乡龙凤村、护家乡兴阳村、大村镇高山村等，部分群众已下到赤水河或到 1 ~ 5 km 外的地方应急取水；乡镇场镇集中供水站 33 个，其中运行正常的 18 个，缺水场镇供水站 15 个，影响人口 1.84 万人；已建成的 521 处农村饮水安全工程，水源干枯断水的 40 处，116 个供水点不能满足群众用水需要（保证率在 30% ~ 65%），影响人口 3.41 万人；全县 16 个乡镇敬老院，总人口 835 人，其中供水紧张的 3 个，影响人口 162 人。

（二）近5年旱情对比

2005年6～7月，古蔺县遭受30多d的夏旱，水利工程蓄水同期减少734万m^3，塘池干涸282口，全县11.9万人饮水困难。

2006年发生伏旱持续时间长达58 d，造成溪河断流123条，水库干枯7座，塘池、微水工程、水井等干枯5 811口，全县13.82万人饮用水困难，10.89万亩农田干涸，14.32万亩玉米、红苕成灾，9.52万亩烤烟减产，粮食减产4.8万t，农业经济损失达7 506万元。造成全县大部分工业企业停产和降低规模生产，影响了全县经济社会发展，是近年最为严重的一次旱灾。

2007年古蔺县连续冬暖、春干、夏旱，1～4月一直未下透雨，4个月累计平均降雨量139.77 mm。全县25个乡镇不同程度受灾，水利工程蓄水占计划蓄水量的65.21%，全县饮水困难人口已达9.5万人，牲畜10.2万头。小春受灾35.65万亩，大春水稻减栽。春、夏旱共造成全县直接经济损失625万元，其中农业经济损失402万元。

2008年初古蔺县遭遇雨雪冰冻灾害，入夏以后气候较好，没有遭受较大旱灾。

2009年春、夏、秋雨水均匀，没有灾情。

通过近5年的旱情对比，去冬以来的这场旱象相当于2007年所遭遇的旱情，比较好一些是近几年对24座病险水库的整治、农村饮水安全工程的实施，增强了抗旱能力和解决了13万人的饮水困难。

（三）旱情预测和分析

据气象部门预测：2010年春播（3～4月）平均气温略偏高，总降水偏少，春播期间有春旱。4月上旬前仍无大的降水过程，且气温呈上升趋势，旱情还将进一步发展扩大，将会造成更大的危害和损失。结合古蔺县历年旱灾特点，旱情将加剧群众饮水困难，影响粮经作物生产，工业用水紧张。一是古蔺县截至目前尚有30多万农村人口饮水不安全，旱情持续，水源进一步枯竭，群众饮水将更为困难。除县城供水由于龙爪河蓄水较好、红龙水库应急水源保障安全外，赤水河沿线旱片、古蔺中东部乡镇群众饮水困难。大量农村人口居住分散，应急供水难度大。已建安全饮水工程由于规模小，雨量减少，供水压力也将加大。去年底完成的安全饮水工程还未开始蓄水就遭遇冬干，蓄水困难。部分场镇（如石宝、观文）水源锐减后，已出现供水紧张局面：石宝供水站水源由于火马水库蓄水已用至死水位，可保石宝场镇1个月用水（图9-8）。永乐供水站水源由于永丰水库蓄水已用至死水位，利用提水可保永乐场镇1个多月用水，若旱情持续，将只能拉水供应；观文供水站缺水率已达35%，若旱情持续，只能从水淹凼水库架设10 km应急供水管道供水。随着旱情持续，各场镇供水站将更为困难。二是农业用水困难。古蔺县水利工程目前蓄水占计划的67%，全县水库仅古蔺镇红龙水库、德耀镇烂坝水库、丹桂镇双河水库蓄水较好，烟水工程等微型工程除多年平均降水量较大的德耀箭竹片蓄水较好外，其余的均为蓄半水及以下，旱情持续将调配部分水利工程蓄水保证人畜饮水，而土壤湿度逐渐下降，耕地需水量增大，对大春播种移苗造成严重影响，目前水田缺水3万亩，部分地区地面下20 cm的土层干燥异常，育秧、移栽均非常困难。三是工业用水出现紧张状况。旱情持续水源减小，随着各工业企业全面生产，需水量增大，除郎酒厂可在赤水河加大提水量解决外，县内各工业企业将不同程度出现用水紧张，特别是仙潭酒厂可能最先出现困难。

图 9-8　已放至死水位的火马水库

（四）调研村旱情

古蔺饮水困难人数主要分布在赤水河流域，少部分在古蔺河流域。赤水河是生态河流，不允许开发，以前曾经搞了一个提水泵站供饮水的方案但被否决了。山上的老百姓饮水靠雨水、山溪水、井水，吃水和其他生活比较困难，每年政府以地质灾害的名义移一些民，还是缺乏资金与土地，有些农民也不愿意走。我们在县水务局水利股龙股长的带领下，从县城驱车走了 2 h 的盘山路，来到了这次干旱最严重的赤水河流域的大村镇高山村调研，沿途看到赤水河、古蔺河的水都非常少。赤水河沿岸山高水低，水在山下流，人在山上走。住在山下的人还好办，住在半山或山顶的人要吃水真是徒唤奈何！

大山场镇有 8 000 人，通过一座小Ⅱ型水库输水到供水厂再经过常规水处理和消毒后解决生活用水问题，但目前该水库的水也已经非常紧张了。高山村是全县比较典型的干旱村之一，海拔在 650 ~ 1 300 m。全村幅员面积约 7.5 km^2，主产玉米、小麦、高粱。森林覆盖率较差，水土流失严重，水利工程少，组与组之间缺水情况较为均匀。全村共有田 760 亩，土 2 601 亩，农户 647 户 3 020 人，大塘 1 口（位于全村最低的地方），沟埝 8 条，水井 44 口，现已无水 39 口，有水 5 口（也快干枯），已做水窖 110 口，已干 107 口，有水 3 口。目前 2/3 以上的生产组全靠政府每天拉水供应，其余农户自行找水源解决。我们走访了高山村 7 组的陈先泽和陈正榜两家，查看了目前的蓄水工程蓄水情况。陈先泽大爷今年 74 岁，他说从 2009 年农历 7 月间起到现在都没有下过透雨，活了这么大还没有见过这么严重的旱情，现在吃水全靠镇政府送水。救灾办动员他们移民，他就联合其他住户写了一个报告，建议因为缺水和地质灾害的原因把位置太高的 31 户移民。陈大爷见到我们一行非常兴奋，请我们到他家去看看，一进门就请我们喝酒，古蔺的郎酒等好酒驰名中外。我们说要工作不能喝，他又说热点饭请我们吃，最后才说请我们喝茶。大爷的热情让我们非常感动，缺水的严峻也让我们非常不安，我们婉言谢绝了大爷请吃请喝的盛情。

陈正榜家旁有一个天然形成的老水井，常年有水。但去年发生滑坡后，该水井就没有出过水了（图 9–9）。

图 9–9　陈正榜家旁已没水的天然古井

高山村小学有 100 多个学生，由于缺水，全部被分散到其他村小学就读去了，最近的是 3.5 km 的大村镇希望小学。

高山村从 20 世纪 80 年代就开始建水池、水窖。近两年，依托农村安全饮水工程又新建了一些水窖（去年建了 5 个），投资 50 万 ~ 60 万元。但这次大旱来得太猛烈，这些水利工程目前都没有水了。主要靠镇上送水车灌到各家的小水窖里存起，然后再通过出水管放到家里用（图 9–10 至图 9–15）。

图 9–10　送水到每家自建的小水窖里

图 9-11　从小水窖放水到家里

图 9-12　老蓄水池早已没有水了

图 9-13　新建的农村饮水安全工程也无水可装

图 9-14　高山村小学已人去楼空

图 9-15　与贵州只隔一条快没水的古　河

四、抗旱预案、措施、方式和效果

灾情发生后，县委、县政府高度重视、沉着应对，采取强有力的措施，力促抗旱救灾工作。针对目前旱情持续将加重缺水的实际，把保障城乡居民生活用水作为抗旱工作的首要目标。一是及时召开全县抗旱救灾工作会，安排部署抗旱救灾工作，号召全县各乡镇、各部门干部深入村社组织群众积极抗灾自救。二是紧急划拨抗旱救灾资金补助应急抗旱。三是科学调度，统一管理塘、库、堰的现有水源，千方百计保障群众生活用水和大春育秧用水，最大限度减少干旱带来的损失。四是农业、水务、卫生、农机、应急等部门深入重点受旱乡镇，开展农业抗旱知识宣传、维修机具、寻找应急水源等工作，指导群众抗旱自救。五是各乡镇扎实工作，全力维护旱区群众取用水秩序，确保社会稳定。

截至3月28日，县政府投入抗旱资金67万元，乡镇投入160万元，群众自筹或投劳折资3 000余万元，投入抗旱设备0.33万台、0.98万kW，运水车辆1 003台，投入抗旱人数20.71万人，采取应急调水、拉水、安装管道应急引水、补助燃油经费等临时措施临时解决11.8万人、9.2万头大牲畜的饮水困难，抗旱提水45.59万m^3，抗旱浇灌面积12.58万亩。修复水毁工程650处，治理山平塘50口，岁修各级渠道358 km，防渗渠道53.5 km。如桂花乡罗江村二社，采取"一事一议"的办法自筹资金3.6万元，投劳300余个，新建28 m^3蓄水池1口，架设引水管道4 500 m，解决了105户、417人的饮水困难（图9-16）。

图9-16 石宝镇长坪街送水现场

（一）抗旱预案

古蔺县抗旱预案是根据古府办[2009]180号文件《古蔺县人民政府办公室关于做好突发事件应急预案修订工作的通知》精神，结合古蔺县实际情况，于2010年1月制定的。该预案包括总则、干旱等级划分、区域抗旱水资源调配及水量平衡分析、抗旱工作措施、抗旱效果评价与善后工作、附则等六部分组成，内容非常翔实，科学性、实用性较强，但是因为其在本次大旱发生数月后才制定，制定时间太短，预案的作用还有待进一步论证。

（二）抗旱组织和宣传

各部门充分发挥防汛抗旱救灾工作的主体作用，认真落实领导责任制，实行主要领导亲自抓、分管领导具体抓、全体干部齐抓共管的工作制度，广泛调动乡村干部的积极性，进村入户，调查摸底，掌握实情。各部门按照各自职责，加强协作，认真开展防汛抗旱工作。

应急办：县应急办公室代表县政府负责指导全县综合减灾工作，制定和实施古蔺县减灾规划，组建灾害信息技术中心，预测预报中心，医疗救援中心，物资储备供应中心，指导各乡镇的减灾行动推动减灾科研工作，综合协调处理有关救灾事宜，总结和推广行之有效的各地减灾经验，组织和协调有关职能部门和群众团体，共同开展积极有效的减灾活动。负责旱灾过程中及旱灾后的灾情统计。

水务局：负责全县的中、小、微型水利工程的蓄水，保水工作，加强旱山区集雨节灌工程建设和水土保持避免季节性缺水，合理调度水资源，指导农业抗旱夺收，解决好农村人畜饮水困难，适时向县人民政府防汛抗旱指挥部提供全县蓄水及缺水情况。承担县防汛抗旱指挥部的日常工作，组织、协调、指导全县防汛抗旱、抢险工作，负责灾后水利设施的修复。按照国家防总、国家统计局联合下发的水旱灾害统计报表制度做好水旱灾情的统计工作。

气象局：负责监测天气形势并向县人民政府防汛抗旱指挥部提供长、中、短期降水预报；适时提供水情、墒情和旱情分析。负责人工影响天气工作的组织管理，并实施人工增雨。

财政局：紧急提供防汛抗旱应急资金，负责全县防汛抗旱资金安排、拨付。

民政局：组织核查报告灾情，申请、管理、分配灾害救助款物；组织指导灾害救助捐赠；组织转移安置灾民；确保 24 h 内应急物资运送到位，确保应急期内灾民的基本生活；负责灾民倒塌房屋的恢复重建。

农业局：负责推行节水灌溉方式和节水耕作技术，负责农作物干旱灾情的监测，及时掌握并提供灾情信息，并实施农业抗旱措施，减轻旱灾损失。合理调整农作物生产布局以及作物种植结构，采取措施，提高用水效率，适时向县人民政府防汛抗旱指挥部办公室提供农作物旱情。

农机局：负责全县各类提灌机械、提灌站的维修和保养，推广实施各类机械化灌溉技术，协助解决农村人畜饮水，并负责准备油料，组织机具提水抗旱，确保在旱情需要时拉得出、用得上。

林业局：负责做好林业干旱灾情的监测，及时掌握并提供灾情信息。

畜牧局：负责做好全县牲畜受旱情况信息的提供，并做好旱灾和洪灾后重大防疫准备工作。

经商局：协调综合交通运输、邮电、电力、医药等部门的抢险救灾工作；负责救灾所需物资的储备和供应工作。

粮食局：负责救助粮食调拨和供应的组织、协调工作。

安监局：承担旱灾中可能发生的危险化学品次生灾害的预防和应急救援的组织。

供电公司、通信公司：负责保障防汛抗旱、救灾的电力供应和防汛抗旱信息畅通并保证灾后电力、通讯设施的抢修。

建设局：做好灾后房屋恢复工程的设计、施工等管理等工作；负责协助城区尽快恢复被破坏的水、气设施，保证城区水、气正常供应。

城管局：开展县城防洪工作，组织县城防洪抢险。

交通局：要强化交通管理，实行交通运输的统一调度，负责调集抢险救助物资运输车辆（船只）并减免相关的各类收费。优先保障指挥人员、救援人员、防汛抗旱设施、救灾物资、药品和中暑病人等的紧急通行。

卫生局：负责灾区的卫生防疫，对重大疫情、病情实施紧急处理，防止疫情、疾病的传播、蔓延；安全饮水水质监测和消毒药品的发放工作。组织医疗、救护队伍赶赴灾区，负责人员的救护、治疗和转移及饮用水源的管理，负责防暑降温物资的调配组织工作。

公安局：维持灾区正常秩序，确保防汛抗旱设施正常使用及救灾物资安全，防止各种纠纷，组织调用消防车辆运水。

人武部：负责组织现役军人、民兵执行重大防汛抗旱抢险救灾任务和协调武警部队执行重大防汛抗旱抢险救灾任务。

广电局：负责防汛抗旱法规、政策的宣传，及时准确报道防汛抗旱救灾工作信息。重大灾情的宣传报道按有关规定执行。充分发挥新闻媒体的宣传作用，宣传救灾工作成效和典型事迹，促进互助互济，维护灾区社会稳定。

（三）其他抗旱措施

1. 科学调度，统一管理水资源

按照“先保人、后保畜、次生产”的水资源调配原则，缺水地区限制非生活用水，强化抗旱水源调度管理，统一调配水资源保障饮水。同时，强调“抗灾自救，节约用水，科技治旱”，大力倡导和推行“计划用水、节约用水、有偿用水”的科学用水制度。灌区管水单位用水管理坚持“水权集中，统一调度，分级管理”的调水原则，科学调水、错峰用水，使有限的水资源发挥最大的灌溉效益。对有供水、灌溉任务的水利工程，严禁弃水发电、放水捕鱼等行为。根据旱情形势发展和抗旱预案要求，强化水利工程管理和现有抗旱水源的统一调配，全面分析城乡生活、工业生产、农业灌溉等用水需求，大力推进城乡供水一体化建设。

2. 加强抗旱服务，保障工业发展

提前组织技术力量，深入了解排查各工业企业用水困难，编制应急供水方案，寻找协调应急水源，协助企业做好抗旱应急供水工作。各级抗旱服务组织主动服务，及时了解掌握旱情及抗旱工作动态，加强监测分析，提出抗旱对策。统一协调调度水资源，兼顾安全、发展需求，最大限度减少旱灾造成损失。

3. 调解水事纠纷，确保社会和谐稳定

深入灾区村社，排查水事纠纷，协调水资源分配，调解水事纠纷。突出厂社关系纠集、用水矛盾突出、社会稳定敏感区域为重点，组织精干力量，深入化解矛盾，确保社会和谐稳定。

4. 工程措施

采取县、乡（镇）、村结合和国家、集体、个人共同出资的模式，采用车拉、电提、管输、人运等多种办法缓解人口饮水困难，全力确保群众饮水安全。一是对缺水场镇采取挖掘供水潜力、分片定时供水、节约用水等措施；二是对水源锐减场镇及供水点，组织应急水源供应，采取架设应急供水管道、安装应急泵扬设备等措施；三是组织集中送水供应旱片死角、农村孤儿、敬老院、学校、五保户、特困户、低保户等重点弱势群体要优先安排，确保供给，同时建立计量用水，有偿用水制度；四是发放消毒药品，做好水质卫生安全工作，切实保证灾区人民群众吃上干净、卫生的水。总的来看，应急供水水质能够得到保证。

5. 存在问题和意见建议

调研中了解到，古蔺针对这次大旱提出了希望上级政府解决的一些建议：

(1) 由于该县属贫困山区，财力有限，请求市政府解决抗旱经费 500 万元，以应对持续发展的旱情；

(2) 请求倾斜该县农村饮水安全工程投入，尽快解决该县 30 余万人的饮水不安全问题；

(3) 加快病险水库除险步伐，增加工程蓄水能力；

(4) 补助部分资金用于对病害山平塘的整治；

(5) 加大对旱山对集雨节灌工程的投入，以提升抗旱能力。

此外，我们根据调研情况，提出如下建议：

(1) 科学布局，优化设计，大力抓好水窖等小微型雨水集蓄利用工程建设。同时，采取简易有效方法净化水窖水质；

(2) 在强调生态保护的同时适度开发一些抗旱水源工程；

(3) 把缺水高山移民问题列入专题研究，解决移民经费和移民后扶问题；

(4) 早日解决好山区交通问题。

第三节　攀枝花市仁和区调研报告

2010 年西南地区发生了特大干旱，四川攀西地区遭遇 50 年一遇的特大秋冬春连续干旱，截至 2010 年 4 月初，攀枝花市已连续 180 多 d 无有效降雨，约 120 万亩农田成灾，11 万人及 25 万头牲畜饮水困难，持续的高温无雨天气，给人民群众的生产、生活带来极大困难，市内农村饮水安全形势十分严峻。为了收集干旱对村镇饮用水影响的第一手资料和数据，同时帮助当地抗旱，4 月 7 ~ 8 日，四川省水利科学研究院麻泽龙、樊毅赴旱情严重的攀枝花市仁和区进行了调研。

一、调查点基本情况

攀枝花仁和区是 1973 年建立的攀枝花市县级近郊区，位于四川省西南边缘，地处攀西大裂谷，川滇黔西南“金三角”腹地，围绕攀枝花市城区，分布于金沙江两岸，地理坐标北纬 26° 06' ~ 26° 47'，东经 101° 24' ~ 101° 56'，南北最长 74 km，东西最宽 68 km。东、北、西、南分别与会理县、米易县、盐边县、华坪县、永仁县接壤。全区辖 8 镇 6 乡，幅员面积 1 720 km^2，有耕地 13.29 万亩，人口 21.29 万人，其中农业人口 13.62 万人，少数民族占总人口的 25.5%，是一个多民族聚居区。

境内地形属于中山山地，地势西北高，东南低，地形崎岖破碎，山地走向近于南北，与金沙江支流谷地走向平行排列，山谷相间，山高谷深，盆地交错分布。境内平均海拔高度为1 500 m。海拔最高点为务本乡大黑山花胁巴峰，海拔2 926 m；最低点为南端平地镇师庄金沙江出口处，海拔937 m；最大垂直相对高差达1 989 m。境内河流属金沙江上段水系。境内主要河流有大河、把关河、摩梭河、迤资河、纳拉河、塘坝河。

仁和区属于我国南亚热带西段金沙江至龙川江岛状南亚热带干热河谷气候区，南亚热带半干旱季风气候明显，气候干燥，垂直差异大，"立体气候"明显，灾害性天气较多，主要灾害性天气有：春旱、夏旱、伏旱、秋涝、冰雹、霜冻、大风、暴雨等。旱雨季分明，旱季河流断流时间在3个月以上，农业灌溉主要靠工程蓄水解决，区域内地形起伏崎岖，山高谷深，加之降雨年内分布不均，旱涝灾害频繁，现有水利工程老化失修，渠系配套率极低，田间工程配套不完善，土渠比重较大，渠系水利用系数较低，部分地区仍然是靠天种田，望天吃饭。

二、农村饮用水安全保障情况

根据《仁和区农村饮水现状调查评估报告》结果统计，截至2009年末，仁和区14个乡镇农村人口为13.62万人。其中，通过集中供水工程及集中供水点供水人口为2.896万人，通过手压井、引泉、集雨等有设施供水到户的联户或小集中工程供水人口为4.269万人。

目前，全区尚有4.981 2万人存在饮水不安全问题，占全县农村人口的36.83%，饮水不安全问题主要表现在饮水水质不达标、饮用水水源保证率、生活用水量及用水方便程度不达标等各个方面。饮水不安全的主要因素有农村地理地势条件差，水资源紧缺、气候变化、洪旱灾害、"8 · 30"地震等，这些都进一步加大了解决农村饮水安全的难度。

按照饮水不安全类型划分，本次调查的饮水不安全人口中，饮水水质不达标人口2.517万人，占不安全人数的50.53%；水量不达标人数为1.150 2万人，占不安全人数的23.09%；用水方便程度不达标的为0.349 8万人，占不安全人数的7.02%；水源保证率不达标的为0.964 2万人，占不安全人数的19.36%。

三、该区域干旱特点、周期性和当年情况

（一）干旱特点和周期性

仁和区由于处于特殊的地理位置（地处三江谷地(即怒江、澜沧江、金沙江被统称为干热河谷)，地形复杂，属南亚热带大陆性山地型季风气候，使其气候在全省乃至全国同纬度地区别具一格。全区具有气温日较差大、年较差小，降水集中、太阳辐射强，空气干燥、蒸发量大、气候垂直地带性显著、各地小气候复杂多样等特点，被称之为"南亚热带为基带的立体气候"。仁和区干、雨季分明。干季从11月至翌年4月，主要受南亚干热气候控制，雨量稀少。晴日占94%以上，月日照时数在200 ~ 270 h，月降雨量1 ~ 68 mm，月蒸发量是降水量的17 ~ 50倍，月平均温度为11 ~ 26℃，月平均相对湿度40% ~ 55%。月最小相对

湿度仅为 5%～28%。上述气候特点是仁和区形成干旱的气象条件。

仁和区干旱发生频率高，影响范围大，持续时间长，其特点可概括为：冬旱年年有，春旱十有九，夏秋两旱十有七，一旦夏伏两旱连，大旱重旱必出现。冬旱：金沙江以南地区冬季（12 月至次年 2 月）多年平均降水总量≤ 10 mm，土壤墒情大幅度降低，库、塘蓄水不断减少，灌溉水源紧张。春旱：3 ～ 4 月多年平均降水总量 10 ～ 25 mm，主要危害是对全区大春作物栽种带来严重影响，森林易发火险等。夏旱、伏旱：往往伴随高温天气，对农业生产危害最大，6 月常有夏旱发生，它常使大春农作物大面积枯死，粮食大幅度减产，甚至绝收。

经分析发现，除上述因素外，近年来仁和区干旱情况不断呈现新的特点。连续性旱灾增多：1965—2005 年间连续年际中度以上干旱共发生 21 年，1991—1998 年最长为连续 8 年发生中度以上旱灾，其次为 1979—1983 年、1985—1989 年均连续 5 年发生中度以上旱灾，其他为连续两年发生中度以上旱灾。最近 25 年不仅旱灾多，而且连续旱灾多，轻度干旱是年年有。旱灾范围不断扩大：随着社会经济的发展和人口的增加，该区由气象干旱、水文干旱为主的常规干旱逐渐扩展至农业干旱、城市干旱和生态干旱等的组合干旱类型。尽管仁和区的灌溉设施建设逐步发展，农业干旱有一定的抗御能力，但随着城市的发展要求，用水量不断地增加，出现的大河断流、水资源短缺、干旱缺水等问题将会进一步加剧，势必影响到社会经济和人民生产生活的发展。当前和今后 20 ～ 30 年间，随着攀西地区社会经济的高速发展，将面临生态干旱日趋严重的局面，农业干旱也因此加剧。

（二）2010 年旱灾影响情况

截至 2010 年 3 月 30 日，仁和区 14 个乡镇均受干旱影响，受旱人口达 8.5 万人。此次受旱特别严重的是大龙潭、平地、啊喇、同德、太平、福田等乡镇，大部分土地耕作土壤相对湿度 10 cm 为 25%，10 ～ 30 cm 为 45%，干土层厚度达 15 ～ 30 cm 深，持续的高温天气和工程蓄水不足使各类农作物和经济作物无法进行耕种，正处于生长期的各类农作物和经济作物因缺水减产或绝收，经济果木因高温缺水影响开花挂果，严重影响农民的经济收入。

经统计，截至 3 月 30 日，全区已耕种的 13.2 万亩冬春农作物受旱面积达 13 万亩；其中成灾面积 8.1 万亩，绝收面积 4.02 万亩，造成直接经济损失达 4 700 万元。全区共有 1.76 万人及 4.6 万头牲畜饮水困难。

分析 2010 年春的旱情，有两个明显特征：一是持续时间长，灾害程度深。从 2009 年 10 月份以来到 2010 年 4 月初，全区几乎未出现一次有效降雨，达到了极旱程度。从仁和区多年气候特征来看，境内雨季开始时间在 6 月中下旬，故还有长达近 3 个月时间区内将处于无雨天气，因此，旱情还将进一步加剧，形势非常严峻。二是地下水位降低，水储量严重不足。长期的干旱，导致溪流来水减少，部分溪沟已断流，部分山区的人畜饮水水源已全部干涸。现在仁和区水利工程蓄水量仅有 3 000 万 m^3 左右，比正常年同期减少近 3 000 万 m^3，可供水量严重不足。

图 9-17 至图 9-25 为受灾情况实景图。

图 9-17　干涸的新街水库（原库容 700 万 m^3）

图 9-18　抽取库底淤泥水解决人畜饮水

图 9-19　见底的蓄水池

图 9-20　了无生机的土地

图 9–21　金沙江畔村落（大龙潭乡迤资村小火山组）

图 9–22　村民远距离挑水

图 9–23　全社唯一处水源接近干枯（大龙潭乡迤资村小火山组）

图 9-24　原有水源点已干涸殆尽（大龙潭乡迤资村）

图 9-25　高差太大，金沙江有水难引（大龙潭乡）

四、抗旱对策和措施

面对日益扩大的旱情，仁和区委、区政府高度重视，适时启动抗旱预案三级抗灾应急响应，调动一切可调动因素，全力投入抗旱。

（1）加强领导，增强抗旱意识。区、乡两级成立抗旱领导小组，领导小组分为管水组、送水组、救险组、保电组等。按照“区干部包乡，乡干部包村、村干部包组、组长包户”的原则明确人员和责任，确定重点区域，层层落实责任，做到“早安排，早行动，早落实”，带领群众抗旱救灾。

（2）开展调研，监测到位。各级党委、政府主要领导、分管领导多次到乡、村、组对抗旱救灾工作进行现场调研和安排部署，深入了解全区的旱情，督促指导抗旱救灾，协调解决抗旱救灾工作中的实际困难和问题，有效推进了全区抗旱救灾工作。同时安排专人对全区水库、塘坝水位，各乡村组的旱情等进行密切监测，根据旱情采取措施，做到对旱情“早了解、早行动、早解决”。

（3）区抗旱服务队投入抗旱，积极筹措抗旱资金和物资，联系调用抗旱车辆、水箱等，检修抗旱机具，启动所有设备，扩大灌溉面积及解决旱区农村人畜饮水困难，并为抗旱救灾提供了物资保障。

(4) 积极引导，宣传到位。通过走村串户、召开会议、村广播、印发资料等多种途径，对此次旱情的严峻性、应对旱情的科学方法、节水措施、抗旱政策等向群众进行积极的宣传，发动人民群众人人参与、积极行动起来，共同做好抗旱工作。

(5) 发挥现有水利设施的抗旱作用，挖掘水源和水源优化配置，为抵御特大干旱作好准备。在有水源的河道、沟渠临时设置抽水泵站，架设输水管道或采取移动式喷灌设备进行灌溉；无河道、沟渠的地方提取库、塘的死库容水量；同时对现有水库、塘坝、小水池、沟渠等蓄水通水工程进行了清淤扩容。

(6) 按照“先生活、后生产，先节水、后调水，先地表、后地下，先重点、后一般”的原则，提出了“严格管水、科学用水、积极找水”的原则。对各乡镇内水库、塘坝等，严格实行主管领导批准放水制度，对于私自防水等行为给予严惩。要求农户积极蓄好小水窖、蓄水池等现有水源，并提倡科学节约用水。同时积极寻找水源，为抗大旱做好准备。

(7) 全力协调，配合到位。为做好抗旱工作，积极协调配合电力局、水利、气象、农牧、武装部等相关部门做好工作，形成合力。电力部门须确保抗旱用电，做好抗旱保障服务；气象部门加强气象监测，及时发布旱情预警信息。同时抓住一切有利天气条件，适时开展人工增雨作业，尽量缓解旱情；涉农部门全面开展找水工作，积极开展好蓄、提、运、节水工作，保障人畜用水；另外，积极联系驻地部队和消防部门，将对饮水水源发生严重困难地方实行人工送水。

(8) 调整产业结构，加强节水种植技术培训。农业部门积极引导旱区群众调整水改旱种植结构，引进抗旱新品种，加大夏秋蔬菜种植面积推广，力争因灾不减收；同时加大对农民节水种植技术培训，科技人员深入基层进行指导，科学安排用水秩序，及时化解用水矛盾，顾全大局，科学抗旱，协作抗旱。

通过采取上述措施和办法，全区投入抗旱劳力 3.4 万人，开动各类提水机械 3 500 台套 1.6 万 kW，提水 200 万 m^3，全区抗旱自救面积 5 万亩，临时解决了部分严重干旱地区 0.8 万人饮用水困难问题。

图 9-26 至图 9-32 为仁和区抗旱措施实景图。

图 9-26　临时架设的抽水管网抽取库底水

图 9-27 村民打井自救解决饮水问题

图 9-28 当地修建的小水窖工程

图 9-29 政府派车送水解决应急饮水问题

图 9-30　正在修建的水源工程——大竹河中型水库

图 9-31　节水倡议书（当地宾馆）和加强抗旱宣传（大龙潭乡小火山组）

图 9-32　当地水务部门介绍抗旱情况

五、存在问题，意见和建议等

（一）加强应急水源监测，严把水质安全

仁和全区的村镇人口饮水应急水源主要靠打井、提引、村民自发拉水和政府相关部门人工送水为主，取用水源不同程度存在水质问题，亟待解决。

1. 打井取水

打筒井取地下水源，水质感官效果都较好，只要水源比较清凉、没有异味、没有浑浊现象，群众便认为是卫生水；另外由于打井取用水户分散，取用水规模都很小，而水质检测的费用却很高，因此打井取水水源一般都未进行水质检测。

2. 提引河道沟渠水或库塘水

靠提引河道、沟渠水或库、塘死库容水量得到的水源水质一般都较差，常伴有浑浊现象，即便都经过长时间的沉淀后才拿来使用，这类水源因水质问题产生疾病也经常发生。

3. 政府送水

政府送水一般为水厂取水或水库、河坝等水源地取水，然后桶装或者水箱存储运送，水厂取水水质一般均经过常规渠道检验，完全可以满足要求，而水库、河坝等水源地取水水质不能得到保障。

4. 自发拉水

由于干旱发生通常都是阶段性的，对于经济条件较好村民在干旱时期选择自发拉水或直接买桶装矿泉水，自发拉水的水源点一般都会选择水量充足、水源条件好的大口水井、山溪水、水库水、大型集中供水点等，对于大口水井、山溪水和水库水这类水源水质感官通常较好，但也未经过常规水质检验，存在水质隐患；对于有保障的大型集中供水点取水和购买桶装矿泉水，水源基本都经过定期检验，可以放心使用。

总体上，仁和区的应急水源水质存在的问题主要反映在分散供水和小规模应急供水工程中，建议当地政府、水务、卫生等相关部门在应急水源地的选择过程中严把水质检测关，保障应急水源水质安全和村民饮水安全。

（二）抗旱设备亟待加大投入

仁和区特殊的地理地形环境决定了抗旱救灾主要依靠提引、拉运水解决，但仁和区现有抗旱设备还远远不能满足抗旱需要。随着旱情的加重，送水解决人饮的地方将越来越多，可取用的水源越来越少，越来越远，在财力、人力、物力保障上的困难严重影响群众基本生活，建议上级主管部门和地方政府通过各种渠道积极筹措资金和物资，加强这方面的投入，保障村民生产和生活用水安全。

（三）加强骨干水利工程建设和灌溉设施改造更新

在这次抗旱中，仁和区的水利设施也发挥了巨大作用，但是仍存在骨干水利工程少、灌溉设施老化等问题。区内水利工程绝大部分修建于20世纪60年代，水利基础设施较差，部分塘库和沟渠渗漏、损毁和淤积情况十分严重，且部分水利工程设计能力存在缺陷，如区内大部分提灌设施陈旧，面对60年一遇的干旱无法保证正常运转和使用。因此，建议加大对骨干水利工程建设的投入，及时进行已有灌溉设施的整治和改造，才能在一定程度上做到水资源的合理利用。

（四）加强“五小”水利工程建设

区内小型水源工程众多，在此次抗旱过程中发挥了很大的作用，但由于地处山区，山高谷深，每个水利工程能覆盖的区域有限，单个小型和微型水利工程一遇干旱即无蓄水保障，抗旱保证率相对较低。因此，只有加大“五小”水利工程数量的建设，才能进一步提高水源蓄水量，且“五小”工程建设难度低、投资少、周期短，便于立项，适合应急供水。建议加大“五小”水利工程(小水窖、小水池、小塘坝、小泵站、小水渠)建设，因地制宜地采取临时打坝、截潜流、扩泉水、掘井水等应急措施，有效增加抗旱水资源量。

（五）大型调水工程亟待立项

仁和区地处金沙江干热河谷地带，特殊的地理位置和气候特点导致该区常年干旱不断，十年九旱现象十分普遍。目前，能够较好、较彻底地解决区内一部分干旱缺水区用水困难的方法是实施全区跃进水库“西水东调”项目，该项目直接受益的乡（镇）主要是仁和区大田镇、大龙潭乡，市钒钛园区托管的金江镇(西水东调工程)，项目的建成将彻底解决老旱区大龙潭乡以及大田镇和金江镇农业灌溉和生活用水问题，以充分利用跃进水库富余水资源。但由于前期缺乏资金投入，该项目已经过论证并初步设计完成多年仍未能得到实施，目前该项目已进入“关于加快攀枝花市仁和区‘西水东调’水利工作项目进度的议案”，并列入了2010年度攀枝花市重点水利工程项目。因此，加快该工程推进速度，可确保工程早日完成，为解决该区人畜饮水困难和灌溉用水困难发挥重要的积极作用。

第四节　凉山州会理县调研报告

2010年西南地区发生了特大干旱，四川攀西地区遭遇50年一遇的特大秋冬春连续干旱，截至2010年3月底，凉山州特别是沿金沙江干热河谷地区已长达6个月无有效降雨，造成31万人及36万头牲畜饮水困难，持续的高温无雨天气，给人民群众的生产、生活带来极大困难，州内农村饮水安全形势十分严峻。为了收集干旱对村镇饮用水影响的第一手资料和数据，同时帮助当地抗旱，4 月 9 ~ 10 日，四川省水利科学研究院麻泽龙、樊毅赴旱情严重的凉山州会理县进行了调研。

一、调查点基本情况

会理县位于四川省的西南部，凉山州的南端，地理位置为东经 101° 52' ~ 102° 38'，北纬 26° 05' ~ 27° 12'，东北方与凉山州的会东、宁南、德昌三县接壤，西南方与攀枝花市的盐边、米易二县接壤，东南方以金沙江为界沿江长 90 km 以上，隔江为云南省的楚雄州的元谋、武定、禄劝县。全县地形南北长 140 km，东西宽 55 km，幅员面积 4 528.17 km^2，最高点北部贝母山海拔 3 919.8 m，最低点南部金沙江出会理处海拔 839 m。全县幅员面积 4 527 km^2，辖 50 个乡（镇）、303 个行政村、10 个居民委员会。会理县地处川滇高原的高山峡谷，属亚热带西段季风高原型，季风影响非常强烈，地方特征十分显著，年内干湿季分明。

二、农村饮用水安全保障情况

根据《会理县农村饮水现状调查评估报告》统计结果，截至 2009 年末，会理全县 50 个乡镇农村总人口 45.97 万人。其中，通过集中供水工程及集中供水点供水人口为 5.75 万人，通过手压井、引泉、集雨等有设施供水到户的联户或小集中工程供水人口为 28.73 万人。

依据 2009 年全县农村饮水现状调查情况和卫生部门对集中式和分散式供水取样检验结果，全县尚有 10.189 7 万人存在饮水不安全问题，占全县农村人口的 22.17%，饮水不安全问题主要表现在饮用水水源保证率、生活用水量及用水方便程度不达标等方面。饮水不安全的主要因素有农村地理地势条件差，山高水低，居住分散，水资源紧缺、气候变化、洪旱灾害、“8.30” 地震等，这些都进一步加大了解决农村饮水安全的难度。

按照饮水不安全类型划分，本次调查的饮水不安全人口中，饮水水质不达标人口基本上没有；水量不达标人数为 7.707 6 万人，占不安全人数的 75.64%；用水方便程度不达标的为 2.217 1 万人，占不安全人数的 21.76%；水源保证率不达标的为 0.263 2 万人，占不安全人数的 2.60%。

三、该区域干旱特点、周期性和当年情况

（一）干旱特点及周期性

会理县属于典型的季风气候，干、雨季分明，冬干春旱是常年特征。由于季风环流导致干、湿季之分，因此本地的干旱表现为“干季的干旱”和“雨季的干旱”，干季表现为冬干、春旱；雨季主要表现为夏、伏旱。春旱（4 ~ 5 月连续≥ 15 d，雨量≤ 10 mm）年年皆有，

持续时间短的 20 d，长的达 2 个月；夏旱（6 月连续≥ 10 d，雨量≤ 10 mm）出现 6 次，频率 20%，伏旱（7 ~ 8 月连续≥ 10 d，雨量≤ 10 mm）出现 21 次，频率 70%，其中 7 月出现伏旱 9 次，8 月出现伏旱 12 次。

县境内可分为三个气候区：县北部海拔 2 200 m 以上的“高寒山区”，气候温凉湿润，冬季较为寒冷，年降水一般在 1 300 mm 左右；县中部为“二半山区”，气候温和，年降雨量一般在 1 100 mm 左右；县南部沿江干热河谷地区为“干热河谷区”，炎热干燥，降水少，年降水在 800 mm 以下。一般情况下，县中部和南部的“二半山区”和“干热河谷区”每年都会发生不同程度的干旱。近年来的气象观察显示，在县城及北部地区普遍降雨时，县南部仍然滴水未下，是会理县的干旱重灾区。

（二）2010 年旱灾影响情况

2009 冬 2010 春以来，全县遭受了 50 年一遇的特大干旱。全县降雨最多的地区为 20.8 mm，最少为 1.4 mm，是 1981 年以来最干旱的一年。主要有两个方面的原因：①自然因素。2009 年入秋后雨季结束较早，从去年 10 月份到今年 4 月份，长达 6 个月无有效降雨，形成了秋冬春连旱，且极有可能出现四连旱。②工程因素。全县病险水库情况较为严重，各种水库中病险病害水库占 55%，加之 2008 年“8.30”地震影响，造成 16 座水库震损，全县水库蓄水量严重下降，据统计，全县水库蓄水量较常年平均水平要少 2/3。截至 4 月上旬，全县因旱受灾涉及 16 个乡镇，198 个村，22.8 万人，造成有近 14 万人、38 万头牲畜不同程度饮水困难，有 2 万人需要临时拉水解决饮水问题，其中重灾区域主要为城河流域和沿金沙江流域，重灾乡镇为江普、新安、普隆和江竹 4 个乡镇；全县小春粮油减产 5% 左右，烤烟有 50% 的烟苗不同程度受旱，直接影响约 6 667 hm^2 大田适时移栽；同时工业生产也受到严重影响，有 21 户企业因缺水停产停工。由于会理县每年的雨季要在 5 月中旬以后来临，因此在这之前，全县因灾造成的人畜饮水困难的影响范围和程度仍然在扩大和加深。

图 9−33 至图 9−36 为会理县受旱情况实景图。

图 9−33 因干旱和“8.30”地震导致干涸的起口河水库

图 9-34　蓄水量严重减少的双狮水库（会理县黎溪双狮水库）

图 9-35　干枯的地下水井（会理县黎溪松坪村）

图 9-36　排队等水的群众（会理县黎溪松坪村）

四、抗旱对策和措施

旱灾发生后，全县各级部门积极行动应对，县委、县政府把解决人民群众的用水需求摆在第一位，坚决打好抗旱救灾保民生的硬仗。全县将抗旱保民生作为工作重点，通过大、中、小、微并举，县、区、乡、村组联动，群众自救互动，努力保证人畜饮水，在解决村镇饮水困难方面主要采取了以下两类措施。

1. 工程措施

（1）保水。最大限度涵养和保护好现有的 3 500 万 m^3 蓄水，尽量减少和避免渗漏及蒸发。同时在旱季通过对区域内病险水库和“8.30”震损水库等水利工程进行除险加固，以增加雨季蓄水能力。

（2）补水。发动群众采取打井、拉水（人背、马驮、车运）、提引等方式补充水源，确保建成的 20 万口微型水窖蓄满水。

（3）分水。始终坚持把天平的砝码向多数群体和缺水的地方倾斜，调剂用好现有提灌设备，确保满负荷运行，重点用好凉山矿业两套金沙江取水设备；对于局部缺水的集中供水工程，实行分时段、分片区供水。

（4）找水。用好地上水，盯住地下水，通过架设管道输水，用好现有水源，通过动员群众钻井取水，开辟新的水源。

（5）净水。加强水源水质监测，强化药物处理，确保饮用水消毒药品发放和药物处理到户、到人，确保人畜饮用干净、安全、卫生水。

（6）节水。采取滴灌、喷灌等节水措施，节约生产用水；教育引导广大城乡群众珍惜用水，节约用水，发挥每一滴水的最大效用。

2. 管理措施和对策

（1）组织领导到位。县委、县政府组建抗旱救灾工作指挥部，负责全县的抗旱救灾保民生工作。按照《凉山州会理县抗旱预案》要求，制定了抗旱救灾应急工作预案，组建以应急民兵为基础的抗旱救灾保民生专业应急队伍，以备应急之需。

（2）投入保障到位。全县投入抗旱抢水资金 1 600 万元，其中州政府下拨 50 万元、县财政列支抗旱救灾保民生专款 140 万元、区乡财政投入 500 万元、行业（企业）投入 190 万元、带动群众自筹资金 720 万元。目前，已投入抗旱设备 3.1 万台（套），装机 3.2 万 kW。

（3）预测预报到位。县气象局密切关注天气变化，为县委、县政府科学决策提供依据，条件具备时采取人工增雨措施。

（4）配套设施到位。深入推进农田水利基础设施建设和“36133”兴水惠民工程，抓紧抢修抢建人畜饮水和工农生产用水设施。近期拟实施 3 项工程，即投资 500 万元的鹿厂镇集镇 2 万人供水工程、投资 1 600 万元的黎溪镇集镇 4 万人供水工程、投资 5 000 万元的县城二水厂改扩建工程。

（5）发动群众抗旱自救到位。做好群众宣传发动工作，以群众为主体，抗旱自救、生产自救；树立抗大旱、防大灾思想，克服恐慌心理，从容应对，防止闹水荒。

图 9–37 至图 9–41 为会理县抗旱现场图。

图 9–37　当地水务部门介绍村民饮水困难情况

图 9–38　西昌卫星发射中心抗旱救灾分队参与会理抗旱救灾工作，为当地村民送水

图 9–39　对已经干涸的起口河水库进行除险加固工程，增加蓄水能力

图 9-40　村民打井自救解决饮水问题（黎溪松坪村）

图 9-41　建立应急供水设施为缺水区供水（黎溪双狮水库）

五、存在问题，意见和建议等

（一）存在的问题

通过县委县政府各级部门及地方群众的共同努力，会理县在农村饮水领域的抗旱能力上有了很大提高，但抗旱水平与面临的形势和任务相比，仍存在较大差距，其存在的问题主要体现在以下五个方面。

（1）村民居住条件恶劣，生存条件差。缺水区大多处于二半山区或干热河谷区，坡陡险恶，山高水低，取水困难，水源保证率差，或根本没有水源，而靠坑塘水窖来蓄集雨水的地方，水量基本不能得到保证，饮水水质也得不到保障，由于长期吃脏水，地方病、传染病时有发生。

（2）全县水利工程抗旱能力不足。目前全县建成各类水利工程 2 728 处，微水池 15.2 万口，水池 1 306 口，石河埝 97 处，固定机电提灌站 61 处，总蓄引提水量 1.38 亿 m^3。但已成水库中病险病害水库占 55%，且病情较为严重。水库淤积每年以 40 余万 m^3 的速度增长，全县已有 2 座小 Ⅰ 型水库和 37 座小 Ⅱ 型水库将面临降型或报废的命运。微型水利工程调节能力较差，遇到干旱年份，基本没有水量蓄积。另外，会理县部分区域矿产丰富，近年来为进行矿产开发而修建了大量尾矿库，占据了的集雨面积和中小流域区，进一步减少了水利工程和河流等的集雨面积，降低了蓄水量，并严重威胁区域的地表水、地下水环境，加剧了区域饮用水的不安全形势。

(3) 抗旱保障能力与社会化防灾减灾的要求不相适应。目前，全县抗旱经费投入渠道还比较单一，社会化投入机制尚未完全建立。抗旱服务组织数量不足，规模偏小，装备落后，抗旱服务能力普遍不强。工矿企业、城市社区、边远山区以及农民、中小学生、进城务工人员的防灾避险知识和自救互救能力亟待提高。

(4) 抗旱技术水平与现代化防灾减灾的要求不相适应。抗旱科技创新的总体水平仍然偏低，减灾仍主要凭借经验，抗旱工作基础研究滞后，抗旱手段相对落后，抗旱用水效率和效益不高。新技术、新设备、新材料的研究开发与推广应用滞后。工程设备与装备主要采用传统的器具和物料，现代化程度较低。

(5) 应急水源水质存在的问题。目前，会理县农村饮水应急水源主要有以下几种：人工送水、提水、引山泉水、原有管网延伸、打井取水、拉水等方式，其中人工送水一般为水厂取水，然后桶装或者水箱存储运送，水质一般经过常规渠道检验，完全可以满足要求，而经过集中供水点的输水管网延伸供给的水源，水质也都经过定期检验，可以放心使用。如黎溪区水管站在本次抗旱应急供水过程中，确定的白沙坡水库、双狮水库、干海子水库水源点，便是专门委托会理县疾控中心经过前期水质检测进而确定的水源点，从而保证了饮用水源的安全。而大多数分散居住的村民和小规模应急供水工程一般以提水、拉水、引山泉水和打井获取水源，虽然水质感官一般较好，即群众认为比较清凉、没有异味、没有浑浊现象便认为是卫生水，而由于用水户分散、取用水规模小，一般都未经过水质检测，因水质问题产生疾病时有发生。因此，在以后的应急水源供水工程中，分散供水和小规模应急供水的水质检测将是下一步亟待解决的突出问题。

（二）意见和建议

(1) 在选择水源时，根据县内各项目区泉水发育、水量丰富、水质好、地势高的有利条件，各供水工程尽量选择泉水作水源，实行管道自流供水；在没有泉水的供水区，则优先选择水量丰沛稳定、无污染、海拔较高的山溪小河作水源，实行管道自流供水；在部分浅层地下水丰富的血吸虫病疫区，若附近找不到安全饮用水源，可就近打井取用浅层地下水解决当地居民饮水安全问题。

(2) 会理县南部地区靠近金沙江沿岸，由于地理和气候的因素也是全县主要的缺水区，由于农村居住点距金沙江海拔高差较大，最高可达 800 m，解决此类农户的用水问题，需要靠多级扬程提水，远距离输水，这样造价太高，用水成本太大，是老百姓承受不起的，这就需要政府加大对金沙江沿岸抽水提灌工程建设的资金投入。

(3) 联合调度，增强水量调节能力。区内小型水利工程众多，但是都较独立，没能发挥较好的调节作用，通过各种水库，山平塘、石河堰、提灌站、以及众多微型水利工程等的联合调度，可以最大程度地发挥水资源的调节作用，提高抗旱能力。

(4) 进一步加强水利工程建设，特别是新建水源工程、病险水库加固工程、输水渠系的加固和改造工程以及微型水利工程（集雨池、水井、水窖）等的建设，扩大投融资渠道，加大资金投入。

（5）会理地区矿产丰富，由于矿产开发而修建的尾矿库进一步减少了区域的集雨面积和蓄水量，因此可以通过在山顶、坡顶等易于蓄积雨水处铺设塑料薄膜集雨，修建“五小”工程（小水窖、小水池、小塘坝、小泵站、小水渠）增加蓄水量，提高抗旱能力。

第五节　德阳市中江县调研报告

2010 年 4 月 9 日，针对去冬今春西南地区遭受严重干旱对广大农村饮用水源安全造成的严重影响，四川省水利科学研究院节水所对重旱区德阳市中江县进行了《四川干旱对村镇饮用水源安全保障影响》的调研。

选择中江县具有干旱代表性的集凤镇金凤村、白梁村进行现场调查。通过与主管部门相关领导和技术人员座谈、村民家中访谈、现场察看等方式，较全面、细致地收集了《中江县农村饮水“二十五”规划（2011—2015 年）》、《中江县农村人口饮水安全情况》、《中江县乡镇集中供水突发污染事故及自然灾害应急处理预案》、《中江县农村饮水现状调查评估报告》、《中江县 2010—2013 年农村饮水安全项目计划安排表》、部分水厂水质检测报告、中江县农村供水现状调查统计表、中江县集凤镇提出了扶贫规划等资料，并现场拍摄了大量照片，为形成“西南干旱对于农村饮用水源安全保障的影响评估”提供了基础资料。

此次调研活动得到了德阳市中江县水务局农饮办、中江县集凤镇镇长、金凤村、白梁村书记及村民的大力支持，达到了预期的调研目的，在此表示感谢。

一、调查点基本情况

中江县位于四川盆地西北部，东临三台，北靠绵阳、罗江，西与旌阳、广汉、金堂相连，南和乐至、大英接壤。地形狭长，东西宽 24 ～ 37 km，南北长 90 km 以上。地势西北高，东南低，相对高差为 736 m，幅员面积 2 063 km^2，境内地形以丘陵为主、低山次之。地质构造分属新华夏体系和绵阳环状构造体系。

该县气候属“四川盆地中亚热带湿润季风气候区”无霜期长，四季分明，属四川盆地中最少雨量地区。全县耕地面积 103.341 万亩，占幅员面积的 19.96%，其中水田 36.87 万亩，旱地 66.47 万亩。

中江县是川西北丘陵农业大县，属国家产粮大县，生猪生产基地。辖 45 个乡镇，2009 年末总人口 142.67 万人，其中非农业人口 16.08 万人，农业人口 126.59 万人，居全省人口第 4 位。生产总值 (GDP)145.5 亿元，农业总产值 76.72 亿元，工业总产值 103.76 亿元，财政收入 4.37 亿元，职工年平均工资 19 591 元，农民人均纯收入 4 537 元。

新中国成立 60 年以来，在党和政府的领导下，经过几代水务人的艰苦奋斗，相继建成了一大批水利工程，根据流域、地貌和灌溉系统的特点，已形成了相对独立的几个灌区。防灾抗灾能力不断增强，水资源综合开发利用水平不断提高。为全县社会经济发展作出了巨大贡献。但由于多方面的原因，全县现有水利建设还严重滞后于社会经济的发展，直接制约着全县可持速发展需要。

二、农村饮用水安全保障基本情况

中江县辖 45 个乡（镇），760 个行政村。全县总人口 142.67 万人，其中农业人口 126.59 万人（含乡镇非农业人口），截至 2009 年 12 月底，全县享受集中供水为 35.66 万人；采用分散供水的 90.93 万人，主要饮用井水、山泉、田、塘、堰、河、溪沟水，这类饮用水方式分布区最广，除凯江镇属城区，其他 44 个乡镇均有分布。中江县饮用水水质存在有害、有毒物质不同程度超标问题，其中饮用苦咸水 7.316 万人，另外，在 9 个乡镇 41 个村的 15.479 8 万人，身居血吸虫病疫区。

近 20 年来，中江县利用各类资金建成 197 处农村集中供水工程，使 300 多个村的 33 万余人、27 万头牲畜饮上安全卫生水。全县现有堰塘 9 200 口，但 2 100 多口无水，占总数的 23%；420 节石河堰干涸，占总数的 34%。全县应蓄水量 1.79 亿 m^3，实际蓄水仅 1.48 亿 m^3，特别是龙泉山脉地区蓄水更少，只占应蓄水的 50% 左右。

中江县人饮建设虽然取得了一定的成绩，但由于历史原因和县域经济发展滞后等因素，水利基本建设规模、速度、标准和效益均远远不能适应农业和农村经济社会发展的需要，农村饮水安全形势依然比较严峻。

三、该区域干旱特点、周期性和当年情况

（一）干旱特点及周期性

中江县位于四川盆地西北部，地势西北高，东南低，相对高差为 736 m，幅员面积 2 063 km^2，境内地形以丘陵为主，属四川盆地中最少雨量地区，属新华夏体系和绵阳环状构造体系。

县境内有大小河流 15 条，分属涪江水系 13 条，属沱江水系 2 条。全县水资源总量 16.1 亿 m^3，其中年过境水量 5.81 亿 m^3，过境水主要是凯江上游河道来水，来水量的季节性明显，主要集中在汛期，而枯水期断流，有效利用率低。地表径流量时空分布不均，时间上主要集中在 6 ~ 10 月，占全年的 78.4%，并且多以山洪形式出现，利用率低。地表年平均径流量 5.12 亿 m^3，地下水 0.81 亿 m^3，都江堰年可引水 4.36 亿 m^3，多年实际年引用量为 0.81 亿 m^3，年可开采量为 0.64 亿 m^3。因此，可利用水资源贫乏是该县缺水的主要原因。

中江县在 2006 年 5 月至 2007 月 6 月，遭受了百年一遇特大干旱，部分地方受灾时间长达 390 d，全县各地群众生产、生活用水矛盾明显突出，造成 486 个村 3 047 个社的 10.23 万户、30.62 万人饮水困难，尤其龙泉山脉地区受旱更为严重，有 4.802 2 万人吃水要到 1 ~ 3 km 的地方担水，7 个乡镇、41 个村的 1.4 万人靠政府送水解决生活问题。经过近几年农村饮水安

全项目的实施，目前已解决 8.3 万人饮水不安全问题，但仍有 51.58 万人饮水不安全，农村饮水任务还十分艰巨。

2009 年 9 月至 2010 年 3 月 10 日，中江县又遭受持续干旱。该县平均气温 8.2℃，比历年同期平均气温高 1℃；降雨量 11.2 mm，比历年同期少 52%，形成冬干连春旱。

中江县全县有 11 000 眼井全干，有 23 100 眼井半干，分别占 9.8%、22%；160 个村组、1.6 万人、1.9 万头牲畜的饮水都十分困难。中江县合兴乡盘山村，地处龙泉山脉地区，农田十年九旱，村民饮水困难，在 2010 年受旱更为严重。8 组村民王光玉，一家 4 口人，现在全家人饮水都只有靠走十多里路，到山脚下的水井担水吃。村里 30 多户农户、110 多人的饮水都很困难。盘山村从山脚下到山顶上，没有一个堰塘蓄有水，全部都是枯塘。盘山村邻近的燕窝村，石泉乡的桂花园村、西眉山村，集凤镇的金凤村、金盆村、石垭村，古店乡的金铃村、新桥村，瓦店乡的太平村、竹园村等村组，在饮水安全方面也面临着同样的问题。这些地方的 3 000 多人吃水全部要到几千米外的地方担水。

高店乡居山伴水，但在此次百年一遇的旱灾中未能幸免。持续的干旱给高店乡 3 647 户，12 551 人的生产、生活用水造成了严重的困难。大春之前，182 口塘堰，127 口全干，55 口半干；1 401 口水井，1 089 口半干，312 口全干，全乡有 65 个社，3 215 人，2 633 头大牲畜出现饮用水困难。

根据中江县水利局相关负责人的介绍，截至 2010 年 3 月末，中江县的旱情比较严重，人畜饮水问题在龙泉山脉地区更突出，严重缺水的已经达到 1.2 万人。

（二）调研情况

对中江县集凤镇金凤村、百梁村进行干旱调研，情况如下：

中江县集凤镇，平均海拔 780 m，幅员面积 59 km^2。该镇现有 20 个村一个居委会，186 个社，8 843 户，农业人口 26 368 人，劳动力 16 722 个，从事农业生产人员 10 224 人，工业人口 255 人，外出务工人员 8 165 人，全镇耕地面积约 1 673 hm^2，其中田 612 hm^2，旱地 1 061 hm^2，2009 年农民人均纯收入 4 786 元。

集凤镇农村供水站现状：建设镇集中供水站两处，总规模 92 m^3/d，受益人口 3 650 人。集凤供水站建于 1987 年 6 月，水源为地下水，以提水方式取水，有净化设施，水质定期检验，设计供水规模 241 m^3/d，现状供水 60 m^3/d，现状用水人口 2 600 人，水价为 3.5 元 / m^3。石垭供水站建于 2003 年 12 月，水源为地下水，以提水方式取水，有净化设施，水质定期检验，设计供水规模 92 m^3/d，现状供水 32 m^3/d，现状用水人口 1 050 人，水价为 3.5 元 / m^3。

农村供水现状：集中供水人口 3 650 人，供水到户；分散供水人口，取用井水 3 281 人、引泉水 4 104 人、集雨水 247 人，无取水设施的有 15 994 人。

农村饮水安全现状：全镇饮水安全和基本安全人口 10 619 人，饮水不安全人口 16 657 人，其中饮用未经处理的Ⅳ类及超Ⅳ类地下水 1 762 人，饮用细菌学指标超标严重、未经处理的地表水 230 人，其他饮用水水质超标问题 1 768 人，水量不达标 4 666 人，用水方便程度不达标 4 143 人，水源保证率不达标 4 088 人，血吸虫疫区村数 10 个。

1. 金凤村

中江县集凤镇金凤村，农村总人口 1 100 人，全村饮水安全和基本安全人口 220 人，饮水不安全人口 880 人，其中水量不达标 250 人，用水方便程度不达标 230 人，水源保证率不达标 400 人。集中供水人口，按供水方式有 350 人供水到户，取用地下水 531 人；分散供水人口，取用井水 30 人。无取水设施的有 720 人。农民人均年纯收入 2 510 元。

据现场调查，全村有 1/3 的劳力外出打工，全村饮用水主要来自 1 km 外山脚下的小水沟，全村有山坪塘 54 座，蓄水池有 32 个。村上有几户养鸡大户，对其中一家养鸡户入户了解到：鸡场由二位老人管理，共养鸡 5 500 只，每天只能抽取 0.5 m^3 地下水，其余用水要到山下小河去挑 30 担，放入蓄水池中，才能满足所需用水（图 9−42 至图 9−44）。没有净化措施。

图 9−42 抽水水源方向的软水管

图 9−43 鸡场内的供水设施

图 9–44　供农户和鸡场用水的取用水装置

图 9–45 至图 9–49 同样摄自金凤村，概括反映了干旱地区取用水现状。这是一个修建在山脊上的 50 m^3 的蓄水池，由于地下水位不断下降，抽取地下水较困难，每天分几次抽水，水量很少。抽取的水经渠道、沉砂池、蓄水池取水口进入蓄水池，供周围几户农家生活及灌溉用水，现场池中只有 1/3 的池水。

图 9–45　抽取地下水的输水渠道

图 9-46　渠道水入蓄水池前的沉砂池

图 9-47　蓄水池中水流入水口，由沉砂池引入

图 9-48　蓄水池中水位及水质状况

图 9-49　在农户家旁边修建的 50 m³ 蓄水池，供周围几户农家用水

2. 百梁村

中江县集凤镇百梁村位于山脊梁上，全村总人口 1 310 人。全村饮水安全和基本安全人口 851 人，水量不达标 459 人，是血吸虫疫区村。无集中供水站，取水采用分散供水方式，取用井水 234 人、引泉水 617 人、无取水设施的有 459 人。农民人均年纯收入 2 480 元。

据调查，该村人工井打 10 m 多就有水，但水量不多，且含水层在不断下降，原来的老井基本干涸。全村共有 3 个堰塘，年久失修，3 ～ 4 年前都是枯的（图 9-50 和图 9-51）。

集凤镇政府对这两个村的居民饮用水和灌溉用水非常重视，在村民居住区新修建了几个山坪塘，并已蓄有水。新修上山公路，安排专门的送水车和装水桶，专人管理，在村民急需用水时，打电话到镇上会有专车送水，来满足山上村民的基本用水需要量。

图 9-50　2009 年水池已做防渗处理，池中有 2/3 的水，用于灌溉

图 9-51 自山坪塘引水到农田土渠

四、抗旱预案、措施、方式和效果

（一）积极组织督导抗旱工作，保障农村饮水安全

针对 2009 年冬干、2010 年春旱情况，从 2010 年 2 月底起，中江县委、县政府积极部署抗旱减灾工作。中江县发出《关于全力做好抗旱工作的紧急通知》，要求各级各部门高度重视旱情，千方百计保证人畜饮水安全，抓好现有水源管理，努力寻找水源，缓解用水矛盾。3 月 4 日，县农业农村工作领导小组召开“五长”会商会，分析当前干旱形势，安排部署抗旱工作对策；农工委、水利局、农业局、农机局、民政局等部门的负责人到兴隆、合兴、集凤、古店、石泉、瓦店等地了解旱情，指导抗旱；及时派出 8 个抗旱工作组深入到 45 个乡镇了解旱情，督导抗旱备耕。对重点旱区人畜饮水特别困难的地方，中江县委、县政府组织人力或车辆送水，确保群众有水喝，如合兴乡盘山村 8 组，从 3 月 8 日开始租用拖拉机送水，瓦店乡 4 个村动员青壮年劳动力为老弱户送水。随着旱情不断加剧，当地政府部门也从 3 月 8 日开始，对缺水农户进行定时送水，送水范围涉及古店、石泉、集凤等乡镇。为了长期解决盘山村七组、八组村民的吃水难题，当地水利部门正在积极想办法。

（二）发放便民卡，即使解决群众用水困难

2010 年 3 月中旬，为有效应对干旱对高店乡农民的用水威胁，乡党委研究决定，制作发放“便民卡”，卡片样式简洁，正面鲜艳的国徽下，写着“立党为公、执政为民”，“您的需求，就是我们的工作”等字样，卡片背面公布所有镇领导干部电话，明确写明各自分工。必须发放到每一户人，“一个不漏，一户不少”。4 月 8 日，花池村 8 社叶润兴打电话说村里

生产生活用水困难，乡上立即派出工作组，组织抽水，及时解决了该社的人畜饮水问题。从3月17日“便民卡”发出至4月9日，239个群众来电有221件得到了落实处理。“便民卡”的高效率在百姓心中有了崇高的威望。小小一张卡，连通了高店乡3 647户，12 551人的心。因为一张小卡，在旱情持续的当前，党群一心，干群一心抗旱自救的决心，显示特殊作用。

（三）编制自来水厂水源污染应急处理措施预案，保障水厂供水安全

（1）按照《中华人民共和国突发事件应对法》和《中江县突发事件应急预案》中组织机构各职责分工的要求分为供水总站职责和水利水产站职责：①供水总站职责。一旦出现集中供水突发污染事故，县供水总站应即时报告县人民政府及相关单位，并组织当地供水站立即启动应急处理预案，协调附近供水站提供净水设备、净水剂、管材管件和延伸管网解决临时用水，从资金、技术上提供帮助。②水利水产站职责：一旦各水利水产站辖区内集中供水发生突发污染事故，各站应立即派人员亲自到事故现场调查，在调查清楚后，立即将调查的具体情况报告中江县供水总站和当地人民政府，并协助有关单位和部门进行应急抢险，从技术上提供服务。

（2）饮用水重大污染事故的报告。发生生活饮用水重大污染事故时，应当立即向当地政府、县水利局供水总站报告。任何单位和个人不得对生活饮用水重大污染事故迟报、谎报、瞒报或者授意他人迟报、谎报、瞒报。

（3）突发性生活饮用水污染事故调查处理。调查内容为：各自来水厂及时了解用水户近期对饮用水问题的反应，采取相应的措施；检查供水水源、抽水设备、输水主管、供水管网的设备、设施卫生防护情况；查看水源或出厂水近期水质变化，了解用水户意见；检查水处理设备、设施、消毒、供水管网等情况；现场采集相关样品，采集数量依据具体情况确定，至少应采集水源水、出厂水、管网末梢水样品；对污染事故波及的人群做详细的调查了解，包括主要疾病症状、临时特征、人数。饮用水污染事件发生时，各自来水厂人员必须亲自到事故现场调查。

（4）处理措施：暂停供水，立即清除污染源；清洗和消毒被污染的管网和供水设备或增添必要的净水消毒设备及装置；做好群众的解释和宣传工作，并配合相关部门的调查；替代水源选择，根据当地实际情况和疾病预防控制中心检测结果，各自来水厂应积极配合卫生部门和疾病预防控制中心共同选择替代水源，并将选择结果上报县卫生局和业务主管部门。

（5）当发生地震、塌方、洪灾时的应急措施。当自来水厂主要建筑物受损不能正常供水时，要组织技术力量及时抢修，如不能及时修复的，应采取机压直接供水；当自来水厂水源地受到严重损毁时，要及时启用备用水源，如没有备用水源，要及时落实符合饮用水的替代水源；当供水管网因灾受损时，要组织人员及时恢复；各自来水厂要储备相应的供水设备和管道、管件，以便在灾后能尽快恢复供水。

（6）应急临时性措施：对已造成有证据证明可能导致生活饮用水有重大污染时，应采取下列临时性措施。停止供水，封闭供水设施，并进行清洗、消毒；责令污染责任单位控制、排除污染源；封闭有关供水设备和用品；停止供水期间，有条件的采取措施解决临时供水，

如能确认污染责任单位的，要求其全力配合解决临时供水。

（四）处理效果

针对旱情，中江县水务局安排各乡镇供水站给旱区村民送水。中江县各水厂的水源包括地表水、深井水、山涧水，铁锰超标是主要问题，经处理后的水质经中江县疾病预防控制中心卫生学检测报告表明：仓山自来水厂、集凤镇自来水厂、富兴镇红光供水站、合兴乡劲松村水厂等水厂的水质均达到《生活饮用水卫生标准》GB5749—2006 有关规定。

五、存在问题

中江县各乡镇现有的供水工程，90% 以上属 20 世纪 80 年代享受世行贷款而兴建的改水工程，经过近 20 年的运行，目前机电设备老化，管网锈损破漏严重，急需更新改造资金。此类工程效益大，也属场镇、学校供水的热点工程。有的集中供水站由于农户居住位置分散，导致投资增大而不能达到实施方案的受益人数。地方配套和群众自筹资金不能足额到位，饮水安全工程的设计费、监理费、前期工作经费均得不到保障。有的供水站乡镇、村积极性不高，认为水利部门在组织实施，工作就该水利部门做，导致工程进度缓慢。

没有健全的供水设施抵抗干旱对农村饮水安全带来的威胁，缺少人畜饮水工程的科学建设管理机制，水质净化技术设备落后，各种运行管理制度不健全；供水工程所在地的乡（镇）、村和受益村民，缺少供水工程建设和饮水质量的监督管理的能力。

第六节 眉山市仁寿县旱情调研报告

本次调研由于诸多限制因素，现场只考察了仁寿县景贤乡与黑龙潭水库灌区，具体情况如下。

一、仁寿县农村饮水不安全现状[1]

仁寿地处四川盆地中南部，幅员 2 606 km^2，全县总人口 162 万人，耕地面积 119.85 万亩，辖 60 个乡镇、570 个村、4 567 个经济社。截至 2009 年底，全县有农村人口 149.78 万人，其中，通过集中供水工程及集中供水点供水农村人口为 19.62 万人，分散式供农村人口 130.16 万人，

1 数据来自“四川省《2010—2013 年农村饮水安全工程规划》人口现状调查及复核报告”，2010 年 2 月四川省农田水利局和四川省水利科学研究院编著。

分散式供水人口中无任何设施农村人口 17.88 万人，占全县总农村人口 11.9%。该县是全省第一人口大县、全国农村饮水安全示范县，也是全省首批扩权强县试点县和 51 个重灾县之一。

近年来，仁寿县农村饮水安全项目建设始终坚持“以人为本、群众参与，科学发展、因地制宜，建管并重、构建和谐”的原则，在探索中创新，在创新中完善，在完善中与时俱进，逐步实现了农村饮水安全建管模式从“分散到集中、分散集中相结合向水务一体化城乡统筹供水”转变，逐步实现了广大农村群众从“饮上水、饮上安全水向饮上安全优质水”转变，开创了仁寿农村饮水安全和谐发展新局面。2005 年以来，全县共投入资金 1.25 亿元，其中国债资金 8 300 万元，建成各类饮水安全工程 21 883 处，其中集中供水工程 62 处，分散供水工程 21 821 处，解决了 30.65 万人的饮水不安全问题。截至 2009 年底，全县饮水不安全人口已降至 76.16 万人（其中新增 39.65 万人），占全县农村人口的 50.8%。

仁寿县自 2005 年以来通过近 5 年的努力，在保障农村居民饮水安全方面工作成效显著，主要表现在：①使全县 30.65 万人告别了祖祖辈辈吃不上水、吃不上干净卫生水的历史；②饮水条件的改善，缩短了群众的取水时间，减轻了农民找水、担水、买水负担，解放了农村劳动力，推动了养殖、种植和加工业的发展，有效促进了生产发展；③带动了老百姓积极改厨、改厕、改圈、改土、改路，建沼气、建庭园、建新房，加快了新农村建设步伐。一年来，因饮水条件的改善，带动了新农村建设，一大批“水兴百业旺”、村容整洁、管理民主、乡风文明、生产发展、生活宽裕的新农村景象呈现在眼前；④老百姓喝上安全卫生水，大大降低了地方性疾病和传染病的发生；⑤饮水安全问题的解决，农民安居乐业，矛盾纠纷大大减少，促进了乡风更加文明；⑥群众全过程参与饮水安全工程建设与管理，尊重了群众的知情权、参与权、监督权，推动和加快了村内民主管理进程。

二、仁寿景贤乡旱情造成的村镇饮水困难情况[2]

（一）景贤乡基本情况

景贤乡地处仁寿县龙泉山脉中段，距离县城 21 km，是一个典型的山区全农业乡，幅员面积 41.25 km^2，辖 7 个村，40 个农村小组。全乡总人口 10 057 人，耕地面积 12 300 亩，其中田 6 110 亩。农村生产以粮食为主。主要粮食作物有水稻、小麦、玉米、红苕等。主要经济作物有油菜、花生等。境内水利设施有中型水库两座、山平塘 98 座；已建成县道水泥路 12 km，村社公路总里程 213 km，交通便利。景贤乡资源丰富，森林覆盖率达到 75%。

（二）受灾情况

与往年相比，全乡山坪塘 98 口，无水的有 46 口，现有山坪塘蓄水量仅有 12 万 m^3 左右；

2 数据来自仁寿县景贤乡乡政府

乐群水库核定库容量 160 万 m^3，现仅存水 100 万 m^3 左右（图 9–52 和图 9–53）。

图 9–52 干枯的塘堰

图 9–53 农户人畜饮用水池

自 2009 年入冬以来长达 4 个多月未下雨，造成该乡春旱严重，生产不能正常开展，群众生活受到严重的影响。油菜播种面积 4 533 亩，受灾面积 2 678 亩，受灾率达 59.1%，绝收 300 亩；小麦播种面积 2 941 亩，受旱面积 2 850 亩，受灾率达 62.9%，绝收 500 亩；果树种植面积 1 899 亩，受旱面积 1 215 亩，受灾率达 71.5%；其他杂粮都不同程度受到了旱灾的影响。柏柳村油菜面积 798 亩，受灾 527 亩，绝收 105 亩；小麦 548 亩，受灾 416 亩，绝收 125 亩。柏柳村群众饮水困难的有 605 人，大牲畜饮水困难的有 451 头。芭蕉村油菜面积 730 亩，受灾面积达 600 亩，绝收 100 亩；小麦面积 380 亩，受灾面积 180 亩，绝收 60 亩，芭蕉村群众饮水困难的有 600 人，大牲畜饮水困难的有 348 头。人畜饮水受到严重影响，其中群众饮水困难达 3 483 人，大牲畜饮水困难达 2 579 头。

三、仁寿景贤乡抗旱应急措施

（1）投入人力全力抗旱。①全乡施行乡干部包村，村干部包社，社干部包产；②乡党委组织全乡党员对饮水困难群众实施帮扶；③户产联动，邻里之间互相帮助。

（2）财力、物力投入。①全乡提供抽水设备 6 台；②建景贤乡场镇用水二级提灌站，保证场镇用水；③政府投资 6 万元修复损毁的 18.5 km 渠系以及年久失修的提灌站 4 座，保证灌区抗旱用水；④乡政府已向上级争取了新建 6 座集中供水站的项目，现在正在规划当中；⑤积极向上争取红层找水项目，现在正在规划之中。

（3）实行抗旱日报告制。各村每日下午及时向乡政府汇报旱情，乡政府进行汇总后，再根据情况调整人员进行集中送水。

（4）水库提前放水。为了抗旱，乡政府及时调整乐群水库放水时间。与往年相比，乐群水库今春提前一周放水。

（5）废水井二次利用。乡村社干部和群众积极寻找水源，对以前用过的废水井进行淘淤，乡政府计划组织购回潜水泵 20 台和水管 1 000 m 发放到群众手中抽水抗旱。

四、意见和建议

仁寿县景贤乡特别是个“十年十旱”的地方，又处于红层地貌，打井困难；尽管景贤乡内有两座小型水库，离黑龙滩水库也不远，但村民却只能眼睁睁地看着黑龙滩的水从山脚下流过，水引不上来，所有人畜和农作物种植全靠天然降水。要改变这种靠天吃水的局面，需从政策、财力、技术等多方面加大投入，方可改变该乡村民饮水困难问题。

（1）加大财力投入，远程调水解决农村用水。景贤乡距离黑龙潭水库不远，黑龙潭水质良好，加大财力投入，建立梯级提水站，解决水量缺水问题。

（2）加大技术投入，解决红层打井问题。积极借鉴和引进先进的红层找水打井技术，充分利用地下水资源，解决村民用水问题。

（3）依托新农村建设，建立集中安置区。在有条件的自然村，可建立集中安置区，按照新农村建设标准，建立集中供水设施，自来水到户，从根本上解决农村饮水困难。

第七节　重庆市万盛区调研报告

一、调查区状况

（一）自然地理概况

万盛区地处重庆市西南部，是重庆市的一个近郊区，万盛区人民政府所在地距重庆市中区 120 km，东邻南川县，南接贵州省桐梓县，西北均与綦江县相连，地跨东经 106° 45' 6" ~ 107° 03'，北纬 28° 46' ~ 29° 6' 48"。全区幅员面积 565.76 km^2。

万盛区所处区域地质构造位置为新华夏系第三隆起带与沉降带间，构造复杂。区内出露地层除泥盆系、石灰系、第三系和白垩系外，寒武系到第四系均有不同程度的地层出露。该区属四川盆地东南边缘与云贵高原衔接的过渡山区，地形复杂，地貌多样，地势东高西低，最高点是景星乡境内的狮子槽东侧山峰，海拔 1 973 m，最低点是南桐镇温塘，海拔 265 m，高差 1 708 m。根据地表形态特征及高度的差异，全区地貌可分为四个类型：一是盆边中山地貌，面积 181.77 km^2，主要分布在丛林镇、青年镇等地背斜形成的中山；二是盆边低山槽谷地貌，面积 164.26 km^2，主要分布在丛林、青年、关坝等乡镇的大部分及万盛东南部背斜形成的低山及岩溶槽谷地带；三是岩溶丘陵平坝地貌，面积 103.98 km^2，主要分布在万盛、南桐镇西北部及中部地区；四是坪状低山地貌，面积 94.85 km^2，主要分布在金桥镇及青年、关坝西部及万盛北部一带。

全区农业土壤分 5 个土类（即潮土、紫色土、石灰岩土、黄壤土、水稻土）9 个亚类，25 个土属，61 个土种。全区植被覆盖率为 34.1%，分布不均，较好的乡镇达 58% 以上，较差乡镇为 17.3%。

万盛区处于副热带东亚季风环流范围内，季风气候十分显著。区内气候温和，降水较丰沛，四季分明，无霜期长。全年平均气温 18.1℃，极端最高温度 41.7℃，最低温度 -3.6℃；年均日照 1 228.6 h，无霜期 341.3 d。区内多年平均降雨量 1 282.4 mm，但年际年内变化均大，最多年降雨 1 590.2 mm，最少为 974.5 mm，年内降雨多集中在 5 ~ 9 月份，5 ~ 9 月的降雨量占全年降雨的 67.2%。

万盛区地域属长江水系，地处云贵高原边缘山区，溪流多为季节性溪河，源短径流小，平时水量不足，一遇暴雨，水流湍急又常淹没农田，造成洪灾。区内流域面积在 10 km^2 以上的河流主要有孝子河、丛林河、清溪河、小河、刘家河、养生河、金鸡沟河、溱溪河、藻渡河等 12 条。孝子河是区内主要河流，发源于南川市花桥甸家铺子，由北向南流经丛林、万东、南桐 3 镇，于大沙坝汇入蒲河，全长 67.65 km，区境内占 29.02 km，流域面积 330.03 km^2，河床平均宽 36 m，比降 10.68‰，落差 142.5 m，多年平均径流深 627.6 mm，多年平均流量 9.1 m^3/s，理论水能蕴藏量 6 911 kW。

全区自然资源十分丰富，特别是煤炭贮量高达 11.7 亿 t 以上，且量大质优，开采价值高，硫铁矿贮量也达 1 260 万 t，此外，还有大量的品质优良的铁矿石、白云石、石英石、皂石等金属和非金属矿，是冶金、化工、建材、玻璃、陶瓷等工业的重要材料。该区旅游资源十分丰富，如万盛石林风景区、黑山谷原始生态旅游区、铜鼓滩漂流景区、九锅箐森林公园、樱花温泉度假区等均是旅游的圣地。

（二）社会经济概况

万盛区始建于 1955 年 8 月，属重庆市的一个近郊工业区，也是重庆市规划发展的重点旅游新区，全区辖 7 镇一乡两个街道办事处，即万东镇、南桐镇、青年镇、关坝镇、丛林镇、金桥镇、石林镇、景星乡、东林街道办事处及万盛街道办事处。

全区 2002 年总人口 26.9 万人，其中城镇人口 10.8 万人，农村人口 16.1 万人，区内人口平均密度为 475.5 人 /km^2。全区总耕地面积 25.48 万亩，其中田 10.12 万亩，土 15.36 万亩，人均耕地 0.947 亩。

万盛区是重庆市的重要煤炭工业区之一，区内工业门类比较多，但基础较差设备陈旧，煤炭工业是区内主要的支柱产业。根据 2002 年底统计，全区 2002 年工业总产值为 109 700 万元，其中区属以上工业企业产值为 56 800 万元，乡镇企业产值为 45 400 万元。

万盛区在进一步深化农村经济体制改革的同时，不断调整农业产业结构，加速发展乡镇企业和多种经营，强化农田水利基本建设，改善农业生产条件，依靠科技兴农战略，加快适用农业技术的推广，促进农村经济的全面发展。

2002 年全区完成农业总产值 35 170 万元，粮食总产量为 70 101 t，油料总产量 1 306 t，现有各类水利工程 418 处。

二、水资源开发利用情况

（一）水资源概况

水资源系指较容易被人类利用的，有一定数量和质量保证的并能在不长的时间内（一般为一年）得到恢复和更新的天然淡水水源。某一区域的水资源总量指当地降水形成的当地地表水资源量，地下水资源量和已利用过境水资源量之和，由于该区属盆缘山区，地下水主要由降水补给，与地表径流的补给方式一致，因此地下水部分不作专门研究。

（1）降水量。万盛区降水较为丰富，以区气象站 36 年（1965—2000），资料系列计算得该区多年平均降水量为 1 282.8 mm，降雨在全区总的分布趋势是东部多于西部。

（2）地表径流。万盛区地表径流主要来源于降水，区内缺乏实测的径流资料，但与该区同属一个水系且下垫面情况基本一致的綦江县石角水文站有连续 25 年实测资料可供分析计算，因此，将石角水文站实测的径流成果用多年平均降雨量进行综合修正计算得该区多年平均径流深和径流量分别为：698.6 mm 和 39 458.92 万 m^3。

（3）地下水资源。万盛区地下水分为松散堆积物孔隙水、强风化裂隙水、碎屑岩类型裂隙水和碳酸盐岩类裂隙溶洞水四个基本类型。根据不同类型，采用地下水径流模数法，大气降水渗入法计算后求得该区地下水总量为 7 700 万 m^3，可开采量 710 万 m^3，已开采量 293 万 m^3。由于长年煤矿开采，地下煤层大量被采空，致使地下水位下降，现已将至海平面以下 450 m，地下水资源的开发利用已十分困难。

（4）过境水资源。过境水资源指从区境外流穿本区的地表水资源。万盛区有孝子河、藻渡河，木洞小河三条过境河流，其中孝子河是穿流该区人口密集、工商业发达和城镇集中的一条主要河流，过境水资源量较为丰富。根据境外流域面积和多年平均径流深经计算求得 3 条过境河在该区的多年平均入境水量分别为：孝子河 9 384.2 万 m^3，藻渡河 93 463.1 万 m^3，木洞小河 245.0 万 m^3。全区总入境水量为 103 092.3 万 m^3。由于矿源污染及工业污染等原因，致使孝子河过境水量利用率低，目前只在孝子河上利用提水设备提取过境水 328.91 万 m^3，占总入境量的 0.32%。另两条河属界河，过境段短且水位低，利用困难。万盛区水资源开发与利用的原则是：充分利用本地资源，以调蓄当地径流为主，引提部分过境水资源作补充的开发战略方针。

（5）水资源总量。由于万盛区属盆缘山区，地下水和地表径流相互补充难以分割清，在地表水资源的计算中已包含了地下水资源量，故通常将该区地下水作为重复计算量，在水资源总量中不另计入。所以该区的水资源总量为当地地表水资源量与已利用过境水量之和，即为 39 787.83 万 m^3，其中过境水已利用量 328.91 万 m^3。

（6）水资源开发前景。万盛区多年平均地表当地水资源量为 39 458.92 万 m^3，人均拥有量为 1 475 m^3，为全国人均占有水资源量 2 600 m^3 的 56.7%，低于全国水平。据统计，2002 年，全区实际利用当地地表径流量为 5 271 万 m^3。占当地地表水资源可利用量 QP=75% 的 3.6%，利用率还很低，该区水资源尚有较大的开发潜力。

（二）水利工程现状

2004年万盛区已建成各类水利工程418处，其中中型水库1座，小Ⅰ型、小Ⅱ型水库11座，山平塘230口，石河堰8处，引水工程46处，江河提灌站120处，年总蓄引提水能力为2 182万m^3。

区内许多工程因年代久远，老化失修、蓄引提水能力逐年衰退，而且分布亦不合理，因此目前全区水利建设的首要任务是对区内的现有水利工程进行整治维修，挖潜配套，努力提高工程供水能力和增强对自然灾害的抗御能力。

（1）供水量。万盛区各类水工程年供水总量为3 708.6万m^3，其中地表水供水3 173.8万m^3，地下水供水534.8万m^3，无污水处理回用量，分别占总供水量的85.58%、14.42%。地表水供水量中，蓄水工程供水2 084.8万m^3，引水工程供水345万m^3，提水工程供水744万m^3。

（2）用水量。各部门用水总量为5 182.9万m^3，其中工业用水2 602.6万m^3，农业灌溉用水1 343.3万m^3，城镇生活用水796万m^3，农村生活用水611万m^3，公共设施用水30万m^3。

三、干旱情况

（一）历史干旱情况

1. 1990年干旱情况

1990年，万盛区遭受百年一遇的特大干旱，连晴高温50 d以上，田土龟裂，溪河干涸，水库全部死水位。禾苗枯焦，庄稼损失严重，人畜饮水极端困难。区委、区府为了解决人畜饮水的危机，全区每天动用100多辆汽车送水，仍然是杯水车薪，有的地方只得凭户口供应水。

万盛城乡居民，沿袭饮用天然的井水、龙洞水、孝子河水。孝子河受煤矿、工业废水、废渣和城镇生活污水、垃圾的严重污染，水质变坏，1973年已不能饮用。井水、龙洞河亦因煤矿煤窑采煤，越向地下深层延伸，地下水日益下降，井水、龙洞水也日益枯竭。

经过这次干旱，万盛区暴露出异常缺水，干旱成为威胁群众生存和制约地区社会经济发展的严重问题，引起了区、市党委政府的高度重视。

2. 2006年干旱情况

2006年万盛区又遭遇百年不遇特大干旱，自2006年6月起，全区持续高温连晴，降水量严重不足，是该区自1965年有气象资料以来旱情最为严重的一次。严重的旱情给工农业生产和人民生活带来了极大困难，抗旱形势异常严峻。

（1）干旱开始时间早，持续时间长。4月下旬到8月上旬的11个旬中，有10个旬平均气温较多年平均气温偏高，其中：6月下旬至8月上旬气温较历史同期显著偏高，平均偏高2℃以上，尤其是7月中旬气温偏高达到3.4℃，气温持续偏高突破历史纪录。

6月1日至8月10日最高气温 >35℃的高温天数达到43 d，也是40年以来高温天数最多的一年，远远多于历史上干旱最严重的1992年的高温天数（1992年6月下旬到9月上旬高温天数为36 d）。极端最高气温7月22日达到40.9℃。

（2）晴热少雨时段多，间隔时间短。自6月以来，晴热少雨时段出现频繁，主要出现在：6月4日至6月19日，6月23日至7月6日，7月9日至8月10日。每次晴热少雨天气持续时间长，每次间隔短，仅有3 ~ 4 d。

（3）日照显著偏多。4月下旬到8月上旬的11个旬中，有10个旬日照偏多，这也是自该区有气象资料以来日照偏多最严重的一年，致使水分蒸发非常大。

（4）降雨过程特别少，时间短，雨量小。从5月10日至8月10日长达3个月的时间内，全区仅在6月2日和7月7日出现两次大雨以上降雨过程，另有5次日降量在10 ~ 25 mm的中雨，这在历史上极为罕见。

（5）土壤墒情。由于连晴高温，6月1日至8月上旬降雨量较往年偏少54.3%。致使全区0 ~ 10 cm表层土壤干旱十分严重，土壤相对湿度非常小。随着8月中下旬持续的连晴高温天气，干旱面积进一步增加，灾情继续加重（表9-1）。

表9-1　2006年干旱期间降雨量与蒸发量表

项目（mm）	5月	6月	7月	8月上旬
降雨量	150.4	153.4	129.4	2.5
蒸发量	187.9	144.7	260.2	76.6

（6）雨量、蒸发比较。

①水利工程蓄水情况。到2006年8月18日，全区水利工程可用水量426.4万 m^3，仅占应蓄水量的20.5%，河流过水现状。全区河流12条，已经断流的有9条（刘家河、清溪河、金鸡沟、丛林河、养生河、小河、木洞小河、南木河、溱溪河等），接近断流的有两条（鲤鱼河、孝子河），直接影响南桐矿业公司南桐煤矿片区、东林煤矿片区和沿河群众约6.5万人取水，旱情严重。

②人畜缺水情况。万盛城区供水人口达15万人，包括万盛主城区5万人、东林（南桐矿业公司）片区4万人、南桐镇片区3万人和南桐煤矿片区3万人。供水水源3个，分别为汤家沟水库、孝子河支流的清溪河和刘家河。汤家沟水库供水区域主要为万盛主城区、南桐镇片区和东林片区的鱼田堡煤矿，并承担着每天向南桐煤矿片区和东林片区调水各1 000 m^3的任务，日供水量1.5万 m^3。清溪河主要保证东林片区供水任务，其供水站日供水量为1.2万 m^3。刘家河主要保证南桐煤矿片区供水任务，其供水站日供水量为5 000 m^3。

③万盛城区缺水状况。干旱造成万盛城区水资源供需矛盾十分突出，除汤家沟水库蓄水量较好外，承担南桐煤矿片区供水任务的刘家河已断流达1个月，向东林片区提供水源的清溪河，水量逐渐减少，上游来水每天只有8 000 m^3，供水站下游河道断流。据统计，万盛城区日缺水量9 000 m^3。由于河流来水量不足，居民生活用水水质下降，东林供水站已将河流上游来水全部引用，南桐煤矿片区不得已紧急启用煤矿井下水源，但是水质难以保证。同时，由于煤矿采空和气温居高不下，影响汤家沟水库供万盛主城区西干渠茶林倒虹管时有爆裂，

当时造成万盛主城区供水紧张，2006 年 5 月 2 日、7 月 16 日、8 月 17 日，出现了爆管 3 次，影响城区供水。到 2006 年 8 月 18 日，全区饮水受灾人口 23.6 万人。全区 1 个街道、8 个镇、41 个村、370 个社旱情严重，有 15.07 万人和 9.87 万头大牲畜饮水困难，已造成农作物受灾面积为 18.44 万亩，绝收面积 6.55 万亩，农作物经济损失 7 994.2 万元（图 9−54）。

图 9−54 因干旱而断流的万盛区刘家河

3. 2010 年旱情情况

自 2009 年 12 月至 2010 年 3 月上旬，万盛区和重庆，乃至整个西南一样，遭遇百年不遇的春旱。旱情表现出以下特点：

（1）降雨少。2009 年入冬以后到 2010 年 3 月初，全区降水与常年同期相比偏少 3 成，为有气象记录以来的第六低值。其中：2009 年 12 月 1 日至 2010 年 3 月 27 日全市平均降雨量万盛区降水量仅为 69.6 mm，较历年平均值 98.4 mm 偏少 3 成；

（2）气温高。2009 年入冬以来，全区平均气温为 8.8℃，较常年同期偏高 0.7℃，为有历史记录以来第十位。特别是 1 月 27 日至 2 月 10 日、2 月 22 日至 3 月 2 日期间，全区平均气温较常年同期偏高 3~4℃。蒸发总量为 146.6 mm，比历年 118.4 mm 偏多 2.5 成；

（3）江河来水少。据水文部门监测，2009 年入冬以来，全区中小河流来水较多年同期偏少 3~5 成，部分河流出现断流情况。随着旱情的继续，截至 2010 年 3 月 18 日，该区因水源断流，可取用水源逐渐减少，全区 17 日减少抗旱设施 7 套，实际投入的抗旱设备为 2 614 套。

（4）工程蓄水差。全区水利工程应蓄水量 2 399 万 m^3，3 月 23 日蓄水量 768.9 万 m^3，占应蓄水量的 32.05%，比去年同期减少了 38.33%。

（5）受旱范围广。该区每年虽都有冬干春旱发生，往年一般主要在局部地区。今年全区出现旱情，旱情十分严重，而受旱严重的南桐镇降雨量比同期均值偏少 5 成，金桥镇的水利工程蓄水量比同期偏少 5 成。受近日来少降雨影响，造成我区 2.82 万人、2.75 万头大牲畜饮水困难。鱼类养殖大量减少，养殖水面 400 亩受旱影响。万立机焦厂和南桐镇烂凼煤矿因缺水停产。另造成 2 180 hm^2 作物受旱严重。这次旱灾很大程度影响到群众生活生产和地区经济发展。

四、调查区农村饮水现状

（一）抗旱能力建设

1. 抗旱工程体系

（1）供水工程现状 2004 年万盛区已建成各类水利工程 418 处，其中中型水库 1 座，小 I 型、小 II 型水库 11 座，山平塘 230 口，石河堰 8 处，引水工程 46 处，江河提灌站 120 处，年总蓄引提水能力为 2 182 万 m^3。

区内许多工程因年代久远，老化失修、蓄引提水能力逐年衰退，而且分布亦不合理，因此目前该区水利建设的首要任务是对区内的现有水利工程进行整治维修，挖潜配套，努力提高工程供水能力和增强对自然灾害的抗御能力。

（2）供水量。2004 年万盛区各类水工程供水总量为 3 708.6 万 m^3，其中地表水供水 3 173.8 万 m^3，地下水供水 534.8 万 m^3，无污水处理回用量分别占总供水量的 85.58%、14.42%。地表水供水量中，蓄水工程供水 2 084.8 万 m^3，引水工程供水 345 万 m^3，提水工程供水 744 万 m^3。

（3）用水量。2004 年，各部门用水总量为 5 182.9 万 m^3，其中工业用水 2 602.6 万 m^3，农业灌溉用水 1 343.3 万 m^3，城镇生活用水 796 万 m^3，农村生活用水 611 万 m^3，公共设施用水 30 万 m^3。

用水定额参照《万盛县水中长期供求计划》及用水调查成果，万盛区及万盛城区需水总量见表 9–2。

表 9–2 万盛区需水总量表 万 m^3

区域名称	水平年	城镇生活	城镇生态	工业	农业	农村生活	合计
万盛区	2004 年	796	30	2 602.6	1 343.3	611	5 382.9
	2010 年	1 217.1	75	12 704.7	2 275	964.1	17 235.9

2. 抗旱非工程体系

区内设有防旱抗汛指挥部，由分管区长任指挥长，办公室设在水务局，负责全区的防汛抗旱工作，制定了《万盛区防汛抗旱应急预案》。

全区于 20 世纪 90 年代初年成立了抗旱服务组织，购置了一定数量的抗旱器材。对抗旱器材实行租借制度，借出器材一律打借条，并按租借时间收取一定基本折旧费用，用作日常维护使用。

（二）农村饮用水现状

截至 2008 年底，全区已建日供水能力 20 t 或受益人口 200 人以上所有集中式农村供水工程 70 处人饮工程和村镇供水站，全区 138 113 农村村民中，集中式供水受益人 89 330 人，分散式供水受益人 48 783 人，其中集中式供水受益村民占 64.7%，设施供水受益村民占 88.6%，无设施分散式供水人口占 11.4%（表 9−3）。

表 9−3　万盛区农村供水现状调查表　　人

农村人口(2008 年底)	集中式供水人口						分散式供水人口				
	工程名称	受益人口	按供水方式分		按水源分		小计	其中，有设施			其中，无设施
			供水到户	集中供水点	地表水	地下水		井	引泉	集雨	
1	2	3	4	5	6	7	8	9	10	11	12
138 113		89 330	84 365	4 965	78 423	10 907	48 783	7 763	16 592	8 742	15 686

其中万盛区已建集中式供水工程基本情况设计供水能力 11 773 m^3/d，工程投资 3 027.8 万元，受益人口 78 409 人，而 2005 年和“十一五”规划建设情况，总投资 1 544.75 万元，现状日供水量 8 462 m^3/d，受益人口 32 297 人（表 9−4）。

表 9−4　重庆市万盛区 2005—2009 年农村饮水安全人数统计表　　人

	2005—2009 年解决饮水问题总人口	解决方式		饮水水质不达标	水量、用水方便程度、水源保证率不达标
		集中式供水	分散式供水	小计	
全区合计	75 306	65 449	9 857	30 727	44 579

（三）干旱对农村饮用水的影响

由于 2010 年严重的春旱，截至 3 月 2 日子课题调研，全区水利工程蓄水位 1 136.53 万 m^3，与多年同期蓄水量相比，少 12.53%，同期农村村民饮水困难人数为 1.64 万人，大牲畜饮水困难的 1.71 万头，上述严重旱情主要分布在万东镇、南桐镇、青年镇、关坝镇、石林镇、黑山镇、丛林镇和金桥镇。

随着旱情的延续，调研组时隔 21 d 之后的 3 月 23 日再次来到万盛区，干旱景象触目惊心，旱情进一步加剧。全区水利工程应蓄水量 2 399 万 m^3，当前蓄水量 991.3 万 m^3，占应蓄水量的 47.38%，比去年同期减少了 10%，比多年同期减少 29.60%，全区水库干涸的有 14 座，机电井出水不足或基本不出水 770 眼，主要集中在关坝镇和金桥镇。

受旱情直接影响，造成全区 2.7 万人、2.7 万头大牲畜饮水困难，上述严重旱情仍然主要分布在万东镇、南桐镇、青年镇、关坝镇、石林镇、黑山镇、丛林镇和金桥镇。

五、采取的应急措施和效果

针对日益严重的旱情和人畜饮水困难，全区各级党政和相关部门把抗旱保饮水安全作为抗旱工作的重点，认真贯彻和落实市水利局发出的《关于进一步做好城乡抗旱供水工作的紧急通知》，进一步明确保障城乡居民饮水安全是大旱当前水利部门抗旱工作的重中之重。

（1）加强领导，落实责任，打好抗旱工作总体仗。全区各级各部门要高度重视抗旱工作，将其作为当前的重点工作切实抓紧抓好；要进一步统一思想，加强领导，精心组织，周密部署，形成上下联动的抗旱工作机制；要建立并落实抗旱救灾行政首长负责制和党政领导分片包干责任制，落实抗旱措施，帮助群众开展生产自救，安排好旱区群众生活，努力减少损失，确保旱区社会稳定（图 9–55）。

图 9–55　万盛区徐月芬副区长在万东镇五里村检查指导抗旱

区财政局要及时筹集资金，努力满足抗旱的资金需要；区水务局要认真做好用水调度和提灌机具的组织等工作，保证抗旱所需，同时要密切注意旱情发展态势，及时掌握旱情和准确上报信息；区农委要做好农业生产的计划安排，加强农作物抗旱技术培训、指导和其他服务工作，同时抓好畜禽水产的饲养管理和春季疫情防控，以预防各类疾病的发生；区气象局要做好天气预测预报工作，及时实施人工增雨作业和提供准确的气象服务；区林业局要严防森林火灾的发生，做好森林火灾的扑救等工作；区民政局、应急办要及时了解掌握灾情，做好救灾救济工作准备；供电局要做好抗旱电力的供应工作，保证抗旱的能源供应。

各级各有关部门要建立完善政务值班制度，切实落实值班领导、值班人员，确保 24 h 有人值守、有领导带班。特别是灾害防范任务重的部门和各镇街，必须确保 24 h 有专门领导和人员在岗值班，真正做到快速反应、快速处置，同时，及时收集、上报旱情信息。

（2）切实加强水资源的统一管理和科学合理调度。要把保证城镇生活用水、农村人畜饮水和农业灌溉用水作为抗旱工作的重点，按照“先生活、后生产，保重点、讲效益”的原则进行水资源的分配调度。城镇要优先保证城镇居民生活用水和重点工矿企业用水。农村要认真做好蓄水保水工作，着力解决农村人畜饮水困难。水源不足的乡镇要抓紧制定应急供水预案，必要时有关部门和单位要积极组织为饮水严重匮乏的群众送水，确保旱区群众有水喝。要抓紧修复水毁抗旱设施，减少水源渗漏。

(3) 做好全区水情和水质监测。加强水文水资源局联系，及时掌握全区水情信息，并主动与市水务集团及下属有关水厂联系，时刻掌握全区水厂取水情况。抓好水质监测，加强对万盛城区水厂、各镇场镇水厂和部分农村规模化供水厂的水质监测工作，定期发布供水水质月报；适时完成各种应急水质监测任务。

(4) 制定完善供水应急预案。全区各水厂和受旱地区各集镇供水单位都制定了供水应急预案，落实应急措施，搞好应急设备、物资储备，保证群众生活用水供水。

(5) 搞好水源调度管理。针对旱情不断发展，水利部门切实加强对城乡抗旱供水工作组织领导，坚持水资源的统一管理和科学调度，对承担生活或农业灌溉用水的水库配套电站，采取在抗旱期间减少或暂停用水发电等措施，优先保证群众生活用水的需要，确保旱区社会稳定、人心安定。

(6) 采取应急措施保饮水安全。各地对出现饮用水困难的地方，及时启用应急措施，做好调水、抽水和组织车辆送水等工作，切实解决群众生活用水困难。如万盛区加快水利设施修复和供水管网维护，协调相邻的青年镇毛里水库和金桥镇青山湖水库引水 50 万 m^3 解决南桐镇人饮水困难。另出动了 0.87 万人和洒水车辆 70 余车次参与了抗旱救灾工作，并启用了机电井 500 眼，机动抗旱设备 250 台套，20 处泵站，共计投入抗旱资金 48 万元，临时解决了 2.6 万人和 2.7 万头大牲口饮水困难（图 9−56 至图 9−58）。

(7) 适时开展人工增雨作业。区气象局要充分发挥人工增雨在抗旱中的重要作用，把人工增雨作为抗旱救灾的重要措施抓好抓实。加强对现有人工增雨作业装备进行维护、检修和保养，备足人雨弹，安排好作业计划，合理布局作业点，全区各人工增雨作业点要进入并保持临战状态，抓住有利时机，及时组织增雨作业，缓解旱情。

图 9−56　挑灯夜战，抢修石桥抗旱应急水源工程

图 9-57　断流刘家河河床铺设临时应急水源管道

图 9-58　政府给受灾村民送水

六、应急水源水质情况

干旱期间，区水利局大力宣传和普及相关知识，以保障居民能够喝上合格的放心水。

（一）水源选择

农村饮用水水源选择分为地面水和地下水两部分。

干旱水源枯竭缺水时，农村集中式供水主要选择备用水源，如未枯竭的江河水或水库水等。农村分散式供水主要选择地下水（如井水）或未枯竭的地面水为饮用水水源。洪涝期间在流动洪水地区应尽量选择上游水域为水源水取水点，在内涝地区应选择水质污染较少的水域为取水点。

（二）饮用水应急处理

1. 干旱期间农村饮用水应急卫生处理

（1）集中式供水。启用备用水源时应对水质进行检测，水源水质应符合国家生活饮用水水源水水质卫生规定。

备用水源水要经过净化消毒制水工艺并符合生活饮用水水质卫生规定。

备用水源水域要设立保护区，禁止排放有毒有害物质，如废水、废渣、垃圾、粪便等。

（2）分散式供水。供水水源要尽量距离畜厩、粪池、生活和生产污水排放口 30 m 远。

水质净化：对混浊水加明矾等混凝剂，充分搅匀，待静置澄清后，弃去沉渣。

混凝剂使用方法：明矾 100 ～ 150 mg/L，即 25 L（25 kg）的桶，每桶加 2.5 ～ 3.75 g；硫酸铝 50 ～ 100 mg/L，即 25 L(25 kg)的桶，每桶加 1.25 ～ 2.5 g；碱式氯化铝 30 ～ 60 mg/L，即 25 L（25 kg）的桶，每桶加 0.75 ～ 1.5 g。

水质消毒：常选用稳定性漂（白）粉精（有效氯 60% ～ 70%）、漂白粉（25%）二氯异氰尿酸钠（又名优氯净 60%）、灭菌片等。使用时将药片先放入碗中碾碎，加入少量水搅匀后，将上清液倒入水中混匀，30 min 后方可使用。

消毒片使用方法：①井水消毒。投药量为每立方米（1 000 kg）井水加漂粉精片 10 片，或漂白粉 10 g，或二氯异氰尿酸钠 4 g。或灭菌片 20 片；公用井投药每日 2 ～ 3 次，家庭井每日 1 次（井水水量计算公式：水量（m^3）= 井水深（m）× 水面直径平方（m^2）×0.8）。②缸（桶）水消毒。投药量为每 100 L 水（2 担水）加漂粉精片 1 ～ 2 片，或漂白粉 1 ～ 2 g，或二氯异氰尿酸钠 0.4 ～ 0.8 g，或灭菌片 2 片。

（3）饮用水需经煮沸后方可饮用。

2. 洪灾期间农村饮用水应急卫生处理

（1）集中式供水。取用的水源水必须经过沉淀过滤和消毒处理，其供水水质应符合国家生活饮用水水质规定。

经消毒后 30 min，水中余氯应达到 0.7 mg/L，保证灭菌效果。

饮用水必须经过煮沸后，方可饮用。

退水后被淹没的水源和供水设施重新启用前必须清洗消毒，检查细菌学指标合格后方可启用。

（2）分散式供水。井水和缸（桶）水净化消毒与干旱期间应急卫生处理相同。

水质消毒：使用的消毒剂和使用方法与干旱期间应急卫生处理相同。而投药量则是干旱期间的 1 倍以上，即每立方（1 000 kg）井水加漂粉精片 20 片，或漂白粉 20 ～ 40 g，或二氯异氰尿酸钠 8 g，或灭菌片 40 片。消毒 30 min 后，水中余氯应达到 0.7 mg/L。

饮用水必须经过煮沸后，方可饮用。

经水淹的井必须进行清淘、冲洗与消毒。先将水井淘干，清除淤泥，用清水冲洗井壁、井底，再除去污水。待水井自然渗水到正常水位后，进行超氯消毒，投药量为每立方（1 000 kg）井水加漂粉精片 100 片，或漂白粉 100 ～ 200 g，或二氯异氰尿酸钠 40 g，或灭菌片 200 片。浸泡 12 ～ 24 h 后，抽出井水，待自然渗水到正常水位时，按正常消毒方法消毒，即可投入正常使用。

七、意见和建议

通过调查，2010 年的干旱旱情如此严重，出现全区农村大面积村民饮水难的困境，就其原因可以说是主观与客观因素并重，其中客观因素是因为青藏高原的高原热力因素影响、厄尔尼诺现象影响和地理因素造成冷空气无法越过秦岭等，而主观因素则是全区部分水利工程长期失修、地方对水利建设长期投入不足、农村饮水安全缺乏长效机制保障而导致长期的管理缺失或不到位。所谓长效机制，就是将政府主导与社会参与相结合的一种市场化机制。政府、企业、社会和农民在农村饮水安全的建设中各尽其责，协调配合，使农村饮水安全工程逐步走向运行正常、管理科学、自我维持的发展轨道，长治久安地解决农村饮水安全问题。如果不加强管理，这种现象在下一次干旱来临时依然简单地重复。目前还存在以下的困难和问题。

(1) 地方配套和群众自筹落实到位困难。目前，全市还有 1 058 万农村人口饮水不安全，全部解决需资金 42 亿余元，在积极争取中央补助资金 28 亿元的基础上，尚需地方财政配套和群众自筹 14 亿元。由于全市大部分区县为农业县，还有国贫县 14 个，市贫县 4 个，地方财政十分困难，群众自筹能力弱，县级配套和群众自筹资金到位不足，将导致饮水工程覆盖面小，建设标准低。

(2) 农村饮水项目投资标准较低。由于近年水泥、钢材等主要建筑材料价格和民工工资大幅度上涨，导致工程造价不断攀升。饮水工程中央按照 405 元 / 人的标准下达投资计划，实际测算投资达到 600 元 / 人左右，缺口率达到 50%。部分已成农村饮水工程由于受投资限制，工程规模小，建设标准低，水处理工艺落后，供水保证率不高。

(3) 部分项目规划设计思路落后，工程形象较差。一些区县在解决农村饮水安全时，还停留在解决“有水喝”的阶段，规划设计和实施时根本不考虑水处理工艺，导致水质不达标（如直接取用煤洞水，可能导致硫化物超标）。很多农村饮水工程供水管道埋设不到位，不注重外观形象。

(4) 项目管理程序烦琐，一定程度上影响了项目实施进度。“散、小、多”是农村饮水安全项目的特点，国家和市级管理办法和实施细则将其参照基本建设项目进行管理，如每年数次的可研、实施方案审批等，一定程度上加大了市级层面的工作量，同时也对区县造成一定的制约，影响了工程实施进度。

(5) 农村饮水水价偏低、水费征收困难重重。农村饮水工程水价多是政府定价，且大多数工程达不到成本水价。一些工程建成后，未建立健全水费的收取制度，有的工程根本就没有收水费，喝福利水、大锅水的现象普遍存在。绝大多数工程不能提取工程大修、折旧费，导致水价大大低于运行成本，部分工程运行艰难。

针对存在的问题，建议如下：

(1) 调整项目地方配套政策。万盛区地处三峡库区，经济相对其他区基础薄弱，自主发展能力相对较差，财政困难，配套资金压力很大。因此建议国家在安排农村饮水安全项目投资计划时，类似经济基础较弱的万盛区，降低或取消地方配套资金。

(2) 提高投资控制标准和中央补助标准。针对物价快速上涨，工程造价不断攀升的实际，建议国家适时提高下达各省市的投资控制标准和中央补助标准，确保饮水安全工程质量和水处理工艺不因投资不足而降低标准。

（3）明确前期工作经费来源与提取比例。建议明确从工程建设费中提取合理的前期工作经费，专项用于农村饮水安全项目的规划、设计等前期工作以及技术审查、专题研究、技术推广、人员培训、检查评估、水质检测和监测等项目管理工作。

（4）支持地方财政贷款建设农村饮水安全工程。各地建设农村饮水安全工程的积极性非常高，由于财政资金困难，采取了担保贷款建设，希望国家能出台政策予以认可，并纳入国家补助投资解决范畴。

（5）建议加大对农村饮水安全工程的政策扶持力度。农村供水工程建设用地应作为公益性项目建设用地，给予优先安排；农村水厂用电应该按照农业用电的价格给予优惠；农村生活用水不收取水资源费、污水处理费等；引用水库水的执行农业用水价格；对农村水厂实行税费减免，在认真进行成本测算的基础上，制定有关税费标准和减免幅度。以此保证农村水厂能够实现良性运行。

（6）建议将饮水安全项目可研、实施方案审批以及竣工验收下放区县负责。按照“简政放权”的原则，建议将饮水安全项目（含乡镇供水）的可研、实施方案审批以及竣工验收权限全部下放区县；放宽饮水安全项目招投标的限制；允许区县对“竞标”和“先建后补”项目进行调项等。

（7）加强万盛区农村饮用水安全的法律保障，完善重庆地方的饮用水安全法规。面对万盛区乃至重庆地方饮用水安全立法严重滞后和许多法规将农村排除在法规适用之外的现状，政府和人大应该深入广大农村地区，实际了解本辖区内农村饮用水的安全状况和特点，据此制定或修改相应的饮用水安全保护地方法规，使广大农村地区的饮用水安全问题得到地方法规的充分关注和有效解决。同时，地方政府和有关部门应以保障饮用水水源安全为重点，按照国家相关法律法规的要求，依法严格实施饮用水水源保护区制度，合理确定饮用水水源保护区的范围，制定具体保护办法。目前在重庆农村饮用水安全的法律保障方面，要建立起以《水法》和《水污染防治法》为核心的包括行政法规、部门规章、重庆地方性法规在内的饮用水安全的法律体系。

（8）提高万盛区农村饮用水安全执法的有效性。依法行使流域饮用水资源的管理职权，政府应当严格按照《水法》所确定的水资源管理体制，消除现实中对流域饮用水资源的越权管理现象，把对流域饮用水资源的行政区域管理作为整个流域管理的辅助性管理，积极地配合流域管理部门的管理工作；克服执法中的地方保护主义，吸取已经发生的饮用水污染案件的教训，力争做到严格执法，对违规批准、未批擅建、选址不当、擅自停止使用污水防治设施的违法案件严肃处理，严厉打击超标排污，污染饮用水源地的各种违法行为。对于其他危害饮用水安全的行为必须严加惩治，决不姑息；建立环境执法监督机制，建立健全公众监督机制，拓宽群众监督的渠道，保护群众监督的积极性，使饮用水源污染的执法查处工作，乃至整个环境执法工作置于群众的监督之下；加强农村地区饮用水源的监督管理，政府应当克服困难，组织卫生、水利、环保等相关部门对各自辖区内的农村饮用水状况做一次全面的调查和测量，根据所得的数据资料研究制定具体的农村生活污水的处理技术路线以及饮用水污染防治计划和安全保护方案；注重村民的守法及环保教育，在保护万盛区农村饮用水安全方面，加强对万盛区农民法律和环保知识的宣传教育也是必不可少的。

第十章

国外干旱饮用水保障应对措施与经验

20 世纪 70 年代以来，地球旱灾地区面积扩大了一倍，引起各国关注，纷纷制定了防治政策、措施。干旱防灾减灾是一个系统工程，涉及干旱监测、土地利用、作物结构、自然、经济、科学技术、水资源开发、利用和保护政策、立法等各个领域。

由气候变化引起的水文循环过程改变在不同区域中表现各异，但有一个共同点，无论是传统的缺水区域（如非洲、亚洲），还是水资源丰富的区域（如欧洲和北美洲）都将面临水资源减少的趋势，这对于与人类最为密切相关的饮用水来说，是摆在世界人民面前的一个现实问题。

第一节　世界水资源现状

2008 年 4 月 8 日，政府间气候变化专门委员会（IPCC）在布达佩斯正式通过气候变化和水（Climate Change and Water）的技术报告。这份技术报告中，对世界范围内的气候变化和水资源状况进行了分析。

注：IPCC 是 1988 年由 WMO（世界气象组织）和 UNEP（联合国环境规划署）联合成立的一个全球组织，它的作用是在全面、客观、公开和透明的基础上，对世界上有关全球气候变化的最好的现有科学、技术和社会经济信息进行评估。从而为决策者们提供有关气候变化成因、其潜在环境和社会经济影响，以及可能的对策等客观的信息来源。

1. 亚洲

根据 IPCC 平衡发展情景（A1B），在亚洲一些地区年降水增加的背景下降雨强度增加，干旱的日数增加，冰川快速退缩，冻土融化。过去几十年许多地方水稻、玉米和小麦减产，草场退化。预计气候变化将使河流系统的流量季节上和总量减少，致使海水入侵，农业灌溉需水量增加。

2. 非洲

根据政府间气候变化专门委员会（IPCC）排放情景特别报告（SRES），应用 HadCM3 模型预测 2050 年非洲径流，结果显示北部和南部径流减少，东部和次撒哈拉部分地区径流增加。预计 2025 年非洲东部和南部的 9 个国家人均可用水资源将不足 1 000 m^3，受缺水危机影响的人口数量将达到 4.6 亿。

3. 澳大利亚与新西兰

澳大利亚的佩斯在过去20年城市用水增加20%的情况下，河流径流减少约50%。澳大利亚最大流域墨累河流域年流量到2050年将减少10% ~ 25%，到2100年将减少16% ~ 48%。气候变化将影响到新西兰的水力发电和年内季节分配，同时干旱的增加将影响其东部的农业。

4. 欧洲

北欧冬季降水增加，地中海地区减少，总体上湿日的平均雨量增加。西部一些草地类型消失，夏季的更为干旱增加了作物灌溉压力，冰雪普遍融化。预计到2020年北欧径流增加15%，南欧减少23%；到2050年南欧减少20% ~ 30%；到2070年北欧增加30%，南欧减少超过30%；相应地洪旱事件增加。

5. 拉丁美洲

过去30年该地区受到了与气候相关的影响，一些与ENSO事件（影响全球的连续但不规则的大气和海洋循环变化的一种现象）相联系，如极端气候造成洪涝、干旱、滑坡等；可用水资源紧张；降水在南部增加明显；海平面平均每年上升2 ~ 3 mm；热带地区的高山冰川减少。未来气候变化将使南部亚马逊地区的强降雨增加，而水资源紧张的地区人口将从1995年的0.22亿增加到2050年的0.79亿~ 1.78亿。

6. 北美洲

20世纪的证据表明，北美气候变化对径流、流量和地下水的影响产生了空间分异。预计到2100年美国南部、西南部的年降水将减少，其他地区呈增加趋势，北部加拿大年降水将增加20%，冬季可达30%。

7. 极地区域

北极地区最显著的是自20世纪30年代以来，6条最大的欧亚河流水资源增加；降水有所增加，冻土也有很大的变化；南极的淡水水生生态系统也受到气候变化的影响。冰雪融化将增加极地地区的径流量，预计的升温将意味着冰雪的融化，而致使湖泊热力结构、水量、水质发生变化，并引发河流冰的堵塞和洪水。

8. 小岛屿

供水安全在许多岛屿现在就是问题，在将来更是严重。气候变化情景的强有力的证据显示，小岛屿将出现严重的水资源危机。

目前，全球约有15亿人缺少饮用水，到2050年有可能达到20亿之多。根据2005年公布的《联合国世界水资源开发报告》，人口在1 000万以上的国家降水及人均可更新水量及来源情况见表10-1。

表 10–1 世界各国用水量及分配(2005 年)

国家	人口(×10^3)	降水量/(mm/年)	2005 年可更新水资源总量/km^2	2000 年人均可更新水量/m^3	2005 年人均可更新水量/m^3	年可更新水资源总量中地表水百分率/%	年可更新水资源总量中地下水百分率/%	年可更新水资源总量交叠量/%	年可更新水资源总量全部利用量/%
阿富汗	24 926	300	65	2 986	2 610	—	—	—	36
阿尔及利亚	32 339	100	14	478	440	12	92	6	42
安哥拉	14 078	1 000	148	14 009	10 510	98	39	21	0.2
阿根廷	38 871	600	814	21 981	20 940	34	16	16	4
澳大利亚	19 913	500	492	25 708	24 710	89	15	4	5
孟加拉国	149 664	2 700	1 211	8 809	8 090	7	2	0	7
比利时	10 340	800	18	1 786	1 770	66	5	5	
巴西	180 654	1 800	8 233	48 314	45 570	66	23	23	1
布基纳法索	13 393	700	13	1 084	930	64	76	40	6
柬埔寨	14 482	1 900	476	36 333	32 880	24	4	3	1
喀麦隆	16 296	1 600	286	19 192	17 520	94	35	33	0.3
加拿大	31 744	500	2 902	94 353	91 420	98	13	12	2
智利	15 996	700	922	60 614	57 640	96	15	15	1.4
中国	1 320 892	600	2 830	2 259	2 140	96	29	26	
哥伦比亚	44 914	2 600	2 132	50 635	47 470	99	24	24	1
刚果	54 417	1 500	1 283	25 183	23 580	70	33	33	0.03
科特迪瓦	16 897	1 300	81	5 058	4 790	91	47	43	1
古巴	11 328	1 300	38	3 404	3 370	83	17	0	22
捷克	10 226	700	13	1 280	1 290	100	11	11	20
厄瓜多尔	13 192	2 100	424	34 161	32 170	102	32	32	4
埃及	73 390	100	58	859	790	1	2	0	118
埃塞俄比亚	72 420	800	122	1 749	1 680	16	100	16	2
法国	60 434	900	204	3 439	3 370	87	49	48	20
德国	82 526	700	154	1 878	1 870	69	30	29	31

续表 10-1

国家	人口（×10³）	降水量 /（mm/ 年）	2005 年可更新水资源总量 / km²	2000 年人均可更新水量 / m³	2005 年人均可更新水量 / m³	年可更新水资源总量中地表水百分率 / %	年可更新水资源总量中地下水百分率 / %	年可更新水资源总量交叠量 / %	年可更新水资源总量全部利用量 / %
加纳	21 377	1 200	50	2 756	2 490	55	49	47	1
希腊	10 977	700	74	6 998	6 760	75	14	11	10
危地马拉	12 661	2 700	111	9 773	8 790	91	30	23	2
印度	1 081 229	1 100	1 897	1 880	1 750	64	22	20	34
印度尼西亚	222 611	2 700	2 838	13 381	12 750	98	16	14	3
伊朗	69 788	200	138	1 955	1 970	71	36	13	53
伊拉克	25 856	200	75	3 287	2 920	45	2	0	57
意大利	57 346	800	191	3 325	3 340	89	22	16	23
日本	127 800	1 700	430	3 383	3 360	98	6	4	21
哈萨克斯坦	15 403	200	110	6 778	7 120	63	6	0	32
肯尼亚	32 420	700	30	985	930	57	10	0	5
朝鲜	22 776	1 400	77	3 464	3 390	86	17	16	12
韩国	47 951	1 100	70	1 491	1 450	89	19	15	27
马达加斯加	17 901	1 500	337	21 102	18 830	99	16	15	4
马拉维	12 337	1 200	17	1 528	1 400	93	8	8	6
马来西亚	24 876	2 900	580	26 105	23 320	98	11	9	2
马里	13 409	300	100	8 810	7 460	50	20	10	7
墨西哥	104 931	800	457	4 624	4 360	79	30	20	17
摩洛哥	31 064	300	29	971	930	76	34	10	44
莫桑比克	19 182	1 000	217	11 814	11 320	45	8	6	0.3
缅甸	50 101	2 100	1 046	21 898	20 870	84	15	14	3
尼泊尔	25 725	1 300	210	9 122	8 170	94	10	10	5
荷兰	16 227	800	91	5 736	5 610	12	5	5	9
尼日尔	12 415	200	34	3 107	2 710	3	7	0	6
尼日利亚	127 117	1 200	286	2 514	2 250	75	30	28	3
巴基斯坦	157 315	300	223	2 961	1 420	21	25	22	76
秘鲁	27 567	1 500	1 913	74 546	69 390	84	16	16	1
菲律宾	81 408	2 300	479	6 332	5 880	93	38	30	6
波兰	38 551	600	62	1 596	1 600	86	20	19	26
葡萄牙	10 072	900	69	6 859	6 820	55	6	6	16

续表 10-1

国家	人口（$\times10^3$）	降水量 /（mm/ 年）	2005 年可更新水资源总量 / km^2	2000 年人均可更新水量 / m^3	2005 年人均可更新水量 / m^3	年可更新水资源总量中地表水百分率 / %	年可更新水资源总量中地下水百分率 / %	年可更新水资源总量交叠量 / %	年可更新水资源总量全部利用量 / %
罗马尼亚	22 280	600	212	9 445	9 510	20	4	4	11
俄罗斯	142 397	500	4 507	30 980	31 650	90	17	11	2
沙特阿拉伯	24 919	100	2.4	118	96	92	92	83	722
塞内加尔	10 339	700	39	4 182	3 810	60	19	13	4
塞尔维亚和黑山	10 519				19 820	20	1	1	
索马里	10 312	300	14	1 538	1 380	40	23	21	23
南非	45 214	500	50	1 154	1 110	86	10	6	31
西班牙	41 128	600	112	2 794	2 710	98	27	25	32
斯里兰卡	19 218	1 700	50	2 642	2 600	98	16	14	25
苏丹	34 333	400	65	2 074	1 880	43	11	8	58
叙利亚	18 223	300	26	1 622	1 440	18	16	8	76
坦桑尼亚	37 671	1 100	91	2 591	2 420	88	33	31	2
泰国	63 465	1 600	410	6 527	6 460	48	10	7	21
土耳其	72 320	600	214	3 439	2 950	87	32	13	18
乌干达	26 699	1 200	66	2 833	2 470	59	44	44	0
乌克兰	48 151	600	140	2 815	2 900	36	14	12	27
英国	59 648	1 200	147	2 465	2 460	98	7	6	6
美国	297 043	700	3 051	10 837	10 270				16
乌兹别克斯坦	26 479	200	50	2 026	1 900	19	17	4	116
玻利维亚	26 170	1 900	1 233	51 021	47 120	57	18	17	1
越南	82 481	1 800	891	11 406	10 810	40	5	4	8
也门	20 733	200	4	223	198	98	37	34	162
赞比亚	10 924	1 000	105	10 095	9 630	76	45	45	2
津巴布韦	12 932	700	20	1 584	1 550	66	25	20	13

资料来源：联合国粮农组织－全球水和农业信息系统（2005 年）。

《联合国水资源开发报告》每 3 年发布一次，它全面评估了全球淡水资源状况。最新发布的《联合国水资源开发报告》第三版——《变化世界中的水资源》指出，水资源需求仍在增加，但一些国家已经达到了其水资源利用的极限。气候变化的影响很可能使这种情形恶化。

在过去 50 年里，全球淡水抽取量增加了 3 倍，而同一时期灌溉面积增加了 1 倍，这个基本现象与人口的增长密切相关。世界人口现约有 66 亿，每年增长大约 0.8 亿，这将意味着每年增加大约 640 亿立方米的淡水需求。然而，到 2050 年出生的 30 亿人口中，将会有 90% 居住在发展中国家，许多人居住在已经缺水的地区。

科学家们有一个共识，即全球变暖将导致全球水文循环的加剧和加速。这种加剧可能转化为蒸发率和降水量的不断增大。尽管现在仍不确定这些变化将对水资源产生哪些影响，预计水资源缺乏将会影响到水质和诸如干旱、洪水等极端天气现象的出现频率。报告预计，到 2030 年，47%的世界人口将分布在用水高度紧张的地区。单是在非洲，到 2020 年，将有 7 500 万～ 2.5 亿人因气候变化而用水紧张。一些干旱和半干旱地区的水资源缺乏，将对移民产生重大影响。预计将有 2 400 万～ 7 亿人会因为缺水而流离失所。

第二节　联合国应对全球性水危机对策

一、近年主要水资源问题关注主题

为满足人们日常生活、商业和农业对水资源的需求，联合国长期以来致力于解决因水资源需求上升而引起的全球性水危机。1977 年召开的“联合国水事会议”，向全世界发出严正警告：水不久将成为一个深刻的社会危机，继石油危机之后的下一个危机便是水。1993 年 1 月 18 日，第四十七届联合国大会作出决议，确定每年的 3 月 22 日为“世界水日”。随着水危机的形势变化，以及人们对水环境认识的不断深入，结合当前最为关注的水问题，历年世界水日确定了不同的主题。

1994 年：关心水资源人人有责（caring for our water resources is everyone's business）

1995 年：妇女和水（women and water）

1996 年：为干渴的城市供水（water for thirsty cities）

1997 年：水的短缺（water scarce）

1998 年：地下水——看不见的资源（ground water -- invisible resource）

1999 年：我们（人类）永远生活在缺水状态之中（everyone lives downstream）

2000 年：卫生用水（water and health）

2001 年：21 世纪的水（water for the 21st century）

2002 年：水与发展（water for development）

2003 年：水——人类的未来（water for the future）

2004 年：水与灾害（water and disasters）

2005 年：生命之水（water for life）

2006 年：水与文化（water and culture）

2007 年：应对水短缺（coping with water scarcity）

2008 年：涉水卫生（water sanitation）

2009 年：跨界水——共享的水、共享的机遇（transboundray water，the water, sharing,sharing opportunities）

2010 年：关注水质、抓住机遇、应对挑战（communicating water quality challenges and opportunities）

世界水日将应对与饮水供应有关的问题作为最主要的宗旨之一，并确定每 3 年召开一次世界水资源论坛，到目前为止已成功召开五届水论坛会议。

第一届世界水资源论坛于 1997 年 3 月 20~25 日在摩洛哥城市马拉喀什举行，来自 63 个国家和地区的 500 名代表与会。论坛的主题是"水，共同的财富"。会议发表了《马拉喀什宣言》，呼吁各国政府、国际组织、非政府组织和世界各国人民进一步团结奋斗，为展开永久确保全球水资源的蓝色革命奠定基础。论坛还委托世界水理事会制定有关 21 世纪水、生命和环境的规划。

第二届世界水资源论坛于 2000 年 3 月 17~22 日在荷兰海牙举行。5 700 名来自世界各国的水利问题专家和非政府组织代表出席。其间，114 个国家的部长举行了部长级会议。论坛的主题是"世界水展望"。会议通过了关于 21 世纪确保水安全的《海牙宣言》和相关行动计划，并对未来 25 年的水资源管理和消除水危机措施提出展望，世界水蓝图也在这次会议上问世。

第三届世界水资源论坛于 2003 年 3 月 16~23 日分别在日本城市京都、大阪和滋贺召开。论坛共包括"水和粮食、环境""水和气候变动""水和社会""水和发展"等 38 个主题，论坛举行 350 场分组会议。10 000 余名来自 180 个国家和地区的政府官员、专家学者和民间人士就如何拿出具体行动解决水问题进行研究和探讨。其中最引人注目的是论坛通过的《部长宣言》和公布了各国及国际机构提交的水行动计划的《水行动计划集》。

第四届世界水资源论坛于 2006 年 3 月 16~22 日在墨西哥首都墨西哥城召开。来自 121 个国家的政府代表和世界各地 13 000 多名各界人士与会。这届水资源论坛主题是"采取地方行动，应对全球挑战"。会议通过的《部长声明》认为，水是持续发展和根治贫困的命脉，必须改变当前使用水资源的模式，以保证所有人都能用上洁净水。

第五届世界水资源论坛于 2009 年 3 月 16~22 日在土耳其城市伊斯坦布尔举行，主题是"架起沟通水资源问题的桥梁"。会议通过的部长声明强调，必须加强水资源的管理和国际合作，保证数十亿人的饮水安全。20 日，中国、日本和韩国有关官员在论坛上就涉水事务合作签署了联合声明。

近年来，气候变化带来的水环境问题日益引起人们的关注，在人口增加、气候变化等背景下，如何预防和减少水污染、提高水质、提高水资源循环再利用，成为焦点。

二、联合国世界水日主题行动：应对水短缺——战略事项及全系统优先行动计划

（一）联合国"应对水短缺"水行动计划

每年 3 月 22 日是世界水日，"应对水短缺"是 2007 年世界水日的主题。主题强调，全世界应对水短缺的重要意义日益增加，需要加强一体化和合作，确保国际和地方两级对短缺

的水资源进行可持续、有效和公平的管理。

处理水资源有限的问题时，解决平等和权利、文化和伦理问题至关重要。可供量与需求量失衡，地下水和地表水质量退化，部门间竞争以及区域间和国际争端等，核心都是如何应对水资源短缺的问题。

干旱地区或突发的干旱灾害都是造成水短缺的气候原因。同时，淡水水体本身吸收和处理来自扩大的城市、工农业排放的污水，水质退化将造成进一步的水短缺。

近东和北非大部分国家严重缺水，同样的情况还出现在墨西哥、巴基斯坦、南非、中国和印度的很大一部分地区。目前的水资源管理战略中，通常只注重地表水和地下水的利用，对于雨水等天然降水缺乏相应管理、利用方案，今后，各国应当将雨水收集更多地融进本国的水资源综合管理战略中，以便推动雨水的利用，以减少水短缺。

在干旱和半干旱地区，水短缺几乎是遍布全地区，地下水在满足家庭饮用和灌溉需求方面起到主要的作用。但是在许多地区，地下水大规模的利用经常用于缓解灌溉用水，造成农作物与人类饮用争夺地下水资源。地下水的开采和缺少充实的规划、法律框架以及监督已经引起了诸如“使用何种工具来更有效和公平地开发水资源和水分配？”“如何最佳地利用可适用的水资源？”等有关地下水资源可持续规模利用的新争论。

（二）2002 年：水资源综合管理（IWRM）——地方、国家和地区行动框架

在 2002 年可持续发展约翰内斯堡峰会上，国际社会承认应对水短缺的重要性，短期的目标是“2005 年前制定水资源综合管理和用水效率规划，通过各级行动向发展中国家提供支持。”约翰内斯堡行动计划中特别呼吁：

- 江河流域、集水区和地下水综合管理战略和规划；
- 提高用水效率的措施以减少损失，增加循环水的利用，在保护和修复生态系统及其功能的情况下优先满足人类的基本水需求；
- 减轻极端与水有关事件影响的规划；
- 向面临水短缺或干旱以及沙漠化问题的发展中国家和地区传播技术和加强非常规水资源的能力建设，以及保护技术的传授。

虽然取得了进展，但是仍有许多工作要做，为的是制订和落实这些计划。水资源综合管理是整体的框架，从中所有的“联合国 - 水”努力都会以解决发生的水短缺事件为目的。

估价越来越成为分配缺水资源进程的重要工具。尽管如此，不加选择地使用纯粹的经济方法的风险是过分强调以环境和社会为代价的价值金钱表达方式。估价框架是认识这三种尺度的必备工具，从中利益攸关者起到核心作用。

解决水短缺问题需要地区、国家和流域采取行动。同样也需要全球和国际的行动，促进国家间在共享水资源（河流、湖泊和地下水）管理方面以及由此带来的利益加强协调。作为内部机构的性质，联合国系统要应对水短缺需要协作；共同展望和政策原则的共享；共同行动帮助国家解决缺水问题。国家成功地解决水短缺所面临的主要挑战是在水发展部门机制责任的破碎。

（三）“水与生命”战略

“水与生命”10 年是联合国及其伙伴共同应对水短缺挑战的一次难得的机遇，联合国将会付诸行动。通过水短缺行动计划，“联合国－水”将共同努力，确实有效地应对水短缺的挑战。在“联合国－水”的支持下建立的协调机制将保证总体的指导方针以及个人机构和伙伴的行动协调一致。

行动计划将会对联合国各机构及其伙伴执行的所有计划形成补充和一致的框架，并且在全球、地区、国家和地方层面上给予支持。行动计划特别会在很大程度上依靠所有由各机构的合作和行动网络计划积累的经验和知识等，尤其表现在以下方面：

■ 联合国教科文组织（UNESCO）及其“干旱和半干旱地区水资源管理”中心的“干旱地区水资源及其发展信息全球网”（GWADI）计划；

■ 联合国粮农组织（FAO）的“农业用水效率、质量和保护”计划；

■ 联合国环境规划署（UNEP）的雨水行动；

■“非洲水信息交流中心”（AWICH）和“共享水资源是地区整合的工具”行动（非洲经济委员会）；

■ 西非经济社会委员会（ESCWA）的“地区资源可持续性发展的综合管理政策”计划；

■ 亚太经社会（ESCAP）自然资源开发战略规划和管理项目（SPM）下的水战略和管理计划；

■ 联合国欧洲经济局（UNECE）和世界卫生组织欧洲办事处共同制定的水与卫生协议；

■ 由联合国经济和社会事务部（UNDESA），FAO，UNESCO 和联合国大学（UNU）等向各国多种水政策事项提供的技术支持。

除此之外也充分利用了与非联合国机构伙伴间的联系，其中包括：全球水伙伴（GWP）及其地区计划；世界水理事会及其组织的世界水论坛的网络和宣传作用；国际农业研究磋商小组（CGIAR）水与食品的挑战计划以及非洲部长级水理事会（AMCOW）等法人机构等。

（四）联合国教科文组织国际水文计划

国际科学界和各国政府都领悟到水资源往往是世界上许多地区和国家协调发展的基本制约因素之一，认识到必须有一个关注水领域的国际协调计划，基于此，联合国教科文组织（UNESCO）成立了这项水文和水资源的国际科学合作计划。它作为促进合作的催化剂，已发挥着重要的作用。

国际水文计划（IHP）是由 UNESCO 主持，由世界各个国家政府组织参加的大型国际水科学研究计划。自 1965—1974 年联合国科教文组织实施第一个国际水文十年（IHP）计划以来，国际水文计划至今已经完成了 6 个阶段的研究计划。

第一阶段（1975—1980 年）集中于水科学中的水文研究方法、培训和教育。

第二阶段（1981—1983 年）、第三阶段（1984—1989 年）一起致力于应用水文学与水资源水文学的研究，并加强对水资源进行合理管理的科学基础的研究。

第四阶段（1990—1995 年）研究变化环境中的水文与水资源的可持续发展。

第五阶段（1996—2001年）关注脆弱环境中的水文与水资源发展，其主要内容是：资源过程与管理研究，区域水文水资源研究和知识、信息与技术的转化。

第六阶段（2002—2007年）主要研究水的交互作用——处于风险和社会挑战中的体系。重点研究地表水与地下水、大气与陆地、淡水与咸水、全球变化与流域系统、质与量、水体和生态系统、科学与政治、水与文化等八个方面新的挑战问题。

正在进行的第七阶段（2008—2013年）的框架议题将会就如何利用现有科学知识来发展新的研究方向和方法，以对环境变化、生态系统和人类活动作出响应。

作为一个长期的国际水科学权威合作研究机构，国际水文计划在不同阶段的研究主题与项目设置，充分反映了国际水文水资源研究的趋势。

尽管国际水文计划重视水文学所有可能的问题，但其每个阶段在保持全面考虑的同时都安排了优先项目。然而研究自然环境中水的发生与分布这个研究重点，不会随着主要关心问题的变化而中断。它旨在促进地表环境的可持续性，办法是增进我们对水与地表方面环境管理的了解，充分认识生态系统与其周围居住区的互动关系。

国际水文计划第七阶段研究主题和重点领域介绍如下。

主题一：流域和浅层地下水系统对全球变化影响的适应性研究

重点领域1：水压力系统中水文过程的全球变化和反馈机制研究；

重点领域2：气候变化对水文循环和水资源的影响研究；

重点领域3：水文灾害、水文极端事件及与水有关的灾难研究；

重点领域4：响应全球变化的地下水系统管理研究；

重点领域5：干旱和半干旱区全球变化和气候变率研究。

主题二：加强水资源管理，提高水资源利用的可持续性

重点领域1：研究文化、社会、科学对水管理危机的响应；

重点领域2：提高管理能力，加强水资源立法；

重点领域3：加强管理能力和资金支持；

重点领域4：以保护水作为共有责任：管理跨地理和行政边界的水；

重点领域5：解决水和能量的关系。

主题三：面向可持续性的生态水文学

重点领域1：利用生态学方法去保护和重新解决流域产流问题；

重点领域2：通过结合生物技术结构解决方案，提高生态系统质量和服务；

重点领域3：实施基于风险的环境管理；

重点领域4：开展基于地下水生态系统的鉴定、详查和评估。

主题四：淡水与生命支撑系统

重点领域1：可持续地利用和保护水质，减少贫穷；

重点领域2：补充缺水地区水资源；

重点领域3：可持续地管理城市水；

重点领域4：可持续地管理农村水。

主题五：面向可持续发展开展水资源保护教育

（五）与国际水文计划有联系的相关计划

国际洪水行动计划（International Flood Initiative，IFI）；国际泥沙行动计划（International Sediment Initiative，ISI）；和平之水：从潜在的水冲突到可能的水合作（Water for Peace: From Potential Conflicts to Cooperation Potential，PCCP）；联合国际同位素水文计划（Joint International Isotope Hydrology Programme，JIIHP）；国际共用含水层资源管理计划（Internationally Shared Aquifer Resources Management，ISARM）；干旱地区水与发展全球信息网（Global Network on Water and Development Information in Arid Lands，GWADI）；城市用水管理计划（Urban Water Management Programme，UWMP）；世界水文地质图计划（World Hydrogeological Map，WHM）。

第三节 各国干旱饮用水保障应急措施和经验

根据联合国和世界银行的统计，目前世界上有 80 个国家约 15 亿人口面临淡水不足。全球现有 12 亿人面临中度到严重缺水的压力。而近年来气候变化给供水带来的影响，可谓是火上浇油。水少（干旱缺水）、水多（洪水威胁）、水脏（水污染）和沙漠化日益严重，如何保证饮用水的长期和稳定供应，特别是在干旱地区、非干旱地区的干旱条件下，保证居民基本用水量、保持清洁水质，是摆在世界各国决策者和老百姓面前重点关注的问题，也是目前相关研究机构的攻关课题。从环境角度来说，最完善的措施是拦水和调水。改变水资源的时空分布，充分利用水资源。同时将水资源管理战略与发展计划结合起来，注重节约用水，提高水资源利用率：工业方面提倡节水产业、控制污染物的排放，加强废水处理；农业方面应采用先进的灌溉方式（喷灌、滴灌）等。

世界各国目前应对各种条件下水供应不足的应急对策，可概括为：

（1）开发利用节水技术，减少水资源浪费以及多次循环使用有限的淡水等。特别是加强水资源运输管道的维护，防止发生水渗漏事故。如果按通过渗漏流失的水量判断，城市供水管网和灌溉系统的效率都非常低。在地中海地区，估计城市地区有 25%的水资源流失，通过灌溉水渠流失的水量则达 20%。减少该环节上水的浪费，提高水的利用率，可一定程度上增加水的供应量。

（2）废水处理也可以增加可用水资源的供应，一些国家已经在回用处理过的废水。但用于农业的城市废水仍然有限，除了少数几个水资源非常有限的国家——加沙地带（巴勒斯坦领土）占 40%，以色列占 15%，埃及占 16%。

（3）积极开源。如积极开展“人工降雨”，利用水库作为饮用水水源，拦蓄和减少入海淡水，合理开采地下水，兴修调水工程，实施海水淡化工程等。海水淡化是干旱地区使用的另一个处理程序。在已经达到其可再生水资源极限的国家（如沙特阿拉伯、以色列、塞浦路斯），海水淡化被用以获取饮用水和工业用水。

目前，世界各国根据自身国情，开展应对干旱的各项科学研究和实践，从技术上、管理层面上和政策上不断建立完善干旱应对体系，不断转变应对观念和策略，从过去被动的应急抗旱和危机管理模式向主动的风险管理、资源可持续利用和环境生态保护方面发展。这一点，尤其值得我们国家借鉴。

一、美国

美国是水资源丰富的国家，但是由于水资源分布不均，在一些地方长期遭受干旱的影响。同为世界上的大国，美国以节水为主的应对干旱的措施和方案有许多值得中国借鉴的地方。1978 年卡特总统宣布新的水政策时指出：节水应是美国将来供水系统管理的基石。节水包括减少水需求、减少水损失和提高水效率等方面。 同时，建设水库以应对干旱季节的水资源短缺也是重要的措施之一。

1. 从水库取水作为应急水源

美国本土年径流量 1.7 万亿 m^3，已建水库库容 1 万亿 m^3，有效库容约 6 000 亿 m^3，对地表水资源有较强的调控能力。

如美国加州降雨分布极不均匀，加斯奎特（Gasquet）年平均降雨量约为 3 302 mm，科罗拉多（Colo-rado）沙漠地带降雨量却不到 80 mm。1933—1943 年联邦政府就批准兴建了 34 个灌溉与调水工程。美国通过从科罗拉多河引水，供应加利福尼亚州南部原本是沙漠的地区，在 20 世纪 40 年代兴建了“中央河谷工程”，年调水能力为 134 亿 m^3。20 世纪 70 年代，加州又进一步实施了北水南调工程，将加州北部的水引到南部，年调水量为 52 亿 m^3。这两个调水工程除具有防洪、发电、灌溉、旅游等多种功能外，同时满足城市供水需要，在干旱季节条件下，有效缓解饮用水源紧张问题。

美国已建的跨流域调水工程有十多项，年调水总量达 200 多亿 m^3，除北水南调工程、中央河谷工程外,其他较重要的调水工程还有科罗拉多 - 大汤普森工程、中部亚利桑那工程等。由于修建了中央河谷、加州调水、科罗拉多水道和洛杉矶水道等长距离调水工程，为受水地区社会经济发展提供了水源，使灌溉面积发展到 133.3 万 km^2；保证了加州南部以洛杉矶为中心的 6 个县 1 700 多万人生活和工业、生态用水需要。由于供水有保证，目前加利福尼亚州已成为美国人口最多、灌溉面积最大、粮食产量最高的一个州。

2002 年，美国投资 10 亿美元用于进一步加大加州水供量，该工程从莫加邬沙漠地层抽水并将水储存至炎热的加利福尼亚州南部地区，以帮助缓解南部加州的旱情，解决那里水的供应问题。该计划要求加州南部地区将多余的水储存至科罗拉多河床地下含水层内，遇到干旱年代时，再将水从地下含水层中抽到都市水区的供水系统中，用来向 6 个县的 1 700 万人供水。

2. 利用价格杠杆调整水资源需求

美国十分重视水资源开发中需求方面的研究，并将水的定价问题作为联邦政府水政策的基本策略之一，涉及的内容有用水价值、供水边际成本、用水需求模型等。在水价中必须体现水资源利用的边际机会成本。其中包括供水系统的建设、运行和维护等项费用，自然资源亏损费用和外部因素引起供水系统毁损的费用。这样便能逐步改变供水工程大量依赖补贴、效益低下的状况。采取金融方面的鼓励性措施（回扣、税收和信贷等）和抑制性措施（高价、罚款等）来调节水的需求。例如在水价方面制定了高峰用水价格、季节水价和递增水价等制度，运用水价政策调节需水量。

3. 利用水权交易提高水资源利用效率

水权管理在美国西部各州是一项程序性的工作，包括地表水水权管理和地下水水权管理两方面内容。美国西部开发初期，水是随便取用的，为了解决由此产生的问题，各州政府相继建立了管理机构。自 1914 年以后，任何人打算从河道内取水，无论是直接用水或是蓄入水库备用，都必须向州水资源控制理事会提出申请。水权的出售和转让在美国的一些州已实行了若干年，这些行为大多涉及水用途的改变，即水的使用从低水平的经济活动中转到高水平的经济活动中，比较典型的情况是从农业灌溉用水转向城市和工业用水。农业通过更高效的灌溉渠系或提高运行管理水平，或停止农业生产，而把节约的水权出售或转让给能够更有效地利用水资源的用户。

最近，各州和联邦政府均在考虑制定对水权转让起促进作用的有关法律，并且通过立法实现以下目的：通过对现有可供水的再分配，满足城市不断增加的用水需求；减少或消除要求兴建大坝和其他水工程项目的需求；增加用于鱼类和野生生物以及湿地的水量；通过采取节水措施和提高用水效率增加可供水量；从农业向城市转让用水。

最近几年的干旱，促进了相当数量的临时性的水权转让，但法律主要针对长期转让问题，并化解转让对第三方带来的消极影响，特别是对当地经济主要依赖于农业的地区的影响。一些州在考虑对原有地区采取保护措施，或对因转让造成的经济损失给予补偿。例如亚利桑那州的一项法律规定，凡城市从农业县获得地下水水权，并把这部分水从该县引走，必须交纳地下水水域经济发展基金，用以补偿税收减少和经济活动受影响而带来的损失。目前，通过水权出售转让水资源的数量并不多，但随着时间推移，数量将会增加。运用水市场和经济因素刺激水资源分配的立法措施正在探索过程中。

二、欧盟

欧盟各成员国在应对干旱上开展广泛合作，欧盟委员会把这一工作作为欧洲发展的一个重点来抓，通过采取一系列综合措施进行应对。

1. 强制引入用水计量措施，提高水资源利用率

欧盟委员会认为，以水资源使用与水资源价值一致性的经济评估为基础，建立水费制度，按水框架指令要求，适当提高水资源使用效率，根据不同的用水目的制定不同的水费是进行水资源有效分配的重要基础。在优先确保居民生活用水的前提下，应该强调“谁用水谁付费”的原则，同时为了确保水框架指令的全面执行，在所有用水行业中，应该强制引入用水计量措施。

2. 加强“水资源分级管理”和节水技术设施

实行水资源分级管理，节水提高水资源利用效率位于水资源管理最高等级，具有最大优先权。欧盟强调，只有充分采取各种节水措施和提高水资源利用效率，才可以考虑增加供水设施。

应对气候变化所产生的后果(特别是缺水与干旱)是2007—2013年间欧盟重点工作之一。虽然采用一些经济措施比较有效，但由于消耗成本较高而无法广泛应用。为此，欧盟一些新的立法框架为水资源管理、节水技术以及风险防范措施提供了资金保证。此外，虽然欧洲基金和国家援助为应对缺水与干旱提供了资金保障，但要有效解决问题，不仅要资金投入，更要求资金的有效使用。欧盟特别强调确保节水专项资金的有效使用，确保资金能优先用于制定合理水价、提升公共供水网性能或补偿用水户等项目中。

要进一步完善现有供水基础设施规划。在区域农村发展政策中，在增加额外的供水设施或设备前，应先考虑提高水资源使用效率、管理水平及环境保护的问题。同时，积极探索行业政策如何更好地促进水资源使用效率的提升，如何通过资金补偿方式激励用水户节约用水并参与环境保护。

3. 严重干旱时新的供水和调水设施要实行最严格的标准

欧盟部分地区虽然已经按水资源分级管理采取了相应措施，但其水资源需求仍超过供水能力，在这种情况下，可以适当考虑增加额外供水设施来应对严重干旱。

欧盟要求建造新的供水和调水设施必须按照规定进行。由于这些工程会对自然河流产生干扰，因此应实行严格的标准，慎重考虑。欧盟委员会准备对所有供水设施进行全面评估。另外，当欧盟成员国考虑海水淡化或污水再利用等措施作为增加供水量的方案时，要确保新增加的供水设施在环境评价中充分考虑了工程对环境不利影响，气候变化可能造成的变化以及要符合“欧洲能源政策”中相关的要求。

4. 对浪费水的行为采取有效的罚款措施

欧盟强调各经济部门要进一步加强节水技术研究和应用。强调除了改进节水技术外，在耗水量大的行业中，应该进一步加强水资源节水管理。

欧盟规定对用水设备应该制定统一的节水标准，在对非能源产品包括用水装置进行“寿命周期评估”和“环境产品声明”时，增加节水标准，同时，建立建筑物用水新法规。此外，在“欧盟环境管理审核计划”中增加节水指标，并规定在未来几年中，欧洲所有建筑都逐步进行这项认证。对于在新建筑物以及公共供水网中，过量渗漏行为应罚款。

三、澳大利亚

澳大利亚是世界上最大的干旱大陆。在所有影响澳大利亚的自然灾害中，干旱造成经济损失最为严重。澳大利亚也是世界上著名的农牧业生产发达的国家，但这里经常受到周期性干旱的影响，多发旱灾。

根据世界自然基金会(WWF)发表的一份报告指出，澳大利亚年降雨量自20世纪70年代骤降15%以来，已经连续10年低于标准值，以至于西岸城市伯斯不得不建设了一座海水淡化厂。而悉尼水库水位最近跌到剩37.5%的最低纪录，且以每周0.5%的速度继续下降。

而澳大利亚第一大城悉尼市也面临着严重的缺水问题，加拿大环保专家莱德·巴洛表示："悉尼可能在3～5年内出现供水危机，虽不致完全无水，但供水量只限于饮用所需。"除了悉尼，由于污染、河川和地下水资源耗损，墨尔本也可能会在15年内缺水。澳大利亚政府必须采取紧急对策，包括严惩浪费水资源行为，想避免因无水可用而被迫撤离悉尼，可努力的时日所剩无几，而干旱已经造成超过50亿澳币的农业经济损失，许多地方的经济濒于破产。

水资源保护成为澳大利亚目前面临的最大的发展阻力之一，保护水资源、节约用水已上升为国家政策。

在20世纪90年代以前，澳大利亚的抗旱对策是以应急救援和危机管理为主。1990年提出了转化干旱管理理念的建议，其核心内容认为干旱在澳大利亚是正常自然现象的一部分，农场主的农业生产应该与其他商业行为一样，把干旱作为一种成本风险来考虑；政府应以提高社区的自我适应力和恢复力为目标，建立风险管理机制。1992年，澳大利亚政府公布了以可持续发展、危机管理、农业结构调整为主旨的干旱管理政策，是国际上较早提出和实施干旱风险管理的国家。从1994年开始，澳大利亚鼓励农民与农业生产有关部门采取自力更生的方法应对旱灾，确保尽早恢复农业生产，使澳大利亚农业保持在世界先进水平上。

古代土著人的偷蛇引水和当代澳洲人的裸舞求雨，都反映出澳洲人对水的渴望。但是这些都是极端的求水方式。澳洲著名的水利专家John Williams说得好："澳大利亚是个干旱陆地，干旱决不会在澳大利亚根除。我们将永远在干旱和洪水降雨间生存，我们所能做的事情就是反复思考我们使用自己的土地和水的方式。"确实，理性的澳洲人能正视现实，并用智慧和才能不断探索开发节水措施。他们在实施城市有效节水，推广节水科技成果，实行配额有偿用水，发展旱作及节水农业等诸多方面成效显著，值得我们学习。

1. 限制城市供水

在澳大利亚，城市居民有强烈的节水意识。全世界最适合人类居住的花园城市——墨尔本，是一个极度缺水的城市，主要水源除附近的汤姆森水库和亚拉河外，相当部分靠积攒降雨。许多人家的后花园里都装有积攒雨水的大水罐。大部分城区限制使用洗碗机，媒体还提醒居民淋浴时间不要过长。2002年是澳大利亚一个世纪以来最为干旱的一年，各地纷纷节水。考虑到大旱情近期没有解缓的可能，而且还要预备应付森林大火等不测事件，自来水公司提前实施了用水限制，于11月1日午夜起在全国率先实行限制供水措施。首当其冲被限制的是户外用水项目，如露天游泳池、户外洗车行等。政府鼓励大家去室内游泳池集体入浴。按照规定，墨尔本居民不得用水冲洗庭院过道等水泥地面和汽车，有草坪的居民只能在午夜至早晨7时和隔日的晚7时到午夜时段里喷淋草坪，奇数房号的从单日子开始，偶数房号的从双日子开始，住公寓的按街道门牌号算。另外，不允许用水冲刷汽车和门窗玻璃。限水规定由市政水电部门监管实施，对违规者，第一次予以口头警告，第二次予以书面警告。如发现第三次，对个人处罚200～1 000澳元，对集体处罚1 000～5 000澳元。居民纷纷响应，邻里之间互相监督。

2. 安装循环设备

节约用水、提高水资源利用率不仅是政府考虑的事情，很多企业家、民众也纷纷参与进来，形成一种社会意识。如在堪培拉有一个供孤寡老人居住的小区，开发商有很强的水资源循环和环境保护意识，在小区中心安装了全套水资源循环设备，沐浴和洗衣的废水经过分流、过滤和氧化分解等物理和生物处理后，用来做小区的绿化用水，部分水在达标后返回河道，实现了水资源的循环。该小区因此获得联合国人居中心 1998 年世界人居奖小区。现在该小区已成为堪培拉的十大名胜之一。

3. 开发节水工程

干旱在全国敲响警钟，联邦政府已把节水工程摆在国内事务重中之重的地位。政府投资 100 亿澳元把开放式灌溉渠改造成管道灌溉方式，以避免蒸发，充分节约和利用水资源。住房建设和水电部门一直积极倡导回收家庭洗衣机排放的水，用以洁厕，以取代清洁水源。政府部门认为，二次利用洗衣机用水有巨大的节水潜力。有些科学家建议成立国家“水银行”，以便进行澳大利亚的水贸易并建立可以进行水经营管理的经纪人许可证体系。

4. 淡化海水提供应急水源

澳大利亚近年来已开始采用海水淡化措施，而且现在正加大这方面的投资。位于珀斯的 Kwinana 海水淡化工厂投资达 3.87 亿澳元，是该国海水淡化历史上的重要里程碑。Kwinana 工厂自 2007 年年初试运行以来，已生产出 1 亿 t 以上淡水，一直为西澳大利亚州 75% 的人口供应着大约 17% 的饮用水。

四、以色列

以色列是个半干旱国家，由于天然的自然地理条件，以色列全国一半地区属于典型的干旱和半干旱气候，降水量分布不均，其北部的年降水量为 700 ~ 800 mm，中部为 400 ~ 600 mm，南部仅为 25 mm。因此，以色列境内水资源严重贫乏，水贵如金。人口的快速增加和经济的持续增长对这个国家本来就稀缺的水资源构成了巨大压力，不仅在工农业生产、公共用水方面水资源紧缺，在保障饮用水供应上也面临着一定的压力。节水成为以色列本国的头等大事。

但是，以色列政府相当成功地解决了这个问题，所采取的政策手段、行政手段和法律手段都发挥了很好的作用，满足了稳定的经济增长和人口增加导致的对水资源的需求。在如此恶劣的自然环境下，以色列自 1948 年建国以来，仅一代人就建成现代农业，甚至赢得欧洲“冬季厨房”的美名，创造了令人惊叹的世界奇迹。以色列的主要做法包括将配置水资源的职责交由相应的部门负责，形成一个完整而高效的配置系统，此外，还在这个配置系统里实施了各种手段，包括经济手段，以实现资源的高效使用，从而做到自如应对自身水资源不足和干旱引起的水资源短缺。以色列节水富国成功“秘诀”，对全球干旱地区的发展有着很强的借鉴意义。

归纳起来，以色列的经验主要体现在以下几个方面：

（1）确定水配置的优先序，居民使用最优先，之后依次是工业、农业、其他用途，以确保应急条件下的饮用水供应。

（2）严格控制水污染，所有的水污染，包括点源和非点源污染都被禁止。对于水污染行为，可能遭到停止供水等方面的惩罚。

（3）在供给方面，大力拓展进口水污水回用、海水淡化等，拓展了供水来源，减少了对自然水源的需求压力。

① 进口水。土耳其被认为是以色列的最好进口水源。水可以用海底管道、超级巨轮或浮动袋子来运输。土耳其有一些剩余的水可以出口，目前在考虑用 25 万 t 巨轮来运输水。如果用巨轮运水，成本估计是每立方米 0.8~1 美元，海水淡化是 0.6~1.25 美元。但是，卸载以及管道等将增加 50%的成本，再加上对于供应方风险等因素的考虑，使得进口水不被当作一个重要的途径。但是在应对干旱等水短缺情况下，是一个有效实际的解决方法。

② 广泛进行污水回用。已经制定了一些法规来改进污水处理厂的水质，尽可能回用，并减少环境和健康风险。一个特别重要的目标是利用回用的污水代替淡水来作为灌溉用水。到 2003 年，以色列回用了 65%的废水，几乎 50%的灌溉用水来自处理的污水。

③ 海水淡化。目前的海水淡化厂都比较小，为满足对淡水的需求，政府已经加速建设一些大的海水淡化厂。其中的一个（ROSWDP）在 2005 年增加全国的总淡水供应量的 10%。而且由于技术进步，成本已经大大降低。

（4）实施北水南调工程。以色列位于中东地中海、死海和约旦河之间，国土南北狭长有 400 km，沿海有狭窄平原，中北部为丘陵地带，南部为沙漠。以色列北部湿润，南部干旱，降水在冬季 11 月至次年 3 月，4~10 月高温干旱少雨。中北部丘陵地带年降水 400 ~ 1 000 mm，南部年降水 25 ~ 250 mm。年降水总量约 100 亿 m^3，利用率约 18%，其余蒸发或注入海洋。水资源 80% 在北方，20% 在南方，分布极为不均。因此，为解决干旱区水资源不足，以色列实施北水南调工程，管道把北方较为丰富的水资源输送到干旱缺水的南方，年均抽取湖水 4.0 亿 m^3 左右。

五、巴西

巴西位于南半球，东北部地区雨量稀少，水分蒸发严重，多发旱灾，极易造成局部地区粮食减产和大量家畜死亡。面对旱灾，巴西政府制定了以实现经济、社会、资源、环境和人口协调发展为目标的“防治荒漠化全国行动规划”。政府还致力于东北部地区荒漠化的控制，实施“半干旱地区共同生活计划”。同时，还建立了一整套完善的农业救助体系，通过国家家庭农业供给计划和旱灾补偿制度，帮助农民抗击旱灾。此外，加强干旱防灾减灾国际合作，注意引进国外治理旱灾的先进方法。

巴西政府对待旱灾的整体措施是：以保护管理为基础，增加旱地作物，合理利用水资源；具体通过实施“与半干旱地区共同生活计划”等，推广先进的灌溉技术、加强修建地下蓄水池、建立地下管道滴灌系统等。巴西干旱管理的总趋势是由过去被动的应急抗旱和危机管理模式向主动的风险管理、资源可持续利用和环境生态保护方面发展。

六、西班牙

西班牙第二大城市巴塞罗那所在的加泰罗尼亚自治区自2007年春季以来持续干旱。由于降雨偏少，多座供水水库需水量大幅减少，巴塞罗那面临自1912年以来最为严重的淡水危机。巴塞罗那当局随即启动了多种措施降低干旱的影响。

（1）2007年4月3日，通过了加强水资源管理的特别措施方案（EMA）；

（2）普拉特2007年5月，海水淡化厂动工兴建，这一工程投资2.3亿欧元，每处理100 L海水可得到45 L淡水，脱盐率达99.7%。目前，这一工厂已投产运营；

（3）2008年2月，通过重启水井、节水灌溉、船运水以及中水回收利用等增加了30%的可用水量的方案；

（4）2008年2月12日，当局要求全社会统一认识，共同应对旱情，2008年3月下旬，甚至提出了利用污水处理厂回用水经处理后再供饮用的措施建议；

（5）2008年4月18日，西班牙政府宣布兴建一条长62 km的管理，设计流量m^3/s，以便与巴塞罗那西南的塔拉戈纳供水管网连接；

（6）2008年5月13日，第一艘运水船抵达并开始供应都市区，从法国运水费用每吨需6欧元，原计划运水量6.65万t，因降雨及时，实际仅输入了0.54万t；

（7）2008年5月下旬，降雨后旱情得到彻底改变，2008年6月6日，政府宣布撤销管网连通工程，并对前期投入进行补偿；同时，巴塞罗那提议的从附近的塞格雷河引水的计划未获当地政府批准，西班牙中央政府也因更倾向于海水淡化，该计划终止；

（8）西班牙北部和西北部雨水相对较多，南部和东南部则干旱少雨，但东南部地中海沿岸经济发达，人口众多。为平衡南北水资源，西班牙2000—2008年实施25项大型治水、调水工程。每年从主要河流埃布罗河和塔霍调水用以解决地中海沿岸地区旱情。除了重点实施埃布罗河调水工程外，还将采取全面加固水库、整治河流、强化污水处理、净化水源等措施。此外，西班牙还将在地中海沿岸严重缺水的阿利坎特、木尔西亚、阿尔梅里亚等地区修建海水淡化工程。

另外，巴塞罗那还采取了减少公共用水量、加强管网维护降低淡水损失，以及降压供水、分区供水等措施来应对干旱挑战。

七、印度

印度拥有的水资源量占到世界水资源总量的4%，但是人口占到世界总人口的15%，水资源供给压力大。在这有限的水资源中只有30%能够被利用于生产与生活。更为糟糕的是，印度还是一个易发旱灾的国家。在过去的120年间，印度遭遇了22次严重旱灾，小的旱情常年不断，印度的旱灾主要发生在副热带高压带控制的西北部地区。旱灾的发生造成农业减产，影响到水库蓄水、电力供应，阻碍整体经济发展等。甚至造成居民的基本饮水的供应质量和水量受到影响。在印度，80% 左右的疾病都与不安全的饮用水有关，而这些受到不安全饮水威胁的人口中，大部分人是生活在边远农村地区的居民。在这些地区，没有完善的供水设施和卫生系统来保障他们的饮水安全。

如何应对旱灾以及解决居民饮水安全问题成为摆在印度政府面前的一道无法回避的问题。2009 年印度政府对以往的抗旱情况进行了总结，梳理出经验和教训，分别出台了《干旱管理战略》和《干旱管理手册》，包括建立可靠的旱灾早期预报预警系统、建立干旱相关数据库、建立中长期抗旱战略等从宏观战略规划到具体方法措施指导整个社会重视干旱，健全机制，科学管理，统筹安排，具体落实，为长期抗旱打下坚实基础。

为有效防御旱灾，印度政府采取了诸多政策、措施保障干旱等情况下的饮用水保障应急措施：

1. 人工造云和人工降雨

通过人工造云、人工降雨等措施，减轻降雨分布不均匀性，为受旱地区提供应急降雨，缓解当地旱情。相应地降低干旱对水源地影响，为紧急应对饮用水干旱提供帮助。

2. 提供成本较低且环保的饮水净化技术

美国国际用水安全协会为社区安全饮水系统的建设提供了一种专门的价格低廉的技术，该技术可以消除饮用水中的致病细菌和病毒。这项技术由于花费较小，而且能够适应不同地区的水质，因此在世界多个地方被广泛地采用。同时，由于掌握这项技术所需的技能简单，一般社区居民（尤其是青年）能够在培训之后完全掌握该技术，这就让该技术在偏远地方的长期采用成为可能。此外，这种技术在能源利用方面具有高效率和零排放的特点，这些特点不会在使用过程中造成对环境的污染和破坏。不仅如此，该技术不使用任何化学物质，不会对水源造成二次污染。

3. 改变居民不健康的饮水习惯

仅仅依赖于有关社区饮水安全的各种规定（如规定在某个专门的取水处取水，严禁村民在水源附近倾倒生活垃圾等）是无法完全消除社区居民因饮水安全而患病的可能性的，因为社区居民并没有意识到自己平时已经养成的习惯会对自身健康带来巨大的威胁。为了改变这一现状，同时也是为了让这种新的多方参与社区安全饮水模式产生预期的效果，南迪（Naancii）基金会决定通过对社区居民进行卫生教育来提高居民对安全饮水重要性的认识，同时，也向社区居民宣传如何安全卫生储存饮水的知识。

4. 其他应急措施

(1) 定期维修所有已安装手泵。扩建和更换提升管里的手泵。

(2) 钻在适当地点，在它们的手泵井安装新管。

(3) 安装单相功率泵井管，那里的水位由于缺水枯竭。

(4) 供水的实施方案是铺设管道和安装水箱。

(5) 饮用水在必要时，区政府通过水路运输。

(6) 在受影响地区的开展水质量监测。

(7) 在适当的时候做好乡村的充电结构，以备缓减能源枯竭后当时的短缺时期。

八、日本

由于国土地表面积狭小，雨水径流速度快，人口密度大，加之降水量在不同年份、不同季节分布不均，日本是一个水资源相对稀缺的国家，其每年自然的可再生水资源量人均约为 3 372 m^3，只相当于世界平均水平的一半。在过去几十年里，随着人口的增长和经济的快速发展，对淡水资源的需求持续上升，日本曾数次面临严重的水资源短缺。

为应对干旱的影响，日本成立抗旱协会，在日本发生干旱时，在用水户和利益相关者之间进行协调和咨询的平台。它考虑和讨论各种干旱情况下可能采取的措施，包括对取水的限制。该协会通常由河流管理者、用水者、当地政府和其他管理部门组成。到 1998 年底，日本对其境内的 86 条 A 类河流(跨越两个县郡以上的河流)，成立了抗旱协会。根据日本法律"公正取舍"的精神，在干旱到来之前，各种用水户之间需要进行协商，河流管理部门为各用水户提供各种有关河流的信息。如果协商失败，河流管理者还能进行干预。

日本的东京都位于日本的 Tone 河流域，在 1972 年和 1973 年，这一流域发生了两次严重干旱。1974 年，Tone 河抗旱协调委员会成立。在上游水库水量低于正常水量 54% 时，抗旱协调委员会有权讨论限制饮水等各种节水措施，用水户要相互合作，并执行委员会的决定。20 年以后的 1994 年，日本又发生了罕见的大范围干旱，影响了 58 个 A 级河流和 109 个一般河域，但这些河流的抗旱协调委员会发挥了关键作用。对于东京都所在的 Tone 河域而言，当该河上游的水库不是正常的 54% 时，Tone 河协委会就要讨论各种节水措施，包括限制引水等，用水户都互相合作，并且自愿执行协委会的决定。

九、塞浦路斯

位于地中海东北部的塞浦路斯气候变化非常明显。气候变化不仅仅是温度升高，这还意味着极端的天气状况，而干旱是其中之一。由于温度升高和由此导致的蒸发增加，自 1972 年以来，该国降雨量减少了 20%，而地表径流——流入水库的水量已经减少了 40%。在过去的一个世纪里，塞浦路斯的温度上升了将近 1℃，年降水量减少了 80 mm——从气象标准来看，这是一个令人惊讶的数额。

2008 年，塞浦路斯遭遇大旱，为了应对严重干旱塞浦路斯采用了一系列紧急措施：

(1) 饮用水从希腊，使用油船转移。

(2) 实施几乎 100% 的农业供水禁令。

(3) 关于饮用水的供应严格限制，以家庭（每周只有 36 h）。

(4) 现有的海水淡化厂扩容或是安装成移动的。

(5) 含水层的 Garillis 处理饮用水。

（6）国内供应使用新的钻井及购买私人钻孔。
（7）强化节约用水的宣传活动和财务，为鼓励节约饮用水。

第四节 全球应对水资源短缺的主要技术与方法

为应对季节性干旱、非季节性干旱以及其他原因造成的水资源短缺，各国开展技术、方法研究，主要包括兴修水利、建设跨流域调水工程、污水资源化、启动水银行、开展水交易、淡化海水、建设海洋水库等。而目前兴修水利和建设跨流域调水工程是全球性的解决水荒的主要策略。

一、兴修水库

现在全世界修建了大量拦水蓄水工程，以控制地表径流，应对洪涝、干旱，从而解决水资源供给季节分布不匀的问题。据统计，世界各国水库的总库容达 5 500 km^3，水面面积超过 35 万 km^2。这些水库为解决水资源的供给问题及减轻洪涝灾害问题，起到了不可替代的作用。世界上主要水库分布见表 10-2。

表 10-2 全世界水库分布

区域	水库数 / 座	总蓄水量 /km^3	水库平均蓄水量 / 亿 m^3	占全球的百分数 /%
北美洲	7 205	1 845	2.56	29
南美洲	1 498	1 039	6.94	16
北欧	2 277	938	4.12	15
南欧	3 220	145	0.45	2
撒哈拉地带	966	575	5.95	9
北非	280	188	6.52	3
中国	1 851	649	3.51	10
南亚	4 131	319	0.77	5
中亚	44	148	33.64	2
东南亚	277	117	4.24	2
太平洋沿岸	2 778	277	1.00	4
中东	895	224	2.50	3
全球	25 422	6 464	254	100

俄罗斯已建成的大型跨流域调水工程 34 项，调水线路总长 3 000 km，年调水量 150 亿 m^3。俄罗斯规划中的调水工程较多，有伏尔加河 - 莫斯科调水工程、纳伦河 − 锡尔河调水工程、库班河 - 卡劳斯河调水工程、瓦赫什河 − 喷什河调水工程、北水南调工程等。俄罗斯全国库容 1 亿 m^3 以上的大型水库为 100 座，总库容量 7 738 亿 m^3，其中有效库容 3 386 亿 m^3。

巴基斯坦南部为热带气候，年均降水不足 300 mm，干旱、半干旱地区占国土面积的 60% 以上。为解决缺水地区人民的生产生活用水问题，巴基斯坦于 1958 年成立水和电力开发管理局（WAPDA），于 1960 年开始实施西水东调工程，以开发利用境内最主要河流印度河的水资源，该工程 1967 年完工，年均调水达到 218 亿 m^3。

法国于 1983 年建成的迪朗斯 − 凡尔顿调水工程，在满足灌溉、发电等要求外，还可供 150 万人饮水。此外，法国还有勒斯特 − 加龙河等调水工程。

二、建设跨流域调水工程

全球水资源时空分布不均匀，许多国家因面积、地形、所处气候带等因素也存在水量分配不均现象。如美国东部湿润，水资源较丰富；西部干旱，年降水量多在 550 mm 以下。非洲以干旱著称，一半面积年平均降水在 500 mm 以下，但是刚果盆地和几内亚湾沿岸一带年降水量却超过 1 500 mm。实行区域间调水，可以极为有效地应对干旱地区或季节性干旱地区的缺水问题，降低干旱的影响。

调水工程技术已日渐成熟，具备很强的操作性。世界已建、在建和拟建跨流域调水工程遍布 24 个国家，达 160 多项。其中，距离较长的是美国加利福尼亚北水南调工程，输水量较大的巴基斯坦西水东调工程，以色列北水南调工程都是世界闻名的。

三、污水资源化

污水资源化是水资源可持续开发及利用中的一项重大举措。目前世界各国都在发展污水资源化，把它当做第二水源，并建立了一些示范工程和应用工程。许多发达国家的城市，都修有汇集污水的管路，经过二级处理达到规定的水质标准后，即用于工厂冷却、除渣、灭尘。城市绿地以及农田灌溉。1985 年德国城市的 75% ～ 80% 的污水，已经过二级处理。法国城市工业污水的 60% 已得到处理；英国的这个比例为 70%，意大利为 77% ～ 80%，比利时为 60%。日本城市污水回用量达 63×10^6 m^3/d（至 1986 年），污水再生后主要回用于中水道系统、农田或城市灌溉、河道补给等。

污水处理最高的目标是实现资源消耗减量化 (reduce)、产品价值再利用 (reuse) 和废弃物质再循环 (recycle), 水资源的利用要实现从“供水—用水—排水”的单向线性水资源代谢系统向“供水—用水—排水—污水回用”的闭环式水资源循环系统过渡。对于农村的分散生活污水，工艺简单、处理效果有保证、运行维护简便的分散型污水处理系统 (decentralized sanitation and reuse, DESAR) 是一种具有最佳综合效益的选择，它包含污水处理和资源化利用双重意义，强调分质就地处理和尽可能回收营养物质。国外一些国家在污水处理技术的研究和应用方面积累了许多经验，值得学习和借鉴。

1. 美国的污水回用典型工程

美国的污水回用量达 $260\times10^4m^3/d$，其中 62% 的再生水用于农业灌溉，30% 用于工业，其余用于城市设施和地下水回灌。较为典型的工程范例如下：①百利恒钢铁厂将再生后的城市污水作为主要的冷却水回用，每年回用水量达 $1.84\times10^8\ m^3/d$，自 1942 年建成以来运行持续稳定；② Orange County 的海水屏障工程，城市污水经二级处理后，再经化学净化、氨解析、混合滤料过滤、活性炭过滤、氯化、反渗透等处理后注入地下水层。其经验在于：人工可以控制海水入侵；城市污水经处理后可以达到饮用水水质标准；③佛罗里达州圣彼得堡城市污水经净化后供住宅、办公、绿化、冷却和消防用水，回用工程于 1977 年正式投入运行；④ Elpaso 将再生水注入地下水层，满足当地 65% 的需水量，回灌水质符合饮用水水质标准。

2. 澳大利亚“FILTER”污水处理及再利用系统

该系统利用污水灌溉达到污水处理的目的，能有效实现污染物去除和污水减量的双重目标，既可满足作物对水分与养分的需求，又可降低污水中的氮、磷、钾含量，避免污水直接排入水体后，导致水体富营养化。该系统对总磷 (TP)、总氮 (TN)、生物耗氧量 (BOD_5) 和化学耗氧量 (CODcr) 的去除率分别能达到 97% ～ 99%、82% ～ 86%、93% 和 75% ～ 86%。

3. 以色列建设污水库

以色列属于半干旱国家，污水是该国重要的水资源之一，其中 100% 的生活污水及 72% 的城市污水已经回用，一般回用工程规模为 5 000 ～ 10 000 m^3/d，最小规模可达 27 m^3/d，最大规模可达 $20\times10^4m^3/d$。处理后污水 42% 用于农灌，30% 用于地下水回灌，其余用于工业及市政等。该国建有 127 座污水库，其中地表污水库 123 座；污水库与其他水源联合调控、统一使用。污水回用处理工艺因用户的不同而异，有厌氧塘→兼性塘→好氧塘系统，二级生物处理→深度处理系统，二级生物处理→土地快速渗滤系统，塘系统→化学法→土地快速渗滤系统等。

4. 土壤毛管渗滤系统

该系统将污水投配到土壤表面具有一定构造的渗滤沟中，污染物通过物理、化学、微生物的降解和植物的吸收利用得到处理和净化。美国、日本、澳大利亚、以色列、俄罗斯和西欧等国一直十分重视该系统的研究和应用，在工艺流程、净化方法和构筑设施等方面做到了定型化和系列化，并编制了相应的技术规范。该技术对悬浮物、有机物、氨氮、总磷和大肠杆菌的去除率均较高，一般可达 70% ～ 90%，而且基建投资少、运行费用低、维护简便，整个系统埋在地下，不会散发臭味，能保证冬季较稳定地运行，便于污水的就地处理和回用。因此，对于水资源供需矛盾日益紧张、生活污水污染日趋严重的广大农村，该技术具有很强的技术和经济优势。

5. 人工湿地处理系统

该系统一般由人工基质（多为碎石）和生长在其上的沼生植物（芦苇、香蒲、灯心草和大麻等组成，是一种独特的“土壤—植物—微生物”生态系统，利用各种植物、动物、微生物和土壤的共同作用，逐级过滤和吸收污水中的污染物，达到净化污水的目的。该技术在欧洲、北美、澳大利亚和新西兰等国家得到了广泛应用，其缺点是需要大量土地，并要解决土壤和水中的充分供氧问题及受气温和植物生长季节的影响等问题。

6. 生物膜技术

生物膜法是分散生活污水处理主要应用的一种人工处理技术，包括厌氧和好氧生物膜两种。厌氧或好氧微生物附着在载体表面，形成生物膜来吸附、降解污水中的污染物，达到净化目的。该方法设备简单、运行成本较低，处理效率高。反应器一般由填料（载体）、布水装置和排水系统 3 个部分组成，采用的填料有无机类（陶粒、矿渣、活性炭等）和有机类 (PVC、PP、塑料、纤维等)。目前，新型的生物膜反应器和固定化微生物技术也得到了广泛的研究。

7. 稳定塘

该技术主要是利用菌藻的共同作用来去除污水中的污染物，具有基建投资少、运转费用低、维护简单、便于操作、能有效去除污水中的有机物和病原体以及无需污泥处理等优点。德国和法国分别有各类稳定塘 3 000 座和 2 000 座，而美国已有各类稳定塘上万座。美国的 Oswald 提出并发展了高效藻类塘，最大限度地利用了藻类产生的氧气，充分利用菌藻共生关系，对污染物进行高效处理。

8. 一体化集成装置处理技术

发展集预处理、二级处理和深度处理于一体的中小型污水处理一体化装置，是国内外污水分散处理发展的一种趋势。日本研究的一体化装置主要采用厌氧—好氧—二沉池组合工艺，兼具降解有机物和脱氮的功能，其出水 $BOD_5<20$ mg/L、$TN<20$ mg/L，近年来开发的膜处理技术可对 BOD_5 和 TN 进行深度处理。欧洲许多国家开发了以 SBR、移动床生物膜反应器、生物转盘和滴滤池技术为主，结合化学除磷的小型污水处理集成装置。

四、启动水银行，开展水交易

水银行是国外一些发达国家在水资源调配或水权运作中使用的一种配置手段。即把水当成货币，把多余的水存储起来。水银行分为两类，第一类是处理天然流动的水，一般是指来源于河流、小溪或地表处的地表水。水的交换通过水市场水权的买卖来实现。另一类是储蓄水，就是存储在水库或者是地下并用于借贷交换的水，这种水银行所代表的水体不具有流动性，买卖相对稳定。

当前，国际上已有一些国家，如英国、美国等已经开设了水银行，并利用水银行进行存水和贷水，优化了水资源的时空配置。

透海水淡化吨水成本已从 1985 年的 1.02 美元降至 2005 年的 48 美分。且在成本的组成上，运行及维护、能源消费和投资成本均逐年下降。目前，国外吨淡化水出厂价格一般为 0.6 ~ 0.9 美元。

（3）水电联产、热膜联产等多种技术集成是海水淡化技术主要发展趋势。水电联产主要是指海水淡化水和电力联产联供。由于海水淡化成本在很大程度上取决于消耗电力和蒸汽的成本，水电联产可以利用电厂的蒸汽和电力为海水淡化装置提供动力，从而实现能源高效利用和降低海水淡化成本。国外大部分海水淡化厂都是和发电厂建在一起的，是目前大型海水淡化工程的主要建设模式。

热膜联产主要是采用热法和膜法海水淡化相联合的方式(即 MED-RO 或 MSF-RO 方式)，满足不同用水需求，降低海水淡化成本。目前，世界上最大的热膜联产海水淡化厂是阿联酋富查伊拉海水淡化厂，日产海水淡化水量为 45.4 万 m^3，其中，MSF 日产水 28.4 万 m^3，RO 日产水 17 万 m^3。其优点是：投资成本低，可共用海水取水口。RO 和 MED/MSF 装置淡化产品水可以按一定比例混合满足各种各样的需求。

六、建设海洋水库

全球有效年降雨量 11.9 万 km^3 中，有将近一半（4.47 万 km^3）流入海洋。如果能够将这些白白入海的淡水利用起来，那将可以解决缺水问题。基于这样的想法，新加坡南洋理工大学海洋研究中心首席科学家杨树清教授于 1996 年在世界上首创“海洋水库群”。“海洋水库群”为：在各河流入海口以类似于围海造田法营造海洋水库；沿海岸线做渠 / 管道将各海洋水库相连，实现跨流域调水；沿河流建闸和泵站，从海洋水库提水沿河道输往内陆，一举解决洪水威胁和干旱问题。

参考文献

[1] 吴绍洪，赵宗慈．气候变化和水的最新科学认知．气候变化研究进展，2009. 5(3):125-133.

[2] UNESCO. Water, a shared responsibility]: UNESCO. 2009.

[3] 童国庆，成福云，刘英楠．各国如何应对干旱．人民长江报，2010.

[4] Anonymous 国外海水淡化发展现状、趋势及启示．

[5] 杨树清．21 世纪中国和世界水危机及对策．天津：天津大学出版社，2004.

[6] 李顺．淡水危机与节水技术．北京：化学工业出版社，2003.

[7] 陈绍金．水安全系统评价、预警与调控研究．北京：中国水利水电出版社，2006.

[8] 刘登伟，姜斌．欧盟如何应对缺水与干旱．人民长江报，2009.

[9] 杨蕴玉．澳大利亚的节水措施及其启示． 2009; Available from: <http://www.zgggzx.com/article_detail.asp?ArtID=5095>.

[10] Hunter, Norrie. 看澳大利亚如何应对干旱气候 . 2010;Available from: <http://www.newmaker.com/art_37435.html>.

[11] Saul，Arlosoroff. Water Demand Management - A Strategy to Deal with Water Scarcity. Israel. 2005.

[12] 周志红 . 农村饮水安全工程建设与运行维护管理培训教材 . 北京 : 中国水利水电出版社 , 2010.

[13] 倪文进,马超德 . 中国农村饮水安全工程管理实践与探索 . 北京 : 中国水利水电出版社, 2010.

附录一

川渝地区部分县区抗旱预案

一、四川省攀枝花市仁和区抗旱预案

攀枝花市仁和区于2005年12月由防汛抗旱指挥部和仁和区水务农机局编制了《攀枝花市仁和区抗旱预案》。该预案严格按照国家防汛抗旱总指挥部制定的《抗旱预案编制导则（试行)》编制，由前言、预案编制的指导思想、原则和依据、基本情况、干旱等级划分、区域抗旱水资源调配及水量平衡分析、干旱风险评估、抗旱工作措施、抗旱效果评价与善后工作、附则及附加的《仁和区水务农机局抗旱救灾工作方案》共9部分组成。该预案编制较早，编制思想完全遵循《抗旱预案编制导则（试行)》的要求，对于抗旱预案的编写及发现实施过程中的问题具有很大的借鉴作用。但与修订后的《抗旱预案编制大纲》相对照，以及从预案的可执行性和时效性方面考虑，该预案还存在一定的问题需要改进。

（一）前言

明确提出“旱灾是仁和区主要的自然灾害之一”。虽然自20世纪50年代开始，仁和区的水利建设取得了很大成就，工农业生产的基本条件大大改善，但仁和区特殊的地形地势和气候条件，决定着干旱仍然是该区工农业生产发展的瓶颈，抗旱工作仍将是该区的工作重点之一，编制抗旱预案对指导该区抗旱工作，有效减轻干旱影响具有重要意义。

（二）预案编制的指导思想、原则及依据

明确该方案属于县区级地方总体抗旱预案，用以指导仁和区的城乡全面抗旱工作。重点阐述了该预案编制的指导思想、编制原则和编制依据。在指导思想部分，明确了该预案总体编制目的，但未能与地方实际状况紧密结合。编制原则“以防为主、防抗结合、因地制宜、突出重点、兼顾一般”，但未能体现《抗旱预案编制大纲》中要求的“以人为本”、“抗旱行政首长负责制”和“统一指挥，统一调度”原则。

（三）基本情况

从仁和区的自然地理特征、社会经济概况、气象水文条件、水资源状况、水资源开发利用现状、历史干旱资料分析、区域旱灾特点、区域抗旱能力建设现状（包括工程体系和非工程体系）等8个方面对仁和区的水资源特点、旱灾特点、抗旱能力建设现状等进行了阐述和分析。

仁和区属于南亚热带半干旱季风气候，年降雨量分配不均，干、湿季节明显，有明显的

夏旱、伏旱、秋涝。区内主要河流为金沙江及其支流，但由于金沙江位置低，鉴于用水成本太高，目前基本未应用于农业生产，主要供城镇及工业用水。区内流域面积≥ 100 km^2 的河流有 4 条，分别是大河（750 km^2）、把关河（246 km^2）、摩梭河（246 km^2）、纳东河（105 km^2）。其中与农业相关的河流主要是大河，大河流域是攀枝花市的主要蔬菜水果基地。仁和区的地表水资源主要来自大气降水，全区多年平均降水量为 843.1 mm，年均径流深 180 mm，Cv 值 0.7，径流年际变化较大，Cv 值 0.6~0.9 的变化趋势一般由高到低，逐渐增加。根据水文资料分析，该区丰枯水年变化周期一般为 12~15 年，偏丰、偏枯多以 2~4 年周期变化。径流年内变化也很大，支流 4~5 月份有断流现象出现。一般而言，1~5 月径流量占全年总径流量的 5%，6~10 月占 85%~90%，11~12 月占 5%~10%。仁和区的小春用水发生在 1~5 月，因而径流的年内分配很不利于工农业生产用水和城镇供水，并严重威胁农村的饮用水的水量与水质安全。

仁和区是攀枝花市水资源最缺乏的农业区县，当地水资源量 3.107 亿 m^3，人均水资源量 1 710 m^3，仅占攀枝花市人均水资源占有量的 4 263 m^3 的 40%。现状已开发利用 1.38 亿 m^3，占总资源量的 44%，水资源开发利用潜力不大。该区的地下水资源主要为深层地下水，主要为断层裂隙水，除少量以泉水出露外，大都埋深在 100 m 以下，开发利用难度较大。据估算，该区地下水资源总量 1.528 亿 m^3，目前可开发利用量仅为 0.32 亿 m^3。虽然金沙江过境水丰富，年均径流量在 554.36 亿 m^3 以上，但由于高程较低，提水扬程一般在 300 m 以上，农业灌溉和农村饮水还不能承受提水的经济负担，目前主要供城镇用水及工业用水。仁和区与周边邻县均以高山、河流为界，其农业用水只能依靠当地的地表水资源。因而，仁和区水利发展规划为以蓄为主，提引结合，充分利用工程水，发展农业生产和农林经济。

仁和区的水利工程，截至 2004 年底，全区共有各类水利工程 2 356 处，其中，中型水库 2 座，小Ⅰ型水库 14 座，小Ⅱ型水库 89 座，山坪塘 321 座，引水渠堰 82 处，提灌站 176 处，其他工程 1 672 口，蓄引提水能力 9 156 万 m^3。采取不同方法计算 2004 年已建水利工程的可供水量，并按照各自的供水对象，计算分析不同保证率下的可供水量分别为：P=50% 时可供水量为 0.91 亿 m^3，P=75% 时为 0.79 亿 m^3，P=95% 时为 0.62 亿 m^3。加上工业、生活供水设施及其他自备水源工程供水，P=50% 时可供水量为 1.61 亿 m^3，P=75% 时为 1.48 亿 m^3，P=95% 时为 1.32 亿 m^3。根据仁和区工农业及城镇、农村用水测算，仁和区国民经济各部门总需水量 P=50% 时为 1.4 亿 m^3，P=75% 时为 1.71 亿 m^3，P=95% 时为 1.88 亿 m^3。该区水利工程几乎全部供农业灌溉和农村人畜饮水，工业和城镇生活用水由各行业依据自身需要，自行从金沙江等大江大河提取过境水，因而，为反映目前已建水利工程的供需状况，对现有水利工程的供水量和农业有效灌面需水量、农村人畜需水量进行供需平衡分析，结果发现，在现有水利工程的供水能力下，支付单农业灌溉和农村人畜饮水，仅在一般年有余水，在 P=75% 的中旱年缺水 0.226 亿 m^3，在 P=95% 的干旱年缺水达 0.562 2 亿 m^3。

仁和区旱灾的特点。仁和区地处三江谷地（怒江、澜沧江和金沙江），地形复杂，属于亚热带大陆性山地型季风气候，使其气候别具一格。全区气温日较差大，年较差小，降水集中，太阳辐射强，空气干燥，蒸发量大，气候垂直地带性显著，各地小气候复杂多样。该区干、雨季分明。干季从 11 月至翌年 4 月，主要受南亚干热气候控制，雨量稀少。晴日占 94% 以上，月日照时数在 200 ～ 270 h，月降水量 1 ～ 68 mm，月蒸发量是降水量的 17 ～ 50 倍，月均温 11 ～ 26℃。该区干旱的特点是发生频率高，影响范围大，持续时间长。冬干：金沙江以南地区冬季（12 月至次年 2 月）多年平均降水总量≤ 10 mm，以北地区冬季多年平均总降水量≤ 20 mm，土壤墒情大幅度降低，库、塘蓄水不断减少，灌溉水源紧张，对农村的饮用水安全构成严重威胁。春旱：3 ~ 4 月多年平均降水总量 10 ~ 25 mm，主要危害全区的大春作物栽种，以及由于天干，森林易发火险等。夏旱、伏旱：往往伴随高温天气，对农业生产危害最大，6 月常有夏旱发生，往往致使大春作物大面积枯死，粮食大幅度减产，甚至绝收。全区旱灾具有连续性特点。1965—2005 年间，连续年际中度以上干旱发生 21 次，其中 1991—1998 年连续 8 年发生中度以上干旱，1979—1983 年和 1985—1989 年分别连续 5 年发生中度以上干旱，1969—1971 年连续 3 年发生中度以上干旱，其他为连续 2 年发生中度以上旱灾。而近年来，旱灾频率增加，连续旱灾多，轻度干旱年年有。根据仁和区干旱的上述特点，可概括为：冬旱年年有，春旱十有九，夏秋两旱十有七，伏旱基本无，一旦夏伏两旱连，大旱重旱必出现。

仁和区的抗旱能力建设。仁和区现有水利工程地区间分布不平衡。其抗旱组织也从无到有。截至 2004 年全区初步形成以区为主体，延伸乡镇，带动村组的抗旱服务网络体系，建成各级抗旱服务组织 15 个，其中区抗旱服务队 1 个，乡镇抗旱服务队 14 个，拥有各类抗旱机泵 56 台（套），提水能力达到 0.7 万 m^3/h。2004 年攀枝花市委、市政府下发的关于做好 2004 年抗旱工作的意见的通知（攀委办发 [2004]3 号）中出台了一系列抗旱优惠政策：鼓励企业、个人或集体采取有效应对措施，主动抗旱。对于旱情频发的仁和区而言，旱情监测及测报是提升其抗旱能力的重要方面，但限于资金、人才等因素的限制，该区尚未建立有效的旱情监测信息系统及旱情测报点。

（四）干旱等级划分

根据仁和区的农业干旱类型及干旱程度，结合《抗旱预案编制导则（试行）》的相关规定，将干旱分为四级，即轻度干旱、中度干旱、严重干旱和特大干旱。农业干旱评判指标体系包括评价指标和参考指标两种。评价指标主要有气象指标（旱期连续天数、旱期日均降水量）和受旱面积比例两项，其特点是可以迅速获取资料数据，评价干旱等级；参考指标有成灾面积比例、减产成数、人畜饮水困难率、连续无雨日数、河道径流距平值等 5 项，可以较充分地反映农田受灾程度，评估灾害损失和抗旱效益。农业干旱等级划分指标见表 1。

表 1　农业干旱等级划分指标表

评价指标			轻度干旱Ⅳ	中度干旱Ⅲ	严重干旱Ⅱ	特大干旱Ⅰ
主要指标	气象干旱指标：旱期连续天数（d）；旱期日均降水量（mm）	春旱	30 ~ 39；≥ 0.5	40 ~ 49；≥ 0.5	50 ~ 59；≥ 0.5	≥ 60；≤ 0.5
		夏旱	20 ~ 29；≥ 1.2	30 ~ 39；≥ 1.2	40 ~ 49；≥ 1.2	≥ 50；≤ 1.2
		伏旱	20 ~ 29；≥ 1.4	30 ~ 39；≥ 1.4	40 ~ 49；≥ 1.4	≥ 50；≤ 1.4
		秋旱	30 ~ 39；≥ 0.6	40 ~ 49；≥ 0.6	50 ~ 59；≥ 0.6	≥ 60；≤ 0.6
		冬干	30 ~ 39；≥ 0.4	40 ~ 49；≥ 0.4	50 ~ 59；≥ 0.4	≥ 60；≤ 0.4

续表 1

评价指标		轻度干旱Ⅳ	中度干旱Ⅲ	严重干旱Ⅱ	特大干旱Ⅰ
参考指标	受旱面积比例 /%	10 ～ 30	31 ～ 40	41 ～ 60	＞ 60
	成灾面积比例 /%	10 ～ 20	21 ～ 40	41 ～ 60	＞ 60
	减产成数（成）	＜ 1	1 ～ 2	2 ～ 3	≥ 3
	连续无雨日 /d	15 ～ 25	25 ～ 40	40 ～ 60	≥ 60
	农村人、畜饮水困难率 /%	10 ～ 20	21 ～ 40	41 ～ 60	＞ 60
	河道径流距平值 /%	-10 ～-20	-21 ～-30	-31 ～-40	＜-40

注：连续无雨日主要指作物生长期，日降水量＜ 5 mm 作为无效降水，超过此值时作为降水日。

鉴于仁和区特殊的地理位置及地形地貌，加之幅员面积较小，此处仅按照地区的旱情来确定全区的干旱等级。当金江镇、大龙潭乡、平地镇发生严重干旱、特大干旱时，以金江地区为准定干旱等级；当金江地区发生严重干旱，三阳河地区发生中度干旱时，全区干旱等级按严重干旱等级；当金江、大龙潭、平地等地区发生特大干旱，其他乡镇发生严重干旱时，全区干旱等级为特大干旱等级。

根据干旱的综合等级分析评价 1967—2004 年的干旱等级。38 年间按全区评价，发生轻度旱灾 10 年，中度旱灾 10 年，严重旱灾 9 年，特大旱灾 9 年，未发生旱灾 0 年 (该数据在原报告基础上进行修正)。

（五）区域抗旱水资源调配及水量平衡分析

主要包括区域抗旱水资源调配和水量平衡原则、干旱典型年的确定、不同等级干旱年需水量及可供水量分析。

通过对金江、大龙潭、平地、同德、布德等地近 40 年的干旱资料分析，按照降水、干旱天数、灾情，分别确定不同等级的典型年。其中，2003 年和 2004 年为全区特大干旱年；1986 年为全区严重干旱年；1998 年为全区中等干旱年。轻度干旱和基本不旱界限较为接近，未选定典型年。

该预案以 2003 年仁和区的经济社会发展指标为基础，按照中等、严重和特大干旱年，进行不同等级干旱年需水量分析。需水分为城乡生活需水（含牲畜用水）、工业需水、农林牧渔需水和河道外生态环境需水。经分析计算，中等干旱年以上（含严重干旱、特大干旱）全区需水量为 4.37 亿 m^3。仁和区不同等级干旱年的可供水量大小主要取决于四个因素，即：来水条件、用水条件、水源条件和工程条件。对特大干旱典型年 2003 年和 2004 年进行分析。2003 年全区干旱，年总降水量 618.4 mm；2004 年全区干旱，年总降水量 589.3 mm；降水量均较少，影响蓄水工程、提水工程和饮水工程蓄提引供水功能的发挥。经分析，特大干旱年全区可供水量 1.41 亿 m^3，全区现有各类供水工程可供水量 0.75 亿 m^3。严重干旱典型年 1986 年，仁和区发生的春旱、夏旱、冬干均属于特大干旱，秋旱属于严重干旱，旱级指数 3.75，连旱指数 5.3，最高气温 40℃，6 月 17 日才进入雨季，年总降水量 973.3 mm。经分析，该年度全区可供水量 2.22 亿 m^3，全区现有各类供水工程可供水量 0.94 亿 m^3。选取的中等干旱年典型为 1988 年。该年度仁和区的春旱、冬干均属特大干旱，夏旱属于严重干旱，伏旱属于中等干旱，旱级指数 3.25，连旱指数 5.7，最高气温 39℃，6 月 18 日才进入雨季，年总降水量 699.9 mm。经分析，该年度全区各类供水工程可供水量 1.09 亿 m^3。

根据以上的水平衡分析，仁和区当地水资源可以满足不同等级干旱年的可供水量需求，但其已建水利工程供水量却不能满足不同等级干旱年的需水量，且由于水资源分布不均衡，过境水基本不能用于农业灌溉和农村生活用水，故仁和区仍是一典型的工程性缺水地区。

（六）干旱风险评估

包括干旱风险的可能性、损失评估和不同等级旱灾的生态干旱评估。

风险的可能性：以 1965—2004 年的资料，按照水文气象概率方法计算。根据 1965—2004 年的资料记载，40 年间仁和区每年都有不同程度的干旱。春旱一般发生在 3~4 月，特大干旱频率 P=77.5%，严重干旱频率 P=10%，中度干旱频率 P=12.5%，轻度干旱频率 P=0%。无春旱的频率 P=0%。可见，仁和区特大春旱和严重春旱的频率达 87.5%，中度以上春旱的频率达 100%，说明 40 年中全区都有不同程度的干旱。夏旱发生在 5~6 月，特大干旱频率 P=12.5%，严重干旱频率 P=25%, 中度干旱频率 P=40%，轻度干旱频率 P=2.5%。无夏旱的频率 P=20%。可见，仁和区特大夏旱和严重夏旱的频率达 37.5%，中度以上夏旱的频率达 77.5%，轻度夏旱和无夏旱的频率仅为 22.5%。伏旱一般发生在 7~8 月，特大干旱频率 P=0%，严重干旱频率 P=2.5%, 中度干旱频率 P=12.5%，轻度干旱频率 P=5%。无伏旱的频率 P=80%。可见，1965—2004 年的 40 年间，仁和区未出现特大伏旱，中度以上伏旱频率进展 15%。但一旦出现伏旱，并与夏旱相连，则会形成大旱年，农业生产及人民生活用水将会遭受严重影响。秋旱一般发生在 9~11 月，特大干旱频率 P=30%，严重干旱频率 P=30%, 中度干旱频率 P=22.5%，轻度干旱频率 P=0%，无秋旱的频率 P=17.5%，可知，仁和区特大秋旱和严重秋旱的频率达 60%，中度以上秋旱的频率达 82.5%，轻度秋旱和无秋旱的频率仅为 17.5%。冬干一般发生在 12 月至次年 2 月，特大干旱频率 P=95%，严重干旱频率 P=5%，中度干旱频率 P=0%，轻度干旱频率 P=0%，无冬干的频率 P=0%，可知，仁和区 40 年间每年都有特大冬干或严重冬干。综上可知，仁和区每年都会出现严重以上的冬干和中度以上的春旱；40 年间，出现春、夏、伏、秋、冬 5 连旱的仅有 1967、1992 和 2003 年，这三年均是大旱年。40 年中，五伏旱有 32 年，无夏旱有 8 年（有 6 年与无伏旱相连），无秋旱有 7 年（有 4 年与无伏旱相连），夏、伏、秋三旱均无仅有 2001 年，属轻旱年。

干旱灾害风险损失，农业采用 2001—2004 年的粮食播种面积和粮食产量的平均值为基数，工业采用 2003 年的工业产值作为基数，人口采用 2004 年仁和区统计年鉴数据（具体数据见表 2）进行综合评估，评估结果见表 3。

表 2 仁和区社会经济主要指标

粮食播种面积 / 万亩	粮食产量 / 万吨	工业产值 / 亿元	人口 / 万人	
			城镇人口	乡村人口
27.61	6.69	148.06	51.27	15.2

注：人口为常住人口。

表 3　仁和区不同等级旱灾损失风险评估

干旱等级	轻度旱灾Ⅳ	中度旱灾Ⅲ	严重旱灾Ⅱ	特大旱灾Ⅰ
平均降雨量 /mm	743~793	643~743	543~643	≤ 543
河道径流量 / 亿 m^3	31.6~35.6	25.7~31.6	19.8~25.7	≤ 19.8
农田受旱面积 / 万亩	2.5~4	4~6.5	6.5~9	≥ 9
农田成灾面积 / 万亩	2.5~3.5	3.5~5	5~8.5	≥ 8.5
粮食减产量 / 万 t	＜ 0.67	0.67~1.34	1.34~2.01	≥ 2.01
农村饮水困难人数 / 万人	1.45~2.89	2.89~5.78	5.78~8.67	≥ 8.67
工业受灾影响减产值 / 亿元	0.92~1.84	1.84~3.68	3.68~5.52	≥ 5.52

注：城市用水均从金沙江提水，在管网不发生断裂的情况下，一般不会发生用水困难，故此表未统计城市饮水困难人数；农田受旱面积和农田成灾面积按粮食播种面积总数来计算。

由于生态干旱难以量化估算，仅以河道径流减少状况为指标，做定性描述。选择大河、把关河、纳东河、摩梭河 4 条河流进行风险评估。该 4 条河流在中等干旱时可能出现局部河段断流，断流的主要原因是干旱时段上游水利工程蓄水不足。仁和区在中等干旱、严重干旱时可能断流的河流，主要以雨水补给，遇到长期无雨，缺少补给便发生断流。仁和区河流断流风险评估见表 4。

表 4　仁和区河流基本情况与断流风险评估

流域	水系	河名	流域面积 /km^2	河长 /km	补给形式	流域主要地貌	断流风险
金沙江流域	金沙江	大河	750	60	雨水	山地	中等旱灾
		把关河	155	27	雨水	山地	严重旱灾
		摩梭河	140	23	雨水	山地	中等旱灾
		纳东河	105	16	雨水	山地	严重旱灾

（七）抗旱工作措施

包括组织机构、职责分工、旱情监测及预报、预案启动、抗旱经费等五部分。

仁和区的抗旱预案根据受旱范围、受旱程度，将旱情发展划分为四个阶段，确定四、三、二、一级四种抗旱等级，对应于轻度干旱、中度干旱、严重干旱和特大干旱。抗旱工作随着旱情等级的变化，指导方针随之调整。中度干旱发生前，实行全面抗，全面保，力争抗旱夺丰收；严重干旱出现后，实行全面抗，重点保，力争减少损失。

仁和区的抗旱行动由区人民政府统一组织、指挥，并由区防汛抗旱指挥部具体组织实施，有关成员单位密切配合。组织成员单位包括区气象局、区水务农机局、区农牧局、区财政局、区民政局、和区公安分局，并明确了各成员单位的职责与责任人。但在该预案中，未能明确区政府的负责领导及防汛抗旱指挥部的相关具体责任人，从而未能有效体现在政府统一指挥领导下的全面抗旱原则。

预案中的旱情的监测与预报部分内容薄弱，基于当地的监测与预报手段缺失，该处未能提出有效的监测与预报途径。建议在后续工作中通过争取资金与人才引进及培训，强化旱情的监测和预警工作。

根据不同的抗旱状况，预案分四级启动。

四级抗旱预案：全区或区域内大面积连续 15 d 以上无有效降水，受旱面积占全市或区域播种面积 10%~30%，旱情对农作物正常生长造成影响，启动四级抗旱预案。工作方针为以防为主，防抗结合，实行全面主动抗旱，确保城乡经济发展。组织措施分两部分：①加强旱情监测和通报，区防汛抗旱办充分利用各乡镇水情测报系统和区气象局遥感测报系统提供的有关数据，经专家会商，及时确定旱灾程度，提出抗旱措施；区防汛抗旱办发布旱情通报；②区水务农机局发布抗旱工作通知，并提出抗旱的具体要求，同时向区政府提交抗旱决策和建议，通过媒体发布旱情及抗旱动态。工作措施包括以下几个方面：①轻度干旱出现后，抗旱工作重点一是抓好塘库蓄水，机泵站维修，各级渠道整修，实行冬干秋防，春旱冬防，夏旱春防，秋旱夏防，为抗御中度干旱做好准备，二是调整种植结构，推广旱作农业新技术；②提早动员，组织受益农民整修渠道，检修泵站，做好抗旱灌溉准备；当旱情发生后要密切关注天气变化，水库、塘坝要尽可能多蓄水，为人畜饮水提供水源；③抓好水毁水利设施的恢复、渠道清淤、防渗等工作，按照水库、塘、堰供水计划，蓄好水，用好水，根据旱情变化，尽量满足周边灌溉和人畜饮水用水；④胜利水库、跃进水库尽可能早蓄水、多蓄水，引水补充库容。农业灌溉与工业用水、城市供水有矛盾时，优先考虑农业灌溉抗旱需水要求，防止和减少不必要的损失；灌区内的塘库，灌溉用水不太紧张时，要抓住有利时机，尽量多蓄，满足严重干旱时的用水；要提早整修渠道，维修机泵，加强管理，确保按计划抽提水抗旱灌溉；要引导农民走节水高效生态农业之路，变对抗性种植为适应性种植；同时要积极推广旱作农业新技术，减少水分消耗。

三级抗旱预案：全区或区域内大面积连续 25 d 以上无有效降水，发生中度干旱，受旱面积占播种面积 30%~50%，或金江、大龙潭、平地等乡镇发生轻度干旱，受旱面积大于播种面积的 30%~50%，旱情对农作物正常生长造成一定影响，在启动四级抗旱预案基础上，启动三级抗旱预案。工作方针为区、乡抗旱统筹安排，全面主动抗旱，减少干旱灾害损失。组织措施包括：①区防汛抗旱指挥部发抗旱紧急通知，提出抗旱对策和具体要求；②区防汛抗旱指挥部派出抗旱工作组，指导各乡镇抗旱工作；③区政府根据旱情发展趋势适时召开会议或现场办公会，各成员单位依据各自的抗旱职责，负责搞好抗旱服务工作；④区财政局、水务农机局向市财政局、市水利农机局（市抗旱办）申请特大抗旱经费。工作措施重点有 2 部分，一是发挥现有水利设施的抗旱作用，并继续蓄水，为抗御严重干旱做准备；二是加大宣传力度，提高全社会对水资源短缺严重性的认识，进一步增强水危机意识，增强做好抗旱工作的紧迫感和责任感。具体工作包括：①水库、塘、坝、窖尽量多蓄水，并实施专人管理，严格控制，根据播种面积及作物生长需水要求，节约用水；②做好供水方案，精心调度，优化配置水资源；加强渠道管理，减少冒、滴、漏等损失；③开动一切水利设施，加大抗旱灌溉力度，多引多灌，科学调配，强化节水，适时开展人工增雨，推广应用抗旱新技术、新产品，提高作物耐旱能力，推进农村产业结构调整，争取抗旱主动权。

二级抗旱预案：全区或区域内大面积连续 40 d 以上无有效降水，发生严重干旱，受旱面积占播种面积 50%~80%，旱情对农作物正常生长造成影响，农村人畜饮水困难，启动二级抗旱预案。其工作方针为区、乡全面抗旱，水源统筹安排，确保城乡生活供水和重点行业用水。组织措施包括：①区政府下发抗旱减灾紧急通知，召开专题会，全面安排抗旱减灾工作；②区政府派出抗旱工作组，督促指导各乡镇抗旱工作；③各成员单位落实抗旱职责，检查指导本系统抗旱减灾措施是否全部到位。工作重点在于挖掘水源和水资源优化配置，为抗御特大干旱做好准备。具体措施包括：①分析确定水利工程最佳控制运行方案，加强工程蓄水管理，合理多蓄，尽量少泄；②灌区内塘库应抓住有利时机，做好非灌溉时期的蓄水，充分发挥调蓄功能，增加可利用水资源量；③大力开展节水灌溉，提高水资源利用效率；④在有水源的河道、沟渠临时设置抽水泵站，架设输水管道，或采取移动式喷灌设备进行灌溉；在无河道、沟渠的地方可提取库塘死库容水量，先保生活，再保苗，后保工业；⑤适时实施人工增雨作业；⑥对饮水水源发生严重困难的地方实行人工送水；⑦由防汛抗旱指挥部按照优先保障生活用水的原则，统一调配；区乡抗旱服务队全力投入抗旱。

一级抗旱预案：全区或区域内大面积连续 60 d 以上无有效降水，发生严重干旱，受旱面积占播种面积 80%，农作物大面积枯死或需补种，农村人畜饮水困难，社会经济发展遭受严重影响，启动一级抗旱预案。其工作方针为区、乡全面抗旱救灾，优先保证城乡生活饮水安全和重点行业用水；限制、关停高耗水用水部门，确保经济发展，社会稳定。组织措施包括：①区委、区政府联合召开抗旱工作紧急会，发出抗旱救灾工作通知；各级党委、政府把抗旱救灾作为中心工作，全力以赴抗旱救灾；严明抗旱纪律，确保政令畅通；②区乡两级派出抗旱工作组，深入灾区，调查受灾程度，帮助群众抗旱救灾；③区防汛抗旱指挥部不定期召开成员会，提出抗旱救灾方案，向市防汛抗旱指挥部报告，并报区委、区政府研究部署；④组成区政府领导带队，各有关局、办领导参加的汇报团，向市政府、财政局、水务农机局、民政局等汇报旱情旱灾，争取市里的大力支持；⑤定期和不定期召开会议，通报旱情、旱灾及抗旱救灾情况。本级旱灾缺水最为严重，抗旱工作的重点是如何使有限的水源发挥最大功用和集蓄挖掘水源。同时要加强用水管理，注意维护用水秩序，避免因缺水、争水引发矛盾和纠纷，维护农村正常的生产生活秩序，确保农村稳定。具体措施包括：①抓好胜利水库、跃进水库、新华水库、平地水库等的供水调度工作，采取蓄、引、提、调并举的办法，做到科学用水，计划用水；②充分利用可利用的死库容水源；③金江镇、大龙潭乡等旱情严重地区要及时发动群众清淤，确保饮水畅通；④坚持水路不通走旱路，调整种植结构，做好水改旱；⑤所有灌区都要加强节水工作，推进节水农业；⑥水利工程供水的工业一律停产；⑦凡有水可提的地方，要因地制宜临时打井、建站，解决抗旱水源问题，有计划地启动自备井；无水源区可大力推广实用地膜覆盖栽培、种子抗旱剂，适当推迟栽培时间躲过旱期等农业措施；⑧人畜饮水特别困难的地方，要组织送水，随时掌握天气状况，准备实施人工增雨。

抗旱经费：针对金江、平地、大龙潭等抗旱重点片，区财政局要通过预算安排专项抗旱补助资金。在平地、大龙潭片区及其他旱情严重的区域，采取经济激励措施鼓励单位或个人提水、蓄水、实行旱作物种植结构等抗旱项目；相关增水、节水、水改旱等项目的实施由区业务部门报市相关部门，经水务农机局、农牧局等部门联合审定后下拨补助经费，项目实施完成后要组织检查验收，检查其实际效果。

（八）抗旱效果评价与善后工作

包括抗旱效果评价和抗旱善后工作两部分，主要工作是在旱灾解除后，及时对灾害损失的灾区亟需救援支持事项进行核实与评估，综合提出灾情评估报告，并报区人民政府与区防汛抗旱指挥部。区乡两级人民政府，按照灾害评估报告，尽快研究制订救灾方案，组织落实有关救灾措施，推动灾区受损水利设施的修复与重建。

（九）附则

该部分主要包括预案实施的监督检查和解释说明。

（十）仁和区水务农机局抗旱救灾工作方案

阐述了旱情形势，明确了“先生活、后生产、先节水、后调水、先重点、后一般”的抗旱工作原则和最大限度的减轻干旱造成的损失和影响，切实维护社会稳定的目的，从而在一定程度上体现了“以人为本”的原则，对抗旱预案进行了补充和完善。水务农机局成立抗旱工作领导小组和办公室，明确了领导小组成员及办公室负责人，并确定了各成员的具体职能、职责，制定了严格的工作纪律，从而使防旱抗旱工作责任明确，依法办事。

二、四川省凉山州会理县抗旱预案

2010 年春，西南大旱，会理县受损严重。会理县水务局于 2010 年 3 月制定《四川省凉山州会理县抗旱预案》。同《攀枝花市仁和区抗旱预案》一样，该预案亦按照国家防汛抗旱总指挥部制定的《抗旱预案编制导则（试行）》编制，主要包括前言、预案编制的指导思想、原则及依据、基本情况、干旱等级划分、区域抗旱水资源调配及水量平衡分析、干旱风险评估、抗旱工作措施、抗旱效果评价与善后工作、附则等九部分内容。

（一）前言和预案编制的指导思想、原则及依据

前言部分的内容与《抗旱预案编制导则（试行）》要求一致，与仁和区预案基本相同，仅在编制依据方面存在地区差异，在此不赘述。

（二）基本情况

该部分严格按照《抗旱预案编制导则（试行）》的要求进行编写，包括自然地理特征、社会经济概况、气象水文条件、水资源状况、水利工程现状、历史干旱资料、旱灾特点和抗旱能力建设八部分。

会理县位于四川省的西南部，全县地形南北长 140 km，东西宽 55 km，幅员面积 4 528.17 km^2。会理县具有川滇高山峡谷地带特点的地貌，主要山脉为螺髻山支脉，整个地势北高南低，并大致以益门、山地为分水岭，北部摩挲河、岔河流入安宁河；南部为会理盆地，为城河水系，直接汇入金沙江，是会理县的主要经济区。全县山峦、丘陵、平坝比例为 4∶5∶1。

会理县 2008 年末总人口为 457 890 人，GDP 87.56 亿元，其中第一产业产值 23.73 亿元，第二产业产值 44.95 亿元,第三产业产值 18.88 亿元。全县地方财政一般预算收入 51 882 万元。城镇居民人均收入达到 11 356 元，农民人均收入达到 5 117 元。

会理县位于中亚热带西部半湿润气候区，地处川滇高原的高山峡谷，属亚热带西段季风高原型,季风影响非常强烈,地方特征十分显著,年内有干湿季之分。干季（11 月至次年 5 月）受极地内陆气团和来自伊朗、巴基斯坦沙漠的热带大陆性气团的控制,高空盛行西风,多晴天,少雨水，气候干燥；雨季（6 ～ 10 月）相继受西南季风和西太平洋副带高压影响和交替控制，气候湿润多雨。会理县城多年平均降水量 1 130.9 mm，年均气温 15.3℃，蒸发量 1 791 mm，春干伏旱夏秋多涝。春季降水占全年的 1.9%，伏旱几率为 70%，秋季降水占 63.4%，冬季降水占 37%。

会理县的水资源比较丰富，金沙江环绕县界西南和东南约 110 km，落差 99 m，年均流量 3 750 m^3/s，全年过境水量 1 181 亿 m^3。但过境河段全在峡谷之中，岸壁陡峭，田高水低，难以利用。全县多年平均水资源总量为 234 130.4 万 m^3，其中地下水总量 61 845.1 万 m^3，过境水量 12 489.0 万 m^3。全县单独流出县境的河流 42 条，其中流域面积在 100 km^2 以上的河流有 6 条，以下的 36 条 , 总长 998.7 km^2，出境水 74.86 m^3/s，入境水 3.89 m^3/s。从南向北流入安宁河中的有岔河、摩挲河、油房沟。从北向南直接流入金沙江的有鲹鱼河、城河、竹鲊河、芭蕉沟、河心沟等。城河为县境内第一大河，主干长 141 km，流域面积 2 096.59 km^2，占全县总面积的 46.2%，河口处多年平均流量 31.87 m^3/s，占全县出境水量的 42.5%。城河流域中的会理坝子是其主要农经区，有田 117 090 亩，占全县的 72.1%，地 132 597 亩，占全县的 43%。

近 50 年来，会理县建成各类水利工程 2 728 处，微水池 15.2 万口，其中水库 127 座，占全凉山州水库总数一半，水库支渠 190 条长 1 373 km，水池 1 306 口，引水渠埝 1 137 条长 1 768 km^2，石河埝 97 处 , 固定机电提灌站 61 处共 64 套。总蓄引提水量 1.38 亿 m^3，工程有效灌面 19.12 万亩，其中保灌面积 14 万亩，水浇地 14.5 万亩。目前现有水利工程渠系中、干支渠总长 3 514 km，已做防渗长度不足 340 km，渠系水利用率约 46%。支渠以下渠系长约 2 850 km，防渗率约 10%。工程水浪费和损失现象比较突出。已成水库中病险病害水库占 55%，病情较为严重。而且水库淤积每年以 40 余万 m^3 的速度增长，全县已有 2 座小 I 型水库和 37 座小 II 型水库将面临降型或报废的命运。

（三）历史干旱资料

对新中国成立前后有记录的干旱灾害发生年份、受灾面积、成灾面积进行阐述。新中国成立前有记录的一次较大旱灾发生在 1857 年，新中国成立后截至 2009 年发生较大旱灾 6 次。

会理县属于典型的季风气候，干、雨季分明，冬干春旱是常年特征。该地的干旱表现为冬干、春旱和夏、伏旱。新中国成立以来，春旱（4 ～ 5 月，连续≥ 15 d，雨量≤ 10 mm）年年皆有，持续时间短的 20 d，长的达 60 d；夏旱（6 月，连续≥ 10 d，雨量≤ 10 mm）出现 6 次，频率 20%，伏旱（7 ～ 8 月，连续≥ 10 d，雨量≤ 10 mm）出现 21 次，频率 70%，其中 7 月出现伏旱 9 次，8 月出现伏旱 12 次。会理县境内可分为三个气候区，县北部海拔 2 200 m 以上的“高寒山区”、县中部的“二半山区”和县南部的“干热河谷区”。一般情况下，县中部和南部的“二半山区”和“干热河谷区”每年都会发生不同程度的干旱，而县南部是会理县的干旱重灾区。

（四）会理县抗旱能力建设

包括抗旱工程体系和非工程体系两部分。

会理县水利工程总供水能力 27 066 万 m^3，其中蓄水工程 15 174 万 m^3，引水工程 11 156 万 m^3，提水工程 199 万 m^3，地下水 119 万 m^3，其他 418 万 m^3。具体情况见表 5。

表 5（a） 地表水供水基础设施调查统计表

分区		二半山区及干热河谷区				高寒山区	全县
工程规模		中型	小型	塘型	集雨工程	小型	合计
蓄水工程	数量 / 座	1	127	1 401	158 370		159 899
	总库容 / 万 m^3	1 062	7 130	2 403	418		11 013
	兴利库容 / 万 m^3	901	5 447	2 283	418		9 049
	现状供水能力 / 万 m^3	1 460	8 697	4 599	418		15 174
	设计供水能力 / 万 m^3	1 460	8 697	4 599	418		15 174
引水工程	数量 / 处		910			227	1 137
	引水规模 /（m^3/s）		11.62			2.71	14.33
	现状供水能力 / 万 m^3		9 095			2 061	11 156
	设计供水能力 / 万 m^3		12 923			2 915	15 838
提水工程	数量 / 处		6				6
	提水规模 /（m^3/s）		1.54				1.54
	现状供水能力 / 万 m^3		199				199
	设计供水能力 / 万 m^3		199				199

表 5（b）地下水供水基础设施调查统计表

分区	浅层地下水		
	生产井数量 / 眼	其中：配套机电数量 / 眼	现状供水能力 / 万 m^3
二半山及干热河谷区	180	11	100
高寒山区	30	1	19
全县合计	210	12	119

目前全县年均总供水量 29 873 万 m^3，其中：水利工程供水 13 656 万 m^3，占总供水量的 45.71%，非水利工程供水 16 217 万 m^3（含地下水 294 万 m^3），占总供水量的 54.29%。年度总用水量 29 873 万 m^3，其中：生产用水 28 731 万 m^3，占总用水量的 96.18%；生活用水 1 138 万 m^3，占总用水量的 3.81%；生态环境用水 4 万 m^3，占总用水量的 0.01%。总耗水为 10 432.55 万 m^3，其中：农业灌溉耗水 9 313.31 万 m^3，工业耗水 134.31 万 m^3，生活耗水 984.94 万 m^3。

在抗旱非工程体系方面，县里设置防旱抗汛指挥部，由分管县长任指挥长，办公室设在水务局，负责全县的防汛抗旱工作。并于 1993 年成立了抗旱服务组织，购置了抽水机组 24 台（套），对抗旱器材实行租借制度。

会理县主要针对农业干旱，按类型分为春、夏、伏旱和冬干，按程度划分为轻度干旱、中度干旱、严重干旱、特大干旱四级。因会理县农业受旱面积无连续历史资料，故采用降雨距平值确定干旱等级，具体见表 6。

表 6　川西北高原和川西南山地的干旱程度划分标准

干旱类型	出现时段	降水量距平百分率			
		轻度干旱	中度干旱	重度干旱	特大干旱
春旱	3 ~ 4 月	−10% ~ −19%	−20% ~ −39%	−40% ~ −59%	< −60%
夏旱	5 ~ 6 月	−10% ~ −29%	−30% ~ −49%	−50% ~ −69%	< −70%
伏旱	7 ~ 8 月	−10% ~ −29%	−30% ~ −49%	−50% ~ −69%	< −70%
秋旱	9 ~ 11 月	−10% ~ −19%	−20% ~ −39%	−40% ~ −59%	< −60%
冬干	12 ~ 2 月	−10% ~ −29%	−30% ~ −49%	−50% ~ −69%	< −70%

通过对区域和不同分区的 1955—2003 年气象资料的分析和干旱等级的综合评价，会理县干旱典型年按春、夏、伏旱及冬干分列如表 7 所示。

表 7（a）仁和区春旱典型年

mm

春旱等级	典型年	降水	历史同期降水	距平均距	蒸发	历史同期蒸发
特大	2001	0.7	30.9	−97.7%	511.0	451.4
重度	1993	10.8	30.9	−65.5%	506.8	451.4
中度	1967	20.2	30.9	−34.6%	405.6	451.4
轻度	1961	25.1	30.9	−18.8%	439.4	451.4

表 7（b）仁和区夏旱典型年

mm

夏旱等级	典型年	降水	历史同期降水	距平均距	蒸发	历史同期蒸发
特大	1963	0.5	79.8	−99.4%	300.0	245.1
重度	1977	128.7	300.9	−57.2%	517.6	397.5
中度	1992	161.6	300.9	−46.3%	441.3	397.5
轻度	1991	226.9	300.9	−24.6%	372.2	397.5

夜提水灌溉。抗旱服务队投入抗旱，检修抗旱机具，启动所有设备，扩大灌溉面积及解决旱区农村人畜饮水困难。县气象部门适时开展人工增雨作业。

二级抗旱预案：全县大面积连续 40 d 以上无有效降雨，根据其他干旱等级指标分析，发生严重干旱，受旱面积占播种面积 40% ~ 60%，旱情对农作物的生长造成一定影响，农村人畜饮用水发生困难。启动二级抗旱预案。工作方针是城乡全面抗旱，水源统筹安排，确保城乡生活供水和重点行业用水。组织措施：①县政府发抗旱减灾紧急通知，召开紧急会议，全面安排抗旱减灾工作。②县政府派出抗旱工作组，督促指导各地抗旱工作。③各成员单位落实抗旱职责，检查指导本系统抗旱减灾措施是否全部到位。各部门的主要职责是：县气象局向县防办提供气象信息及干旱遥感信息，未来天气形势。适时组织人工增雨工作。水务局做好抗旱水源管理工作及骨干水源工程的调配。农业局定期向县防办报告受旱地区作物面积、受旱程度，提出农业抗旱的措施和建议。县环保局做好污染源监测，控制污染排放。县财政局筹措抗旱资金，下拨抗旱经费，加强经费的使用和管理。县民政局积极做好抗旱救灾及灾后生产自救工作。县公安局维护抗旱交通秩序，依法打击各种危害抗旱工作的非法行为，维护灾区的社会治安。县电力公司优先保证抗旱用电，石油公司确保各地抗旱用油。严重干旱抗旱工作的重点是挖掘水源和水源优化配置，为抗御特大干旱做好准备。挖掘水源途径首先要正确处理防旱与防汛的关系，加强塘库蓄水。设计控制水位时既要考虑工农业及城市生活需求，又要根据工程安全、天气变化，明确不同时期的重点，确定一个动态的区间值，取得一种动态平衡。所有水库，要根据多年控制运用资料，总结、分析最佳控制运用方案，制定新的拦水，蓄水办法，合理多蓄，尽量少泄；灌区内塘库应抓住有利时机，做好非灌溉时期的蓄水，充分发挥调蓄功能，增加可利用水资源量。其次是大力开展节水灌溉，提高水的有效利用率。

一级抗旱预案：全省大面积在续 60 d 以上无有效降雨，根据其他干旱等级指标分析，发生特大干旱，受旱面积占播种面积的 60%。旱情农作物大面积枯死或需毁种，农村人畜饮水面临严重困难，社会经济发展遭受严重影响。工作方针是城乡全面抗旱救灾，优先保证城乡生活饮水安全和重点行业用水。限制、关停高耗水用水部门，确保经济发展、社会稳定。组织措施：①县委、县政府联合召开紧急会议，发出抗旱救灾工作通知。各级党委、政府把抗旱救灾作为中心工作，全力以赴抗旱救灾。严明抗旱纪律，确保政令畅通。②各部门派出抗旱工作组，深入灾区，调查受灾程度，帮助群众抗旱救灾。③县防办不定期召开成员会，提出抗旱救灾方案，向州防办报告，并报州委、州政府研究部署。本级旱灾缺水最为严重，采取蓄、引、提、调并举的办法，做到科学用水，计划用水。所有蓄水工程都要严格按照控制运行办法调度运行，对现有的水源加强管理。对无水可放的水库，但尚有死库容可以利用的，可临时架泵抽死库容水抗旱灌溉。抗旱工作的重点是如何将有限的水源用在刀刃上和继续挖掘地下水源。

（七）抗旱效果评价与善后工作

抗旱工作结束后，由县防汛抗旱指挥部组成的由抗旱工作行政负责人和有关部门专业技术人员组成灾害评估组，及时对灾害损失的灾区急需救援支持事项进行认真核实和评估，综合提出灾害评估报告，报送县人民政府与上一级防汛抗旱指挥部。在按照灾害评估报告后，应尽快研究制订驻地各部门、各单位对口帮扶救灾方案，认真组织和落实有关救灾帮扶措施；对抗旱期间发生的水利设施损坏和设备故障，要及时予以修复更换；对应急供水形成的临时坝堰等设施，予以清除；对临时改建的供水系统，予以加固恢复。

（八）附则

明确抗旱预案的执行情况，由州政府或州防汛抗旱指挥部负责检查和监督；抗旱预案由县防汛抗旱指挥部负责解释。

三、四川省宜宾市翠屏区自然灾害救助应急预案[3]

宜宾市翠屏区截至2010年4月尚未出台区域抗旱规划，但编制了《宜宾市翠屏区自然灾害救助应急预案（修订）》（简称《救助应急预案》），并由区人民政府办公室于2010年3月下发《宜宾市翠屏区人民政府办公室关于印发宜宾市翠屏区自然灾害救助应急预案（修订）的通知》（区府办【2010】61号）确认其指导地位。

《救助应急预案》是纲领性文件，主要应用于可能发生在翠屏区的水旱灾害、森林火灾、大风、冰雹等多项突发公共事件的应急救助，干旱导致的农业受灾和农村人畜饮水困难是该预案的重要应对内容之一。

该预案根据《四川省自然灾害应急预案》确定的自然灾害等级标准和动植物疫病类别，将翠屏区的自然灾害等级划分为四级，即特大灾害、重大灾害、较大灾害和一般灾害。其中，以一次性干旱灾害所造成的后果为指标，对干旱灾害所造成的灾害级别进行了界定，具体见表10。

表10　翠屏区不同等级灾害评估标准表

灾害等级	一般	较大	重大	特大
作物生长需水关键期连续无有效降雨日数 /d	≤ 20	21 ~ 30	31 ~ 45	＞ 45
作物受旱面积比 /%	≤ 30	31 ~ 50	51 ~ 80	＞ 80
作物成灾面积比 /%	≤ 20	21 ~ 40	41 ~ 60	＞ 60
土壤相对湿度 /%	≥ 50	50 ~ 41	31 ~ 45	＜ 30
人畜饮水困难百分率 /%	≤ 20	21 ~ 40	41 ~ 60	＞ 60
水田缺水率 /%	≤ 30	31 ~ 50	51 ~ 80	＞ 80
其他指标		较大面积田面缺水，影响作物发育生长，禾苗出现萎蔫	较大面积，较长时期作物生长严重受阻，稻田龟裂，出现枯萎死苗	作物长期大面积缺水，稻田大面积龟裂，禾苗干枯死亡

预案启动部分要求在上述灾害事件发生后，区政府相关自然灾害救灾应急预案启动，同时启动本预案，受灾的乡镇（街道办事处）也同时启动相关应急预案。但针对干旱灾害，

3 内容主要引自《宜宾市翠屏区自然灾害救助应急预案（修订）》

由于其渐进，且一旦形成将损失重大的特性，决定着防灾重于抗灾，因而，预案的启动不应该是在灾害发生后，而应该结合干旱预测与预警，提前准备，防抗结合，才能有效降低损失。

根据组织指挥体系及职责任务的相关规定，抗旱的应急指挥机构归属于防汛抗旱指挥部，并成立领导小组，下设办公室负责事务协调。应急准备包括资金准备、物资准备、通信和信息准备、救灾装备准备、人力资源准备、社会动员准备、应急避难场所准备、救灾技术准备、宣传培训和演习等九部分。根据对该应急准备内容的分析，其主要应对洪水、滑坡、泥石流、火灾等突发性灾害，对于干旱灾害，虽具有一定的指导性，但过于宽泛，不符合防旱、抗旱工作的特点，因而必须与相应的专门预案相结合，才能发挥实质性作用。

预警预报与信息管理部分对于灾害监测与报告、预警预防与信息传递、灾情信息管理等进行了规定，但对于如何监测、监测什么、灾情如何界定等方面缺乏有效的规定与说明，还需要与专门的预案相结合。而在灾情信息管理中规定的灾情信息确定标准和报告时间也不符合抗旱工作实际，不利于有效保护农业用水及农村饮用水安全。

预警响应中规定“当监测预警信息表明区所辖区域内可能发生重大灾情严重威胁人民生命财产安全时应启动预警响应”。但由于本预案是一纲领性预案，以抗旱为例，没有明确重大灾情的界定指标。根据应急响应部分规定的应急响应启动程序及启动级别，干旱灾害无法进行有效定级，也无法确定某种程度的干旱灾害发生后应该启动第几级响应预案，因而需要细化或与专门的相关预案相配合才能有效执行。待灾情和救灾工作稳定后，灾害应急响应转入灾后救助与恢复重建阶段，各部门紧密配合，开展灾区及灾民受灾状况评估，并建立灾后救助和恢复重建方案，开展救助和恢复重建工作。

该《救助应急预案》是一纲领性文件，从总体上对翠屏区可能发生的自然灾害制定了有效的应急救助预案，但限于其涉及灾害类型多，无法针对各类灾害进行具体分析，该预案在一定程度上过于笼统，需要配合专项预案才能有效实施。

四、四川省德阳市中江县乡镇集中供水突发污染事故及自然灾害应急处理预案[4]

根据相关资料，中江县已经制定了《中江县突发事件应急预案》。但在中江县调研时，由于相关负责人出差，未能收集到相关抗旱预案或应急预案方面的资料，仅收集到中江县供水总站针对乡镇集中供水突发污染事故及自然灾害制定《中江县乡镇集中供水突发污染事故及自然灾害应急处理预案》。

该方案适用于全县各乡镇自来水厂水源污染应急处理措施。预案中的突发生活饮用水污染事故，是指在短时间内突然发生水源污染，影响正常的生活、生产供水，造成或者可能造成社会公众健康严重损害的水污染事故，而污染来源包括工业污染、生活“三废”污染、农

4 内容主要引自《中江县乡镇集中供水突发污染事故及自然灾害应急处理预案》

业污染、人为毒物、化工危险品运输事故污染，科研方面的污染，水体自身污染，人为投毒等。方案从组织管理与职责划分，生活饮用水重大污染事故报告制度，突发性生活饮用水污染事故调查处理，当发生地震、塌方、洪灾时的应急措施和应急临时措施、责任追究、事故调查处理等方面对发生自来水厂水源污染事故后的应急措施进行了有效规定，对于保护群众的饮用水安全具有重要作用。该方案在考虑可能发生的灾害时，没有考虑可能发生的干旱灾害对自来水厂水源水量和水质的可能影响；在水厂的应急措施中要求在水源地发生污染后，紧急启动备用水源地或寻找替代水源，而根据对一些乡镇水厂的调查，多数水厂没有设置备用水源地，而临时寻找替代水源则难度更大，因而，为有效落实《中江县乡镇集中供水突发污染事故及自然灾害应急处理预案》的相关规定，需在日常工作中提前落实备用水源及替代水源。

五、重庆市渝北区防汛（抗旱）预案[5]

根据搜集到的现有资料，重庆市渝北区针对抗旱工作尚未出台专门的抗旱预案，而是将防汛与抗旱集于一体，制定了《重庆市渝北区防汛（抗旱）预案》。该预案由总则、防汛工作职责及体系、预警和预防机制、应急响应和处置程序以及应急保障五部分组成。

（一）总则

包括该预案编制的目的、原则、编制依据以及区域现状。

1. 目的

有效地组织开展抗洪救灾工作，使各级政府和防汛指挥机构在抗洪抢险工作中组织有序、措施得力，有效控制洪灾的扩展，防止和减轻洪涝灾害损失，保证水库安全，给区委、区府实施防洪、保安、减灾决策和抢险救灾提供依据。

明确该预案的编制目的主要是预防和减轻洪涝灾害损失，干旱灾害防治未列入该预案的编制目的。

2. 原则

防汛工作实行各级人民政府行政首长负责制，统一指挥、分部门负责。坚持以人为本、依靠科学、预防为主、防抢结合、全面部署、保证重点的原则；坚持统一认识、统一指挥、统一调度、服从大局、团结抗洪的原则；坚持工程措施与非工程措施相结合的原则；坚持实事求是、力求实用性和可操作性的原则；坚持分级负责、属地管理、公众参与的原则；坚持以镇（街）为主，区相关部门各司其职、各尽其责和尽可能调动全社会参加抢险救灾的原则。

该部分明确指出预案编制原则主要是用于防汛抢险救灾，未涉及防旱抗旱。

3. 编制依据

由于该预案编制的目标和原则是服务于防汛抢险救灾，其编制依据主要涉及《中华人民

---

5 内容主要引自《重庆渝北区防汛（抗旱）预案》

共和国水法》、《 中华人民共和国防洪法》、《中华人民共和国防汛条例》、《水库大坝安全管理条例》、《重庆市河道管理条例》、《重庆市自然灾害处置办法》、《重庆市渝北区农村突发性自然灾害应急求援预案》及有关规定，而未体现抗旱方面的相关法律法规及地方规定。

4. 现状

主要阐述渝北区的自然地理特性、社会、经济概况、气候特征、洪水灾害特性和水利工程现状。

渝北区属亚热带湿润季风气候区，大陆季风显著，四季分明，气候温和，冬暖夏旱，秋短夏长，初夏多雨，盛夏炎热，秋多阴雨，降水丰沛，无霜期长，湿度大，风力小，多伏旱，多云雾，少日照。

由于渝北区一面临江、多面靠山，汛期可能出现三种情况：一是长江上游和嘉陵江上游区域性暴雨导致江水猛涨而造成的沿江地区洪灾；二是区内遇五级以上大风或 50 ~ 100 mm 的暴雨，100 mm 以上的大暴雨袭击，引起滑坡、垮岩等，导致部分厂矿、街道淹没、水库漫坝等灾害；三是上述两种情况同时发生或全区遭受历史上罕见的特大洪灾。

全区现有水库 55 座，其中：中型水库 2 座，小 I 型 12 座，小 II 型 41 座。由于我区防洪任务艰巨，资金投入不足，目前大多数水库和城镇的防洪能力偏低，许多水利工程设施老化，年久失修，隐患险情多，不能正常运行；非工程防洪措施建设进展缓慢，洪水监测设备陈旧、预测预报手段落后，防洪能力弱。

该部分现状介绍说明渝北区存在伏旱灾害，但主要灾害是暴雨形成的洪灾和暴雨袭击引发地质灾害而形成的洪灾，对于旱灾的影响则未提及。而水利工程现状和预测预报也主要是从洪水防治角度进行分析，未提及其抗旱能力建设及现有抗旱体系建设。

5. 适用范围

明确该预案适用于渝北区境内发生的江河洪水、水利工程险情等情况，而不包含区域旱灾预防和应急应对状况。

（二）防汛工作职责及体系

渝北区防汛抗旱工作体系由渝北区渝北区防汛抗旱指挥部、防汛抗旱指挥部领导机构、指挥部成员机构、镇（街）和水利工程管理单位组成，根据各自的管理领域和优势，负责相应的防汛应急抢险工作。具体职责及分工如下：

（1）渝北区防汛抗旱指挥部在区委、区政府领导下开展防汛抗旱工作，职责为：指导全区防汛和江河堤防的管理；向区委、区府及时汇报防汛抗旱情况，执行区委、区府的指示和命令；指挥协调全区各级各部门防汛抗旱工作，发布防汛抢险处置指令；编制并监督各部门实施渝北区防汛（方）预案；直接储备和调运区级防汛物资，建设和调运区级抢险队伍；向市级防汛抗旱指挥部及时汇报防汛抗旱情况，执行其决定和命令，必要时申请支援。

（2）渝北区防汛抗旱指挥部领导机构。

指挥长由分管区领导担任，负责全区的防汛抢险的指挥和担任总负责人，发布防汛抢险命令。

副指挥长（区水利农机局局长）负责全区水利设施的抢险救灾和江河行洪。

副指挥长（区武装部部长）负责调集民兵，联系部队对重点工程进行抗洪抢险救灾。

副指挥长（区政府办公室副主任）负责协助指挥长作好抗洪抢险的组织、领导，督促抗洪抢险方（预）案的实施。

（3）指挥部成员单位分工。

区发改委负责指导防汛抗旱规划和建设工作；负责防汛抗旱设施建设、重点工程除险加固计划的协调安排和监督管理。

区市政委负责城区排污、排水管网的防汛抢险工作，督促、协调供水、供气部门做好水气抢险工作。

区经委负责本系统的防汛抢险工作，组织防汛抢险物资供应。

区建委负责监管范围内房屋建筑的防洪安全及工业与民用建筑工程施工的防洪安全工作。

区财政局负责救灾资金的筹集调度和使用监管工作。

区交通局负责实施国、省、县级公路、桥梁、航道、码头等灾害防治和防汛抢险道路的抢修、排险及抗洪抢险车辆，船只的调集。指导、监督各镇、街道和乡、村公路，灾害防治和防汛抢险道路抢修指导、监督等工作。

区环保局负责灾后环境的恢复和饮用水安全工作。

区国土资源分局负责组织突发性的崩塌、滑坡、泥石流等自然因素诱发的地质灾害的应急调查，指导各镇（街）、园区（风景区）编制地质灾害防治应急预案、应急抢险和地质灾害监测体系建设，监督和协调各镇（街）、园区（风景区）、区级相关部门的地质灾害治理和搬迁避让工作。

区民政局负责组织、协调全区水旱灾害的救灾工作。负责采购、储备、调配救济物资，组织、指导救灾捐赠，负责救灾捐赠款物的接收，做好灾民的转移和安置工作。

区房管局负责全区性的房屋住用安全检查和监督，负责对危险房屋进行结构性安全鉴定，并制订危险房屋整治方案，纠正房屋住用违法违规行为。

区卫生局负责灾区疾病预防控制和医疗救护工作。

区教委负责中小学校舍安全工作。

区安监局负责管理全区安全生产工作，依法行使国家安全生产监督管理职权；指导、协调区级有关部门承担的专项安全监察监督工作；依法行使安全监察及行政处罚；依法对涉及安全生产事项负责行政审批（包括批准、核准、许可、注册、认证、颁发证照等）的单位实施安全监督管理。

区电信公司负责防汛抗旱电话和通信保障，保证通信畅通，并负责本系统通信工作的防汛安全。

区水利农机局负责组织、协调、监督、指导防汛抗旱的日常工作；负责组织、指导全区防汛抗旱工程建设及安全监督管理，督促各镇（街）完成水利工程病险整治和水毁修复；负责水利工程水量的科学调度，组织防汛抗旱物资及队伍建设，防止侵占、破坏防汛抗旱工程等行为的发生。

区公安分局负责交通畅通、防汛抗旱治安管理和安全保卫工作；打击破坏防汛抗旱、水文、通信设施及盗窃防汛抗旱物资的行为；在紧急防汛期间协助防汛部门组织撤离洪水淹没区的群众；对重点防洪区域实施交通管制。受灾地区的安全保卫和社会秩序维护。

区气象局负责天气气候监测和预测预报工作。对影响汛情旱情的中长期天气形势做出分析和预测；汛期及时对重要天气形势和灾害性天气做出及时预报，并收集和核实气象灾害类别和等级；组织实施人工增雨作业，向区防汛办及有关成员单位提供气象信息，重要灾害天气应及时通报。

区农业局负责组织农技人员深入灾区，帮助指导群众开展生产自救，恢复农业生产，并做好农业生产受灾和损失分析统计工作和汛期渔业船舶的安全管理工作。

区广播电视台负责搞好防汛抗旱工作宣传，根据防汛抗旱部门要求向群众发送防汛抗旱紧急情况，以及先进人物事迹宣传报道。

区农工办负责全区水旱灾害的救援、协调工作。

区防汛抗旱指挥部办公室设在区水利农机局，负责处理全区防汛抗旱日常工作。

(4) 镇（街）防汛职责。

制定和实施辖区内的防汛应急预案，全面指挥本区域内的防汛抢险救灾工作。

(5) 水利工程管理单位防汛职责。

水利工程管理单位必须编制防汛应急预案，审批后执行。其中：中型水库防汛应急预案报市水利局审批，交市、区防汛抗旱指挥部备案，小Ⅰ及小Ⅱ型水库报区水利农机局审批，并交区防汛抗旱指挥部办公室备案。

（三）预警和预防机制

1. 信息监测与报告

区气象局：对全区的暴雨、天气等信息进行监测与预报，并向区防汛抗旱指挥部报告。

工程管理单位：监测工程的工情、险情信息，并分别向其主管部门和区防汛抗旱指挥部报告。

2. 防汛预警

当江河发生洪水时，气象水文部门应加强实时监测，即时上报测验结果，雨情、水情应在 1 h 内报到区防汛抗旱指挥部办公室，重要站点的水情应在 30 min 内报到区防汛抗旱指挥部办公室，为防汛抗旱指挥机构适时指挥决策提供依据。

当堤防等水利工程出现险情或遭遇超标准洪水袭击，以及其他不可抗拒因素而可能决口时，工程管理单位应迅速组织抢险，并在第一时间向可能淹没的有关区域预警，同时向当地镇街和区防汛抗旱指挥部准确报告出险部位、险情种类、抢护方案以及处理险情的行政责任人、技术负责人、通信联络方式、除险情况，以利加强指导或做出进一步的抢险决策。

当水库出现险情时，水库管理单位应立即在第一时间向下游预警，并迅速处置险情，同时向区水行政主管部门和区防汛抗旱指挥部报告出险部位、险情种类、抢护方案以及处理险情的行政责任人、技术负责人、通信联络方式、除险情况，以进一步采取相应措施。

当水库遭遇超标准洪水或其他不可抗拒因素而可能溃坝时，水库管理单位应提早向水库溃坝洪水风险图确定的淹没范围发出预警，为群众安全转移争取时间。

3. 洪水等级及预警级别划分

按照洪水发生的量级和造成的影响程度，将洪水等级和应急处置级别划分为四级，即：
特大洪水——特别严重（Ⅰ级）
大洪水——严重（Ⅱ级）
较大洪水——较重（Ⅲ级）
一般洪水——一般（Ⅳ级）
详细划分参数见表 11。

4. 水利工程险情等级及预警级别划分

按照水利工程险情发生的可能性以及对下游造成灾害的严重程度，将水利工程险情级别和应急处置级别划分为四级，即：
特大险情——特别严重（Ⅰ级）
重大险情——严重（Ⅱ级）
较大险情——较重（Ⅲ级）
一般险情——一般（Ⅳ级）
详细划分参数见表 11。

表 11　重庆市洪水、水利工程险情等级及预警级别划分表

等级	划分标准	预警级别
特大洪水	主要水文要素重现期大于 50 年一遇	特别严重（Ⅰ级）
大洪水	主要水文要素重现在 20 ~50 年一遇	严重（Ⅱ级）
较大洪水	主要水文要素重现期在 10 ~20 年一遇	较重（Ⅲ级）
一般洪水	主要水文要素重现期在 5 ~10 年一遇	一般（Ⅳ级）

（四）应急响应及处置程序

明确要求区汛抗旱指挥部、镇（街）根据预警级别，启动相应的防汛抗旱预案，同时做好防汛抗旱队伍、物资和资金等方面的准备。

1. 应急响应的总体要求

（1）对应重庆市洪水、水利工程险情、旱情等级及预警级别划分，渝北区的防汛抗旱应急响应行动分为四级，由低到高分别是Ⅳ ~ Ⅰ级响应行动。

（2）进入汛期，指挥部各成员单位及各镇（街）应实行 24 h 值班制度和领导带班制度，全程跟踪雨情、水情、工情、灾情，并根据不同情况启动相关应急程序。

（3）区防汛抗旱指挥部负责全区的防汛抢险救灾工作。非关系重大的水利工程调度由区政府和区防汛抗旱指挥部负责，必要时视情况由市级防汛抗旱指挥部直接调度。各成员单位应按照指挥部的统一部署和职责分工开展工作并及时报告有关工作情况。

（4）洪水发生后，各单位应向区政府和防汛抗旱指挥报告情况。

（5）对跨区县发生的水旱灾害，或者突发事件将影响到邻近区县时，在报告区政府和防汛抗旱指挥部的同时，并及时向受影响区县的防汛抗旱指挥部通报情况。

（6）因水旱灾害而发生的疾病流行等灾害，各单位应采取有效措施切断灾害扩大的传播源，并及时向区政府和区防汛抗旱指挥报告。

2. 响应行动

（1）Ⅰ级响应行动。当发生特大洪水，预警级别为特别严重时启动Ⅰ级响应行动。

区防指指挥长主持会商，防指领导及成员参加。视情况启动防汛抗旱预案，做出防汛抗旱应急工作布置，并将情况上报。区防指密切监视汛情等发展变化，做好预测预报工作，并在24 h内派专家赴一线加强技术指导。增派值班人员，每天在区电视台发布汛情通报，报道汛情及措施。各部门要各司其职，启动各级应急救援预案。

（2）Ⅱ级响应行动。当发生大洪水，预警级别为严重时启动Ⅱ级响应行动。

区防指副指挥长主持会商，防指成员单位派员参加，作出相应工作布置，并在2 h内将情况上报区分管领导并通报各成员单位。区防指密切监视汛情等发展变化，做好预测预报工作，并在24 h内派出由防指成员单位组成的工作组、专家组赴一线指导。并增派值班人员，不定期在区电视台发布汛情通报，报道汛情及措施。各部门各司其职，启动各级应急救援预案。

（3）Ⅲ级响应行动。当发生较大洪水，预警级别为较重时启动Ⅲ级响应行动。

区防办主任主持会商，做出相应工作安排，密切监视汛情旱情发展变化，在2 h内将情况上报区政府和各成员单位。区防办在24 h内派出工作组指导镇（街）防汛抗旱。

（4）Ⅳ级响应行动。当发生一般洪水，预警级别为一般时启动Ⅳ级响应行动。

由区防办副主任主持会商，做出相应工作安排，加强汛情监视和对防汛工作的指导，将有关情况上报区政府并通报各成员单位。

（五）应急保障

1. 通信与信息保障

按《重庆市突发公共事件应急通信保障预案》的要求，各单位按照职责通过电台、有线广播等行之有效的通信方式，向全社会发布雨情、水情等信息及可能出现的险情与防护措施，在水旱灾害可能对国家人民财产安全造成严重威胁时，由当地政府启动应预案，发出群众转移安置通知，按预案确定路线进行人员、财产转移。

2. 防汛抗旱会商制度

（1）实行防汛抗旱会商制度。由区防汛抗旱指挥部办公室组织水文、气象等部门，对汛情旱情进行定期或不定期会商，为防汛抗旱指挥提供决策依据。

（2）抢险技术方案会商制度。由区防汛办组织相关职能部门负责人、专家，分析会商抢险方案，为防汛抗旱抢险提供技术保障。

（3）重大决策会商制度。由区防指负责 ，组织有关成员单位对抗洪抗旱抢险中的重大问题进行会商，科学决策，统一调度。

3. 防汛抗旱决策咨询制度

成立区防汛抗旱应急专家组，为防汛抗旱应急处置提供决策咨询。

4. 防汛工作检查制度

汛前由区防汛抗旱指挥部组织督促各单位开展汛前准备工作检查。检查内容包括物资、队伍、资金、责任等的落实情况。

5. 防汛抗旱值班制度和领导带班制度

一般情况下，每年 5 月 1 日至 9 月 30 日为防汛值班期，值班期内实行每天 24 h 值班制度和领导带班制度。值班人员应严格按照值班制度要求，负责做好值班记录，及时了解和掌握水情、工情、灾情、旱情等汛情，并根据情况及时处理。

6. 水旱灾害报表制度

当发生灾害时，各镇（街）、各相关部门要严格按照《重庆市自然灾害处置办法》和《重庆市渝北区农村突发性自然灾害应急求援预案》规定的灾情上报范围、时间要求、报送内容、报送渠道、报送方式等要求，及时、准确、规范地向相关部门上报。

7. 应急救援保障

（1）抢险队伍。各镇（街）、各有关部门及重要水利工程都要组织防汛抢险队伍。区里组织一支抢险队伍，在发生重大险情时，由区防汛指挥部统一调集支援。

(2)物资准备。各单位要按《防汛抗旱物资定额》要求，逐步足额储备防汛抗抢险救灾物资。

防汛物资储备主要是铁丝、编织袋、探照灯、充电式应急灯、抽水机组等。

（3）防汛抗旱服务组织。各相关单位应建立各级防汛抗旱服务组织，在出现灾害时，为受害地区提供技术、信息等服务。

（4）编制预案。各镇（街），各有防汛任务的部门以及重点防汛单位都要根据自己的实际情况，制定防汛抢险方 (预）案，并于 4 月 30 日前报区防汛抗旱指挥部备案。

（5）其他保障。各成员单位按照各自责任，在灾害发生时提供物资、技术等有力的保障

（6）预案管理与更新。明确该预案由区防汛抗旱指挥部办公室负责管理，并根据情况，适时对预案进行更新。

六、重庆市万盛区防汛（抗旱）预案[6]

（一）总则

1. 编制目的

与《重庆市渝北区防汛（抗旱）预案》编制目的不同，《重庆万盛区防汛（抗旱）预案》明确编制目的是保障城乡居民饮水安全，规范应对因干旱和突发事件导致城市供水水源危机的应急处置程序。结合万盛区的旱灾情况、抗旱能力以及区域经济社会发展要求，将该预案定位为专项的城市抗旱应急预案。

2. 编制依据

其编制依据包括《水法》、《防洪法》、其他关于自然灾害和突发事件处置的法律法规，以及国家、市、区县与之相关的总体预案和防汛抗旱专项预案等。

3. 指导思想和工作原则

坚持以人为本，实行抗旱行政首长负责制，统一指挥、统一调度，以防为主、防抗结合，因地制宜、城乡统筹，突出重点、兼顾一般，先生活、后生产、再生态等原则。

4. 适用范围

城市（主城区、县城、城镇、居民集中居住地）因干旱、突发性自然灾害、流域性水污染事件、恐怖活动等原因导致城市供水水源出现危机的应急处置，适用本预案。

（二）指挥体系及职责

1. 指挥体系

重庆市万盛区人民政府突发公共事件应急委员会（下设办公室）统一领导全区抗旱应急处置工作。重庆市万盛区自然灾害应急指挥部（以下简称区应急指挥部）办公室设在区政府救灾办。区应急指挥部和重庆市万盛区防汛抗旱指挥部为抗旱应急指挥机构。在处置抗旱时，由区政府分管副区长任指挥长，各相关单位参加的区防汛抗旱指挥部为主进行有效处置。

2. 职责

明确万盛区防汛抗旱体系主要由区防汛抗旱指挥部、各局（委）、各乡镇及企业组成，各单位依据各自的工作优势，开展相应的应急准备和有效应对工作。

(1)万盛区防汛抗旱指挥部(以下简称区抗旱指挥部)职责。负责统筹协调全区抗旱工作；负责旱情监测系统的数据采集；积极争取国家、市级抗旱投入；协调有关部门落实区级抗旱

---

6 内容主要引自《重庆万盛区防汛（抗旱）预案》

专项资金，并协助对抗旱专项资金的使用情况进行监督检查；开展调查研究，及时向区政府应急委提出抗旱应急处理工作建议和意见；会同有关部门作好干旱灾害预测预报工作；做好区级抗旱物资、设施设备的储备工作(主要包括抽水机组、输水管带、送水车、抗旱剂、油料等)，指导各镇做好抗旱物资、设施设备的储备工作。

(2) 区抗旱指挥部相关成员单位职责。区政府救灾办：统筹协调全区救灾工作；会同区政府有关部门提出抗旱救灾资金、物资安排建议；协调有关部门落实区级救灾专项资金，并对其使用进行监督检查；开展调查研究，及时向区应急指挥部提出抗旱应急处置工作建议和意见；会同有关部门作好旱情预测预报工作，编制抗旱减灾规划；督促有关单位做好抗旱物资、设施设备的储备工作。

区公安分局：负责灾区治安防范，加强灾区治安管理和安全保卫工作，打击各种违法犯罪活动；负责维护重要目标和要害部位的安全；维护旱灾区社会和交通秩序，防止抢水、偷水等行为的发生，保证抗旱救灾工作顺利开展。

区民政局：负责组织、指导救灾捐赠；负责救灾捐赠款物的接待，会同抗旱应急处置机构提出分配方案，妥善安置灾区群众的生活。

区财政局：积极筹集调度抗旱资金，负责区级抗旱专项资金的管理，确保抗旱资金及时足额到位，并监督抗旱资金使用。

区水务局：坚持水资源的统一管理和科学调度，组织抗旱服务队，帮助灾区开展抗旱提水、送水等抗旱服务工作，采取措施，防止侵占、破坏、污染抗旱水源等行为的发生，确保用水秩序。负责组织实施全区机电提灌发展规划和抓好提水抗旱工作；组织抗旱服务队和维修人员到灾区帮助抢修提灌机具、农业机械，保证农业生产和抗旱需要。

区农业局、区农办：组织农技人员深入旱区，帮助指导群众开展生产自救，恢复农业生产，并做好农业生产受旱和损失分析统计工作。

区卫生局：负责组织卫生防疫和医疗急救队伍抢救伤员深入旱区，帮助、指导灾区开展救灾防疫防病工作；加强生活饮用水卫生、食品卫生监督工作和卫生知识宣传工作，确保旱区群众饮水安全；及时向灾区提供所需药品和医疗器械。

区文广新局：采取多种形式，搞好防旱抗旱工作宣传、监督工作。

区气象局：及时收集气象信息，做好灾害性天气趋势分析的预报，及时做好人工增雨作业。气象灾害发生后，及时收集和核实气象灾害类别和等级，向相关抗旱应急处置机构通报相应资料。

区教委：负责送水或另辟水源等措施解决全区学校师生生活用水困难；负责协调校地用水矛盾，保证学校正常上课，搞好学校师生的避暑降温工作。

充分发挥驻区武警中队，民兵预备队等社会力量在干旱灾害处置工作中的作用，减少灾害损失。

(3) 其他有关部门及镇人民政府职责。区市政局、消防支队：在区抗旱指挥部的领导下，负责组织向旱区群众送水，缓解旱区群众生活用水困难。

綦南供电局万盛分局：负责抗旱用电应急保障工作；负责保障抗旱农排用电工作。

各镇人民政府：在区人民政府的领导和区抗旱指挥部的指导下，负责本镇的抗旱救灾工作；负责灾区治安防范和社会稳定，做好灾情收集、核查和上报工作，搞好抗旱救灾款物分发；组织抗旱服务队伍和人员，开展提水、送水服务；协助处理水事纠纷；做好灾民思想政治工作，积极带领灾民开展生产自救，恢复农业生产；适时调整和优化产业结构，减少旱灾损失。

（三）基本情况

对万盛区与抗旱工作相关的自然地理和社会经济等基本情况进行了阐述和分析。

1. 自然地理状况

万盛区所处区域构造位置为新华夏系第三隆起带与沉降带间，构造复杂。属四川盆地东南边缘与云贵高原衔接的过渡山区，地形复杂，地貌多样，地势东高西低，高差达 1 708 m。根据地表形态特征及高度的差异，全区地貌可分为四个类型：

盆边中山地貌，面积 181.77 km^2，主要分布在丛林镇、青年镇等地背斜形成的中山。

盆边低山槽谷地貌，面积 164.26 km^2，主要分布在丛林、青年、关坝等乡镇的大部分及万盛东南部背斜形成的低山及岩溶槽谷地带。

岩溶丘陵平坝地貌，面积 103.98 km^2，主要分布在万盛、南桐镇西北部及中部地区。

坪状低山地貌，面积 94.85 km^2，主要分布在金桥镇及青年、关坝西部及万盛北部一带。

万盛区地处云贵高原边缘山区，属长江水系，溪流多为季节性溪河，源短径流小，平时水量不足，一遇暴雨，水流湍急又常淹没农田，造成洪灾。因而旱灾、洪涝灾害并存。区内流域面积在 10 km^2 以上的河流主要有孝子河、丛林河、清溪河、小河、刘家河、养生河、金鸡沟河、溱溪河、藻渡河等 12 条。

万盛区处于副热带东亚季风环流范围内，季风气候十分显著。区内气候温和，降水较丰沛，四季分明，无霜期长。区内多年平均降雨量 1 282.4 mm，但年际年内变化均大，最多年降雨 1 590.2 mm，最少为 974.5 mm，年内降雨多集中在 5~9 月份，占全年降雨的 67.2%。

2. 经济社会发展

全区辖 8 个镇和 2 个街道办事处，幅员面积 564.86 km^2，2006 年末全区总人口 26.78 万人，其中：非农业人口 12.46 万人，农业人口 14.32 万人，实现地区生产总值 21.07 亿元。万盛城区地域主要由万盛片区和东林片区两部分组成。全区有效灌溉面积为 2.8 万亩，占耕地面积的 27.74%，保证灌面为 1.68 万亩，占耕地面积的 16.62%。

3. 供用水概况

用水包括城镇居民生活用水、农村人畜用水、工业用水、农业灌溉用水、城镇公共用水 5 部分。

（1）城镇居民生活用水。万盛区城镇范围包括万盛、东林两个街道、南桐镇辖区及附近厂矿。2002 年全区城镇人口为 10.8 万人，根据区自来水公司提供的资料，2002 年 3 月至 2003 年 2 月全区城镇总用水量 808 万 m^3。

（2）农村人畜用水。经对全区 8 个乡镇的人畜用水抽样调查分析，2002 年万盛区农村人口生活用水指标 70L / 人 · 日，农村牲畜 40L / 头 · 日。据统计 2002 年全区农村人口为 16.1 万人，估算 2002 年 3 月至 2002 年 2 月全区农村人畜用水量为 411 万 m^3。

（3）工业用水。万盛区工业行业主要为煤炭、电力、机械、化工、食品、建材、造纸等几大行业，用水状况参差不齐。经过对典型行业用水的反复调查计算，2002 年 3 月至 2003 年 2 月总用水量为 9 000 万 m^3。

（4）农业灌溉用水。万盛区农业灌溉以田为主，全区农业耕地13.79万亩，其中田6.67万亩，土7.12万亩，有效灌面4.29万亩。2002年3月至2003年2月总用水量1 151万m^3。

（5）城镇公共用水。根据区自来水公司的资料，2002年3月至2003年2月城镇公共用水量为32万m^3。

可利用水资源量包括地表水资源和地下水资源两种。

万盛区处在长江上游一个四级分区中即V4-2-4，地表径流主要来源于降水，采用石角水文站实测的径流成果用多年平均降雨量进行综合修正计算得万盛区多年平均径流深和径流量分别为698.6 mm和39458.92万m^3。

万盛区地下水分为松散堆积物孔隙水、强风化裂隙水、碎屑岩类型裂隙水和碳酸盐岩类裂隙溶洞水四个基本类型。根据不同类型，采用地下水径流模数法、大气降水渗入法计算后求得其地下水总量为7700万m^3，可开采量710万m^3。

4. 城市抗旱能力

（1）城市主要供水工程体系。汤家沟水库库容1 100万m^3，保障全区城市供水。如抗旱需要，还可用地下水以为不时之需。贯穿万盛城区的孝子河存在污染，失去了应有的功能，不能作为供水水源。

(2) 抗旱非工程体系。包括由区防汛抗旱指挥部具体负责全区的抗旱工作，办公室设在区水务局，负责处理日常工作。全区有抗旱服务队1个，同时市防汛抗旱指挥部办公室在该区设置有旱情信息采集系统一套。

（四）干旱特征

由于各气象要素年际、季节间差异较大，加之地形复杂，故气候异常，一年四季都有旱情发生，尤以夏旱和伏旱为重。该区的干旱往往不是以一种单一形式出现，常常冬干连春旱，春旱连夏旱，伏旱连秋旱，秋旱连冬旱。

（五）预防、预警

1. 预防

（1）供水信息监测及报告。明确供水信息监测内容、监测单位及报告制度、预警信息发布等。

（2）预防措施。明确供水危机发生前的防范措施，如供水设施的检查维修、水源调度方案、节水限水方案的制订等相关措施。

2. 预警

当因供水水源短缺或被破坏、供水线路中断、供水水质被侵害等原因而出现供水危机时，由当地防汛抗旱指挥机构会同有关部门向社会发布预警信息，居民、企事业单位做好储备用水，有关部门做好应急供水的准备。

（1）预警级别。预警等级按照《城市干旱指标及等级划分标准》中的城市供水预期缺水率确定。分为四级，即Ⅰ级预警（特大干旱）、Ⅱ级预警（严重干旱）、Ⅲ级预警（中度干旱）

和Ⅳ级预警（轻度干旱）。

（2）预警信息发布。明确预警信息的发布单位、内容、程序、方式和范围等。Ⅰ~Ⅳ级预警颜色依次采用红色、橙色、黄色、蓝色。

全区重大、特别重大干旱预警级别由区防汛抗旱指挥部确认，报区政府审定后由区政府办公室或区防汛抗旱指挥部办公室发布。一般、较大干旱等级和预警级别的确认和发布由区防汛抗旱指挥部负责，其他任何单位和个人不得以任何名义和形式进行公开确认和发布。

该预案虽然在干旱灾害的预防预警方面提出了相关要求，但缺乏具体的指标和方案支持，可操作性较差，从而显示预测、预警是该区抗旱工作的薄弱环节之一，需要强化相关基础设施建设和人才培养。

（六）应急响应

1. 干旱等级和应急处置级别

根据干旱对工农业生产和人民生活造成的影响程度，参照国家抗旱预案关于干旱等级划分标准，将万盛区干旱等级和应急处置级别划分为四级，即：轻度干旱—一般（Ⅳ级），中度干旱—较大（Ⅲ级），严重干旱—重大（Ⅱ级），特大干旱—特别重大（Ⅰ级）。并分别以蓝色、黄色、橙色、红色予以标志。

2. 分级响应

根据干旱等级，启动相应等级的应急处置预案，各相关部门根据不同等级预案设定，自动启动相应的干旱预防及应急处置工作。

（1）轻度干旱——一般（Ⅳ级）。区气象局：发布干旱监测、预测等气象信息；向区防汛抗旱办提供月降雨、蒸发、气温等情况，并分析未来的天气形势；根据适时气象情况开展高炮人工增雨措施。

区防汛抗旱办：发布旱情消息，了解、统计受旱情况；督促各乡（镇）做好抗旱节水等各项工作；通过旱情监测系统，掌握旱情动态，并向区政府应急办、市防汛抗旱办领导报告旱情；向市防汛抗旱办报送旱情报表。

（2）中度干旱——较大（Ⅲ级）。区防汛抗旱办：发布旱情消息，了解、统计受旱情况，及时掌握各地的旱情发展变化和抗旱动态；向区政府应急办、市防汛抗旱办领导报告旱情；向市防汛抗旱办报送旱情报表；部署指导各乡（镇）抗旱服务队投入抗旱。

区气象局：发布干旱监测、预测等气象信息；隔日向区防汛办提供降雨、蒸发、气温等情况，并分析未来的天气形势和发展趋势；可根据适时气象情况开展高炮人工增雨措施。

区农业部门：向区防汛抗旱指挥部报告受旱时段，尤其是旱区作物的种植结构、种植面积、生长时期，分析旱情对作物的不利影响；收集、统计作物受旱情况，并向市防汛抗旱办报告；向区防汛抗旱办提出抗旱的措施和建议。

区水利局：部署指导各乡（镇）加强水库调度，优先保证生活供水。做好灌区计划用水，节约用水和科学调水工作；部署旱区各抽水站、机电井投入抗旱工作。

（3）严重干旱——重大（Ⅱ级）。区防汛抗旱指挥部：组织召开由气象、水利、农业等部门参加的抗旱会商紧急会议，分析旱情，预测旱情发展态势，部署全区抗旱工作；发出部署抗旱紧急通知，督促旱区组织力量投入抗旱；必要时，组织工作组深入旱区指导工作；协调成员单位与各乡(镇)联合抗旱；把握各部门、各乡(镇)抗旱动态。

区政府救灾办：督促各地落实各项抗旱对策措施；协调相关部门支援抗旱工作。

区防汛抗旱办：发布旱情消息，了解、统计受旱情况，及时掌握各地的旱情发展变化和抗旱动态；向区政府应急办、市防汛抗旱办领导报告旱情；向市防汛抗旱办报送旱情报表；部署指导各乡(镇)抗旱服务队投入抗旱工作。

区气象局：发布干旱监测、预测等气象信息；隔日向市防汛抗旱办通报全区的降雨、蒸发、气温等情况，分析未来的天气形势；可根据适时气象情况开展高炮人工增雨措施。

区农业部门：向市防汛抗旱办报告受旱时段，尤其是旱区作物的种植结构、种植面积、生长时期，分析旱情对作物的不利影响；收集、统计作物受旱情况，并向区防汛抗旱办报告；向区防汛抗旱办提出抗旱的措施和建议；指导各地改种、补种旱作物，帮助调集、调剂旱作物种子、种苗。

区水利局：部署指导各乡(镇)加强水库调度，优先保证生活供水，做好灌区计划用水，节约用水和科学用水工作；部署旱区各抽水站、机电井投入抗旱工作。

区石油、商业、物资、农资、电力等部门：石油、商业，物资部门要优先供应抗旱用油；农资部门要提供抽水设备及零配件；电力部门要保证抗旱用电。

区新闻单位：根据区政府核定的旱情，及时向社会发布旱情和各地的抗旱信息。

(4) 特大干旱——特别重大（Ⅰ级）。区政府救灾办：组织召开区防汛抗旱指挥部全体成员和各乡(镇)领导会议，协调各部门投入抗旱，部署全区抗旱工作；发出抗旱紧急通知，要求各级、各部门立即行动起来，投入抗旱工作；组织农业、民政、财政、水利等有关行政主管部门领导分赴抗灾第一线协调抗旱工作；根据受灾情况，组织各有关部门向市政府、市财政、市农业、市水利等部门汇报灾情，争取市级主管部门的理解和支持；动员社会各方面力量支援抗旱救灾工作。

区防汛抗旱办：发布旱情消息，了解、统计受旱情况，及时掌握各地的旱情发展变化和抗旱动态；向区防汛抗旱指挥部领导报告旱情；向市防汛抗旱办报送旱情报表；部署指挥各乡(镇)抗旱服务队投入抗旱工作。

区气象局：隔日发布干旱监测，预测等气象信息。

隔日向区防汛抗旱办通报全市降雨、蒸发、气温等情况，分析未来的天气形势；旱区出现中旱以上旱情，可根据适时气象情况开展高炮人工增雨措施。

区防汛抗旱指挥部各成员单位：按特大干旱要求及各自职责，全力做好抗旱工作。

通讯：利用现有公众通信网络作为本预案的应急指挥、调度通讯网络。

3. 各级响应程序

依据干旱等级不同，启动的应急响应等级不同，其相应程序也存在差异。

(1) Ⅰ级响应。

工作会商。明确抗旱工作会商的主持人、参加人、会商方式和会商内容。

工作部署。明确抗旱工作开展程序，包括组织动员方式（下发通知、召开专题会议）、动员对象、工作重点等，明确抗旱信息统计报送制度。

部门联动。按照各成员单位职责和抗旱工作需要，明确各部门、各单位的具体任务和要求。

协调指导。明确上级领导机关对基层抗旱工作进行指导和帮助的具体内容、任务和要求；明确向上级领导机关请示报告的工作制度和相关内容。

方案启动。明确抗旱水量调度方案、节水限水方案、应急水源工程方案，以及各种抗旱设施启动的条件和任务。

宣传动员。明确抗旱宣传原则和内容；明确社会动员的范围和方式。

(2) Ⅱ级响应。与Ⅰ级响应条目基本一致。具体应急响应的内容、措施、力度等，根据实际情况确定。

(3) Ⅲ级响应。与Ⅱ级响应条目基本一致。具体应急响应的内容、措施、力度等，根据实际情况确定。

(4) Ⅳ级响应。与Ⅲ级响应条目基本一致。具体应急响应的内容、措施、力度等，根据实际情况确定。

4. 新闻发布

明确信息发布部门、程序、方式及责任。

区防汛抗旱指挥部办公室统一管理区内旱情的监测、统计、分析、预测、上报，并负责向社会发布旱情信息。其他任何单位和部门不得以任何形式擅自发布。

当出现特别重大干旱等级和一级预警信息后，由区防汛抗旱指挥部宣布进入紧急抗旱期，并经区防汛抗旱指挥部指挥长批准同意后，通过万盛电视台、今日万盛、党政网、万盛水利网等向社会公众发布。

5. 责任

(1) 明确特大干旱灾情发生后，由区防汛抗旱指挥部办公室会同气象、水务、农业部门等有关单位对干旱起因、灾情评估、防御对策等进行调查分析和研究，形成工作报告，报区政府应急办和市防汛抗旱指挥部办公室。

(2) 明确界定违反抗旱预案的相关行为基础上，规定对发生违反抗旱预案行为的直接责任人、主管人员和单位，实行行政问责和法律责任追究。

6. 响应结束及评估

明确应急响应结束的条件和发布程序，明确对灾害损失及影响进行评估的单位和工作要求，救助程序、方案和要求，预案实施效果评估、修订和完善。

（七）保障措施

一是根据抗旱工作需要制定相应的保障措施，尽量细化到各职能部门，确保措施落实到位。二是要求从资金保障、物质保障、应急备用水源准备、应急队伍保障、技术保障及宣传培训等多方面细化防汛（抗旱）保障措施，确保有效预防和应对干旱灾害。

附录二

国家标准与法规

一、干旱评估标准

1 总则

1.0.1 为加强对抗旱工作的指导，统一干旱评估方法，规范干旱评估工作，特制定本标准。

1.0.2 本标准包括农业旱情旱灾评估和城市干旱等级及预警两部分。生态干旱评估因条件不成熟，暂未列入本标准。

农业旱情旱灾评估主要适用于因干旱引发的种植业、牧业受旱、受灾程度的评估。

城市干旱等级及预警主要适用于因供水不足导致城市干旱而进行的干旱等级划分和干旱预警评估。

1.0.3 在干旱评估中，除应符合本标准外，还应符合国家现行有关标准和规范。

2 术语

2.0.1 干 旱

因供水量不足，导致工农业生产和城乡居民生活遭受影响，生态环境受到破坏的自然现象。从形式上可分为农业干旱、城市干旱和生态干旱。

2.0.2 农业干旱

因水量不足，不能满足农作物及牧草正常生长需求而发生的水分短缺现象。

2.0.3 城市干旱

城市干旱是指城市因遇特枯水年或连续枯水年，造成供水水源不足，实际供水量低于正常供水量，生活、生产和生态环境受到影响的现象。

2.0.4 旱 情

干旱的表现形式和发生发展过程，包括干旱历时、影响范围、受旱程度和发展趋势等。

2.0.5 旱 灾

干旱对工农业生产、城乡经济、居民生活和生态环境造成的损害。

3 农业干旱评估分区

3.1 一级分区

3.1.1 根据气候类型和地理位置，将全国划分为六个一级区。

3.2　二级分区

3.2.1 根据灌溉状况和农牧业特点，在一级区内划定三种农业区：
（1）灌溉农业区：指有灌溉工程设施和条件的农业种植区（包括水田和水浇地）；
（2）雨养农业区：指没有灌溉工程设施和条件的农业种植区；
（3）草原牧业区：指以草原畜牧业为主的区域。
3.2.2 按照上述分区方法，全国划分为 6 个一级区、16 个二级区。见表 1。

表 1　全国农业旱情与旱灾评估分区及编码

一级区		二级区	编码
东北区	包括黑龙江、吉林、辽宁及内蒙古东部	灌溉农业区	Ⅰ-1
		雨养农业区	Ⅰ-2
		草原牧业区	Ⅰ-3
西北区	包括陕西、宁夏、甘肃、青海、新疆及内蒙古的中西部	灌溉农业区	Ⅱ-1
		雨养农业区	Ⅱ-2
		草原牧业区	Ⅱ-3
黄淮海区	包括北京、天津、河北、山东、河南、山西以及江苏和安徽的淮河以北地区	灌溉农业区	Ⅲ-1
		雨养农业区	Ⅲ-2
		草原牧业区	Ⅲ-3
长江中下游区	包括湖北、湖南、江西、浙江、上海以及江苏和安徽的淮河以南地区	灌溉农业区	Ⅳ-1
		雨养农业区	Ⅳ-2
西南区	包括四川、重庆、云南、贵州、西藏	灌溉农业区	Ⅴ-1
		雨养农业区	Ⅴ-2
		草原牧业区	Ⅴ-3
华南区	包括广东、广西、福建、海南	灌溉农业区	Ⅵ-1
		雨养农业区	Ⅵ-2

4 农业旱情评估

4.1 农业旱情等级划分

4.1.1 根据干旱缺水程度，将农业旱情划分为轻度干旱、中度干旱、严重干旱和特大干旱四个等级。

4.2 农业旱情评估

4.2.1 农业旱情评估包括基本旱情评估和区域综合旱情评估两部分：

（1）基本旱情评估用于作物受旱和播种期耕地缺墒（水）情况的确定。

（2）区域综合旱情评估用于县级和县级以上行政区域农业综合受旱程度的判别。

4.2.2 基本旱情评估方法有：土壤墒情法、降水量距平法、连续无雨日数法、缺水率法、断水天数法等，见表2。

4.2.3 区域综合旱情评估方法采用受旱面积比率法，见表2。

表2 农业旱情评估适用方法表

基本旱情评估					区域综合旱情评估
二级分区类型	雨养农业区	灌溉农业区		草原牧区	
		水浇地	水田		
适用评估方法	土壤墒情法；降水量距平法；连续无雨日数法	土壤墒情法；降水量距平法；连续无雨日数法	缺水率法；断水天数法	降水量距平法	受旱面积比率法

4.3 农业旱情评估步骤

4.3.1 农业旱情评估首先要进行基本旱情评估，然后在此基础上进行区域综合旱情评估。

4.3.2 基本旱情评估：

（1）在二级分区内选择适合本地区的评估方法。对雨养农业区和灌溉农业区中的水浇地作物旱情及播种期耕地墒情的评估，应优先采用土壤墒情法，没有墒情监测点的地区可选择降水量距平法或连续无雨日数法。对水田的旱情评估，按缺水率法或断水天数法进行。

（2）根据上述评估方法统计出受旱面积和耕地缺墒（水）面积。

（3）草原牧区旱情按牧业旱情评估规定的方法进行。

4.3.3 区域综合旱情评估：根据基本旱情评估所得出的受旱面积，按受旱面积比率法评估区域农业综合旱情。

4.4 农业旱情评估方法与分级

4.4.1 土壤墒情法

（1）计算公式：

$$W=\frac{\theta}{F_{c}}\times 100\% \qquad (1)$$

式中：W为土壤相对湿度，%；θ为土壤平均含水量；F_c为土壤平均田间持水量。

（2）不同季节农田测墒深度按表3确定。

（3）土壤墒情监测点的选取应有代表性，在评价土壤墒情时应取评价区内各墒情监测点的平均值。

（4）旱情等级划分按表4。

表 3　不同季节农田测墒深度表　　cm

播前及苗期	发育前期	发育中期	成熟期
0 ~ 20	0 ~ 40	0 ~ 60	0 ~ 60

表 4　土壤墒情旱情等级划分表

干旱等级	轻度干旱	中度干旱	严重干旱	特大干旱
土壤墒情 / %	$60>W\geqslant 55$	$55>W\geqslant 45$	$45>W\geqslant 40$	$W<40$

4.4.2 降水量距平法

（1）计算公式：

$$D_p=\frac{P-\overline{P}}{\overline{P}}\times 100\% \tag{2}$$

式中：D_p 为计算期内降水量距平百分比，%；P 为计算期内降水量，mm；$\overline{P}$ 为计算期内多年平均降水量，mm。计算期内的多年平均降水量 $\overline{P}$ 宜采用近 30 年的平均值。

（2）计算期确定：应根据不同季节选择适当的计算期长度。夏季宜采用 1 个月，春、秋季宜采用连续 2 个月，冬季宜采用连续 3 个月。

（3）旱情等级划分按表 5。

表 5　降水距平百分比旱情等级划分表

季　节	计算时段	轻度干旱	中度干旱	严重干旱	特大干旱
夏季（6 ~ 8 月）	1 个月	$-20>D_p\geqslant -40$	$-40>D_p\geqslant -60$	$-60>D_p\geqslant -80$	$D_p<-80$
春秋季 (3 ~ 5 月、9 ~ 11 月）	2 个月	$-30>D_p\geqslant -50$	$-50>D_p\geqslant -65$	$-65>D_p\geqslant -75$	$D_p<-75$
冬季（12 ~ 2 月）	3 个月	$-25>D_p\geqslant -35$	$-35>D_p\geqslant -45$	$-45>D_p\geqslant -55$	$D_p<-55$

4.4.3 连续无雨日数法

连续无雨日数法适用于尚未建立墒情监测点的雨养农业区和水浇地主要作物需水关键期的旱情评估。旱情等级划分按表 6。

4.4.4 缺水率法

（1）计算公式：

$$D_W=\frac{W-W_r}{W_r}\times 100\% \tag{3}$$

式中：D_w 为缺水率，%；W 为计算期内可供灌溉的总水量，m^3；见附录 B 第 4.4 节说明。

W_r 为同期灌溉总需水量，m^3，见附录 B 第 4.4 节说明。

（2）计算期按 1 个月为单元。

（3）缺水率法主要用于水田插秧前受旱情况的评估。其旱情等级划分见表 7。

表 6 连续无雨日数旱情等级划分表 d

评估时段	区号	轻度干旱	中度干旱	严重干旱	特大干旱
春季（3～5月）秋季（9～11月）	Ⅰ-2	15～30	31～50	51～75	>75
	Ⅱ-2	15～30	31～50	51～75	>75
	Ⅲ-2	15～25	26～45	46～70	>70
	Ⅳ-2	10～20	21～45	46～60	>60
	Ⅴ-2	10～20	21～45	46～60	>60
	Ⅵ-2	10～20	21～45	46～60	>60
夏季（6～8月）	Ⅰ-2	10～20	21～35	36～50	>50
	Ⅱ-2	10～20	21～35	36～50	>50
	Ⅲ-2	10～20	21～30	31～45	>45
	Ⅳ-2	5～10	11～20	21～30	>30
	Ⅴ-2	5～10	11～20	21～30	>30
	Ⅵ-2	5～10	11～20	21～30	>30
冬季（12～2月）	Ⅰ-2	—	—	—	—
	Ⅱ-2	20～30	31～60	61～90	>90
	Ⅲ-2	15～30	31～50	51～80	>80
	Ⅳ-2	15～25	26～45	46～70	>70
	Ⅴ-2	15～25	26～45	46～70	>70
	Ⅵ-2	15～25	26～45	46～70	>70

表 7 缺水率旱情等级划分表

干旱等级	轻度干旱	中度干旱	严重干旱	特大干旱
缺水率 /%	$-5>D_w \geqslant -20$	$-20>D_w \geqslant -35$	$-35>D_w \geqslant -50$	$D_w<-50$

4.4.5 断水天数法

断水天数法适用于水稻生长期干旱缺水的评估。

旱情等级划分见表 8。

表 8 断水天数旱情等级划分表

干旱等级			轻度干旱	中度干旱	严重干旱	特大干旱
断水天数（天）	南方	春秋季	7 ～ 10	11 ～ 15	16 ～ 25	>25
		夏季	5 ～ 7	8 ～ 12	13 ～ 20	>20
	北方	5 ～ 9		10 ～ 14	15 ～ 22	>22

4.5 区域综合旱情评估及旱情等级划分

4.5.1 区域综合旱情是指县级和县级以上行政区域农业综合受旱情况，其旱情等级评估采用受旱面积比率法。

（1）计算公式：

$$I=\frac{A_{受旱}}{A_{耕地}}\times 100\% \tag{4}$$

式中：I 为受旱面积比率，%；$A_{受旱}$为受旱作物的（含缺墒、缺水）面积，hm^2；$A_{受旱}$ = 雨养农业受旱面积 + 灌溉农业受旱面积，hm^2；$A_{耕地}$为耕地面积，hm^2。

（2）旱情等级划分按表 9。

表 9 区域综合旱情等级划分表

干 旱 等 级		轻度干旱	中度干旱	严重干旱	特大干旱
受旱面积比率 I/%	全 国	$5<I\leqslant 10$	$10<I\leqslant 20$	$20<I\leqslant 30$	$I>30$
	省 级	$5<I\leqslant 20$	$20<I\leqslant 30$	$30<I\leqslant 50$	$I>50$
	市（地）级	$10<I\leqslant 30$	$30<I\leqslant 50$	$50<I\leqslant 70$	$I>70$
	县（市）级	$20<I\leqslant 40$	$40<I\leqslant 60$	$60<I\leqslant 80$	$I>80$

5 牧业旱情评估

5.1 牧业旱情评估

5.1.1 牧业旱情评估采用降水量距平法。

5.1.2 降水量距平法按公式（2）计算。

5.1.3 计算期确定：夏季（6 ～ 8 月）应为 1 个月；春秋季（3 ～ 5 月、9 ～ 11 月）应为 2 个月。

5.1.4 牧业干旱等级划分见表 10。

表 10 牧业干旱等级划分表

干旱等级		轻度干旱	中度干旱	严重干旱	特大干旱
降水量距平百分比	草甸草原 $\overline{P}$ >400 mm	$-30>D_p \geqslant -50$	$-50>D_p \geqslant -65$	$-65>D_p \geqslant -80$	$D_p < -80$
	典型草原 $\overline{P}$ =250 ~ 400 mm	$-35>D_p \geqslant -50$	$-50>D_p \geqslant -65$	$-65>D_p \geqslant -80$	$D_p < -80$

6 农业旱灾评估

6.1 农业旱灾等级划分

6.1.1 根据农业受旱成灾的程度，将农业旱灾划分为轻度旱灾、中度旱灾、严重旱灾和特大旱灾四个等级。

6.2 农业旱灾等级评估

6.2.1 农业旱灾等级采用综合减产成数法评估。

计算公式：

$$C = I_3 \times 90\% + (I_2 - I_3) \times 55\% + (I_1 - I_2) \times 20\% \tag{5}$$

式中：C 为综合减产成数，%；I_1 为受灾（减产 1 成以上）面积占播种面积的比例（用小数表示）；I_2 为成灾（减产 3 成以上）面积占播种面积的比例（用小数表示）；I_3 为绝收（减产 8 成以上）面积占播种面积的比例（用小数表示）。

6.2.2 农业旱灾等级按表 11 划分。

表 11 农业旱灾等级划分表

旱灾等级	轻度旱灾	中度旱灾	严重旱灾	特大旱灾
综合减产成数 /%	$10 < C \leqslant 20$	$20 < C \leqslant 30$	$30 < C \leqslant 40$	$C > 40$

6.3 农业旱灾直接经济损失评估

6.3.1 农业旱灾直接经济损失应包括下列三部分：

(1) 作物减产造成的损失，包括粮食作物、经济作物和牧草等；

(2) 农村人（畜）饮水困难造成的损失；

(3) 农业抗旱救灾增加的投入。

6.3.2 作物减产损失计算公式：

$$P_1=C_{粮} \times Y_{粮} \times A_{粮} + C_{经} \times Y_{经} \times A_{经} + C_{草} \times Y_{草} \times A_{草} \tag{6}$$

式中：P_1 为作物减产损失，元；$C_{粮}$、$C_{经}$、$C_{草}$分别为粮食作物、经济作物和林草作物的综合减产系数（用小数表示）；$Y_{粮}$、$Y_{经}$、$Y_{草}$分别为粮食作物、经济作物和林草作物正常年份的亩均产值，元 /hm^2；$A_{粮}$、$A_{经}$、$A_{草}$分别为粮食作物、经济作物和林草作物当年的播种面积，hm^2。

6.3.3 农村人 (畜) 饮水困难损失计算公式：

$$P_2=（R_d \times W_R \times S_d \times W_s）\times T \tag{7}$$

式中：P_2 为农村人 (畜) 饮水困难损失，元；R_d 为因旱增加农村临时饮水困难人数，人；S_d 为因旱增加农村临时饮水困难牲畜数，头；W_R 为解决一人饮水困难平均需要运送的水量，m^3/ 人；W_S 为解决一头牲畜饮水困难平均需运送的水量，m^3/ 头；T 为平均运送每立方米水的成本，元 /m^3。

6.3.4 农业抗旱救灾增加投入计算公式：

$$P_3=\sum_{i=1}^{l}(E_i \times P_{E\,i})+\sum_{j=1}^{n}(G_j \times P_{G_j})+\sum_{k=1}^{m}(H_k \times P_{H_k}) \tag{8}$$

式中：P_3 为农业抗旱增加的投入，元；E_i 为采取抗旱措施消耗的第 i 种材料、燃料等，t；P_{E_i} 为第 i 种材料、燃料等的单价，元 / t；G_j 为采取抗旱措施使用的第 j 种设备的时间，台班；P_{G_j} 为第 j 种设备的台班费，元 / 台班，包括设备折旧和维修费用；H_k 为采取抗旱措施投入的人力和时间，人 • 日；P_{H_k} 为平均人员工资，元 / 人 • 日。

6.3.5 农业旱灾直接经济损失计算公式：

$$P=P_1+P_2+P_3 \tag{9}$$

式中：P 为农业旱灾直接损失，元；P_1 为作物减产损失，元；P_2 为农村人 (畜) 饮水困难损失，元；P_3 为抗旱救灾增加的投入，元。

7 城市干旱等级

7.1 城市干旱指标

7.1.1 城市干旱指标采用城市干旱缺水率。

7.1.2 城市干旱缺水率是指城市日缺水量与城市正常日供水量的比值，计算公式如下：

$$P_g=\frac{Q_z-Q_s}{Q_z}\times 100\% \tag{10}$$

式中：P_g 为城市干旱缺水率，%；Q_z 为城市正常日供水量，万 m^3；Q_s 为城市实际日供水量，万 m^3。

7.2 城市干旱等级

7.2.1 依据城市干旱缺水率将城市干旱分为四个等级，即特大干旱、严重干旱、中度干旱、轻度干旱，见表 12。

表 12 城市干旱等级划分标准

城市干旱判别指标	干旱等级			
	特大干旱	严重干旱	中度干旱	轻度干旱
城市干旱缺水率 /%	$P_g > 30$	$20 < P_g \leq 30$	$10 < P_g \leq 20$	$5 < P_g \leq 10$

8 城市干旱预警

8.1 预警指标

8.1.1 城市干旱预警指标采用城市供水预期缺水率。

8.1.2 城市供水预期缺水率是指预期内城市缺水总量与该时段内城市正常应供水总量的比值，计算公式如下：

$$P_y = \frac{W - \sum w_i}{W} \times 100\% \tag{11}$$

式中：i= 1，2，3，4…；P_y 为城市供水预期缺水率，%；W 为预期内城市正常应供水总量，万 m^3；W_1 为预期内水库（湖泊）可供水量，万 m^3；W_2 为预期内河道（河网）可供水量，万 m^3；W_3 为预期内地下水可供水量，万 m^3；W_4 为预期内其他水源可供水量，万 m^3。其中，“预期”一般可选择计算日至下一个来水季节前，也可以根据实际情况选择一个时间段，并加以说明。

8.2 预警等级

8.2.1 依据城市供水预期缺水率将城市干旱预警划分四个等级，即Ⅰ级预警（特大干旱）、Ⅱ级预警（严重干旱）、Ⅲ级预警（中度干旱）和Ⅳ级预警（轻度干旱），按表 13 确定。

表 13 城市干旱预警等级划分标准

城市干旱预警指标	预警等级			
	Ⅰ级预警（特大干旱）	Ⅱ级预警（严重干旱）	Ⅲ级预警（中度干旱）	Ⅳ级预警（轻度干旱）
城市供水预期缺水率 /%	$P_y > 30$	$20 < P_y \leqslant 30$	$10 < P_y \leqslant 20$	$5 < P_y \leqslant 10$

附录 A

干旱评估标准用词说明

A.0.1　**降水量距平**

计算期内降水量与多年同期平均降水量的差值。

A.0.2　**降水量距平百分比**

降水量距平值与多年同期平均降水量的百分比。

A.0.3　**连续无雨日数**

在作物生长期内连续无有效降雨的天数。有效降雨指：春季的 3 ～ 5 月份和秋季的 9 ～ 11 月份，一日雨量大于 3 mm 的降水；夏季 6 ～ 8 月份一日雨量大于 5 mm 的降水。

A.0.4　**缺水量**

某一时段内可供总水量与同期总需水量之差。

A.0.5　**缺水率**

缺水量与总需水量的百分比。

A.0.6　**土壤墒情**

田间作物根系层土壤的湿度状况。

A.0.7　**土壤含水量**

一定体积土壤中所含有水分的百分比，又称为土壤含水率。通常有重量含水量和体积含水量两种表示方法。

A.0.8　**田间持水量**

田间土壤能稳定保持的最高含水量。

A.0.9　**根层土壤平均含水量**

作物根系吸水层深度内各层土壤含水量的平均值，按公式（13）计算：

$$\theta_{平均}=\frac{\sum_{i=1}^{n}(\theta_i \times h_i)}{H} \tag{13}$$

式中：$\theta_{平均}$为根层土壤平均含水量，%；θ_i为第 i 层土壤的含水量，%；h_i为第 i 层土壤的厚度，cm；H 为作物根层深度，cm。

A.0.10　**根层土壤平均田间持水量**

作物根系吸水层深度内各层土壤田间持水量的平均值，按公式（14）计算：

$$Fc_{平均}=\frac{\sum_{i=1}^{n}(Fc_i \times h_i)}{H} \tag{14}$$

式中：$Fc_{平均}$为根层土壤平均田间持水量，%；Fc_i为第i层土壤的田间持水量，%；其余符号意义同前。

A.0.11 **受旱作物**

因供水不足使作物正常生长受到明显抑制，造成长势不良的作物。

A.0.12 **受灾面积**

农作物产量因受旱而比正常年份减少10%以上的面积。

A.0.13 **成灾面积**

农作物产量因受旱而比正常年份减少30%以上的面积。

A.0.14 **绝收面积**

农作物产量因受旱而比正常年份减少80%以上的面积。

A.0.15 **正常年份**

指旱、涝、病虫害等自然灾害较轻的年份。

A.0.16 **减产成数**

与正常年份相比农作物单产减少的比例计算按公式：

$$减产成数=\frac{Y_{正常}-Y_{当年}}{Y_{正常}}\times 100\% \tag{15}$$

式中：$Y_{当年}$为当年的农作物单产，T/hm^2；$Y_{正常}$为正常年份的农作物单产，T/hm^2。

正常年份农作物单产等于前3年同种作物单位面积产量的平均值。

A.0.17 **综合减产成数**

不同程度受灾面积农作物减产比率的综合平均值。

附录B

干旱评估标准条文说明

3 农业干旱评估分区

农业旱情和旱灾的分布特点受气候、地形、水资源条件和农业生产状况等多种因素影响。

我国地域辽阔、自然气候条件跨越湿润区、半湿润区、半干旱区和干旱区，年降雨量从东南沿海的大于2 000 mm逐渐下降到西北内陆区的不足50 mm。不同地区农业生产条件差别很大，农业受旱的原因、发展趋势和造成的危害也各不相同。因此，对农业旱情和旱灾的评估需分区进行。干旱评估分区的基本原则是：①考虑气候和水资源特点，使分区基本能够体现干旱分布规律；②考虑农业类型，使旱情评估能够为农业生产服务；③考虑行政分区，使旱情和旱灾的统计和评估具有可操作性。

3.1　一级分区

长期以来，我国农业旱情和旱灾的监测、统计、上报是以省（市、自治区）及其下属的县（市、区）等行政区为单元开展的。因此，确定一级分区时，在首先考虑气候、地理位置和水资源条件的前提下，尽可能按照省（市、自治区）界限分区，本规范一级分区中，内蒙古、安徽和江苏三省（市、自治区）由于地理位置限制跨了两个一级区。

3.2　二级分区

不同农业类型区旱情和旱灾评估重点是不同的。例如：雨养农业区对气象干旱非常敏感，而水文干旱对其影响较小；有灌溉条件的农业区则受气象干旱影响较小，受水文干旱影响较大。因此，干旱评估的二级分区按农业类型划分。考虑到草原牧区旱情特点与农业区有所不同，将草原牧业区单列为一类。

灌溉农业区指有灌溉工程设施和条件的农业种植区，包括引河水灌区、水库灌区、井灌区和井渠结合灌区；雨养农业区指没有灌溉工程设施和条件的农业种植区，采用抗旱点种、坐水种和小型集雨灌溉的地区也属于雨养农业区；草原牧业区主要指没有灌溉工程设施和条件的天然草原牧区，有灌溉条件的人工灌溉草地应属于灌溉农业区。

4 农业旱情评估

4.1　农业旱情等级划分

根据干旱缺水的严重程度，将农业旱情划分为轻度干旱、中度干旱、严重干旱和特大干旱四个等级。有些地区习惯采用小旱、中旱、大旱、特大旱，可对应转换为本标准规定的四个旱情等级。

4.2　农业旱情评估

农业旱情评估分为基本旱情评估和区域综合旱情评估两部分。基本旱情评估方法考虑了气象干旱、水文干旱和土壤干旱等不同形式干旱的影响，针对不同耕地类型提出了降水量距平、连续无雨日数、缺水率、土壤墒情、断水天数等评估方法。在实际运用中，可根据情况选择其中一种。有墒情监测的地区，应以土壤墒情法为主。区域综合旱情评估考虑了自然因素，也包含抗旱因素。采用受旱面积比率法主要考虑简便易行，容易被各地接受。

4.3　农业旱情评估步骤

按二级分区规定的分区先进行基本旱情评估，以此为依据统计出不同类型区的受旱面积，再根据受旱面积进行县级和县级以上行政区域的综合旱情评估。

4.4 农业旱情评估方法与分级

土壤墒情是判定作物受旱程度的主要指标之一。由于不同质地的土壤保墒性能不同，为使评价指标具有通用性和可比性，采纳通用的土壤相对湿度法。对于雨养农业区在墒情监测点尚未建立的情况下可采用降水量距平法或连续无雨日数法。

降水量是评价农业受旱程度的基本指标之一。考虑到各地以往的使用习惯，本标准采用了降水量距平和连续无雨日数两种评估方法，在实际操作中可任选一种。

降雨对农业旱情的影响有持续性，旱情严重程度与前期雨量大小和分布有关，用降水量距平法评价农业旱情时，需选择适当的计算期，春秋季节采用相对较长的时段计算，夏季应采用相对较短的计算时段。

本标准把灌溉农业区耕地分为水浇地和水田两种类型。鉴于水浇地与雨养农业区耕作种植相近，对其旱情判别可采用雨养农业区的方法。

水田区在水稻插秧前可用缺水率法评估旱情。

缺水率是指某一时段内可供灌溉的总水量与灌溉总需水量差值的百分比。

可供灌溉的总水量可以为河道、蓄水工程、地下水能供给的水量之和，也可以是单一形式的可供水量，各地可根据实际情况选定。各类形式的可供水量计算请参考相关资料。

某一时段内不同作物灌溉需水量可采用作物系数法和彭曼公式计算，也可查阅《中国主要农作物需水量等值线图》确定。

断水天数是指水田地表从肉眼观察不到水面时开始计算的天数。断水天数主要用于水田区水稻生长期受旱程度的判别指标。

4.5 区域综合旱情评估及旱情等级划分

区域综合旱情评估主要是对县级和县级以上行政区域农业综合受旱程度的评估，统一采用受旱面积比率法。

5 牧业旱情评估

由于牧业与农业有所不同，本标准将牧业旱情评估单独列为一章。因草原类型较多，本标准主要选择了对牧业影响较大的两种类型。

5.1 牧业旱情评估

由于我国牧区年降水量地区差异较大，不同水分条件形成了不同的草场类型。经资料分析，在降水量大致相等情况下，草甸草场牧草受旱程度重于典型草场。考虑到目前牧业干旱评估仍用降水量多少来衡量，因此，本标准采用降水量距平法。在评估旱情时，应考虑草场类型。

6 农业旱灾评估

6.1 农业旱灾等级评估

本标准确定的评估农业旱灾等级的指标是综合减产成数。综合减产成数是不同程度受灾面积比例与相应面积上的平均减产成数的乘积之和。由于受灾面积定义为减产 1 成以上的作物面积，包含成灾（减产 3 成以上）面积和绝收（减产 8 成以上）面积，因此，计算综合减产系数公式（6.2.1）中，对应平均减产 9 成的面积比例是 I_3；对应平均减产 5.5 成的面积比例是（$I_2 - I_3$）；对应平均减产 2 成的面积比例是（$I_1 - I_2$）。

6.2 农业旱灾直接经济损失评估

本章规定了农业旱灾直接经济损失的计算方法，包括作物减产造成的损失，农村人（畜）饮水困难造成的损失和为农业抗旱救灾而增加的投入。

农业旱灾的间接损失目前尚无计算标准和确切的评估方法，因此，本标准暂未涉及。

二、中华人民共和国抗旱条例

中华人民共和国国务院令

第 552 号

《中华人民共和国抗旱条例》已经 2009 年 2 月 11 日国务院第 49 次常务会议通过，现予公布，自公布之日起施行。

总　理　温家宝

二〇〇九年二月二十六日

第一章　总　　则

第一条　为了预防和减轻干旱灾害及其造成的损失，保障生活用水，协调生产、生态用水，促进经济社会全面、协调、可持续发展，根据《中华人民共和国水法》，制定本条例。

第二条　在中华人民共和国境内从事预防和减轻干旱灾害的活动，应当遵守本条例。

本条例所称干旱灾害，是指由于降水减少、水工程供水不足引起的用水短缺，并对生活、生产和生态造成危害的事件。

第三条　抗旱工作坚持以人为本、预防为主、防抗结合和因地制宜、统筹兼顾、局部利益服从全局利益的原则。

第四条　县级以上人民政府应当将抗旱工作纳入本级国民经济和社会发展规划，所需经费纳入本级财政预算，保障抗旱工作的正常开展。

第五条　抗旱工作实行各级人民政府行政首长负责制，统一指挥、部门协作、分级负责。

第六条　国家防汛抗旱总指挥部负责组织、领导全国的抗旱工作。

国务院水行政主管部门负责全国抗旱的指导、监督、管理工作，承担国家防汛抗旱总指挥部的具体工作。国家防汛抗旱总指挥部的其他成员单位按照各自职责，负责有关抗旱工作。

第七条　国家确定的重要江河、湖泊的防汛抗旱指挥机构，由有关省、自治区、直辖市人民政府和该江河、湖泊的流域管理机构组成，负责协调所辖范围内的抗旱工作；流域管理机构承担流域防汛抗旱指挥机构的具体工作。

第八条　县级以上地方人民政府防汛抗旱指挥机构，在上级防汛抗旱指挥机构和本级人民政府的领导下，负责组织、指挥本行政区域内的抗旱工作。

县级以上地方人民政府水行政主管部门负责本行政区域内抗旱的指导、监督、管理工作，承担本级人民政府防汛抗旱指挥机构的具体工作。县级以上地方人民政府防汛抗旱指挥机构的其他成员单位按照各自职责，负责有关抗旱工作。

第九条　县级以上人民政府应当加强水利基础设施建设，完善抗旱工程体系，提高抗旱减灾能力。

第十条 各级人民政府、有关部门应当开展抗旱宣传教育活动，增强全社会抗旱减灾意识，鼓励和支持各种抗旱科学技术研究及其成果的推广应用。

第十一条 任何单位和个人都有保护抗旱设施和依法参加抗旱的义务。

第十二条 对在抗旱工作中做出突出贡献的单位和个人，按照国家有关规定给予表彰和奖励。

第二章 旱灾预防

第十三条 县级以上地方人民政府水行政主管部门会同同级有关部门编制本行政区域的抗旱规划，报本级人民政府批准后实施，并抄送上一级人民政府水行政主管部门。

第十四条 编制抗旱规划应当充分考虑本行政区域的国民经济和社会发展水平、水资源综合开发利用情况、干旱规律和特点、可供水资源量和抗旱能力以及城乡居民生活用水、工农业生产和生态用水的需求。

抗旱规划应当与水资源开发利用等规划相衔接。

下级抗旱规划应当与上一级的抗旱规划相协调。

第十五条 抗旱规划应当主要包括抗旱组织体系建设、抗旱应急水源建设、抗旱应急设施建设、抗旱物资储备、抗旱服务组织建设、旱情监测网络建设以及保障措施等。

第十六条 县级以上人民政府应当加强农田水利基础设施建设和农村饮水工程建设，组织做好抗旱应急工程及其配套设施建设和节水改造，提高抗旱供水能力和水资源利用效率。

县级以上人民政府水行政主管部门应当组织做好农田水利基础设施和农村饮水工程的管理和维护，确保其正常运行。

干旱缺水地区的地方人民政府及有关集体经济组织应当因地制宜修建中小微型蓄水、引水、提水工程和雨水集蓄利用工程。

第十七条 国家鼓励和扶持研发、使用抗旱节水机械和装备，推广农田节水技术，支持旱作地区修建抗旱设施，发展旱作节水农业。

国家鼓励、引导、扶持社会组织和个人建设、经营抗旱设施，并保护其合法权益。

第十八条 县级以上地方人民政府应当做好干旱期城乡居民生活供水的应急水源储备保障工作。

第十九条 干旱灾害频繁发生地区的县级以上地方人民政府，应当根据抗旱工作需要储备必要的抗旱物资，并加强日常管理。

第二十条 县级以上人民政府应当根据水资源和水环境的承载能力，调整、优化经济结构和产业布局，合理配置水资源。

第二十一条 各级人民政府应当开展节约用水宣传教育，推行节约用水措施，推广节约用水新技术、新工艺，建设节水型社会。

第二十二条 县级以上人民政府水行政主管部门应当做好水资源的分配、调度和保护工作，组织建设抗旱应急水源工程和集雨设施。

县级以上人民政府水行政主管部门和其他有关部门应当及时向人民政府防汛抗旱指挥机

构提供水情、雨情和墒情信息。

第二十三条 各级气象主管机构应当加强气象科学技术研究，提高气象监测和预报水平，及时向人民政府防汛抗旱指挥机构提供气象干旱及其他与抗旱有关的气象信息。

第二十四条 县级以上人民政府农业主管部门应当做好农用抗旱物资的储备和管理工作，指导干旱地区农业种植结构的调整，培育和推广应用耐旱品种，及时向人民政府防汛抗旱指挥机构提供农业旱情信息。

第二十五条 供水管理部门应当组织有关单位，加强供水管网的建设和维护，提高供水能力，保障居民生活用水，及时向人民政府防汛抗旱指挥机构提供供水、用水信息。

第二十六条 县级以上人民政府应当组织有关部门，充分利用现有资源，建设完善旱情监测网络，加强对干旱灾害的监测。

县级以上人民政府防汛抗旱指挥机构应当组织完善抗旱信息系统，实现成员单位之间的信息共享，为抗旱指挥决策提供依据。

第二十七条 国家防汛抗旱总指挥部组织其成员单位编制国家防汛抗旱预案，经国务院批准后实施。

县级以上地方人民政府防汛抗旱指挥机构组织其成员单位编制抗旱预案，经上一级人民政府防汛抗旱指挥机构审查同意，报本级人民政府批准后实施。

经批准的抗旱预案，有关部门和单位必须执行。修改抗旱预案，应当按照原批准程序报原批准机关批准。

第二十八条 抗旱预案应当包括预案的执行机构以及有关部门的职责、干旱灾害预警、干旱等级划分和按不同等级采取的应急措施、旱情紧急情况下水量调度预案和保障措施等内容。

干旱灾害按照区域耕地和作物受旱的面积与程度以及因干旱导致饮水困难人口的数量，分为轻度干旱、中度干旱、严重干旱、特大干旱四级。

第二十九条 县级人民政府和乡镇人民政府根据抗旱工作的需要，加强抗旱服务组织的建设。县级以上地方各级人民政府应当加强对抗旱服务组织的扶持。

国家鼓励社会组织和个人兴办抗旱服务组织。

第三十条 各级人民政府应当对抗旱责任制落实、抗旱预案编制、抗旱设施建设和维护、抗旱物资储备等情况加强监督检查，发现问题应当及时处理或者责成有关部门和单位限期处理。

第三十一条 水工程管理单位应当定期对管护范围内的抗旱设施进行检查和维护。

第三十二条 禁止非法引水、截水和侵占、破坏、污染水源。

禁止破坏、侵占、毁损抗旱设施。

第三章 抗旱减灾

第三十三条 发生干旱灾害，县级以上人民政府防汛抗旱指挥机构应当按照抗旱预案规定的权限，启动抗旱预案，组织开展抗旱减灾工作。

第三十四条 发生轻度干旱和中度干旱，县级以上地方人民政府防汛抗旱指挥机构应当按照抗旱预案的规定，采取下列措施：

（一）启用应急备用水源或者应急打井、挖泉；

（二）设置临时抽水泵站，开挖输水渠道或者临时在江河沟渠内截水；

（三）使用再生水、微咸水、海水等非常规水源，组织实施人工增雨；

（四）组织向人畜饮水困难地区送水。

采取前款规定的措施，涉及其他行政区域的，应当报共同的上一级人民政府防汛抗旱指挥机构或者流域防汛抗旱指挥机构批准；涉及其他有关部门的，应当提前通知有关部门。旱情解除后，应当及时拆除临时取水和截水设施，并及时通报有关部门。

第三十五条 发生严重干旱和特大干旱，国家防汛抗旱总指挥部应当启动国家防汛抗旱预案，总指挥部各成员单位应当按照防汛抗旱预案的分工，做好相关工作。

严重干旱和特大干旱发生地的县级以上地方人民政府在防汛抗旱指挥机构采取本条例第三十四条规定的措施外，还可以采取下列措施：

（一）压减供水指标；

（二）限制或者暂停高耗水行业用水；

（三）限制或者暂停排放工业污水；

（四）缩小农业供水范围或者减少农业供水量；

（五）限时或者限量供应城镇居民生活用水。

第三十六条 发生干旱灾害，县级以上地方人民政府应当按照统一调度、保证重点、兼顾一般的原则对水源进行调配，优先保障城乡居民生活用水，合理安排生产和生态用水。

第三十七条 发生干旱灾害，县级以上人民政府防汛抗旱指挥机构或者流域防汛抗旱指挥机构可以按照批准的抗旱预案，制订应急水量调度实施方案，统一调度辖区内的水库、水电站、闸坝、湖泊等所蓄的水量。有关地方人民政府、单位和个人必须服从统一调度和指挥，严格执行调度指令。

第三十八条 发生干旱灾害，县级以上地方人民政府防汛抗旱指挥机构应当及时组织抗旱服务组织，解决农村人畜饮水困难，提供抗旱技术咨询等方面的服务。

第三十九条 发生干旱灾害，各级气象主管机构应当做好气象干旱监测和预报工作，并适时实施人工增雨作业。

第四十条 发生干旱灾害，县级以上人民政府卫生主管部门应当做好干旱灾害发生地区疾病预防控制、医疗救护和卫生监督执法工作，监督、检测饮用水水源卫生状况，确保饮水卫生安全，防止干旱灾害导致重大传染病疫情的发生。

第四十一条 发生干旱灾害，县级以上人民政府民政部门应当做好干旱灾害的救助工作，妥善安排受灾地区群众基本生活。

第四十二条 干旱灾害发生地区的乡镇人民政府、街道办事处、村民委员会、居民委员会应当组织力量，向村民、居民宣传节水抗旱知识，协助做好抗旱措施的落实工作。

第四十三条 发生干旱灾害，供水企事业单位应当加强对供水、水源和抗旱设施的管理与维护，按要求启用应急备用水源，确保城乡供水安全。

第四十四条 干旱灾害发生地区的单位和个人应当自觉节约用水，服从当地人民政府发布的决定，配合落实人民政府采取的抗旱措施，积极参加抗旱减灾活动。

第四十五条 发生特大干旱，严重危及城乡居民生活、生产用水安全，可能影响社会稳定的，有关省、自治区、直辖市人民政府防汛抗旱指挥机构经本级人民政府批准，可以宣布本辖区内的相关行政区域进入紧急抗旱期，并及时报告国家防汛抗旱总指挥部。

特大干旱旱情缓解后，有关省、自治区、直辖市人民政府防汛抗旱指挥机构应当宣布结束紧急抗旱期，并及时报告国家防汛抗旱总指挥部。

第四十六条 在紧急抗旱期，有关地方人民政府防汛抗旱指挥机构应当组织动员本行政区域内各有关单位和个人投入抗旱工作。所有单位和个人必须服从指挥，承担人民政府防汛抗旱指挥机构分配的抗旱工作任务。

第四十七条 在紧急抗旱期，有关地方人民政府防汛抗旱指挥机构根据抗旱工作的需要，有权在其管辖范围内征用物资、设备、交通运输工具。

第四十八条 县级以上地方人民政府防汛抗旱指挥机构应当组织有关部门，按照干旱灾害统计报表的要求，及时核实和统计所管辖范围内的旱情、干旱灾害和抗旱情况等信息，报上一级人民政府防汛抗旱指挥机构和本级人民政府。

第四十九条 国家建立抗旱信息统一发布制度。旱情由县级以上人民政府防汛抗旱指挥机构统一审核、发布；旱灾由县级以上人民政府水行政主管部门会同同级民政部门审核、发布；农业灾情由县级以上人民政府农业主管部门发布；与抗旱有关的气象信息由气象主管机构发布。

报刊、广播、电视和互联网等媒体，应当及时刊播抗旱信息并标明发布机构名称和发布时间。

第五十条 各级人民政府应当建立和完善与经济社会发展水平以及抗旱减灾要求相适应的资金投入机制，在本级财政预算中安排必要的资金，保障抗旱减灾投入。

第五十一条 因抗旱发生的水事纠纷，依照《中华人民共和国水法》的有关规定处理。

第四章 灾后恢复

第五十二条 旱情缓解后，各级人民政府、有关主管部门应当帮助受灾群众恢复生产和灾后自救。

第五十三条 旱情缓解后，县级以上人民政府水行政主管部门应当对水利工程进行检查评估，并及时组织修复遭受干旱灾害损坏的水利工程；县级以上人民政府有关主管部门应当将遭受干旱灾害损坏的水利工程，优先列入年度修复建设计划。

第五十四条 旱情缓解后，有关地方人民政府防汛抗旱指挥机构应当及时归还紧急抗旱期征用的物资、设备、交通运输工具等，并按照有关法律规定给予补偿。

第五十五条 旱情缓解后，县级以上人民政府防汛抗旱指挥机构应当及时组织有关部门对干旱灾害影响、损失情况以及抗旱工作效果进行分析和评估；有关部门和单位应当予以配合，主动向本级人民政府防汛抗旱指挥机构报告相关情况，不得虚报、瞒报。

县级以上人民政府防汛抗旱指挥机构也可以委托具有灾害评估专业资质的单位进行分析和评估。

第五十六条 抗旱经费和抗旱物资必须专项使用，任何单位和个人不得截留、挤占、挪用和私分。

各级财政和审计部门应当加强对抗旱经费和物资管理的监督、检查和审计。

第五十七条 国家鼓励在易旱地区逐步建立和推行旱灾保险制度。

第五章　法律责任

第五十八条　违反本条例规定，有下列行为之一的，由所在单位或者上级主管机关、监察机关责令改正；对直接负责的主管人员和其他直接责任人员依法给予处分；构成犯罪的，依法追究刑事责任：

（一）拒不承担抗旱救灾任务的；

（二）擅自向社会发布抗旱信息的；

（三）虚报、瞒报旱情、灾情的；

（四）拒不执行抗旱预案或者旱情紧急情况下的水量调度预案以及应急水量调度实施方案的；

（五）旱情解除后，拒不拆除临时取水和截水设施的；

（六）滥用职权、徇私舞弊、玩忽职守的其他行为。

第五十九条　截留、挤占、挪用、私分抗旱经费的，依照有关财政违法行为处罚处分等法律、行政法规的规定处罚；构成犯罪的，依法追究刑事责任。

第六十条　违反本条例规定，水库、水电站、拦河闸坝等工程的管理单位以及其他经营工程设施的经营者拒不服从统一调度和指挥的，由县级以上人民政府水行政主管部门或者流域管理机构责令改正，给予警告；拒不改正的，强制执行，处 1 万元以上 5 万元以下的罚款。

第六十一条　违反本条例规定，侵占、破坏水源和抗旱设施的，由县级以上人民政府水行政主管部门或者流域管理机构责令停止违法行为，采取补救措施，处 1 万元以上 5 万元以下的罚款；造成损坏的，依法承担民事责任；构成违反治安管理行为的，依照《中华人民共和国治安管理处罚法》的规定处罚；构成犯罪的，依法追究刑事责任。

第六十二条　违反本条例规定，抢水、非法引水、截水或者哄抢抗旱物资的，由县级以上人民政府水行政主管部门或者流域管理机构责令停止违法行为，予以警告；构成违反治安管理行为的，依照《中华人民共和国治安管理处罚法》的规定处罚；构成犯罪的，依法追究刑事责任。

第六十三条　违反本条例规定，阻碍、威胁防汛抗旱指挥机构、水行政主管部门或者流域管理机构的工作人员依法执行职务的，由县级以上人民政府水行政主管部门或者流域管理机构责令改正，予以警告；构成违反治安管理行为的，依照《中华人民共和国治安管理处罚法》的规定处罚；构成犯罪的，依法追究刑事责任。

第六章　附　　则

第六十四条　中国人民解放军和中国人民武装警察部队参加抗旱救灾，依照《军队参加抢险救灾条例》的有关规定执行。

第六十五条　本条例自公布之日起施行。

三、地表水环境质量标准（GB3838–2002）

GB3838–2002 代替 GB3838–88,GHZB1–1999

2002–04–28 发布　2002–06–01 实施

国家环保总局　国家质量监督检验检疫总局发布

前　言

为贯彻《中华人民共和国环境保护法》和《中华人民共和国水污染防治法》,防治水污染，保护地表水水质，保障人体健康，维护良好的生态系统，制定本标准。

本标准将标准项目分为：地表水环境质量标准基本项目、集中式生活饮用水地表水源地补充项目和集中式生活饮用水地表水源地特定项目。地表水环境质量标准基本项目适用于全国江河、湖泊、运河、渠道、水库等具有使用功能的地表水水域；集中式生活饮用水地表水源地补充项目和特定项目适用于集中式生活饮用水地表水源地一级保护区和二级保护区。集中式生活饮用水地表水源地特定项目由县级以上人民政府环境保护行政主管部门根据本地区地表水水质特点和环境管理的需要进行选择，集中式生活饮用水地表水源地补充项目和选择确定的特定项目作为基本项目的补充指标。

本标准项目共计 109 项，其中地表水环境质量标准基本项目 24 项，集中式生活饮用水地表水源地补充项目 5 项，集中式生活饮用水地表水源地特定项目 80 项。

与 GHZBl－1999 相比，本标准在地表水环境质量标准基本项目中增加了总氮一项指标，删除了基本要求和亚硝酸盐、非离子氨及凯氏氮三项指标，将硫酸盐、氯化物、硝酸盐、铁、锰调整为集中式生活饮用水地表水源地补充项目，修订了 pH、溶解氧、氨氮、总磷、高锰酸盐指数、铝、粪大肠菌群 7 个项目的标准值，增加了集中式生活饮用水地表水源地特定项目 40 项。本标准删除了湖泊水库特定项目标准值。

县级以上人民政府环境保护行政主管部门及相关部门根据职责分工，按本标准对地表水各类水域进行监督管理。

与近海水域相连的地表水河口水域根据水环境功能按本标准相应类别标准值进行管理，近海水功能区水域根据使用功能按《海水水质标准》相应类别标准值进行管理。批准划定的单一渔业水域按《渔业水质标准》进行管理；处理后的城市污水及与城市污水水质相近的工业废水用于农田灌溉用水的水质按《农田灌溉水质标准》进行管理。

《地面水环境质量标准》(GB 3838−83) 为首次发布，1988 年为第一次修订，1999 年为第二次修订，本次为第三次修订。本标准自 2002 年 6 月 1 日起实施，《地面水环境质量标准》(G83838−88) 和《地表水环境质量标准》(GHZBl−1999) 同时废止。

本标准由国家环境保护总局科技标准司提出并归口。本标准由中国环境科学研究院负责修订。本标准由国家环境保护总局2002年4月26日批准。本标准由国家环境保护总局负责解释。

1．范围

1.1 本标准按照地表水环境功能分类和保护目标，规定了水环境质量应控制的项目及限值，以及水质。评价、水质项目的分析方法和标准的实施与监督。

1.2 本标准适用于中华人民共和国领域内江河、湖泊、运河、渠道、水库等具有使用功能的地表水水域。具有特定功能的水域，执行相应的专业用水水质标准。

2．引用标准

《生活饮用水卫生规范》(卫生部，2001年)和本标准表4至表6所列分析方法标准及规范中所含条文在本标准中被引用即构成为本标准条文，与本标准同效。当上述标准和规范被修订时，应使用其最新版本。

3．水域功能和标准分类

依据地表水水域环境功能和保护目标，按功能高低依次划分为五类：

Ⅰ类　主要适用于源头水、国家自然保护区；

Ⅱ类　主要适用于集中式生活饮用水地表水源地一级保护区、珍稀水生生物栖息地、鱼虾类产卵场、仔稚幼鱼的索饵场等；

Ⅲ类　主要适用于集中式生活饮用水地表水源地二级保护区、鱼虾类越冬场、洄游通道、水产养殖区等渔业水域及游泳区；

Ⅳ类　主要适用于一般工业用水区及人体非直接接触的娱乐用水区；

Ⅴ类　主要适用于农业用水区及一般景观要求水域。

对应地表水上述五类水域功能，将地表水环境质量标准基本项目标准值分为五类，不同功能类别分别执行相应类别的标准值。水域功能类别高的标准值严于水域功能类别低的标准值。同一水域兼有多类使用功能的，执行最高功能类别对应的标准值。实现水域功能与达功能类别标准为同一含义。

4. 标准值

4.1 地表水环境质量标准基本项目标准限值见表1。

4.2 集中式生活饮用水地表水源地补充项目标准限值见表2。

4.3 集中式生活饮用水地表水源地特定项目标准限值见表3。

5．水质评价

5.1 地表水环境质量评价应根据应实现的水域功能类别，选取相应类别标准，进行单因子评价，评价结果应说明水质达标情况，超标的应说明超标项目和超标倍数。

5.2 丰、平、枯水期特征明显的水域，应分水期进行水质评价。

5.3 集中式生活饮用水地表水源地水质评价的项目应包括表 1 中的基本项目、表 2 中的补充项目以及由县级以上人民政府环境保护行政主管部门从表中选择确定的特定项目。

6．水质监测

6.1 本标准规定的项目标准值，要求水样采集后自然沉降 30 min，取上层非沉降部分按规定方法进行分析。

6.2 地表水水质监测的采样布点、监测频率应符合国家地表水环境监测技术规范的要求。

6.3 本标准水质项目的分析方法应优先选用表 4 至表 6 规定的方法，也可采用 ISO 方法体系等其他等效分析方法，但需进行适用性检验。

7．标准的实施与监督

7.1 本标准由县级以上人民政府环境保护行政主管部门及相关部门按职责分工监督实施。

7.2 集中式生活饮用水地表水源地水质超标项目经自来水厂净化处理后，必须达到《生活饮用水卫生规范》的要求。

7.3 省、自治区、直辖市人民政府可以对本标准中未作规定的项目，制订地方补充标准，并报国务院环境保护行政主管部门备案。

表 1 地表水环境质量标准基本项目标准限值 mg/L

序号	分类 / 标准值 / 项目		Ⅰ类	Ⅱ类	Ⅲ类	Ⅳ类	Ⅴ类
1	水温 /℃		人为造成的环境水温变化应限制在： 周平均最大温升≤ 1 周平均最大温降≤ 2				
2	pH(无量纲)		6 ～ 9				
3	溶解氧	≥	饱和率 90% (或 7.5)	6	5	3	2
4	高锰酸盐指数	≤	2	4	6	10	15
5	化学需氧量（CODmn）	≤	15	15	20	30	40
6	五日生化需氧量（BOD_5）	≤	3	3	4	6	10
7	氨氮 (NH_3-N)	≤	0.15	0.5	1.0	1.5	2.0
8	总磷（以 P 计）	≤	0.02 (湖、库 0.01)	0.1 (湖、库 0.025)	0.2 (湖、库 0.05)	0.3 (湖、库 0.1)	0.4 (湖、库 0.2)
9	总氮 (湖、库以 N 计)	≤	0.2	0.5	1.0	1.5	2.0
10	铜	≤	0.01	1.0	1.0	1.0	1.0

续表 1

序号	分类 / 标准值 / 项目		Ⅰ类	Ⅱ类	Ⅲ类	Ⅳ类	Ⅴ类
11	锌	≤	0.05	1.0	1.0	2.0	2.0
12	氟化物（以 F^- 计）	≤	1.0	1.0	1.0	1.5	1.5
13	硒	≤	0.01	0.01	0.01	0.02	0.02
14	砷	≤	0.05	0.05	0.05	0.1	0.1
15	汞	≤	0.000 05	0.000 05	0.000 1	0.001	0.001
16	镉	≤	0.001	0.005	0.005	0.005	0.01
17	铬（六价）	≤	0.01	0.05	0.05	0.05	0.1
18	铅	≤	0.01	0.01	0.05	0.05	0.1
19	氰化物	≤	0.005	0.05	0.02	0.2	0.2
20	挥发酚	≤	0.002	0.002	0.005	0.01	0.1
21	石油类	≤	0.05	0.05	0.05	0.5	1.0
22	阴离子表面活性剂	≤	0.2	0.2	0.2	0.3	0.3
23	硫化物	≤	0.05	0.1	0.2	0.5	1.0
24	粪大肠菌群（个 /L）	≤	200	2 000	10 000	20 000	40 000

表 2　集中式生活饮用水地表水源地补充项目标准限值　　mg/L

序号	项目	标准值
1	硫酸盐 (以 SO_3 计)	250
2	氯化物 (以 Cl 计)	250
3	硝酸盐 (以 N 计)	10
4	铁	0.3
5	锰	0.1

表 3　集中式生活饮用水地表水源地特定项目标准限值　　mg/L

序号	项 目	标准值	序号	项 目	标准值
1	三氯甲烷	0.06	41	丙烯酰胺	0.000 5
2	四氯化碳	0.002	42	丙烯腈	0.1
3	三溴甲烷	0.1	43	邻苯二甲酸二丁酯	0.003
4	二氯甲烷	0.02	44	邻苯二甲酸二 (2-乙基己基) 酯	0.008
5	1，2-二氯乙烷	0.03	45	水合肼	0.01
6	环氧氯丙烷	0.02	46	四乙基铅	0.000 1

续表 3

序号	项 目	标准值	序号	项 目	标准值
7	氯乙烯	0.005	47	吡啶	0.2
8	1，1–二氯乙烯	0.03	48	松节油	0.2
9	1，2–二氯乙烯	0.05	49	苦味酸	0.5
10	三氯乙烯	0.07	50	丁基黄原酸	0.005
11	四氯乙烯	0.04	51	活性氯	0.01
12	氯丁二烯	0.002	52	滴滴涕	0.001
13	六氯丁二烯	0.000 6	53	林丹	0.002
14	苯乙烯	0.02	54	环氧七氯	0.000 2
15	甲醛	0.9	55	对硫磷	0.003
16	乙醛	0.05	56	甲基对硫磷	0.002
17	丙烯醛	0.1	57	马拉硫磷	0.05
18	三氯乙醛	0.01	58	乐果	0.08
19	苯	0.01	59	敌敌畏	0.05
20	甲苯	0.7	60	敌百虫	0.05
21	乙苯	0.3	61	内吸磷	0.03
22	二甲苯①	0.5	62	百菌清	0.01
23	异丙苯	0.25	63	甲萘威	0.05
24	氯苯	0.3	64	溴氰菊酯	0.02
25	1，2–二氯苯	1.0	65	阿特拉津	0.003
26	1，4–二氯苯	0.3	66	苯并 (a) 芘	2.8*10-6
27	三氯苯②	0.02	67	甲基汞	1.0*10-6
28	四氯苯③	0.02	68	多氯联苯⑥	2.0*10-5
29	六氯苯	0.05	69	微囊藻毒素–L R	0.001
30	硝基苯	0.017	70	黄磷	0.003
31	二硝基苯④	0.5	71	钼	0.07
32	2，4–二硝基甲苯	0.000 3	72	钴	1.0
33	2，4，6–三硝基甲苯	0.5	73	铍	0.002
34	硝基氯苯⑤	0.05	74	硼	0.5
35	2，4–二硝基氯苯	0.5	75	锑	0.005
36	2，4–一氯苯酚	0.093	76	镍	0.02
37	2，4，6–三氯苯酚	0.2	77	钡	0.7
38	五氯酚	0.009	78	钒	0.05
39	苯胺	0.1	79	钛	0.1
40	联苯胺	0.000 2	80	铊	0.000 1

注：①二甲苯：指对–二甲苯、间–二甲苯、邻–二甲苯。

②三氯苯：指1，2，3–三氯苯、1，2，4 – 三氯苯、1，3，5–三氯苯。

③四氯苯：指1，2，3，4–四氯苯、1，2，3，5–四氯苯、1，2，4，5–四氯苯。

④二硝基苯：指对–二硝基苯、间–二硝基苯、邻–二硝基苯。

⑤硝基氯苯：指对–硝基氯苯、间–硝基氯苯、邻–硝基氯苯。

⑥多氯联苯：指 PCB–1016、PCB–1221、PCB–1232、PCB–1242、PCB–1248、PCB–1254、PCB–1260。

表 4　地表水环境质量标准基本项目分析方法

序号	基本项目	分析方法	测定下限 /（mg/L）	方法来源
1	水温	温度计法		GB 13195 – 91
2	pH	玻璃电极法		GB 6920 – 86
3	溶解氧	碘量法	0.2	GB 7489 – 89
		电化学探头法		GB 11913 – 89
4	高锰酸盐指数		0.5	GB 11892 – 89
5	化学需氧量	重铬酸盐法	5	CB 11914 – 89
6	五日生化需氧量	稀释与接种法	2	GB 7488 – 87
7	氨氮	纳氏试剂比色法	0.05	GB7479 – 87
		水杨酸分光光度法	0.01	GB7481 – 87
8	总磷	钼酸铵分光光度法	0.01	GB 11893 – 89
9	总氮	碱性过硫酸钾消解紫外分光光度法	0.05	GB 11894-89
10	铜	2，9– 二甲基 –1，10– 菲啰啉分光光度法	0.06	GB 7473 – 87
		二乙基二硫代氨基甲酸钠分光光度法	0.010	GB 7474 – 87
		原子吸收分光光度法（整合萃取法）	0.001	GB7475-87
11	锌	原子吸收分光光度法	0.05	GB 7475 – 87
12	氟化物	氟试剂分光光度法	0.05	GB 7483 – 87
		离子选择电极法	0.05	GB 7484 – 87
		离子色谱法	0.02	HJ/T84-2001
13	硒	2，3– 二氨基萘荧光法	0.000 25	GB 11902 – 89
		石墨炉原子吸收分光光度法	0.003	GB/T15505-1995
14	砷	二乙基二硫代氨基甲酸银分光光度法	0.007	GB 7485 – 87
		冷原子荧光法	0.000 06	1)
15	汞	冷原子吸收分光光度法	0.000 05	GB 7468 – 87
		冷原子荧光法	0.000 05	1)
16	镉	原子吸收分光光度法（螯合萃取法）	0.001	GB 7475 – 87

续表 4

序号	基本项目	分析方法	测定下限 / (mg/L)	方法来源
17	铬（六价）	二苯碳酰二肼分光光度法	0.004	GB 7467 － 87
18	铅	原子吸收分光光度法螯合萃取法	0.01	GB 7475 － 87
19	总氰化物	异烟酸 － 吡唑啉酮比色法	0.004	GB 7487 － 87
		吡啶 － 巴比妥酸比色法	0.002	
20	挥发酚	蒸馏后 4- 氨基安替比林分光光度法	0.002	GB 7490 － 87
21	石油类	红外分光光度法	0.01	GB/T 16488 － 1996
22	阴离子表面活性剂	亚甲蓝分光光度法	0.05	GB 7494 － 87
23	硫化物	亚甲基蓝分光光度法	0.005	GB/T 16489 － 1996
		直接显色分光光度法	0.004	GB/T 17133 － 1997
24	粪大肠菌群	多管发酵法、滤膜法		1）

注：暂采用下列分析方法，待国家方法标准发布后，执行国家标准：1）国家环保总局《水和废水监测分析方法》编委会 . 水和废水监测分析方法 . 3 版 . 北京：中国环境科学出版社，1989.

表 5 集中式生活饮用水地表水源地补充项目分析方法

序号	项 目	分析方法	最低检出限 / (mg/L)	方法来源
1	硫酸盐	重量法	10	GB11899-89
		火焰原子吸收分光光度法	0.4	GB13196-91
		铬酸钡光度法	8	1)
		离子色谱法	0.09	HJ/T 84-2001
2	氯化物	硝酸银滴定法	10	GB11896-89
		硝酸汞滴定法	2.5	1)
		离子色谱法	0.02	HJ/T 84-2001
3	硝酸盐	酚二磺酸分光光度	0.02	GB 7480-87
		紫外分光光度法	0.08	1)
		离子色谱法	0.08	HJ/T 84-2001
4	铁	火焰原子吸收分光光度法	0.03	GB11911-89
		邻菲啰啉分光光度法	0.03	1)
5	锰	火焰原子吸收分光光度法	0.01	GB11911-89
		甲醛肟光度法	0.01	1)
		高碘酸钾分光光度法	0.02	GB11906-89

注：暂采用下列分析方法，待国家方法标准发布后，执行国家标准：1）国家环保总局《水和废水监测分析方法》编委会水和废水监测分析方法 . 3 版 . 北京：中国环境科学出版社，1989.

表6　集中式生活饮用水地表水源地特定项目分析方法

气相色谱法

序号	项目	分析方法	最低检出限 / (mg/L)	方法来源
1	三氯甲烷	顶空气相色谱法	0.000 3	GB/T 17130 － 1997
		气相色谱法	0.000 6	2)
2	四氯化碳	顶空气相色谱法	0.000 05	GB/T 17130 － 1997
		气相色谱法	0.000 3	2)
3	三溴甲烷	顶空气相色谱法	0.001	GB/T 17130 － 1997
		气相色谱法	0.006	2)
4	二氯甲烷	顶空气相色谱法	0.008 7	2)
5	1，2- 二氯乙烷	顶空气相色谱法	0.012 5	2)
6	环氧氯丙烷	气相色谱法	0.02	2)
7	氯乙烯	气相色谱法	0.001	2)
8	1，1- 二氯乙烯	吹出捕集气相色谱法	0.000 018	2)
9	1，2- 二氯乙烯	吹出捕集气相色谱法	0.000 012	2)
10	三氯乙烯	顶空气相色谱法	0.000 5	GB/T 17130 － 1997
		气相色谱法	0.003	2)
11	四氯乙烯	顶空气相色谱法	0.000 2	GB/T 17130 － 1997
		气相色谱法	0.001 2	2)
12	氯丁二烯	顶空气相色谱法	0.002	2)
13	六氯丁二烯	气相色谱法	0.000 02	2)
14	苯乙烯	气相色谱法	0.01	2)
15	甲醛	乙酰丙酮分光光度法	0.05	GB 13197 － 91
		4-氨基-3-联氨-5-巯基-1，2，4-三氮杂茂 (AHMT) 分光光度法	0.05	2)
16	乙醛	气相色谱法	0.24	2)
17	丙烯醛	气相色谱法	0.019	2)
18	三氯乙醛	气相色谱法	0.001	2)
19	苯	液上气相色谱法	0.005	GB 11890 － 89
		顶空气相色谱法	0.000 42	2)
20	甲苯	液上气相色谱法	0.005	GB 11890 － 89
		二硫化碳萃取气相色谱法	0.05	
		气相色谱法	0.01	2)

续表 6

序号	项目	分析方法	最低检出限 / (mg/L)	方法来源
21	乙苯	液上气相色谱法	0.005	GB 11890 － 89
		二硫化碳萃取气相色谱法	0.05	
		气相色谱法	0.01	2）
22	二甲苯	液上气相色谱法	0.005	GB 11890 － 89
		二硫化碳萃取气相色谱法	0.05	
		气相色谱法	0.01	2）
23	异丙苯	顶空气相色谱法	0.003 2	2）
24	氯苯	气相色谱法	0.01	HJ/T 74 － 2001
25	1，2-二氯苯	气相色谱法	0.002	GB/T 17131 － 1997
26	1，4- 二氯苯	气相色谱法	0.005	GB/T 17131 － 1997
27	三氯苯	气相色谱法	0.000 04	2）
28	四氯苯	气相色谱法	0.000 02	2）
29	六氯苯	气相色谱法	0.000 02	2）
30	硝基苯	气相色谱法	0.000 2	GBl3194 － 91
31	二硝基苯	气相色谱法	0.2	2）
32	2，4-二硝基甲苯	气相色谱法	0.000 3	GBl3194 － 91
33	2，4，6-三硝基甲苯	气相色谱法	0.1	2）
34	硝基氯苯	气相色谱法	0.000 2	GBl3194 － 91
35	2，4-二硝基氯苯	气相色谱法	0.1	2）
36	2，4-二氯苯酚	电子捕获－毛细色谱法	0.000 4	2）
37	2，4，6-三氯苯酚	电子捕获－毛细色谱法	0.000 04	2）
38	五氯酚	气相色谱法	0.000 04	GB 8972 － 88
		电子捕获－毛细色谱法	0.000 024	2）
39	苯胺	气相色谱法	0.002	2）
40	联苯胺	气相色谱法	0.000 2	3）
41	丙烯酰胺	气相色谱法	0.000 15	2）
42	丙烯腊	气相色谱法	0.10	2）

续表 6

序号	项目	分析方法	最低检出限 / (mg/L)	方法来源
43	邻苯二甲酸二丁酯	液相色谱法	0.000 1	HJ/T 72 － 2001
44	邻苯二甲酸二(2−乙基己基)酯	气相色谱法	0.000 4	2)
45	水合肼	对二甲氨基苯甲醛直接分光光度法	0.005	2)
46	四乙基铅	双硫腙比色法	0.000 1	2)
47	吡啶	气相色谱法	0.031	GB/T14672 － 93
		巴比土酸分光光度法	0.05	2)
48	松节油	气相色谱法	0.02	2)
49	苦味酸	气相色谱法	0.001	2)
50	丁基黄原酸	铜试剂亚铜分光光度法	0.002	2)
51	活性氯	N,N−二乙基对苯二胺 (DPD) 分光光度法	0.01	2)
		3，3'，5，5'，−四甲基联苯胺比色法	0.005	2)
52	滴滴涕	气相色谱法	0.000 2	GB 7492 － 87
53	林丹	气相色谱法	4×10^{-6}	GB 7492 － 87
54	环氧七氯	液液萃取气相色谱法	0.000 083	2)
55	对硫磷	气相色谱法	0.000 54	GB13192 － 91
56	甲基对硫磷	气相色谱法	0.000 42	GB13192 － 91
57	马拉硫磷	气相色谱法	0.000 64	GB13192 － 91
58	乐果	气相色谱法	0.000 57	GB13192 － 91
59	敌敌畏	气相色谱法	0.000 06	GB13192 － 91
60	敌百虫	气相色谱法	0.000 051	GB13192 － 91
61	内吸磷	气相色谱法	0.002 5	2)
62	百菌清	气相色谱法	0.000 4	2)
63	甲萘威	高效液相色谱法	0.01	2)
64	溴氰菊酯	气相色谱法	0.000 2	2)
		高效液相色谱法	0.002	2)
65	阿特拉律	气相色谱法		3)
66	苯并 (a) 芘	乙酰化滤纸层析荧光分光光度法	4×10^{-6}	GB 11895 － 89
		高效液相色谱法	1×10^{-6}	GB 3198 － 91

续表 6

序号	项目	分析方法	最低检出限 / (mg/L)	方法来源
67	甲基汞	气相色谱法	1×10^{-8}	GB/T17132 － 1997
68	多氯联苯	气相色谱法		3)
69	微囊藻毒素－LR	高效液相色谱法	0.000 01	2)
70	黄磷	钼-锑-抗分光光度法	0.002 5	2)
71	钼	无火焰原子吸收分光光度法	0.002 31	2)
72	钴	无火焰原子吸收分头光度法	0.001 91	2)
73	铍	铬菁 R 分光光度法	0.000 2	HJ/T 58 － 2000
		石墨炉原子吸收分光光度法	0.000 02	HJ/T 59 － 2000
		桑色素荧光分光光度法	0.000 2	2)
74	硼	姜黄素分光光度法	0.02	HJ/T 49 － 1999
		甲亚胺－H 分光光度法	0.2	2)
75	锑	氢化原子吸收分光光度法	0.000 25	2)
76	镍	无火焰原于吸收分光光度法	0.002 48	2)
77	钡	无火焰原子吸收分光光度法	0.006 18	2)
78	钒	钽试剂 (BPHA) 萃取分光光度法	0.018	GB/T15503 － 1995
		无火焰原子吸收分光光度法	0.006 98	2)
79	钛	催化示波极谱法	0.000 4	2)
		水杨基荧光酮分光光度法	0.02	2)
80	铊	无火焰原子吸收分光光度法	1×10^{-6}	2)

注：暂采用下列分析方法，待国家方法标准发布后，执行国家标准。1)《水和废水监测分析方法. 3 版 . 北京 ：中国环境科学出版社，1989。2) 中华人民共和国卫生部 . 生活饮用水卫生规范 . 2001。3) 水和废水标准检验法 . 15 版 . 北京 ：中国建筑工业出版社，1985。

四、生活饮用水卫生标准（GB 5749–2006）

前 言

本标准全文强制。

本标准自实施之日起代替 GB 5749—85《生活饮用水卫生标准》。

本标准与 GB 5749—85 相比主要变化如下：

—— 水质指标由 GB 5749—85 的 35 项增加至 106 项，增加了 71 项；修订了 8 项；其中：

—— 微生物指标由 2 项增至 6 项，增加了大肠埃希氏菌、耐热大肠菌群、贾第鞭毛虫和隐孢子虫；修订了总大肠菌群。

—— 饮用水消毒剂由 1 项增至 4 项，增加了一氯胺、臭氧、二氧化氯。

—— 毒理指标中无机化合物由 10 项增至 21 项，增加了溴酸盐、亚氯酸盐、氯酸盐、锑、钡、铍、硼、钼、镍、铊、氯化氰；并修订了砷、镉、铅、硝酸盐。

毒理指标中有机化合物由 5 项增至 53 项，增加了甲醛、三卤甲烷、二氯甲烷、1,2- 二氯乙烷、1,1,1- 三氯乙烷、三溴甲烷、一氯二溴甲烷、二氯一溴甲烷、环氧氯丙烷、氯乙烯、1,1- 二氯乙烯、1,2- 二氯乙烯、三氯乙烯、四氯乙烯、六氯丁二烯、二氯乙酸、三氯乙酸、三氯乙醛、苯、甲苯、二甲苯、乙苯、苯乙烯、2,4,6- 三氯酚、氯苯、1,2- 二氯苯、1,4- 二氯苯、三氯苯、邻苯二甲酸二 (2- 乙基己基) 酯、丙烯酰胺、微囊藻毒素 -LR、灭草松、百菌清、溴氰菊酯、乐果、2,4- 滴、七氯、六氯苯、林丹、马拉硫磷、对硫磷、甲基对硫磷、五氯酚、莠去津、呋喃丹、毒死蜱、敌敌畏、草甘膦；修订了四氯化碳。

—— 感官性状和一般理化指标由 15 项增至 20 项，增加了耗氧量、氨氮、硫化物、钠、铝；修订了浑浊度。

—— 放射性指标中修订了总 α 放射性。

—— 删除了水源选择和水源卫生防护两部分内容。

—— 简化了供水部门的水质检测规定，部分内容列入《生活饮用水集中式供水单位卫生规范》。

—— 增加了附录 A。

—— 增加了参考文献。

本标准的附录 A 为资料性附录。

为准备水质净化和水质检验条件，贾第鞭毛虫、隐孢子虫、三卤甲烷、微囊藻毒素 -LR 等 4 项指标延至 2008 年 7 月 1 日起执行。

本标准由中华人民共和国卫生部提出并归口本标准负责起草单位：中国疾病预防控制中心环境与健康相关产品安全所。

本标准参加起草单位：广东省卫生监督所、浙江省卫生监督所、江苏省疾病预防控制中心、北京市疾病预防控制中心、上海市疾病预防控制中心、中国城镇供水排水协会、中国水利水电科学研究院、国家环境保护总局环境标准研究所。

本标准主要起草人：金银龙、鄂学礼、陈昌杰、陈西平、张岚、陈亚妍、蔡祖根、甘日华、申屠杭、郭常义、魏建荣、宁瑞珠、刘文朝、胡林林。

本标准参加起草人：蔡诗文、林少彬、刘凡、姚孝元、陆坤明、陈国光、周怀东、李延平。本标准于1985年8月首次发布，本次为第一次修订。

生活饮用水卫生标准

1 范围

本标准规定了生活饮用水水质卫生要求、生活饮用水水源水质卫生要求、集中式供水单位卫生要求、二次供水卫生要求、涉及生活饮用水卫生安全产品卫生要求、水质监测和水质检验方法。

本标准适用于城乡各类集中式供水的生活饮用水，也适用于分散式供水的生活饮用水。

2 规范性引用文件

下列文件中的条款通过本标准的引用而成为本标准的条款。凡是标注日期的引用文件，其随后所有的修改（不包括勘误内容）或修订版均不适用于本标准，然而，鼓励根据本标准达成协议的各方研究是否可使用这些文件的最新版本。凡是不注明日期的引用文件，其最新版本适用于本标准。

GB 3838 地表水环境质量标准

GB/T 5750 生活饮用水标准检验方法

GB/T 14848 地下水质量标准

GB 17051 二次供水设施卫生规范

GB/T 17218 饮用水化学处理剂卫生安全性评价

GB/T 17219 生活饮用水输配水设备及防护材料的安全性评价标准

CJ/T 206 城市供水水质标准

SL 308 村镇供水单位资质标准

卫生部 生活饮用水集中式供水单位卫生规范

3 语和定义

下列术语和定义适用于本标准

3.1 生活饮用水（drinking water）

供人生活的饮水和生活用水。

3.2 **供水方式**（type of water supply）

3.2.1 集中式供水（central water supply）

自水源集中取水，通过输配水管网送到用户或者公共取水点的供水方式，包括自建设施供水。为用户提供日常饮用水的供水站和为公共场所、居民社区提供的分质供水也属于集中式供水。

3.2.2 二次供水（secondary water supply）

集中式供水是在入户之前经再度储存、加压和消毒或深度处理，通过管道或容器输送给用户的供水方式。

3.2.3 农村小型集中式供水（small central water supply for rural areas ）

日供水在 1 000 m^3 以下（或供水人口在 1 万人以下）的农村集中式供水。

3.2.4 分散式供水（non-central water supply）

用户直接从水源取水，未经任何设施或仅有简易设施的供水方式。

3.3 **常规指标**（regular indices）

能反映生活饮用水水质基本状况的水质指标。

3.4 非常规指标（non-regular indices）

根据地区、时间或特殊情况需要的生活饮用水水质指标。

4 生活饮用水水质卫生要求

4.1 生活饮用水水质应符合下列基本要求，保证用户饮用安全。

4.1.1 生活饮用水中不得含有病原微生物。

4.1.2 生活饮用水中化学物质不得危害人体健康。

4.1.3 生活饮用水中放射性物质不得危害人体健康。

4.1.4 生活饮用水的感官性状良好。

4.1.5 生活饮用水应经消毒处理。

4.1.6 生活饮用水水质应符合表 1 和表 3 卫生要求。集中式供水出厂水中消毒剂限值、出厂水和管网末梢水中消毒剂余量均应符合表 2 要求。

4.1.7 农村小型集中式供水和分散式供水的水质因条件限制，部分指标可暂按照表 4 执行，其余指标仍按表 1、表 2 和表 3 执行。

4.1.8 当发生影响水质的突发性公共事件时，经市级以上人民政府批准，感官性状和一般化学指标可适当放宽。

4.1.9 当饮用水中含有附录 A 表 A.1 所列指标时，可参考此表限值评价。

5 生活饮用水水源水质卫生要求

5.1 采用地表水为生活饮用水水源时应符合 GB 3838 要求。

5.2 采用地下水为生活饮用水水源时应符合 GB/T 14848 要求。

表 1 水质常规指标及限值

指 标	限 值
1. 微生物指标①	
总大肠菌群（MPN/100 mL 或 CFU/100 mL）	不得检出
耐热大肠菌群（MPN/100 mL 或 CFU/100 mL）	不得检出
大肠埃希氏菌（MPN/100 mL 或 CFU/100 mL）	不得检出
菌落总数（CFU/mL）	100
2. 毒理指标	
砷（mg/L）	0.01
镉（mg/L）	0.005
铬（六价，mg/L）	0.05
铅（mg/L）	0.01
汞（mg/L）	0.001
硒（mg/L）	0.01
氰化物（mg/L）	0.05
氟化物（mg/L）	1.0
硝酸盐（以 N 计，mg/L）	10（地下水源限制时为 20）
三氯甲烷（mg/L）	0.06
四氯化碳（mg/L）	0.002
溴酸盐（使用臭氧时，mg/L）	0.01
甲醛（使用臭氧时，mg/L）	0.9
亚氯酸盐（使用二氧化氯消毒时，mg/L）	0.7
氯酸盐（使用复合二氧化氯消毒时，mg/L）	0.7
3. 感官性状和一般化学指标	
色度（铂钴色度单位）	15
浑浊度（NTU－散射浊度单位）	1（水源与净水技术条件限制时为 3）
臭和味	无异臭、异味
肉眼可见物	无
pH（pH 单位）	不小于 6.5 且不大于 8.5
铝（mg/L）	0.2
铁（mg/L）	0.3
锰（mg/L）	0.1
铜（mg/L）	1.0

续表 1

指　标	限　值
锌（mg/L）	1.0
氯化物（mg/L）	250
硫酸盐（mg/L）	250
溶解性总固体（mg/L）	1000
总硬度 (以 $CaCO_3$ 计，mg/L）	450
耗氧量（CODmn 法，以 O_2 计，mg/L）	3（水源限制，原水耗氧量＞ 6 mg/L 时为 5）
挥发酚类（以苯酚计，mg/L）	0.002
阴离子合成洗涤剂（mg/L）	0.3
4. 放射性指标②	指导值
总 α 放射性（Bq/L）	0.5
总 β 放射性（Bq/L）	1

① MPN 表示最可能数；CFU 表示菌落形成单位。当水样检出总大肠菌群时，应进一步检验大肠埃希氏菌或耐热大肠菌群；水样未检出总大肠菌群，不必检验大肠埃希氏菌或耐热大肠菌群。
②放射性指标超过指导值，应进行核素分析和评价，判定能否饮用。

表 2　饮用水中消毒剂常规指标及要求

消毒剂名称	与水接触时间	出厂水中限值	出厂水中余量	管网末梢水中余量
氯气及游离氯制剂（游离氯 ,mg/L）	至少 30 min	4	≥ 0.3	≥ 0.05
一氯胺（总氯，mg/L）	至少 120 min	3	≥ 0.5	≥ 0.05
臭氧（O_3，mg/L）	至少 12 min	0.3		0.02 如加氯，总氯 ≥ 0.05
二氧化氯（ClO_2，mg/L）	至少 30 min	0.8	≥ 0.1	≥ 0.02

表 3　水质非常规指标及限值

指　标	限　值
1. 微生物指标	
贾第鞭毛虫（个 /10 L）	＜ 1
隐孢子虫（个 /10 L）	＜ 1
2. 毒理指标	

续表 3

指　标	限　值
锑（mg/L）	0.005
钡（mg/L）	0.7
铍（mg/L）	0.002
硼（mg/L）	0.5
钼（mg/L）	0.07
镍（mg/L）	0.02
银（mg/L）	0.05
铊（mg/L）	0.000 1
氯化氰（以 CN^- 计，mg/L）	0.07
一氯二溴甲烷（mg/L）	0.1
二氯一溴甲烷（mg/L）	0.06
二氯乙酸（mg/L）	0.05
1,2- 二氯乙烷（mg/L）	0.03
二氯甲烷（mg/L）	0.02
三卤甲烷（三氯甲烷、一氯二溴甲烷、二氯一溴甲烷、三溴甲烷的总和）	该类化合物中各种化合物的实测浓度与其各自限值的比值之和不超过 1
1,1,1- 三氯乙烷（mg/L）	2
三氯乙酸（mg/L）	0.1
三氯乙醛（mg/L）	0.01
2,4,6- 三氯酚（mg/L）	0.2
三溴甲烷（mg/L）	0.1
七氯（mg/L）	0.000 4
马拉硫磷（mg/L）	0.25
五氯酚（mg/L）	0.009
六六六（总量，mg/L）	0.005
六氯苯（mg/L）	0.001
乐果（mg/L）	0.08
对硫磷（mg/L）	0.003
灭草松（mg/L）	0.3
甲基对硫磷（mg/L）	0.02
百菌清（mg/L）	0.01
呋喃丹（mg/L）	0.007
林丹（mg/L）	0.002

续表 3

指　标	限　值
毒死蜱（mg/L）	0.03
草甘膦（mg/L）	0.7
敌敌畏（mg/L）	0.001
莠去津（mg/L）	0.002
溴氰菊酯（mg/L）	0.02
2,4- 滴（mg/L）	0.03
滴滴涕（mg/L）	0.001
乙苯（mg/L）	0.3
二甲苯（mg/L）	0.5
1,1- 二氯乙烯（mg/L）	0.03
1,2- 二氯乙烯（mg/L）	0.05
1,2- 二氯苯（mg/L）	1
1,4- 二氯苯（mg/L）	0.3
三氯乙烯（mg/L）	0.07
三氯苯（总量，mg/L）	0.02
六氯丁二烯（mg/L）	0.000 6
丙烯酰胺（mg/L）	0.000 5
四氯乙烯（mg/L）	0.04
甲苯（mg/L）	0.7
邻苯二甲酸二（2- 乙基己基）酯（mg/L）	0.008
环氧氯丙烷（mg/L）	0.000 4
苯（mg/L）	0.01
苯乙烯（mg/L）	0.02
苯并 (a) 芘（mg/L）	0.000 01
氯乙烯（mg/L）	0.005
氯苯（mg/L）	0.3
微囊藻毒素 -LR（mg/L）	0.001
3．感官性状和一般化学指标	
氨氮（以 N 计，mg/L）	0.5
硫化物（mg/L）	0.02
钠（mg/L）	200

表 4　农村小型集中式供水和分散式供水部分水质指标及限值

指　标	限　值
1. 微生物指标	
菌落总数 /（CFU/mL）	500
2. 毒理指标	
砷 /（mg/L）	0.05
氟化物 /（mg/L）	1.2
硝酸盐 /（以 N 计，mg/L）	20
3. 感官性状和一般化学指标	
色度（铂钴色度单位）	20
浑浊度（NTU- 散射浊度单位）	3 水源与净水技术条件限制时为 5
pH（pH 单位）	不小于 6.5 且不大于 9.5
溶解性总固体 /（mg/L）	1 500
总硬度 /（以 $CaCO_3$ 计，mg/L）	550
耗氧量 /（CODmn 法，以 O_2 计，mg/L）	5
铁 /（mg/L）	0.5
锰 /（mg/L）	0.3
氯化物 /（mg/L）	300
硫酸盐 /（mg/L）	300

6 集中式供水单位卫生要求

6.1 集中式供水单位的卫生要求应按照卫生部《生活饮用水集中式供水单位卫生规范》执行。

7 二次供水卫生要求

二次供水的设施和处理要求应按照 GB 17051 执行。

8 涉及生活饮用水卫生安全产品卫生要求

8.1 处理生活饮用水采用的絮凝、助凝、消毒、氧化、吸附、pH 调节、防锈、阻垢等化学处理剂不应污染生活饮用水，应符合 GB/T 17218 要求。

8.2 生活饮用水的输配水设备、防护材料和水处理材料不应污染生活饮用水，应符合 GB/T 17219 要求。

9 水质监测

9.1 供水单位的水质检测

供水单位的水质检测应符合以下要求。

9.1.1 供水单位的水质非常规指标选择由当地县级以上供水行政主管部门和卫生行政部门协商确定。

9.1.2 城市集中式供水单位水质检测的采样点选择、检验项目和频率、合格率计算按照 CJ/T 206 执行。

9.1.3 村镇集中式供水单位水质检测的采样点选择、检验项目和频率、合格率计算按照 SL 308 执行。

9.1.4 供水单位水质检测结果应定期报送当地卫生行政部门，报送水质检测结果的内容和办法由当地供水行政主管部门和卫生行政部门商定。

9.1.5 当饮用水水质发生异常时应及时报告当地供水行政主管部门和卫生行政部门。

9.2 卫生监督的水质监测

卫生监督的水质监测应符合以下要求。

9.2.1 各级卫生行政部门应根据实际需要定期对各类供水单位的供水水质进行卫生监督、监测。

9.2.2 当发生影响水质的突发性公共事件时，由县级以上卫生行政部门根据需要确定饮用水监督、监测方案。

9.2.3 卫生监督的水质监测范围、项目、频率由当地市级以上卫生行政部门确定。

10 水质检验方法

生活饮用水水质检验应按照 GB/T 5750 执行。

附 录 A

表 A.1 生活饮用水水质参考指标及限值

指 标	限 值
肠球菌（CFU/100 mL）	0
产气荚膜梭状芽孢杆菌（CFU/100 mL）	0
二(2- 乙基己基)己二酸酯（mg/L）	0.4
二溴乙烯（mg /L）	0.000 05
二噁英（2,3,7,8-TCDD，mg/L）	0.000 000 03
土臭素（二甲基萘烷醇，mg /L）	0.000 01
五氯丙烷（mg/L）	0.03
双酚 A（mg/L）	0.01
丙烯腈（mg/L）	0.1
丙烯酸（mg/L）	0.5
丙烯醛（mg/L）	0.1
四乙基铅（mg /L）	0.000 1
戊二醛（mg/L）	0.07
甲基异莰醇 -2（mg /L）	0.000 01
石油类(总量，mg/L）	0.3
石棉（> 10 μm，万 /L）	700
亚硝酸盐（mg/L）	1
多环芳烃（总量，mg /L）	0.002
多氯联苯（总量，mg /L）	0.000 5
邻苯二甲酸二乙酯（mg/L）	0.3
邻苯二甲酸二丁酯（mg/L）	0.003
环烷酸（mg/L）	1.0
苯甲醚（mg/L）	0.05
总有机碳（TOC，mg/L）	5
萘酚 $-\beta$（mg/L）	0.4
黄原酸丁酯（mg /L）	0.001
氯化乙基汞（mg /L）	0.000 1
硝基苯（mg/L）	0.017
镭 226 和镭 228（pCi/L）	5
氡（pCi/L）	300

参考文献

[1] World Health Organization. Guidelines for Drinking-water Quality, third edition. Vol.1, 2004, Geneva.

[2] EU' s Drinking Water Standards. Council Directive 98/83/EC on the quality of water intended for human consumption. Adopted by the Council, on 3 November 1998.

[3] US EPA. Drinking Water Standards and Health Advisories, Winter 2004.

[4] 俄罗斯国家饮用水卫生标准, 2002 年 1 月实施.

[5] 日本饮用水水质基准(水道法に基づく水质基准に关する省令), 2004 年 4 月起实施.

高等学校茶学专业应用型教材
中国轻工业“十四五”规划立项教材

新茶飲調制與經營

陈红波　张星海　胡付照　主编

中国轻工业出版社

图书在版编目（CIP）数据

新茶饮调制与经营 / 陈红波，张星海，胡付照主编.
北京：中国轻工业出版社，2025. 7. -- ISBN 978-7-5184-5319-1

Ⅰ. TS275.2；F326.12

中国国家版本馆CIP数据核字第2025FM1511号

责任编辑：贾　磊　　责任终审：白　洁　　设计制作：梧桐影
策划编辑：贾　磊　　责任校对：朱　慧　朱燕春　　责任监印：张　可

出版发行：中国轻工业出版社（北京鲁谷东街 5 号，邮编：100040）
印　　刷：艺堂印刷（天津）有限公司
经　　销：各地新华书店
版　　次：2025年7月第1版第2次印刷
开　　本：787 × 1092　1/16　印张：15.5
字　　数：450千字
书　　号：ISBN 978-7-5184-5319-1　定价：49.00元
邮购电话：010-85119873
发行电话：010-85119832　010-85119912
网　　址：http://www.chlip.com.cn
Email: club@chlip.com.cn

251049J1C102ZBQ

本书编委会

主　编

陈红波（浙江树人学院）

张星海（浙江树人学院）

胡付照（江南大学）

副主编

张　强（郑州旅游职业学院）

袁　薇（浙江树人学院）

杨　洋（杭州茶加文化发展有限公司）

吴媛媛（浙江大学）

童媛媛（浙江树人学院）

参　编

陈　颖（杭州茗品茶业有限公司）

孙　达（浙江经贸职业技术学院）

童良斌（中华全国供销合作总社杭州茶叶研究所）

彭　敏（杭州波敏树科技有限公司）

何华平（杭州孚龙茶文化创意有限公司）

盛佳娜（新昌县群星茶业有限公司）

陆晓真（杭州伽楠堂文化传播有限公司）

郑羡珠（杭州途香茶业有限公司）

刘建平（杭州侣云文化创意有限公司）

杨光涛（安徽鱼西文化传媒有限公司）

陈　琳（杭州壹子文化传媒有限公司）

刘　政（勐腊马驮邦茶业有限责任公司）

刘　丽（勐腊县臻信茶叶种植专业合作社）

王伯鹁[玄同餐饮管理（杭州）有限公司]

易海亮（杭州旨易文化创意有限公司）

吴一婷（浙江树人学院）

张泽芳（浙江树人学院）

陈　旸（浙江树人学院）

张欣艺（浙江树人学院）
吴慧莹（浙江树人学院）
邓依林（浙江树人学院）
王励弘（浙江树人学院）
蔡依玲（浙江树人学院）
刘雨欣（浙江树人学院）
许　桐（浙江树人学院）
林　莉（浙江树人学院）
张欣悦（浙江树人学院）
黄文壹（浙江树人学院）
薛冰晰（浙江树人学院）
蒋徐徐（浙江树人学院）

序一

茶，源于中国，盛于世界，茶之美已深深融入中国人的血脉中，它承载着中华民族的历史和文化，是万众瞩目、熠熠生辉的“中国名片”。唐代陆羽所著的《茶经》，为世界第一部茶学专著。如今，茶业内书籍早已卷帙浩繁、包罗万象，茶的研究涉及科技、文化、产业、经济、营销、管理、消费和健康生活等方方面面。《新茶饮调制与经营》立足近年来青年消费的热点茶产品——新式调饮茶，探索其理论与产业实践，以助力中国茶产业在新时代健康发展。

从全球来看，每年茶叶市场的供给超过消费已成为常态，作为一种健康的植物饮品，如何吸引越来越多消费者的持续关注，为更多人带来身心和谐与健康，促进茶产业健康发展，是当下重要的课题。在这样的大环境下，我们对茶产业的未来发展有了更深刻的理解：在不确定的外部环境下，向内坚守；在重新开放的世界中，向外探求；在飞速变革的时代中，拥抱变化。“焕新、生机、希望、重建”是我国茶产业发展的关键词。由传统茶行业衍生的新茶饮行业在这样的背景下，迎来了充满活力的历史性发展契机。

数字时代的来临，伴随新零售和消费升级发展，新茶饮行业发展迅猛，已然成为增长快、投资多、热度高的“风口”产业，有着数千亿级的发展空间。然而，囿于消费者对茶文化以及新茶饮的整体认知不足、从业者的专业水准参差不齐、相关研究缺乏体系及深度等因素，新茶饮行业的核心产品与文化价值塑造未见端绪，产品质量良莠不齐，且同质化严重，加剧了市场的不良竞争，这些都严重制约了新茶饮行业的健康可持续发展。诚如书中所言，新茶饮行业正面临着“供需失衡”的瓶颈问题，以人为本、以文化为基、以科学为法，将我国茶文化的精神内核与科学文化精准融合，全力打造新茶饮行业的核心竞争力，塑造并推广新茶饮的文化价值，是破局之关键。

解决问题需要大智慧、大思路，引领时代则需要大胸怀、大视野。该书以开放的视野关注国内外的最新研究动态，综合运用统计学、经济学、心理学、社会学、管理学等多学科方法，以新茶饮的文化塑造与传承、行业现状与趋势、产品设计与开发、调配方法与原则为主要内容，不仅对新茶饮的概念、分类、科学调配与核心产品设计开发做了系统性深度梳理，还运用中医药学的相关理论研究，深入探索新茶饮的健康机制研究与实践，为相关专业的学生提供了明晰的框架，同时具有较强的实用性与可操作性。

茶产业从业者众多，解决行业问题、推动新茶饮行业转型升级，是惠及民生、造福于民的举措。该书为培养高水平的行业人才奠定基础，为新茶饮行业突破困局、迈向健康可持续发展积蓄中坚力量，更为促进中国传统茶文化的创新发展，及其与经济社会发展深度融合打开全新的局面。该书倡导“文化为基，科学为匙，创新为魂”，让我们共同努力，祝福中国茶产业的明天更美好！

劉仲華

中国工程院院士

湖南师范大学党委副书记、校长

序二

2023年4月18日，我国六大茶类分类体系正式成为ISO国际标准。2023年9月17日，中国“普洱景迈山古茶林文化景观”列入《世界遗产名录》，成为全球首个茶主题世界文化遗产。此前，2022年11月29日，“中国传统制茶技艺及其相关习俗”列入联合国教科文组织《人类非物质文化遗产代表作名录》。至此，我国形成了种茶、制茶、饮茶的遗产名录产业链。

茶是中国的，也是世界的。全球康养生活消费理念的兴起，以及人们对中国茶文化的深入认知，国内外市场对高品质、特色茶叶需求的持续增长，加之物联网、大数据、人工智能等技术的应用，以及中国与“一带一路”沿线国家的经济联系加强，中国茶产业拥有了更广阔的市场空间。2020—2035年是中国现代农业加速发展机遇期，茶产业是兴农、富农的重要产业，肩负着茶产业现代化发展和转型升级的重要使命。

新茶饮行业是茶产业发展的重要组成部分，《新茶饮调制与经营》一书的面世，恰逢其时。其要义有三：文化、科创与品牌。

一曰文化，从中国积淀深厚的茶文化出发，将现代营养学与中华传统食养文化深度融合，守正创新，为新茶饮调制奠定理论基础，提高新茶饮行业的可持续发展能力。

二曰科创，梳理整合了最新的科技研究成果，并在此基础之上构建新茶饮创制，包括分子调饮在内的方法体系。融合新质生产力的要素，结合包括互联网、大数据、电子商务等在内的新技术，创新新茶饮行业的渠道建设方式。

三曰品牌，倡导发挥茶企的主体作用，打造以管理体系、传播体系、质量保证体系、技术创新体系及品牌文化体系等为核心的建设体系，着力打造新茶饮行业的核心竞争力，突破瓶颈。

新茶饮之新，其意义在于自然科学与人文科学珠联璧合：在知识跨界的基础上，将数据与文化融合、传统与现代对接，赓续文脉，创新发展。

朱红缨

世界茶联合会秘书长

浙江树人学院国际茶文化学院院长

序三

2021年人力资源和社会保障部、国家市场监督管理总局和国家统计局联合发布的新职业信息名单中将“调饮师”工种列入其中。调饮师是“对茶叶、水果、奶及其制品等原辅料，通过色彩搭配、造型和营养成分配比等，完成口味多元化调制饮品的人员。”刚好因为茶调饮迅速崛起，产业发展走上高速快车道，领跑了茶行业新赛道。短短15年左右，国内新茶饮行业市场规模超过3000亿元，全国门店达到50万家，年消耗茶叶超过20万t。近年来，头部企业在海外布局万家茶饮店，分布在10多个国家，风靡泰国、美国等国家，开创了中国食品在海外的新纪元。

新茶饮是采用优质茶叶原料、浓缩液或者提取物，药食两用的其他植物及其提取物，以及新鲜水果、鲜奶、粮食、咖啡、花等天然食材，辅以天然呈味物质、冰或者纯净水等，用手工现场制作的饮料。它有别于原茶、即饮茶饮料和固体茶饮料。正是因为其特殊性，新茶饮发展之路需要大量专业人员从事新茶饮配方的研发、茶饮店形象的设计、包装文创的呈现、食材供应链的管理，以及标准的输出等，无数的工作要跟上新茶饮的快速发展。尤其在新茶饮标准化制定和执行过程中，需要具有专业知识水平的人才把标准执行和实施好，如目前实践操作过程中对于新茶饮“茶多酚≥200mg/kg”的要求，以及现制奶茶要求“蛋白质≥1.0g/100g”，但很多茶饮店工作人员还不知道怎样计算和调配才能为顾客调制出一杯符合标准的健康产品。

中国新茶饮行业发展到今天，必须实现品牌引领、数字赋能、科技创新“三互动”。品牌引领，以消费立场创造新中式茶饮消费文化，创造新中式茶饮意义上的文脉品牌，应用中国元素，实现国际化的表达；数字赋能，大数据采集分析应用，加强年轻人、中老年消费与茶饮消费关联深度研究；科技创新，开创新式定制茶饮产品，如香气中的某些成分对缓解抑郁症症状有一定的辅助作用，因此可使用具有愉悦香气的桂花、柚子花、栀子花、关山樱花、玫瑰花等开发出新茶饮，通过增加铁皮石斛等提高机体免疫力的药食两用原料，科学与茶配伍，作为餐饮专用新茶饮，造就新茶饮健康功能产品时代。

因此，由陈红波博士等主编的《新茶饮调制与经营》出版非常及时，顺应了潮流。该书内容知识点全面系统，覆盖了新茶饮的理论和实践基础、材料的相互搭配、不同茶类基底的科学配方和案例，并且附录中还包括国家规定的药食同源名单和新食品原料名单。该书不仅可以作为高校茶学专业教材，而且可以作为新茶饮企

业人才培训的学习资料，为新茶饮的健康发展起到重要作用。

饮茶有益于健康，我国作为一个茶的古国，两千年来饮茶习惯生生不息，年轻人作为新茶饮的主流消费人群，“热爱茶、热爱新茶饮”这个在茶文化引领下的新业态，让茶这个古老的产业焕发出勃勃生机。调研发现，喝过新茶饮的年轻人愿意喝纯茶的人群达到70%以上，而且新茶饮的包装承载了许多中华传统文化元素，如京剧脸谱、中国诗词歌赋等，为中华文化的弘扬和传承起到了极大的作用。

希望这本教材可以成为年轻人认识、传播中华茶文化的窗口，让更多从事新茶饮的创业人才能够吸取其养分，共同探索新茶饮行业的未来发展趋势，开创新茶饮产业辉煌的明天。

屠幼英

浙江大学茶学系教授

前言

中国是茶的故乡，中国人对茶的利用已有数千年的历史。先民们把茶作为食用、药用及饮用等方式的变化，体现了茶在人类社会生活中的独特而重要的价值。从饮茶方式来看，汉之煮、唐之煎、宋之点、明清之泡这4种方式体现了茶在中国人饮食中的变化。当代新茶饮的出现，改变了以往人们在固定场所中饮茶的方式，手持一杯，边走边饮，与现代快节奏的生活方式相契合。

新茶饮作为茶行业的一个分支，已经成为创造茶经济价值的重要力量。新茶饮以其时尚、便捷和口味独特等特点，近年来受到广大消费者的青睐，特别是年轻群体，他们成为新茶饮主流消费者，为茶行业的创新探索带来了活力和发展的广阔空间。面对茶饮市场的快速发展和消费者的多样化需求，如何引领新茶饮行业朝着健康、可持续的方向发展，成为新茶饮行业发展的迫切需求。在此背景下，本教材立足新茶饮行业，以“新茶饮调制与经营”为核心内容，为茶叶行业从业者及爱茶人士进行系统阐释。新茶饮的发展空间广阔，它不仅仅是一杯从奶茶店到消费者手上的一杯茶，更是一个以茶为载体将更多健康元素融入人们日常生活中的契机。与传统茶饮相比，新茶饮产品的丰富性、包容性更强，几乎能把日常生活中大部分的食材及饮料融入一杯饮品之中，即使是酒也能与其恰当地调和。也正因如此，新茶饮可以扮演“膳食补充剂”的角色。新茶饮可作为载体来补充人们在一日三餐中所欠缺的营养素，是一种行之有效的方法。例如，《中国居民膳食指南（2022）》指出国人膳食纤维的摄入量不足，那么来一杯富含膳食纤维的新茶饮，作为佐餐伴侣是一种不错的选择。本教材从大健康理念出发，希望新茶饮能够被更多的人群所接纳，无论是年轻人、中年人还是老年人，都能享受到适合自己的新茶饮，成为日常饮食生活中的一份营养的补充和一份惬意的享受。

目前，新茶饮逐渐被国内涉茶专业的学校所重视，先后开设新茶饮相关课程，浙江树人学院从2022年将其作为专业课程对国际经济与贸易专业（茶文化贸易方向）的本科生开设，受到了学生的喜爱。江南大学的中华茶文化与礼仪、中国茶道与茶艺课程也讲述了新茶饮相关内容，深受学生和社会人士的好评。本教材作为新茶饮行业的第一本专业课应用型本科教材，可供各高校师生系统学习使用。同时，本教材还可作为新职业“调饮师”的培训材料，对想从事新茶饮研发工作或新中式茶馆方向创业开店的人士提供帮助。本教材既有扎实的理论基础，又有实操案例的详尽指导，融学术价值和应用价值于一体，为后续新茶饮行业健康发展提供理论

参考。

本教材的编写既注重专业理论与实践，又强化思想引领，力求综合展现育人为核心的新时代教材特色。本教材以习近平新时代中国特色社会主义思想为指导，围绕立德树人根本任务，将课程内容与文化自信、家国情怀、国际视野等融合，使学生在学习新茶饮调制与经营的同时，能够更好地理解和传承中华优秀传统文化，实现知识技能的学习与思想熏陶，体现教材的科学性、权威性、前沿性。

希望本教材能够成为热爱茶饮、热爱创作和从事新茶饮经营管理的读者们的“良师益友”，引领大家共同探索新茶饮的无限可能，为我国茶产业的发展做出更多贡献，共同见证当代中华茶文化的繁荣与发展。

由于本教材涉及的专业知识面广，从理论到实践的内容涉及全行业，加之编者知识水平有限，教材中的疏漏或不妥之处在所难免，诚恳希望广大读者提出宝贵意见，以便及时修订，让我们共同为新茶饮的美好未来干杯！

编者

目录

第一章

新茶饮概述

本章导读

什么是新茶饮？本章学习新茶饮的内涵、特征与类型，系统梳理新茶饮产业发展至今的完整历程，结合对新茶饮行业未来发展趋势的深度分析与总结，在明确认知新茶饮行业发展面临的机遇和挑战的基础上，为新茶饮创业及从业者勾勒出清晰的行业发展蓝图，做好心理建设与准备。

学习目标

（1）了解并掌握新茶饮的内涵、特征与类型。

（2）了解并掌握新茶饮产业发展的历程。

（3）了解并掌握新茶饮行业发展的未来趋势。

学习内容、重点及难点

（1）学习内容　了解新茶饮产业的发展历程与时代背景，掌握新茶饮的内涵与类型，在此基础上，深刻理解并掌握新茶饮的“五新”特征，对新茶饮产业的未来发展趋势等基本内容进行重点学习与梳理。

（2）重点　新茶饮的内涵、特征与新茶饮产业的发展趋势。

（3）难点　深刻理解时代背景下，数字化技术等智能手段给新茶饮行业创新发展带来的机遇与挑战。

21世纪以来，社会发展进程不断提速，人民对美好生活的向往日益强烈，只有适应了新环境、新消费群体、新思想理念，并且能够准确洞察市场的品牌才能得到长足的发展。2021年3月，国家发展和改革委员会同有关部门印发《加快培育新型消费实施方案》。其中指出，优化监管服务，进一步探究建立质量分级制度，倡议优质优价，不断促进消费实现多维度升级。在“十四五”时期，国家将以更大力度构建经济内循环发展体系，这意味着全面促进消费、加快消费提质升级、释放内需潜力将成为我国未来经济发展的主力军。从国家宏观经济环境看，伴随着居民消费升级、消费互联网化、新消费

相关政策出台等新变化，快速增长的消费能力带来多元化、品质化的消费升级需求，利好整体大消费行业，诸多新式茶饮品牌如雨后春笋般迅速崛起，掀起了新式茶饮行业发展新浪潮（图1－1）。

图1－1　新式茶饮快速崛起

（资料来源：新华社发，程硕作）

第一节　新茶饮的内涵与特征

“Z世代”的概念起源于欧美地区，通常指“95后”的年轻人群体，这类人群强调个性化、协作、独立、多样性与实用主义。Z世代群体作为“互联网原住民”，更看重产品能否彰显个性而非性价比，消费过程中带有明显的圈层属性，成为当下新式消费的中坚力量。国家统计局《中国统计年鉴2024》数据显示，截至2023年，在我国，该群体人口约为3.1亿人，约占总人口的16.5%。在中国发展时空中，Z世代成长于经济腾飞、社会开放、文化多元的“丰裕社会”，他们思维活跃、个性鲜明，有着与众不同的消费习性和选择倾向。作为一个庞大的消费群体，他们的消费不再限于满足生存需要，而是更加注重休闲娱乐的体验及个体的精神追求。此外，热衷分享、追求新潮、打卡成风成为这一代人的重要特征，其消费过程折射出强烈的社交需求和情感需求。Z世代的消费偏好见图1－2。

图1－2　Z世代的消费偏好

由此可见，Z世代消费所追求的不仅是商品的使用价值，还有商品所蕴含的个性特质、圈层文化、自我表达等象征性意义，呈现出鲜明的“符号消费”形貌。在网络媒介对新式茶饮的推广营销下，新茶饮不再仅仅是Z世代即时满足的饮品，更成为其迎合潮流、寻求认同的“社交货币”。当产品可供人们共享和谈论，并使人们看起来更优秀、潇洒和时尚时，这些产品便成为社交货币，从而使得人们获得更多关注、好评和更加积极的印象。在消费社会，“需求瞄准的不是物，而是价值。需求的满足首先具有附着这些价值的意义。”人们消费的不再只是物品本身，而是为其带来的地位、权力、声望等附加价值，主导消费的也不再是物品可供使用的功能性价值，而是隐含其中的象征性符码意义。步入“丰裕社会”后，“社会生产能力已远远超出社会的有效需求而显得过剩”，过剩的社会资源被人们顺其自然地用于提升生活质量。

一、新茶饮的内涵

新茶饮，也称新式茶饮，是以优质茶叶及制品为主要原料，配以鲜奶或乳制品（淡乳、炼乳、芝士）、水果等天然优质食材原辅料，经现场提取和调配混合而成的饮品。在原茶叶的基础上进行组合与创新，更注重产品口感、食品质量安全以及品牌口碑，提供更优质的产品和服务体验，以年轻群体为消费主力，不断向年轻化、科技化和国际化的方向升级。新茶饮的出现，赋予了传统茶的不同表现形式，改变了人们喝茶的方式。同传统茶饮相比，新茶饮有3个特点：一是产品使用新鲜食材制作，更加天然健康，口味更好更丰富；二是善于运用新技术，产品制作技术更先进、更新颖，营销方式借助互联网、数字化、新媒体等工具来开展；三是塑造独特的品牌，注重品牌价值，重视顾客的体验和品牌认同感，具有较强的社交属性。但新茶饮重点在一个“新”字，即新食材、新口味、新技术、新群体及新文化传播5个特征（图1－3）。

图1－3　消费市场新亮点

（资料来源：新华社发，徐骏作）

二、新茶饮的特征

（一）新茶饮之新——新食材

新茶饮的“新”，体现在新食材。这些茶饮以新鲜食材、颜值高、味道好、营养丰富为特点，给消费者带来了全新的饮用体验。新茶饮的原料选择非常广泛，包括原叶茶、水果、现榨果蔬汁、原榨果汁、蔬菜、乳制品等。这些原料的加入，不仅提升了茶饮的口感和营养价值，也给消费者带来了更多选择。此外，新茶饮非常注重食材的品质和来源。新茶饮的新食材是茶饮创新的重要方向之一，许多茶饮品牌开始与当地的农产品供应商合作，选用新鲜、有机的食材，确保了茶饮的品质和口感。

（二）新茶饮之新——新口味

新茶饮的新口味，指的是调配各种原材料，如奶盖、水果、气泡、酒类等，甜、涩、酸、苦与黏稠度、温度等组合后丰富口味的呈现。新茶饮口味众多，每种口味都有其独特的口感和特点，可以根据个人口味选择适合自己的茶饮。众多新茶饮口味的出现，不仅满足了消费者的口感需求，也为茶饮行业的发展注入了新的活力。在茶饮口味的创新中，除了对食材的探索，还尝试通过改变茶饮的形态来创造出新的口感体验。

（三）新茶饮之新——新技术

新茶饮技术是在传统茶饮的基础上进行创新和升级，通过引入新技术和科学管理方式，提高茶饮的品质和口感，满足消费者对高品质、健康、美味的需求。采用更先进的制作设备和技术，可以更快速、高效地制作出高品质的茶饮；在配料方面也进行了创新，通过科学配比和加工，制作出口感丰富、营养均衡的饮品；采用各种保鲜技术，有效延长茶饮的保质期和新鲜度；采用数字化技术，提高了生产效率和品质控制能力；注重健康理念，满足消费者对健康、营养的需求。

（四）新茶饮之新——新群体

新茶饮的消费人群以“90后”和“00后”为主，他们追求时尚、个性，注重健康、天然，并且有深度网购消费的习惯。这个群体对于新茶饮有着极高的接受度和热情，他们更愿意尝试新的口味和搭配，注重品质、口感和品牌形象。新茶饮也为传统中国茶进行了消费者培育，通过融合传统茶饮的方式培育消费者品饮传统中国茶。

（五）新茶饮之新——新文化传播

新茶饮已经成为中华茶文化传承和创新的重要载体与窗口，让更多年轻人接触到传统中国茶，成为中国茶文化传播的新式表达。中国农业科学院茶叶研究所发布的《2022年新

式茶饮高质量发展报告》显示，有46.9%的年轻一代表示在新式茶饮消费过程中认识了更多的传统中国茶，有44.7%表示了解了不同茶叶品类，有54.7%认为感受到了中国茶文化的强大魅力，还有45.9%表示对中国传统文化产生了极大的兴趣。一些新式茶饮品牌与动漫、游戏、影视等产业合作，推出限定款茶饮，将茶饮文化与其他文化领域进行有机结合，进一步提高了新式茶饮的文化价值和影响力。

扫码看拓展阅读1-1及思考题

第二节 新茶饮产业的现状及发展趋势

随着社会经济的发展和人们多元化消费需求的爆发，传统茶产品的风味已不能满足消费者的需求。党的二十大报告指出，必须坚持“创新是第一动力”。中国茶产品创新一直是在突破旧有习惯中发展，从六大基本茶类到再加工茶到精深加工茶，再到现在流行的新茶饮，大致经历了3个阶段。第一，传统“热泡清饮”时代。传统“热泡清饮”阶段的进程十分漫长，中国人对茶叶的利用从神农时代的生叶煮喝到现代的泡饮经历了几千年，形成了六大基本茶类、再加工茶的传统茶叶分类结构。饮用方式是以热水冲泡茶叶后直接品饮，即清饮。第二，工业化茶饮料时代。液态包装茶饮饮料产业起步于20世纪70—80年代，20世纪80年代日本大力发展茶饮料，各种日本茶饮料因时尚健康在市场中反响强烈，随后我国台湾地区出现时代新人概念，在年轻人群体中推广茶饮料。中国茶饮料行业发展从1997年才开始，推出冰红茶、茉莉清茶等诸多畅销产品后，这些瓶装茶饮料让饮茶更时尚、便捷。第三，多场景新茶饮时代。新时代、新理念、新需求造就了新茶饮的飞速发展，瓶装茶饮料和杯状速溶奶茶逐步被替代。新茶饮行业仅用不到10年时间便形成了50万家门店、1000亿元销售额的市场规模，解决近5万t优质茶资源的消费，创新了中国茶的饮用方式，突破了传统茶叶消费的边界，诞生了一大批新茶饮流行品牌，培养了一大批年轻消费者。

一、中国新茶饮发展历程

中国的茶饮行业发展经历了三个时代——粉末时代、茶基底时代和新茶饮时代。粉末时代（20世纪90年代至2006年），以速溶粉冲调，不含奶也不含茶的初代“茶饮”。我国大陆茶饮连锁行业兴起于20世纪90年代。随着珍珠奶茶在我国台湾地区的风靡，很多主营珍珠奶茶的奶茶连锁店先后进入我国大陆，开启了我国大陆茶饮行业的发展之路。从1995年6月冰系列茶在华东地区上市，到2003年成为红茶品类的领先品牌，用了8

年时间。1996—2006年，台式奶茶处于茶粉冲泡阶段，比拼的重点在于小料的种类。可添加物从最初的珍珠发展到可以自选的椰果及各式果酱，款式也新增了水果茶、花果茶、花草茶等接近清饮的花草果茶类。茶基底时代（2006—2015年），以茶末和茶渣做基底、加入鲜奶、珍珠等简单元素。2006—2010年，奶茶的品类更趋于多元化，出现了“纯奶+纯茶”的萌芽。“健康低添加”“丰富口感”成了唯一的“生存密码”。为了进一步保证奶茶口感及提升品质，打响“健康茶饮”的招牌，本土茶类开始大规模参与奶茶调制。2011年，我国台湾地区塑化剂事件爆发，革新淘汰了粉末冲泡与果酱调制类产品，“鲜奶、鲜茶、鲜果”成为市场主流。2008—2015年，部分企业开始使用较低廉的碎茶、茶末作为茶底。新茶饮时代（2015至今），用专业设备精萃上等茶叶、配以新鲜奶盖、水果、芝士等装饰休闲时尚的新茶饮。2015—2020年，大部分新茶饮品牌开始使用品质优良的大宗茶为原料，当天现萃茶汤。2021年开始，使用原叶茶作为茶底原料已成为现制茶饮行业的标配，在此基础上，新茶饮的品牌开始挖掘小众优质茶原料。

随着时代的变化以及大众消费观念的迭代，人民对茶饮的要求也发生了根本性变化，从传统老式向时尚健康转变，时尚又健康的新茶饮逐渐兴起并受到现代年轻人追捧。目前，新茶饮已正式迈入“数字化”3.0时期。3.0时期的新茶饮更加注重数字化运营和用户体验感的创新，从而打造独特的品牌文化，并提升品牌价值。而未来茶饮4.0时代，将是多个茶饮品牌成功走出国门、布局全球化市场的时代。中国调饮茶行业发展历程、中国新茶饮行业发展历程见图1－4和图1－5。

维度对比	1990—1996年 茶粉调制时代	1996—2015年 传统茶饮时代	2015年至今 新茶饮时代
原料制作	·多以奶茶粉冲兑而成	·使用茶渣作为茶基底，添加奶精及人工合成辅料	·选用包括原茶、鲜奶、新鲜水果等在内的新鲜/优质原辅食材，颠覆传统珍珠奶茶的同质化口感，将“茶”“奶”“果”等进行多样化搭配和融合
价位区间	·通常在10元以内	·通常在10~20元	·通常在20元以上
消费场景	·街边店铺，多位于学校周边，店铺规模较小，基本无桌椅座位	·初具装修设计风格的茶饮门店，多开设在商场及周边商业街	·一线、二线城市主城区人流密集的商业/购物中心，门店装修设计风格独特，部分有座位区，打造具备社交属性的概念空间
目标客群	·通常为年轻消费群体或学生群体	·通常为休闲娱乐的年轻消费群体	·通常为购买力较强且喜欢社交分享的年轻消费群体
文化调性	·缺乏文化属性	·侧重产品制作，文化概念相对较弱	·注重品牌文化建设，创新打造“体验+社交”的营销模式，具备差异化的品牌价值及竞争优势

图1－4　中国调饮茶行业发展历程

图1-5　中国新茶饮行业发展历程

二、新茶饮的主要产品类型

新茶饮的消费群体主要是年轻人，具有非常强的时尚性，因此产品的种类迭代和发展速度非常快，不同品牌的产品名称也各具特色，因此产品类型比较多，主要有水果茶饮、蔬草茶饮、果奶茶饮、奶制茶饮、奶盖茶饮、冰沙茶饮、鸡尾茶饮、气泡茶饮、冷萃茶饮等。但总体上，主要有新式奶茶系列、新式水果茶系列、新式混合茶系列、新式纯茶系列以及抹茶系列五大类产品。

1. 新式奶茶系列产品

新式奶茶系列产品以发酵度较高的红茶、乌龙茶等茶叶为主要原料，配以鲜奶或高级奶粉、珍珠粉圆、布丁、椰果等材料，经现场泡制和加工而成的饮品。主要产品有阿萨姆奶茶、大吉岭奶茶、珍珠奶茶、蛋糕奶茶、炭烧奶茶、黑糖抹茶牛乳、红茶拿铁、幽兰拿铁等。产品主要采用优质茶叶和鲜奶等材质经现场直接加工而成，具有茶味浓郁、奶香持久、口感爽滑且香醇浓厚的特点，深受年轻人，特别是年轻女性消费者的喜爱。

2. 新式水果茶系列产品

新式水果茶系列产品以各类具有特色香气的茶叶为主要原料，配以相应的特色水果或混合水果，经现场加工和美化设计包装而成。主要产品有四季春、水果茶、百香果茶、金菠萝、多肉车厘、多肉葡萄、满杯香水柠、霸气绿宝石等。水果茶既可柔化茶的苦涩味，又可增加茶风味的丰富性和多样性，同时具有更好的外观美感。

3. 新式混合茶系列产品

新式混合茶系列产品以相配套的茶和花、果蔬等为主要材料，配以奶、芝士、可可、咖啡、酒等进行增味，经现场调制和美化设计包装而成。产品以优质茶叶和花、果、奶、芝士、可可等各种材料混合搭配而成，能改善传统茶叶在香气浓郁度和丰富度方面的不足，具有较高的欣赏价值、别具新意的口感和丰富的营养价值，形成多样的风味、外观色彩。

4. 新式纯茶系列产品

新式纯茶系列产品以优质特色的绿茶、乌龙茶、花茶等为主要原料，通过现场手工泡制和外观美化设计而成。主要产品有纯绿茶、纯四季春、纯金兰乌龙、纯金凤茶王、冷泡冻顶乌龙、冷泡阿里山初露、冷泡凤凰单丛等各种特色纯茶产品。该类产品主要选择香气浓郁、滋味鲜爽或醇爽的茶叶为原料，采用长时间冷泡或快速热泡的特殊制作方式，现场加工出香气独特、浓郁和滋味鲜醇、可口的特色茶汤，适合对纯茶苦涩感和热量摄入比较敏感的人群饮用。

5. 抹茶系列产品

抹茶作为一种具有特殊外形和风味的茶产品，以色亮绿、味鲜醇、特色香为特点的抹茶为主要原料，通过添加鲜奶、奶酪、动物奶油、糖浆，以及可可、冰块等各种辅配料，通过特殊的加工方法，并经过外观美化设计处理而成。抹茶系列产品既有抹茶的特殊色泽和风味，又解决了乳制品口感厚腻问题，通过特殊的加工方法形成了口感和外观都特殊的一类产品。另外，还有冰沙茶饮、气泡茶饮、冰萃茶饮等别具特色风味和外观的新式茶饮产品。

三、新茶饮产业发展趋势

（一）新茶饮为茶产业提供新引擎

随着新茶饮企业品类不断创新拓宽，消费者对新式茶饮的热情持续上升，成为近年来其在市场迅速扩张的强大助力之一（图1－6）。根据数据，预计到2025年中国新式茶饮市场规模将达到3749.3亿元（艾媒咨询）。新茶饮在古老的茶文化中用现代的方式，时尚出圈、推陈出新，开辟了全新的赛道和时代指向标。新茶饮重点在一个“新”字，即顺应新的消费需求，采用新的技术产业、发展新的茶叶价值、开辟新的营销渠道、培育新的消费群体。新茶饮以其独特的魅力和便捷的方式让茶饮不再是年轻人的专利。新茶饮的快速发展不仅使得茶产业在农业领域中显示出良好的发展态势，更让我国茶产业供过于求的局面有所缓和。

图1－6 新茶饮快速崛起
（资料来源：新华社发，勾建山作）

对于新兴行业的发展，加强标准化、规模化、品牌化等方面的建设，让新茶饮赋予茶产业新的动力，让茶产业实现高质量、可持续、绿色化发展。新茶饮日益呈现出产品健康化、价格亲民化、渠道便利

化、宣传多样化、运营数字化、原料品质化等特点，从品质来看，从速溶茶粉、碎茶等低端原料渐渐向原叶茶、小众优质茶原料开始转变。从意义来看，新茶饮为中华文化传承提供了新窗口、为传统茶产业发展赋予了新活力、为我国茶科技创新提供了新思路、为生产区乡村振兴增添了新动能、为茶产业消费活力提供了新引擎。未来，新茶饮将日益展现出健康高质、方便轻松、个性时尚三大特征，其原料更加天然化、功能化、特色化，制造更加高质化、标准化，产品更加健康化、时尚化、方便化，产业更加多元化、融合化、集成化。

（二）数字化升级是新茶饮发展必由之路

新茶饮市场整体规模不断扩大，现制茶饮市场规模已经超过1000亿元，市场竞争日益激烈，全链路的数字化管理能够帮助新茶饮企业应对更多挑战。

首先，从供应端来看，数字化管理体系能够帮助企业完善自建供应链，建立智能商品中心，实现库存管理一体化，推动全环节的数字化升级（图1－7）；其次，从运营端来看，数字化工具推进门店的标准化和专业化，实现茶饮的标准化生产，提升产品稳定性；另外，在渠道端的建设上，由于当下消费群体对线上渠道的接触度、接受度都很高，那么从小程序、应用程序（App）、电商等全方位数字渠道能够帮助企业更好地触达消费者；此外，从营销端来看，前端的数字化应用完善会员体系，构建和维护流量池生态，能够帮助品牌拉近与消费者间的距离，建立更紧密的联系；最后，产品端的数字化升级也能够更好地推动新品研发和产品迭代，海量数据帮助企业更精准地把握市场变化、抓住消费者需求，用于产品口感优化、工艺的提升和创新等，用产品实现消费者的留存。

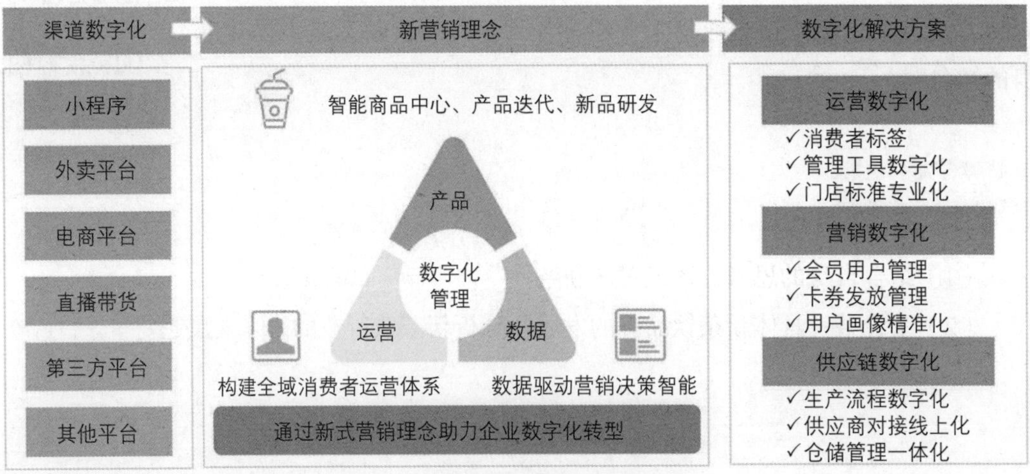

图1－7 **新茶饮的数字化营销升级**

（三）新茶饮未来发展“四化”

新茶饮未来发展“四化”，即生产原料专用化、调制工艺智能化、产品质量标准化、营销手段多元化。

1. 生产原料专用化

随着国民越来越追求低脂低糖的健康理念，新茶饮为了迎合消费者的健康消费需求，采用优质茶叶、鲜奶、蔗糖及丰富的水果等原料。茶叶作为新茶饮中最重要的原料，也在不断地在追求专业化，新茶饮企业使用的茶叶原料其产地、种类、等级和茶风味都在不断地发生变化和更替。

2. 调制工艺智能化

新茶饮行业的快速发展和市场规模的迅速扩大，以及现调茶饮产品的升级和迭代，带动了传统制茶工业发展模式和茶叶加工技术的创新。制茶技术创新源自现调茶饮消费趋势、方向和消费者需求变化之中，今后新茶饮制茶的工业会随着科技的发展而不断地提高，机械智能调制将不断取代人工手工调制。

3. 产品质量标准化

新茶饮在遭受舆论风波后，不论是对自身长久经营的考虑还是对消费者的责任感，未来都会加强管理，制定严格且精细化的生产经营标准，加强门店的精细化管理、员工管理。在品质管控方面要积极投入，否则茶饮问题消耗的就是品牌价值，在产业进行快速扩张的同时还应不断加强产品质量的把控，从而确保行业能走得更加长远。

4. 营销手段多元化

随着互联网的迅猛发展，营销宣传手段正在由投放电视广告、纸质广告等传统营销方式渐渐转向网络营销、知名博主推荐、抖音等新媒体营销方式，新茶饮企业将来会通过各种多元的营销方式来提升自身的知名度。

扫码看拓展阅读1-2及思考题

本章思考题

（1）结合自身的思考，谈谈对“新茶饮”之“新”的理解。

（2）结合某一具体新茶饮品牌的发展，分析新茶饮行业的未来发展趋势。

第二章

新茶饮创作理论基础

本章导读

新茶饮创作的核心理念是什么？本章学习新茶饮创作的营养学理论、系统梳理茶的保健功能，立足于中华传统食养文化，探求新茶饮创作中继往开来、推陈出新之法，为新茶饮的创作建立翔实可参的理论与方法体系。

学习目标

（1）了解并掌握新茶饮创作的营养学理论基础。

（2）了解并掌握新茶饮的风味因子、营养素构成及保健功能。

（3）了解并掌握新茶饮创作的搭配总体原则与方法。

学习内容、重点及难点

（1）学习内容　了解新茶饮创作的核心理念之一——营养均衡，结合对茶性、茶叶中营养素及茶叶的保健功能的学习与理解，从中华传统食养文化的基本原则与方法出发，对新茶饮创新制作的配伍原则与方法等内容进行重点学习与总结，赓续传承，砥砺创新。

（2）重点　掌握茶饮中的茶性、营养素与保健功能。

（3）难点　结合中华传统食养文化，灵活运用新茶饮创作的总则与方法。

习近平总书记指出："健康是促进人的全面发展的必然要求，是经济社会发展的基础条件，是民族昌盛和国家富强的重要标志，也是广大人民群众的共同追求。"党的二十大报告将建成健康中国作为2035年我国发展的总体目标之一，并指出"人民健康是民族昌盛和国家强盛的重要标志。把保障人民健康放在优先发展的战略位置，完善人民健康促进政策。"在健康中国战略的推动下，关注健康、追求健康的社会氛围越发浓厚，人们对食品健康的要求也越来越高。从发达国家的食品发展进程来看，保健品食品化已是未来餐饮行业发展的主要趋势，创造健康新茶饮是茶饮行业发展的重中之重，仅通过产品的颜值和味道取胜的时代已经过去，构建茶饮的健康内核、深入学习健康知识、助力百姓形成良好的生活方式，是新茶饮行业发展的必由之路。

第一节 新茶饮的营养学理论

一、营养与健康的关系

人是由细胞组成的，细胞构成了各种各样的组织，组织构成了各种系统，如呼吸系统、循环系统、消化系统等，各种不同的系统构成了人体。每一个细胞所需的营养是不同的，人的生长发育、生命活动，都有赖于营养物质的供给，这些物质称作营养素。人摄取营养素不充足或者不均衡时，细胞不能及时自我修复，会导致生病。《选择健康》（*Never Be Sick Again*）一书告诉我们："不管得的是一般的感冒，还是像抑郁症一样的精神疾病，或是有生命危险的癌症，所有的病症都是由于身体细胞出了故障引起的。"

中国传统文化历来讲究"药食同源"，很多食物本身就是药物，同样能够防治疾病，它们之间并没有绝对的分界线。截至2024年8月，国家已发布了106种药食同源的物质，如山药、枣、山楂、乌梅等。

各类食物提供的主要营养素见图2－1。

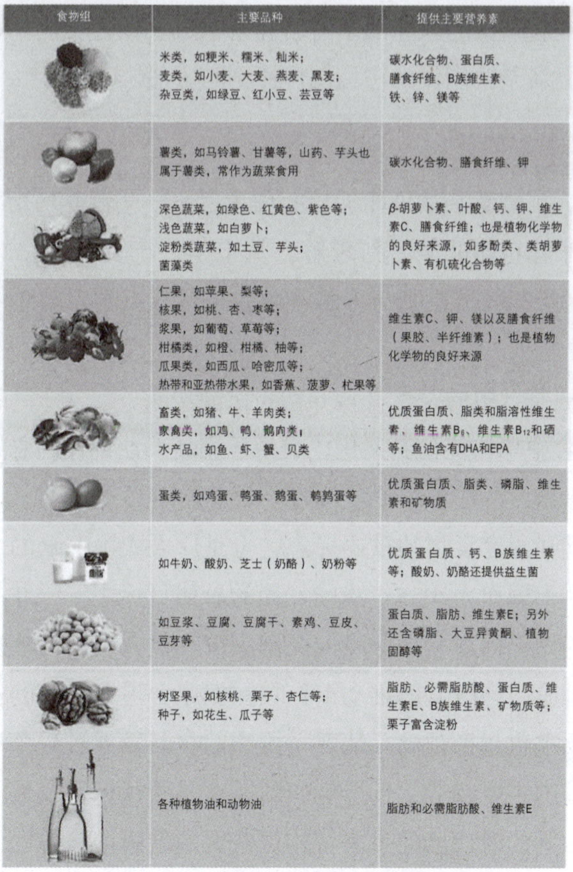

食物组	主要品种	提供主要营养素
	米类，如粳米、糯米、籼米； 麦类，如小麦、大麦、燕麦、黑麦； 杂豆类，如绿豆、红小豆、芸豆等	碳水化合物、蛋白质、 膳食纤维、B族维生素、 铁、锌、镁等
	薯类，如马铃薯、甘薯等，山药、芋头也属于薯类，常作为蔬菜食用	碳水化合物、膳食纤维、钾
	深色蔬菜，如绿色、红黄色、紫色等； 浅色蔬菜，如白萝卜； 淀粉类蔬菜，如土豆、芋头； 菌藻类	β-胡萝卜素、叶酸、钙、钾、维生素C、膳食纤维；也是植物化学物的良好来源，如多酚类、类胡萝卜素、有机硫化合物等
	仁果，如苹果、梨等； 核果，如桃、杏、枣等； 浆果，如葡萄、草莓等； 柑橘类，如橙、柑橘、柚等； 瓜果类，如西瓜、哈密瓜等； 热带和亚热带水果，如香蕉、菠萝、杧果等	维生素C、钾、镁以及膳食纤维（果胶、半纤维素）；也是植物化学物的良好来源
	畜类，如猪、牛、羊肉类； 家禽类，如鸡、鸭、鹅肉类； 水产品，如鱼、虾、蟹、贝类	优质蛋白质、脂类和脂溶性维生素、维生素B_6、维生素B_{12}和硒等；鱼油含有DHA和EPA
	蛋类，如鸡蛋、鸭蛋、鹅蛋、鹌鹑蛋等	优质蛋白质、脂类、磷脂、维生素和矿物质
	如牛奶、酸奶、芝士（奶酪）、奶粉等	优质蛋白质、钙、B族维生素等；酸奶、奶酪还提供益生菌
	如豆浆、豆腐、豆腐干、素鸡、豆皮、豆芽等	蛋白质、脂肪、维生素E；另外还含磷脂、大豆异黄酮、植物固醇等
	树坚果，如核桃、栗子、杏仁等； 种子，如花生、瓜子等	脂肪、必需脂肪酸、蛋白质、维生素E、B族维生素、矿物质等；栗子富含淀粉
	各种植物油和动物油	脂肪和必需脂肪酸、维生素E

图2－1 各类食物提供的主要营养素

二、营养均衡是关键

平衡膳食为机体免疫力提供重要物质保障。营养素在免疫细胞的发育、代谢和保持最佳功能等方面发挥着关键作用，也可以通过调节肠道微生物维护机体免疫功能，提高机体免疫力。蛋白质是免疫的基础，氨基酸是合成免疫球蛋白等免疫物质不可缺少的营养素，并通过多种途径影响免疫功能；矿物质和维生素能通过刺激免疫细胞增殖和促进抗体形成来维持机体免疫力。

营养素是细胞的组成成分，也为细胞各种活动提供动力，每一分每一秒都在消耗，如果不能及时补充，那么某些细胞可能就会因为缺乏某些营养素而影响到它的修复和新陈代谢。时间长了，可能会导致这些细胞结构受损、功能下降。一旦更严重，当细胞的修复系统变得失去功能时，最终将导致组织功能的下降，以及肿瘤发生率的增加。

那么营养素的补充是不是越多越好呢？正所谓“过犹不及”，营养素的补充既不能多也不能少，均衡摄取才是最高境界。营养均衡包括两个原则：一个是全面，一个是适度。所谓全面，就是不偏食、不挑食，要让日常食物种类多样化。至于适度原则，就是吃任何食物都应懂得适可而止。肉、奶、蛋营养丰富，可要是每天吃，导致营养过剩，身体也受不了；听说肥肉不好、脂肪含量高、不健康，从此一口也不吃，这也是不对的。我们应该少吃，但少吃不等于不吃，动物性脂肪中也有我们身体所需的营养素。根据适度原则，该多吃的多吃，该少吃的少吃，但都不能走极端。

为了让人们都能营养均衡，中国营养学会与中国疾病预防控制中心共同制定了《中国居民膳食指南》，指导中国居民合理膳食。《中国居民膳食指南（2022）》推荐的各类食物摄入重量塔形图见图2－2，建议摄入的主要食物种类数见表2－1。并且绘制了平衡膳食宝塔。关注自己日常生活中的一食一饮，让它尽可能均衡。虽然这样做不会有立竿见影的效果，但是“润物细无声”，对我们的身心健康有莫大的好处。

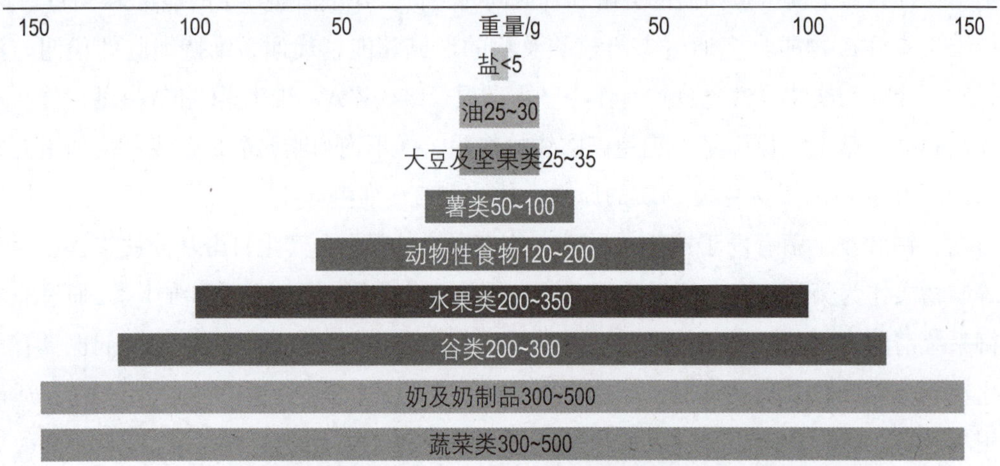

图2－2　《中国居民膳食指南（2022）》推荐的各类食物摄入重量塔形图

表2－1 《中国居民膳食指南（2022）》建议摄入的主要食物种类数

食物类别	平均摄入的种类数/种	每周至少摄入的种类数/种
谷类、薯类、杂豆类	3	5
蔬菜、水果	4	10
畜、禽、鱼、蛋	3	5
奶、大豆、坚果	2	5
合计	12	25

（一）人体必需营养素及其作用

人体所必需的营养素包括碳水化合物、脂质、蛋白质、水、矿物质和维生素等。身体发育和组织消耗的补充物质是蛋白质、脂肪和碳水化合物，而对身体调节及代谢起重要作用的是无机盐和维生素。无论哪种营养物质都具有其所特有的作用，因此人们每天必须摄取充足且平衡的营养物质，我们将每天应摄取的营养物质量称为营养素需要量。营养素需要量因年龄、性别及身体活动量等的不同而异。

葡萄糖是糖在血液中的存在形式，过多时可通过合成糖原储存在肌肉（肌糖原）和肝脏中（肝糖原）。空腹时正常的血糖浓度为3.61~6.10mmol/L，过多时便合成脂肪储存在脂肪组织中。每克糖的能量为4kcal（1kcal=4186.8J）。糖是脑和神经系统的唯一的能源。脂肪可由食物中的糖、脂质和蛋白质合成。即使不摄取脂肪，只吃米、面食物和水果，多余的能量也可在体内合成脂肪，作为脂肪组织储存于体内。1g脂肪在体内氧化可产生9kcal能量，约是糖和蛋白质的2倍。脂肪组织并不全部是脂肪，还包括细胞膜等实质部分，脂肪约占脂肪组织的85%。蛋白质和糖、脂质不同，在体内不能完全分解。蛋白质中的重要成分是氮，可由尿、粪便、皮肤、毛发等排出体外。蛋白质在体内保持动态平衡，称为氮平衡。蛋白质的分解和合成同时进行。1g蛋白质产生的能量为4kcal。

维生素和矿物质大多通过参与核酸及酶的形成和能量代谢，维持细胞的代谢与活力，对特异性和非特异性免疫均有作用。蛋白质、维生素A、维生素C和锌有助于维持皮肤和黏膜的完整性，保障第一道免疫防线的作用。多不饱和脂肪酸是合成免疫球蛋白、细胞因子和炎性因子等免疫物质的原料。维生素C、维生素A、B族维生素、铁、锌、硒、铜、钙和益生菌有助于抗体的形成。免疫应答过程中会产生自由基，铁、锌、硒和铜等矿物质作为酶的组成，通过酶促反应发挥抗氧化作用，维生素C和维生素E通过非酶防御系统清除自由基，类胡萝卜素、酚类等植物化合物和益生菌等微生态制剂也具有抗氧化功能。因此，合理膳食对机体免疫力至关重要。建议摄入食物的种类要多样，适量食用鱼、禽、蛋和瘦肉，多饮奶，保证充足的能量和优质蛋白，多食用绿叶蔬菜和大豆制品，适量食用坚果。人体必需营养素和其他膳食成分见表2－2。

表2－2 人体必需营养素和其他膳食成分

膳食营养素	蛋白质	亮氨酸、异亮氨酸、赖氨酸、甲硫氨酸、苯丙氨酸、苏氨酸、色氨酸、缬氨酸、组氨酸
	脂质	亚油酸、α-亚麻酸
	碳水化合物	
	常量元素	钙、磷、钾、钠、镁、硫、氯
	微量元素	铁、碘、锌、硒、铜、铬、锰、钼、钴等
	脂溶性维生素	维生素A、维生素D、维生素E、维生素K
	水溶性维生素	维生素B_1、维生素B_2、维生素B_6、维生素B_{12}、维生素C、叶酸、烟酸、生物素、泛酸、胆碱
	水	
	膳食纤维	
其他膳食成分	番茄红素、植物甾醇、原花青素、姜黄素、大豆异黄酮、叶黄素、花色苷、氨基葡萄糖等	

（二）营养素可以提高身体的免疫力

人体免疫系统由免疫器官、免疫细胞和免疫活性物质组成。维持免疫细胞代谢和免疫活性物质合成需要营养物质，免疫应答过程会产生自由基，而一些维生素、矿物质和植物化合物具有抗氧化作用。因此，在新茶饮调制方面，我们要注意提升饮品的营养价值与营养素密度。以下介绍几种主要的营养素及其作用。

1. 脂肪酸

在脂肪酸的家族中，包括饱和脂肪酸和不饱和脂肪酸两大类，在不饱和脂肪酸大类中又包括单不饱和脂肪酸和多不饱和脂肪酸。多不饱和脂肪酸是构成生物膜磷脂的重要组成部分，可通过多种方式影响膜上酶和受体的功能。人体必需脂肪酸只有α-亚麻酸（ω-6）和亚油酸（ω-3）两种。由于α-亚麻酸和亚油酸在代谢过程中存在竞争抑制，所以营养学家们重视膳食中适宜的ω-6与ω-3的比例。中国营养学会认为ω-6：ω-3=4：1~6：1比较适合中国人体质，但目前我国人均ω-6：ω-3=40：1~50：1。体外实验研究发现细胞膜上ω-6与ω-3的比例对上皮细胞发挥作用，在潜在的炎症下，ω-3多不饱和脂肪酸可以恢复受损屏障功能，减少促炎介质的产生。短链脂肪酸作为肠道微生物代谢的主要产物，能通过调节细胞因子表达和T淋巴细胞功能，增强肠黏膜的免疫应答过程，在先天性免疫和特异性免疫方面均有促进作用。而饱和脂肪酸摄入过多能引发促炎症反应，高饱和脂肪酸饮食8周后，脂肪组织中炎症基因表达增加。

2. 矿物质

人体必需矿物质参与人体核酸及酶的形成和能量代谢，维持免疫细胞的完整性。缺

钙使免疫细胞活性下降，免疫球蛋白分泌减少，导致儿童、老年人等免疫力低下的人群发生反复感染或疾病。缺铁使胸腺萎缩，T淋巴细胞数量下降，吞噬细胞合成减少，自然杀伤细胞活性被抑制，中性粒细胞吞噬作用下降、杀菌能力受损，影响抗体的形成，导致缺铁性贫血患者抵抗力减弱。体内有充足的硒可使免疫系统分泌的抗体增加，补体水平增高，对病毒的易感性下降，缺硒使胸腺上皮细胞发生颗粒样变性，抗体受损，中性粒细胞杀菌能力减弱，免疫球蛋白减少。挑食、偏食和反复上呼吸道感染婴幼儿血清维生素D_3、锌、铁、铜和镁水平均明显低于正常婴幼儿。动物性食品中的矿物质（如铁、锌和硒等）含量较高，谷物中要增加全谷物和杂豆类的比例，素食人群每日大豆类食品不可缺少。

3. 维生素

维生素A、维生素C、维生素D、维生素E及B族维生素与免疫功能密切相关（表2－3）。维生素A、维生素D、维生素E缺乏与反复呼吸道感染存在相关性，反复呼吸道感染儿童存在维生素A、维生素D缺乏症状，其血清免疫指标低于正常儿童，而炎症因子却高于正常儿童。维生素A、维生素D、维生素E干预可以控制呼吸道感染发作，降低复发次数，缩短病程。蔬菜水果中含有丰富的维生素，蛋黄中含有丰富的维生素A，日常膳食应合理摄入。

表2－3　矿物质和维生素对免疫系统的作用

营养素	非特异性免疫	特异性免疫
铁	清除活性氧；参与调节细胞因子的产生；参与抗体形成；有助于吞噬细胞的形成，通过吞噬细胞和自然杀伤细胞参与杀菌	在T淋巴细胞的分化和增殖中起重要作用；对细胞分化和生长很重要，是对免疫细胞功能至关重要的酶的组成部分
硒	谷胱甘肽过氧化物酶的成分，具有抗氧化作用；影响白细胞和自然杀伤细胞的功能	参与T淋巴细胞增殖；促进抗体的产生
锌	对维持皮肤和黏膜的完整性很重要；控制免疫调节因子；白细胞介素、肿瘤坏死因子的分泌和产生；抗氧化作用，保护活性氧和活性氮；涉及核酸和蛋白质的代谢，间接影响免疫系统	在细胞生长和T淋巴细胞分化中起作用；维持T淋巴细胞的活性；促进抗体产生
铜	自由基清除剂；抗菌，如白细胞介素-2；对嗜中性粒细胞增殖和白细胞吞噬有重要作用	参与T淋巴细胞的增殖；促进抗体产生
钙	—	参与T淋巴细胞的活化；对B淋巴细胞的分化很重要
维生素C_3	抗氧化作用：对白细胞的吞噬功能很重要；促进胶原合成，从而支持上皮屏障的完整性	促进抗体的产生；对淋巴细胞的分化和增殖至关重要；刺激白细胞的产生、功能和运动

续表

营养素	非特异性免疫	特异性免疫
维生素A	维持皮肤和黏膜的完整性；对天然免疫细胞的正常功能很重要	对T淋巴细胞和B淋巴细胞的分化和增殖至关重要；促进抗体的产生
维生素E	抗氧化，保护细胞膜的完整性免受自由基破坏	增强T淋巴细胞介导功能和淋巴细胞增殖
维生素D	刺激免疫细胞增殖和细胞因子的产生；有助于防止病原体引起的感染	主要在适应性免疫中起抑制作用
B族维生素	维持自然杀伤细胞的活性	对抗体的产生很重要；促进T淋巴细胞的产生

4. 植物的次生代谢产物

（1）类胡萝卜素　700多种天然类胡萝卜素存在于自然界中，对人体营养有意义的有40～50 种，与人体免疫功能相关的主要有番茄红素、β-胡萝卜素和虾青素等。类胡萝卜素与维生素A具有多种相似的生物学活性。类胡萝卜素还能影响细胞生长，调节基因表达和免疫反应，促进B淋巴细胞和T淋巴细胞的增殖以及巨噬细胞和细胞因子的产生。有研究显示，连续2周摄入低含量的类胡萝卜素食物后，人体免疫功能明显降低；而连续2周摄入番茄汁后，人体内番茄红素会明显增加，同时T淋巴细胞的免疫功能增强。虾青素起到明显的生理调节作用。在黏膜免疫功能受损、氧化应激和炎症增加的情况下，虾青素可减少DNA损伤生物标志物和急性期反应蛋白，增强免疫力。

（2）酚类　常见的酚类化合物有儿茶素、原花青素、槲皮素、花色苷、大豆异黄酮、姜黄素等，通过抗氧化作用提高免疫力。儿茶素是茶多酚中最重要的一种，占茶多酚的75%～80%，可增强机体多种抗氧化酶的活性；原花青素广泛存在于水果、蔬菜和坚果中，含量较为丰富，它是活性氧的有效清除剂；很多蔬菜水果中都存在槲皮素，具有超强的抗氧化能力；花色苷在深色浆果、蔬菜、薯类和谷物种皮中含量丰富，既能清除自由基、又能提升抗氧化酶活性；大豆异黄酮主要存在于豆类植物中，能抑制活性氧自由基产生、减少DNA氧化损伤；姜黄素具有抗炎作用，可通过在多个水平上调节CD4+T淋巴细胞活性从而降低T淋巴细胞依赖性炎性应激。

（3）皂苷　人参皂苷Rg3 对环磷酰胺诱导的免疫抑制具有保护作用。人参皂苷和红景天皂苷联合使用能增强小鼠的细胞免疫功能和自然杀伤细胞活性，绞股蓝总皂苷能使小鼠脾淋巴细胞总数及自然杀伤细胞活性显著增加，而脾淋巴细胞是产生抗体、自然杀伤细胞及淋巴因子激活的杀伤细胞的场所，且自然杀伤细胞对肿瘤细胞具有直接杀伤作用。

（4）大蒜素　大蒜中的含硫化合物能促进肠道产生一种酶，通过增强机体免疫功能、阻断脂质过氧化形成和抗突变等多种途径增强免疫力。临床研究发现大蒜素有提高运动员大强度运动后体液免疫能力的作用，对前列腺癌患者的免疫功能也有一定的改善

作用。细菌感染导致的呼吸机相关性肺炎患者在常规抗感染治疗基础上加用大蒜素治疗，能显著缩短抗生素使用时间、机械通气时间及重症监护室治疗时间，临床不良反应发生率低。

5. 微生态制剂对免疫力的影响

微生态制剂包括合生元、益生元和益生菌，益生菌又分为乳酸菌类、芽孢杆菌类和酵母菌类3种。微生态制剂通过调节肠道菌群，为人体补充双歧杆菌等有益菌，达到治疗疾病的目的。益生菌在体内产生细菌素，同时刺激宿主产生防御素和抗体，增强机体的细胞免疫和体液免疫功能；益生菌在新陈代谢过程中，通过菌体凝集作用增加与致病菌的接触面积，并分泌大量有机酸破坏致病菌的细胞壁，从而消除致病菌；益生菌还能分解自由基，具有抗氧化功能，改善抗氧化系统微生物成分和代谢物。微生态制剂联合肠内营养可缓解急性重症胰腺炎患者的全身炎症反应，抑制肠道菌群移位，提高机体免疫力，改善近期治疗效果。

膳食原料的保健成分见表2－4。

表2－4　膳食原料的保健成分

成分	食材、药材	功能
低聚糖（寡糖、寡聚糖）	大豆、玉米、魔芋	有助于调整肠胃菌群、促进消化吸收、润肠通便、降胆固醇、抗肿瘤、保护肝功能
多糖（多聚糖）	芦笋、香菇、银耳、大枣、枸杞、茯苓、黄芪	有助于免疫调节、抗炎、抗肿瘤、抗病毒、抗氧化、抗辐射、降血糖、降血脂、保护肝功能
皂苷	苦瓜、玉米、海参、茶叶、人参、远志、桔梗、甘草、知母、柴胡	有助于抗真菌、抗肿瘤、免疫调节、抗炎、降胆固醇、降血糖、保肝、防治心血管疾病
多酚	绿茶、葡萄及深色的蔬果、茶叶、大蒜、大豆	有助于抗氧化、抑制自由基、抑制肿瘤、降胆固醇、降血压、预防心脑疾病
黄酮	大豆、花生、芹菜、洋葱、蓝莓、香蕉、柑橘类水果、山楂、沙棘、银杏叶、茶叶、红葡萄酒	有助于抗衰老、抗氧化、抗过敏、抗炎、抗微生物、抗肿瘤、降血脂、降血压、保护心血管及脑神经系统
植物雌激素	大豆及其制品、亚麻籽、葛根	有助于抗氧化、抑制自由基、防乳腺癌、子宫癌和前列腺癌、保护心血管系统
多肽	牛肉、猪肉、鸡肉、大豆	有助于免疫调节、抗血栓、降血压、降胆固醇、抑菌、抗病毒、抗肿瘤
牛磺酸（氨基乙磺酸）	动物内脏、海鲜、肉类	有助于降血压、降血脂、降胆固醇、抗痉挛、防癫痫、减少焦虑、促进智力、生长发育、维持视觉功能、提高肝功能

续表

成分	食材、药材	功能
L-肉碱（维生素BT、左旋肉碱）	红肉（猪肉、牛肉、羊肉等）、乳制品、鱼肉	有助于减肥、减少体脂、降血脂、促进脂肪酸氧化、抗心肌缺血、防心律失常、提高机体耐受力
植物甾醇	坚果、植物油脂、植物种子	有助于免疫调节、抑制胆固醇吸收、抑制肿瘤、抑制乳腺增生，防治前列腺肥大
多不饱和脂肪酸	液体植物油（大豆、玉米、葵花油等）、海鱼、蛋黄	有助于降胆固醇、预防脂肪肝、抗肿瘤、抗炎、抗过敏、抗衰老、保护视力、健脑益智、调控基因表达、增强胰岛素作用
磷脂	大豆、蛋黄、谷类、动物肝脏、植物油	有助于改善记忆、增强神经传输，降血糖、降胆固醇、预防脂肪肝、预防高血压、活化细胞、健美肌肤

第二节　茶的保健功能及传统茶

李时珍在《本草纲目》中记载：“茶体轻浮，采摘之时芽蘖初萌，正得春升之气。味虽苦而气则薄，乃阴中之阳，可升可降。”随着现代研究的逐步深入，发现茶叶中含有多达500多种的化学物质，主要包括茶碱、咖啡因、可可碱、儿茶素、黄酮类、茶鞣质、酚类、醇类、醛类、酸类、酯类、芳香油化合物、碳水化合物、多种维生素、蛋白质及多种矿物质元素。这些成分大多对人体有益，在这些有益元素的共同作用下，可起到养生保健等有益身心的功效。

一、六大茶类的茶性

中药药性的四气，即“寒、热、温、凉”，划分了药物的寒温之性，这里同样适用于形容茶性的寒温，寒凉程度重为“寒”，程度轻为“凉”，二者是相对而言的。同样的道理可以推及“热”“温”的区别。值得注意的是，还有一种药性“三分”说，即除了寒热之外，不寒不热称为性“平”。茶性的判定有以下几个方式。

（一）以服用茶叶后身体的反应为依据判定

以服用茶叶后身体的反应为依据划分茶性，凡是饮茶后感觉到温煦的，或素有寒疾而饮后感到舒缓的，其茶性为温；凡是饮茶后感觉到清凉，或素有热疾而饮后感到减轻的，其茶性为寒或凉。若饮茶后身体没有明显寒热加重，或者以前寒热宿疾得到减轻，则其茶性大多为平。这与中药药性中“以效识性”相同。

（二）以身体的体温改变为依据判定

有学者观察到饮用乌龙茶后，红外线图像呈现体温上升的颜色变化，一方面是乌龙茶的茶褐素促进了脂肪的分解，加速了新陈代谢，产生热量；另一方面，饮茶可以增加血流量，这两方面的原因都会促使体温上升，是茶性温的体现。因此如果饮茶后在其他条件不变的情况下出现体温上升，则可以判定该茶性为温热。但目前还没有明确证据可以证明茶性寒的茶叶可以使体温下降。

（三）以茶叶的滋味判定

中药药性的五味，即“甘、苦、酸、辛、咸”，划分了药物的五种不同味道。而“四气”与“五味”之间还有更深一层的联系，即五味里的“辛、甘”为阳，偏温热之性；五味里的“酸、苦、咸”为阴，偏寒凉之性。因此，凡是味趋于苦涩的茶叶多为寒凉之性，凡是味趋于甘甜的茶叶，多为温热之性（表2－5）。

表2－5　六大茶类的茶性

凉性					中性		温性	
绿茶	黄茶	白茶	新普洱生茶	轻发酵乌龙茶	中发酵乌龙茶	重发酵乌龙茶	黑茶	红茶

二、茶的滋味成分组成

好茶的滋味，从本质上讲，一定是五味调和。茶汤的苦，主要是由咖啡因与茶多酚的含量决定的；可溶性糖和氨基酸等，是甜味的主要来源；酸，则是由茶中的有机酸和部分氨基酸决定的，它与生津密切相关；咸，是无机盐类的味道；涩，主要是由茶多酚决定的。

（一）苦味的生物碱

“啜苦咽甘，茶也。”这是茶圣陆羽对茶的最早定义。茶之所以能够啜苦咽甘，从本质上讲，就是因为茶里蕴含着一种特有的物质，即咖啡因。咖啡因是茶叶中生物碱的一种，另外还有可可碱、茶碱等。其中含量最多的是咖啡因，占茶叶干物质的2%～5%，故咖啡因常常会被作为茶叶中生物碱的代称。咖啡因是茶汤苦味的主要来源，它易溶于热水，与茶汤中的茶黄素、茶红素复合，构成茶汤的鲜爽滋味；同时，也会降低自身给茶汤带来的苦味（图2－3）。

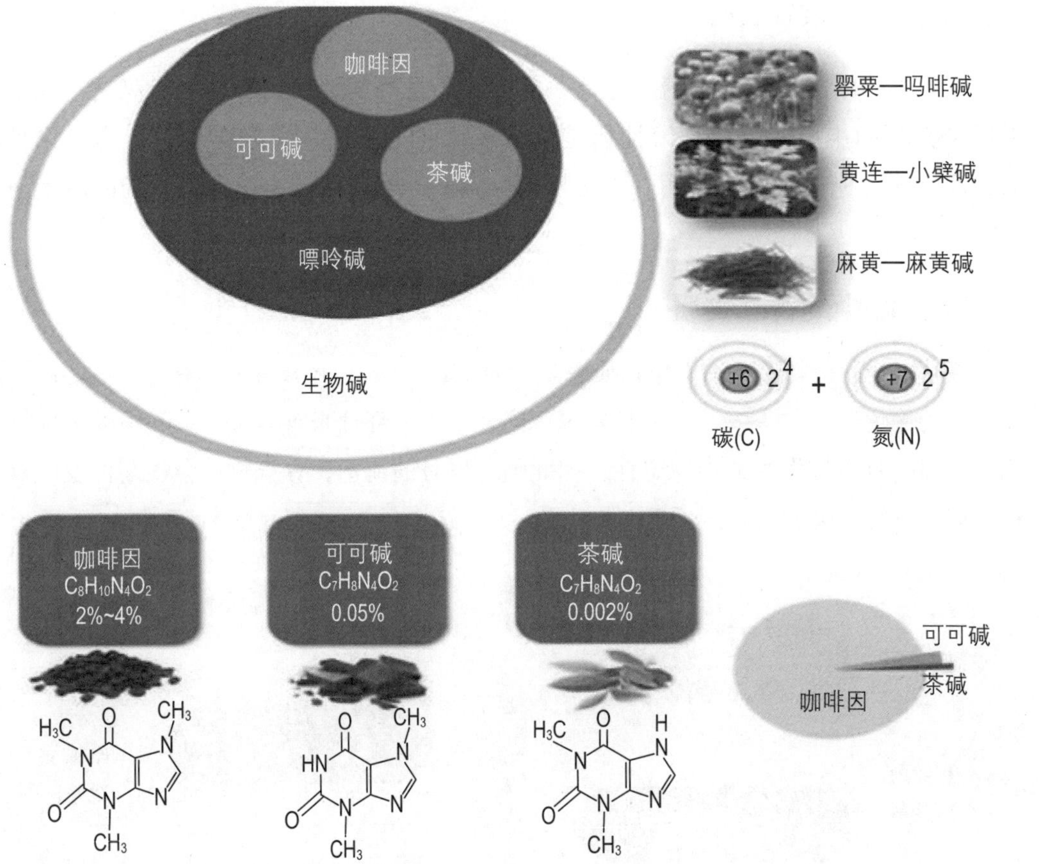

图2－3　**生物碱的组成**

（二）苦涩的茶多酚

在茶的鲜叶中，茶多酚的干物质含量一般在18%～36%。茶多酚不是一种物质，它是茶叶内多种酚类物质的简称，主要由以下四类物质组成：儿茶素、黄酮类、花色素和酚酸类。儿茶素是组成茶多酚的主要物质，占多酚类总量的70%～80%，它是影响茶汤苦涩滋味的主要物质，也是“茶为万病之药”的重要保健物质。茶多酚中的黄酮类，又称花黄素，它是绿茶汤色的重要组成部分，与苦涩的花青素一样，同属于天然的水溶性色素。

（三）鲜甜的茶氨酸

茶氨酸是茶树中特有的游离氨基酸，它不参与蛋白质的合成，在茶树的嫩叶及嫩茎中含量最多，尤其是嫩梗中的茶氨酸含量，甚至比芽叶高出1～3倍。茶氨酸是茶汤中鲜与甜的重要调味剂，显著影响茶叶的条索、香气和滋味的形成。茶叶中的蛋白质含量虽然较高，但是绝大部分会在加工过程中，由于热力的作用发生凝固变性，只有1%左右的可溶性蛋白质进入茶汤，可以增强茶汤的滋味、细滑度和黏稠度。

（四）糖中有香又有味

茶叶中的糖类，包含单糖、寡糖、多糖及少量的其他糖类。单糖和双糖，是茶叶中可溶性糖的主要成分。可溶性糖是茶汤滋味和工艺香气的来源之一，其甜味对茶的苦涩滋味有掩盖和协调作用。水溶性果胶素的高低，能够有效改善茶汤的厚度与黏稠度。

（五）茶叶中的香气物质

茶叶中的香气物质，约占干物质总量的0.02%，却是“枝枝叶叶尽芬芳”的基础。成品茶中的愉悦袭人的香气，一部分来源于鲜叶，另一部分来自人工。茶叶中的香气物质（图2－4）具有挥发性或不稳定性，因此随着岁月的流逝，香气物质会逐渐挥发、氧化和分解，香气会逐渐减弱，乃至弥散殆尽。

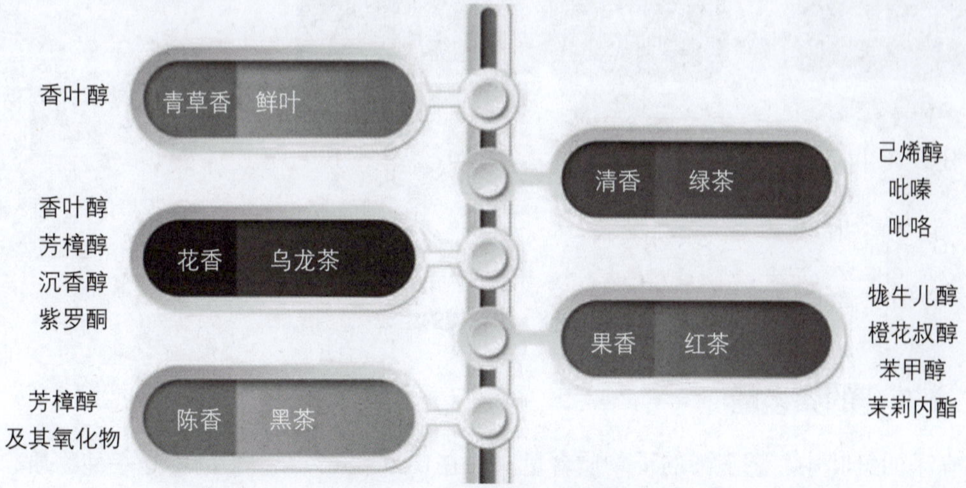

图2－4　茶叶中的香气物质

三、茶中含有的营养成分和活性物质

（一）补充人体所需的多种维生素

蛋白质、氨基酸以及矿物质元素。茶叶中所含维生素，按其溶解性可分为水溶性维生素和脂溶性维生素。其中水溶性维生素（包括维生素C和B族维生素）可以通过饮茶直接被人体吸收利用。因此，饮茶是补充水溶性维生素的好方法。但由于茶叶中含有的脂溶性维生素难溶于水，医学界当前比较提倡适当用“吃茶”这种方式来弥补这一缺陷，即将茶叶制成超微细粉，添加在各种食品中，如含茶的豆腐制品、面条、糕点、糖果，甚至是含茶的冰激凌等。吃了这些茶食品，就可获得茶叶中所含的脂溶性维生素的营养成分，更好地发挥茶叶的营养价值。

（二）补充人体所需的蛋白质和氨基酸

尽管茶叶中大部分蛋白质为不溶于水的物质，我们仍然可以通过饮茶直接吸收利用2%左右的水溶性蛋白质。茶叶中的氨基酸种类也非常丰富，多达25种以上，其中的异亮氨酸、亮氨酸、赖氨酸、苯丙氨酸、苏氨酸、缬氨酸是人体必需的8种氨基酸中的6种，茶叶中还含有婴儿生长发育所需的组氨酸。这些氨基酸在茶叶中的含量虽不高，但是够补充人体日需量的不足。

（三）补充人体所需的多种矿物质元素

茶叶中富含人体所需的大量元素和微量元素，其中的大量元素主要是磷、钙、钾、钠、镁、硫等，微量元素主要有铁、锰、锌、硒、铜、氟和碘等。茶叶中含锌量较高，尤其是绿茶，每克绿茶平均含锌量达73μg，高的可达252μg；每克红茶中平均含锌量也有32μg；茶叶中铁的平均含量，每克绿茶中为123μg；每克红茶中含量为196μg。这些元素对人体的生理功能有着重要的作用。经常饮用茶水，是获得矿物质元素的重要渠道之一。

四、茶养五脏

（一）增强人体免疫力

人体免疫防御系统是通过免疫球蛋白体形成的，可识别入侵的病原，再由白细胞和淋巴细胞产生抗体和巨噬细胞对病原进行“围歼”。而经常饮茶能够提高人体中白细胞和淋巴细胞的数量和活力，能够促进脾脏细胞中白细胞间介素的形成，提高人体的免疫力。我国的中山大学肿瘤研究所就曾用小白鼠进行科学试验，结果证明，用绿茶撮物饲喂小白鼠后，能使其骨肉瘤引起的细胞免疫功能低下的现象得到有效改善，甚至能恢复到正常水平。另外，人体消化道的免疫力和微生物区系构成密切相关，消化道中有益细菌和有害细菌种群数量的起伏，决定着肠道免疫力功能。而经常饮茶能够使消化道内双歧杆菌增殖，对其他肠道内有害细菌具有杀伤作用和抑制作用。

（二）防龋齿和流感

宋代苏东坡《茶说》中记载：“浓茶漱口，既去烦腻，且苦能坚齿、消蠹。”茶叶中富含的氟元素可置换牙齿中羟磷灰石的羟基，使之变为氟磷灰石，增强牙釉质的硬度及对酸侵蚀的抵抗力。茶叶中的多酚类化合物对六物菌有较强杀菌作用，且可抑制龋齿细菌分泌的葡糖基转移酶（GTF）的活性，进而抑制蔗糖或葡萄糖转变为葡聚糖，使细菌难以黏附在牙齿表面。茶叶中的多酚类化合物对α-淀粉酶活性有抑制作用。也正是因为这个原因，现在很多牙膏都添加了茶的成分，不仅有了茶香而且会让牙齿更健康。

此外，茶叶中的儿茶素具有抑制流感病毒活性的作用，坚持用茶水漱口可以有效预防流感。春秋季是流感易发作的时期，流感病毒主要附着在鼻子和嗓子中突起的黏膜细胞上而且不断增殖而致人得病。经常用茶水漱口，儿茶素能够覆盖在突起的黏膜细胞上，防止流感病毒和黏膜结合并杀死病毒。据资料介绍，乌龙茶、红茶等茶中都含有儿茶素，相比之下，绿茶预防流感的效果最好。

（三）防辐射作用

茶叶中的儿茶素可吸收放射性物质，阻止其在人体内扩散。多酚化合物、维生素C、维生素E以及脂多糖可清除因辐射产生的大量自由基，降低自由基引起的过氧化物毒害。饮用绿茶可改善癌症患者由于辐照治疗引起的白细胞下降现象，茶叶中的脂多糖对人体血液中白细胞数量的减少也具有明显的改善效果。

（四）有助于减肥消脂

饮茶有助于减肥消脂的机制如下。

（1）饮茶能降低血液中的三酰甘油和对人体有害的低密度脂蛋白和超低密度脂蛋白的含量，提高对人体有益的高密度胆固醇（HDL）的含量，增加粪便中胆固醇和脂质的排泄量，起到消脂作用。

（2）咖啡因与磷酸、戊糖等物质形成的核苷酸，对脂肪具有很强的分解作用。

（3）咖啡因具有兴奋中枢神经的功能，能提高胃酸和消化液的分泌量，增强肠胃对脂肪的吸收和消化。

（4）儿茶素类化合物可促进人体中脂肪的分解，降低固醇和中性脂肪在血液和肝脏中的积累。中国部分少数民族生活的地区，因以肉食为主，尤其需要消脂，长期以来就形成了“不可一日无茶”的习俗。

（五）有助于保护心脏

研究结果表明，每天至少喝一杯茶可以使心脏病发作的风险降低44%。喝茶之所以具有如此有效的作用，是由于茶叶中含有大量类黄酮和维生素等可使血细胞不易凝结成块的天然物质。类黄酮还是最有效的抗氧化剂之一，能够抵消体内氧气的不良作用。近几年，科学家们热衷于挖掘类黄酮潜在的一些有益作用。据研究，类黄酮还存在于蔬菜和水果中，它对心脏保健的益处可与红葡萄酒媲美。

（六）预防脑血管疾病

脑血管疾病是现代人较常见的疾病，其发病率之高，已严重影响人体健康和困扰着现代人的生活，若治疗不及时甚至可导致“半身不遂”，后果非常严重。脑血管疾病包

括脑栓塞、脑血栓形成及脑出血等，这些疾病已成为现代人的常见疾病。其病因主要由于人体血液处于高凝状态，红细胞聚集，血流缓慢而形成血栓，或使血管壁的脆性增加，经外界不良因素的刺激，血管破裂而导致出血。近年来大量的临床研究证明，白茶具有抗凝和促进纤溶作用，能改变高凝状态，且没有一般抗凝药物的副作用，对增进健康和预防疾病具有显著作用。因此，长期饮用白茶有助于改善血液循环、抗凝和促进纤溶，有预防脑血栓形成、减少脑出血现象的积极作用。

（七）抗衰老作用

人体在代谢过程中不断消耗氧而形成的自由基使不饱和脂肪酸发生过氧化，形成丙二醛化合物，使独立的大分子聚合成脂褐素，在手脸部皮肤上沉积，形成“老年斑”；还使脂质过氧化，从而对生物膜、动脉产生损伤，使细胞结构和功能受到破坏。过量自由基的存在是人体衰老的重要标志。茶叶中的多酚类化合物、维生素C和维生素E能与自由基形成稳定物质，缓解和阻断自由基与大分子物质的结合，抑制脂质过氧化并清除自由基，从而延缓衰老的过程。

五、丰富多彩的传统茶饮

2000多年的饮茶史，我们的祖先留下了数以千种的茶，追逐茶的过程，也可足以丰富我们的人生。我们可以追溯到古代，感受祖先喝的茶的味道；也可以深入到少数民族地区，体验民族特色的茶品；还可以飞到地球的另一边，体会异国风情的茶。如今各地各民族在长期饮茶的坚持中已形成了自己的习俗，并一代一代地流传至今，我们将传统茶饮进行现代化调制，这将成为连通古今茶文化的一道风景。

（一）从古至今茶品的演变

自从茶叶被发现以后，远古年代的祖先们把它当作治病的药物，解毒、提神、醒脑。那时的人们，从野生茶树上采下芽叶，放在水中烧煮成汤，饮其汁水。有人将这种最原始的饮茶方式称为“粥茶法”。这样煮出的茶水，滋味苦涩，所以被当时的人们称为“苦茶”。

到了秦汉时期，人们开始不直接烧煮鲜叶，而将茶叶制成的茶饼放在火上炙烤，然后捣碎成细末，冲入开水，再加上葱、姜、橘子皮等调和融汇。当时人们将这种饮用方法称为“半茶半饮”的制茶和用茶方法。这种在茶中加入调料的饮用方法，在我国部分少数民族地区一直沿袭至今，不过均有所发展，而且别具特色。

唐代将饮茶推向了一个相当的高度。先是烹茶和煎茶，其生产过程如《茶经》所说：“晴，采之，蒸之，捣之，拍之，焙之，穿之，封之，茶之干矣。”饮用时，先将

饼茶放在火上烤炙，然后用茶碾将茶饼碎成粉末，再用筛子筛出细末，放在沸水中煎。水沸腾后，水面出现鱼眼似的细小水珠，微有声。加入盐调味，锅边水泡如涌泉连珠时，即二沸时，要盛出一瓢开水备用。以竹夹将茶末从中心倒进去，一会锅中水腾波鼓浪，势如奔涛溅沫，称三沸。将留出的水倒入釜中，茶汤就煎好了，最后将茶舀出饮用，这就是唐代的煎茶之法。

宋代点茶的程序是炙茶、碾罗、烘盏、候汤、击拂、烹试，其关键在候汤和击拂，是在唐代出现的阉茶法基础上发展而成的。陆羽曾在《茶经》中记有阉茶的饮茶方法："饮有觕茶、散茶、末茶、饼茶者，乃斫、乃熬、乃炀、乃舂，贮于瓶缶之中。以汤沃焉，谓之痷茶。"宋代点茶注重茶味、汤色与水痕，可品、可赏、可玩，讲究"汤以白为美，器以黑为贵"。

明太祖朱元璋有感于制作龙团凤饼劳民伤财，下旨"罢造龙团，唯采芽茶以进。"废团改散，直接在壶或盏中沏泡条形散茶，饮茶方式更加简便。从此，人们把盏玩壶品茶，这也促进了盏壶制作精美，形成茶具艺术。这一方法一直延续至今。明代制作的茶类主要是炒青绿茶和部分花茶，黑茶和红茶的制作初现端倪。

清代继续饮用散茶，同时又出现了乌龙茶、白茶等类茶，奠定了我国茶叶结构的基本种类。

时至今日，随着文化的发展与科技的进步，饮茶的方式方法、艺术品位异彩纷呈，前所未有。一般来说，南方人喜欢喝绿茶和红茶，北方人喜欢喝花茶，华南一带则喜欢喝乌龙茶。特点是饮用散装条茶，采用冲泡的方法，重清饮雅赏，特别喜欢品饮名优绿茶，欣赏清汤绿叶，一旗一枪、亭亭玉立，茶香四溢、沁人心脾。一盏清香甘醇、齿颊留芳的茶汤，使人顿感身心愉悦、精神振奋、两腋生风。尤其是闽南、台湾地区的乌龙茶，其冲泡技艺，品饮方法都别具一格，并形成传统，久远流传。

（二）少数民族特色茶饮

1. 藏族的奶茶和酥油茶

藏族同胞以肉食为主，果菜少，人体中不可缺少的维生素等营养成分，主要靠喝茶来补充。他们大量饮茶，并形成了藏族人民独特的饮茶方法：喝奶茶，喝酥油茶。

在西藏自治区，一般藏族群众早上一定要喝上几杯酥油茶才去劳动或上班。到藏族群众家中做客，他们便用酥油茶款待。酥油茶的制作非常讲究，先把砖茶捣碎放到锅里熬煮成红浓的茶水，再倒入三四尺长、直径五六寸（1寸≈3.3cm）的光亮的铜制茶筒里，放入适量的酥油和一点食盐。用一根一端有木板的长棒在茶筒内用劲捣打，让酥油和茶水充分融合到一起，然后倒入锅里或茶壶里，复放到火上烧热，便成了酥油茶。

当客人来到家里，讲究客气的藏民便用镶嵌着白银的木碗盛茶献给客人。酥油茶喝

起来清香可口，既可解渴，又可以起到滋润肺腑的作用。酥油茶能产生大量热量，可以御寒，适合居住在高寒地区的人民日常饮用。

奶茶也是藏族人民招待客人的佳品，客人进入帐篷以后，可能遇到以下场景。主人将他们请在羊毛编织成的氆氇上席地而坐，女主人就开始做奶茶了。将一个古香古色的铜壶添了大半壶水架在火炉上，往炉子里添些干牛马粪，炉火熊熊，很快就沸腾了。女主人拿出一块茯砖茶，用手掰下几小块，放进壶里熬十来分钟，又加入适量食盐和一定比例的鲜牛奶煮开即可。当奶茶煮好以后，女主人取出一种有红、黄、绿三种颜色为花边的、上面还有四座佛像的高级细瓷碗摆好，然后提壶将烧开的奶茶倒入碗内。顿时，帐篷内芳香四溢，再用盘子托着敬给每位客人。客人饮用茶水时，女主人也会热情地为客人添茶。

西藏的喇嘛寺备有特大茶锅，口径1.5m以上，每锅可盛茶水数担，终日烧煮，茶香味浓，专供朝拜香客取饮。

2. 维吾尔族的奶茶和香茶

在新疆维吾尔自治区的南疆地区的维吾尔族同胞爱饮香茶，而北疆地区的维吾尔族同胞喝奶茶，但爱茶嗜茶的习惯都是相同的。当地制作奶茶，需要把茯砖茶敲碎后取适量投入铁锅里，加入清水煮沸，再兑入新鲜奶或奶皮子，加盐少许，然后煮沸10min，便可饮用。喝奶茶的同时，维吾尔族人还要吃抓饭或馕饼。而香茶的制作也比较简单，首先，将敲碎的茯砖茶抓一把放入铜质茶壶内，加入一些胡椒、桂皮、丁香等佐料，灌满清水，然后把铜茶壶放到火炉上煮沸4~5min，即可将茶壶提开，稍微冷却待喝。

3. 云贵茶风各不同

云南各民族同胞喜欢饮盐巴茶、酥油茶、烤茶、烧茶、雷响茶、油茶、龙虎斗茶。盐巴茶是纳西族、彝族、怒族、苗族等少数民族最喜爱的一种日常饮料。当地流传着这样的一首歌谣：“早茶一盅，一天威风；午茶一盅，劳动轻松；晚茶一盅，提神去痛。一日三盅，雷打不动。”龙虎斗茶制作方法是先将茶叶放在小陶罐中烘烤，待茶叶烤黄以后，立即冲入开水煮茶。同时将茶盅洗净后，斟上半杯白酒。将煮好的茶水趁热倒入盛酒的茶盅里，这时，冷酒热茶相遇，发出“嚓嚓”的响声，响声过后，即可饮用。

贵州是个多民族的省份，苗族、侗族、水族、布依族、彝族、壮族、仡佬族、回族、瑶族、土家族……虽说风土人情各不相同，但有一个爱好却是共同的，那就是对于茶的热爱。侗族有打油茶，水族有蜂蜜糯米花茶，仡佬族有“三幺台”茶、干劲汤，土家族有罐罐茶，布依族有娘娘茶。不仅如此，贵州各地也都有独特的饮茶方式，如沿河土家族自治县的盐茶汤、三都水族自治县的煮茶、湄潭县的爽神汤、晴隆县的擂茶面、岑巩县的姜茶、黎平县的婆婆茶等。这些饮茶方式不仅各具特色，而且成为当地人们待客的一种礼节，不仅喝出了健康，更喝出了一份深厚的情感。

4. 蒙古族偏爱奶子茶

在辽阔的蒙古草原上，以放牧为主的内蒙古自治区的蒙古族人主食牛羊肉，以前很少有蔬菜可供食用，因此用喝茶来弥补蔬菜摄入的不足。蒙古族喜欢喝奶子茶，原料是青砖茶、牛羊奶和食盐。

蒙古族的奶子茶是在铜制茶壶中熬出来的。茶水煮沸后放入牛奶或者羊奶，加些盐巴。喝起来又香又解渴。蒙古族同胞习惯于每天“三茶一饭”，即每天早、中、晚要喝三次奶子茶，只在收工回家的晚上，才欢聚一起吃一餐饭。晚餐主要吃牛肉、羊肉，饭后喝一次茶才能睡觉。

（三）异国风情茶饮

1. 英国奶茶与冰茶

英国人烧水煮茶很是讲究。茶具讲究上釉的陶器，维多利亚时代也喜欢用银壶。煮茶时，必须用生水现烧，不用落滚水再烧，以免影响茶味。冲泡更为讲究，先用少量滚水烫壶，然后倒掉热水再投入茶叶，除每人一茶匙以外，再另加一茶匙，按照当地习俗，这另外一茶匙是给茶壶的。

英国饮茶分热饮和冷饮两种。热饮有的加入牛奶，有的不加牛奶。如果加奶的，一定要先倒奶入杯，再冲进热茶，这样可以省去搅拌步骤。

冷饮中讲究饮冰茶。冰茶的制法也很简单，首先冲泡好袋泡茶水，茶水宜浓不宜淡。再把冰块放进红浓的茶汁中，然后又加入一些奶与糖，用水壶煮好，放进冰柜中，翌日即可饮用冰冻浓茶。这种茶香甜可口，大多在夏季饮用。

2. 日本抹茶

源于中国的日本茶道，以抹茶道为代表。日式点茶要求一丝不苟，待客人坐定后，主人到水屋取来特备的风炉、茶釜、白炭、火箸，立即开始生火煮水，水沸后，将碾成细末的绿茶粉放入茶碗中，然后用杓往茶碗中倾注沸水，再用特制的竹制茶筅搅拌，直到顶层浮起泡沫为止。

饮茶完毕后，主人还要请客人观赏精致的茶具和悬挂的字画。茶室花瓶内的插花要按季节而变化。为了显示清雅，不能用过分红艳和香气强烈的花卉，在雪花飘飞的冬季，用野樱桃和山茶花点缀在花瓶中，预示大地即将回春，在炎热的暑天，在瓶中插几朵珠露未干的荷花，使人顿觉周身凉爽。

3. 土耳其薄荷茶

在炎热的夏季里，土耳其人喜欢在每杯绿茶汤里加入数片新鲜薄荷叶，再加上冰糖。茶汤黄绿，汤面上飘浮着几片薄荷叶。薄荷是清凉剂，具有驱风、发汗、利尿等保健功能，绿茶和冰糖也都有清凉的作用。茶、冰糖、薄荷三者交融一体，相得益彰，形

成了一种独特的风味。饮后使人感到口齿甘醇，提神解渴，浑身凉爽。

薄荷茶是土耳其人最喜欢的一种饮料。由于薄荷与冰糖气味浓，因此对茶的要求高，否则会喧宾夺主，失去茶味。他们喜欢中国生产的珠茶和眉茶，这两种茶具有外形紧结润秀、色泽浓且起霜、叶底嫩绿泛黄等特点。加糖以后，茶味不减，汤色不退；加薄荷叶后，香味不散。此外，薄荷茶还在摩洛哥、突尼斯、阿尔及利亚、几内亚等国家比较流行。

4. 阿根廷马黛茶

原产于巴西的马黛茶，是一种木本植物，其叶子较小。虽然不是茶叶，但叶子晒干后，可作茶饮料。与正宗茶叶饮料相比，它的优点更明显。其所含叶绿素是绿茶的三倍，单宁酸是红茶的十分之一，咖啡因含量比咖啡少，是南美洲人民喜欢的一种饮料。

阿根廷人喜欢饮马黛茶，他们把马黛茶叶放入一个非常精致的、上面刻有民族图案的葫芦形瓢中，然后冲入开水，片刻便开始饮用。他们的饮法独特，既不用嘴直接去喝，也不用舌头去舔，而是用一根银制的吸管插入葫芦瓢内，慢慢吸饮。

5. 印度舔茶

马萨拉茶是印度人喜欢饮用的一种茶。其制作方法是将红茶熬煮后，加入姜、小豆蔻、肉桂等香料，喝茶的方式颇为奇特。茶汤调制好以后，不是斟入茶碗或茶杯里，而是斟入盘子里；不是用嘴去喝，也不是用吸管吸饮，而是用舌头舔饮，故当地人称为舔茶。

扫码看拓展阅读2-1及思考题

第三节 中华食养文化促进新中式茶饮的创制

随着“健康中国”战略的推动以及人们健康管理意识的提高，人们对饮食的追求从过去的“饱腹”到现在的“养生”，从过去追求“口感刺激”到现在追求“营养平衡”。同时，世界上越来越多的国家意识到合理膳食以及食补的重要性，越来越多医生开始尝试用食物进行健康管理。现在的年轻人普遍存在熬夜加班、刷手机，缺乏运动、饮食不规律等不良生活习惯，也诱发免疫力下降、肥胖、高血脂等一系列健康问题。据调查，“90后”的年轻人正在成为购买健康食品的新生力量，消费人数占比持续增长。与中老年群体迥然不同的是，他们排斥吃像药一样的保健品，喜欢像零食一样既好吃又便捷，还具备保健功能的营养补充食品。所以新中式茶饮中的时尚性、便捷性、健康性元素的植入是大势所趋，也更符合未来发展的需求。

一、食疗养生的概念

“食疗”一词首见于唐代孙思邈《备急千金要方》。随着食疗的发展，又出现食补、药膳、饮膳等词语，其表达的基本含义都是通过饮食养生保健和防病治病。食疗又称食物疗法，是指在传统中医和现代营养学理论的指导下，通过科学饮食，达到疾病防治、保健养生、健康促进的方法。食疗养生主要是由传统本草的药食同源和现代营养学两部分理论构成。平衡饮食、辨证施食、饮食有节、三因配膳是食疗养生的基本原则。不同国家对食疗产品的界定范围有所区别。在国外，大多数国家认为“食疗产品”可以界定为能够调节机体状态或补充营养的食品，如在美国被称作“营养食品”，在日本被称作“功能性食品”，在德国被称作“改良食品”；而中国对“食疗产品”尚未有明确、统一的定义，目前只能将其归为“保健产品”中的一类。

食疗产品是食品行业的趋势之一，在全球食品市场激烈竞争的情形下，有望带来附加值、产品差异化、增长率和受保护的利基市场。全球对食疗产品的开发都给予高度重视，据统计，全球第三代功能性食品销售额占食品总销售额的50%以上，且欧盟地区以每年17%的销售速度增长。基于全球医疗理念已从“治病医疗型”向“防病保健型”发生了转变，可以窥探到，居民将更多地把消费投资于健康、养生板块。食疗作为养生模式的（食疗、人工理疗和生态养生）之一，在未来行业的竞争发展中无疑是潜力无穷的，了解世界传统健康食疗产业发展现状和问题，对新中式茶饮的创制与开发具有战略意义。

二、食物性能的内涵

食物的性能主要是指其性、味、归经及其功能，是选择食物预防疾病的原则，也是中医学主张辨证用膳的依据。

（一）食物的性味

食物的性味即指食物的四气五味。食物四气即指寒、热、温、凉（平）四种不同的性质，实际是寒、热两个方面的性质。确定食物的“性质”依据和药物是相似的，也就是说食物的“性质”是从食物作用于机体发生的反应中概括出来的，与食物的实用效果是一致的。这种效果主要反映在功效上，如寒凉性质食物多有滋阴、清热、泻火、凉血、解毒等作用，温热性质食物有温经、助阳、活血、通络、散寒等作用。以常见的三百多种食物统计来看，平性类最多、温热类次之、寒凉类更次之。

食物的五味指酸（涩）、苦、甘（淡）、辛、咸五味，这种五味属性既包括食物的具体口感味觉，也包括作用意义的抽象概念，分别有酸收、苦降、甘补、辛散、咸软的

功能。即有收敛作用的归为酸味食物，有降泻作用的归为苦味食物，有补益作用的属甘味食物，有发散作用的为辛味食物，有软坚作用的为咸味食物，这同中药的性味作用是一致的。以常见300多种食物的统计数据来看，甘味食物最多、咸味与酸味次之、辛味更次之、苦味较少。

（二）食物的归经

食物的归经是指食物对身体某些经络产生的生理作用。它是根据食物被食用后反映出来的效果，并结合人体的脏腑经络的生理病理特点概括而来的。由于食味之偏，对人体五脏各部的作用也就各显其能。《黄帝内经》所说的："夫五味入胃，各归其所喜，……物化之常也。""五味所入，酸入肝，苦入心，咸入肾，甘入脾，是谓五入。"因此药物的归经实际上是建立在五味基础上的作用趋向性和选择性，食物也是如此。例如，辛味发散性食物归肺经，如葱白、生姜、蒜等，有利于外感风寒、肺气不宣等症状的改善；苦味食物归心经，如苦瓜、绿茶等，有利于心火上炎或移热小肠等症状的改善；甘味补虚性食物归脾经，如红枣、蜂王浆、山药等，有利于脾气虚弱等症状的改善；酸味食物归肝经，如醋、山楂等，可改善肝经疾患；咸味食物归肾经，如甲鱼、昆布、海藻等，可改善肝肾不足等方面的疾患。

（三）食物的升降浮沉

药食的升降浮沉，是指药食在机体内的不同功效趋向。其中升是药效的上行，浮是药效的发散，降是药效的下降，沉是药效的内行。凡是具有升浮作用的药食，大多性属温热，味属辛、甘，具有升阳、发表、祛风、散寒、开窍、涌吐、引药上行等功能。如香菜、葱白气味芳香，可辛温解表、发散风寒。凡具有沉降作用的药食，大多性属寒凉，味属涩或酸、苦，具有清热、泻下、利水渗湿、潜阳镇逆、止咳平喘、安神镇惊、引药下行等功效。如冬瓜、玉米须利尿、治水肿、小便不利；西瓜清热生津，治热病、烦渴。

药食本身的轻重质地，是归纳升降浮沉的又一依据。一般而言，质地轻者常具升浮特性，如辛夷、荷叶、桔梗、桑叶、菊花等；质地重者多有沉降之性，如植物种子、果实、矿石为代表。也有例外者，如诸花皆升，旋覆花独降；诸子沉降，芫荽、苍耳子升浮。药食升降浮沉之性因加工炮制也可改变，如酒炒则升、姜汁炒则散、醋炒则敛、盐浸或炒则下行。12种常用的药食同源的食材性能见表2－5。

表2-5 12种常用的药食同源的食材性能

食材	四气	五味	归经	升降沉浮
山药	平	甘	脾、肺、肾	升
大枣	温	甘	脾、胃	升
薏苡仁	凉	甘、淡	脾、胃、肺	降
生姜	温	辛	脾、胃、肺	升
菊花	微寒	甘、苦	肺、肝	降
金银花	寒	甘	肺、心、胃	降
枸杞子	平	甘	肝、肾	平
山楂	微温	酸、甘	脾、胃、肝	降
百合	微寒	甘	肺、心经	降
龙眼肉	温	甘	心、脾	升
桑葚	寒	甘、酸	肝、肾	降
陈皮	温	辛、苦	脾、肺经	升

升降浮沉的特性与药食的四性（寒、凉、温、热）也密切相关，如李时珍在《本草纲目序列》中所说："酸咸无升，辛甘无降，寒无浮，热无沉。"《黄帝内经·素问·至真要大论》曰："辛甘发散为阳，酸苦涌泄为阴，咸味涌泻为阴，淡味渗泄为阳。"食物的气味性质与其阴阳属性决定食物作用趋向。凡食性温热、食味辛、甘、淡的食物，其属性为阳，其作用趋向多为升浮，如姜、蒜、花椒等；凡食性寒凉，食味酸、苦、咸的食物，其属性为阴，其作用趋向多为沉降，如杏仁、梅子、莲子、冬瓜等。正如根据300多种常用食物的统计数据表明，其沉降趋向的食物多于升浮趋向的食物。

三、健康新中式茶饮的核心思想——脾胃为本论

在饮食养生发展的过程当中，以脾胃学说的影响最为认可。脾胃是人体受纳饮食物，运化水谷精微的重要脏器。如果脾胃运化失常，就会直接影响到营养物质的吸收，从而对人体的健康产生影响。《慎斋遗书·卷二》曰："脾胃一伤，四脏皆无生气。"所以，养生之道应以调养脾胃为先。明代著名中医药学家张介宾在《景岳全书·杂证谟》中指出："胃气为养生之主。……是以养生家必当以脾胃为先。"全身营养之精微全靠脾胃的运化转输，脾的运化水谷精微功能旺盛，则机体的消化吸收功能才能健全，才能为化生精、气、血、津液提供足够原料，才能使脏腑、经络、四肢百骸，以及筋肉、皮、毛等组织得到充分的营养。若脾胃功能受损，则运化功能减退，体内的水分不能正常代谢，停聚而生湿、生痰，影响气血的运行而变生各种疾病。所以，脾胃学说对

于养生具有重要的意义。

食疗主要通过饮食物调养中焦脾胃，继而间接作用与全身脏腑，因其直接作用于脾胃，所以在运用食疗的方法时要注意食材和药物的选择，防止大寒大热，难以消化的食物药物损伤脾胃之气，影响脾胃的功能，不利于病人的康复。

四、新中式茶饮食材搭配的性味配伍原则

（一）茶饮的性味贵在调和

中医将食物的味道归纳为酸、苦、甘、辛、咸，指出五味对人体的作用各有不同。人在饮食时，调节饮食的性味成分是维持机体脏腑功能、保持动态平衡的重要环节。“是故谨和五味，骨正筋柔，气血以流，腠理以密，如是则骨气以精。谨道如法，长有天命。”（《黄帝内经·素问·生气通天论》）说明食物的五味对人体的五脏具有特定的亲和力，五味调和，才能对五脏起到全面的补益作用。五脏的滋养依赖于五味，但五味过盛又会损害五脏。一方面是因为五脏各有所喜，五味也各有所归的缘故；另一方面，如果长期嗜好某种食物，就会造成相应内脏功能偏盛，久之则可损伤其他脏腑，破坏五脏的平衡协调，导致疾病的发生，如《黄帝内经·素问·生气通天论》所言：“是故味过于酸，肝气以津，脾气乃绝。味过于咸，大骨气劳，短肌，心气抑。味过于甘，心气喘满，色黑，肾气不衡。味过于苦，脾气不濡，胃气乃厚。味过于辛，筋脉沮弛，精神乃央。”即过食酸味的食物，导致肝盛而乘脾，可出现皮肉变厚变皱，口唇干裂。过食咸味的食物，导致肾盛乘心，可出现胸闷气短，面色无华，脉滞血瘀。同样，过食甘味可脾盛乘肾，过食苦味可心盛乘肺，过食辛味可肺盛乘肝。

饮食五味的作用如下。辛味，具行气、行血、发散作用。通常可用于气血阻滞、外邪袭表证，如辣椒、胡椒、葱、姜、薄荷等。甘味，具和中、缓急、补益作用。通常可用于虚证、拘急疼痛、脾胃虚寒等，如蜂蜜、饴糖、甘草等。酸味，具收敛、固涩、开胃作用。通常可用于汗证、泄泻、遗精，如乌梅、山楂、石榴等。苦味，具宣泄、清热燥湿作用。通常可用于热证、心烦、湿证、咳喘等，如杏、苦瓜、莴苣等。咸味，具散结、软坚作用。通常可用于瘰疬、痰核、瘿瘤等，如海带、海蜇、海藻等。

保持茶饮品的“自然冲和之味”为原则，即在讲求酸、苦、甘、辛、咸五味与寒热温凉四气的调和，以及食物营养搭配的均衡。在发挥茶饮食疗功能的前提下，同时也要兼顾到滋味可口，以及对人体脏腑的功效。

（二）五色搭五味的原则

中医经典《黄帝内经》认为自然界中绿、红、黄、白、黑分别对应了五脏的肝、心、

脾、肺、肾，这个理论被称为“五色入五脏”，而五味与五脏也是相对应的，即酸入肝、甘入脾、苦入心、辛入肺、咸入肾，所以新茶饮在选用食材时，也应注意食材的“色”。

1. 红色——心

心属火，红色和苦味入心，“红色食物”滋养心脏。研究表明，红色食物具有较强的抗氧化性，富含番茄红素、单宁酸等，可以保护细胞，具有抗炎作用。“红色食物”还能为人体提供丰富的优质蛋白质和许多无机盐、维生素及其他微量元素，能够增强人的心脏功能和气血功能。经常食用一些红色食物，对增强心脑血管活力，提高淋巴免疫功能是大有益处的。

常见红色养心食物：西红柿、胡萝卜、山楂、赤小豆、红豆、红枣、樱桃、草莓等。

常见的苦味食物：莴苣叶、萝卜叶、苦瓜、生菜、蒲公英、莲子芯等。

2. 绿色——肝

肝属木，青（绿）色和酸味入肝，“青绿色食物”滋养肝脏。近年来，绿色食品备受关注，绿色食物始终扮演着生命健康的“清道夫”和“守护神”的角色。中医认为，绿色（含青色或蓝色）入肝，多食绿色食物具有舒肝强肝的功能，是良好的人体“排毒剂”。五行中青绿克黄（木克土，肝制脾），所以绿色食物能起到调节脾胃消化吸收功能的作用。“酸味食物”有增强消化功能的作用，同时具有保护肝脏的功效，尤其适合肝火旺和体质虚弱的人可多吃。且大多数“酸性药食材”都含有有机酸和鞣质，具有固表止汗、敛气滋阴的作用，有利于收敛肝气、肝血，保养肝功能。

常见绿色养肝食物：马齿苋、菠菜、西蓝花、油菜、韭菜、芹菜、青椒、苦瓜、青瓜、橄榄、猕猴桃、青豆等。

常见的酸味食物：柑橘、乌梅、山楂、酸枣、柠檬、菠萝等。

3. 黄色——脾

脾属土，黄色和甜味入脾。脾胃是后天之本，负责进行对外来营养物质的吸收和运送，若这里出现瘀堵会影响气血生化。“黄色食物”主要指玉米、胡萝卜等。这种黄色食品都含有丰富的胡萝卜素，能促进机体正常生长繁殖、防止呼吸道感染、保护视力等的作用。其次，脾喜燥恶湿，而甘味成分的代谢需要大量水分参与，有助于减少湿气，保护脾胃健康。

常见黄色健脾食物：南瓜、黄豆、玉米、番薯等，细细咀嚼则有天然的“回甜”。

常见的甘味食物：大枣、阿胶、龙眼肉、党参、黄芪、蜂蜜、糖类等。

4. 白色——肺

肺属金，白色和辛味入肺，“白色食物”有清肺润肺养肺作用。许多白色食物富含蛋白质，既能消除身体的疲劳，又可促进疾病的康复。另外，“白色食物”的脂肪含量

较红色食物肉类低得多，比较符合科学的饮食方式，特别适合于高血压、心脏病、高血脂、脂肪肝等患者食用。中医认为，辛入肺，能散能行，可宣发肺气、活血化瘀、促进气血流通和机体代谢，尤其是在干冷的季节，容易使人发热出汗，同时也能起到止咳平喘的作用。

常见白色养肺食物：雪梨、马蹄、白萝卜、银耳、藕、百合、山药等。

常见的辛味食物：生姜、洋葱、大蒜、薄荷等。

5. 黑色——肾

肾属水，黑色和咸味入肾。“黑色食物”主要是指黑色或紫色、黑褐色的食物。“黑色食物”对改善肾病、流感、气管炎、咳嗽、慢性肝炎、贫血、脱发等均有功效，还能减少动脉硬化、冠心病、脑卒中等疾病的发病率。“咸味食物”对肾有一定的滋养，具有清热解毒、滋肾通便功效，但每日食盐摄入量不超过6g。

常见的黑色食物：紫葡萄、蓝莓、茄子、黑豆、黑加仑子、桑葚、西梅、海藻、菌类、黑芝麻、黑米、黑木耳、海带、紫菜等。

常见的咸味食物：海带、紫菜等。

五、新中式茶饮的调制依循“三因制宜”

“三因制宜”是中医养生学中的重要原则，“三因”为因人、因时、因地的三因，“制宜”就是根据身体、地域及天时的不同而不同，也是健康新中式茶饮灵活运用医理调制的重要原则。

（一）因人体质，设计茶饮配方

年龄和体质不同的人，生理病理状况也有明显的区别。不同体质的人对食物的选择也有区别：阳虚阴盛者，宜食温热补阳之品，慎食寒凉伤阳食物；阴虚阳盛者，宜食养阴清热之品，如银耳羹、西芹百合等，慎食辛热补阳食物；气虚者，宜食补气之品，如人参粥、黄芪粥、益脾饼等；血虚者，宜食补血之品，如当归黄芪鸡、玉灵膏等；湿热较甚者，宜食清热利湿之品，如绿豆汤、鲜藕白蜜汁、薏苡仁粥等。9种体质特征及宜吃食物见表2－6。

表2－6　9种体质特征及宜吃食物

体质类型	体质特征	宜吃食物
平和体质	健康平衡，适应能力强	饮食多样化，均衡即可
气虚体质	元气不足，易疲劳	大枣、山药、鸡肉、泥鳅等

续表

体质类型	体质特征	宜吃食物
阳虚体质	畏寒怕冷，手脚冰凉	羊肉、韭菜、核桃、栗子等
阴虚体质	口燥咽干，手足心热	百合、银耳、甲鱼、梨等
痰湿体质	肥胖，痰多，易困倦	冬瓜、薏苡仁、山楂、鲫鱼等
湿热体质	面垢油光，易生痤疮	绿豆、苦瓜、丝瓜、薏苡仁等
血瘀体质	肤色晦暗，易瘀斑	黑木耳、洋葱、山楂、醋等
气郁体质	情绪抑郁，敏感多疑	佛手、橙子、萝卜、玫瑰花等
特禀体质	过敏反应较多	蜂蜜、金针菇、胡萝卜、葡萄籽等

儿童生机旺盛，但脏腑娇嫩，为稚阴稚阳之体，易伤食罹虫，宜选用性质平和，易于消化，又能健脾开胃的食物（山药、山楂等），慎食滋腻峻补之品。中年人生命活动开始由盛转衰，要减少肥甘厚腻，适当减少食量，温化脾胃生生不息。老年人气血不足，阴阳渐衰，身体各部功能减退，故宜选用有补益作用的食物（黑芝麻糊、核桃仁饼等）滋养脾胃，慎用过于寒凉或温热及难于消化的食物。

男女性别不同，生理各有特点，如男性在生理上因消耗体力过多，常应注意阳气的守护，宜多选补气助阳的食物；而女性有经、孕、产、乳等特殊生理时期，容易伤血，故宜选用补血为主的膳食，如在经期、妊娠期宜选阿胶红枣粥等养血补肾食物，又如因脾虚白带过多，宜食山药粥、薏苡仁粥等健脾利湿之品。总之，充分利用食物的各种性能，结合不同的体质特点，调节和稳定人体的内环境，使之与自然环境相适应，方能保持健康，延年益寿。

（二）因地制宜，设计茶饮配方

由于人们生活的地理位置、生态环境、人文环境差别较大，从而使人们的生活方式、饮食习惯、体质以及所患疾病有一定差异，如东南沿海地区潮湿温暖，宜食清淡，长于除湿的食物；西北高原地区，气候寒冷干燥，宜食性质温热，长于散寒、生津、润燥的食物。清代医家章穆在《调疾饮食辨》中说：“五谷虽曰中和，而稻、粱、黍、麦不一其种，南方、北方、水生、陆生不一其地，则其性不安能画一也。”说明同属谷类食物，但稻、粱、麦等各种谷类食物其成分又不同。《调疾饮食辨·卷二》又说：“南人食米，北人食麦，均可滋生气血，长育子孙。”南方人以稻米为主食，北方人以麦面为主食，通过膳食的搭配达到平衡饮食以后，同样可促进人的生长发育，滋养气血。

由于地域差异，饮食习惯和饮食结构的不同，导致人的禀赋也有差异，南方人矮小单薄，北方人高大体健。气候炎热之地，多食炸、炙食物者易致燥红体质；久居湿地，脾胃虚寒者易致湿滞体质。根据“用热远热”“用寒远寒”原则，在气候寒凉的地区和

季节应少食性质属寒的食物、在气候炎热的地区和季节应少食性质属热的食物。要注意食物产地、各地饮食习惯与人体质的关系，因地制宜地选择食物。

（三）因时制宜，设计茶饮配方

人处于自然界中，自然气候的变换也会影响到人体内部环境的变化，因此顺应时节来选择饮食，遵循《黄帝内经》“春夏养阳，秋冬养阴”这一原则，方能健脾胃、强五脏。孙思邈在《备急千金要方·食治方》中提出：“春七十二日，省酸增甘，以养脾气；夏七十二日，省苦增辛，以养肺气；秋七十二日，省辛增酸，以养肝气；冬七十二日，省咸增苦，以养心气。”此为四时食养之法。

1. 春季疏肝以护脾胃

春季饮食养生的原则，即食宜补气养阳。《黄帝内经·素问·四气调神大论》记载：“春三月，此谓发陈。天地俱生，万物以荣”。因为人体皮肤腠理逐渐放松，所以要注重保护阳气，着眼于一个“生”字。“春夏养阳”是《黄帝内经》阐释春夏养生的原则。

春季饮食养生的方法如下。《黄帝内经》认为“春应在肝”，肝气随万物升发而偏于亢盛。根据五行相生相克之论，肝气盛则伤脾，影响脾胃之运化。春季饮食养生宜“省酸增甘”，意以健脾。脾为后天之本，人体气血生成之源，所以脾胃护养得宜，则能延年益寿。春季应加强对脾胃的护养，可食大枣、蜂蜜、枸杞、莲子等甘性食物，以补益脾胃，少吃过酸或油腻等不易消化吸收的食物，减轻脾胃的负担，维护脾胃的正常运作。所以，为顺应春天阳气升发和肝之疏泄的需要，在饮食上应适当食用辛温升散或辛甘发散类的食物，如枣、葱、花生、香菜等。但也不能过多食用辛辣和发散类食品，以致腠理开泄过度，引发疾病（表2－7）。

表2－7　春季饮食养生的常用食材

分类	食材
主食	粳米、籼米、锅巴、黑米、荞麦
蔬菜	春韭、葱、蒜、洋葱、芹菜、菠菜、芥菜、春笋、蚕豆、木耳、银耳、香菇、蘑菇、青菜、香菜、枸杞菜、苜蓿芽、香椿、白萝卜、胡萝卜、油菜
水果	柑橘、香蕉、甘蔗、荸荠、苹果、奇异果、大枣、哈密瓜、杏

2. 夏季慎寒凉以护脾胃

夏季饮食养生的原则——食宜清热利湿。《黄帝内经·素问·四气调神大论》所说：“夏三月，此谓蕃秀，天地气交，万物华实”。夏季三月，是一年中最炎热之时，

也是万物生长发育最茂盛的季节，对于人来说，此时是新陈代谢旺盛的时期。因此，夏季养生在饮食方面，必须顺应夏天阳盛阴虚的特点，注意保护阳气，着眼于一个“长”字。根据中医五行理论，夏季属火，对应于心，六气为暑；而长夏属土，对应于脾，六气为湿。所以夏季于心火旺盛、湿邪困脾，在饮食上就需注意清热利湿。中医认为“苦”能清热燥湿、止泻，所以夏食应多苦味食材。苦味的食物如苦瓜、丝瓜、马兰、茶等，具有清心除烦、醒脑提神、消炎祛暑、健脾燥湿，增进食欲等作用。

夏季饮食养生的方法如下。《备急千金要方·食治方》记载：“夏七十二日，省苦增辛，以养肺气。”夏时心火当令，心火过旺则克肺金，所以味苦之物也能助心气而制肺气。夏季饮食养生，除了要注意清热消暑外，还要注意不要食苦过度而损伤了脾肺之气。尽管夏天天气炎热，也不可食用太多苦味食物，同时要增加辛味食物的摄取，以避免心气过盛，补益肺气。夏季容易汗出，汗出则容易耗气伤阴，而酸味食物能收、能涩，所以适当食酸能收敛汗液。夏季肠胃功能低下，容易感染腹泻等疾病，适当的食用酸类的物质，能止泻健胃。多食咸味物品则利于滋补肾气。

夏季气候炎热，但切忌暴吃冷饮、冰水、凉菜、生冷水果等，不然会影响正常的脾胃功能，甚至酿生疾病。老人、婴幼儿体质较弱，对于过热过冷刺激反应较大，所以更不可过食过冷的食物。夏季人体气血趋于在体表运行，消化道的气血供应减少，脾胃的消化功能减弱，饮食以清淡、易消化为原则（表2－8）。

表2－8　夏季饮食养生的常用食材

分类	食材
主食	粳米、糯米、小麦、大麦、荞麦、薏苡仁、绿豆、莲子、赤小豆、莲子
蔬菜	茄子、绿豆芽、莲藕、冬瓜、苦瓜、丝瓜、扁豆、空心菜、马齿苋、西红柿、苋菜、黄瓜、四季豆、黄豆芽、百合、白木耳
水果	西瓜、荔枝、无花果、椰子、柠檬、葡萄、橄榄、菠萝、草莓、枇杷、水蜜桃、梅子、甜瓜、龙眼、杧果、梨、柑橘、香蕉、甘蔗、荸荠、苹果、奇异果、大枣、哈密瓜、杏

3. 秋季润燥生津护脾胃

秋季饮食养生的原则——食宜甘润防燥。《黄帝内经·素问·四气调神大论》说：“秋三月，此谓容平，天气以急，地气以明。”到了秋天，自然界阳气渐收，阴气渐长，人体的生理活动要适应自然界的变化，故体内的阴阳双方也随之由“长”到“收”逐渐改变。

秋季饮食养生的方法如下。《黄帝内经·素问·脏气法时论》说：“肺主秋，肺收敛，急食酸以收之，用酸补之，辛泻之。”秋季在五行中属金，六气中相对为燥，五脏相对为肺，所以秋季燥邪为患，与肺相应。五味中，酸味收敛补肺，辛味发散泻肺，秋

天宜收不宜散。辛辣食物容易使内火亢盛，易致伤阴，酸除能生津润燥，又能缓解秋燥引起口干舌燥等不适的作用，因而在秋季燥邪伤阴之时，应少食辛而进食酸性食物。中医认为，苦味性燥，苦燥则易伤津耗气，容易引发慢性呼吸系统等方面的疾病，所以秋季对苦性食物应加以节制慎食（表2－9）。

表2－9　秋季饮食养生的常用食材

分类	食材
主食	糯米、粟米、黍米、粳米、糙米、番薯、芝麻、黑豆、黄豆
蔬菜	菠菜、萝卜、小白菜、花椰菜、甘蓝菜、胡萝卜、冬瓜、莲藕、芽菜、花生、银耳、木耳、香菇、蘑菇、百合
水果	苹果、梨、柿子、柚子、石榴、猕猴桃、柑橘、香蕉、枇杷、甘蔗、桃

4. 冬季养生暖脏护脾胃

冬季饮食养生的原则——食宜温热禁寒。《黄帝内经·素问·四气调神大论》说："冬三月，此谓闭藏。"冬季三月，草木凋零、冰冻虫伏，是自然界万物闭藏的季节，人的阳气也要潜藏于内。故冬季养生的原则是"藏"。冬季，应防寒保暖，多吃温热食品及血肉有情之品，既不宜生冷，也不宜燥热，适宜用滋阴潜阳、热量较高的膳食。

冬季饮食养生的方法如下。冬季是肾主令的季节，肾主咸味、心主苦味，咸能胜苦，所以饮食之味宜减咸增苦以养心气，使肾气坚固。同时，冬季阳气衰微，腠理闭塞，出汗比较少，应减少食盐的摄取量，以减轻肾脏的负担。冬季饮食调养，应多食辛味食材，以补肾气，五行相生，金生水，金属肺五味辛，水属肾五味咸。所以当肺气宣达，肾气就固实。辛味食品具有发散、行气、活血等作用，也多偏热，所以寒冷冬天食用可驱散寒冷，增加体热（表2－10）。

表2－10　冬季饮食养生的常用食材

分类	食材
主食	番薯、高粱、燕麦、糯米、芝麻、黑豆、糙米、玉米、荞麦、花生、山药、莲子
蔬菜	菠菜、韭菜、青椒、香菜、胡萝卜、黄花菜、马铃薯、大白菜、黄瓜、木耳、苦瓜、葱、蒜、辣椒、南瓜、海带、紫菜、油菜、茴香、白菜、莲藕
水果	柳橙、杏、香蕉、柑橘、大枣、苹果、葡萄、梨、草莓、枇杷、乌梅、山楂

六、新茶饮常用健脾胃食物

以《饮膳正要》为例，依据食物的性味、功用，梳理出健脾胃的常用食物。《饮膳正

要》中米谷品、果品、菜品等日常用食物中，米谷品44种，健脾胃8种，占18%（表2-11）；果品39种，健脾胃6种，占15%（表2-12）；菜品46种，健脾胃7种，占15%（表2-13）。

表2－11　常用健脾胃米谷类

名称	性味	功用
粳米	味甘苦、平、无毒	和胃气，止泄
粟米	味咸、微寒、无毒	去脾胃中热
青粱米	味甘、微寒、无毒	主胃痹，止泻痢
白豆	味甘、平、无毒	暖肠胃
大豆	味甘、平、无毒	除胃中热
荞麦	味甘、平寒、无毒	实肠胃
饧	味甘、微温、无毒	健脾
曲	味甘、大暖	开胃消食，调中益气

表2－12　常用健脾胃果品

名称	性味	功用
柿子	味甘、寒、无毒	浓脾胃
柑橘	味甘、寒、无毒	去肠胃热
栗子	味咸、温、无毒	浓肠胃
樱桃	味甘、无毒	益脾气
橄榄	味酸甘、温、无毒	开胃
榛子	味甘、平、无毒	宽肠胃

表2－13　常用健脾胃菜品

名称	性味	功用
韭菜	味甘、平、无毒	安五脏，除胃热
胡萝卜	味甘、平、无毒	调利肠胃
菜瓜	味甘、寒、有毒	利肠胃
木耳	味苦、寒、有毒	利五脏，宣肠胃壅
芋头	味辛、平、有毒	宽肠胃
白菜	味甘、温、无毒	主通利肠胃
茼蒿	味甘、微温、无毒	主通利肠胃

本章思考题

（1）基于“营养均衡”与“身心健康”之间的相互影响，谈谈新茶饮创作“养生”发展的利与弊。

（2）请结合具体的案例，总结分析新茶饮调制搭配的总体原则与方法。

第三章

新茶饮调制基础

本章导读

新茶饮调制的基础技法有哪些？本章学习新茶饮调制的基本类型、基本原则、基本方法与步骤，以及不同类别的基底与小料的制作流程，同时对调制过程中常见的器具与设备的使用技巧与维护技巧进行了系统整理与介绍，为具体展开新茶饮的调制工作奠定技能基础。

学习目标

（1）了解并掌握新茶饮调制的基本类型。

（2）了解并掌握新茶饮调制的基本方法与步骤。

（3）了解并掌握新茶饮调制过程中常见基底与小料等的制作流程。

（4）了解并掌握新茶饮调制中常见器具与设备的使用技巧与维护技巧。

学习内容、重点及难点

（1）学习内容　了解新茶饮调制的基本类型、基本原则与方法，再结合新茶饮调制过程中不同基底与小料的具体制作流程，以及相应的制作器具与设备的系统整理与介绍，重点练习掌握不同种类的新茶饮调制所需要掌握的基本技法。

（2）重点　掌握新茶饮调制的基本类型、基本原则与基本方法。

（3）难点　灵活运用不同种类的新茶饮中基底、小料的制作方法，并掌握相应设备的使用技巧、维护技巧。

第一节　新茶饮调制基础知识

一、新茶饮的基本类型

（一）以茶风味为主饮品

茶具有清新口感和多种保健功能，如抗氧化、降低血脂等。以茶为主的新茶饮百花

齐放，其风味又因地区和民族风俗的不同而有所差异。常用的茶品种有绿茶、红茶、乌龙茶、茉莉花茶等。新茶饮既可以有纯饮，又可以加入各种配料，如糖、柠檬、水果、芝士等，创制出多种创新口味的茶饮。

（二）以咖啡风味为主的饮品

咖啡作为一种流行的现制饮品，具有悠久的历史和丰厚的文化底蕴。咖啡有浓郁的香气和独特的口感，通常与糖、奶或奶油等配料搭配，制成各种口味的咖啡饮品，常见的有浓缩咖啡、美式咖啡、拿铁咖啡、卡布奇诺等。除了传统咖啡外，还有创新口味的咖啡，如拉花咖啡、抹茶咖啡、柠檬咖啡等。

（三）以果蔬为主的饮品

果蔬营养成分丰富，是人们摄入维生素和矿物质最佳的来源。在果蔬汁中加入其他配料，如冰块、气泡水等，制成各种口感的饮品，常见的有西瓜饮、番茄汁、胡萝卜汁等。果蔬中含有丰富的膳食纤维，有益于身体健康。

（四）以奶为主的饮品

奶是现制饮品最佳的“伴侣”，无论是茶还是咖啡都与奶形成了经典搭配。添加了奶的饮品，具有细腻的口感和丰富的蛋白质。例如，奶昔和冰沙可以加入各种水果、果酱、巧克力等配料，如以奶或酸奶为基础加入冰块，并辅以水果、坚果、蔬菜或其他成品口味粉（香草粉和香芋粉），制成各种口味饮品，常见的有草莓奶昔、香蕉冰沙、抹茶冰沙等。现在市面流行的有草莓（酸）奶昔、蓝莓（酸）奶昔、芒果奶冰（奶冰就是牛奶冰沙），抹茶很少直接加入奶昔或冰沙中，除非是抹茶液；还有酸奶类饮品，将酸奶、水果、冰块以及甜味剂调制在一起饮用。

（五）以酒风味为主的饮品

含酒精的饮品在新茶饮中也是一枝独秀，它与鸡尾酒不同，更具丰富性，同时酒精含量很低，但可以利用酒的醇厚感和挥发性提升饮品的整体效果，常用的有啤酒、葡萄酒、鸡尾酒等，再加入其他配料，如果汁、气泡水等，制成各种不同口感的饮品。

（六）其他饮品

除了上述几种常见的现制饮品外，还有许多其他种类的饮品，如椰汁、杏仁饮、核桃饮等植物蛋白饮品，以及近年来兴起的低糖、低脂的中医养生类健康饮品等。这些创新口味的饮品满足了不同消费者的需求，为新茶饮产业的长足发展带来勃勃生机。

二、新茶饮调制原则和方法

（一）新茶饮调制的基本原则

（1）调制前，应先洗净所用之器物。

（2）饮品杯应无水、无油。

（3）按照配方的步骤逐步调配。

（4）量取物料时必须使用量器，用料量一定要准确。

（5）摇混和搅拌应避免时间过长，防止冰块融化过多而淡化茶味。

（6）动作要规范、标准、自然优美、快速有力。

（7）注意碳酸饮品不能放入摇壶里摇。

（8）果蔬等最好选用新鲜的。

（9）装饰要与饮品协调一致。

（10）调制好的饮品应及时饮用。

（二）新茶饮调制的方法

基本调制的方法主要有4种，即摇混法、调和法（搅拌法）、兑和法（直接注入法）和电动调和法（电动搅拌法）。

1. 摇混法

摇晃法又称摇动法或摇和法，即使用雪克壶将含牛奶、奶油、糖浆、果汁等进行摇匀的一种调制方法。雪克壶有两种款式，一种是波士顿雪克壶，为两件式，下方为玻璃摇酒杯，上方为不锈钢上座，使用时两座一合即可；另一种是英式雪克壶，为三件式，包括壶盖、滤冰器、壶身，用时一定要先盖滤冰器，再加壶盖，以免液体外溢和内部低压态。具体操作方法如下。

（1）将饮品放进雪克壶中，通过手臂的摇动来完成各种材料的混合。

（2）调制由不易相互混合的材料构成的新茶饮时使用摇混法，如加入鸡蛋、糖浆等。

（3）为了避免雪克壶中的冰块融化得太快，使冰水冲淡新茶饮的味道，因此摇晃速度一定要快。

（4）摇混需要的器具　雪克壶、量杯、载杯、冰桶、冰夹、冰块、装饰物等。

2. 调和法（搅拌法）

采用调饮杯和吧勺调配饮品的方法称为调和法，将两种或两种以上的物料混合而成，具体操作方法如下。

（1）将各种饮品成分放进调饮杯中，然后搅拌混合物，调制成饮品。搅拌的目的是在最少稀释的情况下，把各种成分迅速混合。

（2）调和法是用来调制由易于混合的材料构成的饮品。

（3）需要的调饮器具　调饮杯、吧勺、量杯、过滤器、载杯等。

3. 兑和法（直接注入法）

兑和法具体操作方法如下。

（1）把各种饮品成分依次放入杯中，掺兑完成后即可。

（2）适用于调制具有彩色层次的饮品。一般密度高的物料在底层，层次越高，所用的物料的密度越低。多数要用到吧勺，其主要作用是引流，吧勺一端靠在杯的内壁上，物料缓缓地通过吧勺从另一端流入杯中。

（3）需要的调饮器具　载杯、量杯、吧勺等。

4. 电动调和法（电动搅拌法）

电动搅拌法是把物料与碎冰块或刨冰按配方分量放进粉碎机中，启动电动搅拌机运转10~20s后，连冰带物料一起倒入载杯中。这种方法调制的饮品可使用哥连士杯和特饮杯，具体操作方法如下。

（1）用电动搅拌机来完成各种材料的粉碎与混合。

（2）使用电动调和法来调制的新茶饮，大多是含有冰激凌和鲜果汁的饮品。

（3）调饮时使用的水果，在放入电动搅拌机前一定要切成小块。

（4）最关键的操作　碎冰要在最后加入，如果电动搅拌机在高速挡运转大于20s，会获得一种雪泥状的饮品。

（5）需要的调饮器具　载杯、量杯、电动搅拌机、冰桶、冰夹等。

（三）新茶饮调制的一般步骤

（1）选择相应名称、形状、大小的饮品杯。

（2）准备好冰桶和冰夹，在冰桶中盛放冰块。

（3）确定调饮方法及调饮器具（雪克壶、调饮杯或电动搅拌机、量杯、吧勺等）。

（4）准备好调饮原料和装饰物。

（5）在调饮盛器中加入所需茶底和辅助成分。

（6）用合适的调制方法进行调制。

（7）将调制好的饮品倒入载杯。

（8）装饰。

（四）新茶饮调制的规范动作

1. 搅拌

搅拌是混合饮品的方法之一，是用吧勺在调饮杯或饮用杯中搅动使饮品混合。具体

操作要求：用左手握杯底，右手用握毛笔的姿势，将吧勺的勺背靠杯边按顺时针方向快速旋转。搅拌五六圈后，将过滤器放在调饮杯口，迅速将调好的饮品滤出。

2. 摇壶

摇壶是使用雪克壶来混合饮品的方法，具体操作形式有单手、双手两种。

（1）单手握壶　右手食指按住壶盖，用拇指、中指、无名指夹住壶体两边，手心不与壶体接触。摇壶时，尽量使手腕用力，手臂在身体右侧自然上下摆。具体操作要求：力量大、速度快、节奏快、动作连贯。手腕可使壶按“S”形、三角形等方向摇动。

（2）双手握壶　左手中指按住壶底，拇指按住壶中间过滤盖处，其他手指自然伸开。右手拇指按壶盖，其余手指自然伸开固定壶身。壶头朝向自己，壶底朝外，并略向上方。摇壶时可在身体左上方或正前上方。具体操作要求：两臂略抬起，呈伸屈动作，手腕呈三角形摇动。

三、新茶饮基底的制备知识

（一）茶基底的制备知识

茶作为新茶饮的“灵魂成员”，因其丰富的香气和醇厚的滋味对饮品整体风味的提升起着重要的作用。中国六大茶类各有特点，依据饮品的不同风格选择适宜的茶类，目前市面上常用的有三类：第一类是绿茶底，以茉莉绿茶为代表，主要特点为清花香，常与水果茶搭配，也有少部分搭配牛奶做成奶绿类产品；第二类是乌龙茶底，代表为鸭屎香，主要特点为浓香，与绿茶比更浓郁，并且滋味醇厚，常用于酸味的水果茶类，如菠萝、西柚等；第三类是红茶底，以云南滇红为代表，主要特点为其滋味浓强鲜，多与奶类制品搭配，既掩盖了奶类制品的膻味，又增加了饮品的醇厚度和花果香。

茶底制备过程中，具体的操作流程，以绿茶为例，可以总结为以下几点。

（1）准备材料　10L软水、200g绿茶、10L容量的不锈钢桶、过滤网、过滤布、保温桶。

（2）先将10L水煮沸，放置让水冷却到85℃，然后将绿茶倒入水中搅拌，茶水比1：50。

（3）搅拌1min，然后合上桶盖，等待10min，待打开桶盖后，会闻到绿茶的清香。

（4）把已经泡好绿茶过滤到保温桶里，加冰冷却。

制作茶底时需要注意，水一定要完全沸腾，冷却水温的过程中，要使用温度计测量，确保温度准确。另外，过滤茶汤的时候一定要过滤干净。保温桶里的茶汤要低于40℃，温度过高绿茶茶汤容易有熟闷味。

六大茶类的冲泡温度、出汤时间、茶水比都略有不同，参数的改变直接影响茶汤品

质，所以不同的茶类要选择适宜的冲泡参数，达到香浓味醇，并且涩味苦味酸味较少。一般来说，红绿茶原料嫩度较高，滋味醇厚，可以适当降低冲泡水温（80~90℃）；白茶和黑茶滋味相对醇和，冲泡水温要偏高，以100℃为宜；乌龙茶则为了将其高香激发出来，水温需要100℃，但冲泡时间要适当缩短，防止苦涩味过显。

（二）咖啡基底的制备知识

咖啡基底的好坏直接决定了饮品的品质和口感。因此，掌握咖啡基底的制备知识，是调饮师的必备技能之一。

1. 选取适当的咖啡豆和磨豆粗细

（1）咖啡豆种类　不同的咖啡豆具有不同的口感和香气特点，因此要根据需要进行选择。一般来说，阿拉比卡和罗布斯塔是较为常见的咖啡豆品种，而具体的选择还要根据咖啡豆的产地、年份、烘焙程度等因素综合考虑。

（2）混合　在调制新调饮时，可以采用混合的方法，即将不同产地、烘焙程度或有特点的咖啡豆混合在一起进行冲泡，这样可以得到更为丰富的口感和香气。但需要注意的是，咖啡豆的烘焙程度和特点不同时，特别要注意比例和搭配。

（3）磨豆粗细　一般来说，磨豆越细，萃取出的咖啡味道越浓郁，但同时也会带有更多的苦涩味；磨豆越粗，萃取出的咖啡味道越清淡，但香气也会相应减少。因此，要根据需要进行调整，找到最适合的磨豆粗细。

2. 冲泡温度和水的酸碱度（pH）调控

（1）温度控制　一般来说，高温可以加快萃取速度，使咖啡味道浓郁；低温可以减缓萃取速度，使咖啡味道清淡。而滋味的平衡性是关键，所以要根据需要进行调整，找到最适合的温度。

（2）pH控制　pH对于咖啡的口感和香气也有很大的影响。一般来说，pH在5.5~6.5的水最适合冲泡咖啡，这样的水可以有效地萃取出咖啡豆中的味道和香气。

3. 制作方法及步骤

（1）选择咖啡豆　选用新鲜、品质优良的咖啡豆，如阿拉比卡豆、罗布斯塔豆等。

（2）烘焙　将咖啡豆进行适当的烘焙，以提高咖啡的口感和香气。

（3）研磨　将烘焙后的咖啡豆磨成适中细度的咖啡粉，以便冲泡。

（4）冲泡　采用合适的水温和时间，将咖啡粉与水充分融合，提取咖啡汁液。

（5）过滤　为了获得清澈的咖啡基底，可使用滤纸、滤网等过滤工具，去除咖啡渣。

（6）调整浓度　根据产品需求，可适当调整咖啡基底的浓度，使其更适合调饮。

（7）冷藏　将咖啡基底冷藏至适宜的温度，以便与其他原料混合。

4. 调制技巧与方法

（1）同比率　在调制新调饮时，可以采用同比率的方法，即将基底与添加物的比例设为1∶1或1∶1.5等。此法为基础调配。

（2）泡取　泡取是一种将添加物与基底分开调制的方法，即先将基底冲泡好，再将添加物加入基底中搅拌均匀。这种方法可以更好地保留添加物的口感和特点，同时也可以更好地控制饮品的口感和品质。

（3）渐层添加　即将添加物分层次依次加入基底中，这样可以得到更为丰富的口感和层次感。但需要注意的是，渐层添加时要特别注意添加物的量和比例。

5. 保存方式和最佳享用时间

（1）保存方式　在保存咖啡基底时，要避免阳光直射和高温环境，同时也要注意密封保存以避免氧化和异味侵入。

（2）最佳享用时间　一般来说，新鲜冲泡的咖啡基底味道最佳，最好在1~2h饮用完毕以保证最佳口感和品质。

6. 产品的标准化与质量控制原则

在调制新调饮时，要遵循标准化与质量控制原则，保证同一款饮品的原料比例、调制方法、温度控制等均一致，同时也要定期进行质量检测和控制，以确保每一杯饮品的品质都符合标准。

扫码看拓展阅读
3-1及思考题

（三）奶基底及奶盖的制备知识

1. 奶基底和奶盖的种类与特点

（1）奶基底的种类与特点

①低脂奶基底：采用低脂牛奶制作，脂肪含量较低，适合追求健康的人群。

②脱脂奶基底：采用脱脂牛奶制作，脂肪含量极低，适合严格控制脂肪摄入的人群。

③豆奶基底：采用植物豆奶制作，适合素食主义者或对乳糖不耐受的人群。

（2）奶盖的种类与特点

①芝士奶盖：加入芝士和炼乳，有浓郁的奶香，口感浓稠。

②草莓奶盖：加入草莓果酱或草莓果汁，酸甜可口，颜色鲜艳。

③巧克力奶盖：加入巧克力粉或巧克力酱，味道浓郁，略带苦甜。

④轻乳云顶：加入淡奶油和牛奶，有奶香，口感轻盈。

2. 制备过程中使用的原料和设备

（1）原料

①奶基底：新鲜牛奶、糖等。

②奶盖：牛奶、奶油、糖、各种调味剂等。

（2）设备

①奶基底制备设备：奶锅、温度计、搅拌器。

②奶盖制备设备：搅拌器、锅、温度计、筛网、奶油枪。

3. 制备的方法及步骤

（1）奶基底的制备方法及步骤

①将新鲜牛奶加热至40℃左右。

②加入稳定剂和糖，搅拌均匀。

③冷却至室温，然后存放在密封容器中备用。

（2）奶盖的制备方法及步骤

①轻乳云顶制作：

a.取清洁干净的奶油枪、电子秤。

b.奶油枪置于电子秤上并清零。

c.向奶油瓶中加入4泵（约20mL）香草风味糖浆并倒入淡奶油300mL，加入牛奶或椰奶200mL。

d.加入物料后使用吧勺搅拌均匀。

e.确保密封胶圈完好并置于指定凹陷槽内，且密封圈拉环向外侧凸起，切勿装反，扣好奶油枪上盖。

f.取气弹1支放入气弹螺栓内，倒置奶油枪快速拧紧气弹。

g.手臂以45° 垂直摇晃至均匀（大力摇晃10~15下，力量尽可能保持一致）。

h.确定奶油品质顺滑无毛边，无不成形或过度打发情况；摘下气弹螺栓，清洁干净喷嘴，正立冷藏。

②芝士奶盖制作：40g芝士奶酪、40g牛奶（热牛奶）、50g炼奶、2g玫瑰盐，沙冰机搅打均匀备用；200g淡奶油放入冰盆降温，加入搅打好的牛奶混合物，电动打蛋器低速搅拌均匀，高速打发。

③巧克力奶盖制作：

a.称出50g巧克力奶盖粉、340g淡奶油、100g全脂牛奶、20g白砂糖、2g海盐。

b.先用吧勺将所有称好的奶盖原料搅拌均匀，再隔冰水使用双头电动打蛋器打至黏稠状，打至边缘微有波纹时换单头打至起纹路即可。

c.用吧勺消泡，然后装入带盖2000mL量杯中密封冷藏（3~8℃）待用。

4. 注意事项与安全措施

（1）为确保食品安全需对原料进行消毒处理，可采用巴氏消毒法或高温灭菌法。

（2）对于使用的原料和设备要进行质量检查，确保符合食品安全标准。

（3）在加热和搅拌时要控制温度，避免温度过高导致原料变质；为了使奶基底口感

更加细腻，可进行均质处理，将奶液打碎成细小的颗粒。

（4）灭菌保存，将奶基底加热至一定温度，杀死潜在的微生物，确保产品安全。

（5）在贮存时要保持密封，避免受到外界污染。

5. 成品质量评估与改进方法

（1）对成品进行质量检查，包括色泽、口感、气味等方面。

（2）根据检查结果，对制备过程进行调整和改进，提高成品质量。

（3）定期进行市场调查，了解消费者对成品质量的反馈和意见，及时进行调整和改进。

（四）常见小料的制备

1. 芋圆的制作

首先，芋头或番薯去皮切成薄片状，入蒸锅蒸约30min；然后，将蒸熟的芋头或番薯捣成泥状，慢慢加入木薯粉并搓揉成团，最后搓成条；最后，将芋圆或番薯圆投入煮滚的沸水中，烧至浮起即可盛出，并置于煮好的糖水中。具体步骤如下。

（1）芋头连皮加水煮至筷子能轻松戳透。

（2）去皮后用勺子将芋头压成泥。

（3）木薯粉部分倒入大锅。

（4）慢慢调入滚开水。

（5）不停用筷子搅拌成团状即可。

（6）温度稍低后，将木薯粉粉团和芋泥或番薯泥混合在一起。

（7）加入糖粉揉合均匀，这时候比较粘手，慢慢边加木薯粉边揉。

（8）揉好的粉团软硬适中，不粘手也不硬。

（9）将粉团转移到案板上，搓成长条，用刀切成小段，适当使用一些木薯粉防粘。

（10）放入水中煮至浮起即可。

重点提示：用力揉可使芋圆或番薯圆更有韧性，木薯粉的分量要根据芋头或番薯的含水量酌量增减。

2. 珍珠的制作

（1）准备500g珍珠粉圆。

（2）将3000mL水煮沸后缓慢加入珍珠粉圆，待珍珠浮起。

（3）将火转成中火，加盖煮制25min后关火，闷25min。

（4）将珍珠用饮用水冲洗，沥干。

（5）将洗好的珍珠倒入容器中，加入150g白砂糖浆。

（6）搅拌均匀后即可出品，可以直接食用。

需要注意的是，倒入洗好的珍珠时要关小火，缓慢倒入待珍珠浮起后盖上锅盖。同时，为了饮用时口感更好，煮好的珍珠需要在6h内饮用为佳。

3. 布丁的制作

一般来说，先加600mL热水，大火煮开。随后，加入100g布丁粉、40g白砂糖（布丁粉和白砂糖放到一起），倒入锅中就要开始搅拌。最后，转小火煮5min，需要搅拌，煮好后滤出放凉，然后冰箱密封冷藏（保质期3d）。需要注意的是，储存期间不能进生水，否则会坏掉。

（1）豆花布丁制作步骤

①600mL水，大火煮开。

②100g豆花布丁粉、20g白砂糖、200mL牛奶，搅拌均匀。

③转小火计时3min，过滤至容器内，放置常温，冷藏保存。

（2）仙草冻制作

①1000mL水，大火煮开。

②加入100g仙草粉、40g白砂糖，转中小火，搅拌均匀（同方向由内而外搅拌）。

③煮沸30s左右关火，冷却备用。

4. 西米露煮法

（1）3000mL热水倒入锅中煮至沸腾。

（2）100g西米倒入锅中，大火煮25min，时间到关火盖上盖子闷15~20min。

（3）然后将西米倒入滤盆，用自来水冲到微温，再用直饮水洗净，滤干后转入容器中。

（4）放入100g白砂糖或糖水搅匀备用（保质期1d）。

（五）甜味剂的种类

甜味剂是赋予食品甜味的一种食品添加剂，在食品工业中被广泛应用。糖类是人类历史上使用时间最长的甜味剂，食品工业中最常用的甜味剂有糖精钠和甜蜜素。合理应用甜味剂能够协调平衡食品风味、掩蔽异味、增强口感。根据营养价值的差异，甜味剂分为营养型甜味剂和非营养型甜味剂。非营养型甜味剂可进一步分成人工甜味剂和天然甜味剂，常见的人工甜味剂主要有糖精、甜蜜素、阿斯巴甜、三氯蔗糖等。而天然甜味剂往往是从植物组织中提取出来的甜味物质，包括糖醇类和非糖醇类。

近年来，陆续有研究发现某些甜味剂对人体具有潜在的健康危害。回归饮品本质，作为提升饮品风味和口感的重要成分，如何选择对的糖也是一门学问。不加糖、三分糖、五分糖、七分糖……饮品点单时越来越多的甜度选项，不禁让人感慨现代消费者对于糖分的摄取越来越在乎，也越来越精准。《2021年茶饮调研报告》显示，在点单时饮

品甜度的选择上，超过七成的消费者会主动减少甜度，而选择正常糖的顾客仅占27%（图3－1）。因此，正确认知和使用甜味剂对新茶饮行业的健康发展具有重要意义。以下主要介绍食品中常见的甜味剂，包括糖类、多元醇类、甜味氨基酸及甜肽类、甜苷类等。有糖和无糖对饮品风味的影响见图3－2。

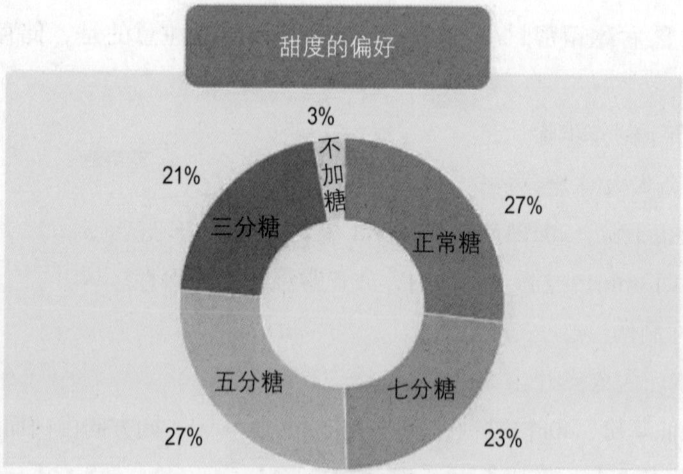

图3－1 消费者对饮品甜度的偏好调查

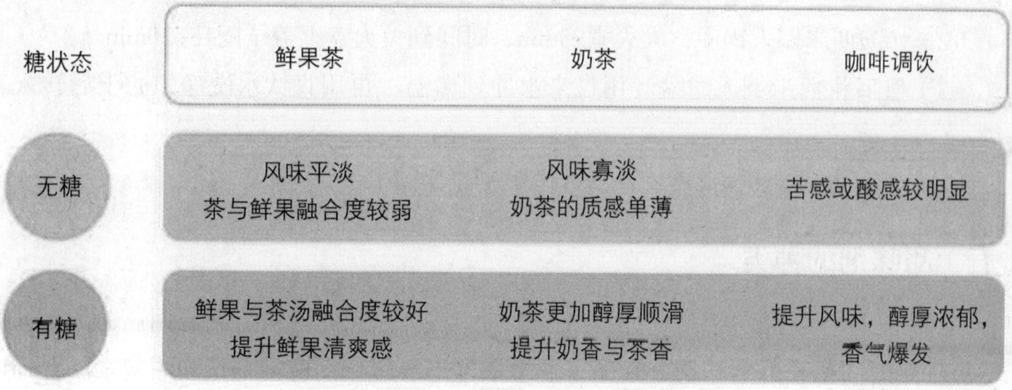

图3－2 有糖和无糖对饮品风味的影响

1. 糖类

（1）蔗糖　在甘蔗或甜菜中提取的，属于双糖。按晶体外形和色泽的不同，可分为白砂糖、绵白糖、赤砂糖、红糖、冰糖、方糖等，蔗糖不同阶段的产物见图3－3。就口感而言，10%浓度时蔗糖的甜度一般有快适感，20%浓度则成为不易消散的甜感，故一般饮品的糖浓度控制在8%~14%为宜。当蔗糖与其他呈味成分混合时，会产生对比、增效、减效等效应，如蔗糖与葡萄糖混合后，有增效作用，其甜度感觉不会减低；蔗糖中添加少量的食盐可增加甜味感；酸味或苦味强的饮品中增加蔗糖用量可使酸味或苦味减弱。

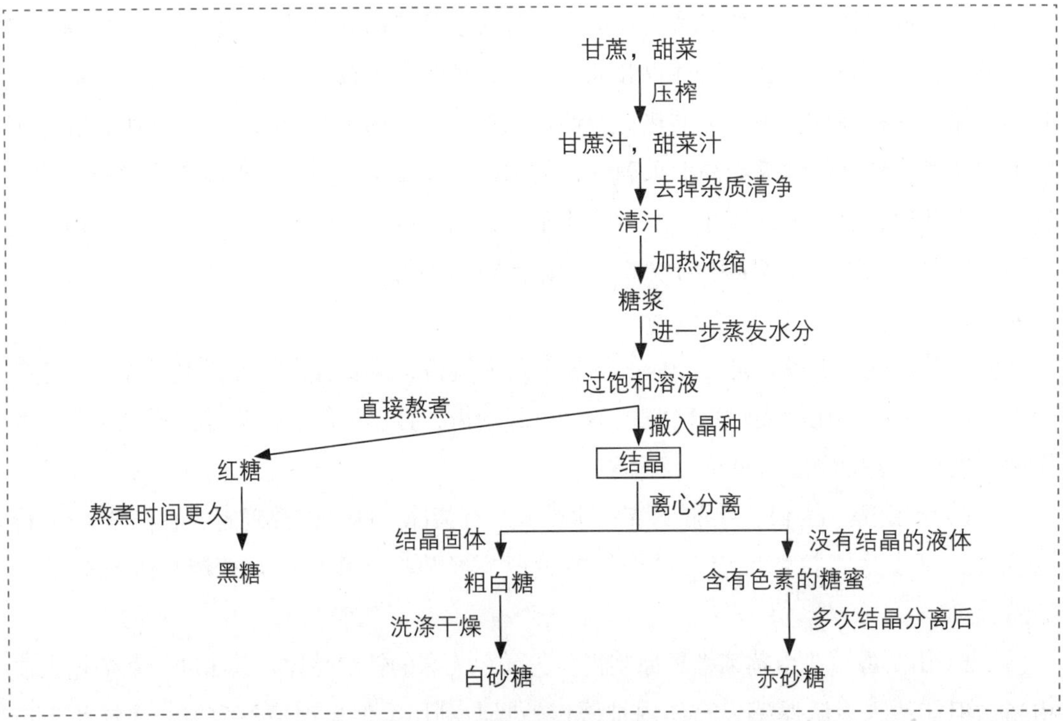

图3－3　**蔗糖不同阶段的产物**

（2）葡萄糖　结晶葡萄糖产品主要为含水α-葡萄糖，含有一分子结晶水，此外还有无水α-葡萄糖和无水β-葡萄糖。α-葡萄糖与β-葡萄糖的甜度比约为1.5:1。葡萄糖作为甜味剂，其特点是能够使配合的风味更加精细，而且固体葡萄糖溶于水时是吸热反应，因而给人清凉的感觉。葡萄糖的甜度为蔗糖的70%~75%，通常使用时，可将葡萄糖与蔗糖混合，即用10%~18%的葡萄糖代替蔗糖，其甜度不受影响。

（3）果葡糖浆　酶法糖化淀粉所得糖化液，经葡萄糖异构酶作用，将42%的葡萄糖转化成果糖，所得糖分主要为果糖和葡萄糖的糖浆，称为果葡糖浆，也称为异构糖。不同类型的果葡糖浆甜度不同。果葡糖浆具有可口的风味和许多优良的理化特性，在饮品中应用也有其优势，果糖含量为55%的果葡糖浆大量用于可口可乐等饮品中，果葡糖浆因价格低廉而成为取代蔗糖的新甜味剂，使用量在不断增加。

（4）功能性低聚糖　低聚糖或称寡糖是由2~10个单糖通过糖苷键连接形成的直链或支链的低度聚合糖，有普通低聚糖和功能性低聚糖两大类。蔗糖、麦芽糖、乳糖、海藻糖等属于普通低聚糖，它们可被机体消化吸收，不是肠道有益菌——双歧杆菌的增殖因子。功能性低聚糖包括水苏糖、棉子糖、帕拉金糖、乳酮糖、环糊精、低聚果糖、低聚木糖、低聚半乳糖、低聚乳果糖、低聚异麦芽糖、低聚龙胆糖、低聚壳聚糖等，人体胃肠内没有水解这些低聚糖（除帕拉金糖外）的酶系统，它们不被消化吸收而是直接进入大肠内优先为双歧杆菌所利用，是双歧杆菌的增殖因子。

功能性低聚糖可作为功能性甜味剂用来替代或替代部分食品中的蔗糖。聚果糖的甜度与蔗糖相似，耐热性和耐酸性也和蔗糖一样，使用范围较广。低聚木糖、大豆低聚糖和半乳糖低聚糖在酸性条件下的热稳定性比蔗糖好，适用于在清凉饮品、酸奶、乳酸菌发酵饮品等酸性饮品和需经高温灭菌处理的果茶等饮品中应用，可提高产品的稳定性。低聚异麦芽糖具有浓郁的风味，并可防止茶类饮品的沉淀。低聚龙胆糖有苦味，但有赋予制品以醇厚风味、屏蔽涩味的效果，可用于咖啡等饮品。

2. 多元醇类

多元醇也称为糖醇，是由相应的糖加氢还原制得，主要有木糖醇、山梨醇、麦芽糖醇等。这类甜味剂比糖类耐热性好，不会引起龋齿，且热量低，代谢时也不需胰岛素的作用，具有一定的保健功能。

（1）木糖醇　为白色结晶或结晶性粉末，有清凉甜味，对热稳定，在pH3～8时稳定性好，不发生美拉德反应，可提供能量但不经胰岛素作用，是糖尿病人理想的代糖品。

（2）山梨醇　是由葡萄糖还原制得，为无色无味的针状晶体，其甜度与葡萄糖大体相当，但能给人以浓厚感，在体内被缓慢地吸收利用，但血糖值不增加，在饮品生产中，可以替代部分蔗糖使用。

（3）麦芽糖醇　由麦芽糖还原而制得的一种双糖醇，甜度为蔗糖的75%～95%，几乎不被人体吸收，不能被微生物利用，不增高胆固醇，麦芽糖醇不结晶、不发酵，150℃以下不发生分解，是保健食品、饮品的一种较好的低热量甜味剂。

3. 甜味氨基酸及甜肽类

食品中的一些氨基酸和蛋白质也具有甜味，特别是近年来研制的一些肽衍生物，甜度是蔗糖的几十倍至数百倍，可作为低热能甜味剂使用。这类甜味剂主要有天冬酰苯丙氨酸甲酯、天冬氨酰丙氨酰胺、索马甜等。

（1）天冬酰苯丙氨酸甲酯　又称甜味素、阿斯巴甜、蛋白糖，为白色晶体粉末，有强甜味，甜度是蔗糖的100~200倍。热稳定性差，高温加热后，其甜味下降或消失。甜味素味质好，几乎不增加热量，可用于糖尿病、肥胖症等患者的疗效食品的甜味剂，也可用于防龋齿食品。甜味素其口感类似蔗糖，能量可降低95%左右，增强饮品风味、延长味觉停留时间，对水果香型风味效果更佳；避免营养素的稀释，保持食品的营养价值。

（2）天冬氨酰丙氨酰胺　又称阿力甜，为结晶性粉末，甜度是蔗糖的2000倍。阿力甜甜味品质好，甜味特性类似于蔗糖，对热、酸稳定性好，饮品中最大使用量为0.1g/kg。

（3）索马甜　是一种蛋白质，对热较稳定。索马甜甜味显现的慢，消失的也慢，因此应用时最好与其他甜味剂混合使用。

4. 甜苷类

甜苷类甜味剂往往具有较高的甜度、较低的热值，常带有副味，除作为甜味剂外，还具有增加风味的作用及其他一些药用价值。

（1）甜菊糖苷　又名甜叶菊苷，是从甜叶菊的叶子中提取出来的一种甜苷，为白色或黄色粉末，低浓度时味甜，高浓度时味苦，甜度为蔗糖的200~300倍，适用于糖尿病人饮用的低糖饮品，并具有使人体降压、促进代谢、改善胃酸过多症等作用。可用于固体饮品、健康饮品和低能量可乐饮品，在使用时注意它在碱性条件下不稳定。

（2）二氢查耳酮　是以柑橘为原料制备的天然甜味剂，具有甜度大（比蔗糖甜300~500倍）、能量值低、稳定性好等优良特点。它口感清爽、愉快，能降低人体对饮品或医药品中可能带有的苦味的敏感程度。新橙皮柑二氢查耳酮的甜度约为糖精的7倍，柚皮苷二氢查耳酮甜度为糖精的3~5倍。二氢查耳酮甜度高、不吸潮、毒性小，是一类理想的甜味剂，但它们的甜味迟发，并有甘草样后味，所以一般用量为总甜味剂的2.5%为宜。其他甜苷有罗汉果苷、白云参苷、甜叶悬钩子苷等。

由于不同的甜味剂各有优缺点，复合甜味剂的应用现在越来越多。每一种甜味剂其甜味的口感和质感与蔗糖都有区别，且用量大时往往会产生不良风味和后味，使用复合甜味剂可克服这些不足。甜味剂经复合后有协同增效作用，不仅可以消除苦味、涩味，使味道更接近蔗糖，同时也相应提高了甜度，还可配制成不同甜度的甜味剂，方便生产厂家使用、降低成本。

5. 不同甜味原料和甜味剂的区别及其与温度的关系

人的感官与呈味物质之间的关系一般采用阈值、判别阈、等价浓度等概念来表示。一般将人体对能感觉某一物质的最低浓度定为该物质的阈值；把能够判别刺激物强度的最小差别称为判别阈；将具有相似味感的不同类呈味物质之间的替代浓度称为等价浓度，常将柠檬酸的酸度定为100、蔗糖的甜度为1。当等价浓度较低时，使用较少的糖量就可以有较高的甜感，如甜菊叶和糖精钠。但不同种类的甜味剂，除了有甜度差异外，其风味特点也有不同，所以在具体使用前，建议做搭配实验。常用甜味原料和甜味剂的等价浓度见表3－1。

表3－1　常用甜味原料和甜味剂的等价浓度

糖类名称	等价浓度	糖醇类名称	等价浓度
蔗糖	1.0	甘露醇	1.43
乳糖	2.5	半乳糖醇	2.5
麦芽糖	2.0	麦芽糖醇	1.43
半乳糖	1.78	木糖醇	1.0

续表

糖类名称	等价浓度	糖醇类名称	等价浓度
葡萄糖	1.43	甘甜草	0.02
果糖	0.67	糖精钠	0.002
木糖	1.43	甜叶菊	0.0033

从图3－4可以看出，在0℃时果糖的比甜度是最高的，这就可以帮助我们理解为什么在做新茶饮时常用果糖和冰，因为在这样的条件下我们的味蕾更容易感觉到甜度。究其原因，温度的变化一方面引起了不同呈味物质的溶解度、解离度和构型等特性及其相互作用的变化；另一方面造成了味觉器官灵敏度的不同，从而导致不同温度下味觉的差异。因此，茶饮在配方设计过程中应考虑产品的习惯饮用温度与所使用甜味剂的搭配性。通常，热饮的调饮茶最适温度为67~73℃，冷饮的调饮茶最适温度为6~10℃。

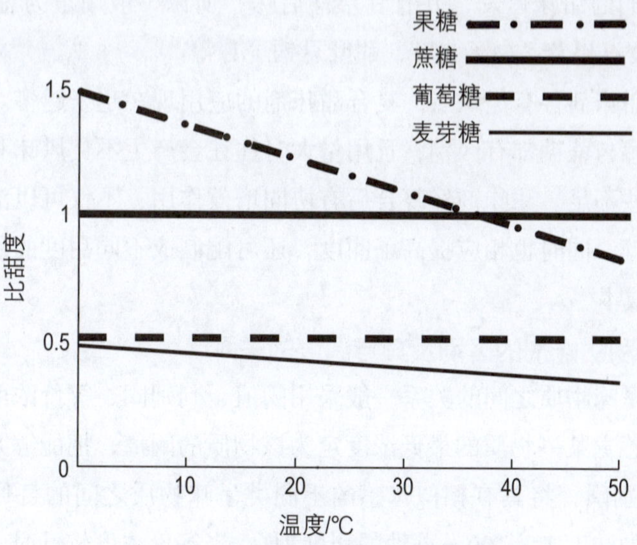

图3－4　4种糖的比甜度与温度的关系

四、新茶饮包装容器的材质及特性

1. 新茶饮包装容器应具备的条件

（1）良好的卫生安全性　包装材料不得含有危害人体健康的成分。

（2）具有一定的化学稳定性　不与饮料发生作用而影响其品质。

（3）适宜的加工性能　具有良好的机械适应性、易密封性。

（4）优良的综合保护性能　具有优良的阻气性、保香性、阻光性、防潮性等，保护产品不易发生质量劣变现象。

（5）良好的方便性　流通贮运方便，消费者开启方便等。

（6）突出的商品性　具有突出的光亮性、透明性、图示性等商品展示性。

（7）必须考虑其环保方面和经济方面的特性。

2. 新茶饮包装材料的种类及性能特点

（1）纸类包装材料性能特点

①机械力学性能：具有一定的强度、挺度和机械适应性；另外，纸还具有折叠性、弹性及撕裂性等，包装容器很适合制作成型。

②阻隔性能：纸主要由多孔性的纤维组成，对水分、气体、光线、油脂等具有一定程度的渗透性，单一的纸类包装材料阻隔性能差，可以通过适当的表面加工来改善其阻隔性能。

③印刷性能：纸吸收和黏结油墨的能力较强、印刷性能好，其印刷性能主要决定于表面平滑度、施胶度及黏结力等。

④加工使用性能：纸具有良好的加工使用性能，容易实现机械化加工操作；容易加工成具有各种功能的包装容器；容易设计各种功能性结构；可方便地在纸表面进行浸渍、涂布、复合等加工处理，提高其防潮性、防虫性、阻隔性、热封性、强度等。

⑤卫生安全性能：纸是卫生、无毒、无害的，且在自然条件下能够被微生物降解，对环境无污染。但纸在加工过程中会残留有一定的化学物质，如硫酸法制浆过程残留的碱液及盐类等。

（2）玻璃包装材料的性能特点

①化学稳定性：具有极好的化学稳定性，可抗气体、水、酸、碱等侵蚀，不与被包装的食品发生作用，具有良好的包装安全性。

②物理性能：

a.密度较大。玻璃密度为2.5g/cm^{3}左右，这一性能使玻璃容器较重，运输费用较高，不利于食品的仓储搬运及消费者携带。

b.透明光亮。玻璃具有良好的透光性，可充分显示内装食品的形状和色泽。

c.导热性能差。玻璃的热膨胀系数较低，因此它可耐高温，用作食品包装能经受加工过程杀菌、消毒、清洗等高温处理，能适应食品微波加工及其他热加工。但是，玻璃对温度骤变而产生的热冲击适应能力差。

d.高阻隔性。玻璃具有对气、汽、水、油等各种物质的高阻隔性，其透过率为0。

③机械力学性能：玻璃的硬度高、抗压强度较高，但抗张强度低、脆性高、抗冲击强度很低。

④加工成型性能：具有良好的成型加工工艺性，熔炼好的玻璃液可以加工制成各种形状结构的容器，而且易于上色、外观光亮，用于食品包装美化效果好，但印刷等二次加工性差。

⑤原料来源丰富：玻璃制品的价格较便宜且稳定，还具有可回收再用的特点，废弃玻璃制品可回炉熔炼再成型制品，这可节约原材料、降低能耗。形状质量合格的回收玻璃容器经清洗消毒后可再使用，但玻璃熔炼、加工的能耗高。

（3）塑料包装材料的性能特点

①塑料包装材料的性能：塑料是以合成树脂为主要原料，添加稳定剂、着色剂、润滑剂和增塑剂等组分而制得的合成材料。它用于饮料包装表现出的优越性有以下几点。

a.重量轻。方便运输、销售，便于携带使用。

b.化学稳定性好。耐一般酸碱盐及油脂的腐蚀。

c.包装制品的成型加工性好。可加工成各种形状，适用于各种物态的软饮料包装。

d.透明、易着色、易印刷。且光泽鲜艳、光亮，装饰效果好。

e.有一定的阻透性和一定的强度。有良好的封合性，对食品有很好的保护作用。

f.易于与其他材料复合。构成比单质材料包装性能更好的复合材料，可适应各种包装操作。

塑料包装存在的缺点：某些品种还存在卫生安全方面的问题，包装废弃物的回收处理对环境的污染等问题。

②塑料包装的种类特性：常用的塑料种类有聚乙烯、聚氯乙烯、聚丙烯、聚酯、聚偏二氯乙烯及聚碳酸酯等。

a.聚乙烯（PE）。PE是世界上产量最大的合成树脂，也是消耗量最大的塑料包装材料。PE产品主要有低密度聚乙烯（LDPE）和高密度聚乙烯（HDPE）。PE的阻水性、阻湿性好，但阻气和阻有机蒸汽的性能差；具有良好的化学稳定性，常温下与一般酸碱不起作用，但耐油性稍差；有一定的机械抗拉和抗撕裂强度，柔韧性好；耐低温性好，能适应食品的冷冻处理，但耐高温性能差，不能用于高温杀菌；光泽度、透明度不高，印刷性能差；加工成型方便，制品灵活多样，且热封性能很好。

b.聚氯乙烯（PVC）。PVC塑料以聚氯乙烯树脂为主体，加入增塑剂、稳定剂等添加剂混合组成。PVC塑料大致可分为硬制品、软制品和糊状制品三类。PVC的阻气阻油性优于PE塑料，阻湿性较PE差；化学稳定性优良，透明度、光泽性好；机械力学性能好；耐高低温性差，使用温度-15~55℃，有低温脆性；着色性、印刷性和热封性较好。

c.聚丙烯（PP）。PP是由丙烯聚合而成，PP塑料的主要成分是聚丙烯树脂。PP的阻隔性优于PE，但阻气性较差；机械力学性能较好，强度、硬度、刚性都高于PE，尤其是具有良好的抗弯强度；化学稳定性良好；耐高温性优良，耐低温性比较差；光泽度高，透明性好，印刷性差，印刷前表面需经一定处理，但表面装潢印刷效果好；成型加工性能良好，但制品收缩率较大，热封性比PE差。

d.聚酯（PET）。PET是聚对苯二甲酸乙二醇酯的简称，俗称涤纶。PET具有优良的

阻气、阻湿、阻油性，化学稳定性良好；具高强韧性能，抗拉强度和抗冲强度都很高，还具有良好的耐磨性和耐折叠性；具有优良的耐高低温性能；光亮透明，可阻挡紫外线；印刷性能良好；卫生安全性好，但成型加工、热封较困难。

e.聚偏二氯乙烯（PVDC）。PVDC塑料是由PVDC树脂和少量增塑剂和稳定剂制成。PVDC阻隔性高，且受环境温度的影响小，耐高低温性良好；化学稳定性很好；透明性、光泽性良好，但热封性较差，膜封口强度低。

f.聚碳酸酯（PC）。PC是具有碳酸酯结构的树脂总称。PC是无色透明、光洁美观的塑料，外观很像有机玻璃；PC阻止紫外线透过性能及防潮保香性能好，透气、透湿率低，耐温范围广、耐冲击、容易成型，但价格较贵。

（4）陶瓷包装材料的性能特点　陶瓷是无机非金属材料，内部由离子晶体及共价晶体构成，同时还有一部分玻璃相和气孔，是一种复杂的多相体系及多晶材料。陶瓷材料的组成和内部结构决定了其制品的性能特点，包括以下几点。

①原料丰富，成型工艺简单，价格便宜。

②耐火、耐热、耐药性好，可反复使用，废弃物对环境污染小。

③造型色彩美观，装饰效果好。

④具有高刚硬性能、高抗压强度。

陶瓷容器的缺点是抗张强度低、脆性大，抗震性能差，重量大。

（5）复合包装材料的性能特点　复合包装材料主要由铝箔、镀铝薄膜与塑料、纸质等复合而成。

①用于食品包装的复合材料结构要求：

a.内层要求。无毒、无味，耐油、耐化学性能好，具有热封性或黏合性，常用的有PP、PE、PVDC等热塑性材料。

b.中层要求。具有高阻隔性（阻气、阻香、防潮和阳光），常用的有铝箔、PVDC等。

c.外层要求。光学性能好，印刷性好，耐磨耐热，具有强度和刚性，常用的有PET、PC、PP、纸、铝箔、玻璃纸等。

②复合软包装材料的性能：

a.综合包装性能好。综合了构成复合材料的所有单膜性能，具有高阻隔性、高强度、良好热封、耐高低温性和包装操作适应性。

b.卫生安全性好。印刷装饰层可处于中间，具有不污染内容物并保护印刷装饰层的作用。

第二节 新茶饮调制的常用器具及设备

一、新茶饮调制常用的器具

（一）量杯

量杯是调制新茶饮时用来量取各种液体的标准容量杯，又称盎司杯。

量杯两头呈漏斗状，一头大、另一头小。常用的量标组合型号：0.5盎司和1盎司，1盎司和1.5盎司（1盎司≈30mL）。使用量杯时，应把液体倒满至量杯的边沿。

（二）煮茶壶

煮茶壶是用来将水煮开后用来冲泡茶叶的容器。通常是以金属或玻璃等材料制成，具有一定的耐热性和耐用性。煮茶壶的设计和材质能够用来煮水，也可以煮一些花草茶等。

（三）过滤器

过滤器的作用是阻止固体残渣进入饮杯。它的使用方法：用雪克壶调好新茶饮后，在将其倒出时，把过滤器放在杯口处滤去其中的残渣。

（四）雪克壶

雪克壶可以把新茶饮中的各种材料有效地混合到一起。雪克壶有两种类型：一种是英式雪克壶，国际上常用规格是250mL、350mL和530mL，由壶盖、滤冰器和壶身组成；另一种是波士顿雪克壶，容量为1000mL。

（五）小料盒

小料盒是一种用来装盛固体小料的容器。在新茶饮店中常用来盛放果粒、珍珠、芋泥等，方便工作人员根据产品配方的需求添加到饮品中。小料盒通常是可重复使用、易清洗的，能够保持食材的新鲜和卫生。

（六）榨汁器

榨汁器专门用来榨含果汁丰富的水果，如柠檬、青柠、柑橘、橙子等。

（七）调饮匙

调饮匙也称为吧匙，是一种柄身带螺旋纹且尾端有小叉的长匙，其作用是将杯中的饮料混合调匀。调饮匙的长度一般为25~28cm，容量为3.5mL。

（八）冰桶

冰桶主要用于盛放冰块以及冷却需要在冰爽状态下饮用的饮品。

（九）冰夹

冰夹是用于夹取冰块的不锈钢工具。冰夹和水果夹不同的地方是冰夹两端带有锯状的铁齿。

（十）冰勺

不锈钢的冰勺容量为6~8盎司，用来从冰柜中舀出各种标准大小的冰块。

（十一）奶油枪

奶油枪是一种用于喷射奶油或者其他充满气体的液体食材的设备。它通常由一个容器、一个压力控制按钮以及一个喷嘴组成。奶油枪通常被用于制作含有奶盖、茶云等饮品中。

（十二）碾棒

碾棒的一头是平的，用来将固状物（如薄荷叶）碾碎或捣成糊状；另一头是圆的，用来碾碎冰块。

（十三）茶桶

茶桶是用金属制成的，用来盛装大量茶汤的容器，一般为双层有一定的保温作用。

新茶饮调制常用器具见图3－5。

（1）量杯　（2）煮茶壶　（3）过滤器　（4）雪克壶　（5）小料盒

（6）榨汁器　（7）调饮匙　（8）冰桶　（9）冰夹　（10）冰勺

（11）奶油枪　（12）碾棒　（13）茶桶

图3－5　新茶饮调制常用器具

二、新茶饮调制常用的设备及维护

（一）沙冰机的使用与维护

沙冰机又称电动搅拌机，主要用于打碎新茶饮中不易被融合的原料（如水果、奶油、冰块等），使它们能够用吸管直接喝到。沙冰机在使用时，需要注意以下几点。

（1）使用沙冰机时，容器（杯体）中要有适量的液体，总物料不要超过“冷”“热”刻度最高上限值，否则容易溢出，导致沙冰机损坏。

（2）放置杯体时四周缝隙要一致、整体平稳，容器底部和基座上面要保持干燥，避免潮湿短路，造成电机损坏。

（3）在开机前，要检查整体基座是否在一水平台面上，不得有倾斜、不得有杂物垫下面，不然容易造成整机不稳，导致整机的损坏。

（4）不要长时间连续使用，以免造成机器过热，影响使用寿命。

（5）在使用完毕后，应将容器清洗干净，避免残留食物引起细菌滋生，注意清洁刀头。

（6）定期清洗沙冰机的外壳和底座，避免灰尘和污垢堆积，影响机器正常工作。

（7）定期检查设备的电源线和插头是否完好，以及机器搅拌刀头是否有磨损或生锈。如发现问题，应及时更换或修复。

（8）如长时间不使用沙冰机，可以将机器拆开并晾干，然后放置在干燥通风处，避免潮湿环境导致机器受潮。

（二）冷藏操作台

冷藏操作台（图3－6），也称为“水吧台”。冷藏操作台是多功能设备，除冷藏保鲜奶茶原料及摆放设备工具外，还是制作饮品的主要工作区域。日常维护应注意以下内容。

（1）使用前应检查冷藏操作台的温度，确保在推荐的贮存温度范围内，一般为0~4℃。

（2）对于需要长时间存放的食品和饮料，应将其放置在冷藏操作台内部的适当位置，避免堆积过密阻碍空气循环。

（3）定期清洁冷藏操作台的内部和外部，使用温和的清洁剂和干净的布擦拭，避免使用含有腐蚀性成分的清洁剂。

（4）定期检查冷藏操作台的密封件和门胶条，确保其完好无损，避免冷空气的外泄。

（5）定期清理冷藏操作台的排水口，避免积水和细菌滋生。

（6）不要将过期或腐败的食品和饮料存放在冷藏操作台内，应及时清理并报废。

（7）定期检查冷藏操作台的温度记录和工作状态，如有异常情况及时处理或维修。

（8）避免在冷藏操作台内存放易产生气味的食品，以免影响其他食品的味道。

图3-6　冷藏操作台

（三）制冰机

图3-7　制冰机

制冰机（图3-7）是专门生产冰块的机器设备，用以做冷饮、调节饮品温度等。制冰机生产的冰块大小可以调节，在选择制冰机时可根据制冰的产量和需求进行选择。日常维护应注意以下内容。

（1）存放环境　制冰机在安装时，应远离热源、避免太阳直晒，要安装在阴凉通风处，环境温度建议在35℃左右，避免温度过高影响制冰效果；同时制冰机需保持水平放置，四周要与墙面保留30cm的空间，顶部应保留60cm，以保持制冰机的散热效果良好。

（2）使用注意　采用独立电源、接地线，并配熔断器和漏电保护开关，以保障安全；用水需符合饮用水标准，并安装过滤器，避免杂质堵塞水管，影响制冰性能；搬运时应小心搬运避免震动，在搬运后需放置2h以上等待制冷剂归位，再开启制冰。

（3）清洁　清洁时关闭电源，用制冰机专用清洗剂或中性清洗剂，不可使用腐蚀性溶剂清洗制冰机；水阀滤网、水管、水箱、水槽和冰盘应2个月清洗一次，防止水中杂质细菌堵塞或污染制冰；制冰机表灰尘也需2个月擦拭一次，可用软布、吸尘器和小刷子等，避免锋利金属；制冰机暂时不使用时，也应清洗干净，吹干水分，在干燥通风的地方存放。

（四）果糖定量机

果糖定量机（图3-8）是定量添加果糖的机器。果糖适用于为茶饮品添加甜味的材料，如果使用量杯进行测量制作比较费时，并且不容易清洗，可以用此机器代替。日常

维护应注意以下内容。

（1）一般果糖定量机的温度在32℃左右，清洁卫生时要先擦拭果糖机以及擦拭出糖口部分；电辅开关在室温低于25℃以下才发挥作用，因此在冬季的时候或者糖比较浓稠时可以打开电辅助加热。

（2）清理堵塞　果糖定量机长时间处于不工作状态，出口残留的糖容易结晶堵塞，造成取量不精准，清洁时可以用一小杯开水放在出口处（淹没出口）。

（3）定期校准　果糖定量机在使用一定时间后，需要对每个刻度进行校准，一般以3d为一周期，以确保取量精准。校准的方法是将不同刻度的果糖释放出后，用电子秤或是量杯测量，如果有误差，可以根据差异进行调试。

图3-8　果糖定量机

（4）定期清洗和维护　需要对果糖定量机定期进行清洁和消毒，同时避免让水或其他液体进入仪器内部，以免影响测量的准确性。

本章思考题

（1）举例说明，新茶饮调制的基本类型有哪些。

（2）请结合具体实例，分析说明调制过程中主要运用的调制方法与步骤。

第四章

新茶饮调制及创新基本原理

本章导读

新茶饮创制的具体方法有哪些？本章的学习内容涉及新茶饮创作的核心，不仅详细介绍了新茶饮创制过程中风味搭配的总则，还结合各相关领域的最新科学研究成果，从香气搭配、滋味搭配、质地搭配、食材搭配、色彩搭配、装饰方法与分子调饮共七大方面详细介绍了新茶饮创制的科学依据与具体方法，可谓是新茶饮行业创新发展之路上的“行动指南”。

学习目标

（1）了解并掌握新茶饮创制中风味搭配的内容与总则。

（2）了解并掌握新茶饮创制中香气、滋味、质地、食材、色彩、装饰物等搭配的原理与方法。

（3）了解并掌握新茶饮分子调饮的内涵、特点以及操作方法。

学习内容、重点及难点

（1）学习内容　理解掌握新茶饮创制中风味搭配的内容与总则，结合最新科学研究领域关于香气搭配、滋味搭配、质地搭配、食材搭配、色彩搭配与装饰方法方面的原理解析与方法总结，重点理解掌握新茶饮创制过程中所必需的方法与技巧。与此同时，通过了解并掌握分子调饮的内涵、特点以及操作方法，为新茶饮的创新发展构建完善的理论依据与方法体系，进一步夯实新茶饮行业健康、可持续发展的理论基础。

（2）重点　掌握新茶饮创制中香气、滋味、质地、食材、色彩、装饰物以及分子调饮搭配的原理与原则。

（3）难点　灵活运用香气、滋味、质地、食材、色彩、装饰物以及分子调饮搭配的方法技巧，不断探寻新茶饮开拓创新的边界。

第一节 风味搭配的总则

人们在制作新茶饮的时候，通常会基于个人喜好与文化背景，凭借经验与直觉对食材进行搭配和调制。但往往受限于熟悉的搭配组合，也会时不时陷入“为什么它们搭不起来？”的困境，创新总是有难度的。为了突破困境，让新茶调饮有章可循、有法可依，更准确快速搭配、调配出既美味又健康的新式茶饮，必须从根本上理解滋味搭配的原则，以及不同食材的风味是如何形成的，影响因子有哪些，成功的搭配中有哪些共性、方法、规律可循。

一、什么是风味

通常人们会认为，食物的风味就是食物的滋味，就是嘴巴尝出来的味道，事实并非如此。当我们去判断一个食物是否好吃，是否给你带来愉悦或者让你“作呕”，这往往是人体五官综合判断的一个结果。具体来说，风味是由嗅觉、味觉、视觉、听觉与三叉神经等多重感官共同作用的结果（图4－1）。研究表明，人类对风味的整体感觉中75%取决于嗅觉。我们可以做一个实验，尝试捏着鼻子喝一杯西瓜汁，你能形容嘴里的滋味吗？可能有点甜，接着就说不出其他了。然后，松开鼻子再喝一口，你应该会尝到一样的甜味，但同时多了西瓜的香味，这才是完整的风味体验。

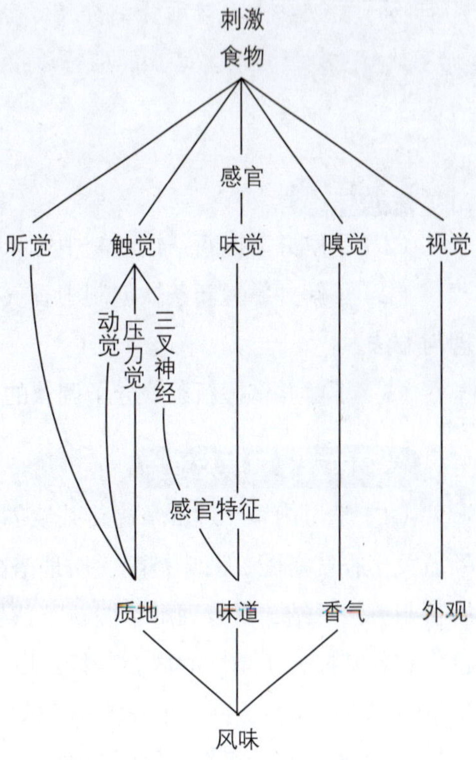

图4－1 食物风味与人的感官之间的关系

人类的风味体验与嗅觉高度相关。人类的鼻子约有400个气味受体，可以侦测并处理超过一兆种复杂微妙的气味。当你在品饮一杯茶时，倾斜茶杯深吸一口，此时茶水里最具挥发性的气味会沿着杯缘往上飘，这股香气分子透过鼻孔来到鼻腔顶部，通过捕捉气味分子，并与嗅觉受体细胞的特殊神经元结合后，沿着感觉细胞将信号传递到大脑，同时气味分子与不同受体进行程度不一的互动，让受体为每一个气味分子标记独特的活动模式。随着受体细胞将香气信息传递至大脑不同区域，茶的整体风味便开始形成。这个阶段属于鼻前嗅觉，是人类处理气味的主

要方式。我们处理气味的另一个方法是鼻后侦测，即借助吞咽或者咀嚼的动作将食物香气分子从鼻咽道往上推，或者在品饮过程中啜吸空气，从而增加香气分子接触嗅觉上皮细胞的机会，然后各种信号通过嗅神经束传递到大脑，形成风味认知。这也就是为什么我们在进行专业的茶叶审评时，往往会在口腔中啜吸一口气。影响饮品风味的三大因素见图4－2。

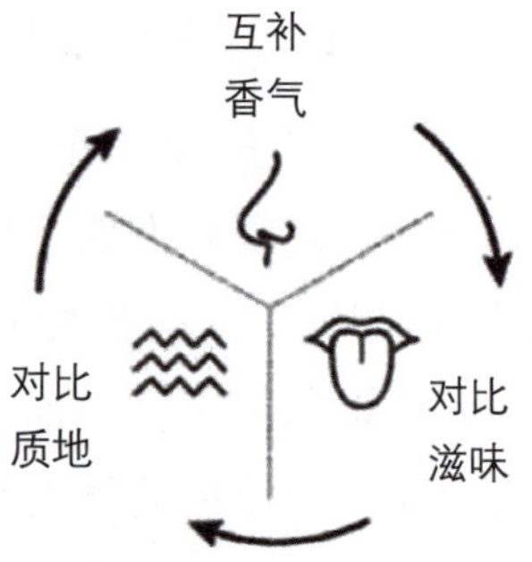

图4－2 影响饮品风味的三大因素

二、风味搭配的基本原则

（一）平衡的风味最迷人

成功的茶饮风味设计中，做到香气与滋味的平衡是基础，不仅要安排好“起承转合”，还要注意到滋味之间的相互依托。与此同时，还要注意质地的平衡。香气、滋味、质地三个方面的平衡与协调，可以明显增加茶饮的深度与层次性。

新茶饮的固形物浓度要恰当，在1.0%~1.5%的浓度下各种呈味物质成分易协调。同时添加的各种呈味物质组分绝对浓度也有一定的适宜范围，如添加的蔗糖浓度通常为5%~10%、柠檬酸为0.1%~0.3%。另外，在设计新茶饮配方时还应考虑不同呈味物质在不同浓度下呈味特性的差异。

茶汤酸度对甜味、咸味和苦味等呈味特性有明显的影响。如当柠檬酸浓度为0.04%~0.05%时可增加蔗糖的甜度，0.01%~0.10%时可以增加咸味，0.10%~0.30%时可以起缓和甜味和苦味的作用。同时，茶汤pH对色泽也有较大的影响，如红茶茶汤在pH为5.0左右时汤色红艳明亮，而当pH<3.5时茶汤就变为黄色或橙黄色，pH>8.0时茶汤很快变深、变暗。此外不同的酸也有不同的调味作用，如苹果酸略有苦味，酒石酸、富马酸和乳酸有涩味，柠檬酸和抗坏血酸的酸味柔和。

呈味物质间的相互作用首先体现在多种甜味剂间或酸味剂间，具有一定的协调和增效作用。例如蔗糖和果糖结合具有增甜作用，柠檬酸和苹果酸搭配使用，既可保持柠檬酸酸味释放迅速的特点，又能体现苹果酸持续时间较长而酸度稳定的优势。同时，甜味剂、酸味剂、咸味剂、苦味剂之间又具有相互抑制的作用。例如蔗糖能明显减轻糖精的后苦味，鲜橙汁中加柠檬酸会降低甜味，而加糖又可以使酸味变得柔和；又如添加0.10%~0.55%的微量食盐可使蔗糖甜度提高，20%的蔗糖中加入0.03%的咖啡因可降低甜度。另外，由于不同物质之间存在相互的影响，有的还会产生化学反应，因此应特别注意各类辅助原料的添加方式和顺序，如酸味剂一般应在最后加入等。

（二）在复杂中优化平衡

如图4－3所示，茶饮中香气、滋味、质地、外观等方面呈现的复杂性与人们对它的喜好程度之间，先是正相关，而后走向负相关。也就是说，大多数人对饮食中增加的复杂性有着正向反应，但走到顶点之后，过度的复杂化反而会减弱人们的兴趣。所以，还处在学习掌握香气的阶段时，先不要使用超过5种食材——这么做能让精心设计的搭配更容易维持均衡。除了选择的食材和品饮者的个人或文化偏好之外，各原材料风味搭配是否平衡还跟很多因素相关：茶饮中不同的香气分子总数；每一个食材呈现的香气类型，以及它们是否拥有相似之处；明显可辨识的味觉分子等。

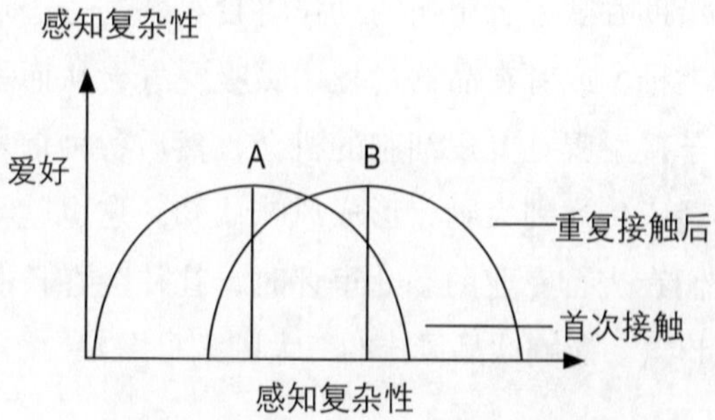

图4－3　风味的复杂性与人的爱好的关系

·拓展延伸：什么是复杂性?

以下方的图4－4作为参考。

图4－4（1）属于“过度”调和，如巧克力、焦糖和咖啡是三种具有强烈香气连接的食材，都含有烘烤、焦糖和坚果调。用这些食材做成的茶饮，会产生更加微妙的复杂性，可以避免太多对比元素造成的不协调。

如果继续在这道茶饮中加入杏仁和罗勒叶[图4－4（2）]，茶饮就变得更加复杂了，为了达到滋味与质地的平衡，就需要在里边添加更多的辅料进行过渡与调和。

图4－4（3）显示的是一系列非常类似的食材，像是不同种类的黑巧克力，它们都拥有同样的烘烤、焦糖和坚果香气分子。相较之下，图4－4（4）显示的一系列食材各自拥有差异极大的香气轮廓，如鸡肉、辣椒、巧克力、大茴香和花生。

图4－4（4）和图4－4（5）成分相同，只是组态不一样，显示出个人偏好和文化背景可能会让大家以天差地远的方式感知食物的复杂性。

最成功的风味搭配能够在复杂性和相关性之间达到精准的平衡。人类总是喜欢多样化，不过我们也会寻找熟悉的元素或结构来帮助我们理解新奇经验，达到“多样化的统一”。

图4－4　复杂性的抽象示意图

三、新茶饮茶基底的风味特点

熟悉和了解茶叶的风味品质特征对调制口感上佳的新茶饮的风味非常重要。影响茶风味的化学成分主要包括多酚类、氨基酸、咖啡因、碳水化合物、芳香化合物等。新茶饮需围绕茶基底的风味特点进行总体设计，如绿茶应设计成清雅型的、红茶可设计成浓郁型的、乌龙茶则体现其香气特点等，掌握这些规律对科学地设计和调制不同风味的新茶饮具有极大的帮助。

评价茶底质量的好坏，主要看以下三个方面。

第一，茶的香气主要由各类芳香化合物决定，氨基酸及其与糖类形成的糖胺化合物所具有的焦糖香、甜香等可形成特色香气。

第二，茶的滋味主要包括鲜爽味、苦涩味、收敛味、甜味和醇厚感等，多酚类和咖啡因的苦涩味与氨基酸的鲜味所形成的特殊鲜爽味是新茶饮基底的主基调。糖类可增加甜味和醇厚感，芳香化合物、维生素类等起风味修饰作用。

第三，茶汤色泽主要由多酚类及其氧化产物、花青素和花黄素及黄酮醇等决定。新茶饮的设计还要考虑忠实体现该茶类的风味特点，注意鲜味、苦味和甜味等风味的平衡。

四、新茶饮的风味创新

（一）拟定茶饮的风味“蓝图”

风味的创作，需要基于对原物料、质地变化、工序变化所产生的风味熟悉程度，并将这些因果变化之间的关联进行整理、归纳与分析。在拟定好风味目标之后，选用恰当的主料与辅料，运用制作工艺进行恰当的叠加。例如，我们在制作茶饮的过程中，先挑选特定成茶饮类型作为基础结构，是清香的、浓香的、有油脂的，或是干涩的；然后，决定制作到几分浓度，保留多少水分，使用何种配料，增添食物风味的丰富性与平衡感；最后，考虑是否需要加入不同质地的装饰点缀，增加口感层次。

（二）不断扩充风味资料库是设计创作的基础

风味资料库的积累必须建立在对各种食材香气分子的细微识别能力上。与质地或滋味等其他形式的感官输入不同，嗅觉以及大脑诠释香气的方式有一部分是由过去经验所决定的。人类闻到的气味是有限的，每一种香气分子都有独特的嗅觉察觉阈值——即人类所能察觉到的挥发性化合物的最低浓度。香气分子能够被察觉到的不同浓度大不相同，以土臭素为例，每千吨只要几毫克，就能让人察觉出来。通过气相层析质谱仪，可以分离、判别和量化任何食材或产品中的各种挥发性有机化合物。例如将草莓的溶液样

本送入气相层析仪，它会蒸发和分离溶液样本中的个别物质，形成气相层析图。通过分析，我们可以看到草莓中含有多种有机化合物，但人类能够感知的主要是椰香味的内酯类、果香味的酯类、绿香味的醛类、焦糖味的呋喃酮，以及奶酪味的酸类五类香气分子。

同时，大部分的人几乎很少，或从来没有闻过单独的个别香气分子。例如，草莓风味是由椰香味、果香味、绿香味、焦糖味，以及奶酪味五类香气分子共同构成。目前还没有办法完全解释，为何人类比较擅长区别复杂的挥发性化合物混合物，而较不擅长辨认个别香气分子。就算是受过训练的感官专家，在含有8个以上化合物的混合物中也难以辨别出超过4种气味剂。为了厘清每天袭来的复杂气味刺激物，人类的嗅觉系统进化成只会辨别当下真正息息相关的味道。大脑要处理这些气味剂混合物带来的嗅觉信息，就必须能够同步辨识、编码和储存，并将其转化为熟悉的空间、时间地图，也就是“气味标识物”，需要时再拿出来使用。

进行茶饮风味设计，必须要不停积累各种茶青原物料以及辅助原料的品种、质地、发酵、成熟度、烘焙度等产生的风味变化，将它们清晰归档，建立自己的“风味资料库”。随着搜集的参考资料越来越多，要去解析食材香气的细微差异就会变得越来越容易。所以，要不断接触更多不同食材和产品，尽量去闻每一样东西，可以从厨房中的香料开始，如果不用眼睛看，你能闻出肉桂和丁香的不同吗？选择拥有共同关键香气分子的食材搭配在一起，这是创新调饮茶的科学基础。它始于一种食材或产品的香气分析，从中找出能被人们察觉的关键香气，然后将关键香气有重叠部分的食材进行恰当搭配。

五、新茶饮气、液、固三种相态的比例关系

一杯茶饮从宏观的角度去看，它主要由气态、固态、液态三种相态的物质组成，这三种相态物质的比例不同，一则会使茶饮的浓稠度不同，又可将茶饮分成轻调茶饮即以气液态为主、中调茶饮即以液态半流体为主、重调茶饮即以固态物质为主。二则会使茶饮的口感质地不同，气态物质偏多、口感轻盈顺滑，固态物质偏多、口腔咀嚼力增加。三则会使茶饮的视觉冲击感不同，当一款茶饮只有一种相态时会觉得单一，如果一杯茶饮只有液相态，那么对人的吸引力就会降低，所以一般来讲，一杯茶饮至少有两种及以上相态组成，才让作品的层次感更突出。

（一）气相态成分

气相态成分主要是指包裹很多空气的食材所呈现出来的形态，可以给人一种轻盈的感觉，让作品显得更加活泼。例如，轻云乳不同于常见奶盖的厚度，轻云乳在口感上更轻盈，常与牛奶、淡奶油、奶云粉混合放入奶油瓶中、冷藏后即可使用，也可加入抹茶

粉，制成抹茶轻云乳。轻云乳与茶汤在口感融合度上更胜一筹。又如奶盖，奶盖相比于轻云乳更稠密，通常用适量奶酪、奶油、糖混合打发，或者加盐成为咸奶盖。还有烟熏泡泡，其在分子料理中经常使用，应用场景逐渐扩展到咖啡、甜品、西餐烹饪等。烟熏泡泡能够增加视觉表现力，在口感风味上也有所增加。

（二）固相态成分

固相态物质较多时，给人一种沉稳感，让作品显得更厚实。茶饮中的添加，常见的有西米露、紫米、芋圆、脆啵啵、珍珠、马蹄珠、米酿等，有时也会添加水果颗粒。固相态物质的呈现方式也最为广泛，它可以通过对食材的再加工为作品美的呈现以及质感提供更大的可能。可以利用各种硅胶磨具，进行冰雕、琼脂雕、糖艺、巧克力雕、蜂蜡雕等。例如制作“琉璃花环”用以装饰，即将饼干面团制作成环形，烤箱150℃、20min，珊瑚糖加少许水160℃熬制后导入饼干环内，贴上可食用花，待其冷却后，可卡在杯口装饰。有一些食用装饰可以通过网络购买，像糯米蝴蝶、食用胶卷等都有成品可以选购。果蔬类的装饰也被包含在作品的固相态范围内。在进行果蔬类做形时，要注意工具的使用，这样可以让果蔬类造型的制作更快捷、更有美感。

（三）液相态成分

液相态是茶饮的主体，它的质感和呈现方式是产品的核心。对液相态的呈现主要是对液体的颜色和层次进行设计。采用纯天然可食用的色料，如蝶豆花、黑枸杞中都含有花青素，花青素根据水的pH不同会呈现出不同的颜色，遇碱性物质会变为绿色，遇到酸性物质会变为紫。根据这一特点，对出品茶饮的需求进行调色处理；也可以将不同的水果或者蔬菜榨汁成浓缩液与茶汤进行上色分层处理。这一步通常会借助冰块和引流棒的帮助，这会让分层现象更明显。另外，像各种有颜色的食材微粉，也是改变液相颜色的好原料，如抹茶粉就经常应用于调饮中。

液相分层对视觉效果的冲击会更直接，也是饮品具有美感的关键。液相分层的基本原理是饮料的密度不一样，就可以完全制作出一种相对平衡状态的分层饮料，这种饮品每一种材料之间是互相不会发生变化的，至少处于一个相对静止的状态、互不干扰，但是如果当发生撞击或搅拌的时候，还是可能会变成一种颜色，这是一种人为干预饮料密度之后造成的分层。假如当你加入糖和水在一个杯中的时候，搅拌均匀的状态下，糖和水可能就混合为糖水，感觉不到糖和水有很大的差别；但是很多人在没有搅拌的时候会发现上层水分较多，而下层糖分比较多，这也是因为质量和密度的关系，造成了一定的分层，只不过不够明显罢了。若想很好地调控液相分层，需要把握如下几点。

1. 明确液体之间的密度大小

一般而言，分层饮料的常用原料密度大小为蜂蜜、糖浆、浓缩调味剂>牛奶>抹茶>气泡饮>咖啡=果汁>酒精。原料的密度是可以通过玻璃密度计进行测定的，非常方便。但许多原料会添加糖分，使密度提高而下沉，反之，酒精浓度越高的原料则会上浮。以热拿铁咖啡为例，热咖啡的相对密度约0.99，而热牛奶相对密度约1.02，牛奶的相对密度较大，会沉到下层；所以若无额外添加糖分，下层先加入牛奶，再倒入咖啡，就可以做出漂亮的渐层效果，反之则会使液体混合。

2. 糖浆可以改变液体的密度

假如要做出渐层拿铁咖啡，又不希望只有两段渐层，或者希望做出牛奶层在上、咖啡层在下的渐层效果，该怎么办呢?虽然分层饮料需要根据液体性质决定分层，但也有小秘诀可以克服密度限制，那就是糖浆。

在液体中加入糖浆能够使密度变大，做出更多渐层变化，如在咖啡中混合些许糖浆，就可以做出牛奶在上、咖啡在下的渐层；或者先将咖啡倒入杯底，加入冰块，在冰块上浇淋些许糖浆，再加入牛奶，糖浆也会发挥功效，让牛奶留在上层。

3. 冰块、汤匙是很好的“助手”

倒入上层液体时，如果上下层液体之间有缓冲物，可以让分层更漂亮，不易因为液体倒入的重力破坏分层而混浊，这时冰块和汤匙就是最好的助手。

（1）制作冷饮　将下层液体倒入杯底后，加入适量冰块，再倒入上层液体，这时冰块会提供一定的缓冲作用，避免颜色混在一起。

（2）制作热饮　将上层倒入时，让汤匙背部在液体接触面作缓冲，也可以用调饮专用搅拌棒，原理相同，这个步骤也是调饮时常说的“引流”，可以有效做出漂亮的分层。

4. 倒入上层的速度很重要

即使按照液体的密度分层，还是要注意倒入上层液体的速度，如果倒入的速度太慢，容易让两个分层的原料混合均匀，使分层不明显或渐层不持久，尽量沿着杯壁，搭配汤匙或玻璃棒降低缓冲，将上层液体小心地快速倒入，渐层才会漂亮又显色（图4－5）。

图4－5　渐层效果

六、冰块的作用及其替代物

冰在调饮里扮演着重要的角色，市售的大部分调饮都离不开冰，有的以冰沙形态呈现，有的以冰块形式出现，最后化为冰水。凉爽的感觉让人们感到舒适，同时也因为冰降低了饮品的温度，而让茶汤的苦涩感降低，饮品的醇香感

提升。

冰块有许多类型，形状大小各异，对于饮品来说，冰块不仅仅是作为冷却的一种方式，它的形状、尺寸甚至密度都会对饮品产生影响。

方冰——最常见的标志性冰块。因为万能而广受喜爱，包括全方冰和半方冰。

矿型冰——在东南亚地区大型的咖啡连锁店都采用矿型冰，且是他们唯一的选择。矿型冰冰型颗粒均匀紧密，形态较小，可随意铺设和摆放。相较于方冰的难以咀嚼，矿型冰有着容易咀嚼的特性，在咀嚼冰块时，还能感受到混合在冰块中的饮料的味道，使之成为一种有味道的冰块。

圆冰——因为酷似高顶礼帽，又称礼帽冰。圆冰的坚硬程度是方冰的几倍，这也就意味着使用不易融化的圆冰的咖啡口感能够保持更久。同时，相较于方冰和矿型冰，圆冰具有更强的观赏性，且透彻明亮更具有“抓住眼球”的效果，所以很多咖啡馆都会选用透明材质的玻璃器皿来制作观赏冰块的实景。

相反，使用一种符合饮品特色的冰块，才能将一杯饮品的优势无限扩大。特色代表着一种个性，也是一种可以形成差异化的、独一无二的气质。很多时候，饮品没有受到欢迎，并不是因为饮品没有做好，而更多的是忽略了一些细节，没有将饮品自身的特色与新意表现出来。方冰的使用是一种常态，但更多的时候，各种特色冰块也会让客户在越来越激烈的咖啡茶饮消费市场中获得具有其自身特点的产品优势。在冰的创新使用中，可以利用模具改变冰的形态，使冰跃于液面之上，寓意鲤鱼跳龙门；也可以改变冰的颜色，增加作品美观度；还可以改变冰的成分，如添加螺旋藻粉，增加作品的健康属性。

冰块在饮品里，另一个非常重要的作用就是支撑作用，它就像一杯饮品的骨架，支撑整个作品。冰饮虽然口感好，但考虑到我们东方人的饮食习惯，热饮才是可以长期饮用的选择。那么找什么东西来代替？又如何像冰块一样支撑起整个作品？以往的实验发现，在液体中加入适合比例的吉利丁片、琼脂粉、白凉粉都可以得到固态物，但同样的添加量，三者所形成的固态物是有差别的。相同使用比例（1∶80），凝固力强弱：琼脂粉 > 白凉粉 > 吉利丁片；澄清度：吉利丁片 > 白凉粉 > 琼脂粉。吉利丁片和白凉粉冻体清澈、透明度高，吉利丁颜色保留较好，白凉粉则有轻微加深；琼脂粉冻体浑浊、透明度低，颜色加深。质地弹性：吉利丁片 > 白凉粉 > 琼脂粉。吉利丁片柔软有弹性，而琼脂粉偏脆硬。总之，若对成品的澄清度和颜色有要求，优先选用吉利丁片；若需相对硬脆的口感，则选用琼脂粉；想要冰凉水润的质地，则选用白凉粉。

吉利丁（明胶）源于动物性骨胶原，有淡淡的腥味。吉利丁片使用需在低温冷水中浸泡软化，在50~60℃的环境使用；其蛋白质的本质决定了它不能长时间加热，超过60℃会破坏凝胶结构。4~35℃的凝胶温度区间使其冷藏后效果更佳，最佳使用量1:20，当比

例为1:100时不能成形。吉利丁适合制作慕斯类食物。琼脂是海藻中提取的多糖，常温不溶于水，在90℃以上的热水以胶体形式分散于水中，因而琼脂加入沸腾的水中才可使其溶解。35~45℃的凝胶温度使其室温放置即可迅速凝固，其使用量1:100时固态物依然很坚挺，可以将使用量再减少一些。琼脂粉适用于杏仁豆腐、果冻、琥珀糖、各类日式和果子，如羊羹等。白凉粉为淀粉，一种植物多糖，淀粉糊化温度决定它的使用温度。由于淀粉糊化温度较高，且白凉粉中通常还有卡拉胶等其他辅助凝固剂，加入沸水中是最便捷的使用方式。白凉粉最佳使用量1:40，当比例为1:100时不能成形。白凉粉适合果冻、各式冰粉及茶冻的制作。

对于冰块在茶饮中的使用，我们应该更科学地去看待，不是不能使用，但也不能一味模仿调酒的制法。茶，性本寒，加之与冰调和，极凉也。口感是产品的关键，但健康是产品的根本。利用天然凝固剂做成的固态物有很多优点，特别是对养生食材等味道的隔离作用。有一些药食两用的食材味道类似中药，让人不愉悦。我们可以利用固形剂将液体包埋的方式，使其与茶汤滋味分离。另外，固态物可以增加咀嚼的质感，提升饮品的口感。

第二节 新茶饮的香气搭配

一、香气分子的类型

香气是挥发性化合物，含有5个基本元素：碳、氢、氧、氮和硫。一般来讲，挥发性物质含有4~16个碳原子。含有碳原子越少的香气分子越容易挥发，即分子质量越小、分子越轻越易挥发；反之，分子结构越长，分子质量越大，越会有复杂持久的香味。每多一个碳原子，香味的持久度就多一倍。含有8~10个碳原子的香气分子通常被认为拥有最令人愉悦的气味。依据原子结构的相似性，食材里最重要的香气化合物被分为10类之后，再进一步分类为不同的官能团，它们可以决定香气分子的特性。

（一）醛类

醛类的嗅觉察觉阈值很低。随着醛分子碳链加长，它们容易被察觉的气味会从青绿香、柑橘香过渡到脂肪香。例如，己醛（C6）是六碳链醛，具有清新绿香，存在于苹果、番茄和牛油果等食材中；壬醛（C9）闻起来类似橘子皮；十一醛（C11）具有橄榄油和奶油的脂肪香、蜡香。其他常见的支链醛类香气包括香草醛（香草）、肉桂醛（肉桂）和苯甲醛（杏仁）。不饱和醛类包括苹果、草莓、西红柿、香菜和黄瓜带来的清新草味（图4－6）。

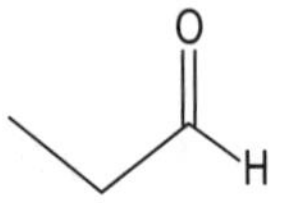

（1）丙醛

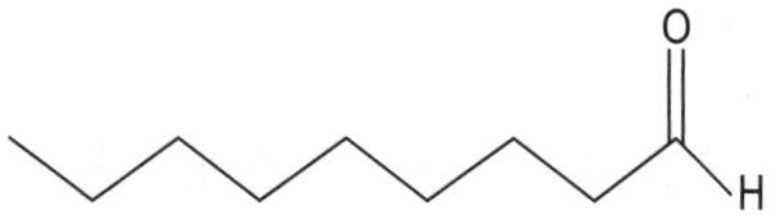

（2）壬醛

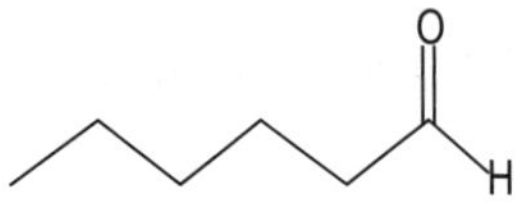

（3）己醛

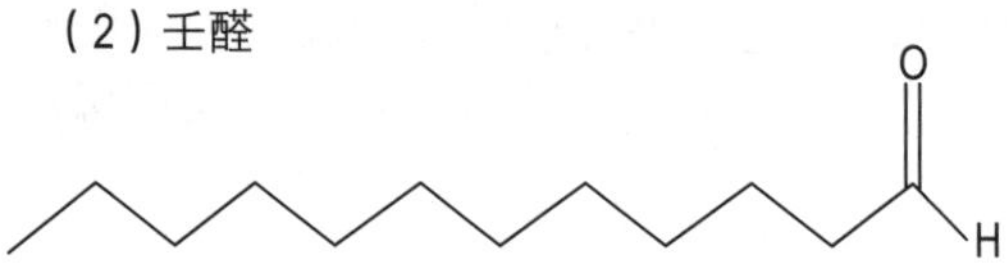

（4）十二醛

图4－6　**部分醛类化合物分子结构式**

（二）醇类

醇类化合物闻起来有果味、蜡味甚至肥皂味，视浓度而定。制造啤酒、干邑白兰地和朗姆酒的发酵过程通常会产生果香，就是产生的醇类化合物形成的综合风味。柑橘类水果如柠檬和柑橘也含有醇类，因此会散发出蜡香。泥土味的土臭素和蘑菇味的1-辛烯-3-醇皆属此类（图4－7）。

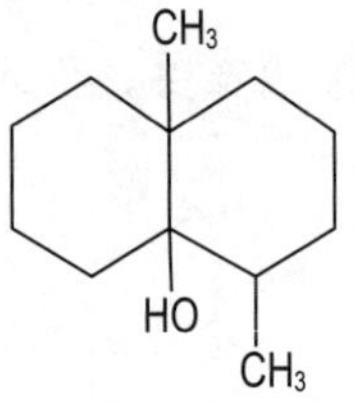

（1）土臭素

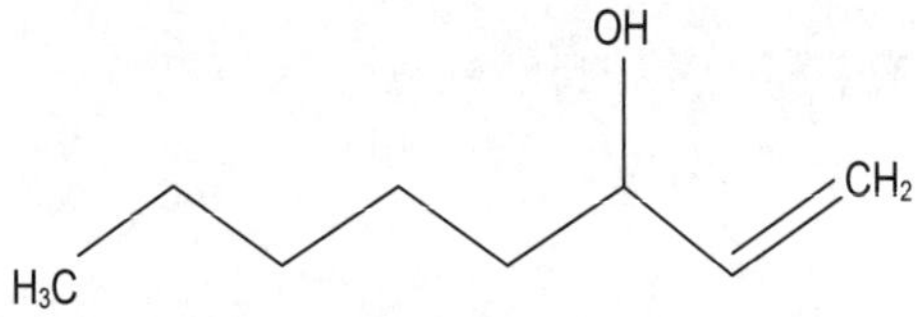

（2）1-辛烯-3-醇

图4－7　**土臭素和1-辛烯-3-醇分子结构式**

（三）酮类

酮类化合物的香味差别很大，包含奶油味、榛果味、花香等。最常见的两种花香酮类化合物：乙位-大马酮为苹果、浆果、西红柿和威士忌带来花香；乙位-紫罗兰酮是紫罗兰和覆盆子的紫罗兰香来源（图4－8）。

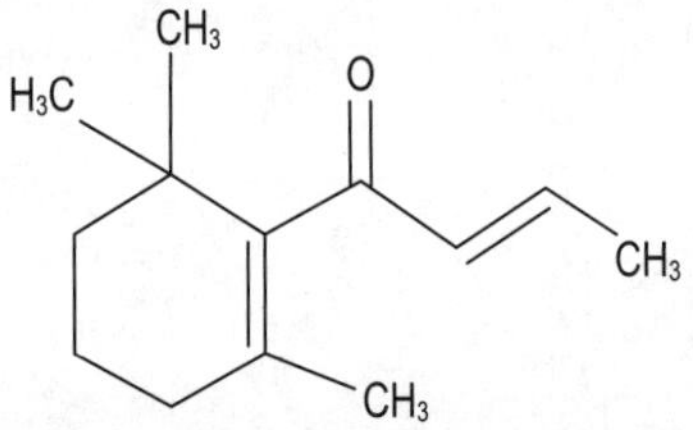

（1）乙位-大马酮

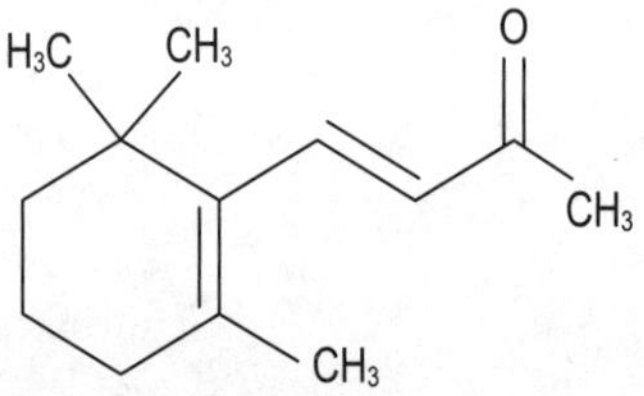

（2）乙位-紫罗兰酮

图4－8　**两种花香酮类化合物分子结构式**

（四）酯类

酯类是水果的主要香气，如丁酸乙酯、己酸乙酯等是果香的关键成分。乙酯的分子链若有较多碳，这些果香会转为朗姆酒香或肥皂香。丁酸乙酯等酯类有些果味明显，如乙酸异戊酯、己酸乙酯。发酵也会产生酯类物质，如啤酒里含有苹果香的乙酸乙酯和香蕉香的乙酸异戊酯（图4－9）。

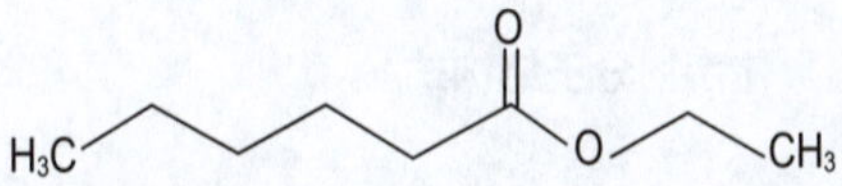

（1）己酸乙酯

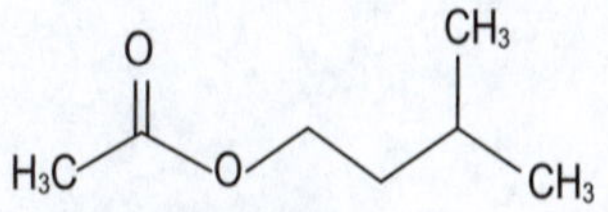

（2）乙酸异戊酯

图4－9　己酸乙酯和乙酸异戊酯分子结构式

（五）内酯

内酯是环状的酯类，内酯常见于乳制品。γ-内酯闻起来为椰香或桃香，可以通过它们的呋喃环来辨认。δ-内酯具有吡喃环结构，呈现奶油香或椰香。威士忌内酯由威士忌经橡木桶陈年产生，带有木香或椰香（图4－10）。茉莉内酯散发桃、杏的风味，在茉莉和其他花卉、核果和生姜中自然生成。

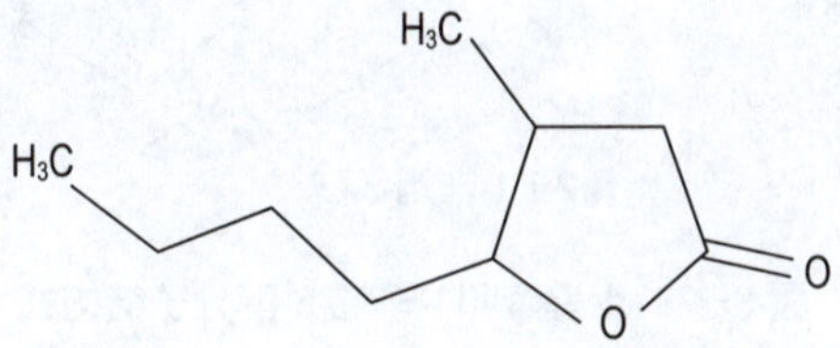

图4－10　威士忌内酯分子结构式

（六）酸类

酸类是发酵的副产品。醋酸等较短的酸会发出刺鼻汗味；较长的链则较不刺鼻，带有奶油味、奶酪味（图4－11）。

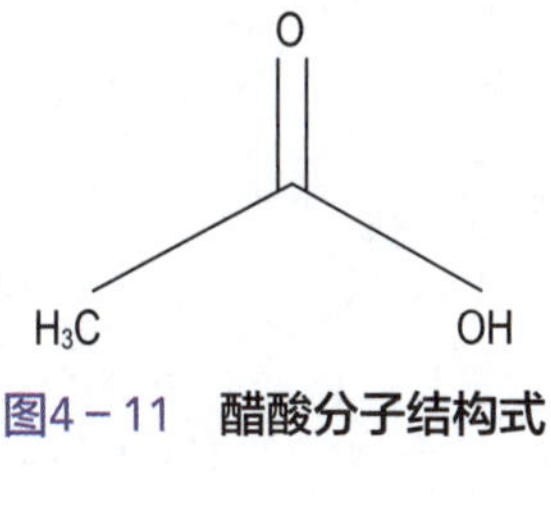

图4－11　醋酸分子结构式

（七）萜烯类

萜烯类、萜类和倍半萜是柑橘、草药和香料的木香味、松香味来源。如柠檬烯具有甜橘香，蒎烯为金酒带来特有的松香（图4－12）。

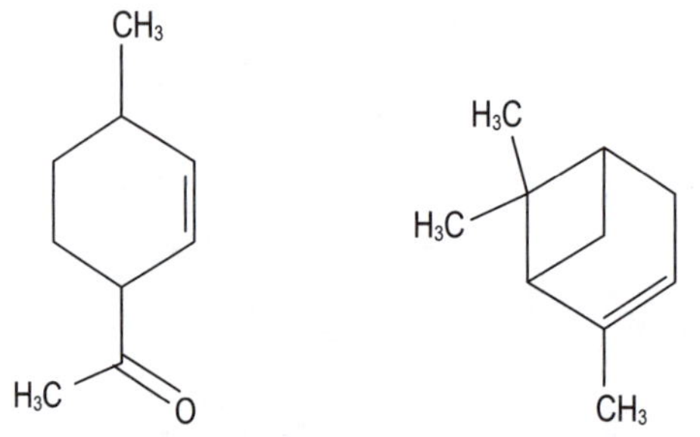

（1）柠檬烯　　（2）蒎烯

图4－12　柠檬烯和蒎烯分子结构式

（八）呋喃

呋喃源自美拉德反应，是当食材里的脂质受热和烹调开始氧化时形成的。例如，葫芦巴内酯在低浓度时具有枫糖浆味或焦糖味，但在高浓度时闻起来像葫芦巴或咖喱（图4－13）。

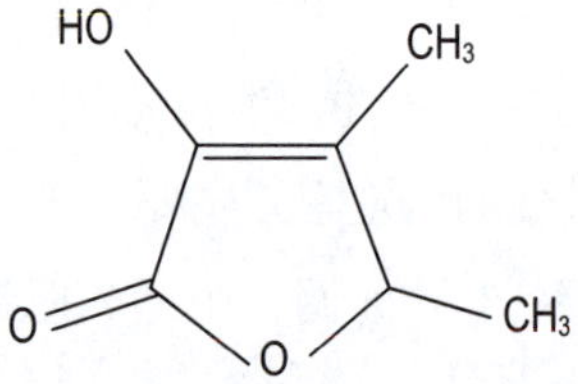

图4－13　葫芦巴内酯分子结构式

（九）呋喃酮

烘烤巧克力和咖啡等食材会让呋喃分子随着美拉德反应转化为呋喃酮分子，产生新的焦糖调。此外，呋喃酮也存在于自然界的草莓和菠萝等新鲜食材中（图4－14）。

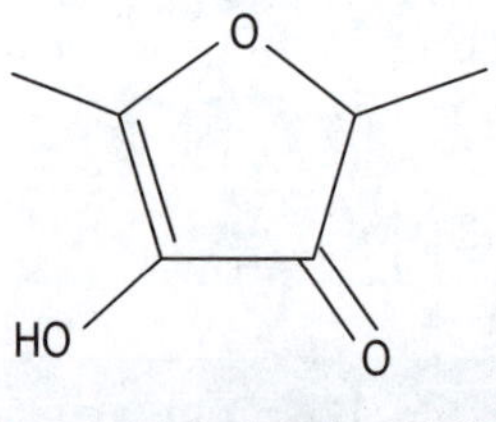

图4－14　呋喃酮分子结构式

（十）酚类

甲氧苯酚带有辣香，如丁香酚为丁香带来温辣香（图4－15）。

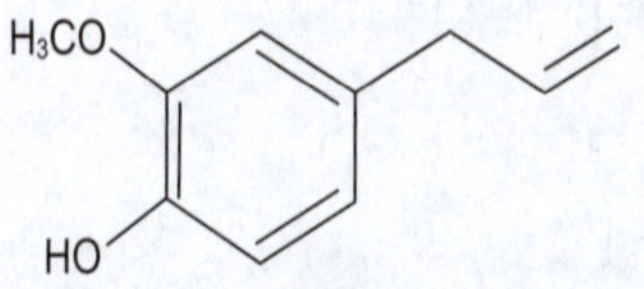

图4－15 丁香酚分子结构式

二、香气的三段式搭配原则

一款迷人的饮品，其香气要具有丰富性、持久性和层次性。因香气的成分不同，各有其不同的挥发阶段，一般分为前、中、后三个阶段，香气分子会在不同时间点挥发到空气中。前调提供第一印象，通常是较清新的气味，像是香柠檬、茴香或薰衣草，仅维持5~20min。因为前调的分子较轻，容易挥发，所以也最易被人们感知。较明显的中调在前调开始消散后出现，最多维持30min以上，像玫瑰、松木或黑胡椒，能够强调香氛的特色。后调由于分子较重，需要较长时间挥发，约1h后才会开始显现，像香草或雪松等比较深沉、复杂的后调有时可萦绕数天之久。例如某品牌香水，其前调包括香柠檬、柠檬、橙花和依兰，中调为茉莉、玫瑰、鸢尾花和铃兰，后调为香根草、檀香木、香草、琥珀和广藿香。香气轮廓有独特的复杂性，均由不同群组的挥发性有机化合物组成。所以我们在设计一款茶饮时，香气的特点是首先要被考虑的，茶饮香气的层次性、丰富度、协调性提高，作品就成功了一半。前调、中调、后调香气的种类如图4－16所示。

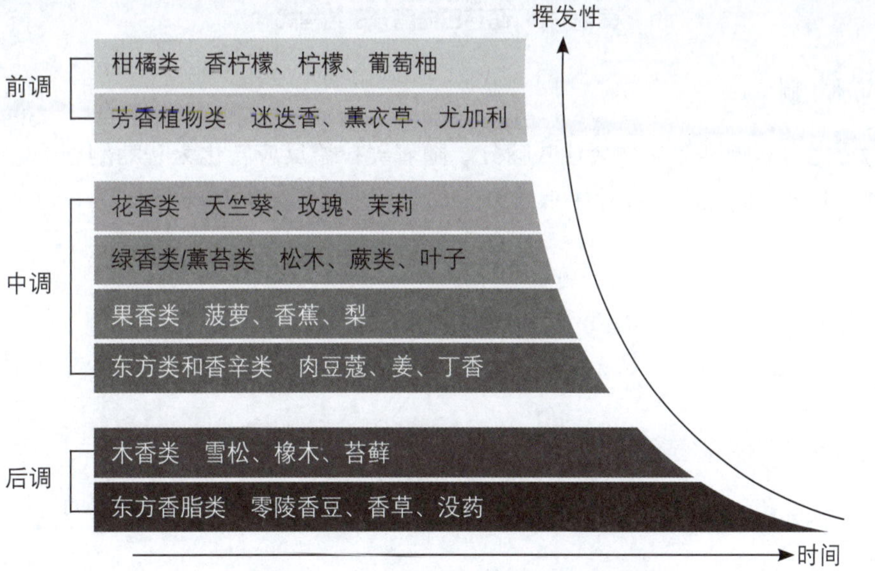

图4－16 前调、中调、后调香气的种类

三、香气分子的综合效应

食材中只有部分挥发性化合物真正决定了它的关键香气。比如，咖啡中已检测出超过1000种不同的挥发性化合物，其中只有三四十种形成了咖啡特有的烘烤味、坚果味、焦糖味和其他风味。所以，食材香气轮廓的形成与人类嗅觉的发展程度息息相关。而心理物理学研究已经有力证明了我们对于气味剂混合物的察觉，并非个别香气成分的简单叠加，若混合物超过4种，气味剂的特征将消失，继而产生全新的嗅觉认知。另一方面，基质（水、空气、酒精或脂肪）、温度和香气分子之间的潜在综效等因素会影响食材的香气特征。例如，疏水性香气分子排斥水，较易溶解于脂肪中；而它们被水分子围绕时，会飘到上空，让我们的嗅觉更容易察觉到。

多数情况下，我们认知的食材或产品气味是许多不同气味剂互动的结果，拥有类似结构或可感知的香气可以产生综效或加成性。总体来说，气味分子之间的互动可以总结为4种情况（图4－17）。

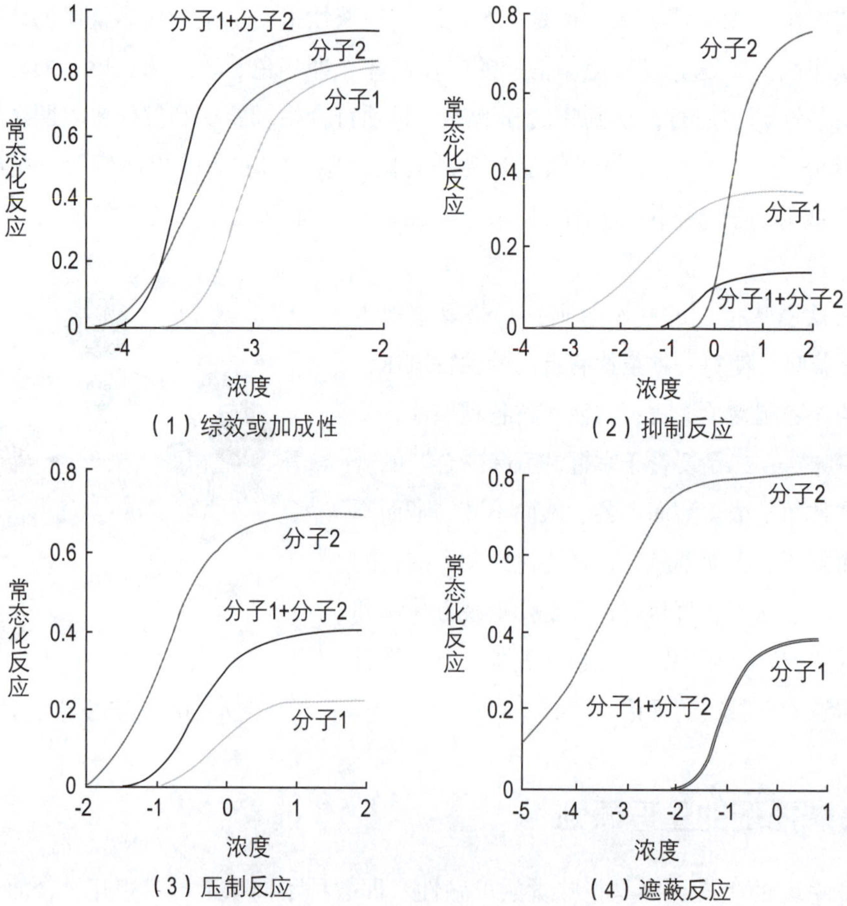

图4－17　香气分子之间的互动关系

（注：“常态化反应”指正常情况下发生的反应。）

（1）综效或加成性　形容类似气味剂混合后产生新气味，且比个别挥发性化合物的总和还强烈。

（2）抑制反应　即嗅觉受体神经元只感知个别成分而非混合物的气味，如香味的酯类3-甲基丁酸乙酯会抑制2-异丁基-3-甲氧基吡嗪的甜椒香气。

（3）压制反应　是当混合物比其中最强烈的香气分子弱，但仍比其余分子强烈。

（4）遮蔽反应　是当混合物的强度与其中一种香气分子相同，但仍被另一种成分遮蔽。

第三节　新茶饮的滋味搭配

食养之道的境界是“和”。清代袁枚说：“凡一物烹成，必须辅佐，要使清者配清，浓者配浓，柔者配柔，刚者配刚，方有和合之妙。”这样才能获得美感的享受，“有味使之出，无味使之入”也是这个道理。新茶饮搭配也是对作品整体的调和，既要突出茶饮作品的主题，又要遵循搭配的内在规律，即“色、香、味、形、养”的协调统一。就新茶饮调制而言，达到味之和谐感，必须符合生理要求和健康要求两个方面，只有恰如其分的“和”，才使快感上升为品尝愉悦感。“和五味以调口”，把酸、甜、苦、辣、咸等各种不同味道搭配起来，才能适口。味觉之美存在于味道的多样性统一之中。

新茶饮滋味搭配的基本原则：一是要重视本味，凸显茶味，使每一款茶饮有自己的独特风味，如袁枚的《随园食单》言：“使一物各献一性，一碗各成一味”；二是要善于掌握“五味融合”的规律，要“甘而不浓、酸而不酷、咸而不减、辛而不烈、淡而不薄、肥而不腻”，最终达到调和的目的“鲜美”，五味调和百味鲜；三是要重视五味调和对养生的要求，遵循中医“五色入五脏，五色搭五味，五味滋养五脏”的理论（图4－18）。

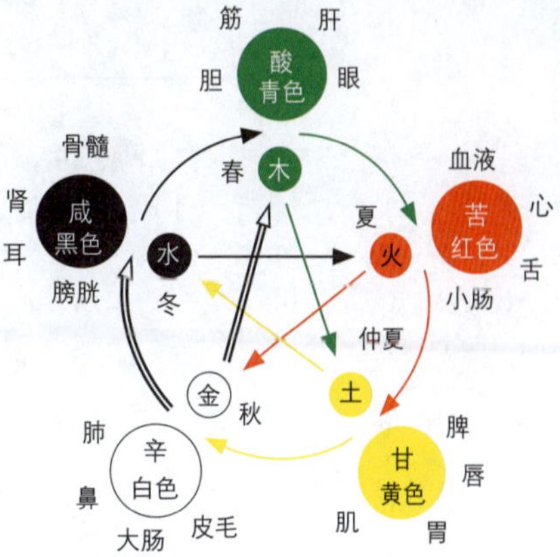

图4－18　五行生克与万物对应

一、滋味搭配的生理原则

滋味搭配的生理原则是指味觉的可融性，即数种不同味道可以相互融合而形成一种新的味觉。五味融合有4种基本的调配方法，即对比、叠加、消杀、变调作用。对比滋味

是人们在调和滋味时最常用的一种方法，是指两种或两种以上的呈味物质，适当调配，可使某种呈味物质的味觉更加突出的现象。叠加滋味是指两种具有相同味感的物质进入口腔时，其味觉强度超过两者单独使用的味觉强度之和，又称为滋味的协同效应。消杀滋味是指一种呈味物质能够减弱另外一种呈味物质味觉强度的现象，又称为滋味的拮抗作用。变调滋味是指两种呈味物质经过相互作用而生成新的味感的现象。

（一）对比滋味

试着结合五种对比滋味当中的2种以上——甜、咸、酸、苦和鲜，以此让茶饮风味更均衡，图中箭头显示哪些滋味彼此制衡（图4－19）。五味之间主要存在3种关系，即增强、减弱、平衡。

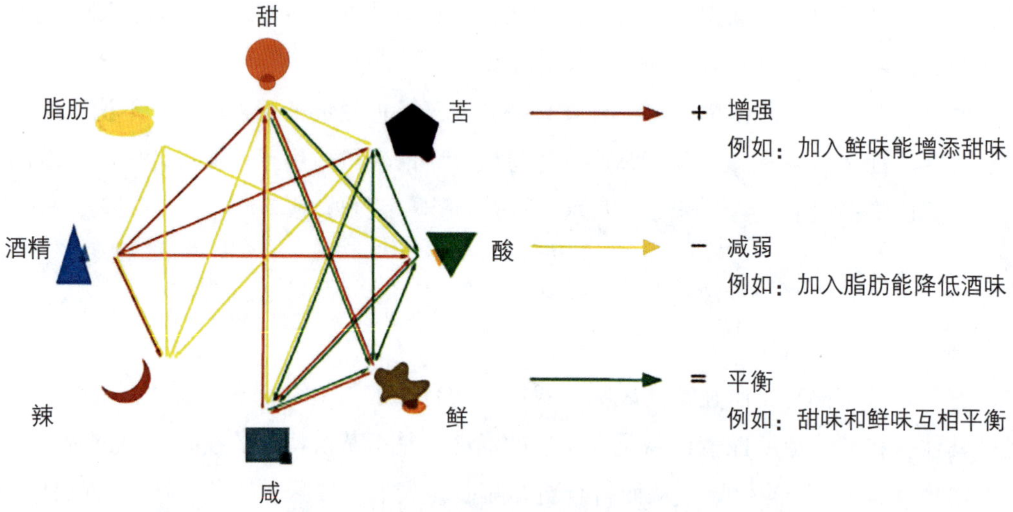

图4－19　呈味物质之间的相互作用关系

增强关系有3组：咸味可以增强甜感，也可以增强酸感；鲜味可以增强咸感，也可以增强甜感；因为酒具有挥发性和强溶剂的作用，它可以增强甜、酸、苦、辣四感。减弱关系有4组：咸味可以减弱苦感；苦味可以减弱辣感；甜味人类最喜欢的味道，它可以减弱酸、咸、苦、辣四感；脂肪也就是油脂的主要成分，它可以降低刺激性强的味道，如酸辣以及酒味。平衡关系有3组：酸味可以平衡甜味和咸味；鲜味也可以平衡甜味和咸味；咸味可以平衡酸味和苦味。在3种作用关系里，平衡关系没有增强关系和减弱关系作用那么强烈，但在一个层次丰富的味道体系里，平衡关系也是至关重要的。

举例来说，盐可以用来降低苦味。这就是为什么有些巧克力饼干里会撒一点盐，以此来平衡黑巧克力的苦味。盐也能平衡甜味，像是海盐焦糖。根据同样原则，可以加入酸味对比元素来降低甜味的强度。

在茶调饮过程中，有时作品会出现滋味偏酸和偏苦的问题。过酸主要与选择添加的水果质量和种类有关，遇到这种情况，从五味的作用关系看，有两种解决方案，一是增加甜味的用量，或者添加脂肪含量高的食材，如奶盖、巧克力、坚果碎；二是用鲜味和苦味平衡酸味。过苦主要与茶汤过萃、萃取温度过高、萃取时间过长、茶的用量偏多有关，从五味的作用关系看，有两种解决方案，一是用甜味和咸味降低苦味；二是用酸味和鲜味平衡苦味。这里要对脂肪物质的使用进行说明，其对酸辛减弱的效果非常明显。一是脂肪的中和作用：脂肪物质中的脂肪酸具有碱性性质，可以与酸味分子中的氢离子结合，从而减少酸的浓度，而平衡酸味，这是一个类似酸碱中和的反应。二是脂肪的润口感：脂肪在食品中具有润滑和增加口感的作用，在含有酸辛性成分的食品中，脂肪的加入可以使口感变得更加柔和，从而降低人体对酸辛味的感知。三是掩盖效应：脂肪能够包裹住酸辛味分子，减少它们与味蕾的接触，从而降低人体对酸辛味的感知。例如，经典的沙拉酱就是使用油和醋的混合来创造出丰富而平衡的味道。

值得注意的是，所使用的每一种食材都会对三叉神经带来某种影响，不论是它的触觉、温度、涩味、油脂、辛辣、麻痹、凉感或酒精的轻微灼热感。在设计一款茶饮的时候，要把这些感觉全部纳入考量，因为它们都会影响品饮体验。

（二）新茶饮滋味的要求

1. 新茶饮必须茶味明显

每一款茶品都有自己独特的风味，我们在进行茶饮调制时，不应该失去茶的本味，而被其他食材的味道所掩盖，茶是新茶饮的灵魂，是新茶饮特色的核心。通过调饮的手段，实现“1+1>2”的效果，从而符合更多年龄段人群的口味，让茶、让健康陪伴人们更久远。

2. 新茶饮滋味均衡，不宜过甜

西汉杨雄的《解难》中提到“大味必淡”，说明五味宜淡，不可过度。清淡饮食一直是我国历代养生家遵循的重要原则。过多摄入糖可增加龋齿、超重肥胖、2型糖尿病、血脂异常的发病风险。

3. 茶饮口感定位更精准，更专业

从五味调和的角度科学健康地调制茶饮品，对于不同人群有不同口感。目前市面上的调饮茶多以冰饮和甜口为主，这可能比较符合年轻人的口感。但对于老年人来说，热饮咸口或许更符合他们的口味。咸味调饮在我国西部民间广为流传，如西藏的酥油茶和内蒙古、新疆的奶茶等。对于小朋友来说，可以调制一杯酸味开胃茶，选择乌梅、山楂等原料。而对于生理期的女性，可以用红茶、红糖、热牛奶做一杯热饮，缓解经期疼痛。

二、中医五味搭配理论

依据中医古籍《汤液经》的五味搭配理论，将新茶饮的滋味搭配与功效搭配相结合，进而完成养生新茶饮科学调配。相传《汤液经》是商代伊尹所著。伊尹，名挚，尹是官名。以其高超之烹调术游说于汤，汤王礼聘之，后为相。相传伊尹甚明本草药性，其为汤液之祖。“汤液经法图”是《汤液经》的配图，因敦煌遗书《辅行诀五脏用药法要》的转述而保留下来，被许多学者认为是解开中医组方配伍之秘的“钥匙”。

“汤液经法图”（图4－20）是一个配有文字的五边形图，意象独特，其中表述的概念包括五行（木、火、土、金、水）、五味（辛、咸、甘、酸、苦）、体用化、补泻、阴阳和术数等。“用”对应补味，“体”对应泻味，补味治疗虚证，泻味治疗实证；五味就是针对五脏调节其虚实，实则调五味以泻，虚则调五味以补，这是《汤液经》制方的基础。现行中医方剂的组方原则依据《黄帝内经·素问·至真要大论》所云：“主病之谓君，佐君之谓臣，应臣之谓使”，也即后世提出的君臣佐使原则，目前居主导地位。而按《汤液经》的五味搭配关系，五味与五行生克、寒温配合组方，则使用者较少。

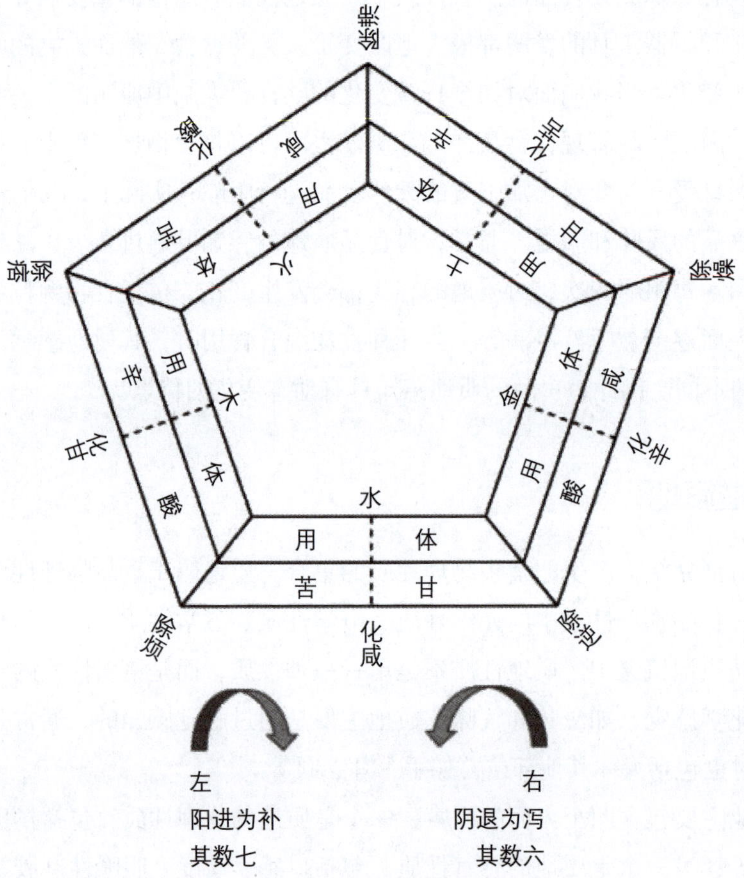

图4－20　**汤液经法图**

中药五味的作用。《黄帝内经·素问·脏气法时论》中首提“辛散、酸收、甘缓、苦坚、咸软”中药之五味作用。以“辛甘化阳、酸甘化阴、苦咸泻热、酸苦涌泄、甘淡利湿、辛开苦降、辛散酸收、甘补苦泻”为关键治法治则的发展源。《黄帝内经·素问·阴阳应象大论》提到：“气味辛甘发散为阳，酸苦涌泄为阴。”《黄帝内经·素问·至真要大论》又补充了：“淡味渗泄为阳，咸味涌泄为阴。”

茶饮贵在调和。保持茶饮品的“自然冲和之味”为原则，即在讲求酸、苦、甘、辛、咸五味与寒、热、温、凉四气的调和，以及食物营养搭配的均衡。在发挥茶饮食疗功能的前提下，同时也要兼顾到滋味可口，以及对人体脏腑的功效。

第四节 新茶饮的质地搭配

一款优秀的新中式茶饮，在其整体的设计中强调饮品食材构成要求气、液、固三相的协调统一，不同的相态使得人们对食品质地的感受非常鲜明，这个过程会让消费者有更愉悦的体验感。那么在食品的感官性质中，质地性质有怎样的重要性呢？农业、火源以及陶瓷器皿和石器工具的发明都极大地改变了人类的饮食，然而人类的咀嚼器官还未完全适应这些变化。当我们面对如今日益变化的饮食，大脑中原始的有关咀嚼的相关信息依然存在。因此，尽管现代食品加工和烹饪手段可以将食物加工得十分精细和软嫩，但是人们仍然喜爱和需要对未加工过的天然食品进行咀嚼；实际上，人们需要在咀嚼中感知和享受食品的风味和质地。通常，对食品质地的感知要通过牙齿、黏膜和唾液与食物的交互作用。每咀嚼一次，对质地的感受都会发生变化，包括食物颗粒由于咀嚼而变小、食物团表面逐渐被唾液浸润等。当几种食物混合食用时，其质地感觉与分别单独进食有着明显的不同。因此，食品的质地感知具有动态变化的特点。

一、什么是质地

质地是由食品结构产生的诸多物理性质的集合。质地属于食品物理性质中的力学或流变学性质，食品物理性质中的光学性质、电学性质、磁学性质、温度与热学性质等都不包含在食品质地概念中。质地性质不是单一一种性质，而是诸多性质的集合。质地性质中不包含化学感觉，如滋味和气味。质地主要是通过触觉感知的，通常是在口腔中感知，但是有时也包括人体其他部位，如手、耳、眼等。

食品质地主要包含两个方面的内容：一个是质地的物理性质，包括杨氏模量、剪切应力、黏度等；另一个是质地的感官性质，包括口感、硬度、咀嚼性、胶黏性、黏附性

等。因此也就构成了质地测定的两类方法，即客观仪器测量和主观感官分析。这两个方面并不是分割开的，而是紧密相关的，因为只有被感知的物理性质才能成为质地性质。为此，质地概念中还包含了物理性质与感官性质的相关性，最终仍然要用感官性质来评判物理性质的有效性。这也说明，质地的本质是感官性质。质地感受主要是触觉对物理刺激的反应，是食品与人体某个部位接触时产生的。触觉是感知食品质地的主要方法，此外，还有动觉（也称为肌肉运动知觉，对运动和位置的感觉）、视觉（如塌陷程度、流动速率等）和听觉（与脆性质地有关）也可以用于食品质地的评价。

二、食品质地的分类

早在1969年，英国舍曼（Sherman）就认为食品的感官质地评价是在一系列摄食过程中进行的，对食品的力学性质的感知是一个动态过程，因此他把食品的质地性质按照摄食次序进行分类，即入口前、入口初期、咀嚼过程、咀嚼后残余4个阶段。在舍曼的食品质地分类（图4－21）中，一级特性是食品的基本性质，包括成分组成、几何特性（如形状、大小、粒度分布等）、气体含量、细胞大小与分布等。二级特性是两种或两种以上基本特性以未知比例混合派生出来的力学性质，即流变学性质，如黏性、弹性、黏附性等。三级特性是根据摄食过程进一步产生的性质。三级特性可进一步分为以下三类。

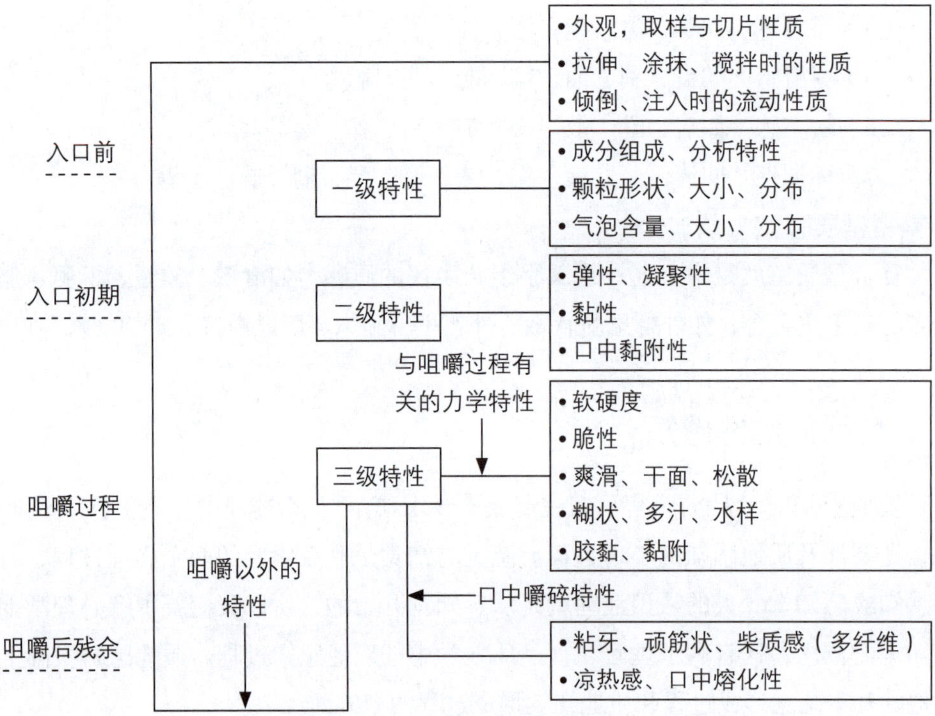

图4－21　舍曼的食品质地分类

（一）与咀嚼过程有关的力学性质

与咀嚼过程有关的性质包括软硬度，可塑性、易碎性、脆性，橡胶状、海绵状，光滑、粗糙，干面状、颗粒状、糊状，油状、水样、潮湿状，发黏、容易粘连。

（二）嚼碎特性

嚼碎特性包括油腻、胶黏性、拉丝性、熔化性。

（三）咀嚼以外的特性

咀嚼以外的特性包括外观，取样与切片性质，涂抹性、脂肪上浮、倾倒性等。咀嚼以外的特性与食用前感知阶段相关联，咀嚼后残余特性与上腭初始感知和强剪断的咀嚼阶段相关联。

（四）描述食品质地的词汇

用于描述食品质地的词汇是非常丰富的，可分为单一型质感和复合型质感。

1. 单一型质感

（1）老嫩感　如嫩、筋、韧、老、柴、皮等。

（2）软硬感　如柔、绵、软、烂、脆、坚、硬等。

（3）粗细感　如细、沙、粉、粗、渣、毛、糙等。

（4）滞滑感　如润、滑、光、涩、滞、黏等。

（5）爽滑感　如爽、利、油、糯、肥、瘦、腻等。

（6）松实感　如疏、酥、散、松、泡、暄、弹、实等。

（7）稀稠感　如清、薄、稀、稠、浓、厚、湿、糊、燥、干等。

2. 复合型质感

复合型质感就是由上述一组汉字组合表述的质感，如滑嫩、软烂、酥脆、肥糯等；更多的是多重组合，如外酥里脆软嫩、外焦里酥脆嫩、脆嫩滑爽、柔软细嫩等。

三、食品质地的感知

质地感知对食品的感官可接受性有较大影响。在此过程中，不但涉及口腔加工过程，还要涉及质地感知的心理过程。感觉与知觉是联系紧密的两个心理过程，有时统称为感知或感知觉。人的认识活动就是从感知觉开始的，所以我们要了解心理学上的感觉与知觉的概念，这有利于理解在食品质地学中的质地感知过程。质地感知实际上包含了质地的基本感觉形成过程和质地知觉形成过程两个方面。

（一）食品质地感知的基本过程

由图4－22可见，对食物美味度的评价甚至在食物未入口时就已经开始，因此有人说：“对食物咬的第一口是由眼睛完成的”；而拿起食物时，则由双手完成了“第二口”。品尝时需要从食物上咬下一部分，这可刺激前牙的牙周感受器，感受在此过程中所需的力度，并以此对食品质地的力学性质进行评价。

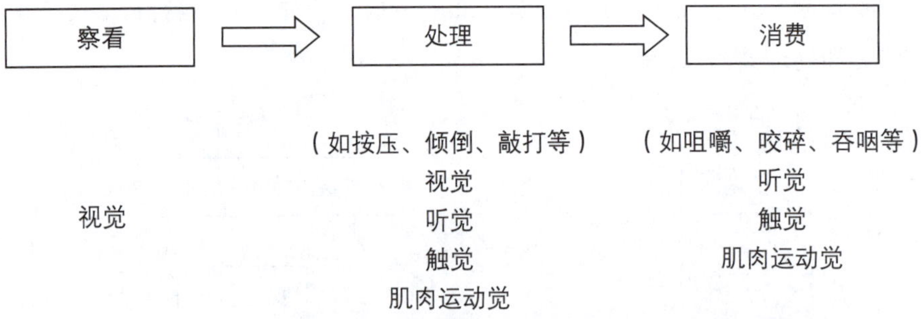

图4－22　在食品消费过程中质地感知所包含的主要感觉种类

将心理学和生理学的有关概念应用到食品质地感知形成的基本过程，如图4－23所示。可见，从感知种类上，可将食品质地分为视觉质地、听觉质地和触觉质地。从感受器所在位置，可将质地感知分为口腔质地感知和非口腔质地感知。为叙述方便，这里将食品质地的感知分为视觉感知、听觉感知和触觉感知，其中触觉感知又分为口腔触觉感知和非口腔触觉感知。

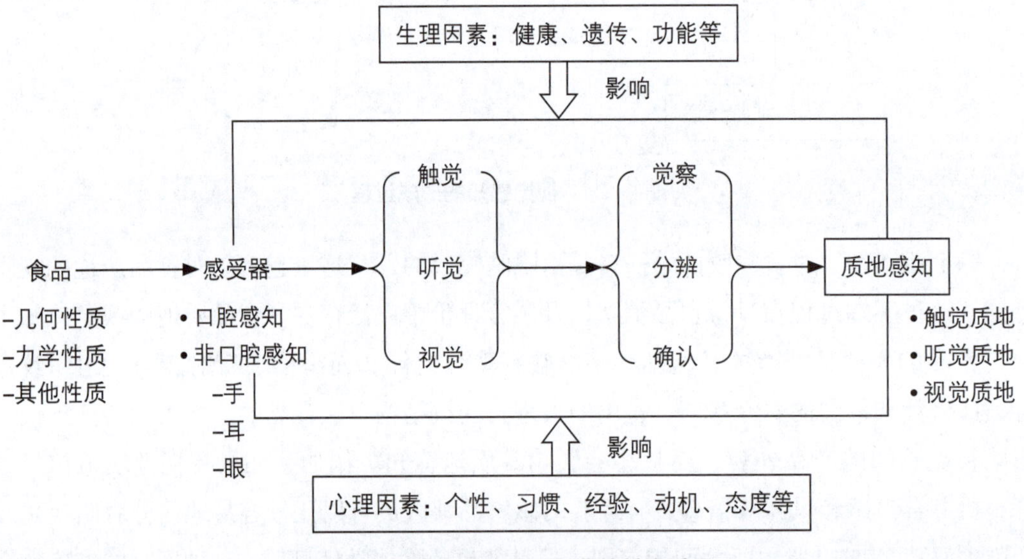

图4－23　食品质地感知形成的基本过程

（二）食品质地的视觉感知

在人的所有感知器官中，从外界环境接受的刺激信息中80%~90%是通过视觉获得的。由环境心理学研究可知，视觉比其他感觉器官都要发达，并与外界的大量信息有关。人从环境中接受信息，大部分都要通过视觉和听觉。其中视觉可以得到听觉的千倍以上的信息。所以，视觉是我们认识外部世界的主导器官。从这个意义上来说，食品质地感知中的视觉因素是不容忽视的。视觉感知的形成过程如图4－24所示，包括视觉信息的产生、传递和处理共3种过程。

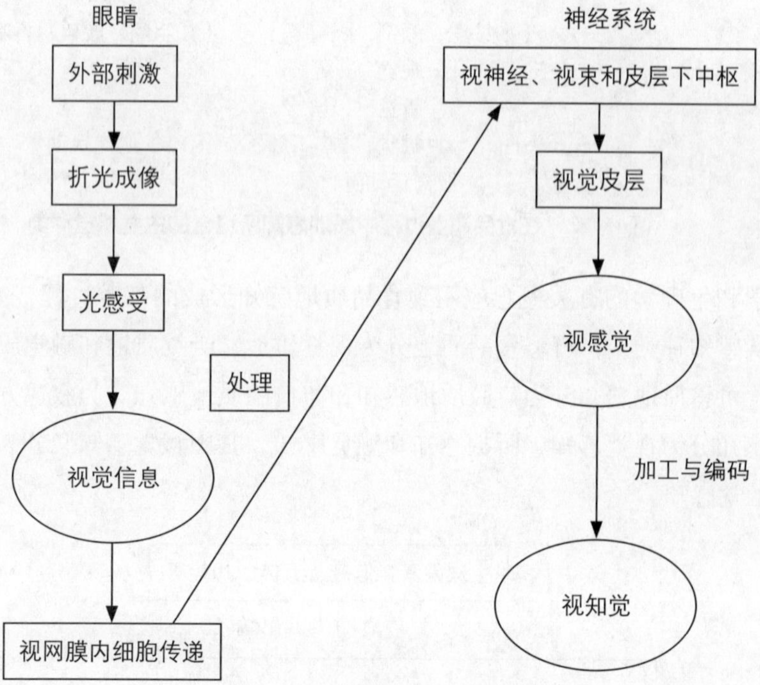

图4－24　视觉感知的形成过程

综上所述，“对食物咬的第一口是由眼睛完成的”，这里包含了对食品质地的视觉感知。这种感知过程在日常食品消费以及感官评价中广泛存在。食品质地的视觉感知主要与食品的表面特征有关，包括状态、颗粒度、光泽、光滑度、反射能力、组织纹理等，如果汁和果肉的悬浮状态、畜肉的大理石花纹结构等。食品的这些表面特征不仅会影响视觉感知的产品外观，而且还会影响其质地感知。例如，如果有视觉质地信息参考，再综合口感和风味等信息，有经验的感官品评人员可以比较容易地区分脱脂牛奶和全脂牛奶甚至2%低脂牛奶之间的差别；但是如果消除视觉信息后，这种区分的准确性会大大降低。

（三）食品质地的听觉感知

食品质地的听觉感知常常容易被忽视或低估。其实，在咀嚼脆性食品时，会产生很高的声压级（超过90dB）。即使是很软的食品，如口香糖，在咀嚼时也可测得一定的声音，如其在牙齿上分开的声音。食品的这种碎裂声，可产生听觉刺激，形成食品质地感知。不同食品在食用时所产生的声音是不同的，而人对声音的感知也存在一定的规律，这些对研究食品的质地特性具有重要意义。例如，在实际中常采用碾碎或咬碎食物听其声音，以此评价产品质量和可接受性。特别是油炸食品，当听到不合适的声音时，常认为是不良的产品质量。再如，许多消费者都会用敲击产品和聆听声音的方法来挑选瓜果。这些都应用了食品质地的听觉感知作用。另外，在咀嚼食物的过程中，用前牙咬食物时主要产生气传导的高频声音；用后磨牙咀嚼食物时，由于开口程度减小，使得脸颊部的肌肉组织影响了气传导声音。而且开口咀嚼会比闭口咀嚼产生更大的声音，即开口咬食物增加了骨传导作用。研究结果表明，当声音的响度增加时，感官品评人员对食品听觉质地性质（如脆度、硬度等）的感知也会增加（图4－25）。

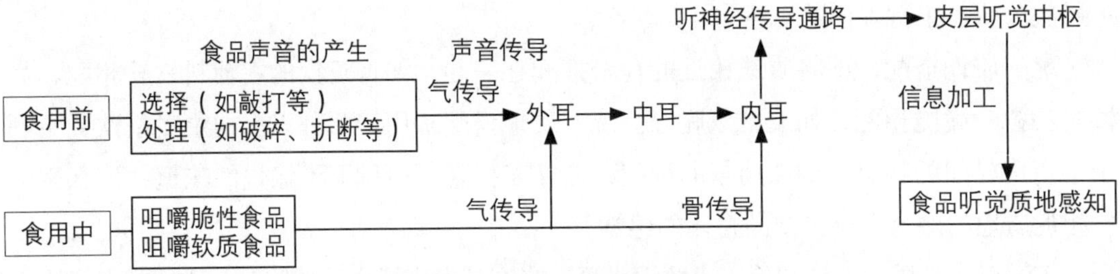

图4－25　**食品质地的听觉感知过程**

（四）食品质地的触觉感知

触觉感知中分为口腔触觉感知和非口腔触觉感知。手感触觉属于非口腔触觉感知，在消费者选择食品或食用前处理食品时，手感常常是一项比较重要的指标，如重量感、滑腻感、光滑感、粗糙感、柔软性、硬度等。咀嚼是口腔触觉感知的主要来源，口腔的神经感觉非常丰富，口腔前部含有十分敏感的感受器，可以感受食物风味和质地，口腔后部则会常常感受需要吞咽的食物。在咀嚼中，这些感受器能够产生兴奋，并增加食欲。韧度是食物选择中一个重要的依据，如猴子明显偏好于吃嫩叶子（富含蛋白质），而不爱吃老叶子（富含纤维素）。实际上，猴子用手指摩擦叶子或品尝叶子就可以进行选择，老叶子被扔掉，而柔软、高营养的嫩叶子则被吃掉。

咀嚼过程可分为三个阶段：①食物的摄取，用舌头将食物送至牙齿之间；②有节奏的咀嚼，使食物粉碎，形成食团；③清洁与吞咽。食品质地评价可贯穿于这3个阶段，以此将食品的物理性质分为两类，即内在性质和外在性质。内在性质包括硬度、强度、黏

弹性等，这些性质可通过咀嚼时的力度所感知；外在性质主要指食品的表面特征，如大小、粒度、形状和表面粗糙度等，这些性质可通过舌和口腔黏膜感知。

四、新茶饮质地的搭配原则

食材里含有的许多成分都是可以改变食品质地的，蛋白质、多糖、脂肪等大分子成分对食品质地的形成有重要作用，如蛋黄就是很好的乳化剂，车前子壳是很好的增稠剂，我们常用的芋泥属于淀粉和变性淀粉，也是很好的增稠剂，这些都是重要的质地改良剂。当我们从食物成分的角度去看待它在新茶饮中的作用，则会对茶饮质地的改变有一个更清晰和科学的认识，这样也可以将食材的特点运用得更好。

反差质地搭配，一则通过反差对比，能使主料的嫩、软、顺滑更加突出；二则将不同质地的原料搭配在一起，可以有效丰富茶饮风味的层次性。例如可乐，以黏腻的焦糖浆配上碳酸气泡，在口腔中产生反差刺激感，但又不违和；又如在软嫩顺滑的烧仙草中加入酥脆甜香的坚果碎，不仅平衡了烧仙草自身寡淡的滋味，也增加咀嚼的趣味，带来了层次分明、丰富多样的口感。

统一质地搭配，即将质地相近的食材搭配在一起，如将茶饮的主辅料软软相配，如椰奶芒芒；脆脆相配，如波粒双脆等。统一质地搭配常用于两种以上的主料茶饮，更利于平衡食材间的味道。例如药茶的调制，往往需要隐藏药材里不愉悦的味道，那么则需要相近质地的融合，突出饮品整体的感觉。

人们对食品质地的认知处于潜意识水平，当产品发生了质地缺陷时，质地就会成为人们选择食品的关键因素。多年来，质地性质一直没有引起足够的重视，一般认为，风味是最重要的，其次是质地，最后是外观。总结质地不被重视的原因主要有以下几个方面：①与食品的风味、外观相比，质地性质不那么“显而易见”，不容易让人理解；②质地性质主要依赖于人类的触觉来感知，而相对于视觉、嗅觉、味觉来讲，触觉本身也容易被人忽视；③产品的质地缺陷最多也只是给消费者一个不良产品的印象，而不良风味和颜色会给消费者带来不安全的感觉。事实上，食品质地性质不仅涉及人的感官感受，而且对人体健康也会产生重要的影响。食物太精、太软与咀嚼不足有互为因果的关系。精而软的食物不需太多的咀嚼，会让人产生成瘾性，久而久之咀嚼力越来越弱，也就更愿意吃软食。

充分咀嚼对儿童尤其重要。在欧美各国，有的学者特别强调儿童时期使用泡泡糖以促进颌骨的正常发育。在咀嚼泡泡糖的过程中，口腔可以有大量的唾液分泌出来，使口腔环境的酸碱度接近中性，从而减少龋齿发生的机会。同时，在咀嚼泡泡糖的过程中还可以把某些部位牙面上的菌斑清除掉，有利于预防龋齿与牙周病。日本糖果公司推出一种硬度比普通口香糖高两倍的硬质口香糖，以锻炼儿童使其习惯咬较硬的东西。所以在设计新茶饮时，可以在固相态添加物质上多下一些功夫，如把脆啵啵改良成有一定嚼劲

的抹茶啵啵等。新茶饮的创新之处，在细节、观念、用心的设计之中。

第五节　新茶饮的食材搭配

食材搭配没有绝对的对与错，熟悉的食材可产生安全感，新的食材、新的搭配、新的风味会带来新鲜感。一个新茶饮公司若想长盛不衰，就需要不断研发新的饮品。在饮品选择过剩的年代，如何能够做出既能满足老顾客又能吸引新顾客的作品是一个挑战。我们往往依赖于经验和直觉进行食材搭配，但这会限制我们做出惊艳的作品。那么如何能够突破熟悉的搭配组合，去发现更多搭配的可能性，而这是否有科学的规律可以遵循？食材搭配理论可以通过食材的香气和味道的化学成分组成，来帮助我们预测哪些新的组合是绝配。

一、食材搭配法则——以对的浓度拥有共同的关键香气

（一）什么是关键香气?

一种食材可能包括几十甚至上千种的香气，但仅有部分挥发性化合物真正决定了食材的香气轮廓，即为关键香气，这些关键气味剂的浓度若高于嗅觉识别阈值就会显现。举例来说，咖啡含有超过1000种不同的挥发性化合物可以被气相层析质谱仪检测出来，但只有三四十种形成了人体所能察觉的烘烤味、坚果味、焦糖味和其他风味。

（二）香气的连接是食材搭配的基础

比利时的伯纳德·拉乌斯（Bernard Lahousse）等通过研究发现，食材要搭配得宜，就要以对的浓度拥有共同的关键香气。法国食品化学家弗朗索瓦·巴尼耶（Francois Bannier）在1992年于意大利参加一场研讨会，休息时，他闻到了茉莉的醉人芳香，便停下脚步思索这种花的独特香气特征，发现它除了明显的花香，还带有肝脏中也存在的分子——吲哚的气味。巴尼耶不禁好奇地把茉莉和肝脏搭配在一起是否美味，并在会场举办了试吃活动，大获成功。为了了解不寻常的搭配为何行得通，巴尼耶在他的实验室分析了成功的食材搭配中不同的香气成分。得出结论：拥有共同香气分子的食材很适合搭配在一起。因此，只要知道产品的风味由哪些香气和味道成分所组成，就可以预测哪些新组合是“绝配”。

一种食材可以同时兼具多种香气。有些香气早已存在于食材中，如大部分成熟的水果散发出的香味；还有一些则需要通过加工处理后形成，如完整的蔬菜通常没有什么味道，但当切开黄瓜之后，不饱和脂肪酸因为细胞膜被破坏接触到氧气，促进酶性氧化作用，便会产生有明显黄瓜味的醛类——壬二烯醛和壬烯醛。除此之外，烹调过程中发生

的氧化反应、美拉德反应、焦糖化反应以及发酵等也会形成丰富多样的新风味。

二、新茶饮中食材搭配的基本方法

（一）认识香气类型与描述符

伯纳德·拉乌斯团队研发出一套根据香气类型和其描述符来将气味分类的系统，由此将食材的香气轮廓可视化。他们总共辨识了一万个香气分子，形成14个不同的香气类型和70个描述符（图4－26）。14种颜色的圆点代表14个香气类型，每一种香气类型里列

香气类型	说明	描述符
水果	酯类在许多水果如草莓、香蕉、菠萝和其他热带水果的香气轮廓中扮演了重要角色。依不同浓度，内酯可能会具有桃味或椰子味，存在于水果、奶类（含奶酪和其他乳制品）中。	·苹果、香蕉、浆果、椰子、水果、葡萄、桃子、菠萝
柑橘	柠檬、青柠、葡萄柚和醋栗含有大量柑橘调，也存在于香菜籽、香茅和香蜂草等食材中。	·柑橘、葡萄柚、柠檬、柳橙
花卉	乙位-大马酮、乙位-紫罗兰酮和z-1,5-辛二烯-3-酮让玫瑰、紫罗兰和天竺葵散发迷人芬芳，也为苹果、梨、覆盆子和番薯等食材带来花香调。	·花卉、天竺葵、蜂蜜、玫瑰、紫罗兰
青绿	青绿的范围包含黄瓜味、脂肪味(如橄榄油)、刚除的青草味和蜡味(像是橘子皮)等，视醛的浓度而定。碾磨谷物也含有闻起来像燕麦片的绿香挥发性化合物，环氧化物则使海藻带有金属调。	·黄瓜、脂肪、青草、燕麦片、蜡
草本	薄荷脑和百里酚赋予新鲜薄荷和百里香独特的草本调。	·草本、薄荷、百里香
蔬菜	菜椒、蘑菇和马铃薯大部分的蔬菜味来自吡嗪、1-辛烯-3-酮和甲硫基丙醛。葱属和芸薹属植物含有硫味的挥发性化合物。烹调会产生新的硫味、马铃薯味和蘑菇味的香气分子。	·菜椒、甘蓝、芹菜、大蒜、蘑菇、洋葱、马铃薯
焦糖	呋喃酮、麦芽醇和葫芦巴内酯等化合物是焦糖和枫糖浆的焦糖味来源。	·焦糖、枫糖
烘烤	美拉德反应会使新的挥发性化合物形成，闻起来有烘烤或爆米花味。有些描述符为麦芽味或咖啡味，吡嗪和土臭素则偏向泥土味。	·咖啡、泥土、油炸食品、麦芽、爆米花、烘烤
坚果	苯甲醛是杏仁萃取物里的特征影响化合物，零陵香豆令人陶醉的芬芳干草香则来自香豆素；榛果能拥有其突出的味道是酮的“功劳”。	·榛果、坚果、零陵香豆
木质	有些食材含有木质味的烯类和萜烯（松木）。使用木材来烤肉、鱼或其他食材会产生同样的木质烟熏风味，冷熏鱼或肉的过程则会将酚化合物注入其中。	·巴萨米克醋、松木、烟熏
辛辣	许多香料的温暖调来自肉桂醛、枯茗醛、丁香酚（丁香）和香草醛等香气分子。樟脑和草蒿脑（大茴香）呈现较多清凉调。	·大茴香、樟脑、肉桂、丁香、孜然、辛辣、香草
乳酪	鲜奶油、奶油和成熟奶酪均具有乳酪调。醋和发酵乳制品如酸奶、脱脂牛奶和酸奶油含有其他奶酪味和酸味挥发性化合物。	·酸、奶油、奶酪、鲜奶油
动物	肉汤和鹿肉或鱼类等食材会散发强烈的动物味。肝脏含香气分子吲哚，闻起来有粪便、泥土、酚、香水或花香味。粪臭素具有类似的动物味，闻起来像粪便或麝猫。	·动物、鱼、肉
化学	烧焦味、发霉味、石油味、肥皂味和溶剂味（如油漆或胶水）等描述符用来形容因为不当贮藏或包装不良导致的异味。	·灰尘、石油、肥皂、溶剂

图4－26　香气类型及其描述符

举的特征名词就是描述符。每个香气分子都有自己独特的气味。举例来说，菠萝是橙黄色水果香气类型的描述符，菠萝含有己酸甲酯，其基本气味闻起来类似菠萝。

（二）如何读懂香气轮盘

香气轮盘是食材独特香气轮廓的视觉表征，由两个环组成：内环显示14种不同的香气类型，破碎外环呈现此食材里可用的香气描述符浓度。以图4－27为例，首先内环中不存在于此食材香气轮廓中的香气类型颜色反灰，所以在藜麦的香气轮盘上，没有动物或化学香气。其次，内环和外环色带之间的距离越大，色带所代表的香气类型浓度越高。如图4－27所示，青绿香气类型描述符的色带——黄瓜、脂肪、青草和燕麦片离内环最远，接着是蔬菜等香气类型。草本香气类型描述符薄荷离内环最近，浓度也低。最后，外环色带的厚度和长度显示每一个香气描述符的浓度。在蔬菜香气类型中，菜椒是最显著的香气描述符，随后是蘑菇和马铃薯。

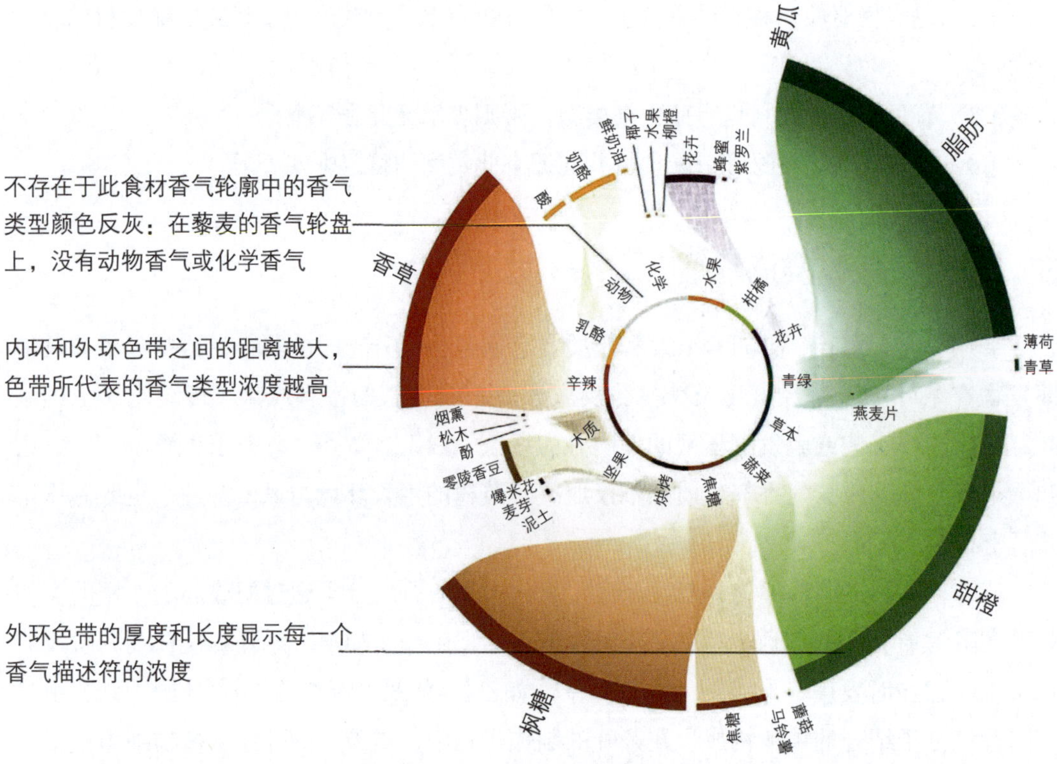

图4－27　**香气轮盘解读**

（三）如何读懂搭配表格

搭配表格中的主食材，一般用粗体字标记出来，如图4－28中的熟藜麦。下面罗列出的是10个潜在的搭配食材，不同颜色的圆点代表香气轮盘上14种不同类型的香气，而每一行的色点代表主食材和搭配食材的香气轮廓。

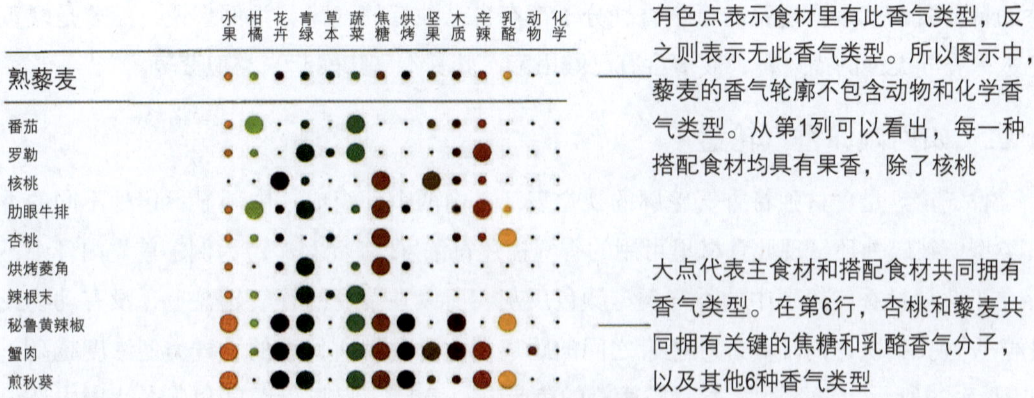

图4－28　食材搭配表解读

关于搭配表格的读法，可以总结如下：

（1）主食材以粗体字标示，下方列出10个潜在搭配食材；

（2）色点栏对应14种不同香气类型，因此色点水平行代表主食材和搭配食材的香气轮廓；

（3）有色点表示食材里有此香气类型，否则表示无此香气类型；

（4）大点代表主食材和搭配食材共同拥有此类型的特定香气分子。

三、茶的香气轮及搭配

茶叶中含有糖苷、类胡萝卜素和脂质，它们是香气分子的前驱物，这些分子和其他挥发物在茶叶加工时经氧化及美拉德反应形成不同类型的特有风味。传统意义上的茶叶，按照制作工艺或者发酵程度的不同分为绿茶、白茶、黄茶、乌龙茶（青茶）、红茶和黑茶。茶叶的滋味、香气、质感不仅取决于茶树的生长环境与风土条件，也跟制作工艺紧密相关。

茶叶自从被采摘的那一刻起便开启了氧化过程。香气分子通过酶或非酶作用的类胡萝卜素降解形成，由日晒、高温氧化触发或自然发生。类胡萝卜素降解仅在萎凋阶段氧化黄烷醇存在时发生，形成新的香气分子，如乙位-紫罗兰酮和乙位-大马酮。糖苷由与不同香气分子结合的单糖构成。在茶叶的制作过程中，被破坏的叶片从植物细胞里释出酶，使糖脱离，进而得以形成新的香气化合物，如芳樟醇和苯乙醇。而原本具备苦味的酚类化合物被转化为复杂饱满的风味，就是大家喜爱的茶香。

茶叶在杀青过程和烘干过程中，随着温度的升高，发生美拉德反应，新的烘烤和坚果香气分子像呋喃、吡嗪、吡啶和吡咯也出现。氨基酸的转化则产生史崔克醛和其他含硫化合物。最优质的中国龙井茶传统制法是人工在热锅里手炒，直到嫩叶炒干。这种手法使茶

叶中典型的多数青绿-青草香气分子被烘烤产生的史崔克醛及坚果味的香豆素所取代。

来自中国、印度和斯里兰卡的红茶大多会经过数小时的萎凋、揉捻和发酵以促进进一步氧化，使茶叶发展出比绿茶、白茶或者乌龙茶更强烈的风味。尽管红茶浓郁的风味与发酵度直接相关，但它仍保有惊人数量的青绿香气分子。而红茶中的柑橘调，解释了为何它和柠檬如此相配。

“大吉岭”指的不是某一种特定类型的茶，而是印度西孟加拉邦金色山谷山区的葱郁茶园。其中，大吉岭红茶最为常见，还有绿茶和乌龙茶。大吉岭红茶具有青绿味、脂肪味、黄瓜味以及类似燕麦片的气息，烟熏气息和些许烘烤焦糖调。它散发花卉香、蜂蜜香和柑橘香，拥有桃、椰子味内酯，很适合搭配梨、黑莓和甜瓜。

（一）大吉岭茶的香气轮廓及搭配

大吉岭红茶的烘烤、焦糖、乳酪香会让人联想到蛋糕或饼干的味道。茶里麦芽调的3-甲基丁醛也是巧克力的关键香气，因此巧克力便成为饼干、大吉岭红茶的经典配料。我们在进行新茶饮配方创新时，可以参考一些经典的甜点配方，如杨枝甘露原本是一款甜点，做成新茶饮也非常受消费者欢迎。大吉岭茶的香气轮廓见图4－29。

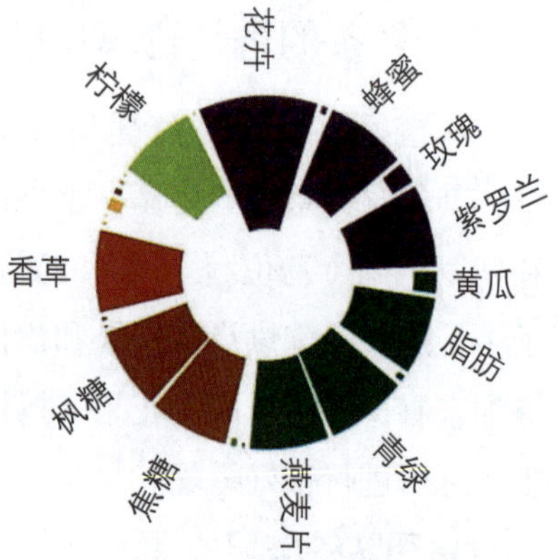

图4－29　大吉岭茶的香气轮廓

（二）中国煎茶的香气轮盘及搭配

好的煎茶具有清新明亮的青绿风味并带有甜焦糖调——从中国煎茶的香气轮盘（图4－30）中可以看出，零陵香豆闻起来较偏青绿味和干草味而非坚果味。这些茶的香气轮廓也含有一小部分的吲哚分子，让细致的绿茶散发萦绕不去的花香。吲哚在较高浓度时肉味较重，也存在于煎明虾和熟蛤蜊中。因此，佐餐时可尝试搭配高品质的煎茶。

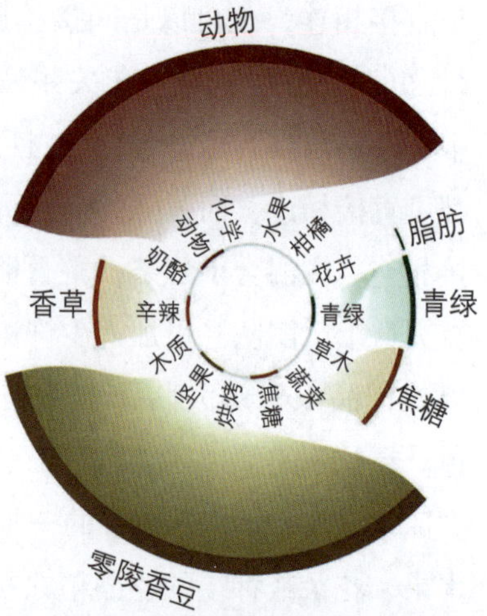

图4－30　中国煎茶的香气轮盘

（三）龙井茶的香气轮廓及搭配

从龙井茶的香气轮廓（图4－31）中可以看出，零陵香豆占比最高，零陵香豆是坚果类香气的典型代表，除了烘烤调和香豆素坚果、青草般的气味之外，龙井茶比绿茶含有更多花果、蜂蜜和酚调，加上些许麦芽及马铃薯味的香气化合物。在新茶饮搭配时，将龙井茶与黑薄荷、帕玛森奶酪、番石榴进行搭配都是不错的选择。

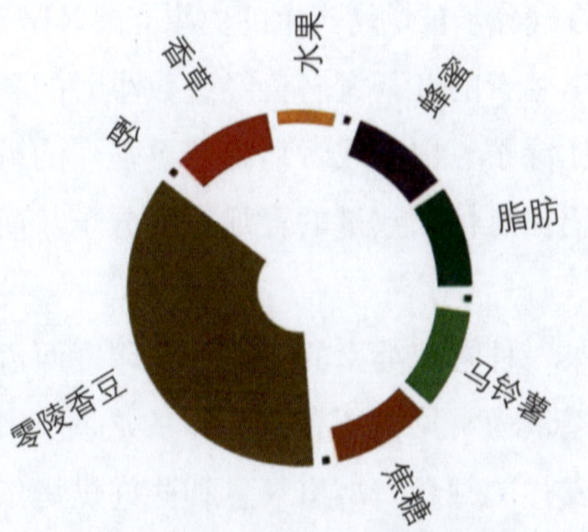

图4－31　龙井茶的香气轮廓

（四）红茶的香气轮廓及搭配

从蜜香红茶的香气轮廓（图4－32）来看，其包含一系列的柑橘、水果甚至花卉玫瑰和紫罗兰调（乙位-大马酮和乙位-紫罗兰酮分子），加上些许烘烤、坚果和焦糖调。从食材搭配来看，红茶与海无花果、杨桃、全熟水煮蛋都可以进行很好搭配。

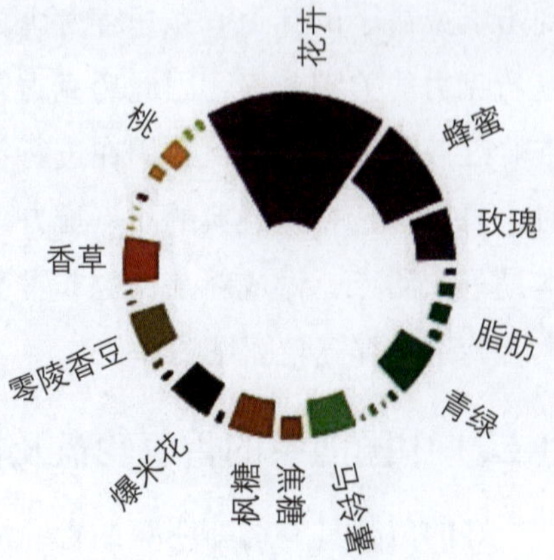

图4－32　蜜香红茶的香气轮廓

1. 食材团队的搭配关系

食材搭配的团队成员之间的协调性，可以是直接相连，也可以是间接相连。例如5种食材之间关键香气的内在关系图（图4－33）中，红茶与番石榴、杏仁和白巧克力三者香气都可直接相连，而茵陈蒿与白巧克力之间是间接相连。在混合了红茶、番石榴、杏仁、白巧克力这个“团队”里加入少许茵陈蒿碎——可以使作品以辛辣大茴香和樟脑调展现清爽特色。在拉丁美洲地区，番石榴被用来制作称作“凉水”（agua fresca）的一种饮料，是混合水果、花朵或种子的非酒精饮料，在吃的时候经常撒上一小撮盐、胡椒或红辣椒粉。这种饮品喝上去除了具有酸甜滋味，还有一种辛香。

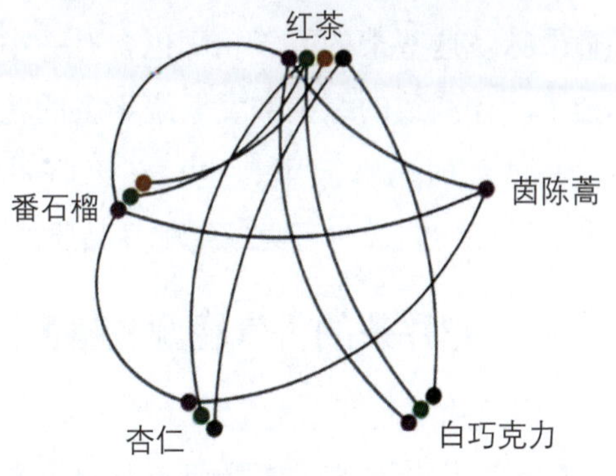

图4－33　5种食材之间关键香气的内在关系图

2. 正山小种茶和接骨木花

接骨木花散发香甜的诱人气味并带有独特花卉、水果香和清新的柠檬、青草调。它

显著的花卉香气来自两种特定化合物：花香玫瑰调的顺式玫瑰酸以及玫瑰花香中带有水果、苹果调的乙位-大马酮，3-甲基-1-丁醇的存在则加强了水果风味。而正山小种茶与接骨木花有6种共同的关键香气，那么在5—6月接骨木开花时，与正山小种茶一起窨制，会有意外的惊喜。

第六节　新茶饮的色彩搭配

色彩作为一种视觉语言极大影响新茶饮的外观感受。相关资料显示，人的视觉器官在观察物体之初，色彩感知占80%、造型只占20%；2min之后，色彩占60%、造型占40%；5min后，各占一半。生活中人们对食品外观的色彩有特别敏感的心理效应，这也直接决定了消费者的购买意图。因此，关于新茶饮的色彩搭配，我们既要了解色彩心理学，也要懂得色彩搭配的原则，这对提升产品的品牌竞争力有着重要意义。

一、新茶饮搭配的色彩心理学基础

色彩心理是客观世界的主观反映，取决于人们的生活体验与文化特征，它指的是在色彩三属性（色相、明度、纯度）的共同作用下，人们的视觉器官产生色感时形成的，带有某种情绪的心理反应。比如黑色，给人庄重、神秘、幽深的感觉；而白色给人明朗、清爽、纯洁、轻快的感觉。鲜艳的色彩代表强烈的感情，而暗淡的色彩与之相反。

美国色彩学家法瑞蒂（Verity）在其所著《色彩观》一书中说道："色彩被视为一般大众生活中一项强大的感情因素。大家最有兴趣的自然是色彩对心理和情绪的影响。"科学实验证明，颜色能够影响人的脑电波，人们对红色的反应是警觉，而面对蓝色则会出现放松的反应。心理学家也做过许多实验，发现人们在红色环境中会出现脉搏加快、血压升高的反应，而在蓝色环境中人们的情绪反应比较沉静。这种能够引起人们的情绪性反应的色彩作用，被称作色彩心理。

（一）色彩的吸引性

所谓色彩的吸引性，就是指不同的色彩对人们眼球的吸引程度。很明显，不同的色彩对于人们的吸引性显然各不相同，通常颜色的纯度及亮度越高越能够吸引人们的目光，如我们常说的赤、橙、黄、绿、青、蓝、紫中的前三种色彩。如图4－34中，高亮度的红色、黄色就在色彩的应用上选择了吸引性强的色彩，这样能够为产品赢得人们的关注。但是这种一瞬间吸引目光的性质也有十分明显的缺点，即不适于人们长期观看。如果是作为短时间吸引人的手段之一，可以充分利用色彩的吸引性特点。

图4－34 调饮茶色彩的吸引性

（二）色彩的情感性

我们日常所体会到的美感有多种形式，包括视觉、听觉等各个方面，其中最容易被大众感知的就是色彩的表现，通过色彩的变化使人们能够深刻体会到情感的变化。物理学家牛顿曾经找到了色彩与光的联系，而在此之前人们就已经发现色彩的变化也会对人们的心理产生相应的改变，进而色彩与情感建立起紧密的链接。人类历史经过了长远的发展，传统文化对人们的色彩心理影响至深，色彩也与一些情感或行为形成了固定的搭配，如通常使用红色代表吉祥（婚庆、春节等均使用红色）；蓝色是海洋与蓝天的代表，典型的冷色调在一定程度上与冷静形成了对应关系；黄色是典型的暖色调，一定程度上代表着太阳的温暖；绿色是植物的代表色，通常代表着万物的生长与健康。

人们通过长时间接触事物的外部色彩，已经形成了通过颜色来判断事物的习惯。然而，由于地域文化的不同，色彩在不同的区域有着不同的内涵。例如西方的婚礼中，新娘总是穿着一袭洁白的婚纱，因为白色象征着纯洁，而中式婚礼中会选择大红色作为新娘宴服的颜色，红色在中国象征吉祥；除此之外，中国封建社会中黄色被认为是皇家的专用颜色，是尊贵的象征。中国戏剧中脸谱的色彩应用也十分考究，如红色代表忠义、白色代表奸诈等。

虽然这些色彩的内涵各不相同，但可以归纳为两个方面，即具象表现和抽象象征。所谓色彩的具象表现，指根据色彩的特征及与事物的联系，当人们看到某种色彩时就会联想到这些事物，即色彩代表事物。在新茶饮色彩设计中，根据饮品类型和主题的不同，色彩主色调的选择就显得十分重要。以牛奶饮品为例，红色、绿色、黄色因与水果颜色相近，可以用于调制红豆饮品、芦荟牛奶以及杧果饮品。而色彩的抽象象征是指人们对某些色彩根据自己的感官、经验的判断，产生了更多的联想，这些联想相比于事物本身更深一个层次。“象征”一词在我国文化中占据了非常大的一部分，任何艺术作品都有自己所象征的一层寓意，它并不是一种凭空想象，而是人们长久以来形成的思维习惯。色彩的抽象象征也是人类长久以来将色彩演变成的一种特殊语言。

然而无论是色彩的具象还是抽象，在新茶饮中如何通过色彩的运用，将饮品内涵更好地传达给消费者，因此合理利用色彩的情感特征能够达到事半功倍的效果（表4－1）。

表4－1　色彩与情感的关联信息表

色彩	具象联想	抽象联想
黑	墨、炭、头发、夜	坚实、恐怖、严肃、凄凉
白	白云、雪、白纸、棉花	神圣、纯洁、朴素、悲哀
红	火焰、太阳、苹果、血液	热情、革命、喜庆、死亡
橙	柿子、柑橘、橙子、晚霞	快乐、温情、甜美、焦躁
黄	香蕉、向日葵、枇杷、杧果	明亮、活泼、光明、不安
绿	树叶、草、公园、安全信号	和平、成长、理想、安静
蓝	天空、湖泊、海洋、远山	无限、理智、平静、冷淡
紫	紫藤、葡萄、紫罗兰、茄子	高贵、优雅、神秘、颓败

（三）色彩的味觉联想性

瑞士色彩学家约翰内斯·伊顿（Johannes Itten）在《色彩艺术》一书中有这样生动的描述："一位实业家准备举行午宴招待一些贵宾。厨房里飘出的阵阵香味，大家都热切地期待着这顿午餐。当快乐的宾客在摆满美味佳肴的餐桌旁就座之后，主人便以红色灯光照亮了整个餐厅。肉食看上去很鲜嫩，令人食欲大增，而菠菜却变成了黑色，马铃薯则显得鲜红。当客人们惊讶不已的时候，红光变成了蓝光，烤肉显出了腐烂的样子，马铃薯更像是发了霉。宾客们立刻没了胃口。可是黄色的电灯一开，红葡萄酒看起来像蓖麻油，几位比较娇弱的夫人急忙站起来离开了房间，没有人再想吃东西了。这时主人笑着又打开了日光灯，人们聚餐的兴致很快就恢复了。"这个实验表明，食品的色彩直接影响着人们的食欲。

生活中许多色彩并不是单一呈现在人们面前的。当人们看到某种色彩时，根据他们的经验、阅历不同，也会联系到其他色彩，而这种现象我们就称之为色彩的联想。有研究表明，色彩不但会刺激人们的视觉，还会通过人们长久以来通过经验记忆建立起的关系来刺激人们的味觉，有时这种感觉甚至会比食物本身还强烈。在人们日常生活中，往往比较喜欢以暖色调为主的食物，许多水果成熟后都会变成红色，如苹果、桃等。人们就将红色作为成熟、甜美的象征，当人们看到红色的食品时，往往会直观地觉得这个食品一定味道甜美，而绿色能使人联想到柠檬等，产生酸的感觉。同时，深棕色等一些色彩厚重的食物往往给人回味无穷的感觉，如深棕色的咖啡在视觉上让人回味无穷。相比

之下许多以紫色、蓝色为主的食物，人们会本能回避这些色彩的食品（紫薯、蓝莓、葡萄属于特例），因为这会让人们有不安全的感觉，究其原因就是大自然中这种颜色可食用的食物偏少。创意与风险同在，当我们创新一款茶饮时，也要考虑这是否容易被大众所接受。

由此可见，在一定程度上人类各种感官之间是联通的，有着各种各样的感觉体验，在特定的条件下，可以互相转换。作为一名茶饮设计师，需要懂得人的这些心理反应发生的规律与特点，将产品的口味与色彩相结合，在产品设计的过程中才能做到胸有成竹（图4－35）。

（1）甜　（2）酸　（3）苦　（4）辣　（5）咸

图4－35　**色彩与味觉的关联**

（四）色彩的宜人性

从审美学的角度研究色彩对人们的吸引力，发现人的审美是各不相同的，审美标准往往会因生活环境、生活习惯、文化水平、年龄层次以及地域等因素的不同存在很大的差异。因此在设计饮品时，应当根据不同人群特点进行差别设计。例如，孩子们都喜欢轻快、绚烂的色彩，这些色彩往往在日常生活中代表了年轻的朝气，如蓝色、绿色、粉红色等，越明亮的颜色越能够引起孩子们的注意，儿童饮品产品的色彩设计选用明亮轻盈的颜色，同时配有吸引儿童注意力的画面，更能勾起孩子们购买的欲望。而养生饮品类通常是中年人偏多，他们大多会选择比较沉稳、大气的色彩，因此在颜色方面的选择应该显得成熟，质地方面应该有厚重感，同时要尽量避免使用过多颜色显得杂乱无章，这样才会受到中年人群的青睐。除此之外，地域方面的差异主要表现在人们对于生活中缺失颜色的渴求，如沙漠之中的人们向往青草的颜色、喧嚣之中的人们向往宁静、草原之中的人们向往绚烂等。

色彩的对比与色彩之间的配合，往往具有很强的力量，能够引导消费者进行消费。色彩之间的对比统一是艺术行为的重要一部分，尤其对于红、绿、黄这三种颜色，应该搭配进行使用，这正是我国文化发展形成的审美学观点。所谓审美，就是人们对情感的一种表露与感受的过程，人们对美的审视不仅仅发生在艺术行为中，在自然界及我们的日常生活中时时刻刻都有审美的存在，一件事物作为审美的对象，那么这件事物就会有一定的形象。在新茶饮的色彩应用中有很多表现方式，而采用不同的色彩对比是其中最

为常用的方法，这些色彩的对比主要在明暗、纯度、色相等方面。通过进行色彩对比能够更加引人注意，然而在使用色彩对比的同时也应注意避免色彩使用过多，造成整体杂乱。通过和谐运用色彩之间的对比，经过精心设计最终得到一套令人赏心悦目的外观。设计作品应该满足在同一色彩的基础上进行丰富的色彩变化，整个产品既排列有序又有一定程度的变化。

二、新茶饮的色彩搭配原则

我们之所以能看到颜色，是可见光、视觉系统与显色物体的综合作用，缺一不可。没有光，苹果的红和香蕉的黄都无从谈起，而人们对于颜色的感知是大脑对视觉信号的判断与反应，这一过程同时兼具主观性与客观性，既是生理现象，又是心理现象。所以，可见光、人类的视觉系统与显色物体是色彩视觉形成的三要素。

（一）色彩的基本属性：色相、明度、纯度

色相，简单可以理解成为色彩的相貌，是色彩的首要特征，也是区别各种不同色彩的重要标准。人们日常生活中说的“红色”“黄色”“绿色”等就是在描述色彩的色相，我们可以借助色相环来梳理不同色相之间的关系与秩序。

按照是否具备色相属性，将世界中的万千色彩分为有彩色和无彩色两大类，其中黑、白、灰为无彩色，没有色相属性，而除了黑、白、灰以外的其他颜色，如赤、橙、黄、绿、青、蓝、紫等为有彩色。NCS色相环和伊顿色轮见图4－36。

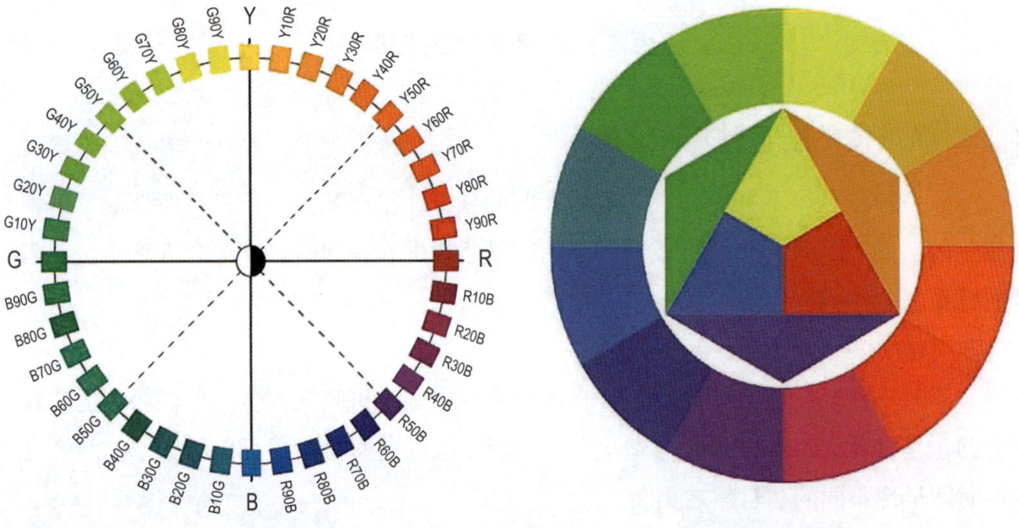

（1）NCS色相环　　（2）伊顿色轮

图4－36　NCS色相环和伊顿色轮

明度指的是色彩的明暗程度，通过在不同色相的色彩中加入黑色或者白色进行调节（图4－37）。例如在红色中加入白色越多，明度越高；在红色中加黑色越多，明度越低。所以，粉红色为高明度色，而酒红色为低明度色。同时，在红色中等比例加入白色和黑色，就会形成中明度的砖红色。在色相环中，明度最高的是黄色，最低的是蓝紫色，红色和绿色属于中明度色。

图4－37　**色彩明度的变化**

纯度，也称彩度、饱和度和艳度，指的是色彩的鲜艳程度，或者说是纯净程度。色相环中最鲜艳的颜色，纯度最高，而无彩色不具备纯度属性。在纯色中加入黑、白、灰可以调节不同色彩的纯度，黑、白、灰加入越多则色彩的纯度越低（图4－38）。

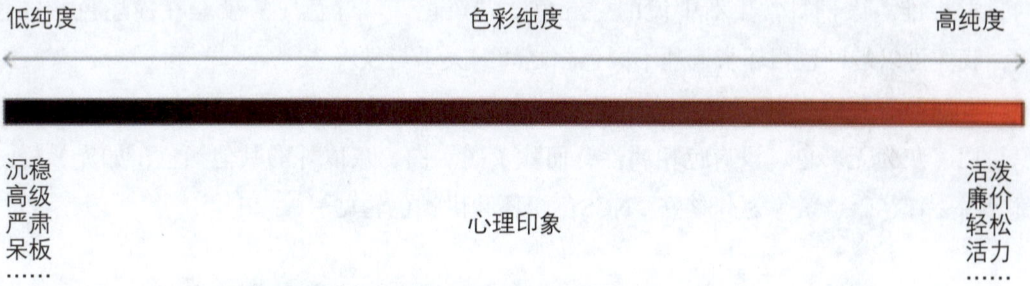

图4－38　**色彩纯度的变化**

（二）新茶饮的配色法则

单独一种颜色谈不上美和丑，就像音乐的音符，没有某一个音符是所谓的“好”或“坏”的。同理，只有当两种或两种以上的颜色搭配在一起时，才会令人产生美或者不美的感受。

1. 不时不食

“不时不食”，出自《论语》，自古以来，中国人讲究天人合一，顺势而为，在饮食方面也是如此，讲究“适时、适地”。在新茶饮的色彩搭配中可以与四季结合，在不同的时间呈现不同的“自然之美”。

例如，高明度、低纯度的色彩搭配象征春天（图4－39）——给人以清新、淡雅、靓丽、明艳的感觉，充满生机与朝气，马卡龙和日本和果子是这类配色的典型代表。

图4－39　**象征春天的色彩**

中明度、高纯度的色彩搭配比较艳丽，是象征夏天的色彩（图4－40），其中克莱因蓝是代表颜色。

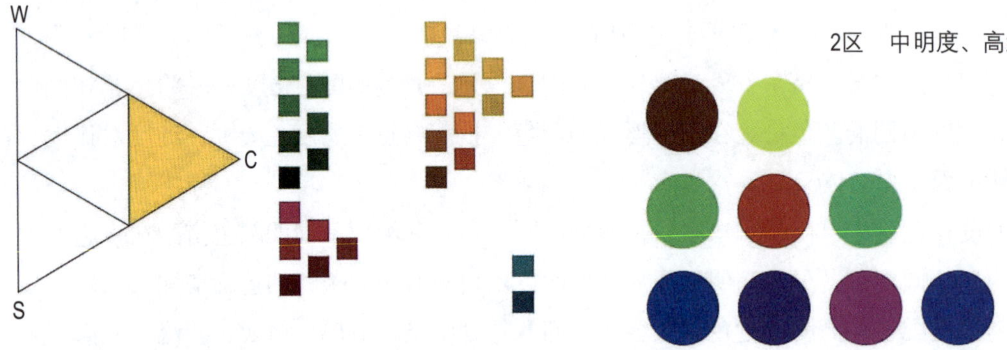

图4－40　**象征夏天的色彩**

秋天的色彩（图4－41）是四季中最美的，呈现出了远山秋叶如画、红树间歇黄的景象。属于中明度、中纯度的配色类型。

图4－41　**象征秋天的色彩**

冬天的颜色则是低明度、低纯度的暗色调，幽雅恬静、晶莹剔透，略显消极，略带蓝色味道，一般在茶饮色彩搭配中运用较少。与四季相宜的色彩见图4－42。

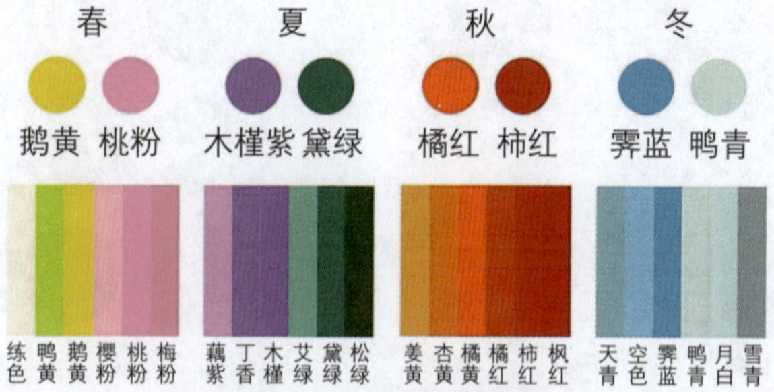

图4－42 与四季相宜的色彩

2. 和谐之美

通过强化同一要素，亮的找亮的、暗的找暗的、艳的找艳的、暖的找暖的，这样形成统一协调感，从而呈现出和谐之美的配色方法，我们称之为相近配色，其可以分为三种类型：色相相同、明度相同与纯度相同。

色相相同的配色是东方人最容易接受的，也是最喜爱的配色方法——将色相相同、明度和纯度不同的颜色搭配在一起形成的配色，搭配要点是明度差要大，纯度对比大，色彩从平面变得立体。

明度在色彩中可以影响情绪，将明度相同、色相和纯度不同的颜色搭配在一起的配色是明度相同配色，分为高明度配色和低明度配色，其中新茶饮的色彩搭配中采用较多的是高明度配色。高明度颜色一般会让人们联想到晴空、清晨、白云、溪流，从而带来明亮、活泼、柔和、轻盈的心理感受，对应清爽、甜蜜、轻柔、细腻的口感。

纯度相同配色是指将纯度相同，同时色相和明度不同的颜色搭配在一起的配色方法，可以分为高纯度配色、中纯度配色和低纯度配色，在新茶饮色彩搭配中运用较多的是高纯度配色和中纯度配色。其中高纯度配色鲜明而又华丽，常让人联想到水果和蔬菜，视觉刺激效果强，对情绪影响作用明显，属于积极、活泼、快乐的配色，可以使消费者形成刺激感强、甜度高的口感印象；而中纯度配色散发着典雅、自然、柔软之美。

3. 强调之美

正所谓“万绿丛中一点红”，进行色彩搭配时，在大面积的主色彩中，少量搭配一些差别较大的对比色彩，从而使整个画面明快而活泼，带来强烈的视觉冲击感。不仅能够丰富色彩设计的层次，还能迅速吸引消费者的注意力，使茶饮更加引人注目，这就是强调配色。

强调配色是新茶饮色彩搭配设计中最常用的方法之一，它的配色技巧是需要控制对比反差大的两种色彩的使用面积比例，即利用大面积的一种色彩与另外一种面积较小的对比色进行搭配，否则画面就会过于生硬，一般采用3：7或者2：8的比例分配。

4. 秩序之美

美国色彩学家孟塞尔（Munsell）说过，色彩间的关系与秩序是构成调和的基础。要呈现秩序之美，就需要将色彩按照某种规律进行排列，可以是色彩三属性按照阶梯性变化。这种配色很容易表现出一种节奏感较强的、有韵律的效果，简单来说就是由一种颜色逐渐过渡到另一种颜色，从而呈现出秩序性，又不跳跃、动中有静的配色方法，可以分为色相渐变、明度渐变和纯度渐变3种类型（图4－43）。

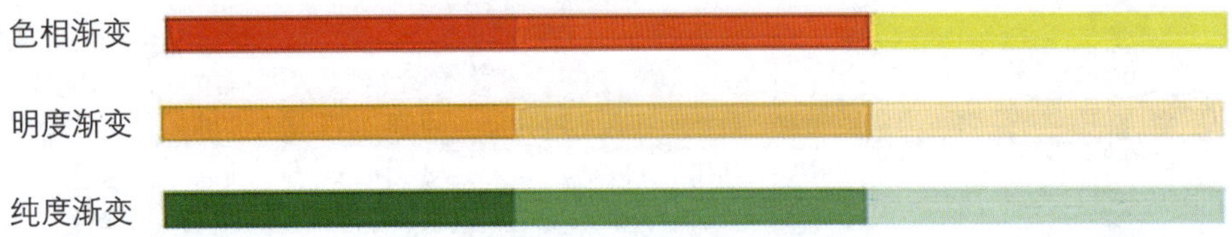

图4－43　色彩三属性的阶梯性变化

一般来说，新茶饮的色彩搭配设计中出现相互矛盾的两种色彩，可以用无彩色——黑、白、灰进行连接和过渡，不仅可以调和诸色，还可以有效增加设计的层次感。但是，无彩色不宜大面积使用，尤其是黑色和灰色。新茶饮色彩搭配中常用色彩的联想信息表见表4－2。

总而言之，新茶饮设计首先要遵循二十四节气以及不时不食的理念，确定主食材是什么，然后根据主食材的风味特征选择与之搭配的辅助食材，再结合创作者想表达的风味和风格特征，应用不同的配色方法进行色彩搭配设计。

表4－2　新茶饮色彩搭配中常用色彩的联想信息表

色彩	积极印象	消极印象	相关食材	搭配亮点
红色：作为太阳和火焰的象征，是具有活力、热情、兴奋等强烈能量的颜色，刺激感较强，适用于食欲和购物等主题配色中	爱情、热情、欢喜、生命、行动力、祝福、胜利	愤怒、危险、暴力、恐怖	樱桃、树莓、枸杞、草莓、番茄、火龙果、红菜头、石榴	技巧：减少面积，降低饱和度；红色作为购买色，可以有效提高销售额。因此，许多糖果、糕点、饮料采用这种颜色，以提高销售量
橙色：象征鲜艳、年轻，只有热情的“基因”，是一种非常温暖的颜色。既能给人带来欢喜和幸福感，又不像黄色那样具有很强的主张性，易于被人接受。非常具有季节感，容易让人联想到金色的秋天和丰硕的果实，所以多用于餐饮题材中。	开朗、活力、活泼、温暖、健康、亲切	奢华、傲慢、任性	柑橘、南瓜、胡萝卜、木瓜、柿子、枇杷、金橘	橙色给人以强烈的甘甜、成熟、醇美的感觉和明亮、美丽的产品形象。橙色和胡萝卜色非常适合餐饮行业，尤其是快餐行业

续表

色彩	积极印象	消极印象	相关食材	搭配亮点
● 黄色：彩色中亮度最高的颜色，带给人一种明亮愉悦的感觉。诱目性很高，可以促使人们快速产生购买决策。它还象征尊贵与辉煌，是帝王之色，能体现出高贵感、辉煌感，特别是金黄色	开朗、年轻、跃动、希望、明亮、热闹	幼稚、嘈杂、不成熟、不安定	菠萝、杏、黄桃、柠檬、香蕉、枫糖浆、黄米、百香果、桂花	黄色有很强的包容性，可以容纳很多不同的颜色。很多诱人的食物都是黄色系的，如橙子、面包、黄油等，常给人以芳香、可口之感
● 绿色：象征健康、新鲜、舒展，是一种治愈系的颜色，具有生命的力量	健康、自然、年轻、新鲜、平和	不成熟、被动、保守	猕猴桃、牛油果、青橄榄、薄荷、抹茶、青柠檬、橄榄油	绿色是中间色，对视觉刺激少，有令人放松的效果，几乎能容纳所有颜色。黄绿色，单纯、年轻；蓝绿色，清秀、豁达；灰绿色，宁静、平和
● 蓝色：拥有平静与理性之美，使人联想到天空和大海，从而产生广阔、舒畅的感觉。它不仅有体感上的冷和寒的感觉，还会有视觉上的透明感，适合运用在夏季和冬季题材中	文静、理智、洁净、清爽	忧郁、孤独、冷淡、寂寞	蝶豆花、蓝莓、黑枸杞	蓝色多为调色使用，不同的蓝色与白色相配表现出明朗、清爽与洁净的感觉；与黄色相配，对比度大，较为明快；大块蓝色一般不与绿色相配
● 紫色：象征着威严神秘，融合了红色的热情和蓝色的理性，冷暖之间游离不定的状态，兼具动和静、高雅和低俗、神圣和不幸等的两面性	高贵、神秘、传统、优雅	傲慢、不满、嫉妒、不安	葡萄、桑葚、蔓越莓、无花果、紫藤花、紫苏花、鸢尾花、杨梅	由于紫色具有两面性，在使用的时候一定要十分注意。紫色不能容纳许多色彩，但可以容纳许多淡化的层次，暗的纯紫色只要加入少量的白色，就会产生丰富的层次感，成为一种优美、柔和的搭配

第七节 新茶饮的装饰方法

饮品装饰是调制新茶饮的最后一道工序，它对创造茶饮的整体风格、提高茶饮的视觉分数和外在魅力起着至关重要的作用。尤其是近些年，随着年轻一代消费能力以及消费需求的不断升级，越来越多的消费者不仅注重健康养生还更强调时尚；茶饮不仅用来生津止渴，还是体验舒适生活、引领社会潮流、寻找新鲜感的重要途径。所以，茶饮颜色更加鲜艳，颜值更潮更时尚，更能满足消费者媒体社交心理需求。

一、新茶调饮的装饰形式

饮品的饰物多种多样，尽管如此，通常根据装饰物的某些共有特点和规律将装饰的形式分为以下三大类。

（一）点缀型装饰

大多数茶饮的装饰，都属于点缀型装饰。其主要饰物为蔬菜水果、花草绿叶等，因为它们修剪后体积小，颜色与饮料相协调，能较好地发挥其装饰作用。

（二）调味型装饰

调味型饰物主要是具有特殊味道的调料和特殊风味的果蔬等。常见的调料为盐、糖、香料等；特殊风味的果蔬主要有柠檬、芹菜、薄荷叶等。

（三）实用型装饰

实用型饰物主要有吸管、调酒棒、装饰签等，具有装饰和实用双重功能。

二、调饮中常见的装饰方法

调料的装饰方法主要有以下几种。

（一）杯口装饰

杯口装饰是常用的装饰方法之一。其特点是装饰物直观突出，色彩鲜艳，与饮品协调一致。由于多数装饰物属于水果类，为此，需要掌握水果类装饰物制作技法。

1. 柠檬类装饰物的制作

柠檬应选用新鲜、多汁、外皮有光泽、富有弹性的柠檬。切割前应洗净，操作在砧板上进行。切割方法主要有纵切法、横切法及马颈式切割法三种。

（1）柠檬楔块切法（纵切法）　先切除柠檬两头的皮（不切果肉），再把柠檬纵切成两半，然后把每一半如同切西瓜那样切成所需大小的柠檬楔块，通常切成整个柠檬的1/8。

（2）柠檬半圆片切法　可将上述的半个柠檬进行横切，即得厚度约为0.5cm的柠檬半圆片。再在果肉或果皮的适当部位切开一个口，嵌于杯边上；也可不切口，用吧针将柠檬半圆片纵向串入。

（3）柠檬圆片切法（横切法）　采用横切法切制柠檬圆片时，圆片的厚度要适中。可将柠檬圆片切开半径长的切口，嵌于酒杯边上；也可将柠檬圆片的果肉与果皮分开（最上面的部分不分开），再将果皮悬于杯外，果肉留在杯内；还可将柠檬圆片果肉挖去，再套在串有樱桃的吧针上，横置于杯上。

（4）螺旋状柠檬皮的制作（马颈式切割法） 采用类似削苹果皮的方法，削得的螺旋状柠檬皮，可挂在杯内或杯外装饰。

（5）柠檬扭条的制作 先用削皮刀削去柠檬皮的黄色部分，再将其切成长约3.7cm的条。若不用削皮刀，则可将柠檬的两头切开，用勺舀出肉浆制作柠檬汁。再把皮切成两半，并去掉皮上的白色筋络，然后将厚约0.3cm的黄皮切成约1.25cm宽的片。使用前，将上述柠檬条、柠檬片在酒杯上方扭拧即可成扭条。在装饰的同时，可增加饮品的清香。

（6）酸橙楔片和圆片的制作 最好的酸橙应呈深绿色、无籽。先切除酸橙的两头，再如切西瓜那样纵切成8块；也可切掉两头后，从中部切成两半，再将每一半切成4块大小相等的楔形片。酸橙圆片和柠檬圆片切法相同。

（7）橘圆片及半圆片的制作 最好选用无籽的柑橘，切片方法同柠檬片。但要切成0.5cm厚，因为太薄不易在杯口固定。

2. 菠萝装饰物的制作

（1）切成小块状 先将菠萝横切成一定厚度的圆片并去皮，再将其8等分，然后切成小块。可用吧针连同樱桃串起来装饰。

（2）切成长条状 先将菠萝纵切成1/4，再纵切成细长形并去皮，切成一定厚度即可。

（3）切成菠萝片 先将菠萝横切成两半、去皮，再纵切成8片。也可先切除菠萝的两头，再纵切成8份，然后纵切成细长片并去皮。

（4）切成棒状菠萝条 棒状的横切面呈长方形。

（5）切成扇形菠萝 呈一定厚度的扇状菠萝片。

（6）切成丁状菠萝 即去皮后切成一定厚度的立方形菠萝块。

3. 樱桃装饰物的制作

樱桃是装饰物中用得最为广泛的原料之一。可用新鲜带枝的樱桃，装饰效果好，但受季节限制；也可用瓶装带枝或不带枝的无籽樱桃，通常为罐装品。其色泽有红、绿之分，以个大、硬度适当、光亮者为好。若嵌在杯口上，将樱桃用刀切口即可，也可串在装饰签串上后横放在杯口上作为装饰。

4. 草莓装饰物的制作

草莓装饰物的制作（图4－44）一般用新鲜的草莓，切开口后嵌于杯口上。

图4－44 草莓装饰物的制作

5. 苹果装饰物的制作

苹果装饰物的制作（图4－45）用新鲜时令的苹果，切口后挂在杯口上，色彩鲜艳，得体大方。

图4－45　苹果装饰物的制作

（二）杯中装饰

杯中装饰是指将装饰物放在杯中，或沉入杯底，或浮在饮料的表面上。其特点是艺术性强，寓意含蓄，能起到画龙点睛的作用。它不像杯口装饰有大的空间可以摆设，因此所用装饰物不宜太大。常用装饰材料有橄榄、珍珠洋葱、樱桃、柠檬皮、芹菜、薄荷叶、花瓣等。有时为了让装饰物浮在饮料上面，可用牙签串插支撑或以冰块、碎冰粒堆为依托，让装饰物显露出来。

（三）雪霜杯装饰

雪霜杯又称雪糖杯，是指在茶饮载杯的杯口用盐或糖沾上一圈的装饰方法。由于像一层雪霜凝结于杯口，故称为雪霜杯。其制法是先将杯口在柠檬等水果的切口上蘸取一圈均匀的果汁，然后再将杯口在盛有盐或糖的小碟里蘸一下即成。雪霜杯不仅富有特色，而且也有调味的作用，可以直接增强茶饮风味的层次感与丰富性。

（四）实用装饰

1. 调酒棒

可准备各种形状和颜色的调酒棒，根据饮品的色调，插在杯中，一般多用于长饮类饮料。

2. 吸管

可准备各种色彩塑料吸管，根据配方的要求，在杯中插入吸管，既美观又实用。

3. 载杯

选用精美造型的载杯是重要的装饰手法之一。玻璃杯不仅是盛载饮品的用具，也是一种艺术品，各色造型的载杯，能给饮品增色无限。

4. 杯垫

各种花纹、色彩的杯垫既是一种实用品，又是一种装饰品。

5. 纸制工艺品

常用彩色纸制作小伞、小动物、小彩球等形状的装饰品，插在水果上面，使饮品更显得精致、美观。

（五）组合装饰

组合装饰（图4－46）一般采用各式水果、装饰签或吸管进行组合，这主要根据杯型的大小、装饰物的作用来综合完成。组合型装饰物更加讲究茶饮装饰的技巧性和整体艺术性。

图4－46　组合装饰

三、装饰物的使用原则

装饰是饮品的一个重要组成部分。一杯饮品给人的最初印象，装饰物的设计起到关键作用。在实际调制过程中，新茶饮装饰物的应用应注意以下几点。

（一）留意大小比例

装饰物是用来突出饮品的外观，而不是掩盖它的真貌。饰物的大小、形状应与容器的大小、形状相互映衬。虽然并不一定严格强调“黄金分割”的比例，但也要与饮品形成一体，起到“万绿丛中一点红”的点缀效果。

（二）注意季节性

蔬菜水果、花草绿叶都有季节性，有时未必恰逢时令，也许只需一串新鲜的红醋栗简单地挂在杯边，或者一小束蘸了糖霜的葡萄，就足以成为极为有效的装饰物。注意混合互补的颜色与不同质感，选取与饮品颜色相呼应的蔬菜、水果等。

（三）宁简勿繁、宁缺毋滥

一般来说，当选择饮品的装饰物时，较简单有效的做法是宁简勿繁。否则，这杯饮品便会没有亲切感，甚至拒人于千里之外。因为，一杯饮料的装饰不可过多、过滥，要抓住要点，使其成为陪衬而不是主角，切记不可本末倒置。

四、装饰物的选择与应用

（一）装饰物的选择

饮料装饰物的选择范围比较广泛，常常选择以下几类材料。

1. 蔬菜类

蔬菜类装饰材料常见水果的有西芹条、酸黄瓜、新鲜黄瓜条、胡萝卜条、樱桃番茄

等。具有蔬菜的特殊清香、美好的色泽和自然成趣的外形，与茶饮巧妙搭配，相得益彰。常见品种如下。

（1）水果小黄瓜 近几年新推出的蔬菜品种，已有多个国产品种。其口感清爽，性凉，味甘；入肺、胃、大肠经。清热利水，解毒消肿，生津止渴。在制作饮品时，可以用竹签将小黄瓜片穿起来或者穿成花朵的形状，置于出品杯上方。既能浸润在饮品中，带来清爽的口感，也可以直接食用（图4－47）。

（2）紫苏叶 是一种常见的香料和药用植物，它的叶片呈紫色或绿色，有特殊的芳香气味。“未妨无暑药，熟水紫苏香”，宋仁宗曾下令用其配制汤饮。七八月暑气较重，紫苏水熬制成熟水饮用，可增食欲、防暑降温。此外，紫苏煮水还能增加饮品的色彩丰富度（图4－48）。

图4－47 水果小黄瓜装饰物

图4－48 紫苏叶装饰物

（3）西兰花 在《中华本草》一书中有对西兰花药用价值的具体记载，称其入胃、肾经，具有清利湿热、散结止痛、益肾补虚的作用。可以将西兰花榨成汁，与奶油混合作为饮品的奶油顶，颜色清新，同时西兰花的清爽也中和了奶油的甜腻。

（4）彩椒 是蔬菜中维生素A和维生素C含量最高的。彩椒是利用常规杂交育种技术培育出的品种，因为果皮中叶绿素、花青素等不同比例而有着不同的颜色。通常起到装饰作用，为饮品带来点睛之笔。

2. 水果类

水果类是饮品装饰中最常用的原料。常见的有柠檬、小青柠、香水柠檬、青提、葡萄等。可以根据出品杯的形状、装饰要求切成片状、皮状、条状等，如柠檬、青柠、牛油果、青提、蓝莓、橄榄等。常见品种如下。

（1）牛油果 是一种高能低糖的水果，因而近几年来越来越受到大众的欢迎。牛油果的脂肪量比较高，其中含有大量的不饱和脂肪酸，有健胃清肠的作用，还能降低胆固

醇和血脂，有保护心血管和肝脏系统的功效。在饮品制作中，将牛油果打成泥状铺在出品杯底部，增加饮品的层次感；或者将牛油果做成牛油果小方，无论是在外观上还是口感上都有进一步的提高。

牛油果小方的制作方法：将牛油果切碎，代糖5g、椰子油20g、黄油20g，放入搅拌机中进行搅打，最后倒入冰块模具后冷冻即可。

（2）橄榄　又名青果，是一种硬质肉果。初尝橄榄味道酸涩，久嚼后方觉得满口清香，回味无穷。橄榄果肉含有丰富的营养物，鲜食有益人体健康，特别是含钙较多，对儿童骨骼发育有帮助。制作中，可以将橄榄去核，加入茶汤、适量蜂蜜榨汁，清香回甘。

（3）青柠　青柠含有丰富的维生素C，同时有着沁人的清香，通过造型的变化，可将常见的青柠做成意想不到的点缀。将青柠切成多个1/2片，进行拼插，用竹签串起，便是一朵玫瑰花；或者将青柠皮削成长条状，也能和竹签组合成一朵花（图4－49）。

（4）灯笼果　灯笼果成熟于9—10月，口感清甜爽脆，富含多种维生素和氨基酸，逐渐受到消费者的欢迎和喜爱。将灯笼果的外层拨开处理成合适的形状，置于饮品上方（图4－50）。

（1）　　（2）

图4－49　青柠装饰物

图4－50　灯笼果装饰物

（5）无花果　无花果汁具有独特的清香味，生津止渴，老幼皆宜。用于装饰饮品，比较典雅。可以将无花果做成脆片，用以装饰：将375g无花果压成泥，加入125g水、260g艾素糖、250g蜂蜜、50g葡萄糖浆、70g玉米淀粉，混合均匀，煮制沸腾，再次均质；冷藏12h后，均质后抹在硅胶模具，或叶片镂空玻璃纸上，风炉125℃、30~60min（视厚度大小决定）。也可以将无花果切瓣，用竹签穿起。

3. 花草类

花草绿叶的装饰使饮品充满自然和生机，令人倍感活力。花草绿叶的选择以小型花序和小圆叶为主，常见的有新鲜薄荷叶、洋兰等。花草绿叶的选择应清洁卫生、无毒无害，不能有强烈的香味和刺激味。新茶调饮中用到的花卉类装饰物很多，常见品种如下。

（1）洛神花　又称玫瑰茄，具有缓解疲劳、清热解渴、活血补血的作用，加入甜点或者饮品也能发挥其作用。洛神花加入饮品中可以带来鲜艳的色彩；用竹条将洛神花固定在出品杯上方更是别具一格。

（2）黑枸杞　含有特有天然原花青素，是迄今为止发现低聚原花青素（OPC）含量最高的天然野生植物。低聚原花青素是最有效的天然水溶性自由基清除剂，其功效是维生素C的20倍、维生素E的50倍。在不同的水温、酸碱度下会呈现出不同的颜色，根据这一性质可在饮品中做出渐变的效果（图4－51）。

图4－51　黑枸杞装饰物

（3）三色堇　有着清热解毒的功效，同时观赏性较强。可以将三色堇冻成冰块，装饰效果佳。

（4）睡莲　无毒，含有丰富的维生素C、黄酮苷、微量元素锌，可将睡莲花瓣作为装饰使用。

（5）小玫瑰花　含有丰富的花青素和维生素C，可以抗氧化、美白，还具有清热解毒的作用。可以将小玫瑰花泡水，也可沾在出品杯杯壁或杯口。

4. 香料类

新茶调饮中用到的香料类装饰物很多，常见品种如下。

（1）胡椒木香叶　经过揉搓后会散发出辛香味，可以增加饮品的层次感，也常用烹饪中（图4－52）。

（2）马鞭草　自身的香味较淡，不会喧宾夺主，若与柠檬草混合，便会产生淡淡的、类似于柠檬的香气（图4－53）。

（3）斑斓叶　一种地域风格强烈的东南亚食材，清香宜人，其独特的绿色增强了饮品的视觉冲击力。斑斓叶中含有亚油酸，可以降血脂；还有缓解压力的作用。在制作过程中，可以将斑斓叶切成小段、搅打、萃取出斑斓精华液，增加饮品的风味；或者直接将洗净的斑斓叶贴着内杯壁放置，也有着较好的装饰效果（图4－54）。

图4－52　胡椒木香叶装饰物

图4－53　马鞭草装饰物

图4－54　斑斓叶装饰物

（4）鼠尾草　香气清淡，与薰衣草的花香非常接近，但较薰衣草更重。茎叶和花可泡茶饮用，可清净体内油脂、帮助循环、养颜美容，但不可长期食用。

（二）创意装饰物的种类

创意类的装饰物主要是有人工设计的因素在其中，如采用食品级聚苯乙烯料及高吸水性树脂电子元件组成的LED电子冰块，冰块底部两个小点具有入水即亮的特性（液体感应），外形仿如真实冰块一般。感应发光冰块采用电池供电，无化学变化，无毒无害，可放置于各类饮品中增添浪漫及神秘的气氛。需要注意的是，请勿吞食感应发光冰块，还要避免放置于温度过高的饮品中。人工装饰物包括各类吸管（彩色、加旋形等）、蝉翼叶、调酒棒、象形签、小花伞、小旗帜等。还可利用花环、树叶、各种花瓣形状的模具制作成脆片，用以装饰；甚至载杯的形状和杯垫的图案花纹，对饮料也起到装饰和衬托作用（图4－55）。

图4－55　创意装饰物

第八节　新茶饮的分子调饮

分子调饮是分子美食学的一个分支，是将所有调制技术和结果用科学方法去解释，并用数字精确控制的一项调饮艺术。分子调饮即从微观角度真正认识调饮技术，用物

理、化学、生物学等现代科学理论来构建。

分子调饮的理论是研究食材在调制过程中观察、认识温度升降与调制时间长短的关系，再加入不同物质，使饮品产生各种物理变化与化学变化，在充分掌握之后，再加以解构、重组及运用，做出颠覆传统饮品外观的调制方式。分子调饮运用泡沫法、反向球化技术、冷热啫喱、液氮技术、低温慢煮等一系列革命性创新技术以及现代化的仪器才能完成。这也更符合年轻人对饮品创意的追求。

在分子调饮中，突出装饰食材的养生作用、美学作用，以及与饮品滋味的协调互补作用，充分发挥饮品中固体食材的特点，将中华民族饮食文化和中医药食两用的养生文化融入新茶饮的创作中，提升饮品综合体验感和健康价值。

一、以气相态为特点的分子调饮

（一）云顶款——发泡鲜奶油

发泡鲜奶油是一种充满泡沫的乳化物。乳化物含有遇冷便凝聚在一起的脂肪成分，这会使其越冷越稠。将鲜奶油放在冰槽上方进行搅打，当空气进到鲜奶油里，并因为脂肪遇冷结晶化，会将空气锁在里面，于是鲜奶油的温度逐渐冷却。

（二）酸碱中和——发泡作用

发泡作用是指液体中有气泡的状态。当酸性与碱性相结合时，就会产生发泡作用。举例来说，将柠檬酸与小苏打粉混合在一起，再用水溶解，这时酸与碱结合产生化学作用，生成二氧化碳，因此能在水里产生气泡。

（三）泡沫慕斯——大豆卵磷脂的空气泡沫

泡沫慕斯是指空气散布在液体或固体里的现象。在运用这个技巧的过程中，慕斯的形成归功于界面活性剂。大豆卵磷脂是由两部分分子所组成：一部分“喜欢”水分（亲水分子），一部分则“不喜欢”水分（不亲水分子），这些分子将填充在液体与气泡（尝试让其发泡的部分）之间，稳定发泡的状态。油脂会降低大豆卵磷脂的发泡状态。事实上，大豆卵磷脂多用于水与空气混合所形成的泡沫，较少用于水与油的混合物。

1. 空气慕斯

空气慕斯的做法是以电动搅拌器（或直立式电动搅拌器）带入空气，并以大豆卵磷脂使其固定成形。将大量的空气带入茶汤，可使大豆卵磷脂填充在气泡与液体之间，让气泡被锁在液体之中，绿茶慕斯就变成类似洗发时所产生的泡沫。

2. 蛋黄慕斯

明胶片在热水里溶化（每100g液体最多放3g明胶），接着在里面加入蛋黄。明胶在

此产生界面活性及凝结作用，一方面让茶汤及蛋黄中的脂肪结合，另一方面则让茶汤及蛋黄的乳化物搅打成慕斯，并将其凝结起来。

（四）蛋白霜——蛋白质与水气的凝固作用

蛋白含有90%的水分及10%的蛋白质；蛋黄含有60%的水分及33%的脂肪及17%的蛋白质。在一些情况下（温度、pH等），有些蛋白质会产生凝固的作用，可以彼此连接并且形成网络。蛋白与蛋黄的成分不尽相同，所以凝固的温度也有所不同。从61℃起，鸡蛋中的蛋白质（蛋白里的蛋白质）开始凝固，随着温度持续攀升，鸡蛋里的其他蛋白质（蛋白及蛋黄中的蛋白质）依续开始凝固，形成越来越坚固的网络。温度不同，蛋白的质感也截然不同。蛋白霜结合了三种技巧：泡沫慕斯、蛋白质凝固及热干燥作用。

蛋白霜的做法是糖与蛋白一同打发，接着放入烤箱烘干。当进行搅打蛋白的动作时（蛋白加水），蛋白质会翻转，将水及空气锁在蛋白质所形成的网络里，如此一来就可以获得泡沫慕斯。将糖与蛋白一起打发的过程，可以增加泡沫慕斯的黏性及稳定性，可让慕斯更坚挺。将蛋白霜放入烤箱除了可将蛋白霜烤熟，也能使其干燥。蛋白里的蛋白质凝固，同时水也蒸发，最后得到固态的慕斯。

（五）自发气泡——发酵作用

发酵作用是指当菌种遇到水、营养物质，处在适合温度下所产生的增生作用。可以将发酵作用区分成两种不同的形态：一种酒精发酵作用（在啤酒、面包等制作过程中产生），会将糖分转变成酒精及二氧化碳；另一种发酵作用为乳酸发酵作用（在酸奶、奶酪等制造过程中产生），会将糖分转变成乳酸。

（六）分子调饮案例——“秘境之水”

制作“秘境之水”需要的工具及材料见表4－3和图4－56、图4－57。

表4－3 制作“秘境之水”的工具及材料

工具		材料	
序号	名称	序号	名称
1	电子秤	1	乌龙茶（东方美人）6g
2	计时器	2	白砂糖20g
3	勺子	3	新鲜树莓
4	玻璃容器（盛装成品饮料用）	4	冰块
5	公道杯	5	淡奶油

续表

工具		材料	
序号	名称	序号	名称
6	碟子	6	新鲜荔枝
7	茶则和茶拨		
8	泡茶壶		
9	奶油发泡枪		

注：表中工具与材料的序号与图4－56、图4－57相对应。

“秘境之水”制作步骤如下。

（1）取200mL淡奶油[图4－58（1）]、20g白砂糖[图4－58（2）]一同倒入奶油枪[图4－58（3）]并充分搅拌[图4－58（4）]。

（2）将装好混合物的奶油枪放入冰箱冷藏[图4－58（5）]（2h以上）。

（3）取6g乌龙茶（东方美人）[图4－58（6）]注入160mL、95℃的水[图4－58（7）]闷泡5min[图4－58（8）]后出汤[图4－58（9）]。

（4）茶汤中加入8~9颗冰块[图4－58（10）]。

（5）将冷藏过的荔枝去皮后放入玻璃杯中[图4－58（11）]。

（6）将茶汤注入玻璃杯[图4－58（12）]。

（7）取出奶油枪，安装氮气小钢瓶后进行上下充分摇匀（约30次）。

（8）将奶油注入茶汤[图4－58（13）]。

（9）放入新鲜树莓[图4－58（14）]，完成[图4－58（15）]。

图4－56　制作“秘境之水”的工具

图4－57　制作“秘境之水”的材料

图4-58 “秘境之水”制作步骤

“秘境之水”风味特点：花果香馥郁的东方美人茶配以冰冻过的鲜荔枝，给人以冷冽清新的秘境森林般的感受。

知识拓展

鲜奶油是一种富含脂肪的乳化物，脂肪遇冷便凝结在一起而变得更浓稠；此外，它还含有蛋白质及水分。使用奶油枪，不但可将空气注入其中，还能使其冷却（放入冰箱的步骤通常是必要的）。当使用奶油枪将氮气打入鲜奶油时，鲜奶油中的脂肪会开始结晶化，有助于稳定其状态，如此一来就能作出发泡鲜奶油的效果。若没有奶油枪，可用隔水冷却法（水中加入冰块放在较大的容器里，再将盛装树莓鲜奶油的容器浸在里面），一边冷却一边搅打，做出树莓发泡鲜奶油。

另外，也可以用其他食材或带有香味的材料来替换树莓，口味可咸可甜。只要将其与鲜奶油混合，便能获得浓稠的乳化物，然后以隔水冷却同时搅打的方式，或是使用奶油枪（一定要确保里面不含颗粒而且滑顺，如此才不会阻塞奶油枪的喷嘴），通过冷却使脂肪包覆住空气并且结晶，形成具有独特风味的发泡鲜奶油，也就是口感轻盈、或甜或咸的成品。

二、以固相态为特点的分子调饮

（一）高弹性果冻

卡拉胶是一种从红藻萃取出来的凝结剂，与明胶（蛋白质）完全相反，它是一种多糖体（由糖组成的分子）。只要加在温度高于80℃的汤汁里就会溶解，简而言之，加入卡拉胶的汤汁要煮开才行。大约在40℃时汤汁会凝结，生成的果冻不但具有弹性，而且颜色透明。若重新将卡拉胶果冻加热到65℃，就会融化。

（二）晶球化作用

晶球化作用是将液态的备料作成球体。这个技巧可以借由使用海藻酸钠溶液（褐色海藻抽取物）制作而成，此溶液一旦与钙质结合，就会形成晶球。先将海藻酸钠溶入用来制作球体的液体里，接着浸入钙离子溶液，这时液体表面马上形成一层薄膜，并逐渐向内凝结（钙质逐渐向内渗入，会因为与海藻酸钠结合形成胶状）。我们可以立即得到充满液体的晶球（若钙质继续往球体内部渗透，晶球就会完全变成胶体）。这种类型的晶球必须完成后立即食用。

（三）反转晶球化作用

反转晶球化作用是另一种类型的晶球化作用。在这个作用中，凝结成晶球所需的钙质已经包含在操作的食材里。将需要做成晶球体的原料浸泡到海藻酸钠溶液中，球体的表面会马上凝结，形成一层薄膜且边缘变得比较厚（原料中的钙质与海藻酸钠溶液接触所形成的作用）。如此一来，就能得到中心为液体的球体，并随着时间由外向内逐渐凝固。

（四）抗氧化作用

水果或者蔬菜的氧化作用是指当切开或受到撞击时，其表面转变成褐色的反应。在这两种情况下，水果及蔬菜中的细胞被断开，释放出其中的成分（酵素及酚基分子），

当这些成分彼此接触时就会产生作用。例如酵素与酚基成分结合后，会产生褐色成分：柠檬酸，也就是一般鲜为人知的维生素C，则是一种能减少氧化作用的缓冲剂。

（五）转移作用

转移作用是指一种成分从一处转移到另一处。这种作用可能是不同浓度的两种成分到达彼此的中心（如渗透作用），或是物理的力量（如毛细管作用）等诸如此类的作用。这些转移作用可能形成颜色消退、被上色、被调味等结果。转移作用并会因温度上升而加速作用。

（六）脆质果冻

寒天是一种从红藻萃取出的凝结剂，与明胶（蛋白质）完全相反，是一种多糖体（由糖所组成的分子），它能溶解于热汤汁里，寒天加入汤汁煮沸后，最好再煮1~3min。寒天做成的果冻大约在35℃时凝结，这类果冻的口感比较硬脆，当果冻加热到80℃时，就会开始融化。

（七）易溶软冻

由分子组成的网络将水分锁住，形成软冻。这个网络的组成物可以是蛋白质（如明胶、鸡蛋里的蛋白质）或多糖体（如琼脂、卡拉胶等）。明胶是一种从肉类或鱼类中提炼出来的蛋白质。这种蛋白质具有凝结的特性，可以通过由蛋白质组成的网络，将液体转变成“凝胶”。明胶遇热就会融化（不超过50℃），而大约10℃就会凝结。只要将凝胶重新加热到37℃以上，便会开始融化。

（八）慕斯软冻

慕斯是气体散布在液体里所产生的现象。如果用打蛋器搅打水，就会产生泡沫并浮升到液体表面。如果液体含有明胶的成分（一种具有界面活性及凝结作用的分子），被搅打入液体的空气气泡会因为明胶而安定下来（明胶填充在水与空气气泡之间），而液体也会因为温度下降而开始凝结（明胶把水锁在它所形成的网络里）。当凝结作用产生时，同时也把空气气泡锁在网络里，就得到凝结的慕斯软冻。

（九）焦糖化作用

传统的焦糖是由食用糖（蔗糖）及水一起加热到高温（95~150℃）而制成。在加热的过程中，水分蒸发，蔗糖分化成两种单糖：葡萄糖及果糖。随着温度上升，这两种单糖会重新结合，形成另一种带有颜色及香气的分子。

（十）分子调饮案例——“春之歌”（西米绿茶）

制作“春之歌”（西米绿茶）需要的工具和材料见表4－4和图4－59、图4－60。

表4－4　制作“春之歌”的工具和材料

工具		材料	
序号	名称	序号	名称
1	电子秤	1	薄荷糖浆
2	量杯	2	绿茶6g
3	漏勺	3	方糖若干块
4	夹子	4	冰块
5	勺子	5	西米
6	玻璃容器（盛装成品饮料用）		
7	卡式炉＋煮锅		
8	碟子＋煮茶包		
9	吸管		
10	搅拌棒		
11	广口盘		

注：表中工具与材料的序号与图4－59、图4－60相对应。

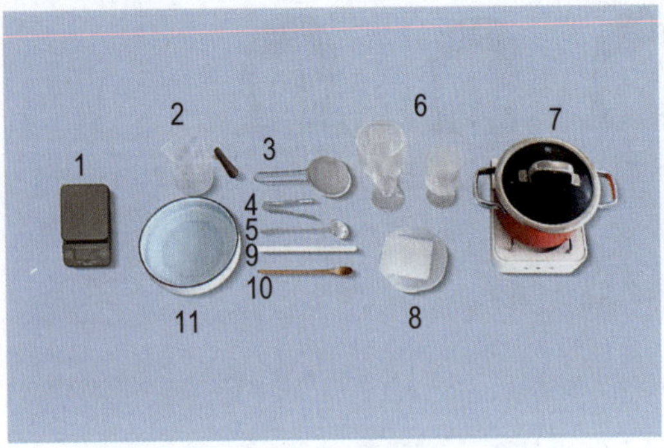

图4－59　制作“春之歌”的工具

图4－60　制作“春之歌”的材料

“春之歌”制作步骤如下。

（1）准备一个卡式炉和一个洁净无油污的小锅，注入1000mL的水并烧开[图4－61（1）]，取50g西米[图4－61（2）]。

（2）在烧开的清水中加入50g西米[图4－61（3）]、100mL薄荷糖浆[图4－61（4）]后转小火慢煮约30min。煮西米的过程需要不断地用搅拌棒搅拌[图4－61（5）]，以免粘锅。

（3）等待西米煮熟的时间将6g绿茶装入煮茶包[图4－61（6）]。

（4）将装好的煮茶包在200mL、90℃的热水中闷泡5min后沥出茶汤[图4－61（7）]。

（5）准备一个广口容器（广口盘），放入适量冷水和冰块[图4－61（8）]。

（6）西米煮至完全没有白芯[图4－61（9）]（约30min）后放入广口容器中，用冰水为西米快速降温[图4－61（10）]。

（7）待西米完全冷却后将西米分别捞出放入提前准备好的玻璃杯中[图4－61（11）]。

（8）在玻璃杯中加入2~3块方糖[图4－61（12）]。

（9）将茶汤注入玻璃杯[图4－61（13）]。

（10）放入吸管[图4－61（14）]，搅拌饮品后即可享用[图4－61（15）~图4－61（16）]。

“春之歌”风味特点：清凉的薄荷配以清新的绿茶，似春日般使人感到清新且富有活力。

（1）准备卡式炉、小锅，注入1000mL的水并烧开

（2）取50g西米

（3）加入50g西米

（4）加入100mL薄荷糖浆

（5）不断搅拌

（6）6g绿茶装入煮茶包

（7）在热水中闷泡5min后沥出茶汤

（8）广口容器中放入适量冷水和冰块

（9）西米煮至完全没有白芯

（10）西米放入广口容器中快速降温

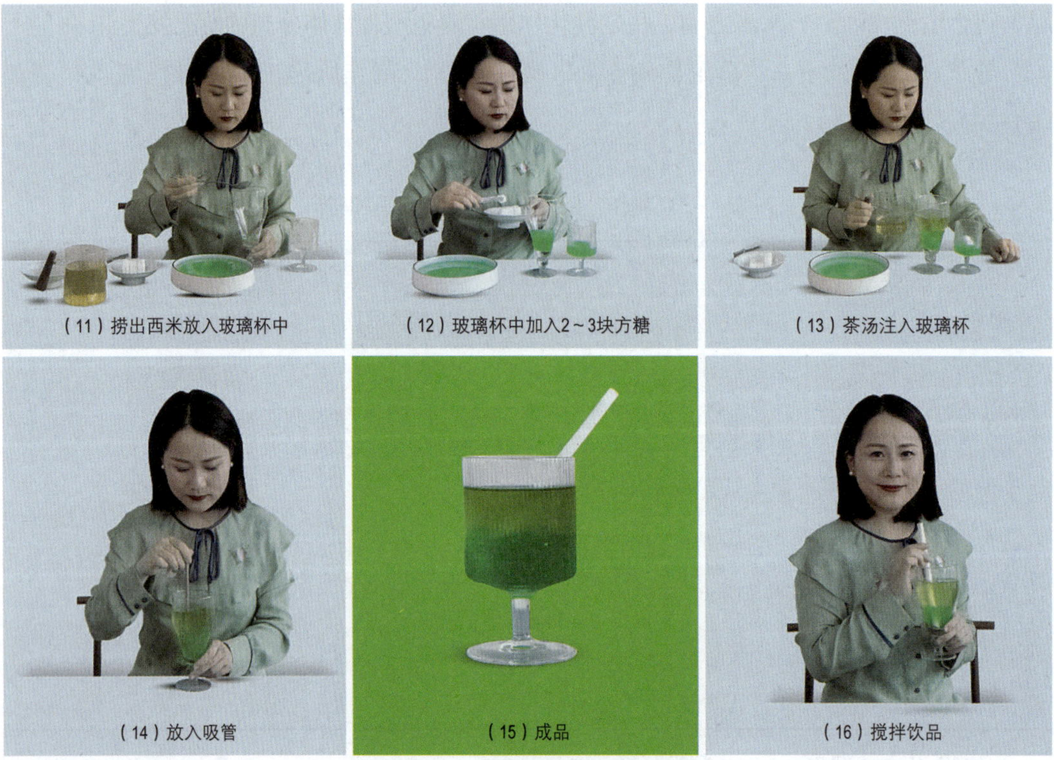

图4－61　“春之歌”制作步骤

知识拓展

西米是一种干燥食材，放到液体里，就会开始产生转移作用，将水分送到西米的中心部位。以上述这款饮品来说，薄荷糖浆包含水分、色素、香味等成分。这些成分都会因为转移作用传送到西米的中心部位，如此就可以得到充满水分、染成绿色且带有薄荷味的西米露。

另外，也可以用其他种类的干燥食材来取代西米。薄荷糖浆则可用其他有色的或调味过的汁来取代（草莓糖浆或甜菜根的汁等），将干燥食材与有颜色的汁液同煮，就能做出既美味又充满色彩的饮品。

三、以液相态为特点的分子调饮

乳化作用是指一种液体混溶分散到另一种液体当中，液体以小水滴的形态分散到另一种液体里（但是两者并不能相溶）。食物当中最为人熟知的例子，就是油脂散布在水中所造成的乳化作用。然而，这种乳化作用并不稳定，因为两种液体并不相溶，所以会渐渐分离，最后形成分层的情况；反之，具有界面活性作用的分子（如大豆卵磷脂、磷脂、明胶

等）则会填充在油滴与水滴之间，稳定乳化作用，避免两种液体分离的情况发生。

分子调饮案例——“慕尼黑幻影”（茶啤酒），制作所需工具和材料见表4－5和图4－62、图4－63。

表4－5　制作“慕尼黑幻影”的工具和材料

工具		材料	
序号	名称	序号	名称
1	奶油发泡枪	1	普洱熟茶8g
2	电子秤	2	大豆卵磷脂2g
3	玻璃容器（盛装成品饮料用）	3	高度白酒10mL
4	量杯		
5	煮茶壶+卡式炉		
6	搅拌棒		
7	小量杯		

注：表中工具与材料的序号与图4－62、图4－63相对应。

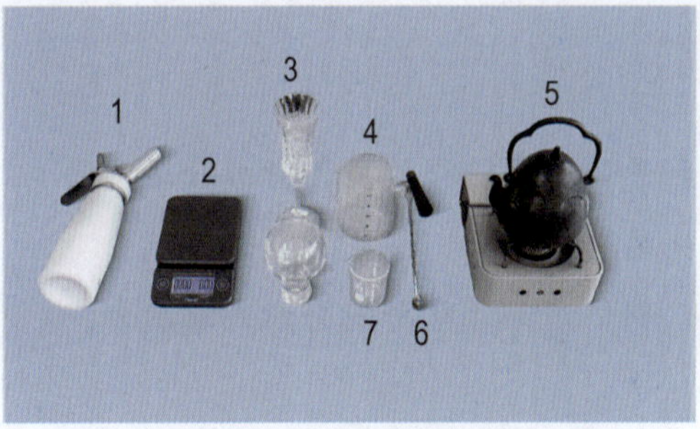

图4－62　制作“慕尼黑幻影”的工具

图4－63　制作“慕尼黑幻影”的材料

“慕尼黑幻影”制作步骤如下。

（1）将普洱熟茶小火慢煮10min[图4－64（1）]。

（2）沥出400mL茶汤[图4－64（2）]。

（3）取10mL高度白酒[图4－64（3）]，并与200mL茶汤和2g大豆卵磷脂一起倒入奶油发泡枪中[图4－64（4）~图4－64（6）]。

（4）用搅拌棒充分搅拌奶油发泡枪中的混合液体[图4－64（7）]。

（5）将搅拌后的奶油发泡枪放入冰箱冷藏[图4－64（8）]，1h后取出奶油发泡枪。

（6）在玻璃杯中加入200mL茶汤[图4－64（9）]。

（7）将氮气小钢瓶装入奶油气泡枪中，上下充分摇晃（约30次）。

（8）倒置奶油气泡枪，在装好茶汤的杯中喷射泡沫[图4－64（10）]，完成[图4－64（11）]。

（1）普洱熟茶小火慢煮10min
（2）沥出400mL茶汤
（3）取10mL高度白酒
（4）白酒倒入奶油发泡枪
（5）200mL茶汤倒入奶油发泡枪
（6）2g大豆卵磷脂倒入奶油发泡枪
（7）充分搅拌
（8）放入冰箱冷藏
（9）玻璃杯中加入200mL茶汤
（10）在玻璃杯中喷射泡沫
（11）成品

图4－64 “慕尼黑幻影”制作步骤

“慕尼黑幻影”风味特点：以普洱熟茶为基底制作，以大豆卵磷脂为乳化剂，与白酒一起调和。丰富的泡沫细腻而富有变化，品饮这杯饮品的同时，还可以欣赏和感受泡沫逐渐如幻影一般消失的过程，酷似一杯纯正的慕尼黑黑啤。

知识拓展

本款饮品采用了普洱熟茶的茶汤作为基底，也可以尝试使用六堡茶、茯砖茶等有一定年份、茶汤醇厚的茶品来替代普洱茶。茶汤经过奶油枪的处理，转变成泡沫状，并因为加入了大豆卵磷脂，泡沫状态更为稳定。（使用奶油枪）快速地将空气加进茶汤里，会使大豆卵磷脂无法完全填充在气泡与液体之间，这样的处理让没被填充到的气泡开始消退，而其余的气泡则会停留在茶汤表面，最后得到跟茶汤一样的效果。

另外，也可以将茶汤换成别种油脂含量较少的饮料，加入大豆卵磷脂（每100g的液体加入0.3～0.8g的大豆卵磷脂），接着将液体倒入奶油枪，如此一来就能做出西红柿汁果茶、茶啤酒、柠檬啤酒等诸如此类的产品。

扫码看拓展阅读4-1及思考题

本章思考题

（1）谈谈分子调饮与传统调饮的异同。

（2）结合本章内容，绘制关于新茶饮创制过程中香气、滋味、质地、食材、色彩、装饰物以及分子调饮搭配原则与方法的思维导图，构建方法体系。

第五章

新茶饮经营管理

本章导读

如何做好新茶饮经营？本章学习新茶饮品牌、营销及管理的基本知识，了解新茶饮品牌内涵构成，在掌握商业模式构成要素的基础上，学会运用商业模式画布分析工具分析新茶饮的商业模式；通过对新茶饮门店管理要素分析，对如何经营好一个新茶饮品牌有系统、深刻的认识，从而为新茶饮创业及从事相关新茶饮工作做好知识及综合技能上的准备。

学习目标

（1）了解并掌握品牌的概念、新茶饮品牌的内涵。

（2）掌握并掌握新茶饮品牌规划中主要涉及的要素。

（3）了解并掌握新茶饮商业模式构成要素。

（4）了解并掌握新茶饮营销策略的特点。

（5）了解并掌握新茶饮门店管理的基本内容及特点。

学习内容、重点及难点

（1）学习内容和重点　了解经营的目标是为了创造价值，提升品牌资产。在学习品牌知识的基础上，掌握新茶饮运营的商业模式分析，对现有新茶饮品牌的营销策略、门店管理等基本内容重点学习。

（2）难点　运用商业画布分析知名新茶饮品牌商业模式；灵活运用营销策略提高新茶饮品牌的销量及影响力。

作为一种便于携带，可以边走边喝的饮品，新茶饮企业如何做好经营？这其中涉及诸多的学科专业知识，如市场营销学、消费者行为学、消费心理学、整合营销传播学、管理学等。需要学习并掌握多种商科知识与技能，在新茶饮的经营过程中，新茶饮产品质量是生命线，新茶饮产品营销、品牌管理及传播得好，产品才能卖得好，品牌美誉度才能不断提升。在企业经营战略的统摄，以及营销及管理团队的共同努力下，经过长期经营、开拓创新，企业逐步打造出属于自己的新茶饮品牌。

第一节 新茶饮的品牌规划

从企业经营角度来看，企业经营的终极目标是提升品牌资产。企业在实际经营中，企业高层对品牌的认知决定了企业是否正在做对提升品牌资产有益的事。要相信品牌的力量，坚持长期品牌建设，建设健康而富有创新活力的基业长青的新茶饮企业。

一、品牌与新茶饮品牌内涵

品牌是一个复杂的概念，其内涵非常丰富。简单而言，品牌是一种留存在人的脑海里的一种记忆，每个人对它的感知并不相同；品牌具有相对的稳定性，但同时也是脆弱的，它可以在人的脑海里留存很久，成为一生抹不去的记忆，但又会因为发生了与品牌相关的负面事件而变得脆弱、不堪一击。一个知名品牌因某一事件形象受损，甚至轰然倒塌的事件屡见不鲜，也有可能因企业做对了一件事而名声大噪，通过企业科学合理的经营，快速成为著名品牌。

品牌是现代企业获取超额利润，提升产品及服务价值的重要手段，但品牌也是一个复杂的概念，人们对品牌的认知参差不齐，即使是一个企业的管理层，往往也存在着对所拥有品牌及塑造品牌的重要性认识的不统一，在具体经营管理中做出不当的决策及行动，损害品牌形象及企业长期品牌价值。

（一）品牌的概念

最早的“品牌（brand）”概念沿引自古挪威语“brandr”，有“燃烧”“烙印”的含义。古代的人们通过在对牲畜身上烙下印记，以便于识别，标记所有权。中国与“品牌”类似的概念有“招牌”等词语。这也说明品牌最早是从功能的角度来界定，品牌是识别产品的符号。学术界对品牌的概念多有探索，现列举如下。

美国市场营销协会（AMA）的品牌定义。第一种（狭义，1960年）：品牌是一个名称、术语、标记、符号或设计，或是这些元素的组合，用于识别销售商或销售商群体的商品与服务，并且使它们与其竞争者的商品与服务区分开来。修订的版本（广义）：品牌通常包括一个显式徽标、字体、配色方案、符号、声音，这些都可以用来表示隐含的价值观、想法，甚至个性。品牌是以一系列图像和创意为代表的客户体验，通常是指一个符号，如名称、徽标、口号和设计方案。品牌识别和其他反应是通过积累与特定产品或服务的经验（即直接关系到其使用），也因为广告、设计和媒体评论的影响而产生。

现代市场营销之父美国学者菲利普·科特勒（Philip Kotler）对品牌的认知也在不断地发展变化，他的品牌观一直在演化之中。

1994年《营销管理》第8版：品牌是一种名称、术语、符号、标记、设计，或是它们的组合应用，其目的是借以辨认某个产品或服务，与竞争对手区别开来。

1997年《营销管理》第9版：品牌有6个方面——属性、利益、价值、文化、个性、使用者。品牌是一个复杂的概念：产品和质量承诺的形象；传播产品或服务利益的有效途径；一种精髓、理念、情感；总体的感知，对产品或服务的各种已有的体验、联想以及未来的期待；浓缩与众不同的属性、利益和价值，化繁为简、简化决策。

2005年，品牌化远远不只是为某个产品赋予一个名字那么简单。品牌化是对顾客做出履行所定的程序、达到某种绩效的承诺。

2016—2018年，《市场营销原理》第16版、第17版，提出了简约的品牌定义，彻底更新了陈旧的“差异说”，他重新界定了品牌定义：品牌不仅仅是名称或象征。品牌是公司与消费者关系中的一个关键要素，它体现消费者对产品或服务的认知、感受及在其心目中的意义。此定义侧重品牌关系和顾客视角，品牌三要素：名称+象征+联想。

2017年，菲利普·科特勒的品牌新思维，反映在如何品牌化的创新上。今天的公司已经失去了品牌的塑造权，品牌逐渐被网上彼此交流的顾客所塑造。2017年，菲利普·科特勒在《营销革命4.0》著作中，提出了“人本品牌”或“人性品牌”的新概念，认为人本品牌具有6个属性：物质性、智力、社交能力、激情、个性和品格。

2018年，菲利普·科特勒在《品牌情怀主义：从目的到情怀》著作中提出了品牌情怀主义的新概念。提出了关于品牌化目标的新思想，强调品牌化目标不应该仅仅是为了公司自身的目的（如识别、竞争），品牌化应该具有使人类社会变得更加美好的崇高情怀。最终应该问：品牌是否为人和社会提供了品牌福祉或品牌幸福感？

美国著名品牌学者大卫·艾克（David Aaker）对品牌的认知也在不断变化。1991年《管理品牌资产》：品牌就是一个独特的名称或标志（如徽标、商标或包装设计），用来区别竞争者的产品或服务。什么是品牌？品牌绝非仅仅是一个名称或标志，而是一个公司对消费者的承诺，它传递给消费者的不只是功能性利益，还包括情感、自我表达和社会利益（2014年的定义）。但品牌又不仅仅是承诺的兑现，它更像一段旅程的体验，是消费者每次与品牌接触的感知与经验中不断发展的消费者关系。

世界整合营销传播之父美国的唐·舒尔茨（Don Schultz）认为：“品牌是为买卖双方所识别并能够位双方都带来价值的东西。”

研究品牌的学者站在不同的视角提出了各有侧重的品牌概念。从广义和狭义的角度，品牌概念也有不同的看法。广义的品牌概念是指，品牌有形要素在顾客心目中建立起来的品牌意识和品牌联想，以及由此影响他们对产品的感觉、评价和购买的各种东西的总和。可以说，品牌是顾客对产品或服务及其供应商的所有体验和感知的总和。国际品牌权威凯勒（Keller）称之为“大品牌”概念。广义的品牌认为，强有力的品牌存在于

顾客或消费者的心智之间。狭义的品牌概念认为，品牌就是品牌名称、标识、符号、包装，或者其他能识别本企业的产品（或服务），并将之区别于竞争者产品（或服务）的一系列有形物的组合。狭义层次的品牌概念界定了品牌创建与培育的基本内容，但它对企业的品牌培育的指导意义具有明显的局限性。

综合来看，对品牌范畴或边界的理解，是因为品牌脱胎于产品又异变于产品的历史缘由，而导致出现了两种不同的基本学术框架。

以凯勒为代表的美国学者，认为品牌是产品之外的附加价值，即品牌=附加价值。

以法国卡普菲勒（Kapferer）为代表的欧洲品牌学派，以及20世纪60年代的日本企业家等则主张品牌是产品为基础再加上产品之外的附加值，即品牌=产品+附加值。

从中华文化的角度来理解品牌，以阴阳思想为喻，产品可以看作是品牌的有形部分，为品牌之“阳”；附加值是品牌的无形部分，为品牌之“阴”。依据道家思想，阴阳相交，相互转化。从中国汉字角度看，品=品质（功能）+品位（情感）+品格（受尊重）；牌=标志、口碑等。

品牌具有六重境界：品牌是标识、承诺，体现多维价值；品牌是体验、关系，也是人类福祉和幸福感。现代品牌理论发展的九座丰碑见表5－1。

表5－1　现代品牌理论发展的九座丰碑①

序号	里程碑名称	代表人物	核心表述
1	品牌识别	卡普菲勒（Kapferer）	“我是谁”的品牌自我界定系统 （视觉表现）
2	品牌形象（1955）	列维（Lery）	品牌最早的独立价值 （CIS②，后被品牌联想替代）
3	品牌三维概念（1986）	帕克（Park）	品牌发展的空间结构 （功能维度、体验维度、符号维度）
4	品牌资产（1988）， 艾克五星模型（1991）	艾克（Aaker）	现代品牌理论的第一块基石 （认知质量、品牌联想、品牌忠诚）
5	品牌个性（1997）	珍妮弗·阿克 （J.Aaker）	品牌拟人化之始 （纯真、刺激、称职、教养、强壮）
6	基于顾客的品牌资产 （1993），《战略品牌 管理》（1998）	凯勒（Keller）	基于顾客视角的现代品牌理论与战略 （品牌价值链）
7	品牌关系（1998）	弗尼亚（Fournier）	从品牌自我转向品牌关系
8	品牌体验（2000， 2009）	施密特（Schumit）	开辟顾客体验管理 （感官的、感动的、行为的、思考的）

续表

序号	里程碑名称	代表人物	核心表述
9	品牌社群（2001）	莫尼兹（Muniz）	从“我的品牌”进化到“我们的品牌”（体验、互动、共享、浸合）

注：①根据卢泰宏《品牌思想简史》制表。

②CIS或CI是Corporate Identity System的简称，是企业识别系统，意译为企业形象设计，或称为企业形象战略。CI是指企业有意识，有计划地将自己企业的各种特征向社会公众主动地展示与传播，使公众在市场环境中对某一个特定的企业有一个标准化、差别化的印象和认识，以便更好地识别并留下良好的印象。CIS包括三部分：MI（企业的理念识别Mind Identity）、BI（行为识别Behavior Identity）和VI（视觉识别Visual Identity）。企业理念，是指企业在长期生产经营过程中所形成的企业共同认可和遵守的价值准则和文化观念，以及由企业价值准则和文化观念决定的企业经营方向、经营思想和经营战略目标。企业行为识别是企业理念的行为表现，包括在理念指导下的企业员工对内和对外的各种行为，以及企业的各种生产经营行为。企业视觉识别是企业理念的视觉化，通过企业形象广告、标识、商标、品牌、产品包装、企业内部环境布局和厂容厂貌等媒体及方式向大众表现、传达企业理念。CI的核心目的是通过企业行为识别和企业视觉识别传达企业理念，树立企业形象。

下面从三个不同的角度认识品牌的概念：品牌是物、品牌是人、品牌是人与物的统一体（表5－2、表5－3、表5－4）。

表5－2　对品牌概念的理解：品牌是物

序号	关键词	学科	概念	相关理论研究
1	名称、语言	语言学	品牌是一种名称或语言活动	品牌命名理论、品牌的语言问题研究等
2	特色、产品	推销学	品牌是一种特色、亮点、益处或产品	独特的销售主张（USP）理论、特色思想等
3	标志、设计	艺术设计	品牌是一种标志（色、图、字等）或设计	品牌差异化思想、CIS品牌设计理论等
4	符号、象征	符号学	品牌是一种象征、符号或符号系统	品牌符号学说、品牌联想、品牌延伸等
5	组合、区分	市场营销学	品牌是一种名称、术语、标记、符号或设计，或它们的组合运用	传统品牌营销理论等
6	商标、产权	法学	品牌是指商品的牌子和商标或知识产权	商标理论、品牌法律权力思想等
7	资产	会计学	品牌是一种动态资产	品牌资产理论、客户资产理论等
8	认知	心理学	品牌是消费者或公众对产品、名称或组织感受的总和	品牌的心理问题研究、品牌认识说等
9	信息、媒介	信息学	品牌是一种信息或消费者回忆的媒介	品牌的信息问题研究等

（资料来源：张锐等，2007。）

表5－3　对品牌概念的理解：品牌是人

序号	关键词	学科	概念	相关理论研究
1	灵魂、生命	宗教神学	品牌是一个有灵魂的生命体	品牌精神或精髓思想等
2	生命、肉体	仿生学	品牌是一个生理的演进实体	品牌生命周期论、品牌起源思想等
3	故事、传承	历史学	品牌是一种创业史、故事或文化的传承	品牌故事塑造方法、宗教仪式思想等
4	情感、人格、认同	心理学	品牌是一个可感知、映射个性的存在	品牌价值观、态度、个性、认知、学习、情感、形象、识别等理论
5	角色、关系	社会学	品牌是一种顾客、供应链或利益相关关系	品牌关系、社群、组合及角色等理论
6	口碑	新闻传播学	品牌是一种口碑	品牌口碑营销思想等
7	体验	神经生物学	品牌是指一种体验	品牌体验论等

（资料来源：张锐等，2007。）

表5－4　对品牌概念的理解：品牌是人与物的统一体

序号	关键词	学科	概念	相关理论研究
1	承诺、品质	质量管理	品牌是一种承诺、品质保证或风险减弱器	品牌的质量问题研究、品牌承诺论等
2	组织	组织理论	组织就是品牌，品牌就是组织	组织品牌化思想等
3	协同、进化	生态学	品牌是一种生态关系	品牌生态学思想、品牌起源说等
4	权益、过程	管理学	品牌是一种权益、活动或过程	品牌管理、品牌权益、品牌资产管理等
5	协调、沟通	领导科学	品牌是一种行动的一致协调	品牌领导思想等
6	资源、方法	经济学	品牌是一种资源配置的方法或原则	品牌经济学思想、品牌经营论等
7	差异、价值	战略管理	品牌是一种差异、定位或价值链	品牌差异化、品牌定位、品牌价值等
8	和谐、平衡	政治学	品牌是一种平衡	综合品牌塑造、平衡品牌模型等
9	行为、认知	心理学	品牌是公众对组织所有行为的印象感受	品牌行为学思想等

（资料来源：张锐等，2007。）

（二）品牌与品牌化的发展

从品牌内涵的演化来看，人们对品牌的认知有一个实践发展的过程，主要经历了品牌是印记、品牌是名称、品牌是商标、品牌是承诺、品牌是促销工具、品牌是附加价值、品牌是无形资产等不同的认知阶段。在演化的过程中呈现两大趋势：从企业的立场

向顾客立场转向，从战术的层面向战略的层面转向。

人们对品牌认知演进体现在三次升华。第一次升华：从标记（sign）到符号象征（symbol）；第二次升华：从商标（trademark）到承诺（promise）；第三次升华：从促销工具（promotion）到战略资产（equity）。

品牌化战略的三次飞跃：从品牌标识到品牌传播，广告建立品牌；从品牌传播到品牌关系和品牌价值创新，体验创建品牌；从自我创建到浸合共创，网上社群创建品牌。

由此，不难发现企业品牌化战略演进的四个中心，包括品牌识别、品牌传播、品牌关系和价值创新、品牌共创共享等内容。从时代发展下的企业实战演进视角看企业如何品牌化见表5－5。

表5－5　从时代发展下的企业实战演进视角看企业如何品牌化

序号	各个年代的品牌化特点
1	20世纪50年代，独特的销售主张（unique selling proposition，USP），以独特的卖点创造销售神话
2	20世纪60年代，情感销售（emotion selling proposition，ESP）
3	20世纪70年代，定位的销售主张（position selling proposition，PSP）
4	20世纪80年代，自我的销售主张（me selling proposition，MSP），消费者自我和个性改变了销售的重点，从产品转向购买者，如时装的个性化
5	20世纪90年代，品牌销售（brand selling proposition，BSP），品牌的力量压倒实体产品的力量
6	21世纪以来，体验销售（experience selling proposition，ESP），体验通过品牌全面与顾客感官建立联系，从而带来了意想不到的成功。品牌不再以销售为焦点，而是转向以顾客关系为焦点

人们为什么会把品牌误认为品类？因为在现实生活中，消费者感知到的不少品牌被等同于产品品类。品牌的内涵至少包括三个层次。

（1）品牌不同于产品　产品是工厂生产的，品牌是顾客购买的；产品可能被竞争对手复制，品牌却是独一无二的；产品可以很快过时，成功的品牌却可以经久不衰。

（2）品牌是象征　品牌可以象征质量、价格，可以象征承诺、情感、个性、关系；也可以象征思想、价值观、文化等。

（3）品牌是心理暗示和联想　知名度高的品牌都能产生心理暗示，品牌是顾客联想的集合。

一个品牌若具有持久的生命力，品牌拥有者必须赋予它独有的价值、文化和个性。确定了品牌的基础，是建立在品牌的固有属性、利益和使用者的基础之上。

品牌代表了产品的品质或服务质量，代表了企业的精神、价值观和经验理念，代表了品牌所依托的企业与企业家，代表了企业与消费者之间的联系。世界上为什么需要品牌？因为品牌对企业具有重要的价值。品牌是简化处理货品追踪的识别工具、合法保护

产品独特性的工具，是满足顾客质量要求的标志，是赋予独特联想的途径，是竞争优势的源泉。同时，品牌还具有高财务回报价值。

企业品牌化的动因：市场扩张的需要（标识、商标、传播），竞争的压迫（自有品牌、B2B品牌等），高利润（经济杠杆），被尊重（精神理想和长青梦想）。从企业价值角度来看，品牌可以提升核心竞争优势，实现财务的高回报，给顾客赋予联想的途径。对于企业而言，品牌价值具有稳定性、市场度、领导力、更新性、支持度、受保护程度、国际化等优势。品牌理论演进阶的重点关键词见表5－6。

表5－6　品牌理论演进阶段的重点关键词

品牌时代	品牌1.0	品牌2.0	品牌3.0	品牌4.0	品牌5.0
品牌角色	品质	品位	体验	伙伴	顾问
用户感受	信任	赞赏	喜爱	喜爱	敬仰
用户需求	安全	自信	欢愉	亲密	成就
构建媒介	广告	广告	广告/社交	社交/社群	全场景植入
价值特征	标准化	标准化	标准化	个性化交流/标准化产品	个性化交流/个性化产品
价值生成	加工制造	加工制造	体验创造	内容创造	需求创造
价值变现	产品销售	产品销售	产品/服务销售	产品销售/服务订购	服务订购
业务重点	产品经营	产品经营	产品/品牌经营	用户经营	用户引领
核心能力	硬件能力	硬件能力	软件能力	内容/关系能力	智能/思想能力
企业特征	产品生产型	产品生产型	用户体验型	媒体社交型	意义精神型
关系类别	交易型	交易型	交易/关系型	关系型	依赖型
用户距离	人、品分离	人、品分离	人、品贴近	人、品亲密	人、品合一
企业类型	单一企业	单一企业	多家企业	生态系统	超级平台
商业时代	工业化	工业化	数字化	数字化	智能化
商业模式	B2C[①]/B2B[②]	B2C/B2B	B2C/C2C[③]	C2B[④]/C2C	C2B2C[⑤]

注：①B2C是英文Business-to-Customer（商家对顾客）的缩写，而其中文简称为“商对客”。B2C中的“B”是Business，意思是企业，“2”则是to的谐音，“C”是customer，意思是消费者，所以B2C是企业对消费者的电子商务模式。

②B2B（Business-to-Business）是指企业与企业之间通过专用网络或Internet，进行数据信息的交换、传递，开展交易活动的商业模式。

③C2C（Customer to Customer）是个人与个人之间的电子商务。比如一个消费者有一台电脑，通过网络进行交易，把它出售给另外一个消费者，此种交易类型就称为C2C电子商务。C2C电子商务交易模式具有虚拟化、无纸化和分散化等一系列区别于传统贸易方式的特点。

④C2B（Customer to Business，即消费者到企业）是互联网经济时代新的商业模式。这一模式改变了原有生产者（企业和机构）和消费者的关系，是一种消费者贡献价值（create value），企业和机构消费价值（customer value）。C2B的核心是以消费者为中心，消费者当家做主。C2B产品的特征：相同生产厂家的相同型号的产品无论通过什么终端渠道购买价格都一样，渠道不掌握定价权（消费者平等）；C2B产品价格组成结构合理（拒绝暴

利）；渠道透明（O2O模式拒绝山寨）；供应链透明（品牌共享）。

⑤C2B2C即电子商务模式，是顾客通过企业电子商务平台，实现顾客与企业之间、顾客与顾客之间的信息交流。在这个平台里，顾客向企业提供信息，企业根据信息满足顾客需求，公司还对顾客进行顾客价值评估，吸引顾客参与企业服务来创造价值。C2B2C是由一群有共同消费需求的顾客，通过互联网互相交流想法和感受而形成各种"主题式消费者群体"并反馈给企业，企业再根据这些群体的消费需求，销售他们满意的产品。简而言之，就是顾客通过企业的商务平台跟更多的顾客发生关系，从而获得健康和财富。

（三）新茶饮品牌内涵

了解了企业品牌的内涵，就容易理解新茶饮品牌了。什么是新茶饮品牌？新茶饮是为了区别于传统茶饮的提法。新茶饮又称为新式茶饮，传统茶饮是指干态的原叶茶。新式茶饮采用高品质原叶茶和鲜奶为茶底，辅料多为新鲜水果和其他优质食材，将茶底和不同辅料进行多样化组合制成的中式现制茶饮品。新茶饮产品的主要特征是用料考究，除鲜奶和现煮茶以外，辅料也大多用健康食材取代各种人工合成配料和色素类添加剂。由于辅料和茶底的多样性，产品创新多元化。新茶饮多为液态，冲泡之后，常以混饮的形式装在杯中出现，可以加冰成冷饮，或制成热饮。新茶饮便于携带，消费者可手持一杯茶，边行走边饮用，区别于传统茶饮只能落座品饮的消费方式。新茶饮在经营方式方面往往采用企业品牌方直营模式代替加盟模式，以便于统一管理，进行品质及服务质量的标准化管控。

新茶饮企业在经营管理中，为了有效地服务消费者，策划设计一个或多个属于自己的品牌，常通过法律注册的方式成为注册商标，通过长期经营，以获取品牌资产为目的。商标是品牌的法律载体和外在表现，对强化品牌的法律保护、实现品牌的市场价值、发挥品牌的经济和社会效益具有重要作用。此外，新茶饮市场知名的品牌企业也非常多。

在企业运营管理中，企业名（提取关键词作为品牌名）与产品品牌名可以相同也可以不同。企业常以多品牌的方式经营，运用多品牌经营，本身也是企业经营战略的选择。在具体不同品牌产品的运营中，有些企业还会刻意让消费者不知晓某品牌与原有自己拥有的品牌是"一家"的情况。从而让新品牌在新的定位、新的赛道上摆脱原有企业的固有印象。

商标战也是企业在运营中可能会遭遇的。比如某茶饮企业就是通过注册多个商标保护来保护自己的权益。2020年5月，该茶饮公司发现温岭某咨询公司抢注包括该品牌在内的多个茶饮品牌的近似商标，并向温岭市市场监管局举报。在温岭市市场监管局及多个部门努力下，恶意商标注册申请已经被驳回，保护了各个品牌的合法权益。温岭某咨询公司于2019年9月开始陆续提交商标申请，商标共计78件。经查，温岭某咨询公司自2019年9月份起实际未开展经营活动，且没有商品或者服务需要取得商标专用权；在明知多个品牌为他人已经使用并有一定影响的商标情况下，仍以复制或文字拆分、类似字形替代等方式模仿注册近似商标。温岭市市场监管局对温岭某咨询公司给予警告并处以7000元

罚款，该公司主动承认错误并自愿接受处罚。

一直以来，新茶饮品牌遭遇“山寨”的现象十分严重。例如，某品牌不得不在自己的官网上强调这里是唯一官网。其他茶饮也不例外，经过长时间的打假和商标维权行动，某一品牌共整改及关闭全国侵权门店500余家。在打假维权过程中，注册商标功不可没。

近年来，新茶饮行业兴起，各类网红奶茶品牌层出不穷，与此同时，商标侵权、商标抢注现象也泛滥成灾。这些侵权违法事件对品牌影响非常大，企业要耗费大量的人力、物力成本来维权。因此，茶饮品牌在创立初期千万不能忽视商标注册，商标被注册才能受到法律的保护，品牌才能在市场中健康成长。

二、新茶饮品牌规划要素

新茶饮企业若选择建立自己的品牌，须在企业创业初始就树立品牌意识，对品牌进行全面系统的规划，在企业的经营、管理、销售、服务、维护等多方面都以创立属于自己独特的品牌为目标，而不仅仅是依赖传统的战术性的方法，如标识设计和传播、媒体广告、促销等，而是侧重于品牌长远的战略发展。新茶饮企业要创立一个品牌，要在充分了解新茶饮产业环境的基础上，确认自己的强弱项，决定企业的“核心”生意；确定企业长远发展目标及可操作的价值观；完整的企业识别形成维护管理系统，构建CIS系统；确认品牌与消费者之间的关系；品牌策略或品牌识别；品牌责任归属与组织运作；全方位的整合营销传播计划及执行；直接接触消费者，持续记录，建立活的客户资料库，提升品牌忠诚度；建立评估系统，追踪品牌资产；投资品牌持续一致，不轻易改变。

新茶饮品牌规划，可以从以下几个方面进行系统的规划。主要包括品牌启动、品牌的顾客本位、品牌定位、品质筑基、品牌要素、品牌传播、广告策划、品牌维护及管理等。

（一）品牌启动

首先要为新茶饮确定一个品牌名称，且品牌名称能够有可能被注册为受国家法律保护的商标。有人认为自己想一个心仪的名字，通过互联网搜索引擎搜不到的名词，就委托相关部门或自己去政府相关部门去注册，结果却无法注册成功。注册不下来的原因有很多种，其中就包括喜欢的品牌已经被别人注册了的这种情况。或在有些被法律明令禁止注册的情况，这些需要专门了解学习，建议创业者学习《中华人民共和国商标法》《中华人民共和国反不正当竞争法》等相关法律内容。或者咨询专门帮助企业注册的相关公司，委托专业的公司注册，会少走一些“弯路”。

提前策划的品牌与是否能被注册为受政府保护的“商标”是一个非常复杂的问题，不妨在注册前多策划几个名字，初步思考一下由名字可能被赋予的品牌文化内涵，待注册成功后，再用心策划，赋予品牌深邃的内涵。注册时也要考虑是纯文字、还是文图结

合等，在注册以后，相关的文字或文图结合的内容经过国家知识产权局相关流程、公示通过后就会受到法律保护。假如是书法或图案等，还需要著作权方面的授权转让，以免注册成功后，与书法或图片的作者产生纠纷，造成创业开局不利的情况。若是国际化经营，还应考虑在国外进行注册，方能受到品牌权益的保护。

（二）品牌的顾客本位

顾客视角的品牌权益是核心理念，是整个新茶饮品牌创建、开发、维护的出发点和立足点。理解顾客视角的品牌权益概念，需要抓住以下两个关键要素。一是顾客的差异化反应。若一个新茶饮品牌名称并没有给产品营销带来任何显著的、正面的效应，那么该品牌的权益就为零，属于未能给企业创造价值的品牌名称。二是顾客的品牌知识。企业期望的品牌知识与顾客实际拥有的品牌知识之间的差异，更是进一步强调了品牌管理工作需要洞察消费者需求，捕捉到消费者心中的品牌是一幅怎样的“图景”。顾客拥有该企业的正面品牌知识越丰富，对企业传播越有利。

在商业发展过程中，消费由企业主导逐渐向消费者主导演进。企业要经营的重点不是产品，而是消费者。企业要保持敏捷，及时洞察消费者的需求，消费者要参与到新茶饮产品新品研发甚至是营销活动中。这不但要求企业聚焦消费者，更要求企业管理决策层时常与消费者接触，聆听反馈，不断提升消费者的购买效率和愉悦度。企业要特别重视消费者，树立用户体验思维，做好用户体验工作。新茶饮品牌需要有用户体验思维，用户体验就是为消费者创造价值；产品和服务皆是营销信息；要塑造用户体验第一的企业文化；要树立以平等姿态与消费者交朋友的思维。用户体验会成为品牌竞争的“利器”，也是价格差异的原因。用户体验、品牌差异化和消费者的相关度。假如，新茶饮品牌没有提供差异化的产品、标准的服务，消费者不会愿意花更高的价钱去购买。线下实体店是传递品牌温度的企业与消费者链接的重要节点。在这里可以全面展示企业品牌精神、特色，线下的新茶饮实体店要成为品牌营销的媒体，着重做好场景体验营销及服务工作。

（三）品牌定位

定位，要凸显独到之处。定位必须考虑竞争对手的位置，他们在卖什么、定价多少、目标消费者是谁？这样品牌才能通过差异化找到独特的空间，然后在这个空间中将竞争降到最低，这也是营销战略的重要任务。

在新茶饮品牌定位方面，要设定品牌个性、沟通的调性和传播渠道，明确新茶饮产品的设计、功能、利益，制订定价策略，运用合适的推广手段，找到销售渠道，提升服务和用户体验的水平。

对一个具体企业而言，其所提供的产品或服务是无法满足所有的人，也不能假定掌握所有的资源。而营销战略是关乎选择与取舍，自己的品牌若与竞争对手没有差异，只

会陷入激烈的红海竞争之中；若能选择明显的品牌差异化，以区别于竞争者，进入到蓝海领域，则更易先声夺人，占领市场的一席之地。

品牌定位是品牌战略的体现。企业的生产管理多集中于内部的管理，基本上是遵循着“由内而外”的思维方式，大多也持有着制造业的思维方式，以企业为中心，为消费者提供各类产品或服务。这种方式的结果，就是极致追求产品质量的好坏，往往无法洞察消费者的真实需求。因为此前，企业在上一个新产品之前，虽然有市场调研的，但大多是以企业的主观视角为主，对市场的真实现状了解有限。从市场消费者感受出发，是“由外而内”的视角，也是消费者需求的思维方式。以这种方式关心消费者的心理诉求，了解他们的认知方式，引导他们对一个品牌的体验，进而造成品牌为先的战略思想。

品牌战略包括企业选择什么样的品牌模式，什么样的品牌框架，什么样的品牌定位，什么样的市场定位，什么样的目标人群定位，什么样的传播模式等。这些东西统统基于一个感性，即动态的创想。产品：我想买这个！功能：这个产品真潮！价格：我一定要这个！竞品：我就要这一个！它是基于一个完全情感投资基础之上的管理。就像一个幼童的购买行为，“我”就是喜欢，其他的如价格、营养等功能性因素完全不重要。

品牌战略是框架与方向，有这个基本的内容才有了基于情感投资的管理。情感投资是让客户在发生购买行为时，都会有这样一种需求表现。非常个性化的表现：为了一个品牌，让自己的激情释放，或产生一种久违的兴奋。提升价值的表现：好的品牌不仅起到重要的沟通作用，还能提升客户的身份或特征的价值。建立信任的表现：爱一个品牌，就是一种信任的收获，无品牌无信任。美好的体验表现：情感投资让消费者内心感到喜悦。品牌管理是与消费者建立深度关系的纽带过程：相识、相知、尊重、信任、忠诚。

要想让定位发挥作用，品牌就必须学会将产品和消费者连接起来，让消费者容易理解，为什么拥有品牌的这个茶饮产品值得购买。定位是基于消费者的洞察和市场变化，从而适时调整策略。定位不是一个企业随意而为之的功课，而是以持续调研的过程。未占领消费者的心智，就未完成品牌和产品定位。产品包装、销售渠道和定价是“果”，不是“因”。企业假如被动地被定位，就永远无法找到最合适的营销战略。定位，是一个主动的策略。

（四）品质筑基

产品的品质从商品学的角度狭义理解，是产品的质量；从广义理解，是品种和质量，这是企业为了满足不同消费者的需求，提供不同的产品品种，针对具体产品来说，产品的质量要满足顾客对产品质量的追求才好。品质是品牌得以长期生存的关键。

新茶饮的产品质量管理与感知质量，基于顾客驱动的质量观，质量就是满足或超越顾客的期望。顾客包括最终产品购买者（消费者），中间产品购买者（组织）。实际质

量或客观质量，是指产品或服务实际提供的质量是否优越。感知质量是无形的，是消费者心目中对质量的感知。消费者在做购买决定的时候，往往依赖于自己对产品的感知而非产品质量的客观事实。

新茶饮产品感知质量的内容包括性能、属性、与产品介绍声称信息的一致性、可靠性、耐用性、适用性、适宜与完美。服务感知质量的内容包括有形性、可靠性、能力、响应速度、移情能力。移情能力（the ability to empathize），是指服务提供者是否能够设身处地地想顾客之所想。一个卓越的服务提供者会站在顾客的角度去感受其所经历的快乐与忧伤。个性化服务有助于提升对移情性的感知。服务行业的不同品牌可以根据自身的实际情况来确定差异化营销策略，标准化服务有助于实现规模化经营，但个性化服务更能获得顾客的品牌共鸣与至爱，从而溢价水平更高。

此外，要不断地优化产品价值。以提升产品的功效和利益为核心，考虑如何降低产品的价格、降低时间成本，不断优化产品的价值。

（五）品牌要素

品牌要素（brand element），也称为品牌特征（brand characteristics），是指用以识别和区分不同企业品牌的设计。

构成新茶饮产品品牌的要素很多，主要包括品牌名称、互联网域名、品牌标识、品牌形象代表、广告口号、广告曲、产品包装等。新茶饮产品成分标签不是品牌要素，品牌代言人不是一种品牌要素；对于单个新茶饮品牌而言，并不需要囊括所有的品牌要素。

对新茶饮品牌要素进行设计，要使品牌能被人们记得住、美誉度高等，具体包括品牌的可记忆性、品牌寓意丰富、品牌的可爱性（美学、视觉、听觉、触觉等方面的吸引力，形象丰富、富有乐趣等）、品牌的可转换性、品牌的可适应性（每种品牌要素要确保品牌基因一脉相承、每种品牌要素的更新难度有所不同）、品牌的可保护性等。

1. 新茶饮品牌标识

新茶饮品牌标识需要设计的造型独特，与竞争对手容易区分；要干净简洁明了，避免复杂、歧义和累赘；要考虑消费者的文化及信仰背景，尊重当地消费者偏好及接受程度；重新设计品牌标识会存在风险，微设计则富有新意且有品牌记忆连续性。

2. 新茶饮品牌形象代表

新茶饮品牌形象代表有助于建立品牌认知；增加品牌的可爱性和情趣体验；易于在跨文化和跨品类间进行转换。

3. 设计品牌形象的原则

品牌形象不能喧宾夺主；在选用新茶饮品牌形象时要特别谨慎，要能与茶饮品牌的

精神内核一致。当然，品牌形象也可以进行微调。品牌形象在本质上属于品牌标识。常取材于人类本身或现实生活，一般通过广告形式推出。品牌形象代表一般包含两类：虚构形象和现实人物原型。一些知名企业虚构形象组成的品牌标识，还有由现实人物原型组成的品牌标识。茶叶企业品牌虽有品牌标识，但在形象代言人方面，从茶行业整体来看，这方面做的还不够突出。

4. 新茶饮品牌口号

新茶饮品牌口号（slogan）要宣传品牌精神，反映品牌定位，丰富品牌联想，清晰品牌名称和标志。品牌口号要容易记和区分，独特。口号要与品牌建设联系。口号可以与产品类别有关，也可以无关。口号的设计可采用多种语言修辞风格。更新口号，利弊并存。一般确定了一个口号，应坚持长期不变，让消费者记得住、记得久，若品牌口号成为经典口号，则就成为企业品牌资产的一部分了。假如对口号进行更改，则是尽量与品牌有所关联，继续传承着品牌精髓。

5. 新茶饮品牌广告曲

热爱音乐是人类的天性，用广告曲在宣传品牌知名度、增加品牌联想方面有一定优势。比如，新茶饮某品牌，使用“魔性”的音乐，获取了品牌传播的成功。用音乐的形式描述品牌，是一种被延伸的品牌口号，通常以广告形式进行传播。有时也会镶嵌在产品中，直接和使用者接触，如电脑中微软的经典声音。使用音乐也有不足，如和产品关联较弱、易淡化品牌名等。常常会存在消费者记住广告曲，而忘记具体的品牌名称，或不能清晰理解品牌所传达的准确含义等问题。

6. 新茶饮个性化的包装

包装（packaging）是指设计和制造产品的容器或包裹物。包装能为消费者创造方便价值，能为生产者创造促销价值。一个成功的产品的包装能发挥者重要的作用，是产品品牌的无声的推销员；好的包装能产生溢价，识别公司和品牌，保护企业的知识产权。企业应特别重视包装，要对包装有深刻的理认知，包装要素的内容包括包装的大小、形状、材料、色彩、文字说明及品牌标识；推出新包装之前要经过一系列测试，包括工程测试、视觉测试、经销商测试、消费者测试等。产品包装的设计师必须在有限的时空里捕捉到顾客的兴趣点。

一般而言，若不能在6s之内找到正在观察的东西，消费者就很有可能迅速转移视线去寻找另一目标，而色彩正可以给人们留下这片刻的印象。据估计，超级市场货架上的包装设计欲捕获顾客的注意力，须在不到1s的时间之内完成这项工作。一则彩色杂志广告，读者通常平均保持2s的注意力，在如此短暂有限的时间内，色彩及其组合的简洁性是在任何设计中都要绝对遵循的法则。设计的视觉语言依靠“理解”，理解是一个文化概念，更多地包含了一种情感的色彩和与生命之间的联系。为传播而设计也就意味着为

沟通而设计。沟通，是视觉语言的终极目标。商品的包装反映了社会的发展水平，包装设计总的趋势是由繁到简。设计产品、包装产品的最终目的都是为了销售，以符合品牌的美学及精神而综合调和包装的色彩、样式、字体、图案等各个方面的因素，以美好的产品包装去影响消费者的购买心情和购买欲望。

（六）品牌传播

品牌传播的目的是向公众传播企业的相关信息，向企业利益相关者及社会公众树立美好的企业品牌形象。企业应主动传播自己的品牌价值主张、品牌故事，通过广告、营销场景体验等让受众真正感知到企业品牌的魅力。

对品牌进行传播的工具很多，从当代新茶饮企业实践来看，传播渠道包括线下和线上品牌传播方式。通过企业营销活动与消费者构建品牌关系，企业可在整合营销传播理论的指导下进行产业实践。

整合营销传播理论兴起于商品经济发达的美国，是一种实战性极强的操作性理论。该理论的提出者是美国学者唐·舒尔茨（Don Schultz），其后有学者汤姆·邓肯（Tom Duncan）、卫军英、段淳林等不断发展该理论。

美国广告公司协会的定义：整合营销传播是一个营销传播计划概念，要求充分认识用来制订综合计划时所使用的各种带来附加值的传播手段，如普通广告、直接反映广告、销售促进、公共关系，并将之结合，提供具有良好的清晰度、连贯性的信息，使传播影响力最大化。这个定义的关键所在是致力于将各种促销形式的结合起来加以运用，通过集合性发声以使传播影响力达到最大化。按照这种理解，所有的广告和促销都处在整合营销传播（IMC）体系之中，其核心都是组合成一个声音“Speak with one voice”。

整合营销传播的定义（薛可等，2019）：在变化的市场环境中，基于目标市场受众与利益相关者的分析，进行沟通信息的设计、运用多样信息传播方式、整合丰富的信息传播接触点，同时对传播效果进行评估监控以不断循环改进，从而实现低成本、高效率地支持营销战略目标达成的战略规划与策略实施。

整合营销传播策略的出发点与最终目的，是为了支持组织整体战略目标、营销战略目标的达成。而整合营销传播活动是在企业整体战略与市场战略的框架下进行的策略性规划。一切接触皆传播。整合营销传播不仅仅是传播手段，甚至主要不是传播手段的变化，而是一种营销传播观念的变革。从汤姆·邓肯的视角看，整合营销传播的终极追求在于品牌价值，传播和各种接触点的管理，说到底都是为了进一步提升品牌与顾客的关系，并通过这种关系的提升进而使得品牌资产增值。

在企业经营过程中，应特别关注媒体技术的创新，这种创新是整合营销传播从单纯的信息传递走向更为广阔的沟通领域，与消费者的互动与共享、消费场景的呈现、新茶

饮体验式参与，这一切在消弭营销与传播固有边界的同时，也不断地推动营销与传播跨越时间与空间的融合。整合营销传播的基本原则主要包括产品为根、受众为核、品牌为道、整合为术、内容为魂、效率为本。新茶饮企业应综合把握好这些基本原则，才能在激烈的市场竞争中赢得胜利。

从内在逻辑上看，品牌传播的方式应该从教导式广告，转变为内容体验式，这已经是市场的共识。在当今的年轻人摄入信息过量化的时代，一方面是碎片化的注意力让年轻人更加缺乏耐心，另一方面也是新一代的年轻人更加自信、更加追求自我，他们并不想接受被动式的教育，而是给“我”一个消费场景，让“我”自己去亲自感受和体验、自己做出决策，而不是他人告诉“我”应该怎么做、去消费。场景思维具有五大特点：场景无处不在、个性化体验、跨界性融合、社群化特点、场景记忆和识别。互联网的场景时代是五种技术力量的交织：移动设备、社交媒体、大数据、传感器、定位系统。与用户交互，完成交易。

年轻人获取信息的方式偏好互联网。利用互联网提升品牌影响力，企业品牌方要积极从广告思维转变到内容思维。有场景带入的内容更容易获得良好成效，在场景中进行定制化的创意将是未来视频广告的最佳解决方案。在不断探寻新茶饮市场优势内容的同时，还应不断寻找能借助优质内容的场景进行内容化创意的平台。做好用户体验是一项有挑战的工作，企业品牌方要特别注意防止对用户的过度服务，因为过度服务就变成了骚扰，不能让用户感到舒适暖心。不能认为提供了好的服务就等于向用户提供了好的体验。消费者是为了自己喜欢的品牌和产品而购买，不是为了市场上功能最好的产品而下单。

做好线上品牌传播及建设。在数智时代，互联网的全覆盖，企业与消费者信息可以做到随时互动交互沟通。可以从以下4个方面考虑做好互联网上的品牌传播及建设。

（1）建立连接（connection） 目标是受众搜索可达度/网上曝光频率。

（2）创造粉丝平台（community） 目标是构建品牌社群，培育品牌核心粉丝和粉丝群。

（3）构建自媒体（communication） 目标是个性化数字传播。

（4）做好内容营销（content） 目标是创造品牌活力和品牌浸合。

（七）广告策划

整合营销传播强调品牌价值的提升，广告作为品牌信息的直接宣传，本身应该创造一个积极丰满的品牌形象。广告影响消费认知，不断涵养着企业品牌。在现实生活中，很多人会把各种形式“类广告”（如企业软文、各种形式的促销、产品发布会、赞助活动、营销主题活动等）的企业行为视为广告。但从广告的定义来看，广告是指有计划地

通过媒体向所选定的消费对象宣传有关商品或劳务的优点和特色，引起消费者注意，说服消费者购买使用的宣传方式。

广告是重复的艺术，每一个广告都是品牌形象的积累。随着数字技术的发展，虽然广告形态也随之发生着各种变化，如互联网上的短视频广告、手机或电视机开机广告、弹出页面广告等，但总体而言，现代广告的核心理念没有改变，即通过传播增加产品的附加值，通过创意争取人们的态度转变，通过反复诉说强化着受众的记忆，谋求受众改变消费认知。

广告既讲艺术又讲科学，广告是说服的艺术，具有促进销售之功，也有强化企业品牌形象之效，对于具体的某一则广告来说，则又有不同的广告目标。在企业运营过程中，同时运用多种广告，在不同的时段、不同的地点、不同的媒体投到广告是一门经过精心谋划的广告策划及管理活动，需要专门的部门及专业人员负责。

广告对消费者来说，具有4种明显的效果：了解产品信息，对产品或服务的喜欢偏好增加，提升品牌意识，激发购买产品或服务的欲望。从品牌关系角度来看，广告作为消费者与品牌的一种接触方式，必须传达出具有长效价值的品牌信息。对企业品牌方来说，在制作及投放广告时要特别注意，不能为了短期的促销利益，而忽视长期的品牌形象。无论是广告策划还是把广告投放实施，广告活动就像是“戴着脚镣跳舞”，是不能随意而为之的。企业在实施广告活动时，不能违反《中华人民共和国广告法》《中华人民共和国反不正当竞争法》等相关法律法规，严格遵守相关广告条例，不能发布欺骗受众的虚假广告、不能违反营销伦理。

对新茶饮企业来说，要明确的认识茶饮品的功效，在宣传中不能宣传茶是药品，因为茶不能治病，只是具有一定的保健功能的食品，在宣传中不能夸大其词，尤其不能宣传喝茶可以减肥瘦身、美容美颜、变年轻、治疗各种疾病等。饮茶有助于减轻体脂、有助于减轻黄褐斑等说法是允许的。但现在现实生活中，疑似违规宣传的现象仍难以杜绝。

企业策划广告多以系列广告等不同广告作品进行组合推广。对于一则具体的广告来说，广告创意很重要。创意要注意原创性，只要有效果，创意不存在过时的问题。从事广告方面策划人员要具有一定的广告创意技能，成为一个知识结构较为全面的人。好的创意包含着诸多新奇的想法、好的点子或主意，但真正意义上的创意，是一种创造新事物、新形象的思维方式和行为，是一个进行创造性思维的过程。创造性思维是创意的核心，进行创意的过程也是想出一个好点子的过程。一位具有创造性思维的策划人员，首先一定是一位热爱生活的人，且具有丰富的想象力，善于思考与联想，兴趣广泛，注重积累，具有多元化的创造力。策划者的思维方法对于创意的形成，产生有着巨大的影响。主要有灵感思维法、头脑风暴法、侧向思维法及逆向思维法、组合思维法、类比思维法等。

（八）品牌维护及管理

品牌维护及管理要做好战略、流程、人员、制度、考核等多个方面的综合管理。品牌维护，是指企业针对外部环境的变化给品牌带来的影响所进行的维护品牌形象、保持品牌的市场地位和品牌价值的一系列活动的统称。

一些著名品牌甚至是百年老字号，由于没有监测市场的变化或者由于突发事件，品牌管理出现失误，因而造成品牌价值的损失甚至彻底破坏。品牌发展经过形成期与成长期后，就进入了成熟期或知名期，即品牌已发展成为国家乃至世界的著名或驰名品牌。相应地，这一阶段企业应采取的品牌发展战略即为维护战略。品牌维护应包括自我维护、法律维护和经营维护。

1. 品牌发展的自我维护

品牌的自我维护手段主要渗透在品牌设计、注册、宣传、内部管理以及打假等各项品牌运营活动中。在品牌的设计、注册与宣传中渗透品牌的自我维护思想，这是在品牌创立之初就应该考虑的。在品牌维护阶段，可以将品牌发展的自我维护定义为“企业自身不断完善和优化产品，以及防伪打假和品牌秘密保护措施”，具体包括产品质量战略、技术创新战略、防伪打假战略与品牌秘密保护战略等。

2. 品牌发展的法律维护

品牌的法律维护包括商标权的及时获得、驰名商标的法律保护、证明商标与原产地名称的法律保护，以及品牌受困时的反保护。“原产地名称的法律保护”也有类似情况。而“品牌受困时的反保护”不仅因企业和产品不同而措施各异，而且使用的法律条款繁多。因此，将法律维护定义为主要通过商标的注册和驰名商标的申请来对品牌进行保护。

3. 品牌发展的经营维护

品牌发展进入成熟期后，不仅要通过自我维护使产品得到不断更新以维持顾客对品牌的忠诚度、采取法律维护以确保使著名品牌不受任何形式的侵犯，更应该采用经营维护手段使著名品牌作为一种资源能得到充分利用，使品牌价值不断提升。品牌的经营维护就是企业在具体的营销活动中所采取的一系列维护品牌形象、保护品牌市场地位的行动，主要包括顺应市场变化、迎合消费者需求，保护产品质量、维护品牌形象，以及品牌的再定位等。此外，企业在日常经营管理过程中，由于管理不善等原因，犯了错误应及时进入品牌危机管理状态，第一时间向公众道歉。营销策略（营销组合）成就品牌价值示意图见图5－1。

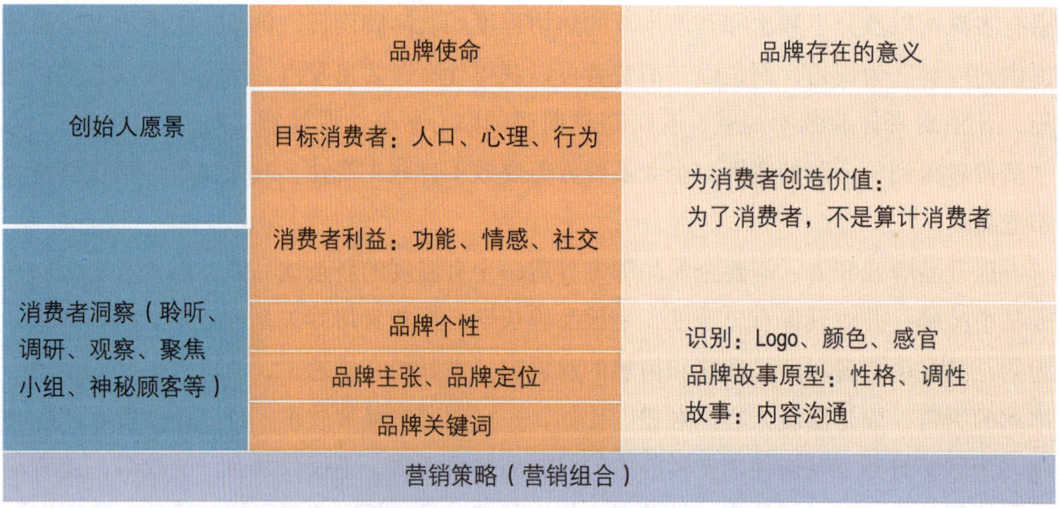

图5－1　营销策略（营销组合）成就品牌价值示意图

总而言之，企业在品牌规划及建设方面，要系统地做好三个“三”：三大定位（产品定位、市场定位、品牌定位），三大识别（理念识别、行为识别、视觉识别）和三大行动（品牌规划、品牌传播、品牌管理）。具体而言，除前文阐述的三大定位之外，在三大识别方面，理念识别包括要做好企业愿景、使命、价值观、企业及品牌口号等的规划；行为识别包括做好企业的组织结构设置、企业行为纲领规划、员工行为规范制度建设等；视觉识别包括要做好企业的基础元素，如企业命名、企业品牌命名体系、企业标识、企业标准色，做好视觉场景应用，如何产品包装、企业及产品的展厅设计、员工标准服饰等。在三大行动方面，即在品牌规划中，包括做好品牌架构规划、品牌延伸、品牌国际化战略；在品牌传播中，包括做好整合营销传播系统工作、做好内容营销、做好品牌推广方案；在品牌管理中，包括做好品牌发展诊断、明确品牌发展瓶颈、品牌生命周期自检等工作。只有系统化、科学规范地做好品牌建设管理，企业的品牌影响力、美誉度等才有可能逐渐扩大，使品牌资产不断增值。

三、塑造新茶饮品牌个性

企业应持续建设以消费者为中心的新茶饮品牌。企业不能只关注品牌自身的形象，更重要的是应关注消费者使用品牌的产品和服务之后，消费者形象的改变。品牌要表达的不是自身有多厉害，而是让消费者在用了产品和服务之后，变得开心、愉悦，并将品牌传播出去。品牌的营销之道是让消费者形成购买习惯，一旦想购买某个品类，便不去选择其他品牌，让品牌成为消费者生活的一部分。与其用传统的市场细分去定义消费者，不如通过社群（拥有共同兴趣的一群人）细分市场，引导这群人经营品牌形象。因此，社群又称为“消费者部落”。建设消费者社群，重点不在于人数的多寡，而在于关

系有多深，以及分享频次和互助推荐的热切程度。就品牌而言，价值主张不再以“品牌提供的内容”为视角，而是以“消费者可以获得什么”为出发点。丰富消费者的感官世界，让消费者体验到幸福感，获得超越期望的贴心服务。要注意“我们提供……”与“消费者得到……”的区别。企业品牌方需要放下自我主观性，改变视角，赋权消费者塑造品牌。

提升品牌亲和力，需要企业品牌方打造一个有温度的新茶饮品牌。消费者之所以喜爱某个品牌，并对其保有忠诚度，是该品牌长期与消费者培养关系的结果。品牌塑造，为的是满足消费者对产品功能和情感的双诉求。尤其是在情感上，消费者想要的不是冷冰冰的语言，而是温暖人心的触碰。比如，一则温暖的品牌故事，可以让消费者产生共鸣，为品牌打开一条通往消费者心中的路。品牌要诉说，不仅仅是自己的故事，还有消费者使用品牌产品时的故事。消费者在使用品牌产品之后，变得更好、更美、更厉害、更让人羡慕的故事。品牌要让消费者成为故事中的“英雄”，而自身要成为消费者的粉丝，为消费者可以变得更美好而努力。在众多的同类品牌中，消费者很难通过功能差异来区分品牌，尤其是对新茶饮这种极容易同质化的产品，若产品功能差异不明显，消费者自然会选择性价比最高的。而品牌塑造，正是通过提供差异化的产品和服务、贴心的用户体验，甚至非雷同的商业模式，有效让消费者为品牌进行传播或推荐，从而让品牌资产增值。对于自己喜欢的新茶饮品牌，消费者会心甘情愿付出更高的价格，这种消费者非理性的消费行为，对新茶饮企业而言，就是消费品牌的“非理性忠诚”。

例如，创立于2015年，总部位于深圳市的奈雪的茶，其名字源于公司创始人的网名，在品牌打造过程中，立足新锐高端定位、锁定精准目标群体、打造多元化主题门店、跨界联名营销赋能品牌力，并以中国传统文化夯实内核，构建差异化品牌的壁垒，成为新茶饮上市的“第一股”。创始人在品牌创立之初就以“创造一种生活方式”为目标，开创“好茶 + 软欧包”的双品类组合，聚焦于一线、二线城市，且以20~35岁年轻女性为目标消费者，坚持“大店直营扩张”模式。这为品牌识别符号的构建与传播提供了核心定位，使得品牌命名、品牌标识、品牌口号、品牌品及品牌空间的设计等视觉识别层面的元素都有了依据，品牌基于此与用户发生关联的每一个触点便能强化品牌在用户感官与心智层面的认知，在新式茶饮市场中形塑差异化符号，积累品牌资产，强化塑造品牌个性。

综合而言，新茶饮品牌围绕产品形象的“轻”（健康与绿色），符号形象的“新”（调性与包装），人性化形象的“优”（服务与体验），企业形象的“潮”（探索与跨界），持续打造新茶饮品牌的年轻化、潮流化、国际化特色。

扫码看拓展阅读5-1及思考题

第二节　新茶饮的商业模式

每一个企业都会根据自身的优势及可能运作争取的资源打造适合自身发展的商业模式，在经营实践中，企业持续探索优化商业模式，以获取市场竞争优势，打造属于自己的企业核心竞争力。

一、商业模式与发展变迁

商业模式一词最早在Lang（1947）的研究论文的摘要中出现“Business Model”，在论文的主题词中出现（Mertes，1949），1957年《运营研究》（*Operations Research*）一篇讨论培训之用的商业模拟练习的文章之中，但这篇文章并未对商业模式进行讨论或解释。其后，商业模式一词出现在论文题目中（Jones，1960），但这些研究都没有对商业模式进行定义。到了20世纪90年代之后，商业模式研究在学术界引起重视。商业模式是一种建立在许多构成要素及其关系之上，用来说明特定的企业商业逻辑的概念性工具，阐述企业如何通过创造顾客价值、建立内部结构及与商业伙伴合作来开拓市场、传递价值、创造关系资本、获取利润并维持现金流。

商业模式是创业活动的伴随性框架，是随着创意活动成长而演绎的一种商业逻辑。在企业运营实践中，商业模式是在创业之初就已经构思好还是伴随着创业活动的展开才逐步形成的，是值得探讨的。故有人认为，一个企业的成功，其商业模式都是后天总结升华的，但在创业运营过程中并没有如预想的那么完美。

尽管商业模式已经受到企业界和学术界的广泛关注，但是随着市场主导逻辑的改变，商业模式的概念在不断的发展和演变，随着市场主导逻辑由产品主导逻辑向服务主导逻辑转变，人们对商业模式的研究也从以单一企业的价值创造和获取的商业模式向多企业的商业生态系统的商业模式转变。基于价值共创的商业模式，积极协调包括顾客在内的全部利益相关者进行资源的合作开发与参与互动，打破产品或服务的固定生产以及交付边界，建立合作关系，从而实现更多的顾客价值创造与企业价值获取，使得所有参与者能够持续生存下去。

企业构建的商业模式是赢利的基础，是企业赢利所嵌入的基本框架。商业模式是将相关各方巧妙编凑在一起的“脚本”或“剧本”，刻画了企业构建或嵌入的一种商业“生态系统”。好的商业模式实际上是企业讲述的一个关于自己商业运营的“故事”。

企业运营要以“共创价值”作为商业模式构建的出发点，企业应精妙地将各种与企业相关的要素与关联方加以连接，使彼此交互在一起，形成一种有机的商业“生态系统”，实现共创与共赢。企业的商业模式贵在整合，体现的是一种系统性而不是某个具

体环节上的优势。

企业的商业模式不是企业战略本身，商业模式本身也不等同于赢利模式，商业模式不是企业内某一个功能领域可以完整实现的概念。虽然商业模式可以简洁地以一种模型图来勾画，但却在日常运转中有机地解构于不同的职能领域或部门操作之中，很难说哪一个功能领域是其主要的承担者，它与企业中的市场、客户关系、财务、战略规划、人力资源、研发、生产等都密切相关。

企业的商业模式描述了企业如何创造价值、传递价值和获取价值的基本原理。商业模式本质上是由一系列复杂的版块组合而成的结构或体系，是以价值创造为核心，形成的企业如何创造、传递和获取价值的运行模式。简而言之，就是企业为了实现客户价值最大化，把企业内外部的关键要素整合起来，形成一个完整且高效的具有独特核心竞争力的运行系统，且通过最优化组合的形式以满足客户需求，实现客户价值和持续盈利的整体解决方案。商业模式的本质是创造价值。一个成功的企业，其商业模式具有鲜明的3个特征：为顾客提供独特的价值；实事求是；难以模仿，但可快速复制。

商业模式的演进，从1979年的商业模式1.0开始，发展至今已经进入了4.0时代。从产销一体模式（1.0时代）到厂商合作模式（2.0时代），从产业链模式（3.0时代）到生态圈模式（4.0时代），商业模式一直都是围绕着企业、企业中的各个部门、顾客、渠道4个方面不断升级。

分析商业模式，可以运用商业模式画布方法，所涉及的9个要素，基本上涵盖了企业商业经营中的关键部分，无论是分析方法还是思考商业模式如何优化，用商业模式画布分析简化易行。商业模式画布是一种用来描述商业模式、可视化商业模式、评估商业模式以及改变商业模式的通用语言。

商业模式画布（business model canvas，BMC）是瑞士著名商业模式创新作家、商业顾问亚历山大·奥斯特瓦德（Alex Osterwälder）于2008年提出的概念，又简称“OBMC”理论，以九宫格的形式把商业模式分为三大模块九大要素（图5－2）。主要包括客户细分（customer segments）、价值主张（value propositions）、渠道通路（channels）、客户关系（customer relationships）、核心资源（key resources）、关键业务（key activities）、重要合作（key partnerships）、收入来源（revenue streams）、成本结构（cost structure）9个要素。

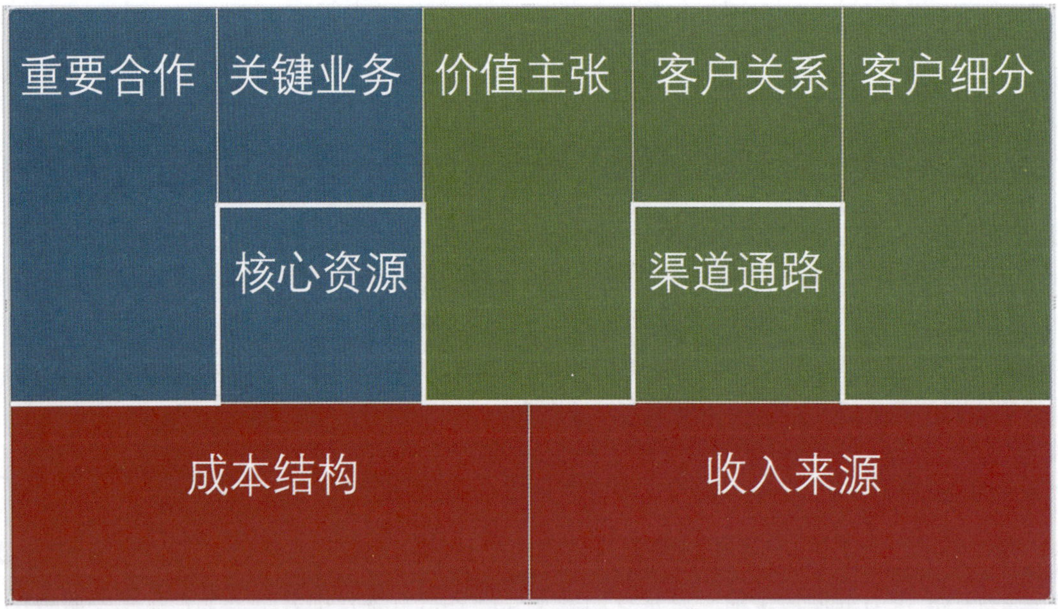

图5－2　奥斯特瓦德“商业模式画布”（OBMC）九大元素模型图

商业模式画布分为三个模块，分别是前台（与客户的关系）、后台（与供应链的关系）和底座（与自身的关系）（图5－3）。

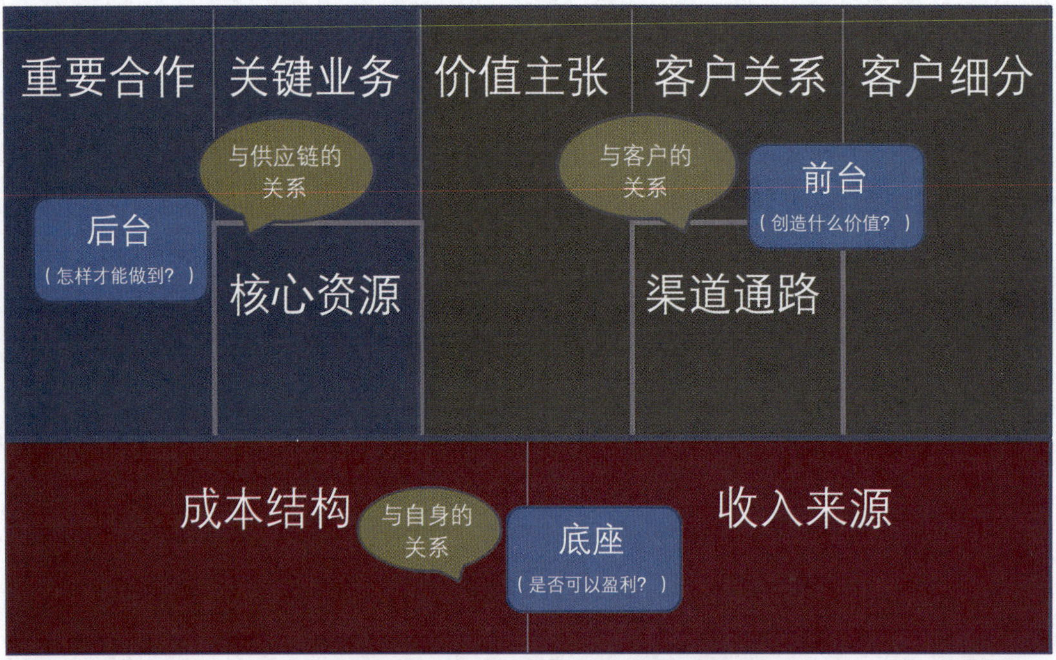

图5－3　奥斯特瓦德“商业模式画布”三个模块示意图

这三个模块主要是回答三个问题。

（1）前台　我们为我们的客户创造什么价值（包括客户细分、价值主张、渠道通路、客户关系）？

（2）后台　我们能利用哪些资源（包括核心资源、关键业务、重要合作）才可以将产品或服务做出来？

（3）底座　我们这样做，是否可以盈利（包括成本结构、收入来源）？

商业模式画布从9个维度来描述了企业（产品）如何创造价值、传递价值、获取价值的基本原理。创造价值是基于客户需求，提供解决方案；传递价值是通过资源配置、活动安排来交付价值；获取价值是通过一定的盈利模式来持续获取利润。

（一）前台模块：客户细分、价值主张、渠道通路、客户关系

1. 客户细分：我们的产品或服务要卖给谁

我们正在为谁创造价值？谁是我们最重要的客户？客户细分是一个企业想要服务的不同的人群或组织。无论是哪一种商业模式，都需要先确定自己的细分客户群体。客户细分的类型包括大众市场、小众市场、求同存异的客户群体、多元化的客户群体以及多边平台/多边市场。

2. 价值主张：我们的产品或服务给客户带来的价值是什么

我们正在帮助我们的客户解决哪一类难题？我们正在满足哪些客户需求？我们正在提供给客户细分群体哪些系列的产品和服务？

企业为客户创造价值的系列产品和服务。价值主张6个要素：目标客户（市场细分以后确定的目标客户）；痛点问题（目标客户想要得到你提供的产品或服务时所处于的状态，遇到的问题）；产品和服务（提供的产品或服务是什么）；用户利益（“你”所能提供给客户的好处和利益是什么）；竞争对手（主要的竞争对手）；竞争优势（区别与“你”的竞争对手主要的不同之处）。简而言之，价值主张可以只包括产品和服务、用户利益和竞争优势。

3. 渠道通路：我们的产品或服务通过哪些渠道卖给客户

我们现在如何接触他们？我们的渠道如何整合？哪些渠道最有效？哪些渠道成本效益最好？如何把我们的渠道与客户的例行程序进行整合？

企业服务流程中的客户接触点。企业是如何沟通、接触其客户细分并传递其价值主张。

渠道通路可以分为自有渠道和他有渠道、线上渠道和线下渠道。渠道的价值主要包括知名度（使客户更加了解公司的产品和服务）；评估（帮助客户评估一家公司的价值主张）；消费（提供更多消费点，使客户得以购买某项产品和服务）；传递（向客户传递价值主张、解决问题、实现需求）；售后（向客户提供售后支持）。

4. 客户关系：我们需要采用什么方式与客户保持良好的关系

哪些关系我们已经建立了？这些关系成本如何？如何把它们与商业模式的其他部分进行整合？

企业和客户建立的关系以及如何维护这段关系。市场上常见的客户关系有6种：个人助理（基于人际互动，客户可以与客户代表进行交流并在销售过程中以及购买完成之后获得相应帮助，如客服、导购）；专门的私人助理（为每一个客户指定一个固定的客户经理，这种关系类型包含了为单一客户安排的专门的客户代表，如私人医生、房产销售）；自助式服务（只需为客户提供一切自助服务所需要的渠道，不存在直接的关系，而是为客户提供自助服务所需要的所有条件，如自助售票机）；自动化服务（将相对复杂的客户自助服务形式与自动化流程相结合，如定制投放平台）；社区（在线社区，供用户交流知识，帮助彼此解决问题，利用用户社区与客户/潜在客户建立更为深入的联系，并促进社区成员间的互动）；共同创造（与客户共同创造价值，许多公司超越了传统的客户与供应商关系，而倾向于和客户共同创造价值）。

（二）后台模块：核心资源、关键业务、重要合作

1. 核心资源（关键资源）：做产品或服务我们需要用到哪些资源

我们的价值主张需要什么样的核心资源？我们的客户关系如何？收入来源如何？

企业为了让商业模式有效运作所需要的核心资源。关键资源的分类主要有以下4种：实体资产（厂房和设备等有形资源，如传统产品制造商）；无形资产（品牌、产权、形象）；人力资源（企业的员工，如新茶饮新产品的研发人员、调饮师及服务人员等）；金融资产（企业所拥有的资金，如投资机构的资金注入、新茶饮企业的现金流等）。

2. 关键业务（关键活动）：要完成产品或服务我们具体要做哪些关键事情

我们的价值主张需要哪些关键业务？我们的渠道通路需要哪些关键业务？我们的客户关系如何？收入来源如何？

企业为了确保其商业模式有效运作，必须要做的最重要的事。关键业务包括3种：制造产品（这一业务活动是企业商业模式的核心，与设计、制造、发送产品有关）；问题解决（为客户的问题提供新的解决方案）；平台/网络（网络服务、交易平台、软件等可以看作是平台，利用这些平台实现产品和服务与消费者对接）。

3. 重要合作（关键伙伴或合作伙伴）：在做产品或服务时我们需要与谁合作

谁是我们的重要合作伙伴？谁是我们的重要供应商？我们正在从伙伴那里获得哪些核心资源？合作伙伴都执行哪些关键业务？

企业为了让商业模式有效运作所需要的供应商和合作伙伴。合作伙伴的类型：非竞争者之间的战略同盟、竞争者之间的战略同盟、为新业务建立合资公司、基于供应关系的合作。

（三）底座模块：收入来源、成本结构

1. 收入来源：通过什么方式带来收入

什么样的价值能让客户愿意付费？他们现在付费买什么？他们是如何支付费用的？他们更愿意如何支付费用？每个收入来源占总收入的比例是多少？

企业为客户提供价值以后获得的收益。常见的收入来源有7种：资产收费（最常见的收入方式，如房产或一般的商品）；使用收费（特定服务收费，如电信运营商）；订阅收费（通过重复使用的收入来收费，如视频网站会员）；租赁收费（通过将某种资产或商品在固定时间内暂时为他人所有来收费，如共享单车）；授权收费（将受到保护的知识产权或形象等授权，如专利费用、IP使用费、形象代言人）；经纪收费（为整合多方利益的中介服务费，如房产中介费）；广告收费（各种广告宣传推广服务费，如搜索引擎的推广费）。

2. 成本结构：什么是我们商业模式中最重要的固有成本

哪些核心资源花费最多？哪些关键业务花费最多？

商业模式运作所需要的成本，可以分为固定成本和可变成本。可从成本驱动、价值驱动方面进行分析。

以上9个要素就是商业模式画布的主要构成。这个工具类似于画家的画布，预设的9个空格，可以在画面上填写或粘贴相关内容。运用这个工具的最好的方式是在大的背景上投影出来，利用头脑风暴法等一群人用便利贴或马克笔共同绘制、讨论商业模式的不同组成部分。这也是一种非常有效的促进理解、讨论、激发创意和分析的实操工具。

随着互联网的技术发展，企业运用“互联网+”战略，又延伸出“O2O[①]”“P2P[②]”“C2C[③]”“C2M[④]”等新兴商业模式。

二、新茶饮商业模式构建

新茶饮商业模式画布是一种常用的工具，用于描述和分析新茶饮企业的商业模式。该画布由9个关键要素组成，涵盖了新茶饮企业的全部商业活动和价值创造过程。

---

① O2O（Online To Offline）是指将线下的商务机会与互联网结合，让互联网成为线下交易的平台。

② P2P（Peer To Peer）是指互动营销，通过覆盖各地区、各行业的节点（渠道服务中心，每个节点既是本地产品资源的提供者，又是本地渠道资源的提供者），实现全国范围内的产品资源和渠道资源的整合和共享，搭建产品与渠道快速对接的桥梁，形成产品和渠道快速对接的营销渠道服务系统。

③ C2C（Customer To Customer），即个人与个人之间的电子商务。

④ C2M是英文Customer To Manufacturer（用户直连制造）的缩写，是一种新型的工业互联网电子商务的商业模式，又被称为“短路经济”。

新茶饮企业商业模式画布是一种以产品为核心的商业模式框架，9个关键要素包括客户细分、价值主张、渠道通路、客户关系、核心资源、关键业务、重要合作、收入来源、成本结构。通过填充这些要素，新茶饮企业可以清楚地了解自己的商业模式，识别优势和劣势，并制订相应的策略。

（一）客户细分

客户细分是指明确新茶饮企业的目标消费者群体。新茶饮企业的目标客户可以是喜欢新茶饮品的年轻女性、热爱新鲜健康饮品的健身爱好者等。通过精确定义目标客户，新茶饮企业可以更好地满足他们的需求。

（二）价值主张

价值主张是指新茶饮企业如何创造价值并吸引顾客。新茶饮企业的价值主张可以是健康的新茶饮品、独特的口味组合、时尚的店面环境等。通过提供独特的新茶饮产品和服务，新茶饮企业可以吸引目标客户。

（三）渠道通路

渠道通路是指新茶饮企业的销售渠道和分销渠道。新茶饮企业可以通过线下门店销售，或通过线上渠道，如电商平台进行销售。不同的渠道可以帮助新茶饮企业扩大销售网络、增加品牌知名度，一般是线上线下渠道组合运营。

（四）客户关系

客户关系是指新茶饮企业与顾客之间的互动和沟通方式。新茶饮企业可以通过提供个性化建议和服务，建立良好的客户关系；通过积极回应顾客的反馈和意见，新茶饮企业也可以提高客户满意度。

（五）核心资源

核心资源是指新茶饮企业相较于竞争对手具有的独特能力。新茶饮企业的核心能力可以是独特的配方和制作技术、创新的产品研发能力等。

（六）关键业务

关键业务是指新茶饮企业用于提供产品和服务的核心资源。新茶饮企业的关键资源可以包括优质的原料供应商、有经验的员工等。

（七）重要合作

重要合作是指与新茶饮企业合作的主要伙伴。新茶饮企业可以与供应商、分销商、

营销合作伙伴等建立合作关系，共同推动业务发展。

（八）收入来源

收入来源是指新茶饮企业的盈利模式。新茶饮企业的收入可以来自售卖新茶饮品，还可以通过销售相关产品或提供增值服务来增加收入。

（九）成本结构

成本结构是指新茶饮企业的主要成本和费用。新茶饮企业的成本可以包括原材料成本、员工工资、店面租金等。

通过填充新茶饮企业商业模式画布，新茶饮企业可以清晰地了解自己的商业模式，并思考如何改进和创新。这样的分析和思考有助于新茶饮企业制订更加有效的商业策略，提高竞争力和盈利能力。

三、商业计划书的构成要素

为了更好地理解商业模式在整个商业计划中的位置及重要性，还须进一步了解构成企业《商业计划书》的基本内容，现简要介绍如下。

（1）执行摘要。

（2）管理团队　管理团队简介；为什么我们是一支成功的队伍。

（3）商业模式　愿景、使命、价值观；商业模式的工作原理；价值主张；目标客户群；市场计划；核心资源和关键业务。

（4）财务分析　盈亏平衡分析；销售情景分析和预测；资本支出；运营成本；融资要求。

（5）外部环境（环境分析）　宏观经济形势；市场分析和关键趋势；竞争对手分析；商业模式的竞争优势。

（6）实施路线图　项目；里程碑；路线图。

（7）风险分析　限制性因素和障碍；关键成功因素；特定的风险和应对措施。运用SWOT和不确定性分析等分析方法。

在当今新茶饮品牌众多的现况下，因进入门槛较低、商业模式容易被复制。在产品同质化现象日趋显著的环境下，企业应探索出一条自有品牌道路，培养独特的品牌文化，以品牌差异化、追求产品个性化，坚持实行差异化战略，以满足消费者个性化的需求，打造个性化的产品，并坚持创新，满足消费者对新茶饮风味的追求。

扫码看拓展阅读5-2及思考题

第三节 新茶饮的营销策略

新茶饮品牌在做好营销环境的分析、市场调研工作，确定好市场定位、产品定位、品牌定位的基础上，灵活运用营销策略，并做好营销管理工作，不断创新，建设新茶饮品牌，持续提升品牌影响力。

一、市场营销与营销组合

“Marketing”一词最初出现在1905年美国宾州大学课程中，该词在我国台湾地区被翻译成市场行销，在大陆地区被翻译为市场营销。

市场营销的概念，看法各有不同，主要观点有以下几点。

美国市场学会定义市场营销（1935年）定义：引导商品、劳务从生产者流向消费者的商业活动。此后1985年、2004年、2007年多次修订。2007年的定义：市场营销涉及一系列活动、机构、用户、合作伙伴和整个社会有价值的供应品。

菲利普·科特勒是市场营销学界泰斗，他在《市场营销学原理》第9版（2003）中的定义：市场营销是通过创造和交换产品及价值，从而使个人或群体的需要和欲望得到满足的社会和管理过程。《市场营销学原理》第15版（2019）中的定义：企业为了从顾客身上获得利益回报，创造顾客价值和建立牢固顾客关系的过程。

菲利普·科特勒一直倡导“4C+STP+4P”营销管理分析框架，为分析企业市场营销提供了有益的思路与方法（表5－7）。

从供需匹配视角，市场营销定义（符国群，2023）：市场营销是在一定经营理念指导下通过“匹配”为供需或交换双方与社会创造价值的行动和过程。这里的匹配是供需匹配；这里的交换既可以是市场交换，也可以是社会交换；这里的过程，既可以是企业层面的顾客价值创造过程，也可以是在更大范围内的社会价值创造过程（图5－4）。

从企业的市场营销功能而言，企业充分发挥市场营销功能，创造出不用推销的产品，让客户感受到产品的价值。市场营销的使命永远是改善人类的生活、促进公众利益的实现，是利他与利己行为的统一。随着科学技术的发展，科技给市场营销带来创新，数字化营销及管理促使企业不断地创新和进步。但无论时代如何变迁，营销的本质不变（图5－5）。

营销组合是现代营销理论的一个重要概念，说明在某种程度上新茶饮市场需求会受到营销要素的影响。为了实现营销目标，新茶饮企业需要对各种营销要素进行有效的组合。营销组合中所包含的营销要素很多，迄今为止影响最大的营销组合是4P［杰罗姆·麦肯锡（Jerome McCarthy）提出，产品product、价格price、渠道place、促销promotion］营销组合

表5－7 市场营销4C-STP-4P分析法相关元素

4C					
环境（circumstances）：PEST分析	竞争（competition）：行业分析	竞争（competition）：竞争分析		公司（company）：（波特）五力分析	客户（customer）：客户分析
政策法律	整体规模及增长	竞争格局	竞争对手	公司现状	客户画像
经济	产品结构	梯队分析	（波特）五力分析	存在问题	4P偏好
社会文化	区域分布	行业集中度分析			
技术					

STP[1]							
市场细分（S）		目标市场选择（T）	市场定位（P）：定位步骤	寻找卖点	确定卖点	传播卖点	卖点评价
年龄	品牌	目标人群	画格子	罗列卖点	顾客需求	明确性	顾客认不认
收入	型号	目标区域	选格子	竞品卖点	竞争营销	一致性	同行服不服
职业	区域	目标品类	格子里选位置	卖点排序	公司特色	艺术性	对手恨不恨

4P														
产品（product）				渠道（place）			价格（price）				促销（promotion）			
产品结构	爆品策略	产品组合	产品增长	渠道结构：线上	渠道结构：线下	渠道成员	价格对标	定价策略：品类定价	定价策略：组合策略	定价策略：心理定价	广告策略（5M）	人员营销	销售促进	公共关系
传统产品	爆品选择	BGC组合	存量增长	综合电商	经销/代销商	渠道激励	第一梯队	A类定价	选择品定价	尾数定价	目标（mission）	顾问式销售	买一赠一	冠名
新产品	痛点	形象产品	增量产品	社交电商	KA[2]	渠道控制	第二梯队	B类定价	产品线定价	整数定价	预算（money）	销售人员选择	免费品类	新品发布
中高端产品	痒点	利润产品		内容电商	直销		第三梯队	C类定价	附带品定价	招徕定价	信息（message）	销售人员激励	展销会	危机公关
	尖叫点	走量产品		视频电商	直营店/加盟				分别定价		媒体（media）		促销活动	
		竞争产品							组合定价		评估（measurement）		堆头陈列	

注：①STP是市场营销学中营销战略的三要素：市场细分（market segmenting）、目标市场（market targeting）、市场定位（market positioning）。

②KA（Key Account），即“关键客户”“重点客户”“重要性的客户”，对于供应方企业来说KA卖场就是营业面积、客流量和发展潜力这三个方面具有很大优势的直接销售终端平台。

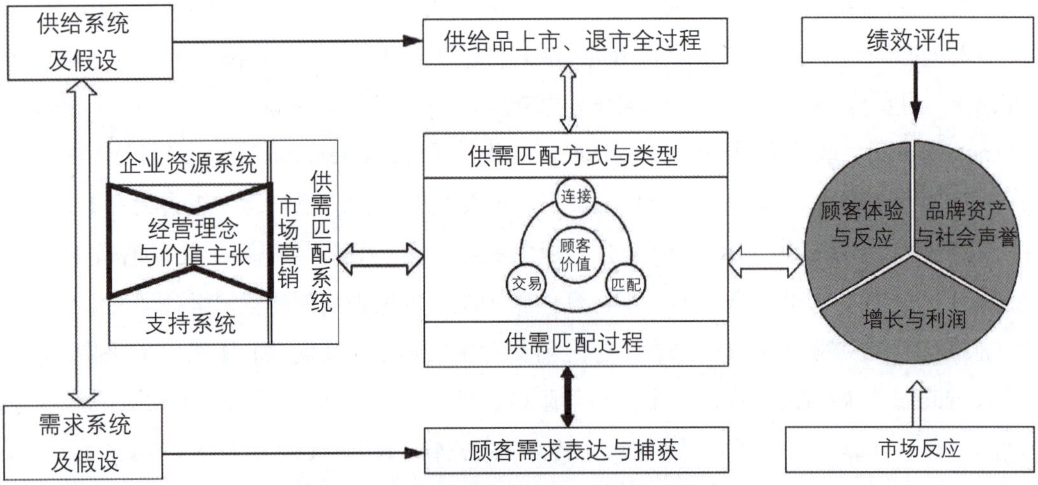

图5－4　供需匹配视角下的市场营销分析框架

（资料来源：符国群，2021。）

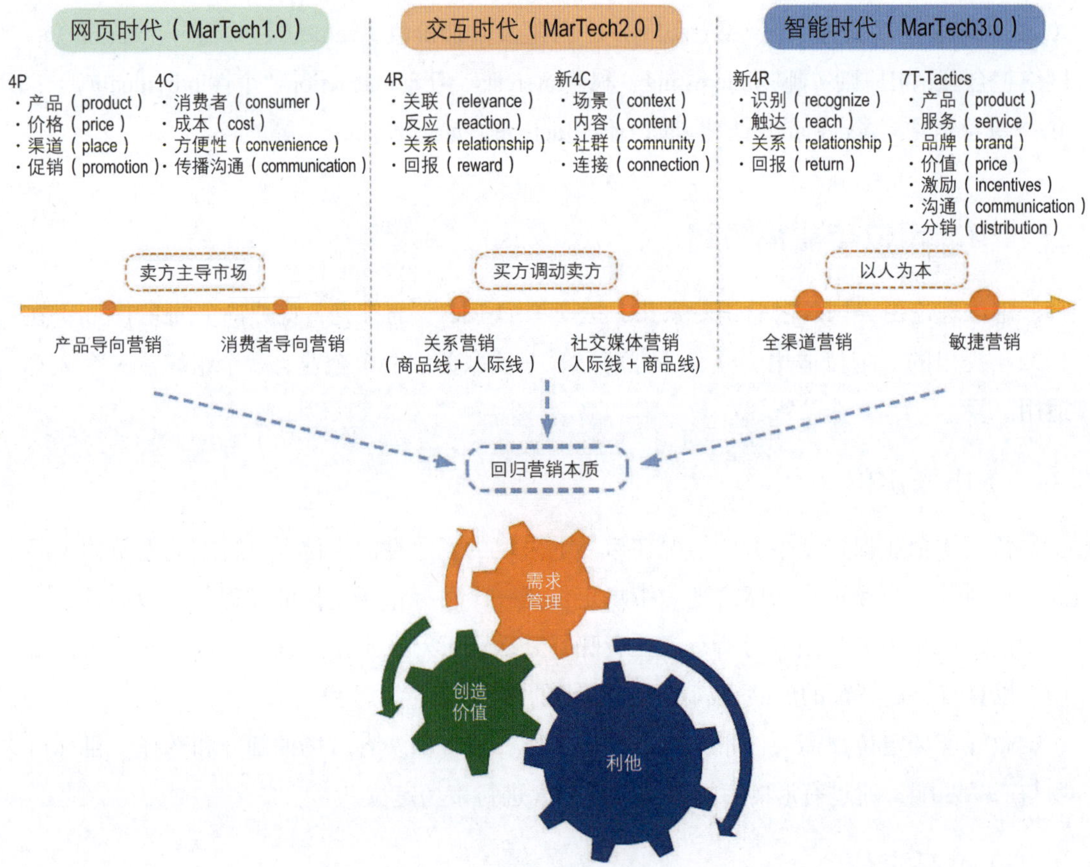

图5－5　营销时代的变与不变

（资料来源：王玮等，2023。）

理论，它是营销组合的基本框架。此后，营销组合在多个背景下，发展成6P［4P+（政治力量political power、公共关系public relations）］、7P［4P+（人员people、有形展示physical evidence、过程process）］、10P［4P+（探查probing、细分partitioning、优先prioritizing、定位positioning、政治力量political power、公共关系public relations）］、11P［10P+（人people）］等。有些学者认为，当环境发生新的变化时，传统以4P营销组合为主的理论出现了局限性，于是提出了4C、4R（唐·舒尔茨提出）、4R［艾略特·艾登伯格（Elliott Ettenberg）提出］、5R、4V、4I、4D等新的营销组合理论来变革4P营销组合理论。

从营销组合被强化的过程来看，也是消费者主权确立，被重视的体现。4C是指顾客需求（consumers' need&wants）、成本与价值（cost&value）、方便性（convenience）、传播沟通（communication）；4R（唐·舒尔茨）是指关联（relevance）、反应（reaction）、关系（relationship）、回报（reward）；4R（艾略特·艾登伯格）是指关系（relationship）、节省（retrenchment）、关联（relevance）、报酬（rewards）；5R是指与顾客建立关联（relevance）、注重顾客感受（receptivity）、提高市场反应速度（responsiveness）、关系营销（relationship）、赞赏回报是营销的源泉（recognition）；4V是指产品差异化（variation）、功能弹性化（versatility）、价值及附加价值（value）、共鸣（vibration）；网络整合营销4I原则（趣味interesting、利益interests、互动interaction、个性individuality）；4D智慧营销（需求demand、数据data、传递deliver、动态dynamic）等。

二、市场定位与营销策略

定位理论由美国著名营销专家艾·里斯（Al Ries）与杰克·特劳特（Jack Trout）在1972年提出的。定位适用广泛，一件商品、一项服务、一个企业、一个组织、一个人都适用。

（一）市场定位

新茶饮企业根据竞争者的情况在市场上采取的竞争性的定位，以特定的新茶饮产品谋求在新茶饮市场占有一席之地。市场定位是一个目标市场选择的过程，一般而言，一个新茶饮产品不会妄图取得所有人的青睐，其次会针对所选定的细分市场，作为目标市场，以具有一定特征的产品去满足目标市场的需求。

做好市场定位，需要注重三个方面的工作：目标消费者市场的细分和选择，目标市场与产品匹配，通过有形的市场或无形的概念进行市场定位。

（二）产品定位

新茶饮产品同质化现象特别明显，目前已属于红海产品。企业要始终考虑把自己的

产品做出特色，需要注重3个方面的工作：第一，要谋求新茶饮产品差异化的竞争优势；第二，让消费者能感知到新产品的特色；第三，给消费者购买产品的一个强有力的理由。

（三）品牌定位

品牌定位是企业为了在目标顾客心目中占据独特的位置而对企业的产品、服务及形象进行设计的一系列行为。通过品牌定位，在消费者心智中确立品牌的位置，以使企业的潜在收益最大化。主要做好3个方面的工作：品牌个性差异或核心竞争力；传递品牌核心价值，打造品牌“DNA”；强化品牌文化烙印。

三者之间的关系：市场定位为品牌定位的发展设定了基本方向；产品定位是品牌定位的基础，离开了产品定位，品牌定位则无根无源。品牌定位是建立在产品定位之上，属于更高层次上的营销战略。

打造新茶饮品牌个性，让消费者以人格化特征去感知具体品牌，使得消费者个性与品牌个性接近，以引起消费者共鸣、产生认同感、满足消费者情感需求、增强消费者购买欲望。

新茶饮应做好这三大定位，营销策略目标明确，有针对地做好营销工作。

三、新茶饮营销策略与选择

营销策略是在营销战略的指导下，服务于企业整体营销目标所采取的多种策略性的营销活动，具有商业性、可行性、创新性、时效性、灵活性、综合性的特点。新茶饮营销策略主要包括产品策略、定价策略、渠道策略、促销策略、传播策略等。在具体运营中，新茶饮的体验营销、服务营销、社交媒体营销等尤为重要。

（一）产品策略

一个新茶饮企业应构建一个较为丰富的产品体系，且随着市场竞争的变化，消费者需求偏好的变化，不断推出新产品，以满足消费者的需求。在构建产品体系时，产品名称可以从多种文化中汲取创意元素，尤其是中国传统诗词文化。产品配方讲科学、重营养，突出个性化的风味。每开发一个产品，都应该精准定位，突出产品卖点。

在新产品开发中，一般遵循6个阶段：创意生成、确定开发范围、开发项目立项、产品实体开发、测试检测、商业化。为了确保新产品开发成功，在大规模投放市场之前，还应有所针对地选择某一个城市或区域进行试销，再根据具体情况全面投放市场。

（二）定价策略

定价是一门涉及经济学、心理学、营销学、财务学、管理学、品牌学、社会学、法

学等多个学科的学问。市场上不同品牌形成不同价格的原因，有社会学中人们对于自我身份认知的差异，也有不同需求的天然差异。对于新茶饮而言，不是越贵越好，也不是越便宜越好，这与新茶饮品牌的市场定位、具体某一个产品的产品定位等有所不同。当然，具体价格的不同，与竞争对手的定价也会有所考虑。对于一个具体的新茶饮企业来说，不同的产品体系具有多种定价的产品供给市场。

定价的方法有多种，根据成本为基础的定价法（成本加成定价法、目标利润定价法）；根据竞争对手的定价法（随行就市价格定价法、低于竞争对手定价法、高于竞争对手定价法、拍卖投标定价法等）；根据价值为基础的定价法（感知价值定价法、超感知价值定价法、差别定价法等）。定价策略有多种，主要包括新产品定价策略（撇脂定价策略、渗透定价策略、温和定价策略等）；数字化产品定价策略（差别定价策略、捆绑定价策略、免费定价策略等）；心理定价策略（声望定价策略、尾数定价策略、小单位定价策略、招徕定价策略等）；折扣与折让定价策略（现金折扣、数量折扣、功能折扣、预购折扣、折让等）。

在新茶饮的定价策略中，往往采取考虑竞争对手定价、新产品定价、折扣定价等多种方式。在市场竞争中，新茶饮快速发展时期，各品牌结合对消费市场的调研，有一段时间坚持单杯价格不超过30元的情况，但随着竞争的加剧，以及茶饮新产品的品质提升等原因，超过30元每杯的新茶饮已有突破。在具体的品牌竞争中，在不同的价格竞争段位，都有相应的品牌满足这个价位的市场，竞争十分激烈。

扫码看拓展阅读
5-3 及思考题

（三）渠道策略

新茶饮营销渠道策略，主要包括线下渠道策略和线上渠道策略。线下渠道策略主要包括门店零售、企业单位团购等；线上渠道策略包括借助多个电商平台以外卖送货等渠道。渠道顺畅产品才能够被消费者所知晓，产品才能高效顺畅地送达消费者的手中。不同的渠道具有不同的特点，管理维护好线下及线上渠道，确保通畅，并不断扩张渠道，对企业占有市场、提升品牌竞争力十分有利。

对于初创企业来说，渠道能力几乎决定其“生死”。在企业最重视的经营要素中，除了产品，优先考虑的就应该是渠道。无论是线上渠道还是线下渠道，只要精通其中的一种渠道的操作运营方式，企业生存下来不难，但若想发展更强大，则需要培育企业的核心竞争力。新茶饮市场竞争极其激烈，企业品牌若想胜出，渠道的建设至关重要，市场竞争变化莫测，企业若没有快速适应渠道的能力，很难生存下来。例如，从电商的淘宝到微商、自媒体、直播、社区团购、社群等的演化，每一次新核心渠道的出现，总有相关依赖原有电商模式而变化不及时的企业倒下。因此，渠道的创新本身也是商业创新，重视渠道建设及保持敏捷性，不断强壮企业的关键能力。

（四）促销策略

新茶饮的促销策略主要包括广告、公共关系、人员促销、销售促进及直接营销等。

运用广告策略，目的是提高品牌的知名度，强化品牌在消费者心中的形象，提升美誉度，激发消费者购买欲望，最终达到购买的目的。

运用产品品牌代言人策略，在品牌的提升知名度、展示品牌个性、丰富品牌联想、强化品牌体验、维护品牌风格等方面具有独特的价值。尤其是利用一些消费者喜爱的知名人士代言，会提升品牌的亲切感。

公共关系包括企业与政府关系、顾客关系、媒体关系、社区及与其他企业关系等。在策略方面，可通过公共关系新闻传播、举办展览会、赞助活动等，遵循诚实守信、平等互利、协商沟通、创新等原则做好公共关系工作。

常见的促销方法主要有折价促销（价格折扣，如直接打折、数量折扣、附加赠送、加量不加价、第二杯半价）、优惠券促销、免费试饮、有奖销售、公益赞助、会员制促销、服务促销、财务激励（如分期付款、后期付款、银行按揭）等。

例如，某新茶饮品牌针对不同消费人群运用不同的促销策略，针对学生的价格策略是在线上外面平台发放优惠券、扫楼发放代金券、邀请粉丝免费试吃券、通过赠品吸引消费者尝试产品；学生出示学生证可以打折扣，降低价格敏感度，吸引学生消费。同时，针对竞争对手促销活动进行灵活调整。在组合促销方面进行优化，如一次性消费一定钱数的产品实行“满减促销活动”，并给予外卖配送优惠，强化老顾客的忠诚度，让新用户尝新购买。

（五）传播策略

产品信息传播的目的是提高顾客的购买意愿。为自己接受的产品或服务价值进行支付的意愿。新茶饮企业应深入研究顾客在购买过程中的哪些环节对顾客的价值感知产生影响。对于任何一个品牌来说，顾客感知的价值包括理性经济价值和感性心理价值。前者强调了对产品的功能性与实用性的需求及满足，是购买产品可以为顾客带来的直接利益，如产品的品质、经济性及功能等。后者是指能为顾客带来的无形价值，如饮后的舒适感、彰显或强化其地位、挑战、自尊、娱乐或个人成就感等，这与顾客的社会和心理需求及满足有关。

很多年轻的新茶饮消费者，通过图文类新媒体形式，或通过视频及直播类新媒体形式了解新茶饮品牌。新茶饮品牌根据消费者使用媒体的偏好，综合考虑如何把信息传递到消费端。

（六）体验营销

企业通过看、听、用、参与等多种手段，调动目标顾客的感官、情感、思考、行动、关联等，使其亲身体验企业提供的产品或服务，体会产品或服务的品质和性能，从而促使顾客认知、喜好并购买产品或服务的一种营销方式。

消费的感官体验是做好体验营销的关键。感官主要包括视觉、嗅觉、味觉、听觉、触觉等，企业的产品及服务令顾客感受到了愉悦、兴奋、享受与满足，体验营销效果显著。

体验营销是顾客与企业共创价值的过程，其过程一般包括体验前（活动：想象、寻找、预算、计划）、体验中（价值源泉：感官、情感、功能/实用性、关系、社会、信息、新奇）、体验后（结果：享受、愉悦、学习和技能、劝服）等。

在新茶饮品牌的激烈竞争中，知名品牌的体验营销做得各有特色，不妨多关注不同新茶饮品牌在体验营销方面的特色做法。比如，某新茶饮品牌从门店的灯光、布局、桌椅设计直接选取了芝士茶特有的渐变色作为沟通体验店的主题色，利用店址本身的建筑美学特色，营造出“整个人泡在了茶汤里面”的奇幻感觉，令消费者倍感新奇与舒适。又如，某新茶饮品牌在体验营销方面，以用户体验为中心，全方位挖掘开发，不断满足消费者个性化的需求，深挖品牌内涵、增强IP建设、打造文化符号，整合各类新兴渠道，打造全场景营销，不断提升品牌价值。

（七）服务营销

相对于有形产品而言，作为无形产品的服务，具有无形性、过程性、可变性及易逝性等特点。服务营销要素主要包括7P，在传统4P的基础上增加了人员、有形展示、过程三个要素。服务（无形产品）营销组合与产品（有形产品）营销组合相比，有所不同。

服务营销组合包括服务（服务范围、服务质量、服务水准、服务品牌、包装、保证等）；价格（灵活性、区别定价、折扣、认知定价、付款条件等）；渠道（渠道设计、店面位置、可用的网络、仓储、物流运输等）；促销（媒体类型、广告、宣传、公共关系、个性服务、营业推广、人员推销等）；人员（员工招聘、员工培训、内部营销、顾客参与度、顾客教育、顾客行为等）；有形展示（员工服装、设施设备、色彩、声音、招牌、招贴等）；过程（活动流程、标准化、定制化、员工授权、顾客参与等）。

有形产品组合包括产品（产品线、产品组合、包装、品牌、质量、售后服务等）；价格（折扣、付款条件、价格变动、贸易折扣等）；渠道（渠道选择、渠道设计、运输、仓储、快递服务等）；促销（广告、人员推销、媒体选择、公共关系、营业推广等）。

细节决定成败。无论是有形产品营销还是服务营销，都应在细节方面全心全意为顾客做好服务。一杯新式茶饮的风味稳定，无论是外在的包装还是内在的产品品质都应该做到令顾客无可挑剔。在服务方面让顾客如沐春风，恰到好处的服务令顾客愉悦，顾客感受到

了高品质的产品及服务，会向周围传播有利于品牌的信息，提升品牌的美誉度和影响力。

在服务方面应进行全方位的品牌服务标准化。例如服务人员的言语文明、举止礼仪、仪容仪表对消费者的影响很大，新茶饮企业品牌应全心全意、不断提升服务水平。

（八）社交媒体营销

某新茶饮品牌利用抖音社交媒体平台，以社交媒体营销方式取得了巨大成功，充分展现了社交媒体营销传播速度、强度、范围之快、深、广。互联网技术的发展催生社交媒体的发展。企业借助社交媒体作营销策划工作。传统的营销是在卖方市场环境下，以“商品线”为线索，企业方向消费方强推的形式推销售卖产品，企业搭平台、卖产品，企业主动发声的形式做营销活动。社交媒体是以“人际线”为线索，消费者通过社交媒体发声，以自我实现为目标，呈现出人际关系商业化的特点（图5－6）。

传统营销与社交媒体营销融合，回归营销的本质：以利他为原则，企业做好需求管理与创造价格的相平衡。

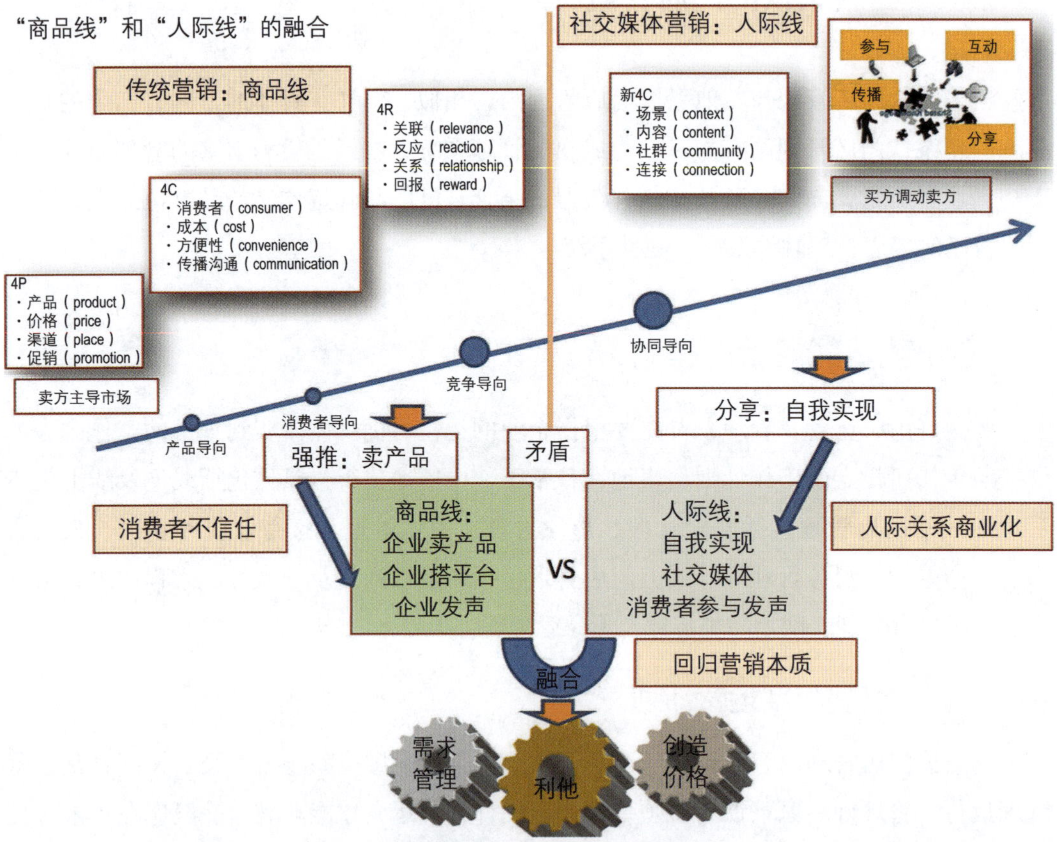

图5－6　社交媒体营销的发展图

（资料来源：王玮，等，2017。）

当前，社交媒体用户年轻人占主流，这与新茶饮的目标消费群体相契合，社交媒体营销利用大数据、人工智能等科技手段，根据消费者的个人需求，推送个性化的营销内容，在该年龄群开展社交媒体营销，将大大提升营销的精准度。同时通过多平台联动，将营销内容发布至多个平台，也能促进传播广度。社交媒体营销渠道、终端多样。与传统媒体相比，社交媒体的多种渠道与平台，为营销者进行新媒体营销提供了多样化选择。例如，新茶饮品牌可通过在微信公众号、小红书等平台上发布营销软文提升用户黏性，抖音直播推动销售产品、自主开发管理品牌App等方式进行多样化营销，提升营销效果。企业可综合实施完善社交多元触点、共筑差异化感知，丰富情感交互体验、打通泛消费场景，品牌共栖营造认同、服务优化牢固忠诚，培养专属意见领袖、社群引爆口碑扩散等策略提升新茶饮品牌社会化营销成效。

扫码看拓展阅读 5-4 及思考题

第四节 新茶饮的门店管理

新茶饮的门店管理与其他餐饮门店管理内容相似，但又有具体的不同。如今的知名品牌的新茶饮门店管理已有相对较为成熟的管理系统，积累了较为丰富的管理经验。对于初创业者而言，向知名新茶饮品牌学习，结合自己的品牌定位、产品特色等设计打造属于自己的门店管理软件系统、硬件系统。

一、系统观下的门店管理

要做好门店运营及管理，首先要根据企业的运营目标具体落实到日常的工作中去。要按照年初所设定的工作计划逐步地在日常工作中落地执行，具体包括线下及线上门店管理。线下门店管理包括安全管理、形象管理、卫生管理、接待及服务管理、人员管理、生产管理、财务管理等。线上门店管理包括新茶饮网站及公众号、小程序等日常管理、外卖平台管理、网上品牌传播及形象管理等。

（一）门店管理年度运营计划

新茶饮门店管理内容庞杂，既要遵循整个新茶饮品牌战略规划，又要抓好日常运营管理执行。管理好一家茶饮店必须要有周全的计划，运营才能顺利。一般应在年末应提前计划好新的一年的门店运营计划，可以根据日历的月份、节气、周末、节假日以及往年历史数据（长期连续经营积累的数据及经验），制订相应的运营计划。例如，应综合考虑一年四季的时令水果饮料计划在哪几个季节出，出哪几款新茶饮产品及创新茶饮产

品；夏季饮品旺季来临时，准备哪些有效的促销方案；创新茶饮新品的推出时间等。年度计划应提前准备好，店长落实执行并主动反馈。

（二）根据计划表开展工作

根据年度计划，可以再细致地划分月计划、周计划、日计划。月计划会针对当月即将发生的事提前做好安排，周计划应对当月的计划执行做小结，日计划是执行当日的工作计划。例如，在新的一周即将开始前，要准备以下工作：查看未来一周的天气预报，做好事先准备；查看未来一周的计划，是否有重大事件发生，做好相应准备；检查新茶饮的物料是否充足，是否要补充货源，人员到店的时间安排是否合理；预估未来一周的营业额；安排好未来一周人员的排班计划；安排例会告知工作人员未来一周的工作计划；执行落实周计划。周计划执行完毕后，做好反馈和总结，完整地记录到月工作总结中。

（三）日常营业安排

有了运营的周计划，就可以执行每日计划，这也是新茶饮门店的日常运营管理内容。

1. 门店每日营业前准备

在营业前需要准备：查看天气情况、有无活动以及准备情况、人员是否按计划到岗以及备案、预估当天营业额；开早会，下达工作安排，鼓舞员工士气；门店门前、前厅、后厨等的卫生情况，备料准备情况。

2. 门店营业期间

店长及相关负责人员应随时关注：前厅备料物料的使用情况，不足应及时通知后厨制备；后厨半成品制备情况，通知前厅收银员做好相应准备；提前做好高峰期时段的原物料准备，跟踪高峰期原物料实际使用情况，并做好记录；各岗位工作人员的工作状态，及时调整员工状态；做好随时处理客诉的准备；各营业时段的实际营业情况，分析实际营业数据原因；若有促销活动，跟踪活动产生的实际营销数据。

3. 预打烊

划分打烊人员的工作安排，如前厅后厨卫生、原物料盘点报损等；营业数据收集整理、对账，记录当日突发情况并说明具体原因；检查原物料实际使用情况，是否需要紧急下单备货；促销活动实际效果、分析原因，计划接下来的举措；明日有无特殊事件，提前做好工作安排，如除周计划表中的事件以外突发的事件。

4. 打烊

检查前厅、后厨卫生实际打扫情况；检查相关设备是否处于关闭或者开启状态，如相关电器设备的电源关闭情况、紫外线灯消毒柜电源开启等；检查原物料半成品保质期

情况，做好相应记录；关灯，闭店。

（四）门店日常工作分解

一般而言，新茶饮店职能岗位配备应有加料岗、出杯岗、后厨岗、调饮岗、收银岗，原则上不同岗位上至少要有一名工作人员，但实际上会依门店实际营业情况，增加岗位人数或减少人数，采用一人多职的模式，以最大限度地减少运营成本。

以一位新员工刚进新茶饮门店该如何学习不同岗位为例，了解不同的岗位职能。

1. 加料岗

从加料岗学起（开始顺序可以略微调整），学习不同的新茶饮产品如何加料，并详细了解产品菜单，理解新茶饮产品体系。一般新员工在加料岗需要学习3~5d。

2. 出杯岗

调到出杯岗，学习不同新茶饮产品的出杯方式，如区分杯盖，正确使用不同的打包带，配置吸管、纸巾、宣传单等。除了学习基本的出杯方式外，还要学会一套出杯流程用语，这部分需要根据新茶饮产品的性质设计用语，如热饮需要提醒顾客小心烫口、分层的饮品需要提醒客人搅匀再喝等。出杯岗还需要学习应对客人的一些额外需求，具体依实际情况而定。一般新员工在出杯岗需要学习3~5d。

3. 后厨岗

后厨是一家饮企业非常重要的生产重地，后厨工作是否顺畅直接影响整个前厅的作业，能否胜任后厨岗是检验一位合格员工的标准之一。新员工来到后厨岗，首先要先了解整个后厨的作业流程，然后才开始接触后厨作业，再到独立完成部分作业，最后能独立完成后厨的所有作业。一位合格的后厨岗人员不仅能独立完成作业，还要能处理突发情况，能合理协调工作，做到资源最大化利用。一般新员工在后厨岗需要学习14d左右。

4. 调饮岗

后厨岗是后勤保障，调饮岗是前端输出。新茶饮的产品口感是否被顾客青睐，是否符合产品标准，全靠调饮岗的调饮技能。新员工来到调饮岗之前必须记住所有的产品的调配要领，之后才能跟着师傅或老员工接触新茶饮的产品制作。一般会根据新员工的学习能力及掌握技能的情况，来到饮调岗之前，重新流转一遍加料出杯和后厨各岗位。一般新员工在调饮岗需要学习15~60d。

5. 收银岗

当所有的岗位学习完毕后，新员工已经对新茶饮产品有了全面的认识与理解。这时就可以调到收银岗，收银岗是第一时间接触客人的窗口，收银岗的技能强不强，可以直接影响到一家店的营业额。收银岗需要具备的最基本技能就是对所有新茶饮产品的特点都了如指掌，除此之外还需具备一定的语言表达沟通和推销能力，以及灵活应变的能力。当新员工能够胜任所有岗位后，一位合格的全能型员工就“产生”了。

（五）日常排班管理

店长应根据周月计划和排班人员数量以及部分人员合理需求，进行排班并制订排班表，按照一定的规范做好管理。同时，也有一定的人性化管理，并落实到位，以谋求人员满意。

（六）门店清洁分解

门店清洁工作主要包括日清、周清和月清。做好“三清洁”的具体工作，门店应干净卫生，安全有保障，因茶饮为液体，每个员工要有意识，重点关注店堂地面是否有茶饮杯和茶汤洒落等现象，万一地面有水渍，极容易造成滑倒摔伤，造成人身意外安全事故。无论是员工还是消费者都能感受到美好的门店环境，进而对品牌的美誉度有所提升。

（七）外卖平台

外卖平台是网络竞争的主战场，单靠“死守”实体店线下的营业难以支撑一家门店，店长需要在总部的整体运营的规划下，做好线上线下的综合营销，主动拓宽营销渠道，以赢得市场竞争的机遇。

（八）门店行为礼仪要素

1. 店堂待客礼仪

店堂待客礼仪包括迎宾礼仪（迎宾、鞠躬、手势、眼神、引座等）、语言礼仪等。

2. 员工仪容仪表标准

员工仪容仪表标准包括妆容标准（头部妆容、脸部妆容、手部妆容、着装标准、服饰着装、鞋袜着装等）、仪态仪姿标准（面部表情、站姿标准、坐姿标准、蹲姿标准、行姿标准等）。日常工作中，人人注意自身的形象、行为礼仪等，除了加强培训之外，善意的提醒也有必要，尤其是针对有些员工的陋习、礼仪方面的顽症，应及时纠正。

（九）门店安全管理

新茶饮店安全管理非常重要，涉及管理对象多元化的特点。除了安保人员之外，每一位员工都要紧绷安全第一的工作原则。门店安全管理包括饮食安全方面、人身安全方面、用水电安全、财务防盗安全等，还有影响消费者行为及可能有损品牌形象方面的行为等。

人员安全管理是重中之重，不仅员工要确保自身人身安全，在操作到物料机器、用电设备等方面也要严格按照操作规程执行。对顾客的安全，尤其是排队、人员拥挤等情况，要维持好秩序，对人员与顾客、顾客与顾客之间保持敏感，尤其是当发生各种冲突

的时候，要及时处理，避免事态扩大。尤其是宠物管理方面，有些顾客携带宠物，要特别关照好，当然也可以根据店内规定，宠物禁止进门店，这方面要根据企业制度要求综合考虑。对店内有可能出现的蟑螂、苍蝇、蚊子、蜘蛛等昆虫，老鼠等动物方面的防控管理，若管理不到位，极容易酿成企业舆论危机事件，甚至可能会造成关店整顿等暂停营业的麻烦。

每一位员工都要有极强的责任心，店长可通过每日的晨会、定期不定期的会议等，结合日常运营管理中的实际案例，加强员工安全管理教育。收集和研究行业内的好的做法及教训等，不断提升员工处理应对各种事件的能力，筑牢安全管理防线，以精益求精的产品及高质量的服务尽最大的努力带给每一个顾客百分之百的满意。

二、门店管理五个关键

门店管理涉及的元素众多，人是最具灵动性的创新因素，门店管理中针对人员素质管理、产品质量管理、品牌形象管理、数据分析研究和企业危机管理等关键要素，重在协同发展，以富有人性化的科学管理取胜。

（一）人员素质管理

1. 建立并执行严格的规章制度

新茶饮店要建立完善的管理制度，对员工的业绩做出相应的激励与奖惩制度，奖勤罚懒、重在激励。

2. 每一个岗位职责有明确的说明书

不同岗位的人员有不同的职责，应明确每个员工的职责范围，杜绝岗位重叠和责任不清的情况发生，并随着日常运营管理的进行，有针对性地灵活修订。

3. 服从管理

人员管理要特别注意服从管理，严格遵守企业的规范制度的底线，遇到工作中的两难选择问题要主动提出来，向上级汇报，与同级交流，不能随大流、自作主张。心中始终要有品牌责任意识，高服务质量意识。

4. 建立学习型组织文化

在企业文化中应建立学习型组织文化，持续做好员工的培训、素质提升工作。优秀的员工是保证服务品质的关键。新茶饮店应定期及不定期组织员工培训，并营造出积极向上、善于学习、热爱读书的企业文化。例如开展调饮茶技能培训、茶知识学习、营销管理及服务技能等方面的内容培训等，让员工在日常工作中更容易掌握技能技巧，不断提升服务水平。

（二）产品质量管理

1. 商品管理精益求精

新茶饮店确保所有销售的茶饮产品都符合安全、卫生等相关标准，合理安排商品及原料采购的适当保质期，并做好日常管理，防止丢失货品等情况发生。

2. 原料采购质价比合理

新茶饮店应该保证采购的所有原料都符合相关的安全卫生等标准，尽可能选择优质原材料，同时应依照采购计划采购，做好量入为出，杜绝浪费。

3. 生产过程精准把控

新茶饮店遵循清洁、卫生、健康等相关生产管理的要求，为消费者提供高品质的安全产品。

（三）品牌形象管理

1. 店面布局合理，装修符合品牌精神

新茶饮店店面布局应该遵循顾客的消费习惯，符合环境地理学、消费心理学等设计布局原理，营造出令人舒适的消费环境，店内外装修本着简洁明亮、温馨舒适、通风采光适宜、安全至上等原则，提升茶饮店的品牌美誉度，令消费者愿意主动拍照分享、来此消费打卡等。

2. 店内广告宣传适度

新茶饮店店内外设置招贴、灯箱等多种形式的广告、随时取用的宣传材料等，对新茶饮品牌进行主动宣传，吸引更多消费者的注意。在社交媒体上以文字、图片、短视频等适时的发布店铺活动，吸引消费者到店或网上消费等。

3. 消费者调查应成为常态

新茶饮店应定期或不定期地对消费者开展满意度调查，针对客户反馈的问题及建议进行改进，只有“双向奔赴”才能做得更好。

（四）数据分析研究

关于数据管理的系统化，新茶饮店应建立数据管理制度，为不同部门进行数据交流和协调提供便利。做好数据分析研究，为决策提供依据。新茶饮店通过日常统计数据加工分析，如一些关键数据：客户数量、消费额、顾客留存率等，分析客户需求情况，及时反馈到管理决策层，以提供更优质的服务。此外，通过对数据的开发利用，为数字营销赋能、实行会员管理及提供相应的增值服务等。例如，某新式茶饮品牌应用数字化技术，改革升级运营管理方式，通过数据中台和业务中台的双向赋能，实现数字驱动的真正高价值增长。在人力资源管理方面，引入指挥HR管理软件，打造“人力资源加科技”

管理模式，减少用人成本。利用人工智能（AI），使员工从自己安排工作到“被驱动工作”，即系统通知员工在何时在何地该做什么事，减少员工的盲目行为，提高工作效率。在门店管理方面，通过自我研发的人工智能系统，实现线上线下的监督管理，利用大数据分析周边人群消费水平，及时调整产品价格和产品存货，更好地满足客户需求。分析消费的高峰时段，科学分配员工的工作时间，合理安排换班轮班，提高员工的工作满度，降低门店管理难度。在生产制作方面，引入新型设备和技术支持。在上市一周年时实现五大增长，自动化设备的投入使用使其不断向智能化、自动化迈进。例如“自动制茶机”，最快10s就可以现场制作出一杯奶茶，制茶效率提升了40%左右。

（五）企业危机管理

新茶饮企业取得公众信任的关键要素是“关心与共情、贡献与承诺、能力和专业、诚实和公开”，面对危机，企业需要保持积极的心态，危机事件和风险争议并不全是负面影响，是聚合多方力量发现问题、参与解决问题的平台，信任是建立在企业与消费者对话博弈，以及对公众赋权的过程之中的。企业尽可能地站在消费者立场，对其充分表达关切，尽职调查问题并迅速公开，履行整改承诺并能有效化解危机。企业应建立“全员公关、多元回应”的对话模式。尤其是门店店员往往是首位接触点，需要以高度的责任心和服务意识服务好消费者。门店经理、区域经理、公关人员、企业高管、技术专家等也需要高度紧密配合，参与对话。

危机决策时间短、难度大，企业在平时就应建立一套预警及危机处理系统，对全员进行实战培训，以提升全员的沟通能力、面对公共媒体表达的能力。且应加强内部沟通，企业善待员工，充分重视内部信任建设，增加员工关怀，保持沟通渠道顺畅，提高员工对企业的文化认同和情感认同，减少企业内耗，凝心聚力，与企业同频共振。

在品牌传播方面，话题营销的同时要保证底线和界限，识别雷区，避免过度蹭热度、博眼球，要结合新茶饮品牌的长期战略定位，不能一味地获取热度，而淡忘品牌的核心精神。

从新茶饮行业的角度来看，持续加强新茶饮的产品品质、提升消费体验、减少健康风险，强化企业社会责任行动，持续推动全行业的信誉升级应成为共识；且应制度化地维护全行业的健康发展生态，为新茶饮行业的未来发展贡献一份责任和力量。

扫码看拓展阅读
5-5 及思考题

本章思考题

（1）结合中国市场上知名的新茶饮品牌，比较分析其品牌的设计特色、品牌内涵及价值主张等。

（2）运用商业画布分析工具，试分析一个知名新茶饮品牌的商业模式特点。

（3）试针对某一具体新茶饮品牌，分析其在运营成功的一个营销策略案例。

（4）通过检索商业计划书文献及中国大学慕课平台相关课程资料，学习如何撰写商业策划书，为参与学校组织的各类针对大学生创业创新赛事做准备。

第六章

新茶饮调制案例

第一节 以绿茶为基底的调饮作品

一、茶藻奇缘

作者：浙江树人学院，许桐。

（一）主要原料

主要原料包括螺旋藻粉、红球藻粉、恩施玉露、抹茶粉、牛奶、奶泡、白凉粉、冰块。

（二）调饮步骤

（1）预制　5g白凉粉加150mL热水搅拌均匀后加入1g红球藻粉。

（2）泡茶　3g恩施玉露加入200mL沸水冲泡3min，后取50mL茶汤备用。

（3）调配　取1.5g抹茶粉和1.5g螺旋藻粉，混合后倒入杯中后加入50mL茶汤搅拌均匀。

（4）组装　杯中先加入红球藻冻打底，再加入大量冰块；倒入200mL牛奶和10mL冰糖浆，轻微搅拌均匀；再在牛奶上缓慢淋上抹茶和螺旋藻的茶汤，之后在顶部再淋上一层奶泡，抹匀后用筛子筛上抹茶粉和螺旋藻粉，完成。

图6－1　茶藻奇缘

（三）作品解读

“茶藻奇缘”（图6－1）中的红球藻富含虾青素，具极强抗氧化作用，超过多种维生素，能全面提供抗氧化效力。螺旋藻含丰富蛋白质、矿物质和β-胡萝卜素，有助提升免疫力。抹茶中的儿茶素是优秀的抗氧化剂，清除自由基效果优于维生素E。这些食物

都在不同方面有利于健康，提供必需营养和强化身体抵抗力。

二、快点醒醒椰

作者：浙江树人学院，刘雨欣。

（一）主要原料

主要原料包括薄荷、香水柠檬、羽衣甘蓝液、碧螺春、茉莉花茶、黑茶浓缩液、黑咖啡浓缩液、椰子水。其中，咖啡浓缩液为1g黑咖啡粉+25mL水，羽衣甘蓝液为1g羽衣甘蓝粉+25mL水，黑茶浓缩液为1g黑茶+40mL水。

（二）调饮步骤

（1）茶汤，茶：水：冰块=1：30：10，称取3g碧螺春与2g茉莉花茶，随之用150mL开水开盖冲泡6min，备好50g冰块，将茶汤滤进冰块桶中。

（2）雪克壶中加入两片香水柠檬，适当冰块，捣棒暴打十几次。

（3）继续加入一片薄荷叶、35mL糖浆（25mL薄荷糖浆+10mL竹蔗糖浆）、25mL羽衣甘蓝液和100mL茶汤。

（4）冰块加满，进行充分振摇。

（5）出品杯中满冰，过滤振摇好的茶汤，注至出品杯3/4处。

（6）夹子放入一片柠檬装饰，加入15mL椰子水、15mL黑茶浓缩液、10mL咖啡浓缩液。

（7）出品杯中点缀薄荷叶，完成。

（三）作品解读

“快点醒醒椰”（图6－2），有助于镇静情绪，提神醒脑，消除疲劳。薄荷味辛性凉，入肺、肝经，清利头目，疏肝行气。风味特征为清香劲辣甘甜。适合搭配柠檬、西瓜、椰子。

图6－2　快点醒醒椰

三、青瓜遇龙井

（一）主要原料

主要原料包括水果黄瓜、龙井、桂花蜜、雪梨。

（二）调饮步骤

（1）取10g龙井茶投入1L的冷萃瓶里，加入常温纯净水密封放置冰箱冷藏4h以上。黄瓜切长薄片状和小块状备用，雪梨切小块状备用。

（2）将冷萃好的龙井茶汤过滤倒入玻璃量杯中备用。

（3）取20g左右黄瓜块、10g雪梨块放入榨汁机，加入250mL龙井茶汤、15mL桂花蜜盖好盖子开始榨汁。

（4）过滤榨好的茶汤，在出品杯中加入15g冰，搅动冰块，倒入茶汤至出品杯3/4处。

（5）放入黄瓜片装饰，完成。

（三）作品解读

“青瓜遇龙井”（图6－3），入口是青瓜的清新、雪梨的甜爽，尾韵是龙井的清雅与自有豆香，桂花蜜将三者融合。该饮品用桂花蜜代替糖浆，口感轻盈无负担。清爽的茶汤滑过唇齿，瞬间冲淡了春困的疲乏感，就用这一杯青瓜遇龙井唤醒被春“困住”的人吧！

扫码观看
“青瓜遇龙井”
制作视频 6-1

图6－3　青瓜遇龙井

四、清热降火茶

（一）主要原料

主要原料包括西湖龙井、金银花、雪梨干、薄荷、甘草、百合。其中，西湖龙井：金银花：雪梨干：薄荷：甘草：百合=5：1.5：6：0.5：5：3。

（二）调饮步骤

（1）提前称取好各食材的克数，备用。

（2）将5g西湖龙井茶、0.5g薄荷与1.5g金银花投至烤茶炉烘烤2min。

（3）烤制完成后倒入茶荷中，投至玻璃执壶中，注入约500mL、85℃的水，冲泡3min。

（4）另取一个玻璃提梁壶，投入雪梨干、甘草、百合，倒入冲泡完成的茶汤，大火煮约8min，待茶汤沸腾即可倒入玻璃执壶中出品。

（三）作品解读

"清热降火茶"（图6－4）中，薄荷，味辛、性凉、入肺经；金银花，性甘、寒，归肺、胃经；甘草，味甘、性平，归心、肺、脾、胃经；雪梨，味甘、性凉入肺、胃经；百合，味甘、性寒，归心、肺经。将这五味食材与西湖龙井茶搭配，具有清热解毒、降火解暑、驱燥润肺等作用，适合在炎热的夏季品饮。

扫码观看
"清热降火茶"
制作视频 6-2

图6－4　清热降火茶

五、西湖双绝

（一）主要原料

主要原料包括九曲红梅、龙井茶、炭焙薏米、新鲜龙眼、薄荷叶。

（二）调饮步骤

（1）炭焙薏米、龙眼投入煮茶壶，煮开。

（2）盖碗投入适量的龙井茶、九曲红梅。

（3）用炭焙薏米和龙眼煮好的水冲泡茶叶。

（4）盖碗里的茶汤倒入玻璃器皿。

（5）最后加入薄荷叶。

（三）作品解读

“西湖双绝”（图6－5）——养生茶饮，汇聚双湖之韵，薏米、龙眼、薄荷共筑健康之道。

扫二维码观看
“西湖双绝”
制作视频 6-3

图6－5　西湖双绝

在繁忙的都市生活中，我们渴望寻找一种能够滋养身心的养生之道。西湖双绝养生茶，以西湖龙井、九曲红梅为茶底，辅以炭焙薏米、新鲜龙眼与薄荷叶，不仅让你品味双湖之韵，更助你享受健康人生。

西湖龙井与九曲红梅，绿茶与红茶的完美结合，为你带来清新与醇厚的双重口感。而炭焙薏米的加入，更是让这款茶独具特色。薏米具有健脾利湿、清热排脓的功效，经过炭焙后，其功效得以提升，有助于改善体内湿气、促进新陈代谢。

新鲜龙眼的甘甜与营养，为这款茶饮增添了一抹清甜。龙眼富含葡萄糖、蛋白质及多种维生素，具有益心脾、补气血、安神志的功效，常饮此茶，有助于舒缓紧张情绪、提升睡眠质量。

薄荷叶的清凉，为这款茶带来了夏日里的一丝凉意。薄荷具有疏散风热、清利头目、疏肝行气的功效，常饮此茶，有助于缓解头痛、目赤、咽喉肿痛等症状，让你在炎炎夏日中保持清爽与舒适。

西湖双绝茶饮将西湖龙井、九曲红梅、炭焙薏米、新鲜龙眼与薄荷叶完美融合，为你带来一场养生盛宴。每一口都充满了大自然的馈赠，让你在品味中感受健康的力量。无论是独自品味还是与友共饮，这款茶都能成为你生活中的一道靓丽风景。让我们一起

沉浸在这款茶的韵味中，享受健康与美好的双重馈赠吧！

第二节　以红茶为基底的调饮作品

一、滇红入雪

（一）主要原料

主要原料包括古树红茶、水牛奶、果糖、夏威夷果仁碎。

（二）调饮步骤

（1）将15g古树红茶放入茶壶中，注入220mL沸水，闷泡10min。

（2）取一个雪克壶，将泡好的古树红茶水倒入杯中，加入100g冰块搅拌冷却。

（3）倒入130mL水牛奶、25mL果糖，和过滤出的红茶汤至400mL。

（4）使用奶泡器打出均匀的奶泡。

（5）撒上夏威夷果仁碎作为装饰。

（三）作品解读

在山间云雾的滋润下，红茶与雪水间的清新交融，携带丰富的矿物维生素与抗氧化功效。“滇红入雪”（图6－6），茶的醇厚与水牛奶的清甜顺滑，加上夏威夷果仁的奶味点缀，是浓郁香茶与绵密奶香的完美交融，带来独特的舒心甜蜜。

扫码观看“滇红入雪”制作视频 6-4

图6－6　滇红入雪

二、冬日邂逅

（一）主要原料

主要原料包括九曲红梅茶、咖啡、焦糖酱、牛奶。

（二）调饮步骤

（1）取6g九曲红梅茶加入120mL、95℃的水，冲泡6min后过滤茶汤备用。提前萃取20mL意式浓缩咖啡备用。

（2）在玻璃量杯中加入100mL全脂牛奶、30mL九曲红梅茶汤、15mL冰糖浆，搅拌均匀倒入奶泡机中打热奶泡。

（3）在意式浓缩咖啡液中加入30mL九曲红梅茶汤，搅拌均匀备用。

（4）在出品杯壁上抹15mL左右的焦糖酱，倒入打好的热奶泡，再加入茶咖混合液。

（5）放肉桂棒装饰、盐渍枫叶点缀，出品。

（三）作品解读

茶是中国传统文化的重要代表，咖啡则是西方生活方式的典型代表。“冬日邂逅”（图6－7）中两者的结合就像是一场完美邂逅，这款冬日邂逅中加入牛奶，在口感上既中和了咖啡的苦涩，又保留了九曲红梅的花香，茶多酚和咖啡因的“强强联手”，来上一口瞬间活力满满。

扫码观看“冬日邂逅”制作视频 6-5

图6－7　冬日邂逅

三、古树红茶燕麦拿铁

（一）主要原料

主要原料包括古树红茶、浓缩咖啡液、燕麦奶、蔗糖糖浆。

（二）调饮步骤

（1）将古树红茶3g放入杯中，注入140mL沸水，加盖闷泡8min后滤出茶汤。

（2）出品杯中加入古树红茶茶汤、120mL燕麦奶、10mL糖浆，搅拌均匀。

（3）继续加入冰块至九分满。

（4）淋上30mL浓缩咖啡液，完成出品。

（三）作品解读

相较于传统的拿铁咖啡，“古树红茶燕麦拿铁”（图6－8）使用燕麦奶替代牛奶，对于乳糖不耐受的朋友们是一个很好的选择。选取的倚邦古树红茶口感醇厚甜香显，在基底中加入古树红茶汤为饮品增添了额外的香气因子——蜜香、幽兰香。

扫码观看“古树红茶燕麦拿铁”制作视频 6-6

图6－8　**古树红茶燕麦拿铁**

四、健脾祛湿茶

（一）主要原料

主要原料包括九曲红梅茶、红枣、生姜、陈皮、茯苓、白术，其中九曲红梅茶：红枣：陈皮：茯苓：白术：生姜=6：5：4：3：2：1。

（二）调饮步骤

（1）提前称取好各食材的克数，备用。

（2）将6g九曲红梅与1g生姜投入烤茶炉，翻炒烘烤3min。

（3）烤制完成后倒入茶荷中，投至玻璃执壶中，注入500mL、95℃的水，冲泡3min。

（4）另取一个玻璃提梁壶，投入陈皮、茯苓、白术、红枣，倒入冲泡完成的茶汤，大火煮10min。

（5）将煮好的茶汤倒入出品杯中，放入姜丝、红枣装饰点缀，出品。

（三）作品解读

九曲红梅属红茶，茶性温和。生姜，味辛微温，归肺脾、胃经；红枣，味甘性温归脾、胃经；茯苓与白术配伍，具有健脾祛湿，养胃行气等作用。再加入陈皮，具有理气健脾、燥湿化痰等功效，“同升药则升”。“健脾祛湿茶”（图6－9）适合痰湿体质饮用，具有健脾祛湿、养胃行气等功效。

扫码观看
“健脾祛湿茶”
制作视频 6-7

图6－9　健脾祛湿茶

五、米麻薯燕麦红茶

（一）主要原料

主要原料包括古树红茶、鲜牛奶、米麻薯、燕麦、蔗糖糖浆。

（二）米麻薯制作方法

1. 配料

配料包括50g糯米粉、200mL冷水、125g牛奶、25g白砂糖、37g淡奶油、10g炼乳。

2. 制作步骤

首先在糯米粉中加入冷水搅拌至完全混合均匀，加入牛奶、白砂糖、淡奶油、炼乳搅拌均匀，倒入锅中；全程中火搅拌，搅拌至整体凝固后关火，再搅拌至丝滑无颗粒状态，放凉即可使用。

（三）调饮步骤

（1）将4g古树红茶放入杯中，注入160mL沸水，加盖闷泡8min后滤出茶汤。

（2）雪克壶中加入古树红茶茶汤、100mL鲜牛奶、15mL糖浆，搅拌均匀放置备用。

（3）出品杯中依次加入80g米麻薯、50g燕麦，铺平，加入100g冰块，倒入搅拌好的茶汤。

（4）撒上燕麦片，完成出品。

（四）作品解读

"米麻薯燕麦红茶"（图6－10）中的燕麦具有降低胆固醇、控制血糖水平等功效，搭配红茶不仅能使其口感更加醇厚，还能够促进人体新陈代谢、提神消疲，搭配效果较佳。

扫码观看"米麻薯燕麦红茶"制作视频6-8

图6－10　米麻薯燕麦红茶

六、秋梦令

（一）主要原料

主要原料包括百鸟峥茗红茶（天姥红）、绍兴黄酒（20年）、米酒、桂花、糖浆。

其中，15mL绍兴黄酒（20年）、10mL米酒、1g桂花、10mL糖浆。

（二）调饮步骤

（1）在1000mL的量筒里加入3g百鸟峥茗红茶（天姥红）、1g桂花和200mL温水（90~95℃），浸泡2min后过滤出茶汤至另一个量筒。

（2）在茶汤中加入15mL绍兴黄酒（20年）、10mL米酒、10mL糖浆，搅拌均匀。

（3）倒入出品杯。

（三）作品解读

“秋梦令”（图6－11）具有提神醒脑、平衡神经系统、舒缓紧张情绪、滋阴润肺的功效，还可以健脾、补血养颜、活血祛寒、通经活络、增强体力、补肾功效、抗衰护心、祛腥膻、解油腻等。

图6－11　秋梦令

第三节　以白茶为基底的调饮作品

一、新生

作者：浙江树人学院，林莉、廖星雅、杨晓雪、伍星雨。

（一）主要原料

主要原料包括白毫银针、红豆酱、蜜香红茶、白凉粉、泡开绿茶叶3~4朵。其中，茶 ：水=1 ：30，白凉粉 ：红茶茶汤=1 ：10。

（二）调饮步骤

（1）辅料　将10g红豆酱加入展示杯中1/4处，铺平。

（2）泡茶　将4g白毫银针放入盖碗，加入120mL沸水冲泡，直接出汤备用。

（3）茶冻制作　将5g红茶放入盖碗，沸水冲泡2min，取得200mL红茶茶汤。将150mL红茶茶汤、15g白凉粉加入玻璃煮锅，煮开后将为凝固的茶汤倒入展示杯中，展示杯预留1/3容量。

（4）装饰　待茶冻凝固后，用镊子取一片泡开绿茶茶叶，缓缓插入茶冻中。

（5）装杯　将泡好的茶汤加入展示杯至满杯。

（三）作品解读

"新生"（图6－12）是蜜香红茶冻结合红豆酱和白茶汤调配的饮品，提供独特的层次感和清凉口感，白茶汤作基底，平衡甜味并增添清新感。

图6－12　**新生**

二、茯露寿

作者：浙江树人学院，张欣悦、陈念淇、黄未、章佳辉。

（一）主要原料

主要原料包括白凉粉、玫瑰原浆、贡眉、黄芪、茯苓、无糖豆浆粉、寿眉。其中，贡眉茶汤：白凉粉：玫瑰原浆=30：2：1，豆浆粉：茶汤=30：200。

（二）调饮步骤

1. 玫瑰冻

（1）提前准备好150mL贡眉茶汤、10g白凉粉和5g玫瑰原浆，并在玻璃壶中分别倒

入贡眉茶汤和白凉粉。

（2）烧开放凉后再加入玫瑰原浆搅拌均匀。

（3）倒入成品杯底部撒上玫瑰花碎冷藏成果冻状。

2. 茶汤

（1）黄芪和茯苓各5g加入清水泡15min，6g寿眉白茶饼提前用沸水洗茶1.5min。

（2）泡好的黄芪、茯苓加入400mL的纯净水煮10min，5min后加入洗好的白茶饼。

（3）待茶汤煮好后倒入公道杯中。

3. 沫浡

（1）将15g豆浆粉与茶汤按3：20的比例倒入奶泡机中按奶泡键进行搅打。

（2）搅打完成后舀出沫浡。

（3）将调好的茶汤倒入成品杯1/2处，在茶汤上加入沫浡并刮平。

4. 装饰

（1）将茶粉加开水调膏。

（2）在沫浡上题字。

（3）最后撒上玫瑰花做点缀。

（三）作品解读

“茯露寿”（图6－13）将中药养生产品和寿眉白茶相结合，以茶冻、茶汤、浮沫三层构成类蛋糕结构，再加以玫瑰花碎、花瓣点缀，突出庆生、祝福的主题。茶汤微苦，但与来自茶冻中玫瑰花露的甜味结合，配以豆浆茶沫的绵密口感，整体味道甘甜可口、口感细腻顺滑，沁入口中，回味无穷。目标人群为中老年人、“养生”人群。

图6－13　茯露寿

三、古韵净颜茶

（一）主要原料

主要原料包括荷叶、老贡眉白茶、山楂、陈皮。其中，荷叶：山楂：陈皮=1：1：2。

（二）调饮步骤

（1）泡茶　将5g老贡眉白茶放入盖碗中，用沸水闷泡2min，相同步骤进行4次，取得约400mL茶汤备用。

（2）熬煮　将1g山楂、2g陈皮、1g荷叶用竹签串成串，放入玻璃小炖煮壶中，将300mL白茶茶汤加入壶中，待茶汤再次沸腾后10min，完成。

（三）作品解读

“古韵净颜茶”（图6－14）中的荷叶、山楂具有清凉去脂、刮油的属性，在一定程度上可保持身心清爽与平衡。陈皮配上荷叶、山楂具有一定减肥的功效（仅供参考），搭配茶汤增加饮品的风味，老白茶与三种材料的属性融合度较高。

图6－14　古韵净颜茶

第四节 以黑茶为基底的调饮作品

一、嘿开心小黑茶

（一）主要原料

主要原料包括金花黑茶粉、菠萝、炼乳、桂花蜜、开心果酱、开心果碎、淡奶油。

（二）调饮步骤

（1）玻璃量杯里倒入300mL常温纯净水，投入1g金花黑茶粉，搅拌片刻即可完全溶解备用。

（2）在玻璃碗中加入7g开心果酱、3g炼乳、适量温水用茶筅搅拌均匀倒入玻璃壶中。再加入50mL淡奶油，打发至稠密即成开心果奶盖。

（3）在雪克壶中加入50g菠萝，捣碎。再加入50g冰块，倒入150mL黑茶茶汤、30mL菠萝汁、20mL桂花蜜，摇匀。

（4）在出品杯中倒入振摇好的菠萝黑茶茶汤，再加入开心果奶盖，最后撒上开心果碎装饰即可出品。

（三）作品解读

“嘿开心小黑茶”（图6－15）的食材主体是金花黑茶粉和菠萝，黑茶茶汤醇厚与酸甜菠萝搭配，整体口感清新爽口。以金花黑茶粉作为茶底，具有常温速溶和口感醇厚的特点，作为新茶饮基底使用方便快捷。另外，茶香与果香结合的同时，加入开心果奶盖增加其口感的丝滑感。来一杯嘿开心小黑茶，还你一个美丽的心情！

图6－15　嘿开心小黑茶

扫码观看“嘿开心小黑茶”制作视频 6-9

二、沉香六堡熟水

（一）主要原料

主要原料包括海南沉水壳料、广西六堡茶、气泡水、小青橘。

（二）调饮步骤

1. 琼香华韵（热饮）

（1）点燃炉火，将干净的老瓦片放在炭炉上烘烤，5~6min，温度以手掌的星丘位置有灼热感为宜。

（2）将瓦片取下置于平地，0.5g海南沉水壳料放在瓦片中间。

（3）玻璃执壶倒扣在瓦片上，瓶口扣住沉香，在瓦片的热效下沉香开始挥发油脂，香气会附着于执壶内壁。

（4）同时，将4g广西六堡茶投入紫砂壶中，用砂铫壶里烧开的山泉水洗茶，泡茶。

（5）待沉香香气尽时，立即将广西六堡茶出汤注入收集了沉香香气的执壶中，静置片刻，壶壁上的香气溶于茶汤中，沉香六堡熟水香饮子即成。

（6）将一部分茶汤作为热饮。

2. 琥珀香饮（冷饮）

（1）将一部分茶汤倒出冷却。

（2）将冷却后的茶汤倒入冰块模具，放入冰箱冰镇一晚。

（3）冰镇好的茶汤冰块，取适量加入冷饮杯中，加入半杯气泡水。

（4）加上小青橘片做装饰。

（三）作品解读

沉香被誉为众香之首，其药用价值历代医书就有记载，具有安神助眠、行气止痛、中止呕、温肾纳气之功效。“沉香六堡熟水”（图6－16），茶汤更加饱满、醇厚，滋味绵柔、糯滑、甜润，海南沉香清雅的花香、果香和老六堡茶的陈香完美地融合在一起，香韵丰富迷人。

（1）琼香华韵（热饮）　（2）琥珀香饮（冷饮）

扫码观看“沉香六堡熟水”制作视频 6-10

图6－16 沉香六堡熟水

三、云蒙之路

（一）主要原料

主要原料包括普洱方砖、牛奶、炒米、牛肉干、奶皮、食用盐。

（二）配备原料

（1）取15g普洱方砖茶用无纺布茶包袋包好，在锅中加入1500mL纯净水煮10min左右捞出。

（2）加入300mL牛奶（牛奶为水的1/5左右口感最佳），再加入10g食用盐。

（3）文火熬制3min，在这过程中用勺子不停地上下扬起茶汤，可以让茶的清香与奶的香醇更好地融合。

（4）咸奶茶煮好后，盛于热水壶中备用。

（三）调饮步骤

（1）取一个可以加热的锅或陶罐，在锅里加入10g黄油、15g炒米，小火炒香（黄油增味炒米提香）。

（2）再依次加入15g奶皮、适量牛肉干，炒制1min后倒入提前煮好的500mL奶茶。

（3）用勺子不断搅动茶汤，大约3min即可饮用。

（4）将煮好的奶茶倒入出品杯中，放入牛肉干、炒米点缀装饰。

（四）作品解读

在内蒙古自治区有句俗语：可一日无餐，不可一日无茶。其中，咸奶茶是蒙古族人民的饮茶习俗。传统的蒙古族咸奶茶是以砖茶、羊奶和酥油用铁锅煮成，再加盐调味。而“云蒙之路”（图6－17）选用云南的熟普洱方砖为茶底，用鲜牛奶代替羊奶，以一杯咸奶茶牵起云南与内蒙古的茶文化交流之路。

图6－17　云蒙之路

扫码观看
“云蒙之路”
制作视频 6-11

第五节　以乌龙茶为基底的调饮作品

一、娇妍可饮

（一）主要原料

主要原料包括香蕉、可可、肉桂岩茶、牛奶、蜂蜜、白砂糖。其中，可可：水：茶汤=1：5：5，茶汤：牛奶=2：1，茶：水=1：15。

（二）调饮步骤

（1）制取　取40g香蕉、2g蜂蜜放入雪克壶中，用捣棒将香蕉捣成泥备用。

（2）泡茶　取8g肉桂岩茶放入法压壶中，加入120mL沸水，闷泡4min，倒出至公道杯备用。

（3）打奶泡　取80mL茶汤、40mL牛奶一起混合打奶泡。

（4）调可可　取3g可可粉、15mL水、15mL茶汤放入茶盏，用茶筅搅和均匀。

（5）调配　在成品杯中加入10g香蕉泥，再加入混合液。

（6）装饰　在香蕉片上撒白糖，用喷火枪炙烤出焦糖脆。

（三）作品解读

“娇妍可饮”（图6－18）将香蕉、可可、牛奶和肉桂岩茶调配饮品，香蕉提供自然甜味和能量，可可增添浓郁巧克力风味，牛奶赋予丝滑口感，而肉桂岩茶带来独特香气和温暖香辛。这种组合不仅满足味觉享受，还具有健康益处，适宜作为提振精神的早晨饮料或轻松的下午茶。建议饮用季节在冬季，可搭配香蕉块。

图6－18　娇妍可饮

二、南南秋语

作者：浙江树人学院，蔡依玲、蒋徐徐、王励弘。

（一）主要原料

主要原料包括南瓜、东方美人茶、小米、丽水红茶、糯米、淡奶油、茯苓、莲子、芡实、山药。其中，茶汤：南瓜糊=1：1，茶：水=1：30。

（二）调饮步骤

（1）蒸南瓜　小蒸锅中加入切好的南瓜，水煮开20min后取出，去皮。

（2）破壁打糊　将去完皮的250g南瓜、5g小米、5g糯米、440mL水放入破壁机，选择豆浆模式。

（3）打奶盖　将淡奶油放入奶泡杯中，用手动打奶泡器打奶泡2min。

（4）泡茶　将2.5g红茶与3.5g东方美人茶一起放入法压壶内，注入180mL沸水、闷泡4min，出汤。

（5）调配　将南瓜糊倒入成品杯中（半杯），茶汤沿着杯壁缓缓倒入，将打好的奶盖缓缓倒入成品杯中。

（6）装饰　撒上东方美人茶粉。

（三）作品解读

“南南秋语”（图6－19）中的南瓜性温味甘，入脾、胃经，有助于补中益气。四种药材温和，皆有平补脾胃的功能，是一帖适合全家大小食用的药膳。红茶以利于激发脾胃，促进营养的吸收。三种原材料相配，益于秋季和冬季饮用，可搭配点心五黑薄脆饼干。

图6－19　南南秋语

三、老登山者

（一）主要原料

主要原料包括波本威士忌、味美思、金巴利、大红袍、橙味苦精、新鲜橙皮、薄荷、方冰。

（二）调饮步骤

（1）取8g大红袍用100mL沸水冲泡，取第一道茶汤，冷却至室温。

（2）雪克壶中加入方冰降温。

（3）威士忌杯中依次加入45mL威士忌、15mL味美思、15mL金巴利和30mL茶汤。

（4）将以上材料一起倒入雪克壶中用吧勺搅拌30s。

（5）用过滤器倒入盛有方冰的威士忌杯中。

（6）酌情点缀苦精，炙橙皮或新鲜薄荷。

（三）作品解读

茶酒之间，时间流过，年少的公子也消失在山中雾影。景色要在高处见，而味道唯有经历方知。不羁仍在，攀登不止。“老登山者”（图6－20）（The Old Mountaineer）是对花花公子（Boulevardier）这款西方经典作品的东方演绎，它是一款可以让你度过一个难忘夜晚的完美餐后饮品。它也承载着岩茶的精神，在唇上留下一份持久的丝滑。

扫码观看
“老登山者”
制作视频 6-12

图6－20　老登山者

四、蜜兰佳人

（一）主要原料

主要原料包括乌龙茶、玫瑰花、蜂蜜、柠檬。

（二）调饮步骤

（1）煮茶壶投入3朵玫瑰花，煮开1min。

（2）7g乌龙茶投入150mL的盖碗。

（3）用玫瑰花煮好的水冲泡乌龙茶，浸泡1.5min。

（4）盖碗里的茶汤倒入玻璃器皿。

（5）待茶汤温度下降后加入一片柠檬、10mL蜂蜜。

（三）作品解读

“蜜兰佳人”（图6－21）是养生茶饮，让我们品味生活的甜蜜与优雅。在繁忙的生活中，你是否渴望寻找一份宁静与优雅，品味生活的甜蜜与美好？蜜兰佳人养生茶，为你带来一份独特的养生体验，让你在茶香中感受自然的恩赐。

蜜兰佳人精选优质乌龙茶为底，融入盛开的玫瑰花与柠檬蜂蜜的精华，独特的配方让每一口茶都散发着迷人的香气。乌龙茶独特的甘醇口感，搭配玫瑰花的芬芳与柠檬蜂蜜的清新，让你仿佛置身于花海中，感受大自然的馈赠。

这款养生茶不仅能为你带来美好的味觉享受，还具有多种养生功效。乌龙茶富含茶多酚和多种矿物质，有助于抗氧化、降低血脂；玫瑰花具有疏肝解郁、美容养颜的功效；柠檬蜂蜜则能清热解毒、润肺止咳。蜜兰佳人将这三者完美结合，让你在品茶的同时，也能享受到养生的益处。

无论是在忙碌的工作间隙，还是在悠闲的午后时光，一杯蜜兰佳人养生茶都能让你感受到生活的甜蜜与优雅。让我们一起品味这款茶，感受它带来的美好与宁静，让生活的每一刻都充满甜蜜与幸福。

扫码观看
“蜜兰佳人”
制作视频 6-13

图6－21　蜜兰佳人

五、墨影

（一）主要原料

主要原料包括大红袍、水牛奶、厚牛奶、黑芝麻酱、米麻薯、蔗糖糖浆、淡奶油、盐。

（二）调饮步骤

（1）将7g大红袍放入杯中，注入240mL沸水，加盖闷泡12min滤出茶汤。

（2）用刷子蘸取黑芝麻酱挂壁出品杯中。

（3）向出品杯中加入30g黑芝麻酱、50g米麻薯。米麻薯的制作方法参见“米麻薯燕麦奶茶”。

（4）雪克壶中依次加入200mL大红袍茶汤、20mL蔗糖糖浆、70mL水牛奶、30mL厚牛奶，加冰至550mL刻度线，搅拌均匀倒入出品杯中。

（5）将50mL淡奶油、5mL蔗糖糖浆、盐微量倒入拉花缸中，用电动打奶泡器打发至酸奶状，倒入出品杯中完成出品。

（三）作品解读

“墨影”（图6－22）以水墨画为创作灵感，将黑芝麻酱作为饮品中的墨色于杯壁作画，把奶茶比拟为宣纸填充其中。从搭配来看，大红袍的花香与奶香、芝麻酱香完美融合，滋味层次丰富，绝对是一款让人垂涎欲滴的奶茶。此外，黑芝麻还有滋养肝肾、益血乌发、保护血管等功效。

扫码观看
“墨影”
制作视频 6-14

图6－22　墨影

六、棋楠香咖

（一）主要原料

主要原料包括越南芽庄白棋楠、台湾冻顶乌龙茶、哥斯达黎加咖啡粉、柠檬汁、鲜牛奶、海南糖结棋楠粉、草莓、蓝莓。

（二）调饮步骤

1. 寻味香咖（热饮）

（1）挤取60mL柠檬汁，加入300mL鲜牛奶，搅拌均匀，静置30min。

（2）盖碗冲泡8g冻顶乌龙茶，注入100mL沸水，浸泡2min出汤，将茶水倒入公道杯，静置冷却。

（3）用执壶煮水，加入0.5g越南芽庄白棋楠，让棋楠的香气随着热度慢慢散发在水里。

（4）取18g咖啡粉放入滤杯。将烧开的棋楠水一部分注入咖啡滤杯，取得棋楠咖啡液，作为热饮。

2. 香涤春尘（冷饮）

（1）将烧开的棋楠水一部分，取一公道杯倒入冷却，用于制作冷饮。

（2）取咖啡粉放入滤杯。将沸水注入咖啡滤杯，取一公道杯倒入滤液，静置冷却。

（3）取一冷饮杯，放入适量冰块，加入冷却的棋楠水和咖啡。

（4）将静置好的牛奶液过滤出澄清液，加入乌龙茶水，打奶茶泡。

（5）将奶茶泡分别加入热饮和冷饮中，撒上棋楠粉点缀，加上草莓、蓝莓装饰。

（三）作品解读

被誉为“木中舍利”的棋楠，不仅香气比大部分沉香更丰富，表现力也更好。在药效上除了沉香所具备的一切功效外，还有最重要的一个功效是通窍醒神、通心护脏。李时珍在《本草纲目》中就记载：“占城者静而常存，琼者动而易散；静而香以神行，动者香以气使也。”这里“占城者”指的是越南棋楠，“琼者”指的是海南棋楠。

“寻味香咖”（热饮）[图6－23（1）]复合饱满的花果、蜜香奶香扑面而来，味蕾感受着酸甘、丝滑与苦味。当这些香气味道按不同比例相融交织，就构成了活色生香的世界。“香涤春尘”（冷饮）[图6－23（2）]入口柔和沁凉的酸甜，香糯滑顺，香而不腻，喝完唇齿留香，宛如舌尖上的春天。

（1）寻味香咖（热饮）　　（2）香涤春尘（冷饮）

图6－23　**棋楠香咖**

扫码观看
“棋楠香咖”
制作视频 6-15

七、山楂树下

（一）主要原料

主要原料包括鸭屎香单丛、滇红、雪梨、山楂、山楂果酱、冰糖糖浆。

（二）配备原料

（1）取8g鸭屎香单丛、5g滇红、2g桂花，加入500mL沸水，搅拌均匀后计时10min。

（2）过滤泡好的茶汤，加入200g冰块，搅拌均匀。

（3）雪梨切小块备用。

（三）调饮步骤

（1）在雪克壶里加入50g雪梨块捣碎。

（2）再加入3颗山楂、15g冰块重锤数次，倒入制备好的200mL茶汤、30mL山楂酱、20mL冰糖糖浆、150g冰块，使用雪克壶摇晃均匀即可。

（3）在成品杯中加入适量冰块，倒入雪克好的茶汤，放山楂串点缀装饰即可。

（四）作品解读

山楂，又称山里果、山里红，其味酸甘、性微温，偏热性，富含丰富的营养价值。“山楂树下”（图6－24）中，浓郁酸甜的山楂果肉和甜爽的雪梨果肉爆锤后释放出自身的香气结合茶中香水——鸭屎香单丛，醇香韵长，酸甜生津，满溢齿间。每一口都沉浸在酸果甜味中，在舌尖冰爽生津，唤醒童年时冬天的美好记忆。

扫码观看
“山楂树下”
制作视频 6-16

图6－24　山楂树下

八、夏天的开始

（一）主要原料

主要原料包括永春佛手、牛油果、无糖酸奶、圣女果、零糖椰奶。

（二）配备原料

（1）取6g永春佛手茶，加入200mL沸水，计时5min后过滤茶汤备用。

（2）取一颗牛油果切小粒状备用。

（3）取6颗圣女果切瓣备用。

（三）调饮步骤

（1）在出品杯中加入20g牛油果粒。

（2）取30g左右牛油果粒放入榨汁机，加入100mL茶汤、100mL无糖酸奶榨汁。榨汁完成后倒入出品杯中。

（3）再取6颗圣女果放入榨汁机，加入100mL零糖椰奶榨汁。过滤榨好的茶汤至玻璃量杯中，沿杯壁缓缓倒入出品杯中。

（4）缀以圣女果瓣装饰。

（四）作品解读

夏天的开始就是“卷”身材的开始，而这款“夏天的开始”（图6－25）是一款生酮饮品，是减脂期也可以放心喝的茶饮。生酮是指通过改变饮食结构，将身体的代谢方式由传统的“多糖—葡萄糖”糖供能模式，转化为“脂肪—酮体”的脂肪供能模式，从而达到快速减脂的目的。此款茶饮选用牛油果（优质脂肪），搭配圣女果（低碳水）、乌

龙茶、无糖酸奶、零糖椰奶，酸甜口感，碳水热量低，减脂期喝也几乎无负担。

扫码观看
“夏天的开始”
制作视频 6-17

图6－25　**夏天的开始**

九、岩韵十二春

（一）主要原料

主要原料包括武夷岩茶、樱桃、豆蔻粉。

（二）调饮步骤

（1）将12个樱桃去核放入容器中，用捣拌棒或研磨杵捣碎。加入1g豆蔻粉，倒入250mL、85℃的热水浸泡。

（2）将5g武夷岩茶放进另外一个茶壶中，加入150mL沸水，闷泡4min。

（3）将泡好的茶汤过滤到第一个容器中。

（4）将调配好的茶饮过滤掉果渣后，倒入茶杯中，撒上一点豆蔻粉作为点缀，趁热饮用。成品见图6－26。

扫码观看
“岩韵十二香”
制作视频 6-18

图6－26　**岩韵十二香**

第六节 以其他茶为基底的调饮作品

一、好柿蔓蔓来

（一）主要原料

主要原料包括柿子、茉莉雪芽、蔓越莓粉、卡姆果粉、牛奶、椰奶、白凉粉。

（二）调饮步骤

（1）泡茶　150mL沸水冲泡3g茉莉雪芽，3min出汤。

（2）配制　2.5g卡姆果粉和5g白凉粉用50mL热水冲泡，放进冰箱制成冻冻。5g蔓越莓粉用200mL温水冲泡制成蔓越莓汁备用。

（3）奶泡　将200mL牛奶放入奶泡机，打出绵密的奶泡备用。

（4）预调　在雪克壶中放入柿子、4颗冰块，捣碎成泥；再加入135mL茶汤、50mL蔓越莓汁、20mL椰奶、少许冰块。

（5）摇制　左手握住雪克壶底部，右手握住雪克壶上端，右手大拇指按住雪克杯上端的盖子，将上端对准自己这一侧，利用手腕的力量有节奏的来回摇晃，直至冰块大部分融化。

（6）装杯　将冻在冰箱的冻冻拿出，放至成品杯的底部，再将雪克壶中的过滤倒入成品杯。

（7）装饰　将奶泡放在最上层，搅拌均匀即可食用。

（三）作品解读

“好柿蔓蔓来”（图6－27）适宜在夏季或者冬季品饮，可以根据季节选择是否加入奶泡，可搭配无糖薄饼饮用。柿子中含有多种活性物质，其中所含有的纤维物质可以缓解便秘，能促进血液中乙醇的氧化，起到解酒的作用。蔓越莓水果粉的功效和作用有增强人体的免疫力、预防泌尿系统的感染等。另外，蔓越莓中的酸性物质也比较多，能够促进肠道消化液的分泌，起到增加食欲的作用。而且它富含有维生素C以及大量的黄酮类抗氧化的物质，对于皮肤的新陈代谢以及美白皮肤也有一定的效果。卡姆果中丰富的天然维生素C能积极还原黑色素，令皮肤充满透明感，焕发白皙光彩。卡姆种子中富含的多酚能改善细纹、松弛等肌肤问题。茉莉花茶又散发独特的香气，整个饮品呈现的是色彩上以及酸甜滋味的碰撞。

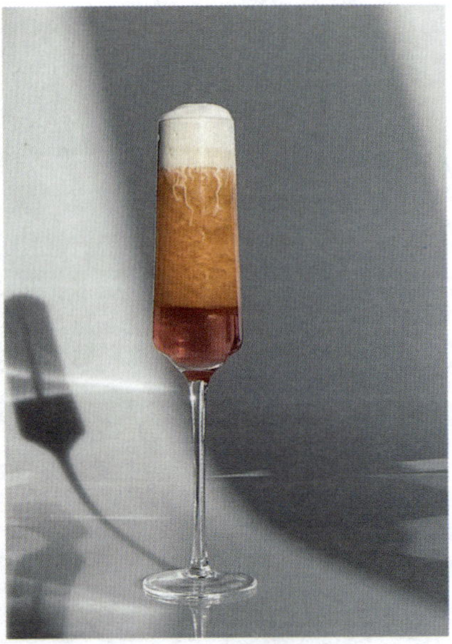

图6－27　好柿蔓蔓来

二、紫气东来

（一）主要原料

主要原料包括茉莉绿茶、糖浆、桑葚干、桑葚汁、牛奶。

（二）调饮步骤

（1）泡茶　将8g茉莉绿茶、3g桑葚干放入盖碗中注入110mL沸水，快速出汤2次，取得200mL茶汤，置于公道杯中备用。

（2）打奶泡　在打奶泡杯中加入20mL桑葚汁、80mL牛奶用手动打奶泡器打发至有纹路出现。

（3）调配　将成品杯中加满冰块，倒入事先泡好的桑葚茶汤、15mL糖浆搅拌均匀，在顶部补满桑葚奶泡。成品见图6－28。

图6－28 紫气东来

三、翠梅春晓

（一）主要原料

主要原料包括胡萝卜、抹茶、蜡梅乌龙、糖浆、干蜡梅花。其中，胡萝卜汁：茶汤：抹茶汤=3：3：1。

（二）调饮步骤

（1）榨汁　选取250g胡萝卜去皮、切成小块放入榨汁机中（汁、渣分离），加入50mL的水辅助榨汁。完成后倒入公道杯备用。

（2）泡茶　将4g蜡梅乌龙放入盖碗中，沸水快速出汤至公道杯3次，取得360mL茶汤，事先在公道杯中加入3朵干蜡梅花，增加花香。茶汤放入公道杯凉汤。

（3）冲泡抹茶　将2g抹茶加入茶盏中，加入150mL沸水，用茶筅搅拌均匀。

（4）调配　在雪克壶中加入30mL胡萝卜汁、30mL茶汤、2.5g糖浆、冰块3块，雪克15s出沫饽。

（5）击拂　取10g抹茶汤，用茶筅击出茶沫。

（6）出品　先将抹茶汤倒入成品杯，再将雪克壶中的饮品缓缓倒入咖啡杯中。

（三）作品解读

抹茶、蜡梅乌龙和胡萝卜的调配结合了抹茶的浓郁草本香气、蜡梅乌龙的花香和胡萝卜的自然甜味。“翠梅春晓”（图6－29）不仅视觉上深绿诱人，口感上也丰富多层，

既展现了茶的细腻与胡萝卜的甜，又融入了花香，适宜日常饮用，提振精神、增添活力，达到健康与口感的双重享受。

图6－29　**翠梅春晓**

附录 现制茶饮料相关标准

附录一 T/CTSS 75—2023《现制茶饮料 术语 分类 基本要求》

1. 范围

本文件规定了现制茶饮料的术语、分类和基本要求。

本文件适用于现制茶饮料。

2. 规范性引用文件

下列文件中的内容通过文中的规范性引用而构成本文件必不可少的条款。其中，注日期的引用文件，仅该日期对应的版本适用于本文件；不注日期的引用文件，其最新版本（包括所有的修改单）适用于本文件。

GB 2760 食品安全国家标准 食品添加剂使用标准

GB 2762 食品安全国家标准 食品中污染物限量

GB 2763 食品安全国家标准 食品中农药最大残留限量

GB 2763.1 食品安全国家标准 食品中2，4-滴丁酸钠盐等112种农药最大残留限量

GB 5009.5 食品安全国家标准 食品中蛋白质的测定

GB 5009.139 食品安全国家标准 食品中咖啡因的测定

GB 5749 生活饮用水卫生标准

GB 7101 食品安全国家标准 饮料

GB 14880 食品安全国家标准 食品营养强化剂使用标准

GB 19298 食品安全国家标准 包装饮用水

GB/T 10792 碳酸饮料（汽水）

GB/T 12143 饮料通用分析方法

GB/T 21733 茶饮料

3. 基本术语

下列术语适用于本文件。

3.1 现制茶饮料freshly-made tea

以茶叶、超微茶粉（抹茶）、速溶茶粉、茶浓缩汁等原料，经现场水浸提、添加或溶解获得的茶汤，添加或不添加水果及其制品、蔬菜及其制品、乳及其制品或其他食品，经现场加工调制而成的即饮饮品。

3.2　奶顶cheese-foam dressing

覆盖于茶汤及其制品顶部以乳及其制品为原料，糖、食用盐等为辅料，经混合、搅拌等工序制成的黏稠细腻、泡沫丰富的乳制品。

3.3　摇茶tea shake

以人工或机械方式摇匀现制茶饮料中的原辅料的制作过程。

3.4　现制奶茶饮料freshly-made milk tea drinks

以茶叶及其制品为原料，经现场水浸提、添加或溶解获得的茶汤，加入一种或多种乳及其制品，或植物蛋白、植脂末，配以增甜剂和（或）其他辅料，经混合、摇茶等工序制成，保持茶和奶风味的现制现售饮品。

3.5　现制果蔬茶饮料freshly-made fruit and vegetable tea drinks

以茶叶及其制品为原料，经现场水浸提、添加或溶解获得的茶汤，加入或不加入果蔬及其果蔬制品，配以增甜剂和（或）其他辅料，经混合、摇茶等工序制成，保持茶和果蔬风味的现制现售饮品。

3.6　现制原味茶饮料freshly-made pure tea drinks

以茶叶及其制品为原料，经现场水浸提、添加或溶解获得的茶汤，或直接用茶叶加水一起浸泡，加或不加冰块制成的现制现售茶饮品。

3.7　现制气泡茶饮料freshly-made sparking tea drinks

以茶叶及其制品为原料，经现场水浸提、添加或溶解获得的茶汤，加入一种或多种鲜果和（或）果制品，配以增甜剂和（或）其他辅料，经混合、充入二氧化碳气或混合气体等工序制成的保持茶和水果风味的现制现售饮品。

4. 现制茶饮料分类

现制茶饮料分为现制奶茶饮料、现制果蔬茶饮料、现制原味茶饮料和其他现制茶饮料。其中现制奶茶饮料包括奶味茶饮料和鲜乳茶饮料，现制果蔬茶饮料包括新鲜果蔬茶饮料和调味果蔬茶饮料。

5. 基本要求

5.1　感官要求

感官指标应符合附表1的规定。

附表1 感官要求

项目	要求
色泽	具有产品该有的色泽
滋味气味	具有产品该有的滋味和气味，无异味
组织形态	澄清或浑浊液体，允许果蔬等带有颗粒（块状）等形态
杂质	无肉眼可见外来异物

5.2 理化指标

理化指标应符合附表2的规定，若为含冰制品将冰块转化为等量常温水（25℃）计算。

附表2 理化指标

项目		指标	检验方法
茶多酚/（mg/kg）	现制原味茶饮料	≥300	按GB/T 21733中附录A的规定执行
	其他类别现制茶饮料	≥100	
咖啡因/（mg/kg）	现制原味茶饮料	≥40	按GB 5009.139的规定执行
	其他类别现制茶饮料	≥20	
蛋白质/（g/100g）	现制鲜乳茶饮料	≥1.0	按GB 5009.5的规定执行
果蔬汁含量（质量分数）/%	现制新鲜果蔬茶饮料	≥10	按GB/T 12143的规定执行
CO_2或混合气体含量（20℃容积倍数）	现制气泡茶饮料	≥0.5	按GB/T 10792的规定执行

注：如果声称低咖啡因产品，咖啡因的含量应不大于附表2中规定的同类产品咖啡因最低含量的50%。

5.3 质量安全指标

5.3.1 污染物限量应符合GB 2762 的规定。

5.3.2 农药残留限量应符合GB 2763 和GB 2763.1的规定。

5.3.3 微生物指标应符合GB 7101的规定。

5.4 食品添加剂和营养强化剂使用

5.4.1 食品添加剂的使用应符合GB 2760的规定。

5.4.2 食品营养强化剂的使用应符合GB 14880的规定。

6. 标签与标识

6.1 标签

6.1.1 应符合法律、法规的规定，并符合相应食品安全标准的规定。

6.1.2　产品标签应清晰、完整、真实、准确，应使消费者购买时易于辨认和识读。

6.1.3　不应标注或者暗示具有预防、治疗疾病作用的内容，非保健食品不得明示或者暗示具有保健作用。

6.1.4　应使用规范的汉字（商标除外）。具有装饰作用的各种艺术字，应书写正确，易于辨认。

6.2　标识

6.2.1　标示内容包括但不限于产品名称、店名、加糖量、加冰量、制作时间、饮（食）用建议等。

6.2.2　包装上应标识致敏性物质提示等信息。

7. 抽样方法

7.1　以同一批次的同类产品。

7.2　每批次抽取10个独立包装产品，且抽样产品应符合以下要求：

a.按照产品作业指导书现场制作；

b.产品在0～8 ℃条件下保存及运输。

附录二　T/CTSS 76—2023《现制茶饮料　茶叶原料》

1. 范围

本文件规定了现制茶饮料中茶叶原料的术语和定义、分类、基本要求、检验方法、标签、包装、贮存及保质期要求。

本文件适用于现制茶饮料茶叶原料的生产、销售和贮存等。

2. 规范性引用文件

下列文件中的内容通过文中的规范性引用而构成本文件必不可少的条款。其中，注日期的引用文件，仅该日期对应的版本适用于本文件；不注日期的引用文件，其最新版本（包括所有的修改单）适用于本文件。

GB 2760　食品安全国家标准 食品添加剂使用标准

GB 2761　食品安全国家标准 食品中真菌毒素限量

GB 2762　食品安全国家标准 食品中污染物限量

GB 2763　食品安全国家标准 食品中农药最大残留限量

GB 4806.5　食品安全国家标准 玻璃制品

GB 4806.7　食品安全国家标准 食品接触用塑料材料及制品

GB 5009.3　食品安全国家标准 食品中水分的测定

GB 5749　生活饮用水卫生标准

GB 7718　食品安全国家标准 预包装食品标签通则

GB/T 8302　茶 取样

GB/T 8305　茶 水浸出物测定

GB 9683　复合食品包装袋卫生标准

GB 23350　限制商品过度包装要求 食品和化妆品

GB/T 23776　茶叶感官审评方法

GB/T 30375　茶叶贮存

GH/T 1247　调味茶

3. 术语和定义

下列术语和定义适用于本文件。

3.1　茶叶原料 tea materials

以茶树*Camellia sinensis*（Linnaeus.）O. Kuntze的芽、叶、嫩茎为原料，经特定工艺加工而成，用于现场加工制作成饮料的产品。

3.2　原味茶原料 raw materials of original flavor tea drinks

以茶树*Camellia sinensis*（Linnaeus.）O. Kuntze的芽、叶、嫩茎为原料，经特定工艺加工而成的产品，允许多个茶类拼配。

3.3　调味茶原料 raw materials of flavored tea drinks

以茶树*Camellia sinensis*（Linnaeus.）O. Kuntze的芽、叶、嫩茎为原料，可适量使用食品添加剂或药食同源、新食品原料（新资源食品）等植物原料或其萃取液加工而成的产品。

4. 分类

茶叶原料包括原味茶原料和调味茶原料。

5. 基本要求

5.1　感官要求

应符合附表3 的规定。

附表3　　感官品质要求

茶叶原料类别	感官品质要求
原味茶原料	具有茶叶正常的品质特征，无异味、无劣变和其他异物
调味茶原料	具有该调味茶正常的品质特征，无劣变和其他异物

5.2　理化指标

应符合附表4 的规定。

附表4　　茶叶原料理化指标

项目	指标	
水分/（g/100g）	原味茶原料	应符合相应茶类的国家标准
	调味茶原料	应符合GH/T 1247 具体要求
	多种茶类拼配的产品应符合复配比例权重最大的茶类国家标准	
水浸出物/（g/100g）	原味茶原料	应符合相应茶类的国家标准
	调味茶原料	≥25.0
	多种茶类拼配的产品应符合复配比例权重最大的茶类国家标准	

5.3　质量安全要求

5.3.1　污染物限量应符合GB 2762的规定。

5.3.2　农药残留限量应符合GB 2763 和GB 2763.1的规定。

5.3.3　真菌毒素限量应符合GB 2761的规定。

5.4　食品添加剂

应符合GB 2760的相关规定。

6. 检验方法

6.1　感官品质检验

应符合GB/T 23776的要求。

6.2　水分检验

应符合GB 5009.3的要求。

6.3　水浸出物检验

应符合GB/T 8305的要求。

6.4 质量安全要求检验

应符合GB 2761、GB 2762、GB 2763 的要求。

6.5 食品添加剂的检验

应符合GB 2760附录A的要求。

7. 检验规则

产品取样按GB/T 8302规定的方法执行。抽样、出厂检验、形式检验等检验按GH/T 1247规定的方法执行。

8. 标签、包装、贮存、保质期

8.1 标签

应符合GB 7718的规定。

8.2 包装

应符合GB 4806.5、GB 4806.7、GB 9683、GB 23350 的规定。

8.3 贮存

应符合GB/T 30375的规定。

8.4 保质期

应符合相应产品执行标准的规定，多种茶类拼配的原味茶原料以其中保质期最短的茶类保质期为准。

附录三 T/CTSS 77—2023《现制茶饮料　制作规范》

1. 范围

本文件规定了现制茶饮料的加工经营场所及设备设施、操作人员要求、原辅料要求、关键质控点、食品添加剂管理、工具和容器清洁、标识、包装、贮存、记录和文件管理、追溯与召回、消费提示。

本文件适用于现制茶饮料的现场加工和制作。

2. 规范性引用文件

下列文件中的内容通过文中的规范性引用而构成本文件必不可少的条款。其中，注

日期的引用文件，仅该日期对应的版本适用于本文件；不注日期的引用文件，其最新版本（包括所有的修改单）适用于本文件。

GB 1886.228 食品安全国家标准 食品添加剂 二氧化碳

GB 1886.350 食品安全国家标准 食品添加剂 氧化亚氮

GB 2760 食品安全国家标准 食品添加剂使用标准

GB 2761 食品安全国家标准 食品中真菌毒素限量

GB 2762 食品安全国家标准 食品中污染物限量

GB 2763 食品安全国家标准 食品中农药最大残留限量

GB 4806.1 食品安全国家标准 食品接触材料及制品通用安全要求

GB 4806.6 食品安全国家标准 食品接触用塑料树脂

GB 4806.7 食品安全国家标准 食品接触用塑料材料及制品

GB 4806.8 食品安全国家标准 食品接触用纸和纸板材料及制品

GB 5749 生活饮用水卫生标准

GB 14930.1 食品安全国家标准 洗涤剂

GB 14930.2 食品安全国家标准 消毒剂

GB 19298 食品安全国家标准 包装饮用水

GB 19300 食品安全国家标准 坚果与籽类食品

GB 29202 食品安全国家标准 食品添加剂 氮气

GB 31621 食品安全国家标准 食品经营过程卫生规范

GB/T 21733 茶饮料

SB/T 10017 冷冻饮品 食用冰

3. 术语和定义

下列术语适用于本文件。

3.1 现制茶饮料freshly-made tea drinks

以茶叶、超微茶粉（抹茶）、速溶茶粉、茶浓缩汁等原料，经现场水浸提、添加或溶解获得的茶汤，添加或不添加水果及其制品、蔬菜及其制品、乳及其制品或其他食品，经现场加工调制而成的即饮饮品。

4. 基本工艺流程

原辅料验收（茶、果蔬、谷物等）→ 预处理（清洗、切块或榨汁、浸提、打奶等）→ 调制（加糖、奶、冰块等摇茶或搅拌）→ 装杯 → 封口 → 贴标 → 成品

5. 加工经营场所及设备设施

应符合《餐饮服务食品安全操作规范》中3.1和4的相关规定。

6. 操作人员要求

应符合《餐饮服务食品安全操作规范》中14的相关规定。

7. 原辅料要求

7.1 原辅料质量安全要求

7.1.1 茶叶原料应符合《现制茶饮料 茶叶原料》的规定。

7.1.2 水果及其制品、蔬菜及其制品应符合相关国家标准的规定。

7.1.3 咖啡、豆类、谷类、坚果籽实类及其制品等应无腐败变质，无霉变、无虫蛀、无杂质，坚果籽实类应符合GB 19300的规定。

7.1.4 用于现制茶饮料的乳及其制品、增甜剂等原辅料的质量卫生应符合GB 2760、GB 21733的规定。

7.1.5 制作用水应符合GB 5749、GB 19298的规定。

7.1.6 用于现制茶饮料的冰块质量卫生应符合SB/T 10017的规定。

7.1.7 饮料接触用的包装材料应符合GB 4806.7或GB 4806.8的规定。

7.2 原辅料的采购及验收

应符合GB 31621和《餐饮服务食品安全操作规范》中6.1和6.3的规定。

7.3 原辅料的贮存

7.3.1 应符合GB 31621和《餐饮服务食品安全操作规范》中6.4的规定。

7.3.2 已拆包的食品原辅料，如果暂存于其他容器，在容器上应该注明拆包日期、使用期限、保存条件。

7.3.3 预先制备好的饮料基础液、浓缩液宜冷藏或冷冻保藏，应有防尘、防虫措施。

7.3.4 清洗后未切分的水果和蔬菜，应洁净保存或冷藏，根据果蔬性状宜在48h之内使用完。

8. 关键质控点

8.1 原辅料验收

制作前应对茶叶、水果、蔬菜、谷类、豆类、乳及其制品等原辅料进行验收检查，发现有不符合原料要求的不得使用。

8.2 原辅料清洗消毒

蔬菜和水果可以用食品级洗涤剂或消毒剂清洗，使用的洗涤剂或消毒剂应符合GB 14930的规定，且在其外包装有明显警示标识。

8.3 蔬菜和水果的切分

从事蔬菜和水果切分的操作人员应佩戴口罩和头套（帽子），人员操作前应对手部进行清洗消毒，如另外佩戴手套，手套应清洁、无破损。用于蔬菜和水果切分的刀和砧板应专用，砧板宜选用浅色。切分后的蔬菜和水果宜在6h内使用完。

8.4 榨汁和磨浆

榨汁和磨浆设备应符合食品生产加工要求，使用前应按规范清洁设备，磨浆物料应煮沸。

8.5 茶汤制备

茶叶冲泡、蒸煮、浸泡设备及操作应符合食品生产加工要求，已制备茶汤宜在4h内使用完。

8.6 调配

在调配过程中，操作人员应佩戴手套、口罩和头套（帽子），不得直接接触到食用冰、牛奶等原料和调配罐、包装内壁。

8.7 封口

现制茶饮如需封口，封口机接触食品的材料应符合GB 4806.1的规定。

9. 食品添加剂管理

氮气应符合GB 29202的规定，二氧化碳应符合GB 1886.228的规定，氧化亚氮应符合GB 1886.350的规定，其他食品添加剂应符合GB 2760的规定。

10. 工具和容器清洁

10.1 用于现制茶饮料加工的设备、工具、贮存容器等应符合GB 4806的规定，使用前应清洗消毒。

10.2 水加热设备、制冰机和封口机等设备设施应及时清洗消毒。

11. 标识、包装、贮存

11.1 标识

包装上宜标识主要原辅料或特征性原辅料，应在现制茶饮料容器或包装上标示制作

时间或宜饮用时间。

11.2 包装

现制茶饮料包装材料和容器应符合GB 4806.7、GB 4806.8的规定，外带销售产品宜使用一次性密封、包装易碎贴等形式对产品进行安全防护。

11.3 贮存

现制茶饮料加工后立即供应，制作12h后未销售的必须销毁。

12. 记录和文件管理

12.1 原料采购、验收等环节应有记录，记录应保证真实、易于识别和检索，具有可追溯性。应对文件进行有效管理，确保各相关场所使用的文件均为有效版本。

12.2 设备的检查、维护、维修、校验应有记录，确保设备使用过程中进行的操作可有效追溯。信息记录保存期限不得少于5年。

12.3 现制茶饮料制售设备，应保留包装容器、吸管和现调饮料机供应商资质及产品合格证明，以及设备清洁卫生、巡检记录。

13. 追溯与召回

13.1 被消费者拒收或退回的现制饮料不得再次销售或用于加工制作其他现制饮料。

13.2 发现经营的现制茶饮料不符合食品安全标准或者有证据证明可能危害人体健康的，应当立即停止销售，并记录情况，应针对所发现的问题查找各环节记录、分析问题原因并及时改进。

13.3 应制定追溯、召回制度并及时演练。应能根据记录和文件管理对所采购的原料、食品添加剂和食品相关产品进行追溯。

13.4 应能配合供应商进行原料召回的实施。应配合相关部门进行追溯和召回工作，避免或减轻危害。

14. 消费提示

14.1 包装上宜标示茶多酚含量和咖啡因日摄入限量。

14.2 宜对特殊原料进行消费提示，如过敏原信息、防烫、防噎、限时饮用等。

14.3 宜采用口头或标签等方式进行消费提示。

附录四 GZB 4-03-02-10《调饮师国家职业标准（2023 年版）》（工作要求）

1. 工作要求

本标准对五级/初级工、四级/中级工、三级/高级工、二级/技师、一级/高级技师的技能要求和相关知识要求依次递进，高级别涵盖低级别的要求。

1.1 五级/初级工

职业功能	工作内容	技能要求	相关知识要求
1. 饮品服务	1.1 顾客接待	1.1.1 能根据顾客需求推荐饮品 1.1.2 能按顾客需求下单和结账 1.1.3 能处理互联网订单 1.1.4 能配备饮品所需的包装材料	1.1.1 点单流程与规范基础知识 1.1.2 顾客消费心理知识 1.1.3 饮品出品流程知识 1.1.4 饮品出品包装材料知识
	1.2 日常清洁	1.2.1 能清洁个人卫生 1.2.2 能清洁、消毒和整理工作场所	个人卫生及工作场所卫生清洁管理制度
2. 饮品制作	2.1 原辅料、器具和设备准备	2.1.1 能准备原辅料所用设备、器具 2.1.2 能按要求处理原辅料	原辅料预处理操作流程
	2.2 饮品半成品制备	2.2.1 能操作设备制备茶、咖啡等基底 2.2.2 能操作设备制备新鲜果蔬半成品 2.2.3 能调制糖浆等 2.2.4 能操作设备制备冰沙、雪泥、冰激凌、奶昔、奶盖等半成品 2.2.5 能制作奶冻、果冻、粉圆、酱汁、布丁等半成品小料	半成品制作流程与规范
3. 设备、器具清洁与维护	3.1 设备、器具清洁消毒	3.1.1 能清洁消毒所用设备、器具和操作台 3.1.2 能归位整理所用设备、器具	3.1.1 吧台设备使用方法 3.1.2 设备、器具清洁、消毒方法
	3.2 设备、器具性能确认	3.2.1 能判断设备工作性能 3.2.2 能判断器具完整性	设备、器具性能确认规程

1.2 四级/中级工

职业功能	工作内容	技能要求	相关知识要求
1. 饮品服务	1.1 顾客接待	1.1.1 能向顾客介绍产品特点 1.1.2 能安排饮品制作顺序	饮品制作流程
	1.2 客诉处理	1.2.1 能处理顾客投诉 1.2.2 能进行顾客群体的日常维护	1.2.1 订单投诉处理流程知识 1.2.2 顾客维护知识
2. 饮品制作	2.1 饮品原辅料验收与贮存	2.1.1 能判断原辅料品质 2.1.2 能按照标准要求验收原辅料 2.1.3 能根据原辅料保质期及用量管理食材出入库 2.1.4 能处理不合格原辅料 2.1.5 能贮存原辅料 2.1.6 能处理过期及变质食材	2.1.1 原辅料验收标准 2.1.2 原辅料品质标准 2.1.3 库存量的控制知识
	2.2 饮品调制	2.2.1 能按流程使用茶基底、半成品小料和辅料等制作调制茶类饮品 2.2.2 能按流程使用果蔬基底和半成品小料、辅料等制作果蔬类饮品 2.2.3 能按流程使用咖啡基底、巧克力、可可和半成品小料、辅料等制作调制咖啡、巧克力、可可类饮品 2.2.4 能按流程使用乳制品、茶基底、咖啡基底、果蔬半成品和半成品小料等多种主辅料混合制作奶茶类饮品 2.2.5 能按流程使用特色主辅料、半成品小料制作滋补养生类饮品	饮品制作相关知识
3. 设备、器具清洁与维护	3.1 设备基本故障判断与排除	3.1.1 能分析制冰机、奶盖机、热水机、果糖机等设备常见故障原因 3.1.2 能按操作规程检查器具和设备 3.1.3 能排除设备常见故障	3.1.1 设备基本构造和工作原理 3.1.2 设备操作的安全知识
	3.2 设备、器具维护	3.2.1 能进行器具与设备的常规维护 3.2.2 能做好维护保养记录	设备常规维护与保养方法

1.3　三级/高级工

职业功能	工作内容	技能要求	相关知识要求
1. 饮品制作	1.1 调制饮品	1.1.1 能根据饮品特性和造型搭配相应器具 1.1.2 能开发新的饮品原料 1.1.3 能按原料特性制作创意饮品	1.1.1 饮品制备相关知识 1.1.2 现制饮品原料特性知识
	1.2 饮品流程优化	1.2.1 能制订既有饮品生产流程简化方案 1.2.2 能调整物料定位、饮品制作顺序等，缩短每杯饮品制作时长	
2. 饮品质量控制	2.1 原辅料质量控制	2.1.1 能筛选与抽检配方中原辅料 2.1.2 能发现并解决制作过程中饮品质量问题	2.1.1 原辅料质量管理规范 2.1.2 饮品制作质量知识
	2.2 半成品、成品质量控制	2.2.1 能按照销售情况安排当日半成品制作量和使用顺序 2.2.2 能按照销售情况和饮品制作工艺确定成品储备量	
3. 饮品品鉴	3.1 饮品造型、色彩评价	3.1.1 能分析饮品造型特征 3.1.2 能分析饮品色彩搭配特征	3.1.1 饮品造型、色彩搭配评价因素知识 3.1.2 饮品风味品质评价因素知识 3.1.3 饮品成品标准配方
	3.2 饮品风味品质品鉴	3.2.1 能分析饮品风味特征 3.2.2 能鉴别成品风味与标准配方差别 3.2.3 能根据饮品风味品质特征总结饮品质量的关键因素	
4. 营销管理	4.1 营销活动	4.1.1 能根据产品特性配合制订销售方案 4.1.2 能执行营销计划	4.1.1 营销知识 4.1.2 门店物料使用规范
	4.2 销售实务	4.2.1 能记录原辅料使用情况 4.2.2 能解答顾客对饮品提出的问题	

1.4 二级/技师

职业功能	工作内容	技能要求	相关知识要求
1. 饮品制作	1.1 饮品研发	1.1.1 能研发和制定饮品配方 1.1.2 能根据饮品配方和饮品所要表达的主题，设计饮品色彩搭配和造型	原辅料制作工艺知识
	1.2 饮品工艺设计和创新	1.2.1 能根据饮品配方，制订饮品制作工艺流程 1.2.2 能设计制作创新饮品 1.2.3 能根据饮品配方和工艺，核算产品成本	
2. 饮品质量控制	2.1 标准执行	2.1.1 能执行原辅料质量控制标准 2.1.2 能监督并反馈原辅料质量控制执行情况	2.1.1 感官对样评价方法 2.1.2 食品质量管理体系
	2.2 结果判定	2.2.1 能进行原辅料对样评价 2.2.2 能判定成品感官指标与标准配方差别	
3. 饮品品鉴	3.1 饮品造型、色彩评价	3.1.1 能综合评价饮品造型设计和色彩搭配 3.1.2 能根据外观评价结果，分析造型设计、色彩搭配和制作缺陷，提出改进方案	3.1.1 饮品包装设计知识 3.1.2 食品色彩搭配技巧 3.1.3 饮品装杯设计知识
	3.2 饮品风味品质品鉴	3.2.1 能通过感官评价茶叶、水果、蔬菜、乳及其制品等原辅料的风味品质特征 3.2.2 能通过感官综合评价饮品风味品质 3.2.3 能根据感官评定结果，分析饮品配方和制作工艺的缺陷，提出改进方案	原辅料的感官评价方法
4. 培训与指导	4.1 培训	4.1.1 能培训三级 / 高级工及以下级别人员 4.1.2 能制订三级 / 高级工及以下级别人员培训计划	4.1.1 培训计划制订相关知识 4.1.2 培训教学与组织技巧 4.1.3 专业技能指导方法
	4.2 指导	4.2.1 能指导实施培训计划 4.2.2 能指导三级 / 高级工及以下级别人员的技能训练	

续表

职业功能	工作内容	技能要求	相关知识要求
5. 营销管理	5.1 营销策划	5.1.1 能总结分析营销活动执行效果 5.1.2 能编写营销活动执行评估报告	5.1.1 市场营销策划知识 5.1.2 信息采集方法 5.1.3 门店管理实用技能与规范 5.1.4 门店运营基本常识
	5.2 销售维护	5.2.1 能维护顾客 5.2.2 能开发顾客	

1.5　一级/高级技师

职业功能	工作内容	技能要求	相关知识要求
1. 饮品制作	1.1 饮品研发	1.1.1 能根据市场需求，设计饮品主题 1.1.2 能根据饮品主题，开发、设计系列新型饮品	1.1.1 研发工作流程 1.1.2 编制方案、文案基本方法 1.1.3 产品成本优化方法
	1.2 饮品方案制定	1.2.1 能编制产品设计方案 1.2.2 能编制饮品推介文案 1.2.3 能优化产品成本	
2. 饮品质量控制	2.1 原辅料质量统计	2.1.1 能复核原辅料品质判断结果 2.1.2 能纠正原辅料品质判定误差	2.1.1 原辅料质量评判标准 2.1.2 食品生物化学相关知识
	2.2 综合评定	2.2.1 能分析饮品品质缺陷形成原因 2.2.2 能制订原辅料质量差异的优化方案	
3. 饮品品鉴	3.1 综合品鉴	3.1.1 能综合评估现制饮品，解决制作过程中影响品质的技术难题 3.1.2 能按饮品造型、色彩和风味品质评定要求设计品质记录表	3.1.1 饮品感官分析知识 3.1.2 品质记录表的制作与设计要求知识
	3.2 品鉴体系搭建	3.2.1 能制订各等级工的品鉴能力学习方案 3.2.2 能制订各生产阶段饮品质量控制的标准 3.2.3 能完善全套饮品品鉴方案（原料、半成品、成品）	3.2.1 原料、成品综合标准 3.2.2 培训体系搭建能力

续表

职业功能	工作内容	技能要求	相关知识要求
4. 培训与指导	4.1 培训	4.1.1 能编写二级 / 技师及以下级别人员培训大纲、计划和教案 4.1.2 能承担二级 / 技师及以下级别人员教学培训	4.1.1 教育学知识 4.1.2 教案编写的相关知识
	4.2 指导	4.2.1 能指导二级 / 技师及以下级别人员运用感官评价方法评定饮品风味等 4.2.2 能指导二级 / 技师及以下级别人员进行感官评价训练 4.2.3 能评估、指导培训效果	4.2.1 专业技能指导的考评方法 4.2.2 培训效果评估方法
5. 营销管理	5.1 组织策划	5.1.1 能制订开店方案 5.1.2 能进行门店商圈预评及分析	5.1.1 市场综合评估知识 5.1.2 人力资源管理知识
	5.2 门店运营管理	5.2.1 能对团队人员进行分工和管理 5.2.2 能带领团队完成既定目标	

2. 权重表

2.1 理论知识权重表

项目		技能等级				
		五级/初级工/%	四级/中级工/%	三级/高级工/%	二级/技师/%	一级/高级技师/%
基本要求	职业道德	5	5	5	5	5
	基础知识	35	30	20	10	5
相关知识要求	饮品服务	10	15	—	—	—
	饮品制作	40	35	30	25	25
	设备、器具清洁与维护	10	15	—	—	—
	饮品质量控制	—	—	25	20	20
	饮品品鉴	—	—	15	20	25
	培训与指导	—	—	—	10	10
	营销管理	—	—	5	10	10
合计		100	100	100	100	100

2.2　技能要求权重表

项目		技能等级				
		五级/初级工/%	四级/中级工/%	三级/高级工/%	二级/技师/%	一级/高级技师/%
技能要求	饮品服务	25	25	—	—	—
	饮品制作	45	55	50	35	35
	设备、器具清洁与维护	30	20	—	—	—
	饮品质量控制	—	—	20	20	15
	饮品品鉴	—	—	20	20	25
	培训与指导	—	—	—	10	10
	营销管理	—	—	10	15	15
合计		100	100	100	100	100

附录五　药食同源名单和新食品原料名单

附表5　　**药食同源名单**

索引	名称	索引	名称	索引	名称
A	阿胶	D	丁香		榧子
B	薄荷		刀豆		茯苓
	八角茴香		代代花		蝮蛇
	白芷		淡竹叶	G	甘草
	白果		淡豆豉		高良姜
	白扁豆		当归		葛根
	白扁豆花		党参		枸杞子
	百合		地黄	H	火麻仁
	荜茇	F	佛手		花椒
C	赤小豆		蜂蜜		荷叶
	草果		覆盆子		黄芥子

续表

索引	名称	索引	名称	索引	名称
	黄精	M	马齿苋		天冬
	黑芝麻		木瓜	W	乌梢蛇
	黑胡椒		牡蛎		乌梅
	槐米		麦芽	X	小茴香
	槐花		麦冬		小蓟
	藿香	P	胖大海		杏仁（甜、苦）
	黄芪		蒲公英		香橼
	化橘红	Q	芡实		香薷
J	鸡内金		青果		鲜白茅根
	决明子	R	肉豆蔻		鲜芦根
	金银花		肉桂		薤白
	姜（生姜、干姜）		肉苁蓉（荒漠）		西红花
	桔梗	S	山药		西洋参
	桔红		山楂	Y	玉竹
	菊花		沙棘		余甘子
	菊苣		砂仁		郁李仁
	橘皮		桑叶		鱼腥草
	姜黄		桑葚		益智仁
K	昆布		山柰		薏苡仁
L	龙眼肉（桂圆）		山茱萸	Z	枣（大枣、酸枣、黑枣）
	罗汉果	T	桃仁		枳椇子
	莱菔子		铁皮石斛		栀子
	莲子		天麻		紫苏
	灵芝		杜仲叶		紫苏籽

（资料来源：卫生部2002年第51号、2019年第8号、2023年第9号文件）

附表6　　新食品原料名单

名称	来源	公告号
嗜酸乳杆菌	嗜酸乳杆菌 DSM13241	卫生部 2008 年第 12 号
低聚木糖	小麦秸秆	
透明质酸钠	马链球菌兽疫亚种（*Streptococus equi* subsp. *zooepidemicus*）	
叶黄素酯	万寿菊花	
L- 阿拉伯糖	玉米芯、玉米皮等禾本科植物纤维	
短梗五加	短梗五加（*Acanthopanax sessiliflorus*）茎、叶、果	
库拉索芦荟凝胶	库拉索芦荟叶片 食用部位：凝胶肉	
低聚半乳糖	牛乳中的乳糖	卫生部 2008 年第 20 号
副干酪乳杆菌（菌株号 GM080、GMNL-33）	健康人体胃肠道副干酪乳杆菌（GM080、GMNL-33）	
嗜酸乳杆菌（菌株号 R0052）	乳品培养物，嗜酸乳杆菌 R0052	
鼠李糖乳杆菌（菌株号 R0011）	脱水的发酵牛乳，鼠李糖乳杆菌 R0011	
水解蛋黄粉	鸡蛋蛋黄	
异麦芽酮糖醇	白砂糖	
植物乳杆菌（菌株号 299v）	脱水的发酵牛乳 植物乳杆菌 299v	
植物乳杆菌（菌株号 CGMCC NO.1258）	健康婴儿粪便 植物乳杆菌 CGMCC NO.1258	
植物甾烷醇酯	大豆油提取的甾醇和食用低芥酸菜籽油制取的脂肪酸甲酯塔罗油	
珠肽粉	猪血红细胞	
蛹虫草	人工培养的蛹虫草子实体 子囊菌亚纲、麦角菌科、虫草属	卫生部 2009 年第 3 号
菊粉	菊苣根（*Cichorium intybus var. sativum, Asteraceae*）	卫生部 2009 年第 5 号
多聚果糖	菊苣根（*Cichorium intybus var. sativum, Asteraceae*）	
γ- 氨基丁酸	L- 谷氨酸钠为原料经希氏乳杆菌（*Lactobacillus hilgardii*）发酵	卫生部 2009 年第 12 号
初乳碱性蛋白	牛初乳	
共轭亚油酸	牛初乳	
共轭亚油酸甘油酯	红花籽油	
植物乳杆菌（菌株号 ST- Ⅲ）	泡菜，植物乳杆菌 ST-Ⅲ	
杜仲籽油	杜仲籽	

续表

名称	来源	公告号
茶叶籽油	山茶科（*Theaceae*）植物茶（*Camellia sinensis* OK.tez）的种子	卫生部 2009 年第 18 号
盐藻及提取物	绿藻门、团藻目、盐藻属	
鱼油及提取物	可食用海洋鱼	
甘油二酯油	大豆油、菜籽油、花生油、玉米油	
地龙蛋白	赤子爱胜蚓（*Eisenia foetida Savigny*）	
乳矿物盐	乳清	
牛奶碱性蛋白	鲜牛乳	
DHA 藻油	裂壶藻（*Schizochytrium* sp.） 吾肯氏壶藻（*Ulkenia amoeboida*） 寇氏隐甲藻（*Crypthecodinium cohnii*）	卫生部 2010 年第 3 号
棉籽低聚糖	棉花的种籽（棉籽）	
植物甾醇酯	大豆油、菜籽油、玉米油、葵花籽油、塔罗油	
植物甾醇	大豆油、菜籽油、玉米油、葵花籽油、塔罗油	
花生四烯酸油脂	高山被孢霉（*Mortierella alpine*）	
白子菜	人工种植的白子菜 菊科、土三七属 食用部位：茎、叶	
御米油	罂粟的种子	
金花茶	人工种植的金花茶 山茶科、山茶属 食用部位：叶	卫生部 2010 年第 9 号
显脉旋覆花（小黑药）	人工种植的显脉旋覆花 菊科、旋覆花属 食用部位：根茎	
诺丽果浆	海巴戟天（*Morinda citrifolia* L.）的果实，英文名称 Noni、中文译名诺丽（果）	
酵母 β- 葡聚糖	酿酒酵母（*Saccharomy cescerevisiae*）	
雪莲培养物	菊科植物天山雪莲（*Saussurea involucrata*）的愈伤组织	
蔗糖聚酯	大豆油	卫生部 2010 年第 15 号
玉米低聚肽粉	玉米蛋白粉	
磷脂酰丝氨酸	大豆	
雨生红球藻	绿藻门、团藻目、红球藻属	卫生部 2010 年第 17 号
表没食子儿茶素没食子酸酯	绿茶叶	

续表

名称	来源	公告号
翅果油	翅果油树种仁	卫生部 2011 年第 1 号
β- 羟基 -*β*- 甲基丁酸钙	以次氯酸钠、二丙酮醇、盐酸、乙酸乙酯、乙醇、氢氧化钙为主要原料	
元宝枫籽油	元宝枫树种仁	卫生部 2011 年第 9 号
牡丹籽油	丹凤牡丹（*Paeonia ostii* T.Hong et J.X.Zhang）和紫斑牡丹（*Paeonia rockii*）的籽仁	
玛咖粉	人工种植的玛咖（十字花科独行菜属） 食用部位：根茎	卫生部 2011 年第 13 号
蚌肉多糖	三角帆蚌（*Hyriopsis cumingii*）	卫生部 2012 年第 2 号
中长链脂肪酸食用油	食用植物油、中链甘油三酯（来源于食用椰子油、棕榈仁油）	卫生部 2012 年第 16 号
小麦低聚肽	小麦谷朊粉	
人参（人工种植）	5 年及 5 年以下人工种植的人参 种属：五加科、人参属 食用部位：根及根茎	卫生部 2012 年第 17 号
蛋白核小球藻	种属：绿藻目、小球藻属	卫生部 2012 年第 19 号
乌药叶	樟科植物乌药（*Linderae aggregate*） 食用部位：嫩叶	
辣木叶	辣木（*Moringa oleifera*） 食用部位：带柄的羽状复叶	
茶树花	山茶科山茶属茶树 ［*Camellia sinensis*（L.）O. Kuntze］ 食用部位：花	卫计委 2013 年第 1 号
盐地碱蓬籽油	藜科碱蓬属盐地碱蓬［*Suaeda salsa*（L.）pall］ 种子	
美藤果油	大戟科美藤果（*Plukenetia volubilis* L.）种籽	
盐肤木果油	漆树科盐肤木属盐肤木（*Rhus chinensis Mill.*）果实	
广东虫草子实体	人工培养的广东虫草子实体 子囊菌亚纲、麦角菌科、虫草属	
阿萨伊果	棕榈科植物阿萨伊棕榈树（*Euterpe oleraceae Mart.*）的果实，英文名称 Acai、中文译名阿萨伊	
茶藨子叶状层菌发酵菌丝体	茶藨子叶状层菌［*Phylloporia ribis*（Schumach: Fr.）Ryvarden］，也称金银花菌	

续表

名称	来源	公告号
裸藻	裸藻门、裸藻目、裸藻属	卫计委 2013 年第 10 号
1，6- 二磷酸果糖三钠盐	葡萄糖	
丹凤牡丹花	丹凤牡丹（*Paeonia ostii* T.Hong et J.X.Zhang） 食用部位：花	
狭基线纹香茶菜	人工种植的狭基线纹香茶菜 唇形科、香茶菜属	
长柄扁桃油	蔷薇科桃属扁桃亚属长柄扁桃（*Amygdalus pedunculata* Pall.）种仁	
光皮梾木果油	山茱萸科梾木属光皮梾木（*Swida wilsoniana*）果实	
青钱柳叶	胡桃科植物青钱柳（*Cyclocarya paliurus*） 食用部位：叶	
低聚甘露糖	魔芋粉	
显齿蛇葡萄叶	葡萄科蛇葡萄属显齿蛇葡萄（*Ampelopsis grossedentata*） 食用部位：叶	卫计委 2013 年第 16 号
磷虾油	磷虾科磷虾属南极大磷虾（*Euphausia superba Dana*）	
马克斯克鲁维酵母	*Kluyveromyces marxianus*	
壳寡糖	壳聚糖	卫计委 2014 年第 6 号
水飞蓟籽油	菊科水飞蓟属水飞蓟（*Silybum marianum*）籽	
柳叶蜡梅	人工种植的柳叶蜡梅 蜡梅科、蜡梅属 食用部位：茎叶	
杜仲雄花	人工种植的杜仲雄株树（*Eucommia ulmoides Oliv.*） 食用部位：雄花	
乳酸片球菌	*Pediococcus acidilactici*	
戊糖片球菌	*Pediococcus pentosaceus*	
塔格糖	半乳糖	卫计委 2014 年第 10 号
奇亚籽	唇形科鼠尾草属芡欧鼠尾草（*Salvia hispanica* L.） 食用部位：种子	
圆苞车前子壳	人工种植的车前科车前属圆苞车前（*Plantago ovata*） 食用部位：种子外壳	
线叶金雀花	南非的豆科（*Leguminosae*）植物［*Aspalathus Linearis*（Brum.f.）R. Dahlgren］ 食用部位：叶子和细茎	卫计委 2014 年第 12 号
茶叶茶氨酸	山茶科山茶属茶树（*Camellia sinensis*）	卫计委 2014 年第 15 号

续表

名称	来源	公告号
番茄籽油	番茄籽	卫计委 2014 年第 20 号
枇杷叶	蔷薇科、枇杷属 食用部位：叶	
阿拉伯半乳聚糖	落叶松	
湖北海棠（茶海棠）叶	蔷薇科、苹果属 食用部位：叶	
竹叶黄酮	禾本科刚竹属毛环竹（*Phyllostachys meyeri*）	
燕麦 β- 葡聚糖	燕麦麸	
清酒乳杆菌	*Lactobacillus sakei*	
产丙酸丙酸杆菌	*Propionibacterium acidipropionici*	
低聚木糖	小麦秸秆、玉米秸秆（玉米芯）	
乳木果油	山榄科乳油木树（*Butyrospermum parkii*）果仁	
（3*R*，3'*R*）- 二羟基 -β- 胡萝卜素	万寿菊花（*Tagetes erecta* L.）	
宝乐果粉	茜草科宝乐果（*Borojo patinoi Cuatrec*）的果实	
N- 乙酰神经氨酸	以食品级葡萄糖和玉米浆为原料，经大肠埃希氏菌（菌株号 SA-8）发酵、过滤、灭菌、水解、提纯等工艺制成	
西蓝花种子水提物	十字花科西蓝花（*Brassica oleracea* var. *italica* Plenck）的种子	卫计委 2017 年第 7 号
R-15- 二十四碳烯酸	菜籽油	
米糠脂肪烷醇	米糠	
γ- 亚麻酸油脂（来源于刺孢小克银汉霉）	刺孢小克银汉霉［*Cunninghamella echinulata*（Thaxter）Thaxter］	
β- 羟基 -β- 甲基丁酸钙	以次氯酸钠、二丙酮醇、盐酸、乙酸乙酯、乙醇、氢氧化钙为主要原料，经氧化合成、酸化、萃取、中和反应、离心、干燥等步骤生产而成。	
木姜叶柯	壳斗科柯属木姜叶柯［*Lithocarpus litseifolius*（Hance） Chun］ 食用部位：嫩叶（芽）	
黑果腺肋花楸果	蔷薇科、腺肋花楸属黑果腺肋花楸［*Aronia melanocarpa*（Michx.） Elliott］	卫健委 2018 年第 10 号
球状念珠藻（葛仙米）	念珠藻科、念珠藻属	
弯曲乳杆菌	*Lactobacillus curvatu*	卫健委 2019 年第 2 号
明日叶	伞形科、当归属明日叶（*Angelica keiskei*） 食用部位：茎和叶	
枇杷花	蔷薇科、枇杷属枇杷［*Eriobotrya japonica*（Thunb.）Lindl.］ 食用部位：花	

续表

名称	来源	公告号
瑞士乳杆菌 R0052	*Lactobacillus helveticus* R0052	卫健委 2020 年第 4 号
婴儿双歧杆菌 R0033	*Bifidobacterium infantis* R0033	
两歧双歧杆菌 R0071	*Bifidobacterium bifidum* R0071	
赶黄草	虎耳草科、扯根菜属 食用部位：茎和叶	
蝉花子实体（人工培植）	人工培养的蝉花子实体 虫草科、棒束孢属	卫健委 2020 年第 9 号
透明质酸钠	马链球菌兽疫亚种（*Streptococcus equi* subsp. *zooepidemicus*）	
马乳酒样乳杆菌马乳酒样亚种	*Lactobacillus kefiranofaciens* subsp. *kefiranofaciens*	
β-1，3/α-1，3- 葡聚糖	蔗糖	卫健委 2021 年第 5 号
二氢槲皮素	松科、落叶松亚科、落叶松属、落叶松组长白落叶松根部	
鼠李糖乳杆菌 MP108	*Lactobacillus rhamnosus* MP108	
拟微球藻（*Nannochloropsis gaditana*）	*Nannochloropsis gaditana*	
食叶草	蓼科、酸模属 食用部位：茎和叶	卫健委 2021 年第 9 号
关山樱花	蔷薇科李亚科樱属关山樱（*Cerasus serrulate* 'Sekiyama'）的花。采集花期为花蕾开放 3/4 以上至全开	卫健委 2022 年第 1 号
吡咯并喹啉醌二钠盐	以 6- 氨基 -5- 甲氧基 -1*H*- 吲哚 -2- 羧酸乙酯和 2- 氧代戊烯二酸二甲酯为原料，经偶联成环反应、喹啉环的形成、氧化反应、酯水解反应以及精制等工艺制成	
莱茵衣藻	衣藻科、衣藻属	卫健委 2022 年第 2 号
长双歧杆菌长亚种 BB536	*Bifidobacterium longum* subsp. *longum* BB536	
甘蔗多酚	甘蔗	
假肠膜明串珠菌	Leuconostoc pseudomesenteroides	卫健委 2023 年第 1 号
蓝莓花色苷	杜鹃花科越橘属蓝莓（*Vaccinium corymbosum* L.）	卫健委 2023 年第 3 号
黑麦花粉	禾本科黑麦属植物黑麦（*Secale Cereale* L.）	
文冠果种仁	无患子科文冠果属文冠果（*Xanthoceras sorbifolium* Bunge）的种籽	卫健委 2023 年第 5 号
文冠果叶	无患子科文冠果属文冠果（*Xanthoceras sorbifolium* Bunge）的嫩叶	

续表

名称	来源	公告号
桃胶	蔷薇科李属植物桃树［*Prunus persica*（L.）Batsch］	卫健委 2023 年第 8 号
油莎豆	莎草科莎草属植物油莎草（*Cyperus esculentus* L. var. *sativus* Boeck.） 食用部位：地下块茎	
肠膜明串珠菌乳脂亚种	*Leuconostoc mesenteroides* subsp. *cremoris*	
吡咯并喹啉醌二钠盐	吡咯并喹啉醌二钠盐	卫健委 2023 年第 8 号
巴拉圭冬青叶（马黛茶叶）	冬青科冬青属植物巴拉圭冬青（*Ilex paraguariensis* A.St.-Hil.）的叶	卫健委 2023 年第 10 号
酵母蛋白	以酿酒酵母（*Saccharomyces Cerevisiae*）为菌种，经培养、发酵、离心后收集获得菌体原料，经去除核酸、离心、酶解、提取、纯化、分离、灭菌、干燥等工艺制成	
儿茶素	山茶科山茶属植物茶［*Camellia sinensis*（L.）O. Ktze.］的叶	
石斛原球茎	兰科石斛属铁皮石斛（*Dendrobium officinale* Kimura et Migo）或霍山石斛（*Dendrobium huoshanense* C. Z. Tang et S. J. Cheng）	卫健委 2024 年第 2 号
（3*R*，3'*S*）- 二羟基 -*β*- 胡萝卜素	万寿菊（*Tagetes erecta* L.）	
克鲁维毕赤酵母	*Pichia kluyveri*	
枯草芽孢杆菌 DE111	*Bacillus subtilis* DE111	
L-*α*- 甘磷酸胆碱	以多聚磷酸、氯化胆碱、*R*-3- 氯 -1，2- 丙二醇、氢氧化钠和水为原料，经缩合和酯化反应后，再经脱色、除杂、浓缩、精制、干燥等工艺制成	
阿拉伯木聚糖	以甘蔗渣为原料，经清洗、压榨、氢氧化钠提取、沉淀、纯化、干燥等工艺制成	卫健委 2024 年第 3 号
长双歧杆菌婴儿亚种 M-63	从健康婴儿肠道中分离得到	
N- 乙酰氨基葡萄糖	以葡萄糖、玉米浆干粉、硫酸铵、磷酸二氢钾、硫酸镁为原料，经谷氨酸棒杆菌 RDG-2110（*Corynebacterium glutamicum* RDG-2110）发酵、过滤、浓缩、结晶、离心、醇洗、干燥等工艺制成	
拟微球藻油	以拟微球藻（*Nannochloropsis gaditana*）为原料，经乙醇提取、过滤、纯化、浓缩等工艺制成	卫健委 2024 年第 5 号
前花青素	以松科松属植物海岸松（*Pinuspinaster Aiton*）的树皮为原料，经研磨、乙醇提取、过滤、浓缩、干燥等工艺制成	
金花茶培养物	山茶科山茶属植物金花茶［*Camellia petelotii*（Merrill）Sealy］ 以金花茶的叶为原料，经消毒、愈伤组织诱导、培养、收集、干燥、粉碎等工艺制成	卫健委 2024 年第 6 号

参考文献

[1] 奥斯特瓦德，皮尼厄．商业模式新生代[M]．北京：机械工业出版社，2011.

[2] 白璐．奈雪的茶跨界营销策略研究[D]．昆明：云南财经大学，2022.

[3] 蔡苏川，凡信，许海，等．模糊数学感官评价法优化枸杞菊花复合饮料制作工艺[J]．食品工业，2022，43（6）：92-97.

[4] 陈亮途．成为被喜欢的品牌：如何获得消费者的非理性忠诚[M]．北京：中信出版集团股份有限公司，2021.

[5] 陈平．奈雪的茶：如何领跑新茶饮赛道？[J]．中国商界，2021（7）：70-75.

[6] 陈晓，唐亚冰，宾红霞，等．中国新茶饮江湖，谁主沉浮？[N]．南方日报，2023-07-28（A10）.

[7] 陈宗懋．中国茶叶大辞典[M]．北京：中国轻工业出版社，2000.

[8] 程坷伟，周力．消费者营养健康诉求和饮料市场发展趋势[C]//营养与健康促进论坛论文集，2006：261-267.

[9] 仇敏，杨静，王晓宇，等．中药汤剂伴侣用于经典名方抑苦掩味的适宜性研究[J]．中草药，2022，53（8）：2292-2301.

[10] 大董，单蕊．大董中国意境菜·烹饪色彩学[M]．北京：电子工业出版社，2021.

[11] 代丽凤，罗理勇，罗江琼，等．植物苦味物质概况及其在食品工业的应用[J]．中国食品学报，2020，20（11）：305-318.

[12] 蒂斯．分子厨艺：探索美味的科学秘密[M]．北京：商务印书馆，2016.

[13] 丁嘉铖，郝丽莎．中国新茶饮品牌连锁门店的空间分布特征及影响因素分析[J]．世界地理研究，2023（10）：1-12.

[14] 董庆飞，夷娜，白冰瑶，等．昆仑雪菊核桃乳饮料配方优化及香气成分分析[J]．塔里木大学学报，2020，32（1）：36-44.

[15] 冯巩．紫娟绿茶化学成分分析及其即饮果茶饮料研究[D]．合肥：安徽农业大学，2018.

[16] 符国群．从供需“匹配”视角重新诠释和理解市场营销——兼论市场营销知识体系的构建[J]．营销科学学报，2021，1（1）：17-30.

[17] 何佳讯．品牌的逻辑[M]．北京：机械工业出版社，2017.

[18] 何晓兵，陆焰，赵从棉．网络营销基础与实务[M]．北京：人民邮电出版社，2024.

[19] 贺锦仪．互联网环境下K茶饮营销策略研究[D]．武汉：华中师范大学，2022.

[20] 黄茜，季巧遇．中药苦味物质掩味技术及应用[J]．亚太传统医药，2017，13（22）：74-76.

[21] 黄伟，陈露梦，黄浩洲，等．土鸡与饲养鸡鸡内金的气味与品质差异对比研究[J]．中国中药杂志，2022，47（20）：5434-5442.

[22] 黄永辉，郑永球．泡沫红茶技艺研究[J]．广东茶业，2003（1）：18-21.

[23] 胡付照，徐兴海．中华饮食文化概述[M]．北京：中国轻工业出版社，2025.

[24] 江津津，贾强，李轩，等．益生菌固体饮料的味觉智能分析[J]．广州城市职业学院学报，2022，16（3）：68-73，96.

[25] 蒋敏．新式茶饮行业发展现状与未来展望[J]．农业考古，2021（2）：221-227.

[26] 柯秀梅，周文杰，廖丽萍，等．基于部分药效和毒副作用探索中药汤剂抑苦掩味伴侣剂的影响：以黄连解毒汤为例[J]．中草药，2022，53（12）：3625-3631.

[27] 黎竹，刘旺．新茶饮出海：因地制宜寻增量[N]．中国经营报，2023-03-27（D01）.

[28] 李萃．新茶饮企业网络舆情风险的识别、评估与应对研究[D]．保定：河北大学，2022.

[29] 李东阳．瑞幸进军新加坡 新茶饮出海为何首选东南亚[J]．中国食品，2023（3）：99-101.

[30] 李静，彭永华，陈悦水，等．三类茶饮料原料特点及感官审评[J]．农产品加工（学刊），2014（6）：56-59.

[31] 李兰英，张翔，尧渝，等．新式茶饮产业现状调查与发展对策[J]．四川农业科技，2022（10）：67-70.

[32] 李秋庭．天然甜茶保健饮料加工技术的研究[J]．食品科技，2002（4）：3.

[33] 李瑞婷，单林鲜，倪庆，等．基于电子舌技术的滇橄榄汁滋味品质评价[J]．现代食品科技，2022，38（6）：267-274.

[34] 李亚辉．浅谈新式茶饮产业的行业现状与未来发展趋势[J]．福建茶叶，2020，42（10）：62-63.

[35] 梁倚宇，崔凯玲，邹婧，等. 健康饮食文化浪潮下新茶饮行业顾客满意度探究[J]. 食品界，2023（2）：120-122.

[36] 梁宇亮. 商业模式4.0：重塑未来商业逻辑[M]. 北京：人民邮电出版社，2018.

[37] 刘大平. 《2022年新式茶饮高质量发展报告》发布新茶饮市场仍逆势增长[J]. 产品可靠性报告，2023（1）：19-21.

[38] 刘杰. 红茶中微纳米胶粒对茶汤滋味影响的探索性研究[D]. 杭州：浙江工商大学，2017.

[39] 刘莉. 新式茶饮消费市场特征及行业发展策略分析[J]. 安徽师范大学学报（自然科学版），2021，44（6）：567-575.

[40] 刘旭颖. 新茶饮术语出炉，推动行业生态标准化[N]. 国际商报，2021-10-12（5）.

[41] 刘云竹. 葡萄大红袍果茶饮料的研制[J]. 饮料工业，2022，25（3）：68-72.

[42] 卢泰宏. 品牌思想简史[M]. 北京：机械工业出版社，2022.

[43] 罗军，黄智捷，秦佳星. 新式茶饮的运营模式[J]. 中国茶叶，2022，44（1）：19-21.

[44] 毛文彬. 网红茶饮品牌社会化营销策略研究[D]. 沈阳：辽宁大学，2022.

[45] 梅丛笑. 茶饮料添加剂的功能和应用[J]. 中国食品添加剂，2007（zl）：328-330，321.

[46] 孟刚. 新茶饮频推消费新体验[N]. 中国消费者报，2023-01-16（4）.

[47] 缪妙. 我国新式茶饮品牌发展问题与对策研究[J]. 上海商业，2023（12）：33-35.

[48] 麦克拉. 脂肪革命：高脂低碳，科学生酮[M]. 北京：人民邮电出版社，2019.

[49] Niga. 新茶饮背后的“营销密码”[J]. 中国眼镜科技杂志，2022（8）：62-63.

[50] 邵利平. 玫瑰茄、陈皮、甘草复合饮料的开发[J]. 现代食品，2022，28（3）：77-81.

[51] 孙哲浩. 苹果-茶复合饮料的研制[J]. 食品科学，2009，30（2）：279-282.

[52] 谭嘉雯，白福臣. 我国新式茶饮行业发展问题及对策研究[J]. 全国流通经济，2020（15）：8-10.

[53] 谭婕. 新式茶饮行业现状及发展趋势分析——以喜茶为例[J]. 贵茶，2023（3）：73-80.

[54] 唐平，许勇泉，汪芳，等. 电子舌在茶饮料分类中的应用研究[J]. 食品研究与开发，2016，37（11）：121-126，165.

[55] 田金强，王永霞，刘磬磊，等. 影响果味露风味的主要因素[J]. 食品工业，1999（2）：32-33.

[56] 王超，周云，徐建伟，等. 枸杞桑果汁饮料的加工工艺[J]. 饮料工业，2007（10）：36-38.

[57] 王海忠. 高级品牌管理[M]. 北京：清华大学出版社，2014.

[58] 王玮，冯茜，许师楷. 数字化营销创新的“变”与“不变”[J]. 清华管理评论，2023（5）：52-66.

[59] 王玮，冯茜. 社交媒体营销呼唤回归营销本质[J]. 清华管理评论，2017（3）：65-77.

[60] 王小萱. 资本助推新茶饮进入3.0时代[N]. 中国食品报，2021-10-11（7）.

[61] 王永贵. 市场营销[M]. 北京：中国人民大学出版社，2020.

[62] 韦雅杰，高彦祥. 茶汤滋味物质及其调控研究进展[J]. 食品研究与开发，2022，43（11）：189-197.

[63] 吴尚平，龚青山. 世界茶俗大观[M]. 济南：山东大学出版社，1992.

[64] 吴云秀. 新式茶饮发展现状、未来趋势及应对策略[J]. 福建茶叶，2023，45（4）：44-46.

[65] 肖力争. 茶叶市场营销学[M]. 西安：世界图书出版社西安有限公司，2017.

[66] 小马宋. 卖货真相[M]. 北京：中信出版集团，2023.

[67] 徐颖，包曾婷. 新茶饮时代传统茶馆业服务提升策略[J]. 福建茶叶，2023，45（10）：33-35.

[68] 薛可，陈俊，余明阳. 整合营销传播学[M]. 上海：上海交通大学出版社，2019.

[69] 薛婉莹，李红鑫，吴婧楠，等. 基于电子舌技术与人工口尝评价相结合的银杏叶提取物掩味技术研究[J]. 中南药学，2022，20（8）：1799-1803.

[70] 严覃诗逸，伍承光，米胤嘉. 数字化转型时代新茶饮行业转型的基本逻辑、驱动因素和实现路径[J]. 广西经济，2022，40（6）：83-87.

[71] 阎密. 走入“万店时代”，新茶饮开创新消费“传奇”[N]. 国际商报，2023-10-16（A15）.

[72] 杨意成. 绿茶饮料苦涩味控制技术研究[D]. 杭州：浙江大学，2008.
[73] 姚小涛. 理解商业模式：不是什么，又是什么？[J]. 外国经济与管理，2017，39（6）：125-128.
[74] 佚名. 添加剂：为茶饮料添彩[N]. 中国质量报，2002-09-14.
[75] 佚名. 饮料标准解读[J]. 质量指南，2003（增刊2）：36-37.
[76] 尹军峰. 新式茶饮业现状与发展趋势[J]. 中国茶叶，2021，43（8）：1-6.
[77] 余芳菲. 新媒体4I理论视角下对新茶饮品牌营销策略的研究[J]. 营销界，2023（11）：31-33.
[78] 袁静宜. 中国无糖茶饮行业现状和发展趋势探究[J]. 福建茶叶，2023，45（1）：26-28.
[79] 詹沛鑫. 酵母与营养型酵母调味品[J]. 中国调味品，1989（6）：6-11.
[80] 张健. 喜茶营销策略优化研究[D]. 兰州：兰州理工大学，2021.
[81] 张洁，唐嘉仪，张欣宇. 信任视角下的新式茶饮危机传播与风险沟通研究[J]. 国际公关，2022（24）：5-8.
[82] 张婧璇. 新式饮茶企业的数字化转型——以奈雪的茶为例[J]. 中国食品，2023（12）：101-103.
[83] 张萌. 新消费时代“奈雪的茶”品牌传播研究[D]. 南昌：江西财经大学，2022.
[84] 张锐，张炎炎. 品牌学：理论基础与学科发展[M]. 北京：中国经济出版社，2007.
[85] 张颖彬，刘栩，鲁成银. 中国茶叶感官审评术语基元语素研究与风味轮构建[J]. 茶叶科学，2019，39（4）：474-483.
[86] 郑灿龙，张月明，王良. 姜茶保健饮料开发研究[J]. 食品工业科技，2006（2）：112-114.
[87] 郑玉，谢兴亮，刘俊，等. 基于pH调控多酚-唾液蛋白结合作用的三果汤含片涩味掩蔽方法研究[J]. 中草药，2022，53（13）：3953-3961.
[88] 周雨卉，陈绘. 快消文化视域下新式茶饮品牌形象设计研究[J]. 工业工程设计，2022（4）：68-77.
[89] 朱梦旭，张洋，胡平，等. 味觉稀释分析法在酒精饮料苦涩味化合物分析中的应用[J]. 食品安全导刊，2019（12）：76-77.
[90] 朱友伟. 苦味评价技术“气管味蕾”的研究及ITC筛选掩味物质[D]. 南京：南

京大学，2015.

[91] 庄翠瑶，孙红英，吴悦楚．基于SOR模型的新式茶饮品牌-IP联名影响因素分析——以广东省为例[J]．科技创业月刊，2023，36（1）：175-179.

[92] GANEWATTA G，WASCHIK R，JAYASURIYA S，et al．Moving up the processing ladder in primary product exports：Sri Lanka's "value - added" tea industry[J]．Agricultural Economics，2005，33（3）：341-350.

后记

本书的编写自2020年始，首先由陈红波、张星海（浙江树人学院）提出编写大纲讨论稿，胡付照（江南大学）、张强（郑州旅游职业学院）参加了本书编写大纲的讨论及修订工作。

本书的编写是集体智慧的成果，撰写人及所承担的章节如下。

张星海（浙江树人学院）：第一章 新茶饮概述。

陈红波（浙江树人学院）、张强（郑州旅游职业学院）：第二章 新茶饮创作理论基础。

陈红波（浙江树人学院）、童媛媛（浙江树人学院）：第三章 新茶饮调制基础技艺。

陈红波（浙江树人学院）、张强（郑州旅游职业学院）、杨洋（杭州茶加文化发展有限公司）：第四章 新茶饮调制及创新基本原理。

胡付照（江南大学）：第五章 新茶饮经营管理。

袁薇（浙江树人学院）、企业和院所（新昌县群星茶业有限公司等15家）、浙江树人学院本科生（吴一婷等15位同学）：第六章 新茶饮调制案例。

吴媛媛（浙江大学）：附录 现制茶饮料相关标准。

本书由陈红波进行统稿工作。浙江树人学院对本书的编写给予了大力支持。本书是浙江树人学院首批“四新”重点教材项目成果之一，浙江省现代服务业研究中心支持项目（SXFJT202409）、浙江省教育厅一般科研支持项目（Y202456117）。感谢中国工程院院士、湖南师范大学校长刘仲华院士，浙江树人学院朱红缨教授以及浙江大学屠幼英教授在百忙之中为本书作序，感谢浙江大学王岳飞教授、中华全国供销合作总社杭州茶叶研究所张士康正高级工程师为新茶饮美好未来的发展寄语祝福，特谨此致谢。

主编

2024年9月